这才是

五代十国史 上

王平客 著

中国书籍出版社
China Book Press

图书在版编目（CIP）数据

这才是五代十国史 / 王平客著. —— 北京：中国书
籍出版社, 2020.11
ISBN 978-7-5068-8060-2

Ⅰ.①这… Ⅱ.①王… Ⅲ.①中国历史－五代十国时
期－通俗读物 Ⅳ.①K243.09

中国版本图书馆CIP数据核字（2020）第209550号

这才是五代十国史

王平客　著

策划编辑	王志刚
责任编辑	刘　娜　王志刚
责任印制	孙马飞　马　芝
版式设计	添翼图文
出版发行	中国书籍出版社
地　　址	北京市丰台区三路居路 97 号（邮编：100073）
电　　话	（010）52257143（总编室）（010）52257153（发行部）
电子邮箱	chinabp@vip.sina.com
经　　销	全国新华书店
印　　刷	北京温林源印刷有限公司
开　　本	710毫米×1000毫米　1/16
字　　数	620千字
印　　张	42.25
版　　次	2020年11月第1版 2020年11月第1次印刷
书　　号	ISBN 978-7-5068-8060-2
定　　价	88.00 元

前 言

五代十国是一个历史阶段，五代与十国是并称，五代是五代，十国是十国。五代是中原一带前后相继的五个朝代，即后梁、后唐、后晋、后汉与后周。五代的开始时间是公元907年四月，结束时间是公元960年正月，前后共五十三年，上承唐朝，下接宋朝。十国是中原以外的十个国家。五代开始时，这些国家还没有正式建立，五代结束前，有四个国家已经灭亡，有六个国家还与宋朝并存一段时间。所以，五代十国这个历史阶段大致在唐朝与宋朝之间。

五代十国是分裂时期，也是乱世，可以说风起云涌。五代十国有多乱？单是五代与十国的名称就多得难以记住，更不用说这些政权中的君王与将相的名字了。至于战火纷飞、硝烟四起，民不聊生、生灵涂炭就更令人痛心了。其实，当时中原以外的国家还不止十个，还有一些没有被列出来。

北宋的史家路振编写《九国志》时就只认定九个国家，即吴、南唐、前蜀、后蜀、南汉、闽国、北汉、吴越与楚。路振采用世家体例讲述九国君王，给予九国重要的历史地位。路振将北汉称为东汉，不知道历史上刘秀建立的东汉在路振那里称什么？如果称为后汉，那么五代之一的后汉不知又该称为什么？

十国的称谓最先来自欧阳修的《五代史记》，后人称这部书为新五代史。欧阳修在《九国志》的基础上增加了一个国家，即南平，也称荆南。欧阳修与路振一样，不仅将北汉称为东汉，也以世家的体例进行

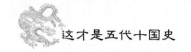

记述，明确这十个国家与五代并列。《九国志》也好，《五代史记》也罢，都是一家之言，他们所认定的一些国家是值得商榷的。

在十国当中，吴、南唐、前蜀、后蜀、南汉、闽国与北汉被认定为国家，是没有什么争议的。这七个国家都称帝、改元，与中原朝廷分庭抗礼，互不统属。另外三个国家就有些不一样。吴越国没有称帝，但曾在境内悄悄改元，还曾被后梁、后唐册封建国。楚国没有称帝，也没有改元，但曾被后唐册封建国。南平是一个只有三个州（府）的小藩镇，这个藩镇叫荆南军。南平没有称帝，也没有改元，更没有被中原国家册封建国，之所以称南平，就是因为荆南节度使高季兴被后唐封为南平王。其实这样的封王在当时不止一个。如果荆南算是一个国家，那么像定难、武平这些藩镇，也完全可以看成是一个国家。此外，李茂贞的岐国、刘守光的燕国完全可以看成是一个国家，但没有被欧阳修承认。

笔者在讲述五代十国历史时，没有想推翻十国的称谓，比如称为"五代十一国"什么的。五代十国这个称谓已经很久，只是一个历史阶段的名称，没有必要去改变这个称谓，但历史的事实必须得讲清楚。对于南平，本书一律称为荆南；而吴、楚两国，因史上有同名政权，本书中一律称为南吴与南楚。

五代十国的史书有多种版本，有一些史料还互相矛盾，从一个侧面也能看出五代十国有多乱。在这些史料中，被认为是正史的就有两部，即薛居正的《梁唐晋汉周书》与欧阳修的《五代史记》，分别被后人称为《旧五代史》与《新五代史》，都位列二十四史。此外，还有《九国志》《十国春秋》等史书专门讲述五代之外的十国历史。司马光的《资治通鉴》与李焘的《续资治通鉴长编》也述及五代十国的历史。上述六部书，都是笔者讲述五代十国历史的依据。对于书中矛盾的史料，则适当加以分析，采纳合理可信的内容。

欧阳修的《新五代史》带有浓厚的个人感情色彩，对人物的良善奸恶分得非常清楚，这部书对后人的影响较大。我们在阅读欧阳修的这本书时，切不可人云亦云，毕竟这本书编写于一千年前，多少有时代的局限性。比如欧阳修对后梁就非常痛恨，差点就把后梁称为伪朝。欧阳修对后梁的建立者朱温也极为痛恨。是何缘故？可能是后梁的政权是朱温篡夺来的，不是通过血与火的战争得来的罢。

沙陀族人李存勖消灭后梁建立后唐，便是通过16年的战争得来的。李存勖英雄事迹的背后，是百姓的血泪与千里白骨。然而传统史家看不到这些，他们赞赏这样的英雄。有人甚至认为李存勖消灭后梁，是为唐朝报了仇，所以不承认后梁，还极力丑化后梁的创建者朱温。然而李存勖是"半截英雄"，在位只有三年便死无葬身之地。后唐与后梁是多年的仇敌，互不承认是正常的。然而宋朝是承认后梁的，编修于宋太祖赵匡胤开宝年间的《旧五代史》，便承认后梁，所以书名为《梁唐晋汉周书》。

不承认后梁，也不能掩盖历史的事实。后唐能作为唐朝的延续吗？显然不能，唐朝再值得怀念，也不能掩盖它已经灭亡的事实。我们不能盲目地怀念唐朝，唐朝不是每一个阶段都值得怀念，中唐到晚唐便是唐朝走下坡路的历史，而且越来越黑暗。了解中唐特别是晚唐的历史，就能明白五代十国的形成不是一朝一夕的，更不是朱温一人取代唐朝就形成的。如果一定要痛恨五代十国的乱世，那只能怪唐朝自己，要从唐朝身上去反思。

晚唐如同春秋，五代十国如同战国，北宋则粗略完成统一。这个漫长的过程，仍然能够看出一个趋势，那就是从分裂到统一。其实后梁或是朱温，只是从分裂到统一这个漫长进程中的推进者。历史的发展趋势不以人的意志为转移，后梁也好，朱温也罢，只是历史长河中的一朵浪花。

早在晚唐时，分裂的事实就已经形成，那就是一个一个不听朝廷号令的藩镇。从晚唐到五代十国再到宋朝，藩镇的势力越来越弱，国家的力量越来越强，这是从分裂到统一过程中的一个鲜明特征。藩镇的势力由强变弱，是个较长的过程，前后有百余年，且伴随着战火。晚唐时，朝廷实力弱，藩镇之间便混战兼并，如同弱肉强食的自然界。五代十国

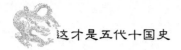
时，国家的实力强于藩镇，中原朝廷还多次平定藩镇叛乱。不仅如此，中原政权经过数次变更，实力越来越强，而十国的势力反而逐步走向衰退，统一的主体自然就是中原政权。

五代的历史，虽然人物众多，如同走马灯，但还相对连贯。十国的故事，比较分散，头绪众多，不太好讲述。如果一国一国单列出来讲，或许比较清晰，但又会与五代相割裂，看不出历史的大势。所以，笔者将十国的故事穿插、糅合在五代兴替的故事中。最后到统一大业时，线条就比较清楚，因为统一的对象就是这些所谓的十国。

本书从历史的细节着手，以时间为序讲述五代与十国的故事，适当表达笔者对一些历史人物及事件的观点。史料中有大量的细节，无须演义也一样精彩、生动。笔者在讲述中，所用细节，甚至人物的对白，都取自史书，没有任何杜撰。

让我们来看一看风起云涌的五代十国究竟是什么样子的吧。

目　录

第1章　建立后梁，征伐潞州

唐朝末年，藩镇林立，一些藩镇节度使拥兵自重，不听朝廷号令，有的还自行确立节度使。王仙芝、黄巢农民大起义爆发后，不少藩镇帮助唐朝镇压义军，趁机做大做强。大起义结束后，藩镇之间战火又起。经过20多年的藩镇混战，朱全忠、李克用、杨行密、王建、李茂贞、钱镠、马殷、王审知等人分别兼并不同数量的藩镇，各据一方。

朱全忠兼并的藩镇有21个，地跨河南、关西、河东、山南、河北五道。此外，在关西道境内的定难军、朔方军以及岭南道境内的清海军、岭南西道、宁远军、静海军，虽然没有被朱全忠征伐过，但这些藩镇的节度使都拥护朱全忠，其中清海军节度使刘隐还向朱全忠劝进。

李克用兼并的藩镇有两个，即河东军、振武军，还占据着昭义军的潞州，主要在河东道境内。

杨行密兼并的藩镇有三个，即淮南道、宁国军、武昌军。杨行密病逝后，其子杨渥又兼并了一个藩镇，即镇南军。这四个藩镇主要在淮南及江南境内。

王建兼并的藩镇主要有八个，即西川军、东川军、武信军、山南西道、武定军、昭武军、镇江军、武泰军，主要在剑南以及山南、江南境内。

李茂贞兼并的藩镇有六个，即凤翔军、静难军、天雄军、保大军、宁塞军、彰义军，主要在关中及陇右境内。

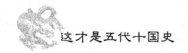

钱镠兼并的藩镇有两个，即镇海军、镇东军，主要在江南两浙境内。

马殷兼并的藩镇有两个，即武安军、静江军，武安军主要在湖南境内，静江军已经到达岭南境内。

王审知只有一个藩镇，即威武军，在福建境内。

此外还有三个藩镇，并不归附上述八人，这三个藩镇是武贞军、卢龙军及义昌军。武贞军治朗州，节度使是雷彦恭。卢龙军治幽州，节度使是刘守光。义昌军治沧州，节度使是刘守光的兄长刘守文。

朱全忠兼并的藩镇不仅数量最多，而且控制的地方主要是中原一带，长安、洛阳以及汴州这样的重镇便在其范围内。可以说，朱全忠的实力最为强大。也就在这时，朱全忠准备取代唐朝，建立属于自己的国家了。

朱全忠想先把自己的名字改掉。

朱全忠本名朱温，早年曾参加黄巢的起义军。三十一岁那年，朱温背叛黄巢，向唐朝投降，被唐朝皇帝赐名为"全忠"。现在朱全忠想取代唐朝，自然不便再使用唐朝给他的赐名。朱全忠当然不好明说，于是找一个借口说历代帝王的名字都只有一个字。其实这个借口是不成立的，因为历代帝王中就有不是单名的，比如唐朝最伟大的皇帝李世民。

公元907年（唐哀帝天祐四年）四月十六日，朱全忠更名为朱晃。

四月十八日，唐哀帝将帝位禅让给朱晃。这一年朱晃五十六岁。

四月二十二日，朱晃大赦天下，改元"开平"，定国号为"大梁"。朱晃所创建的大梁，史称后梁，即五代之第一代，朱晃就是后梁太祖。朱晃升汴州为开封府，称东都，而将唐朝的东都洛阳称为西都。

后梁建立后，曾经无比辉煌的大唐王朝就此灭亡，五代十国正式开始，名义上统一的华夏大地从此四分五裂。其实，就是后梁没有建立，大唐王朝也已经形同虚设。只不过在后梁建立后，大唐的这块幌子也就不复存在了。

朱晃即位后，第一个任命的官员便是敬翔。敬翔是朱晃的第一谋士，跟随朱晃二十余年，一直尽心尽职。朱晃专门设立崇政院，任命敬翔为"知崇政院事"。一个月后，朱晃又废除枢密院，将枢密院职事全部划到崇政院，同时任命敬翔为崇政院使。自此，敬翔成为后梁一人之下、万人之上的人物。

朱晃任命敬翔之后，才开始为自己的祖宗追封以及为自己的家人晋爵。朱晃追认大舜时的司徒朱虎为始祖，朱虎之后第四十二代为高祖朱黯。朱晃将高祖朱黯、曾祖朱茂琳、祖父朱信及父亲朱诚全部追封为皇帝。

朱晃再封兄长朱全昱为广王，义子朱友文为博王，次子朱友珪为郢王，三子朱友贞为均王，四子朱友璋为福王，五子朱友雍为贺王，六子朱友徽为建王。长子朱友裕已经去世，朱晃追封其为郴王。七子朱友孜一直没有被朱晃封王。

朱晃的义子不止一人，却只封朱友文为王，还任命朱友文为开封府尹，可见朱友文深得朱晃喜爱。在正史中，朱友文排在朱晃次子之列，而朱友珪、朱友贞分别为第三、第四子，看来朱晃早已把朱友文当成亲生儿子看待了。朱晃在外征战时，朱友文总是留守汴州，并为朱晃掌管后勤。

朱晃称帝建后梁，其他割据势力是否会承认呢？

李克用、李茂贞、杨渥三人都不承认朱晃的梁朝，仍然使用唐哀帝的"天祐"年号。王建也不承认朱晃的梁朝，也不承认唐哀帝，而一直使用唐昭宗的"天复"年号，尽管唐昭宗已经死去将近三年。

李克用、李茂贞、杨行密及王建在晚唐时已被朝廷分别封为晋王、岐王、吴王及蜀王，杨行密去世后，其子杨渥已被承制封为弘农王。李克用、李茂贞、王建、杨渥四人在境内称王，与后梁分庭抗礼。

马殷、钱镠、王审知等人向朱晃称臣纳贡，使用后梁年号"开平"，奉后梁为正朔。朱晃在称帝的当月便封马殷为楚王，次月封钱镠为吴越王，两年后封王审知为闽王。马殷、钱镠、王审知虽然向朱晃称臣，但已经形同独立的王国，只是没有称帝、没有自己的年号而已。

武贞节度使雷彦恭也不承认朱晃的梁朝。后梁建立后，雷彦恭多次

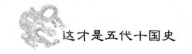

攻打后梁的荆南军，朱晃令荆南节度使高季昌与楚王马殷讨伐雷彦恭。最后，马殷兼并武贞军，从此拥有三个藩镇。

卢龙节度使刘守光想承认朱晃的梁朝，于是自称卢龙留后，向朱晃称臣，并请求正式任命。朱晃接受刘守光称臣，任命刘守光为卢龙节度使。数月后，义昌节度使刘守文声讨其弟刘守光，被后梁天雄节度使罗绍威劝降。后梁在名义上又多了两个藩镇。

王建、杨渥、钱镠、马殷、王审知所辖之地，是前蜀、南吴、吴越、南楚、闽国的前身，都在十国之列。刘隐的清海军、高季昌的荆南军只是后梁的一个藩镇，还只是十国当中南汉、荆南的一个影子。不管是前身，还是影子，十国当中有七个已经出现。

大唐灭亡了，五代十国开始了，并不意味着藩镇兼并的结束。朱晃不会满足于现有的藩镇数量，继续兼并藩镇以实现天下一统，才是朱晃的最终目标。有所不同的是，原本藩镇间的混战变成了国与国之间的混战。那么朱晃会首先向何处用兵呢？

对于朱晃来说，那些称臣纳贡的王国、藩镇，就算是其后梁的一部分，朱晃此时要兼并的仍是李克用、李茂贞、杨渥、王建的四个王国以及那些拒不归附的藩镇。当然，朱晃最想要解决的，还是老故手李克用的晋国。所以，朱晃建立后梁才一个月，便准备向晋国占领的潞州（今山西省长治市）用兵。

潞州是昭义军的治所。昭义军共辖五州，即潞州、泽州、邢州、洺州、磁州，地跨太行山。昭义五州之中，最为重要的便是潞州。昭义特别是潞州可以说是河东这个藩镇的南部屏障，李克用得到潞州，河东便安全，朱晃得到潞州，便可以威胁河东。

由于潞州以及昭义的重要性，朱晃、李克用曾发生数次争夺，最终昭义五州全部为朱晃所有。然而就在朱晃称帝前几个月，昭义节度使丁会背叛朱晃，投降李克用，潞州成了李克用的领地，至此朱晃拥有的昭义只有四个州。

丁会是朱晃的得力大将，与朱晃的关系也非同一般。在黄巢义军中，丁会便跟随朱晃。朱晃担任宣武节度使后，丁会为都押衙。丁会曾多次出征，立下不少战功，先后出任宣义军留后、河阳节度使，直到昭义节度使。

丁会为何会向朱晃的死敌李克用投降呢？因为敌不过李克用的大将周德威、李嗣昭。然而丁会在太原面见李克用时却是这样说的："丁会不是没有力量坚守潞州，而是梁王欺凌唐室，丁会虽得其提拔之恩，但实在不能容忍其所作所为，故而来向大王归命。"

丁会当时是哭着说番话的。李克用听后，深受感动，不仅接纳了丁会，还十分厚待丁会，将丁会排在诸将之上。

丁会的叛离，朱晃一定极为痛心。朱晃不仅失去一员大将，还失掉了潞州这个战略要地。然而，朱晃当时正在外征战，后来又忙于禅代唐朝，没有精力去解决潞州的事。

半年过去了，朱晃终于准备夺回潞州这个战略要地。

公元907年（后梁太祖开平元年）五月十六日，朱晃任命保大节度使康怀贞为攻打潞州的主将，给其八万兵马。朱晃对康怀贞寄予厚望，说了一番诚恳的话："卿位居上将，勇冠三军，破敌摧坚，向无遗憾。至于高官厚禄，朕亦无负于卿。韩信曾说，汉王载我以车，衣我以衣，食我以食，食人之禄，死人之忧。丁会受朕之恩，不谓不至，穿黄戴紫，裂土分茅，即使石头木偶，也会感恩戴德。怎料他反咬一口，倒戈予人，天道神明，岂能容他。卿当竭尽全力，扫平潞州，朕将置酒高会，等卿凯旋。"康怀贞听后，诚惶诚恐。

六月，康怀贞率大军抵达潞州城下。

镇守潞州的是晋国昭义节度使李嗣昭。李嗣昭本是汾州太谷县农家子，李克用让兄弟李克柔收为义子。李嗣昭身材矮小，但胆识、勇猛过人，精通军机，为人谨慎、忠厚。面对康怀贞的大军，李嗣昭决定坚守待援。

康怀贞有数万大军，兵力强于李嗣昭，于是传令强行攻城，昼夜不停。然而攻了半个月，仍然不能攻破潞州城。康怀贞想起朱晃的话，感

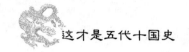

到非常害怕。康怀贞下定决心，必须攻克潞州城。康怀贞决定对潞州城采取围攻，以困死李嗣昭。康怀贞传令大军围绕潞州城构筑堡垒，同时再挖一条长长的"蚰蜒堑"，也就是一条壕沟，将潞州城与外界隔离，让城里的人逃不出去。

晋王李克用得知后梁攻打潞州的消息，不甘心潞州得而复失，决定派出重兵前往援救。李克用一共派出了七位重要将领，分别是蕃汉都指挥使周德威、马军都指挥使李嗣本、步兵都虞候李存璋、先锋指挥使史建瑭、铁林都指挥使安元信、横冲指挥使李嗣源以及骑将安金全。周德威任行营都指挥使，统领各将。七位将领中，李嗣本、李存璋、李嗣源均为李克用的义子。

八月，周德威率部到达高河（今山西省屯留县东南）安营扎寨，逼近潞州城。后梁将领康怀贞得到消息，立即派亲骑都头秦武率一支兵马前往高河袭击周德威。秦武岂是河东大将周德威的对手，很快就败下阵来。

朱晃没想到两个月过去了，康怀贞仍然没有攻克潞州。现在倒好，晋国的援军又至，康怀贞有腹背受敌的危险。朱晃感到非常怒火，认为康怀贞此战不力，决定临阵换将，还要贬降康怀贞，以示惩罚。于是，朱晃派亳州刺史李思安接替康怀贞，任行营都统，贬康怀贞为行营都虞候，仍然留在军中，受李思安节制。

李思安会采用什么样的战术呢？

面对潞州城中的李嗣昭，以及城外不远处的周德威，李思安决定修筑两道城墙，一道防备李嗣昭突围，一道防备周德威袭击。李思安还给这两道城墙命名为"夹寨"。

李嗣昭被围困在潞州城中，粮草已快用完。为安定军心，李嗣昭与诸将到城楼上饮酒，面色从容。突然，城外一支流箭射了过来，正中李嗣昭的脚。李嗣昭强忍疼痛，悄悄将箭拔出，面不改色，在场众将竟然没有觉察。

李嗣昭坚守待援，城外不远处的周德威正在思考对策。

　　周德威知道梁兵强大，不准备正面交锋。周德威探得当地百姓正给李思安大军运送粮草，决定派出一支骑兵，专门抢掠粮草。

　　李思安也有应对之策。李思安下令修一条甬道，从"夹寨"一直到东南部的山口，让这些百姓从甬道中将粮草运送到"夹寨"。

　　周德威再派兵袭击从"夹寨"中出来牧马的后梁士兵，后梁士兵只好守在"夹寨"之中，不敢再出来。

　　从八月到十一月，李思安、康怀贞利用"夹寨"围困潞州城中的李嗣昭，同时也阻挡周德威援救李嗣昭，双方进行了长时间的对峙。然而对峙时间一久，最为不利的还是潞州城中的李嗣昭。

　　李克用决定打破这个僵局，传令李存璋攻打后梁的晋州（今山西省临汾市），以图缓解潞州的压力。朱晃得到消息，马上传旨，令护国、保义两藩镇出兵增援晋州。

　　李克用此举未见效果，自己反而一病不起了。

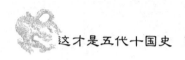

第2章　继任晋王，攻破夹寨

公元908年（后梁太祖开平二年）正月，晋王李克用头上生出一个毒疮，病情十分严重。李克用自知命不久矣，便将其弟李克宁、监军张承业、大将李存璋、吴珙、掌书记卢质等人召来交代后事。李克宁当时担任内外蕃汉都知兵马使兼振武节度使，掌管兵马大权。

李克用对李克宁等人说道："亚子志向远大，一定能完成我的大业，你们要好好地辅佐他。"

李克用所说的亚子，便是其长子李存勖，时年二十四岁。

李克用又将李存勖叫来说道："嗣昭身陷孤城，危险万状，我已经来不及见他一面了。嗣昭忠孝双全，至今不能解围，难道是德威不忘与他的旧怨吗？你一定要把我的心意告诉德威。潞州之围不解，我死不瞑目！等把我安葬后，你就与德威尽快去救嗣昭。"

李克用又对李克宁等人说道："亚子就劳烦你们了。"

正月十九日，李克用病逝，年五十三岁。

与朱晃争斗二十余年的李克用一病而去，把大事托付给兄弟李克宁，那么李克宁是怎样的一个人呢？

李克宁是李克用的幼弟，也是三个弟弟中尚在人世的一位。史书上说李克宁仁厚孝顺，在众兄弟中最为善良，而且侍奉李克用总是小心翼翼、毫不怠慢。

李克宁也许没有想过继承兄长的王位，但当时潞州之围未解，军中不少人认为李存勖太年轻，难当大任。

军中的议论也传到了李存勖的耳中，李存勖感到非常害怕。于是，李存勖提出将王位让给叔父李克宁。李克宁说道："你是嫡长子，理应继承王位，而且又有先王遗命，谁敢违抗！"

李存勖一直在为李克用守灵，整天泪流满面，还没有正式继承王位，军府大事根本无暇过问。监军张承业对李存勖说道："最大的孝是完成先王的基业，一直哭有什么用？"张承业说完扶着李存勖走出灵堂，正式就任河东节度使，登晋王位，叔父李克宁带领众将叩头祝贺。

李存勖继位后，把军府大事全部交给李克宁，同时任命李存璋为河东军城使、马步都虞候。李克用在位时，由于宠信胡人及将士，这些人常常侵扰街市。李存璋当职后，杀掉几个最为横暴的胡人将士，一时间，太原城内一片肃然。

李存勖继承晋王位，仍有人不服，不少人还是李克用的义子。这些人手握兵权而且年长，很是看不起李存勖，有人称病不朝，有人见到李存勖也不行礼。这些人反而对李克宁十分尊重，希望李克宁能够继承王位。

李存颢便是当中带头的。李存颢悄悄对李克宁说道："兄终弟及，自古有之。叔父向侄儿下拜，不合常理。天与不取，后悔莫及！"

李克宁不为所动，严厉地说道："我们家世世代代都是父慈子孝，闻名天下。先王的基业能够有人继承，我别无他求。你再胡言乱语，我就杀了你！"

李存颢见李克宁无动于衷，又让妻子去劝说李克宁的妻子孟氏。孟氏竟然认为李存颢妻子说得有理，便多次劝说李克宁。李克宁终于有所心动，真的萌发取代李存勖的念头。

李克宁不久擅自杀掉了都虞候李存质，又向李存勖提出设立大同军，管辖蔚、朔、应三州，由自己担任节度使。在这两件事上，李克宁还与张承业、李存璋产生了矛盾，李存勖虽然没有异议，但已看出李克宁有谋反之心。

李存颢再为李克宁谋划，准备杀掉张承业、李存璋，然后推举李克宁为河东节度使，再以河东所辖九州向后梁投降。李存颢等人还决定将李存勖及其生母曹太夫人押送汴州（今河南省开封市），交给朱晃。

让李克宁怎么也没有想到的是，他与李存颢的密谋竟然被泄露了。泄露的人就是李克宁最为信任的人史敬镕。李克宁本是派史敬镕到晋王府打探消息的，岂料史敬镕到了王府，便将此事告诉了曹太夫人。曹太夫人听罢大惊。

曹太夫人和李存勖此时还能依靠谁？只有张承业这个宦官，因为张承业自担任河东军监军十二年以来，对李克用一直忠心耿耿。然而，李克用已经病逝，张承业是否还会忠心呢？

曹太夫人派人将张承业召来，指着李存勖说道："先王将此子交给公等，现在听说有人要取而代之。只要把我们母子安置一地即可，千万不要送到汴州，别的不敢有劳公等。"

张承业听后，非常惶恐，说道："老奴就是一死，也要坚守先王遗命。"

李存勖还不放心，说道："骨肉至亲千万不可自相残杀，如果我让出王位，大乱就不会发生。"

张承业说道："克宁想把大王母子投入虎口，如果不把他除掉，岂有安宁？"

曹太夫人和李存勖相信张承业的忠诚。张承业于是与李存璋、吴珙、李存敬、长直军使朱守殷等人暗中准备应对措施。

二月二十一日，李存勖在晋王府宴请诸将，李克宁、李存颢正在宴席之上。突然，李存璋埋伏在两厢的甲兵冲了进来，将李克宁、李存颢擒获。

李存勖哭着对叔父李克宁说道："侄儿一开始就要把王位让给叔父，叔父不肯接受。现在大事已定，为何再出阴谋夺取，还要将我母子送给仇人呢？"

李克宁说道："这都是有野心的小人鼓动的，还有什么可说的。"

李存勖当即下令将李克宁、李存颢二人斩首。

后梁太祖朱晃不相信李克用已经病逝。朱晃认为李克用的死是假装的，一定是在要诡计。朱晃打算撤军，以后再来攻打潞州。朱晃担心撤军时，晋国兵马追击，于是亲自前往接应李思安、康怀贞，同时也传令匡国节度使刘知俊率部前往泽州（今山西省晋城市），一同接应。

三月，朱晃抵达泽州，刘知俊也随后到达，与朱晃会合。

朱晃认为李思安多日不能攻克潞州，将领战死四十余人，士兵伤亡近万人，后来竟构筑夹寨易攻为守，有过无功。朱晃令李思安到泽州来见。李思安到达泽州后，朱晃下旨削去李思安全部官爵，令其回到原籍充当劳役。

朱晃任命刘知俊为潞州行营招讨使，负责后撤事宜。朱晃再派人到潞州与众将商议南撤一事。也就在这时，周德威已经撤至乱柳（今山西省沁县东南），离潞州有一百多里。众将认为这一定是李克用已死，晋国已经决定退兵，潞州马上就会成为一座孤城。众将请求再等十多天，以观变化。

朱晃接纳了众将的建议。

刘知俊请求留下继续攻打潞州，而请朱晃先返京城开封。

朱晃虽然让刘知俊担任攻打潞州的主将，但又有了新的担忧。朱晃担心刘知俊离开本镇匡国，关中便会空虚，李茂贞的岐国可能会派兵入侵。朱晃不敢让刘知俊在潞州久留，只让刘知俊在潞州休整十余天，即退屯晋州，等到五月赶紧回到本镇匡国。

朱晃此举，说明他对攻打潞州仍不看好，之所以接纳众将建议而不撤兵，是因为晋将周德威退兵。那么周德威为何会退兵呢？

周德威因为得到李克用病逝的消息而退兵。周德威的做法让太原城内的兵民猜疑不定，不知周德威意欲何为。

晋王李存勖有自己的主张，他干脆传令让周德威班师返回太原。

四月一日，周德威率部到达太原，将兵马扎在城外，独自一人进城。

周德威先到李克用灵柩前，伏倒在地，痛哭流涕。退出灵堂后，周德威再拜见李存勖，极其恭敬，众人才安下心来。李存勖知道李嗣昭与

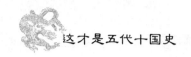

周德威不和，便将李克用临终之言告诉周德威。周德威听后非常感动，不禁潸然泪下，决定不计前嫌，奋勇杀敌，救出李嗣昭。

朱晃南返，李存勖大军返回太原的消息传到泽州，尚未起程南返的朱晃认为李克用真的死了，潞州不日即可攻下。朱晃对潞州的战事不再担忧，便先行南返。朱晃走后，夹寨中的后梁将士也认为胜利在即，开始有所松懈。

朱晃南返，李存勖正与众将商议潞州战事。

李存勖说道：“潞州是河东的屏障，没有潞州就没有河东。朱温害怕的只有先王，如果听说我继位，一定会认为我是一位少年，根本不懂用兵打仗，会有骄傲之心。如果我们挑选一支精兵，快速攻去，出其不意，一定能够破敌。获取威名，奠定霸业，就在此一举，机不可失！”

监军张承业也认为李存勖应当亲自率兵前往。

李存勖于是检阅将士，再任命后梁降将丁会为都招讨使，统领周德威等将出征。李存勖之所以让丁会担任救援潞州的主将，主要是丁会镇守潞州多年，熟悉那里的情况，当然也熟悉后梁的情况。李存勖还与丁会商讨作战策略，只是史书记述不详。

李存勖非常希望早点到达潞州，毕竟潞州被围已经十个月了，城中的李嗣昭已经很难支撑了。为了快速到达潞州，李存勖、丁会、周德威率领大军每天行军将近一百里。

四月二十九日，李存勖大军驻屯于黄碾，离潞州四十五里。

李存勖此时却又决定暂缓前行。李存勖想给梁军一个出其不意的打击，如果就这样奔赴潞州，梁军一定有所防备。李存勖也不想夜间行军，因为那样做，仍然有可能被梁军探得。

第二天，即五月一日，李存勖在不远处的三垂冈（今山西省潞城县西）设下埋伏，等待时机。五月二日早晨，大雾迷漫，李存勖认为天时十分有利，传令快速出击。李存勖于是乘着大雾，率大军一直抵达后梁的夹寨。

后梁将士没有想到晋兵突然杀至，都还在睡梦之中。李存勖传令周德威、李嗣源各领一支兵马，分别进攻夹寨的西北角与东北角。晋兵遇沟填土，见寨纵火，战鼓齐鸣。后梁将领符道昭战马跌倒，被晋兵当场杀死。后梁士兵一时大溃，纷纷南逃，阵亡数以万计，丢下的粮草、器械，堆积如山。

后梁将领康怀贞率领一百多人从天井关方向逃了回去。朱晃听闻夹寨失守，大惊失色。过了一会儿，朱晃叹道："生子当如李亚子，李克用可以说没有死啊！至于朕的儿子，不过是一群猪罢了！"朱晃最后没有责怪潞州前线各将，下旨将他们全部赦免。

周德威等人来到潞州城下，对城墙之上的李嗣昭大声喊道："先王已薨，新王亲自前来，贼人的夹寨已被攻破，贼人也已逃走，可以打开城门了！"

李嗣昭不相信周德威的话：一是不相信李克用已经去世；二是不相信这么容易就能攻破夹寨，毕竟前后已经一年之久；三是李嗣昭与周德威一直不和。李嗣昭对左右说道："周德威一定被贼人擒获，贼人派他来骗我。"

李嗣昭拿起弓箭就要射周德威，左右将领连忙阻止。李嗣昭于是对城下周德威喊道："大王如果真的来了，可不可以见上一面？"

李存勖纵马来到城下，亲自呼唤李嗣昭。李嗣昭看到李存勖果真穿着白色的孝服，不得不相信李克用已经去世，一时极为悲恸，几乎昏厥，城中将士也都大声哭了起来。

李嗣昭传令打开城门，迎接李存勖、周德威等人入城。周德威与李嗣昭相见，和好如初。潞州被围困一年之久，将士百姓冻死、饿死的有一半以上，街市上一片萧条。此后，李嗣昭开始劝课农桑，降低赋税，不久又恢复往日繁盛。

潞州之战，周德威功劳居首，被李存勖任命为振武节度使、同平章事。李存勖也十分感激张承业，把张承业当作兄长一样看待。史书上独不见李存勖给主将丁会什么样的奖赏，只说两年后在太原去世。

就在后梁与晋国激战潞州之际，南方的淮南发生政变，并与吴越国发生争战。

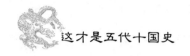

第3章　淮南政变，徐温掌政

　　杨渥是吴王杨行密的长子，于公元905年十一月继位，被承制封为弘农王。杨渥是一位纨绔公子，就是在其父丧事期间，仍旧饮酒作乐，还不停地击球。公元906年九月，杨渥兼并了镇南军，可谓春风得意，也是其人生的顶峰，从此越发骄傲、奢侈。

　　淮南左牙指挥使张颢与右牙指挥使徐温对杨渥的所作所为痛心疾首，哭泣劝谏。杨渥不仅没有悔改，反而怒道："你们认为我没有才能，为何不杀了我自己干？"

　　张颢、徐温感到非常害怕，二人想来想去，真的决定谋反。

　　公元907年正月，张颢、徐温对杨渥实施"兵谏"，夺了杨渥的军政大权。

　　杨渥对张颢、徐温二人掌握大权非常不满，想将二人除掉，苦于没有这个能力。张颢、徐温也明白杨渥的心思，二人也感到非常不安。二人谋划，将杨渥杀掉，然后向后梁称臣。

　　公元908年（后梁太祖开平二年）五月八日，张颢派部将纪祥闯进杨渥的寝室，将杨渥杀死。杨渥当时只有二十三岁。张颢、徐温二人对外宣称杨渥突然死亡。

　　张颢杀了杨渥，一时毫无顾忌，也不想向后梁投降，决定自己接任淮南节度使，掌管淮南军政大权。徐温对此非常忧虑，担心张颢会对其不利，赶紧与谋士严可求商议。

　　严可求本是同州（今陕西省大荔县）人，其父严实在唐末担任江淮水陆转运判官，其家遂安在扬州。严可求一直是杨行密的幕僚，与徐温也十分友善，后来又成了徐温的谋士。面对徐温的忧虑，严可求毫不担心，很有信心地说道："张颢刚愎自用，做事也极为愚蠢，很容易对付。"

杀死杨渥的第二天，张颢召集文官武将到其府中议事。张颢命武士在道路两旁以及庭院之中持刀而立。众将来到府前，须将卫士留在外面，然后才能进入，副都统、大将朱瑾也不例外。

众文武到齐后，张颢厉声问道："大王已死，军府大事当由谁来做主？"

张颢当然希望听到有人回应说由他来做主，然而张颢一连问了三声，竟然无人应答。张颢满脸怒火，在场之人都非常害怕，连勇冠三军、生性残忍的朱瑾也感到汗颜。

眼看张颢就要发作，只见严可求从容不迫走上前来，低声说道："军府之事，责任重大，而且四面又不安宁，除了主公，没有人能够做主。然而今天就作决定，恐怕太过仓促。"

张颢怒声问道："为何说仓促？"

严可求回道："刘威、陶雅、李遇、李简四人在庐州、歙州、宣州、常州任刺史，他们很早便追随先王，深受先王器重。主公今天如果自立为王，他们一定不服。主公不如拥立杨家一位年幼者为主，诸将没有人敢不服从。"

张颢本以为在扬州的这些文武官员没有人敢反对自己，没想到严可求利用在外镇守的几位老将来压制自己，张颢一时无语。

就在这段寂静如死的气氛下，严可求快速走出府门，找来纸笔，奋笔疾书，然后将纸放在袖中，再回到张颢府中。严可求请众人跟其前往王府道贺，众人不知其想做什么，但也跟其而走。张颢看到众人都走了，也只好跟着前往王府。

到了王府，严可求跪下宣读刚才所写之书，原来是史太夫人的教令，当然是严可求假传的。严可求宣读的内容大意为："先王创业艰难，嗣王

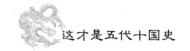

不幸早逝，按次序隆演当立，诸将不要辜负杨家，当好好辅佐。"

史太夫人的教令旨意明确，张颢听后面色苍白，神情沮丧。由于严可求读得义正词严，张颢也不敢反对，只好拥护杨渥的兄弟杨隆演为淮南留后、东面诸道行营都统。众将向杨隆演道贺，完毕都纷纷散去。

朱瑾来到严可求的家中，佩服地说道："我十六七岁就横戈跃马，冲锋陷阵，不知道什么叫害怕。今天面对张颢咄咄逼人的嚣张气焰，我也感到汗流浃背。公今天当面冒犯张颢，如同其根本不存在。今天才知我朱瑾只是匹夫之勇，与公相比，相差甚远。"朱瑾从此将严可求当着兄长看待。

张颢没有能够夺得大位，但仍掌管淮南军政大权。张颢开始猜忌徐温。张颢谋划将徐温外调，准备任命徐温为浙西观察使，镇守润州（今江苏省镇江市）。

徐温当时也忌惮张颢，因而也想外任，但严可求提醒道："公前往藩镇任职，就不再担任右牙指挥使，也就是放弃了牙兵。张颢一定会把谋杀先王的罪名加到公的身上。"

徐温听后十分吃惊，问道："这可如何是好？"

严可求不慌不忙地说道："公如能听从我的建言，我　定为公妥善谋划。"

徐温欣然接纳。

严可求开始为徐温谋划，以图徐温不离开扬州，也不丢掉兵权。

严可求决定先去游说淮南节度副使李承嗣。李承嗣当时在军府当政，有一定的权力。严可求对李承嗣说道："张颢如此凶恶，以威逼人，现欲将徐温外任润州。张颢想对付的一定不只是徐温一人，我恐对公亦将不利。"

李承嗣本是河东骁将，后因援救泰宁节度使朱瑾不利而随朱瑾投奔淮南，与张颢并非一路之人。李承嗣对严可求的看法十分赞同。

严可求得到李承嗣的支持后，便再去拜见张颢。严可求对张颢说道："公将徐温调至浙西，众人都说是公想夺去徐温的兵权然后再杀掉徐温，人言可畏啊。"

张颢听后，也有一丝担忧，马上说道："这是徐温自己想外任，不是我的意思。现在事已至此，如之奈何？"

严可求早已成竹在胸，说道："这事也不难。"

次日，严可求请张颢、李承嗣一起来到徐温府上。

严可求怒目横眉，对徐温斥责道："古人连一饭之恩都不敢忘却，况且公还是杨家的老将。现在君王年幼，刚刚嗣位，正是多事之秋，公却想到外边去自求安逸，能这样做吗？"

徐温当然明白严可求的用意，马上谢罪道："如果诸位都能包容我，我怎敢只顾自己。"

严可求与徐温一唱一和，不久便被张颢识破。

张颢得知严可求暗中帮助徐温，决定派人将严可求杀掉，以绝后患。

一天夜晚，张颢派的刺客来到严可求家中。

严可求知道已经无法逃脱，但仍向刺客请求写一封信给君王，以辞去官职。刺客同意严可求的请求。面对刺客的钢刀，严可求毫无惧色，欣然落笔。

没想到这位刺客识得文字，看到严可求文辞激昂，气势雄壮，说道："公是一位长者，我不忍心杀掉你。"

于是，刺客将严可求家中的财物抢走，回复张颢说没有见到严可求，只得到其家中财物。张颢怒道："我想要的是严可求的首级，要这些财物有什么用？"

严可求知道张颢已经不能容他，便与徐温商议干脆将张颢杀掉。

徐温问何人可去杀张颢，严可求说："非钟泰章不可。"

钟泰章是庐州合肥人，当时担任左监门卫将军。徐温派亲信翟虔前往联络钟泰章，钟泰章欣然答应帮助徐温除掉张颢。钟泰章又秘密联络了三十名壮士，并在夜里歃血为盟。五月十七日，钟泰章等人冲进张颢所在的牙堂。张颢毫无防备，当场被杀。离弘农王杨渥被杀，只有九天的时间。

徐温杀了张颢后，便向世人公布张颢谋杀弘农王杨渥的罪行，并将凶手纪祥斩于街市。

徐温又来到西宫，拜诣史太夫人。史太夫人十分恐惧，担心徐温会杀掉杨隆演。史太夫人大声哭道："我儿隆演年纪尚幼，却经受如此劫难。但愿能让我家百口平安回到老家庐州，这就是公的大恩大德了。"

徐温说道："张颢谋杀君王，大逆不道，不可不杀，夫人可以安心了。"

除掉张颢后，杨隆演便任命徐温为左右牙都指挥使，徐温从此独掌淮南军政大权。这一年徐温四十七岁。

仍在扬州的故唐朝宣抚特使李俨承制，授杨隆演为淮南节度使、东面诸道行营都统、同平章事，封弘农王。杨隆演派万全感为使前往晋国、岐国，呈报先王去世、新王嗣位之事。这些应当都是徐温的安排，毕竟杨隆演只有十二岁，还是个孩子。

徐温为政如何？史书上说，徐温性情沉稳刚毅，崇尚节俭。徐温虽然不识字，但让人将狱讼文书读给他听，他的判决都能合乎情理。以前张颢掌政时，滥用刑罚，放纵士兵，横行霸道。现在徐温掌政，对严可求等人说道："大事已定，我当与你们努力施行善政，让百姓能够解衣而寝。"

徐温于是立法度，禁强暴，举大纲，军民从此安定。徐温将淮南军务交给严可求，将财务交给支计官骆知祥，二人都能胜任其职，淮南人称"严、骆"。

徐温本想让境内安定，岂料南边的吴越国要向其动兵了。

第4章 败于苏州，胜于洪州

吴越国是善事中原的典范，一直以中原国家为正朔，也就是使用中原国家的年号。然而，从吴越国的文物"尊胜幢"中的文字可以看出，钱镠早在公元908年便改元"天宝"。有自己的年号显然不够忠诚，因而钱镠只在境内悄悄使用。钱镠去世后，继任者便不再有自己的年号，只使用中原国家的年号。

公元908年是后梁太祖开平二年，也是钱镠被后梁封为吴越王的第二年。尽管钱镠在境内悄悄改元，他还是要显示他的忠心。八月，钱镠便派宁国节度使王景仁带着奏章前往后梁都城开封，向后梁太祖朱晃呈报攻取淮南的策略。

钱镠尚未行动，掌管淮南军政的徐温已准备先发制人。徐温以弘农王杨隆演的名义下令，派步军都指挥使周本、南面统军使吕师造率兵攻打吴越国的苏州城。周本是三国名将周瑜之后，膂力过人，年轻时曾杀死猛虎。

九月，周本、吕师造进抵苏州城下，将苏州城紧紧包围。

淮南兵马攻打苏州的消息报至杭州，吴越王钱镠马上派将领张仁保率兵攻打淮南控制下的常州，以为苏州解围。张仁保很快便攻克常州东南边的东洲，杀死淮南兵马一万余人。

东洲失守的消息传至扬州，徐温马上考虑应对之策。徐温不打算撤回攻打苏州的兵马，而是任命池州团练使陈璋为水陆行营都招讨使，令其与柴再用等将前往援救东洲。

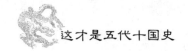

陈璋、柴再用在太湖畔的鱼荡与张仁保发生激战。战斗中，柴再用的战舰突然损坏，柴再用靠一柄长矛浮于水面，被士兵救起。陈璋、柴再用最后大胜张仁保，收复东洲。柴再用家人为了感恩，做了一千人的饭食，施舍给寺庙中的僧人。柴再用将这些饭食拿去犒劳士兵，说道："是士兵救了我，和尚有什么功劳！"

钱镠听说张仁保战败，连忙派使再次前往开封，请后梁太祖朱晃出兵攻打淮南，以减缓压力。朱晃同意出兵，任命亳州团练使寇彦卿为"东南面行营都指挥使"，令其率领两千人马攻打淮南。

十一月，寇彦卿一路南下近五百里，越过淮河，到达寿州境内的霍邱县。寇彦卿下令攻城，没想到被当地豪强朱景击败。寇彦卿转而攻打淮南的庐、寿二州，结果也不能取胜。淮南的滁州刺史史俨率兵前往阻截寇彦卿，寇彦卿不战而退。

寇彦卿攻打淮南未果，周本仍在攻打苏州。

公元909年（后梁太祖开平三年）四月，周本决定再次攻城。周本命人建造可以移动的"洞屋"，将士兵藏在洞屋之中向苏州城墙靠近，以图近距离攻城。

苏州守将孙琰也想了一个办法。孙琰在城墙上安置长竿，在长竿的顶部安装滑轮，轮子下面安装一个钓钩，然后通过滑轮将钓钩垂下，钩起洞屋屋顶，洞屋之中的士兵全部暴露无遗。

周本发现洞屋不行，又命人向城中投放石弹。孙琰让人张开早已准备好的大网，将石弹全部收于网中。

周本虽然不能攻克苏州城，但也决不撤退。

不久，吴越王钱镠又派牙内指挥使钱镖、行军副使杜建徽等将率兵前来增援苏州。钱镖与杜建徽到达苏州，由于周本围困苏州，一时不能进入城中。钱镖、杜建徽希望把前来增援的消息送入城中，并与城中约定内外夹击。

周本知道吴越国的援兵已到，也担心援兵与城内相通。周本下令紧紧包围苏州城，坚决不让一个援兵进入城中。然而苏州地处水网纵横的南方，城内城外水路相通。周本担心钱镖、杜建徽的士兵会通过水路潜入城中。周本又传令，用缀着铜铃的渔网拦在水中，有鱼鳖经过，铜铃便会发出响声。

吴越国游弈都虞候司马福奉命潜入城中，故意先用竹竿触动渔网。淮南士兵听到铃声后，立即张网查看，而司马福则潜在水中纹丝不动。淮南士兵以为是鱼鳖经过，随即又将渔网放到水中。司马福就在渔网即将放下之际，从水中游过，淮南士兵没有发觉。

司马福进入城中之后，与守将孙琰相见，将城外号令告诉孙琰。司马福不仅能够通过水道潜入城中，还能潜出城外。此后，城内的行动与城外遥相呼应，淮南将士以为有神灵相助。

四月十六日，钱镖与杜建徽下令开战，苏州城内的孙琰与司马福也冲出城门杀向淮南兵马。这一战，周本大败，将领何朗等三十余人被擒，二百艘战船被缴获。周本连夜逃走，吴越兵马一路追击，再战于苏州城西的黄天荡。淮南将领钟泰章率二百名精兵殿后，在河里的茭白丛中放了很多旗帜，吴越追兵以为淮南援兵到来，便不敢再追，周本才得以返还。

淮南与吴越的苏州之战，长达八个月，以淮南失败而告终。

两个月后，周本奉命再度出征。

话说弘农王杨渥当年兼并镇南军时，镇南军这个藩镇所属八州并没有完全被占领。抚、信二州就一直被危全讽、危仔倡兄弟割据。三年来，淮南并没有收复抚、信二州，但抚州刺史危全讽却找上门来了。

苏州之战刚结束不久，危全讽便自称镇南节度使，率领抚、信、袁、吉四州之兵攻打镇南军的治所洪州（今江西省南昌市），号称有十万人马。

洪州城中的守兵才一千余人，根本不能抵挡危全讽的兵马，将士们都非常害怕。镇南节度使刘威先派人悄悄前往扬州，向弘农王杨隆演告急，然后再与属下在城中宴饮，毫无惧色。

危全讽得知刘威毫不慌张，反而不敢攻城。危全讽将大军驻扎在洪

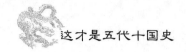

州城西南的象牙潭，再派人前往潭州（今湖南省长沙市），请楚王马殷出兵相助。马殷当时臣属后梁，而弘农王杨隆演并不臣属后梁，马殷决定帮助危全讽。马殷派指挥使苑玫围攻洪州所辖的高安县，以声援危全讽。

危全讽与南楚的兵马逼近洪州，洪州危在旦夕。

刘威所派之人已经到了扬州，左右牙都指挥使徐温已经得到消息。徐温连忙向谋士严可求问策，请严可求推荐解救洪州的将领。严可求推荐步军都指挥使周本，还建议先解救高安，再增援洪州。徐温遂任命周本为"西南面行营招讨应援使"，令其率七千兵马前往援救高安。

周本刚刚经过苏州之战，无功而返。周本不想再度出征，于是声称自己患了疾病，不能带兵。

严可求不相信，便来到周本的家中，看到周本真的躺在床上。严可求请周本起身，周本没有起身，但终于说了实话："苏州这一战，敌人本来并不能战胜我们，但结果为什么我们败了，主要是主将权力太小。现在如果派我增援洪州，一定不要再设副将。"严可求当时就答应了下来。

周本见严可求同意不设副将，马上来了精神，当即起身下床。

周本已经成竹在胸，马上又对严可求说道："洪州城外有两支敌军，一支是驻扎在象牙潭的危全讽，一支是攻打高安的楚国兵马。楚国兵马只是来声援危全讽，并不是真心要夺取高安。如果我一战而击败危全讽，楚国兵马必定撤退。"

严可求同意先不攻打高安的楚军，而先攻打危全讽。

周本率领七千人马从扬州起程，直奔洪州城南的象牙潭。经过洪州时，镇南节度使刘威出城相迎，请周本暂留，让其犒劳一下将士。周本不肯停留，认为兵贵神速，应当出其不意地袭击危全讽。

刘威身边一官员提醒道："危全讽兵强马壮，将军应当观察形势之后，再发兵进击。"

周本回道："贼人兵马是我们的十倍，我们的将士听了之后，一定会非常恐惧。不如趁我们的将士士气正盛时，向危全讽发起出其不意的打击，这样才能取胜。"

周本得知危全讽在象牙潭沿河构建营寨，长达数十里。周本便在河对岸布下阵势。

七月十七日，大战开始。

周本先派出老弱残兵渡河，向危全讽发起袭击。危全讽看到周本的兵马不多，而且是老弱残兵，立即下令还击。周本派出的这些老弱残兵立即回渡，危全讽再下令渡河追击。对岸的周本看到危全讽的人马已经半渡，下令射击。危全讽的兵马一时大乱，自相践踏，很多士兵落入河水淹死。

危全讽见势不妙，马上传令撤退，准备返回抚州。

周本早已分出一部人马，阻断危全讽的归路，危全讽再次遭败，五千余人被擒，危全讽也没能逃脱。据守高安的楚将苑玫获知危全讽兵败，果然决定撤兵，没想到在撤退途中又被淮南兵马击败。

周本擒获危全讽，也就收复了抚州。周本乘胜攻打袁州的彭彦章，彭彦章不敌被擒。周本再攻打吉州，吉州刺史彭玕带领部众数千人投奔南楚。至此，被叛军占领的袁州、吉州全部被周本收复，还有一个信州。

信州刺史危仔倡听说危全讽兵败，马上声称向淮南投降。然而徐温不想让危仔倡继续留在信州，而任命左先锋指挥使张景思为信州刺史，还派五千人马护送张景思赴任。危仔倡得知淮南兵马将至，也不敢守城，立即逃往吴越国。吴越王钱镠给危仔倡一个空头官衔：淮南节度副使，并让危仔倡改姓为元氏。

危全讽被带到扬州，弘农王杨隆演考虑其曾有恩于先王杨行密，便将其释放。随着割据抚、信二州二十八年之久的危氏兄弟被铲除，割据虔州的卢光稠也于次月向淮南归附，至此，江西全境尽入淮南。

此时，后梁与岐国也发生交战，我们再将目光转向中原。

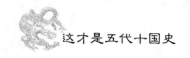
第5章 诬杀功臣，猛将背叛

公元909年（后梁太祖开平三年）正月，后梁太祖朱晃将太庙迁到西都洛阳。从此，朱晃便在西都处理朝政，由博王朱友文担任东都留守，镇守开封。到了洛阳，朱晃因国家财赋稍有丰足，开始给百官发放全俸。唐末大乱以来，将近三十年的减俸时期终于结束。

朱晃的发家之地在开封，现在将都城西迁，多少与西边不太安宁有关。当然朱晃也想谋取西边的岐国，毕竟关中地区的九个藩镇，有五个属于岐国。

关中的九个藩镇，分别是岐国的凤翔、静难、保大、保塞与彰义以及后梁的佑国、忠武、朔方与定难。朱晃在半年前，曾将匡国军与忠武军名称对换，治所仍在同州（今陕西省大荔县），原匡国节度使刘知俊便是忠武节度使。

二月，刘知俊向朱晃奏报，岐国的保塞军发生内乱，牙将李延实杀掉守将刘万子，接管保塞军的治所延州（今陕西省延安市），而马军都指挥使高万兴与兄弟高万金又不愿听命于李延实，便带领数千兵马来降。

洛阳城中的朱晃接到刘知俊的奏表不久，岐国保大军所辖的鄜州守将也派人来降。朱晃决定趁机夺取岐国的保塞、保大两藩镇，并准备亲自到河中府（今山西省永济市）督战。

三月十五日，朱晃到达河中府。朱晃传令关中各藩镇派出兵马，由刘知俊率领，再会合高氏兄弟的兵马，一同攻打保塞军的丹州、延州，以及保大军的鄜州、坊州。

大军进入保塞境内，岐国丹州刺史崔公实不敢迎战，马上派人向后梁投降。镇守延州的李延实不愿投降，下令死守城池。刘知俊分出一部兵马，由白水镇使刘儒率领，前往攻打保大军所辖的坊州，自己带一部人马前来攻打延州。五日后，刘知俊攻克延州，李延实投降。

四月中旬，岐国保大节度使李彦博、坊州刺史李彦昱不堪围攻，放弃城池，逃往岐国的都城凤翔（今陕西省凤翔县）。鄜州都将严弘倚听闻李彦博逃走，也不想再守城池，于是向后梁投降。

至此，保塞军、保大军所属五州都被后梁占领。朱晃任命高万兴为保塞节度使，绛州刺史牛存节为保大留后。

刘知俊一连为后梁收复保塞、保大两藩镇，朱晃非常高兴。然而朱晃并不满足，他还想夺取岐国的静难军。朱晃将这个任务交给了刘知俊。

刘知俊是一位骁勇善战的将领，朱晃让其镇守在忠武，不只是为了防备岐国，更希望其能为后梁开疆拓土。然而这回却让朱晃失望了。

刘知俊认为静难不易攻取。的确，刘知俊攻占保塞、保大，固然是其带兵有方，但与保塞内部发生变故不无关系。再说静难节度使李继徽还是岐王李茂贞的义子，也不好对付。刘知俊没有说太多的理由，只说粮草不足。朱晃也没坚持，让刘知俊返回本镇忠武。

不久，朱晃做了一件事，却让刘知俊感到恐惧不安。

朱晃想撤换佑国节度使王重师。朱晃的理由是王重师擅自派将领张君练攻打岐国的邠州、凤翔等地。朱晃于是下旨调王重师入朝，而任命亲信、左龙虎统军刘捍为佑国留后。

刘捍到了长安后，王重师对他十分冷淡、无礼。刘捍非常生气。刘捍依仗自己是朱晃的亲信，竟然向朱晃奏报说王重师暗与岐国往来，已有二心。刘捍这是在诬陷王重师，王重师当时并无反迹。

朱晃已经回到西都洛阳，接到刘捍的奏报，是深信不疑。朱晃于是下旨，贬王重师为溪州刺史。王重师还未起程，朱晃再下诏，命王重师

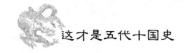

自杀，并灭其全族。

佑国军是忠武军西边的一个藩镇，与忠武军是紧邻。刘知俊很快便听到王重师被杀的消息。刘知俊觉得朱晃越来越猜忌而且残忍。刘知俊甚至觉得自己功劳太大，很可能成为下一个王重师。

其实朱晃当时还没有猜忌刘知俊。由于刘知俊收复保塞、保大两藩镇，朱晃对他的赏赐十分丰厚。朱晃正准备对晋国发动新一轮的攻击，打算任命刘知俊为"河东西面行营都统"。

朱晃下诏，让刘知俊到洛阳商议攻打晋国一事。刘知俊非常犹豫，不知能不能去洛阳。正在这时，刘知俊的兄弟刘知浣派人秘密来到同州，对刘知俊说道："入朝必死。"刘知浣当时在洛阳担任"右保胜指挥使"，他的话让刘知俊坚信不疑。

故事讲到这里，我们觉得刘知俊可能过于敏感，而他的兄弟刘知浣更甚。尽管朱晃可能会杀功臣，但至少目前尚未对刘知俊下手，因为他还需要刘知俊攻城略地。刘知浣不知是凭什么消息判定其兄长入朝必死？刘知浣甚至准备全家离开洛阳，因而奏请带领在洛阳的兄弟子侄到同州迎接刘知俊。也许朱晃本没有怀疑刘知俊，但刘知浣的反常行为不得不让朱晃疑惑。试想，去同州迎接刘知俊需要带着兄弟子侄吗？这分明是举家逃跑。不过，朱晃批准了刘知浣的奏请。

刘知浣尚未到达同州，其兄长刘知俊就决定反了。

六月一日，刘知俊先给朱晃上表，说其为军民所留，不能离开同州。接着，刘知俊派人前往凤翔，向岐王李茂贞请求归附。刘知俊还将同州那些不愿背叛后梁的将领、官员囚禁起来，押赴岐国。忠武军所辖的华州刺史蔡敬思也不愿响应刘知俊，刘知俊便派兵攻打华州，将蔡敬思赶出华州。刘知俊又派一支兵马驻守在潼关，防守关中的东大门。

刘知俊并没有就此罢休，他知道西边的佑国军会是他的障碍，因为这个藩镇的节度使刘捍是朱晃的亲信，一定不会与他一同背叛朱晃。刘知俊于是派人带着重金收买长安的将领，让他们将刘捍擒获。刘知俊再派人将刘捍押到岐国，岐王李茂贞下令将刘捍杀掉。

由于刘知俊的背叛，后梁不到一个月便失去了忠武、佑国两个藩镇。刘知俊还想为李茂贞攻取后梁的关东地区。刘知俊请李茂贞一同出兵，再请晋国出兵攻打晋、绛二州。刘知俊在给晋王李存勖的书信中说道："不超过十天，就能夺取两京，恢复大唐江山。"

得知刘知俊背叛，朱晃还不打算派兵讨伐。朱晃先派身边的近臣去见刘知俊，问刘知俊道："朕待卿不薄，卿为何突然背叛朕？"

刘知俊回道："臣绝不敢忘记陛下的恩德，只是害怕像王重师那样被灭族。"

朱晃再派亲信对刘知俊说道："刘捍诬陷重师与岐国勾结，朕今天已经十分后悔，刘捍死有余辜。"

刘知俊无言以对，但仍不想悔改。

朱晃知道刘知俊不会回头了，决定讨伐刘知俊。

六月十六日，朱晃下旨，削去刘知俊所有官爵，同时任命山南东道节度使杨师厚为西路行营招讨使，令其与侍卫马步军都指挥使刘鄩前往讨伐。朱晃也亲自前往督战。

刘鄩率先逼近潼关，击败刘知俊埋伏在此的兵马，擒获这支兵马的统兵将领蔺如海及其部众三十余人。刘鄩令蔺如海为向导，一路向潼关攻去。当蔺如海到达潼关城下时，守关将领并不知道他已向刘鄩投降，下令打开城门放他入城。刘鄩大军趁势攻入城中，潼关就此被收复。刘鄩得知刘知俊的兄弟刘知浣已到潼关城中，忙派人搜查，很快将其擒获。

六月十九日，朱晃抵达陕州，获报刘鄩已经收复潼关，还擒获刘知俊的兄弟、子侄。朱晃此时仍想劝刘知俊回心转意。朱晃派刘知俊的侄儿刘嗣业带着诏书前往同州劝说刘知俊。

刘知俊得知其兄弟、子侄已在潼关被擒，也想重新归降后梁，并向朱晃谢罪，却又被另一兄弟刘知偃制止。也就在这时，前方探马来报，杨师厚大军已经攻至华州，刘知俊的华州守将聂赏投降。刘知俊不禁惊惶失措，面如土色，不知如何是好。

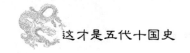

六月二十一日，思来想去的刘知俊带领家人逃往岐国。

这已是刘知俊一生中的第二次背叛。

刘知俊是徐州沛县人，容貌雄伟，有豪杰之气，挥剑杀敌勇冠诸将，最早是感化节度使时溥的大将。刘知俊一开始也得到时溥的器重，后因智勇过人而受到猜忌。十八年前，刘知俊带领两千兵马投奔朱晃，被朱晃任命为"左右开道指挥使"，时人称为"刘开道"。时溥的势力从此一蹶不振，不久便被朱晃消灭。这是刘知俊的第一次背叛。刘知俊到了岐国会如何呢？是否会有第三次背叛呢？后面再讲。

且说杨师厚率领大军从东边的华州一路攻向长安。杨师厚准备先攻长安城的西门。杨师厚是后梁名将，之所以这样做，是想给敌人来个出其不意，还防止敌人向西逃窜。

杨师厚于是派一支兵马从长安城南边的山区绕道，快速行军，来到长安城的西边，然后从西门发起进攻。长安城内的叛军根本没有想到杨师厚会从西门攻入，猝不及防，城池很快被攻克。

至此，忠武、佑国两藩镇被收复。尚在陕州的朱晃下诏，任命保大留后牛存节为忠武节度使，代替刘知俊；任命刘鄩为佑国军留后，镇守长安。不久，朱晃又下诏，将佑国军更名为永平军。

七月十日，朱晃从陕州东返，两日后抵达都城洛阳。朱晃回到洛阳后便开始患病，不能上朝。朱晃此次患病，有一个月之久。直到八月二十一日，朱晃的病情才略有好转，能够上朝议事。

且说李茂贞对刘知俊来投，非常高兴，马上任命刘知俊为中书令，还想让刘知俊当一个重要藩镇的节度使。由于岐国地少，一时没有合适的藩镇安置刘知俊，李茂贞便给刘知俊多发一些俸禄，以示慰劳。

李茂贞想从后梁夺来一个藩镇，以安置刘知俊。李茂贞看中了后梁的朔方军，认为朔方不仅可以安置刘知俊，还可以作为岐国的牧马之地。李茂贞就派刘知俊率兵攻打朔方，同时联络晋王李存勖，请其派兵攻打后梁的晋、绛二州。

刘知俊还没有攻至朔方，李存勖已经亲自领兵南下了。

　　李存勖先派周德威等将从阴地关出兵，攻打晋州。后梁晋州刺史边继威竭力固守。晋兵挖掘地道，使得晋州城墙倒塌二十余步长。边继威带领城中士兵拼死血战，一个晚上便把倒塌的城墙修复了。

　　朱晃得知晋国兵马攻打晋州，连忙派杨师厚率部前往援救。晋将周德威探得消息，派出骑兵在蒙坑阻挡杨师厚。杨师厚将这支骑兵击败，很快进抵晋州城下，周德威不敢再战，立即解围而去。

　　十一月，刘知俊抵达朔方军的治所灵州（今宁夏回族自治区灵武市）。后梁朔方节度使韩逊一边固守城池，一边派人前往洛阳，向朱晃求救。

　　朱晃立即派镇国节度使康怀贞、感化节度使寇彦卿率兵攻打岐国的邠、宁二州，以援救朔方。康怀贞、寇彦卿二将所战皆捷，连克宁、衍、庆三州，一部游兵还深入岐国的泾州境内。

　　十二月，刘知俊决定撤兵，南下迎战康怀贞。

　　朱晃得知刘知俊南撤，担心康怀贞等人不敌，毕竟刘知俊是一员能战之将，"刘开道"的大名并不虚传。朱晃立即诏令康怀贞等回师，还派兵前往接应康怀贞。

　　不久，康怀贞等率部到达三水（今陕西省旬邑县），没想到刘知俊已经在此据险阻截。康怀贞不能获胜，只得传令东撤。康怀贞与裨将李德遇、许从实、王审权等分道而行，但都未能与前往接应的兵马相遇。

　　康怀贞到达升平（今陕西省黄陵县西）时，没想到刘知俊已命另一部兵马在山口设下埋伏，康怀贞再次大败，只一人逃脱，而李德遇等全军覆没。

　　康怀贞两次被击败，之所以能够逃脱，多亏军中有一员猛将。这员猛将名叫王彦章，是寿张人，骁勇绝伦，所向无敌。王彦章有两柄铁枪，都重百斤，一柄置于马鞍之上，一柄握于手中，人称"王铁枪"。

　　刘知俊击退后梁兵马后，被李茂贞任命为彰义节度使。

　　半年后，李茂贞又派刘知俊与静难节度使李继徽，一同攻打后梁的定难军。李茂贞还派人前往晋国，请晋王李存勖也一同出兵。李存勖派

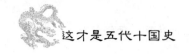

振武节度使周德威率兵出征。

公元910年（后梁太祖开平四年）七月，刘知俊、李继徽、周德威的大军在定难军治所夏州（今陕西省靖边县）会师，共有五万余人。定难节度使李仁福带领将士固守城池，同时派人向朱晃告急。

八月，朱晃派大将杨师厚、康怀贞率三万兵马，进驻三原，再派夹马指挥使李遇、刘绾从鄜、延二州方向，前往银州、夏州，截断晋军归路。朱晃也亲自前往陕州督战。九月，李遇等将到达夏州，晋、岐两国兵马解围而去。

朱晃对刘知俊背叛并多次来犯非常恼怒，特地下诏悬赏："生擒刘知俊的，赏钱千万，授节度使，斩其首级的，赏赐次之。"

九月八日，朱晃回到洛阳，旧病复发，而且一病就是多月。就在患病期间，朱晃开始谋划对武顺节度使王镕用兵。

第6章 猜忌王镕，征讨武顺

　　武顺军原名成德军，因避朱晃父亲朱诚名讳而改的名。武顺节度使王镕臣服朱晃后，还与朱晃结为儿女亲家。朱晃称帝不久，便封王镕为赵王。三年多来，王镕虽然不向后梁朝廷缴纳赋税，但进贡从不间断。

　　公元910年（后梁太祖开平四年）八月，王镕的母亲去世，朱晃派使前往吊唁。朱晃的使者在武顺看到晋国的使者也来吊唁。使者回到都城洛阳后，将此事奏报朱晃，并提醒朱晃道："王镕暗中与晋国勾结，而其北边的义武虽然归附大梁，但与晋国有姻亲，武顺、义武这两个藩镇势力都很强，恐怕不好控制。"

　　使者所说的义武与武顺一样，也从不向后梁纳赋，只是进贡而已。

　　朱晃认为王镕已经背叛自己，准备寻找机会进行平叛，只是一时没有机会。朱晃考虑此次北征的主将及副将。

　　谁会成为主将呢？朱晃看中了王景仁。

　　王景仁原名王茂章，身材魁梧，骁勇剽悍，善于使槊，常常身先士卒。王茂章是庐州合肥人，早年跟随杨行密。朱晃兼并平卢时，杨行密曾派王茂章增援平卢节度使王师范。王茂章杀进杀出，如入无人之境。朱晃观战后，曾叹道："我要是得到此人，天下就不难平定。"王茂章后来又投奔吴越王钱镠。两年前，钱镠派王茂章出使后梁，被朱晃留在京师，担任宰相。王茂章为避朱晃曾祖朱茂琳名讳而更名为王景仁。

　　王景仁在后梁，虽然位列宰相，但并无战功，后梁不少将领并不服气。而且王景仁个性质朴，没有威严，出任主将并不合适。朱晃如此重

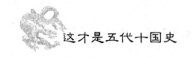

用王景仁，纯粹是因为对王景仁的厚爱。

十一月三日，朱晃任命王景仁为"北面行营都指挥招讨使"，将领韩勍为副招讨使，李思安为先锋官。

副将韩勍，史书上没有为其列传，在当时不是什么名将。

李思安曾是潞州之战的主将，后因征战不力而被朱晃发回原籍充当劳役。不久，朱晃又起用李思安，任命其为宣化节度使。此次北征，李思安连副将都没当上，只是个先锋，心中多少有些不平。

十一月二十五日，朱晃的病情有所好转。

这一天，北方报来一个消息，让朱晃找到出兵武顺的借口。这个消息就是卢龙节度使刘守光派兵进驻涞水（今河北省涞水县）。涞水是易州的属县，而易州是义武的属州，也就是说刘守光的兵马已经进入义武境内。

朱晃决定调兵进入武顺境内，声称为了防范刘守光的兵马南侵，以帮助武顺抵御强敌。这个理由其实很勉强。一来刘守光只是入侵义武，并没有入侵武顺。二来刘守光当时已经向朱晃称臣，并在上一年被朱晃封为燕王，朱晃怎么还会去抵御刘守光呢？刘守光南下，不正是与朱晃一同火击义武、武顺吗？

不管这个理由是否充分，朱晃总算为出兵武顺找了个借口。

朱晃下诏，令天雄军派出一支兵马前往武顺军所辖的深、冀二州，并由自己身边的供奉官杜廷隐、丁延徽担任这支兵马的监军。朱晃还说，这支兵马的粮草就由武顺提供。

朱晃的这一部署，王镕会如何反应呢？

王镕当时并没有背叛朱晃，甚至对朱晃的这一部署丝毫没有起疑。

王镕的将领石公立却感到非常不安。石公立当时就驻守在深州，得知朱晃调兵进入深州，连忙派人快马来到武顺的治所镇州（今河北省正定县），恳请王镕拒绝朱晃的增援，一定不能让这支兵马进入深州。

王镕听了此言，感到不高兴，立即拒绝了石公立的请求。王镕不仅下令将城门打开，迎接天雄的兵马，还将石公立调出深州，以免与天雄兵发生冲突。

石公立对此十分痛心，离开深州城时指着城门哭泣道："朱温颠覆唐朝社稷，三岁小孩都知道他是个什么样的人，而我家大王竟然与朱温结有姻亲，认为朱温是一位长者，这可是开门揖盗啊。可惜啊，这座城池就要落入贼人之手了。"

不久，后梁朝中有官员因罪逃到镇州，把朱晃的谋划告诉王镕，王镕这才感到害怕。王镕此时虽然感到后悔，但也不敢强行拒绝天雄的兵马入城。

于是，王镕派人前往洛阳，向朱晃陈情道："刘守光的兵马已经撤退，而且与义武议和，恢复以前友好。现在深、冀二州的百姓见到天雄的兵马来到，都惊恐奔走，恳请陛下下旨，将天雄兵马召还。"

朱晃当然不会撤兵，便派出使者来到镇州，对王镕好言抚慰。

没几天，从深州又传来了坏消息，王镕听了更是痛心。原来进入深州的杜廷隐、丁延徽下令关闭城门，将城中的守兵全部杀掉。

王镕如梦方醒，决定背叛后梁，准备与朱晃兵戎相见。

王镕将武顺恢复原名成德，不再顾忌朱晃父亲的名讳。从此武顺、义武不仅叛离后梁，还与晋国一样改用唐哀帝的天祐年号，本年为天祐七年，尽管唐哀帝被杀已经两年多。王镕又命令石公立率兵反攻深州。杜廷隐、丁延徽带领天雄兵马固守城池，石公立不能攻克。王镕又派出使者向晋王李存勖及燕王刘守光求救。

王镕向李存勖求救，完全可以理解，因为李存勖与朱晃势不两立。然而王镕向刘守光求救，就让人感到纳闷，刘守光到底是哪边的？总之，记住刘守光是一个反复小人就好了。

王镕的使者到了太原，义武节度使王处直的使者也来了。两镇使者一同推举晋王李存勖为盟主，合兵攻打后梁。

李存勖召集将领们商议此事，众将都说道："王镕臣服朱温已经很久，每年都向朱温进贡，两家还结有姻亲，他们的交情很深。王镕此举一定有诈，应当再观察观察。"

李存勖有不同看法，说道："王镕也是考虑利害才这么做的。王家在唐朝时，尚且时臣时叛，现在岂能始终臣服朱温？如果说两家有姻亲，当年王镕的曾祖不也曾迎娶唐朝的寿安公主，王家不也照样背叛唐朝？再说朱温的女儿怎比唐朝的寿安公主？现在王镕连自己的性命都保不住，岂能顾及姻亲？如果我们猜忌王镕而不相救，不正中了朱温的诡计？我们应当立即发兵前往镇州，晋、赵合力，一定能够击破伪梁。"

众将不再反对。李存勖于是下令，派蕃汉马步总管周德威率兵，从太行八陉之井陉穿过，进屯成德境内的赵州（今河北省赵县）。

再说王镕的使者到了幽州（今北京市），刘守光正在打猎，其幕僚孙鹤接待了使者。孙鹤认为这是刘守光成就霸业的好时机。

孙鹤快马来到郊外，叩见刘守光，说道："王镕向大王请求出兵，这是上天助大王成就功业啊。"

刘守光不解，问道："何以见得？"

孙鹤答道："朱温的志向非常明显，就是完全吞并河朔一带。我们也总是担心王镕与朱温勾结，现在他们内部分裂，自相为敌，大王如能与王镕联合，必将能够攻破伪梁。诚如此，则武顺、义武两镇定会毕恭毕敬向大王进贡。如果大王不出师，就怕晋国将会抢在我们的前面。"

刘守光不以为然，说道："王镕总是不守信用，现在让他与朱温相斗，我们坐收其利，何必要出兵相救呢？"

王镕的使者不绝于路，但刘守光就是不出兵相救。

十二月，朱晃接到奏报，得知王镕已经与晋国联合，晋国兵马已经驻屯镇州南边的赵州。朱晃立即传旨，命王景仁、韩勍、李思安等北上迎战。

那么王景仁此次率大军出征，能否为朱晃平定河北呢？

第7章　柏乡之战，以少胜多

公元910年（后梁太祖开平四年）十二月四日，后梁大将王景仁在河阳（今河南省孟州市）北渡黄河，会合天雄的兵马，共计四万人，进驻邢、洺二州。十二月二十一日，王景仁率部继续北上，向柏乡（今河北省柏乡县）挺进。

柏乡是赵州的一个县，离赵州城（今河北省赵县）只有数十里。

成德节度使王镕得知后梁大军逼近成德境内，非常担忧。王镕担心晋国周德威的兵马不能抵挡，便再派使者，向晋王李存勖告急。

李存勖也担心周德威的兵马不足，决定亲自增援成德。李存勖命蕃汉马步副总管李存审留守太原，自率兵马东进。

十二月二十五日，李存勖抵达赵州，与周德威会师。义武节度使王处直也派五千兵马跟李存勖会合。

两军尚未开战，晋国的将士便擒获后梁割草打柴的士兵二百余人。李存勖问这些士兵："你们从洛阳出发时，梁主有何号令？"

这些士兵回答道："皇上对主将说，王镕这个人反复无常，始终是子孙的祸患。现在把精兵全部交给你，镇州城就是铁做的，也要给我攻下来。"

李存勖听后，让人将这些俘虏送给成德节度使王镕。

李存勖不准备在赵州迎战王景仁，传令继续南下柏乡与王景仁决战。

十二月二十六日，李存勖到达距柏乡三十里处，暂停前行。

李存勖决定先试探一下王景仁，派周德威带领一支胡人骑兵冲到王

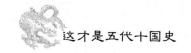

景仁的营寨前，向王景仁发起挑战。王景仁紧闭营寨，就是不出战。

第二天，李存勖再向前推进，离柏乡只有五里，在野河北岸扎营。

李存勖再派胡人骑兵向王景仁的营寨射箭，并且大声叫骂。王景仁终于派将领韩勍、李思安等率三万兵马分三路出击。然而韩勍、李思安等只是追击这些骑兵，并没有真正向晋军大营发起攻击。

后梁的这些士兵都穿着绸缎做的衣服，上面还有金银装饰，光彩炫目，晋国士兵看到，自愧不如，士气大减。

晋将周德威对另一将领李存璋说道："梁国士兵并不想真的作战，只是想炫耀一下，如果不挫挫他们的锐气，我们的军心将为之不振。"

周德威于是来到将士之中，说道："这些梁兵，都是汴州的天武军，不过是一些屠夫、酒保、帮佣、小贩而已，衣服铠甲虽然光鲜夺目，战斗力却是十不抵一。我们只要擒获一个，就能发个小财，这些人都是奇货，不能让他们走掉。"

周德威又亲自带领一千余精骑袭击后梁兵马的两翼，左冲右突，出入数次，俘获后梁士兵一百多人。周德威边战边退，快到河边才停止，这时后梁的兵马也已退去。

周德威虽然动员士兵向后梁士兵发起袭击，但发现后梁兵马数量众多，根本不能与之决战，所以才边战边退回营地。

面对兵马众多的后梁大军，周德威已经有了应对之策。

周德威来到晋王李存勖的大帐，对李存勖说道："大王，贼势甚盛，我们应当按兵不动，等其士气衰落再出战。"

二十六岁的李存勖年轻气盛，不赞同这个看法，有些生气地说道："我们一支孤军，从远方到此，正是为了救人于危难。再说我们虽有河东、成德、义武三镇兵马，不过是乌合之众，更应当速战速决，以免夜长梦多。你想按兵不动，不敢冒一点风险，这是为何？"

周德威看出李存勖有些不悦，但还是把自己的想法说完："成德、义武的兵马，擅长守城，不善于野战。再说我们所依赖的骑兵，也适合在平原旷野作战。现在骑兵都压在敌人的营门之外，连脚都迈不开。更何况敌众我寡，一旦敌人得知我们的虚实，事情就十分危险。"

李存勖听后，很不高兴，也不再言语，而是回到帐内躺下休息，诸将都不敢再说一句话。

周德威坚持自己的主张，但又不敢再劝李存勖。周德威便去见监军张承业，想劝说张承业接受自己的看法，然后再由张承业去劝说李存勖，或许李存勖能够采纳。

周德威来到张承业的大帐之中，对张承业说道："大王即位以来，在潞州突然打了一个胜仗，便有些轻敌，不考虑自己的实力而只想速战。现在我军离敌人不过咫尺，唯一阻隔的，不过一条小河。如果敌人搭建浮桥，向我们营地发起袭击，我们必将全军覆没。末将认为，不如退守北边的高邑，引诱敌人离开营寨。敌人出战，我们就撤退，敌人回营，我们就出战。再派出一支轻骑兵抢夺他们的粮草，不出一个月，一定能够破敌。"

张承业赞同周德威的看法，马上起身前往李存勖的大帐。

张承业到了李存勖的大帐之中，来到李存勖的卧榻之前。张承业撩起帘幕，轻轻推推李存勖说道："现在岂是大王安睡之时？周德威是沙场老将，知道如何带兵作战，他的话不可以不听。"

张承业是河东元老，在辅佐李存勖铲除李克宁一事上，立有大功，李存勖对张承业也是非常敬重。李存勖听了张承业的话，马上起身，面有悦色道："我也正在考虑此事。"

也就在这时，前方有后梁士兵投降过来，李存勖一问才知王景仁大军正在搭建浮桥。李存勖立即召周德威前来，对周德威说道："果然不出你之所料。"当天，李存勖便下令，全体拔营，退守高邑。

晋国兵马到了高邑，便与后梁兵马离得较远，一时安全了，但后梁的兵马却遇到困难了。原来柏乡一直没有储粮，后梁大军驻屯在此，只能自己解决粮草。王景仁不时派出士兵到郊外砍柴割草。李存勖得知这一消息，也没死守高邑，而是派出骑兵抄掠，后梁士兵只好守营不出。

周德威又派胡人骑兵在后梁营寨四周放箭，还大声叫骂。后梁主将

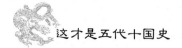

王景仁担心有埋伏，也不敢派兵出战。时日一久，后梁兵马粮草不足，只好拆除百姓屋顶上的茅草来喂马，最后连坐席也拿来喂马，即便如此，很多战马还是没有活下来。

公元911年（后梁太祖开平五年）正月二日，李存勖再派将士到后梁营寨前挑战。大将周德威及别将史建瑭、李嗣源率三千精骑冲到后梁营寨前，一齐高声叫骂。

后梁主帅王景仁终于怒不可遏，传令所有将士杀出营寨。周德威等且战且走，一直退到高邑南边。后梁兵马众多，东西横亘数里长，纷纷争夺浮桥北渡。驻守野河北岸的晋将李存璋带领成德、义武步兵抵御，然而根本抵挡不住。

李存勖获报，感到非常担忧，对匡卫都指挥使李建及说道："贼寇一旦过了河，就再也阻挡不了。"

李建及知道晋王的用意，马上挑选两百名士兵，手持长枪，大声呐喊，冲向敌军，拼死奋战，竟将后梁兵马击退。

李存勖登上高处远望战场，看到后梁士兵虽多，但争先恐后，一片嘈杂，而晋兵整齐而安静，说道："我兵必胜！"

两军从已时一直战到午时，一个时辰过去了，双方胜负未分。

李存勖准备投入所有兵力进行决战，便对周德威说道："两军交战已成胶着，看样子也难以分开。我们是兴是亡，就在此一举了。我准备为将军冲锋陷阵，将军可以随后继进。"

李存勖真是年少英勇，作为晋王，竟然准备亲自冲锋在前。周德威马上拦住李存勖的马首，极力劝谏道："看梁兵的情形，我们当以逸待劳，才能取胜，如果强行进攻，恐怕不容易成功。梁兵一路杀来，已经离营三十余里，就是带着干粮，也来不及吃。到了日头偏西，梁兵一定非常饥渴，再加上刀箭如雨，士兵早已疲倦，就会产生撤退之意。到那时，我们再用精锐骑兵冲杀过去，一定能够取得大胜。而依当前情形，尚不是时机。"

李存勖听了，只好作罢。

过了中午，后梁士兵光顾冲杀没顾得上吃喝，非常疲惫，都没有了斗志。王景仁传令所部兵马略加后撤。

后梁的这一动作马上被周德威发觉。周德威立即高声叫道："梁军逃走了！"晋兵听后，鼓噪而进。

当时，后梁的天雄、宣义兵马在东，宣武兵马在西。天雄、宣义的兵马已经先行撤退，而西边宣武的兵马还没有动。晋将李嗣源带领部众高声对宣武士兵喊道："东边的人马已经逃走，你们还留在这里做什么？"

宣武士兵相互惊恐地看着，继而仓皇而逃。晋将李存璋率成德、义武的步兵追了过去，大声喊道："梁国人也是我晋国人，只要放下兵器就不杀。"

后梁士兵听后，纷纷放下兵器、脱下盔甲投降。然而跟随晋国前来参加的成德将士对后梁屠杀深、冀二州士兵一事，非常仇恨，仍在追杀后梁的士兵，后梁的龙骧、神捷两支精兵几乎被杀光。从野河到柏乡，后梁士兵尸横遍野。后梁主帅王景仁以及将领韩勍、李思安在数十名骑兵的护卫下逃走。

晋国士兵连夜进至柏乡，后梁兵马已经全部逃走，丢下的粮食、财物、器械不可胜数。柏乡之战，后梁阵亡两万余人，晋国以少量兵马获得大胜。

晋王李存勖则率部驻屯赵州，派将领李嗣源追击后梁溃兵。李嗣源一直追至邢州（今河北省邢台市），河朔一带大为震动。后梁保义（治所邢州）节度使王檀获报后，传令严加戒备，然后才打开城门，收容残兵。

占据成德深、冀二州的后梁监军杜廷隐等，听闻梁兵在柏乡惨败，也不敢再留在城中，立即弃城而走。杜廷隐等还将二州的青年充作奴婢，将老弱百姓全部坑杀。杜廷隐等逃走后，深、冀二州就成了两座空城。

正月八日，柏乡惨败的消息传到洛阳，后梁太祖朱晃非常痛心，

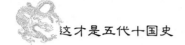

也非常怒火。朱晃立即下诏，任命镇国节度使杨师厚为"北面都招讨使"，令杨师厚屯兵河阳，收容柏乡溃散之兵。十天左右，杨师厚共收容了一万余名士兵。

正月二十四日，朱晃终于开始处置败军之将。后梁此次兵马远多于晋国，没有发挥优势兵力，主帅王景仁指挥不当难逃罪责。尽管王景仁是朱晃十分欣赏的战将，但朱晃也不得不予以处罚。朱晃最后免去王景仁招讨使、同平章事等职。李思安降为相州刺史。李思安心中不快，无心政事，一年后，被朱晃赐死。

王景仁也向朱晃诉苦。朱晃说道："朕也清楚，可能是韩勍、李思安他们把你当作客，轻视你，不听你的指挥吧。"几个月后，朱晃便恢复了王景仁全部官爵。

柏乡之战虽已结束，但晋王李存勖想乘胜夺取保义与天雄两藩镇。李存勖派张承业、李存璋攻打保义的邢州，派周德威、史建瑭攻打天雄各州。李存勖则亲率大军攻打天雄的治所魏州城。

朱晃获报，十分担心魏州，一来天雄节度使罗周翰刚刚继任，年纪太小，二来对天雄的旧将也不放心，毕竟天雄的骄兵悍将太多。

二月五日，朱晃下诏，任命户部尚书李振为天雄节度副使，再派杜廷隐率一千名士兵护送李振前往赴任，以协助罗周翰守城。不久，大将杨师厚又率兵北上援救邢、魏二州。

就在朱晃调兵遣将之时，李存勖准备改变部署，起因与刘守光有关。

却说刘守光听闻后梁兵马败于柏乡，派人前往镇州、定州，对王镕、王处直说道："听闻两镇与晋王大破梁兵，正在南下追击。我也有三万精骑，准备亲自率领，为诸公开道。然而，四镇联合，必定有一位盟主。我到了那里，将处于何等位置？"

王镕感到非常不安，连忙派人将此事告诉李存勖。李存勖笑对诸将言道："成德告急之时，刘守光没出一兵一卒，现在我们击败敌人取得成功，他却想来离间我们，真是愚蠢至极。"

诸将说道："我们的云、代二州与幽州相连，刘守光如果派兵袭扰，我们千里征讨，鞭长莫及。刘守光也是心腹之患，不如先消灭刘守光，再专心南下攻打伪梁。"

李存勖认为有理，便下令撤围魏州。

后梁大将杨师厚此时已经逼近魏州，获报晋兵正在撤退，立即下令追击。李存勖很快便撤到赵州，杨师厚一直追到漳水也没有追上，只好作罢。不久，围困邢州的晋兵也解围而去，杨师厚则屯兵魏州待命。

成德节度使王镕为答谢李存勖出兵相救，亲自来到赵州拜见李存勖，还带来酒肉钱粮，犒劳将士。王镕又派其义子王德明率三十七都将士，常年跟随李存勖东征西讨。

王镕坦言梁兵近在咫尺，不能不忧。李存勖说道："朱温的罪恶已经到了极点，就是杨师厚这样的大将也救不了他。一旦发生军情，我自会率兵前往抵御，叔父不要担忧。"

王镕举起酒杯向李存勖敬酒，称李存勖为"四十六舅"。李存勖更是割断衣襟盟誓，要将女儿嫁给王镕的儿子王昭诲。

从此晋、赵两国的交情越发牢固。有意思的是，李存勖与王镕，一个称对方为叔父，一个称对方为舅舅，最后两人还结为儿女亲家。

李存勖不日从赵州起程，返回河东太原，留周德威等率三千人驻防赵州。

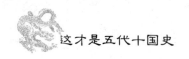

第8章　建立桀燕，南攻义武

公元911年（后梁太祖开平五年）六月的一天，后梁燕王刘守光穿起赭色龙袍，环顾其文武官员，说道："如今，天下大乱，群雄逐鹿。孤兵强地险，也想自立为帝，诸位以为如何？"

文武官员多不赞同，但大多不敢反对。

幕僚孙鹤劝谏道："现今我们内难刚平，官府与百姓都很贫乏。李存勖在西边蠢蠢欲动，契丹在北边待机而发。如此情形，大王仓促称帝，不见得可行。大王应当养士爱民，训练将士，广积粮谷，只要修行德政，四方自然诚服。"

刘守光听了此言，非常不悦。

刘守光不想就此罢休。刘守光又派人前往成德、义武，请成德节度使王镕、义武节度使王处直尊自己为尚父。王镕已经依附晋国，马上派人前往太原，将此事通报给晋王李存勖。

李存勖听后，非常生气，准备发兵攻打刘守光。诸将此时又有了不同看法，都说道："刘守光的罪恶已到极点，看情形快要有灭族之祸。不如假意遵从，让他更加不可一世，他会死得更快。"

李存勖采纳这一建言，便与成德王镕、义武王处直、昭义李嗣昭、振武周德威、天德宋瑶共六位节度使一同尊奉刘守光为尚书令、尚父。

刘守光并不醒悟，认为六藩镇是害怕他，才会如此尊敬他。刘守光变得更加骄傲，竟然给后梁太祖朱晃上表道："晋王李存勖等人推举臣为尚书令、尚父，臣已经承蒙陛下大恩大德，不敢再接受这一官职。臣想来想去，最好的做法是，请陛下授臣为河北都统，则河东、武顺两藩镇就不难平定。"

朱晃也知道刘守光狂妄而且愚蠢，既不想任命其为河北都统，又不便全部否决其奏请。朱晃便下诏任命刘守光为河北道采访使，派使前往册命。

刘守光又命僚属拟定尚父、采访使的册命仪式。僚属拿出唐朝册封太尉的仪式文书呈献刘守光，刘守光看了之后，问道："为何没有郊外祭天、更改年号的事？"

僚属回道："尚父虽然尊贵，但仍是人臣，不可以郊外祭天、更改年号。"

刘守光听后，大怒，将文书扔在地下，说道："我的领地方圆两千里，带甲士兵三十万，就是在河北当皇帝，谁又能奈何我？尚父算什么东西？"

刘守光下令，让僚属们立即呈报登基称帝的仪式。

八月，刘守光准备正式称帝。将领们私下议论，都认为不能称帝，但又不敢说出来。刘守光也知道有人反对，所以在庭院之中放置刀斧及砧板，放话道："胆敢劝谏的，斩！"

有没有冒死劝谏的呢？当然有。

幕僚孙鹤谏道："沧州城破之时，我孙鹤就应当处死。现在承蒙大王恩典，让我活到今天。现在我怎敢爱惜一死而忘记恩德？属下以为，现在不是称帝的时候。"

孙鹤本是义昌节度使刘守文的节度判官。两年前，刘守文联合契丹、吐谷浑的兵马讨伐囚禁父亲的刘守光。刘守光兵败时，刘守文单枪匹马来到阵前，泪流满面地高声叫道："不要杀了我的兄弟。"突然，刘守光身边的猛将元行钦纵马来到刘守文面前，将刘守文生擒而去，身段之快，刘守文的将士竟然来不及反应。刘守光立即下令反击，刘守文兵马大败，契丹、吐谷浑两部也撤兵而去。刘守继续南下攻打义昌军的治所沧州。义昌节度判官吕兖与孙鹤拥立刘守文之子刘延祚为主帅，坚

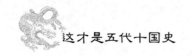

守城池。半年后，沧州城中粮草断绝，刘延祚只得出城投降。刘守光杀了刘守文、吕兖，而让孙鹤当了自己的幕僚。

刘守光听了孙鹤的谏言，大怒异常，命人将孙鹤按到砧板上，让士兵割其身上的肉来吃。

孙鹤大声叫道："不出一百天，大军就来了！"

刘守光又命人用泥土堵塞孙鹤的嘴，直到一块一块将其割死。

八月十三日，刘守光即皇帝位，改元应天，国号为大燕，后世史家称为"桀燕"。刘守光下旨，任命后梁的使者王瞳为左相，卢龙判官刘涉为右相，后梁另一使者史彦群为御史大夫。

十月，刘守光称帝的消息传到太原，晋王李存勖大笑道："等他占卜国家能有几年时，我就要取而代之了。"

监军张承业则建议派使前往祝贺，以让刘守光更加骄傲，让他做出更加荒唐的事。李存勖非常赞同这一做法，立即派太原少尹李承勋前往道贺。

李承勋到了幽州（今北京市），见了刘守光，仍然采用藩镇之间通使的礼节。燕国的典客官对李承勋说道："我家大王已经称帝，公应当在朝堂之上，以臣子的礼节叩见。"

李承勋说道："我受命于唐朝而担任太原少尹，燕王只可让其境内之人称臣，怎么能够让别国的使者也称臣？"

刘守光听后，大怒，命人将李承勋囚禁起来。

几天之后，刘守光再让人将李承勋释放，问道："现在还称不称臣？"

李承勋坦然自若，说道："燕王如果让我家大王称臣，我便向燕王称臣。否则，有死而已。"

刘守光对李承勋毫无办法。

刘守光称帝，便是叛离了后梁，那么后梁太祖朱晃为何不派兵前来征讨呢？朱晃当时正准备与晋国交战，一雪柏乡失败之耻。就在当年九月，朱晃的病快要痊愈之时，北方送来消息，说李存勖与王镕合谋来袭。朱晃决定亲自率兵出战。

九月二十四日，朱晃抵达卫州（今河南省卫辉市）。大军正在用餐时，前方探马来报，说晋军已经东出井陉（今河北省井陉县西）。朱晃下令快速向北边的邢、洺二州奔去，以阻截敌人。

九月二十六日，朱晃到达相州（今河南省安阳市），听报晋兵并没有发起袭击，才停止前行。

相州刺史李思安没想到皇上突然驾到，没有做好准备。朱晃认为李思安怠慢了他。朱晃也听说李思安当了相州刺史后，经常抱怨，无心政务。朱晃非常生气，立即下旨削去李思安的官爵。

朱晃当时的心情很糟糕，也很烦躁。要知道，朱晃对潞州、柏乡两次大败非常痛心，一直想与晋国再次决战，以雪其耻，所以强撑病体，亲自率兵。现在听报晋兵来袭，却又不能与敌人面对面交战，朱晃感到非常郁闷，动不动就发怒。一些功臣、宿将就是有一些小的过错，就可能被朱晃下旨杀掉。在相州时，朱晃便杀了邓季筠、何令稠、陈令勋，给出的罪名竟然是他们的战马太瘦。

十月四日，朱晃从相州启程。

第二天，朱晃到达洹水。当天晚上，前方来报，晋、赵两国兵马正在南下。朱晃顾不得休息，立即下令，北上迎战。

第三天，朱晃到达魏县（今河北省大名县西）。朱晃刚传令扎营，军中忽传："沙陀兵杀来了！"后梁的士兵非常惊恐，纷纷逃亡，严刑也不能制止。不久又说沙陀兵并未到来，军心才又安定。此时朱晃的心情更加糟糕，竟然杀了随军出征的将领黄文靖。将领们对朱晃越来越害怕。

十一月，朱晃终于弄清楚，晋兵并未来袭，于是传令南返洛阳。不幸的是，回到洛阳的朱晃旧病又发。

晋王李存勖当时并没有派兵攻打后梁，而是准备向称帝的刘守光用兵。李存勖一直在等待时机，等刘守光更加疯狂。刘守光不久真的就疯狂了，竟然准备攻打依附晋国的义武。

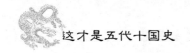

冒死劝谏的孙鹤已经被杀了，还会有人来劝谏刘守光吗？

还是有人的，此人便是幽州参军冯道。冯道劝刘守光不要攻打义武，刘守光一听就怒，马上命人将冯道投入狱中。

冯道后来被人搭救，离开幽州，逃往太原，投奔张承业。张承业将冯道推荐给李存勖，李存勖用其为掌书记。冯道在五代时期是一位极为神奇的人物，先后在后唐、后晋、后汉以及后周做官，历经整个五代，官至宰相，被后人称为"不倒翁"。

冯道走了，没人再劝刘守光了。

十一月二十八日，刘守光亲率两万兵马南下，不日抵达义武边境，向容城（今河北省容城县）发起袭击。容城是易州的属县，易州是义武的属州，消息很快便报至义武节度使王处直那里。王处直立即派出使者，快马前往太原，向李存勖求救。

李存勖决定援救义武。

李存勖会派哪位将领担任主将呢？李存勖想用大将周德威。

周德威当时正驻屯赵州，防守成德的南大门。十二月，李存勖调周德威返回河东，再派李存审接替周德威驻守赵州。李存勖再给周德威二万人马，令周德威统领李嗣源、刘光浚等将前往攻打桀燕，声援义武。

公元912年（后梁太祖乾化二年）正月，周德威穿过飞狐口（今河北省涞源县），与王镕的将领王德明以及义武的将领程岩在易水（今河北省易县南）会师。周德威统领河东、成德、义武三镇兵马，不日进抵桀燕的涿州（今河北省涿州市）境内，准备攻打涿州。

刘守光得到消息，担心他的幽州，赶紧率部北返。

正月七日，周德威大军攻克涿州城西南的祁沟关。

正月九日，周德威大军包围涿州城，桀燕的涿州刺史刘知温坚守城池，周德威不能攻克。

与周德威一同前来的将领中，有一人名叫刘守奇。面对紧闭的涿州城，刘守奇的宾客刘去非来到城下，对城头的刘知温喊道："河东的小刘郎回来为父讨贼，这事跟你没有干系，你为何还在此拼死守城呢？"

　　刘去非所说的小刘郎就是刘守奇。刘守奇是刘仁恭的儿子，也就是刘守光的兄弟。在刘守光囚禁父亲刘仁恭之时，刘守奇逃往河东，投奔晋王李克用。

　　这时，刘守奇也来到城下，脱去头盔，向刘知温致意。刘知温看到刘守奇真的来到，连忙在城头下拜，并传令打开城门。

　　刘守奇轻易就拿下一座城池，让赫赫有名的大将周德威心生嫉妒。周德威派人返回太原，向李存勖说了刘守奇的坏话。李存勖也担心刘守奇会成为第二个刘守光，便将其召回。刘守奇接到召令，不敢返回河东，便与刘去非投奔后梁。后梁太祖朱晃任命刘守奇为博州刺史。

　　正月十八日，周德威率三镇兵马抵达幽州城下。

　　幽州城内的刘守光感到非常担忧。刘守光想到了求援，可是此时能向谁求援呢？河北的各藩镇已经被得罪了，河东的晋国也攻来了，曾经拥护其当尚父的六个藩镇都成了自己的敌人。刘守光想来想去，只得厚着脸皮向后梁太祖朱晃求救。

　　那么朱晃会去援救这个背叛自己的人吗？

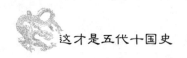

第9章 声援桀燕，惨败蓚县

后梁太祖朱晃接到刘守光的急报时，已是公元912年（后梁太祖乾化二年）二月。朱晃当时一直在病中，始终没有痊愈，不过此时又有了些好转。

朱晃本对反复无常的刘守光也很痛恨，但考虑到成德的王镕、义武的王处直也背叛自己而与河东的李存勖勾结，更加愤怒。朱晃决定亲自率兵北上攻打成德、义武，声援刘守光。

二月十五日，朱晃从西都洛阳出发，张全义（张宗奭）担任西都留守。张全义是河南府尹、守中书令、判六军事。朱晃迁都后，每次御驾亲征，都是张全义担任留守长官。

朱晃此次北征，主将是宣义节度使杨师厚，担任北面都招讨使，当时在魏州待命。还有一些副将：前河阳节度使李周彝为都招讨副使，平卢节度使贺德伦为招讨应接使，天平留后袁象先为招讨应接副使。袁象先是朱晃的外甥。

二月二十六日，朱晃抵达魏州（今河北省大名县）。

朱晃开始部署作战方案：派杨师厚、李周彝围攻枣强（今河北省枣强县），贺德伦、袁象先攻打蓚（音条）县（今河北省景县）。枣强与蓚县都是冀州的属县，而冀州是成德军的属州。

先说杨师厚大军攻打枣强。

枣强城池虽小，但十分坚固，成德又有数千精兵在此防守。杨师厚连攻数日，不能攻克。杨师厚虽然也能攻破几处城墙，但成德守将很快便修补完好，杨师厚的攻城大军倒是伤亡一万余人。

尽管如此，时日一长，城中的箭羽、石块就将用光，城中守将打算投降。有一名士兵奋然说道："自从柏乡惨败，梁国人见到我们成德人，无不咬牙切齿。现在如果向他们投降，如同自投虎口。我们现在已经走投无路，留着这个身体还有什么用？我请求一个人出城试探一下。"

当天夜间，这名成德士兵缒城而出，来到后梁军中诈降。

都招讨副使李周彝见到这名士兵，问道："城中守备如何？"

这名士兵回道："没有半个月攻不下来。"

李周彝正在忧虑，这名士兵趁机又说道："我既然归顺，只愿得到一柄宝剑，拼死冲上城墙，砍下守城将官的首级。"

李周彝也很谨慎，不敢给这名士兵兵器，因而没有答应他的请求，只让他挑着担子，跟在队伍之中。这名士兵得到扁担，便将扁担当着兵器，轮起扁担便向李周彝打去。李周彝的头部受伤，由于左右救得快，没有被打死。

朱晃得知此事，非常动怒，传令杨师厚昼夜猛攻，一定要将枣强这座小城攻破。

三月七日，枣强城终于被攻破了。后梁将士似乎都急红了眼，进城之后，不管老幼，全部杀死，一时血流满城。

朱晃听说贺德伦、袁象先攻打蓨县一直不克，传令杨师厚率五万人马前往增援。朱晃也亲自前往蓨县督战。

且说在成德境内，有一支晋国的兵马，这支兵马由晋国蕃汉马步副总管李存审率领，正驻屯在赵州（今河北省赵县）。这支兵马就是晋王李存勖离开成德后留在成德境内的，开始是由蕃汉马步总管周德威率领，后来周德威被派去幽州攻打刘守光，便由李存审率领。

梁兵攻打蓨县的消息传到赵州，李存审决定采取行动。

李存审对将领史建瑭、李嗣肱说道："我们大王正发兵攻打幽州的刘守光，不能再调兵到这里来，南边的事就交给我们了。现在蓨县正有

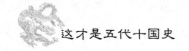

急难，我们怎能安稳地坐在这里观看？如果让贼兵攻下蓨县，一定会向西攻打赵州，那时祸患就更大了。我们当用奇计将其击破。"

史建瑭、李嗣肱赞同李存审的看法。

李存审会有什么样的奇计呢？

李存审于是率所部人马到达蓨县西边的下博桥，准备在此阻截后梁兵马。后梁兵马尚未到达下博桥，李存审又派史建瑭、李嗣肱二将分道前往搜寻后梁士兵，一定要设法俘虏一些后梁士兵。

史建瑭将所部人马分为五队，一队一百人。史建瑭传令各队分别前往衡水、南宫、信都及阜城等地，搜寻后梁士兵。

史建瑭自己亲率一队人马，与李嗣肱一起深入敌境。二将发现不少后梁士兵正在砍柴打草，立即下令袭击，共擒获一百多人。

第二天，史建瑭、李嗣肱二将及各队将士全部返回下博桥，将所擒获的这些后梁俘虏也带到下博桥，交给主将李存审。

李存审下令将这些后梁士兵中的几个人砍断臂膀，其余人全部杀掉。李存审将那几个砍断臂膀的人放了回去，还让这些人带话给朱晃道："晋王的大军已经来了！"

这些俘虏走了，史建瑭、李嗣肱各率一支骑兵，穿着后梁士兵的衣服、打着后梁的旗帜前往蓨县。

三月八日，史建瑭、李嗣肱带领的骑兵与后梁砍柴打草的士兵混在一起，在天色黄昏之时，来到贺德伦的大营前。

史建瑭、李嗣肱等人杀死营门士兵，再在营地放起火来，大声呼叫，乱箭四射，纵马奔驰，左冲右突。史建瑭、李嗣肱等人杀戮一番，擒获不少俘虏纵马而去。后梁营寨之中，大为惊扰，不知所措。

也就在这时，那些被砍了臂膀的士兵才跑了回来，大声喊道："晋国大军来了！"

朱晃听了这个消息，非常惊慌，立即下令烧毁营寨，连夜撤走。当时夜色已浓，朱晃又迷了路，弯弯曲曲多走了一百五十余里。

第二天早上，天色已明，蓨县农田里的农夫看到撤退的后梁士兵，纷纷拿着农具袭击后梁士兵。后梁士兵落荒而逃，丢下的兵器、物资不可胜数。

朱晃撤退到天雄境内的贝州（今河北省清河县）时，派斥候前往查探。斥候回报："晋国兵马并没有杀来，之前这些敌兵，只是先锋史建塘的游骑兵而已。"

朱晃听后，感到非常惭愧，也非常气愤，朱晃的病情也再次加重，连四人抬的小轿都不能坐，更不用说骑马。朱晃在贝州逗留期间，各路残兵败将也不断集结到此。

让朱晃没有想到的是，其在贝州期间，竟然得到刘守光的一个藩镇，这让刚刚遭败的朱晃有了一丝安慰。

话说刘守光的儿子刘继威镇守在沧州，管辖义昌军。刘继威年幼，刘守光派大将张万进、周知裕一同辅佐镇守。岂料这个年纪不大的刘继威荒淫无残暴不亚于其父刘守光。刘继威竟然到张万进家，对张家妇女公然宣淫。张万进大怒，当场将刘继威杀死。

张万进自称义昌军留后，任命周知裕为左都押牙。张万进派人前往后梁，向后梁归降。张万进还派人前往晋国，向晋王李存勖归降。

周知裕对张万进这个两面派感到非常担忧，思来想去，决定投奔后梁。朱晃非常感激周知裕，为其专门设立一个藩镇。这个藩镇叫归化军，由周知裕担任指挥使。朱晃还下诏，凡是从河朔前来的士兵，都安在归化军中，由周知裕统领。

朱晃也不想放弃张万进与义昌军，下旨任命张万进为义昌留后。两日后，朱晃又下诏将义昌军改为顺化军，任命张万进为节度使。

三月二十六日，朱晃从贝州启程，于两日后到达魏州。

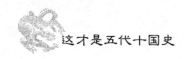

第10章　郢王谋反，杀死父皇

公元912年（后梁太祖乾化二年）四月九日，朱晃从魏州（今河北省大名县）起程南返。两日后，朱晃到达黎阳（今河南省浚县），因病情严重而停留六天。在这期间，东都留守、博王朱友文上表问安，并请朱晃先回东都开封。

四月二十一日，朱晃到达东都。朱友文进献内宴钱三千贯、银器一千五百两。朱晃于是大摆宴席，召宰相、文武官员、随从一同宴饮。朱晃还给朱友文加授特进、检校太保，仍兼开封府尹、建昌宫使、东都留守。朱晃在东都停留十天，然后西返洛阳。

朱晃此次北征成德，前后两个月，虽然先取得了攻破枣强的胜利，但随后在蓨县遭到晋国大将李存审的袭击而惨败。朱晃又因病情加重而不得不南返。朱晃此次北征，是其人生中最后一次领兵出征。

五月六日，朱晃回到洛阳，病情严重。

闰五月十五日，朱晃的病情更加严重。

朱晃对身边近臣说道："朕经营天下整整三十年，没想到李克用的余孽竟然如此猖獗。朕观李亚子的志向不小，现在老天又夺朕寿限。朕一离世，诸子不是李亚子的对手，朕死无葬身之地了。"

朱晃说完，不禁流泪哽咽，突然昏迷过去，不久又悠悠醒来。

朱晃觉得自己大去之期不远了，开始考虑继承人的问题。

朱晃有七个儿子，分别是郴王朱友裕、郢王朱友珪、均王朱友贞、福王朱友璋、贺王朱友雍、建王朱友徽及一直没有封王的朱友孜。长子朱友裕已在八年前去世。次子朱友珪担任左右控鹤都指挥使。三子朱友贞在东都开封担任马步军都指挥使。其余诸子尚小，不知担任何职。

按长幼次序，次子朱友珪应当继承皇位。然而朱友珪出身低贱。早年朱晃攻打亳州时，一天晚上召营妓侍寝。一个月后，这个营妓说她已怀孕，朱晃便将其留在亳州。后来，这个营妓生了一个男孩，朱晃为其取名遥喜，就是朱友珪。朱晃不喜爱朱友珪，有一次朱友珪犯了错，朱晃竟然用鞭子抽打他。

朱晃想把皇位传给博王朱友文。朱友文本名康勤，是朱晃的义子，但朱晃早就把他当着自己亲生的儿子。朱友文也很有才能，而且年龄比朱友珪年长，在朱晃眼里，朱友文就是次子。朱晃此次回洛阳，经过了东都，对镇守东都的朱友文十分满意，这也坚定了朱晃传位给朱友文的想法。

朱晃当时病重，几个儿子的妃子都在宫中服侍。有一天，朱晃把朱友文的妃子王氏叫到跟前，对王氏说道：“你赶快前往东都，让友文回洛阳，朕要与他告别，还有重要事情交代。”

朱友珪的妃子张氏得知此事，连忙出宫对朱友珪说道：“皇上已将传国玉玺交给王氏，让王氏前往东都，我们离死不远了。”夫妻二人开始考虑对策。

朱晃既然让朱友文继承皇位，便要考虑如何安置朱友珪的问题。朱晃想到朱友珪一定对这个皇位有所期盼，毕竟朱友珪是亲生儿子，而且年长。然而朱晃只想给朱友珪一个州，这也能看出朱晃并不器重这个儿子。

六月一日，朱晃让崇政院使敬翔宣旨，调朱友珪到莱州当刺史，并要求立刻前往赴任。朱友珪感到非常害怕，因为当时很多被外调的官员在半路上就被赐死。朱友珪觉得再不动手就晚了。

朱友珪想找一位支持者，会找谁呢？朱友珪想找韩勍。

韩勍曾是柏乡之战的副将，当时已经担任左龙虎统军，不知何时与朱友珪有了交往。

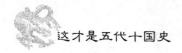

六月二日，朱友珪微服进入左龙虎军，会见统军韩勍，将自己的谋划告诉韩勍。韩勍想到不少功臣宿将因小过就被诛杀，担心自己也将不保，便决定与朱友珪合谋。韩勍派五百名牙兵与朱友珪的控鹤士兵混编，一起到皇宫外埋伏。

深夜，朱友珪带着仆夫冯廷谔砍开寝宫大门，一直闯到朱晃的寝殿，朱晃的左右侍从全都吓跑。朱晃大惊而起，问道："何人造反？"

朱友珪答道："不是外人。"

朱晃说道："朕早就怀疑你这个贼子，只恨没有早点杀掉你。你如此大逆不道，老天岂能容你？"

朱友珪大声骂道："老贼，你早该碎尸万段。"

话毕，仆夫冯廷谔举起尖刀刺向朱晃的腹部，由于用力过猛，刀尖从后背穿了出来。朱友珪则用一张破毡将朱晃尸体裹住，就在寝殿挖坑埋掉，秘不发丧。

朱友珪杀了父皇，还要杀掉朱友文。

朱友文在东都任留守，如何才能杀掉呢？朱友珪想到在东都担任马步军都指挥使的均王朱友贞。朱友贞有兵权，杀掉朱友文不成问题，然而朱友贞会听朱友珪的吗？朱友珪当然不傻，他派供奉官丁昭溥快马前往东都，假传朱晃诏书，命朱友贞杀掉朱友文。

六月三日，朱友珪再假传圣旨道："博文友文密谋叛乱，派兵闯入宫中，幸亏郢王友珪忠孝双全，率兵赶到，保全朕躬。朕病中受此震惊，病势更重，宜令友珪暂且主持军国大事。"

六月五日，丁昭溥返回洛阳，说朱友贞已经杀掉朱友文，朱友珪这才为朱晃发丧，假传朱晃遗诏，由朱友珪继位。朱友珪从国库中拿出很多金银、绢帛赏赐韩勍及诸军、百官，以博取他们的支持。朱友珪还升韩勍为侍卫诸军使。韩勍无疑成了朱友珪最为信赖的人。

朱友珪继位后，任命朱友贞为开封府尹、东都留守，接替朱友文。朱友珪还想解除敬翔的职务，但又怕失去人心，于是任命敬翔为中书侍郎、同平章事。朱友珪再任命户部尚书李振为崇政院使，代替敬翔。敬翔十分清楚，这是削了他的大权，于是称病不朝。

朱晃被杀，死得很惨，这或许是很多人希望看到的结果，因为他们无比憎恨这个灭了唐朝的人。

欧阳修的《新五代史》以及司马光的《资治通鉴》在记述这件事时，还说朱晃在生病期间，与几个儿子的妃子淫乱。朱晃之所以想把大位传给朱友文，是因为觉得朱友文的妃子王氏最为漂亮。这样的记述给人一种错觉，那就是朱晃之所以被杀，是因为其与儿媳淫乱而引起朱友珪的痛恨。这种看法不仅没有根据，更是幼稚可笑。朱友文、朱友贞的妃子也在宫中侍奉，他们为何不痛恨朱晃呢？朱友珪的所作所为，显然是为了皇位。欧阳修、司马光之所以选用了这样的传言（选自《五代史阙文》），是带有个人感情色彩的。

《新五代史》以及《资治通鉴》还说六十岁的朱晃在重病期间，到河南府尹张全义（张宗奭）家中避暑，三日之内，几乎淫遍张府所有妇女。到张府避暑或许是有的，淫遍张府所有妇女，对于一个病了很久的老人来说，显然是胡编乱造。张全义是朱晃非常器重的大臣，每次出征，都由张全义留守京城，朱晃不会糊涂到干这种蠢事的地步吧。十一年后，李存勖消灭后梁，想挖掘朱晃的陵墓，劈棺焚尸，就被张全义劝止，可见张全义与朱晃没有私仇。

朱晃的结局之所以这么惨，主要是没有处理好继承人的问题。在那个年代，让朱友文继承皇位一定会有问题，自己的亲生儿子一定不服，哪怕朱友文再有才能。朱晃应当在亲生儿子当中选择一位担任太子。如果认为朱友珪不好，可以不选朱友珪，理由就是朱友珪是庶子，不是嫡子。朱友贞其实是一个较好的人选，因为朱友贞是张夫人所生，而张夫人又是朱晃非常宠爱的妃子，可以让朱友贞以嫡子的身份担任太子。不知为什么，朱晃对朱友贞也不看好。也许朱晃觉得自己亲生的几个儿子都不及李存勖，担心他们守不住大业，才想把大位传给朱友文，然而这样做又会造成夺位之争。

朱晃在病重期间，朱友文曾上表请求加强宫殿防卫。朱晃当时并没

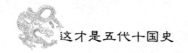

有失去权力，对京城的掌控以及对禁军的掌控也是没有问题的，然而家贼难防。政变之所以能够成功，往往是亲近的人亲自动手。

最后我们再来梳理一下朱晃患病的情况。

史书上记载朱晃开始生病，是在公元909年七月十二日，朱晃当时五十八岁。朱晃这次患病，还是比较重的，因为已经卧床不起了，连早朝也不能上了。八月二十日，朱晃的病情"小瘳（音抽）"，便开始上朝听政。朱晃此次患病何时才恢复正常，不太清楚。

第二次患病是在公元910年九月八日，朱晃出征刚返回洛阳。朱晃此次是旧病复发，可以看出之前确实好了，只是好得不彻底。十一月二十四日，朱晃的病情"小愈"，开始派兵进入成德，导致王镕真的背叛并引发了柏乡之战。

公元911年四月，朱晃的病一直没有痊愈，为此还大赦天下，希望以此善举来让自己尽快康复。《资治通鉴》说朱晃到张全义家避暑是在七月二十日至二十三日。朱晃当时仍在病中。直到九月，朱晃病情才"稍愈"，决定再次北征成德、晋国。十一月十二日，朱晃南返洛阳，旧病复发。

公元912年二月，朱晃的病情再次"小愈"，决定再征成德，以声援刘守光。三月九日，兵败蓨县，朱晃又气又恨，病情加剧。五月六日，朱晃回到洛阳，"疾甚"。闰五月十五日，朱晃的病情"增甚"，十多日后被杀，年六十一岁。

第11章 趁乱谋划，均王夺位

朱友珪杀父夺位，朝廷内外人心惶惶，叛乱接连发生。

公元912年（后梁乾化二年）六月二十日，匡国军马步都指挥使张厚杀死节度使韩建。朱友珪不敢责问，竟然任命张厚为陈州刺史。由于将领韩勍有拥立之功，朱友珪便任命韩勍兼任匡国节度使。

八月，驻防怀州的三千名龙骧军发生哗变，一路向东，大肆抢掠。朱友珪派东京马步军都指挥使霍彦威、左耀武指挥使王晏球（杜晏球）率兵讨伐。八月十五日，霍彦威、王晏球击败叛军，擒获叛军都将刘重遇。

护国节度使朱友谦听闻朱晃驾崩，哭泣道："先帝奋战数十年，开基创业。前些时日，宫廷发生变故，外面的传言难以入耳，我等位居藩镇大位，心中感到羞耻。"朱友谦本名朱简，也是朱晃的义子。

不多日，朱友珪派告哀使者来到护国军治所河中府（今山西省永济市），宣读诏书，任命朱友谦兼任侍中、中书令。诏书中，朱友珪还为自己辩解，并召朱友谦入朝。

朱友谦非常生气，对使者说道："现在哪个是皇帝？先帝死得不明不白，我正要到洛阳去问罪，还召什么？"

使者回到洛阳，将朱友谦的话奏报朱友珪。朱友珪立即任命韩勍为西面行营招讨使，督领各路兵马前往讨伐朱友谦。

朱友谦听说朱友珪派兵来攻，马上派使向晋国归附，还请晋王李存勖出兵相救。李存勖接纳朱友谦投诚，并派将领李存审、李嗣肱、李嗣

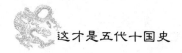

恩等率兵前往救援。李存勖此时已经两面作战，河中是其新开辟的第二战场，第一战场是年初与刘守光开启的幽州之战。

九月，朱友珪再任命感化节度使康怀贞为河中都招讨使，令其担任韩勍的副手。二十余天后，康怀贞率领数万人马在河中城西集结，猛烈地攻打河中城。城内的朱友谦十分担心，于是再派人向李存勖告急。李存勖接报后，亲自率兵前往河中增援。

康怀贞听说李存勖将至，亲自带领一支兵马向东迎战。

十月，康怀贞在解县（今山西省运城市西南）与李存勖遭遇，发生了激烈地战斗。这一战，李存勖取得大胜，杀死梁军一千多人。康怀贞不敢恋战，传令东撤。李存勖下令追击，一直追到白径岭（今山西省运城市东）才罢。

史书上说，康怀贞败撤后，河中城也就解了围。至于征讨朱友谦的主将韩勍最后去了哪里，结局是什么，史书上记述不详。

朱友谦听说李存勖亲自前来，赶紧出城迎接。李存勖的营帐当时驻扎在数十里外的猗氏（今山西省临猗县），朱友谦一直来到猗氏向李存勖致谢。朱友谦还与李存勖攀认亲戚，认李存勖为舅父。

当天晚上，李存勖请朱友谦在帐中饮酒。朱友谦对李存勖坦诚相待，毫不设防，于是喝得酩酊大醉。李存勖便将朱友谦留在帐中，朱友谦更是倒头便睡，片刻之后，鼾声如雷。第二日，李存勖再设酒宴，朱友谦照饮不误。

朱友谦背叛了，大将杨师厚也割据了天雄军。

杨师厚本是宣义节度使，兼北面都招讨使，一直驻屯在天雄军的治所魏州（今河北省大名县）。杨师厚很想得到天雄军这个藩镇，然而朱晃在世时，杨师厚不敢轻举妄动。现在朱晃已经不在人世，杨师厚决定采取行动。

天雄节度使罗周翰年龄尚小，军府大事都由牙内都指挥使潘晏做主。七月的一天，潘晏前往铜台驿拜见杨师厚，杨师厚突然下令将潘晏杀掉，立即带领兵马进入魏州内城，接管天雄军。

消息传到洛阳，朱友珪也不敢斥责，干脆下诏任命杨师厚为天雄节度使，再调罗周翰为宣义节度使。

杨师厚得到天雄的兵马，拥有很多精兵，又身兼都招讨使，各镇兵马也可以调遣，声威、权势一时很大。杨师厚不再把朱友珪放在眼里，有什么事，也是独断专行，不向朝廷请示，朱友珪对此深为忧虑。

在讨伐朱友谦失败之后，朱友珪决定解决杨师厚的问题。

朱友珪想了一个计策，打算将杨师厚召回朝中，不让杨师厚返回天雄。朱友珪于是派人给杨师厚送去诏书，称："北方有军情，朕想与卿当面商议。"

杨师厚接到诏书准备启程，左右心腹劝阻道："此时入朝，必有不测。"

杨师厚毫不担心，说道："我知道他朱友珪是什么样的人，就是到了洛阳，他又能奈我何？"

杨师厚虽然这样说，但没有一个人前往，而是率一万名精兵向洛阳进发。

十月十三日，杨师厚到达洛阳，将兵马驻屯在城外，只带十余人入朝叩见朱友珪。

朱友珪知道杨师厚带着重兵前来，见了杨师厚，满脸堆笑，说了很多讨好杨师厚的话，还给杨师厚赏赐大量钱帛。朱友珪哪敢将杨师厚扣留朝中，毕竟杨师厚的一万精兵正屯于城外。六日后，朱友珪便让杨师厚北返魏州。

杨师厚虽然傲慢，但没有背叛后梁，由这位有实力的大将镇守北方，对后梁多少有藩篱的作用。就在当年十一月，成德的将领王德明率三万兵马一路抢掠天雄境内的武城、临清，最后攻克宗城。杨师厚派兵在唐店设伏，杀死王德明部五千余人，抵御了敌人的入侵。

朱友珪杀父夺位，又荒淫无度，朝廷内外非常怨恨。朱友珪虽然不断地赏赐朝臣金银、绢帛，人心仍然不附。镇守东都开封的均王朱友贞便趁机谋划，以夺取朱友珪的皇位。

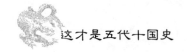

公元913年（后梁郢王凤历元年）二月，驸马都尉赵岩奉朱友珪之命，出使东都开封。赵岩是朱晃的女婿，也掌管朝廷禁军。朱友贞私下设宴，款待赵岩。席间，二人谈及国家大事。

朱友贞把赵岩这位亲戚当作自己人，很诚恳地问赵岩，如何才能铲除朱友珪。赵岩说道："这件事的成败，就在都招讨使杨令公。只要杨令公向禁军发一句话，我们的事就能成功。"

赵岩所说的杨令公便是杨师厚。

朱友贞遂派心腹马慎交悄悄前往魏州，劝说杨师厚。赵岩也返回洛阳，与左龙虎统军、侍卫亲军都指挥使袁象先一同准备。袁象先是朱晃的外甥，也掌管朝廷禁军。

马慎交到了魏州，对杨师厚说道："郢王杀死先帝篡夺皇位，人望当前正在东都均王身上，如果令公能够助其成功，这可是不世之功！均王承诺，事成之后，赏钱五十万贯犒劳大军，仍然让令公兼任节度使。"

杨师厚听后，犹豫不决，对左右之人说道："郢王杀父篡位时，我没有起兵讨伐。现在君臣名分已定，而再拥立均王继位，世人会如何议论我？"

马慎交说道："郢王杀父篡位，只不过是一个逆贼。均王起兵复仇，乃是义举。令公奉义讨贼，还谈什么君臣？再者，如果令公不动声色，一旦均王获得成功，令公将如何面对均王？"

杨师厚听了，如梦方醒，说道："我差点误了大事。"

杨师厚立即派将领王舜贤前往京都洛阳，悄悄跟袁象先、赵岩谋划。杨师厚又派招讨马步都虞候朱汉宾率兵驻屯滑州，以为外应。

马慎交回到东都开封后，朱友贞也开始采取行动。

二月十五日，朱友贞对驻屯在东都的左右龙骧军将领们说道："当今皇上因龙骧军曾经叛乱，想把你们全部调到洛阳，然后活埋。"朱友贞还把伪造的诏书拿给将领们看。

将领们请朱友贞指一条活路。朱友贞说道："先帝经营社稷三十年，身经百战，尚且落入奸人之手，你们怎能逃脱得了？"

朱友贞说完，又把先帝朱晃的画像拿出来给众将看。朱友贞叹息流泪道："郢王残害君父，违天逆地，还想屠杀你们亲军。你们如果能奔赴洛阳，擒获逆贼，告慰先帝，便可转祸为福。"

众人听了之后，群情激愤，说道："大王说得对。"于是高呼万岁，拥立朱友贞为君王。

朱友贞再派人快马前往洛阳，将此事告诉赵岩、袁象先。

二月十七日早晨，袁象先、赵岩等人开始行动了。

袁象先、赵岩带领数千名禁兵杀进皇宫。朱友珪与皇后张氏、亲信冯廷谔慌忙逃窜，一直跑到北边的宫墙下，准备翻越城墙。此时的朱友珪忽然不想逃了，认为最终仍不免一死。朱友珪命令冯廷谔先杀掉张皇后，再杀掉自己，冯廷谔最后也自杀身亡。

袁象先、赵岩带着玉玺前往东都，迎请均王朱友贞。朱友贞不准备前往洛阳，说道："开封是国家的创业之地，都城不一定非得洛阳。"朱友贞于是就在东都开封登基即位。

朱友贞即位后，废除朱友珪的凤历年号，将朱友珪追废为庶人，为朱友文平反，恢复朱友文官爵。朱友贞又加授杨师厚兼中书令，晋封邺王，下诏不呼其名，再派人招抚朱友谦，朱友谦又回归后梁。朱友贞还将一直没有被封王的兄弟朱友孜封为康王。然而朱友孜并不领情，也想当一回天子，此为后话。

朱友贞在史书上称梁末帝，自然就是后梁的最后一位皇帝了。然而朱友贞在位十年有余，李存勖的帝王之路还是很坎坷的。

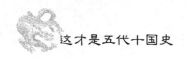

第12章 幽州之战，消灭桀燕

我们再来讲讲晋国大将周德威围攻幽州（今北京市）之事。

周德威围攻幽州城两个多月，一直不能取得突破。周德威决定调整作战方案，打算一边围困幽州城，一边分兵攻打桀燕的其他州郡。周德威想让刘守光的幽州变为一座孤城。

公元912年（后梁太祖乾化二年）三月，周德威派裨将李存晖等攻打桀燕的瓦桥关（今河北省雄县）。瓦桥关守将以及莫州刺史李严先后投降。四月，将领李嗣源率部攻克瀛州（河北省河间市），刺史赵敬投降。

桀燕皇帝刘守光得知周德威分兵攻略他处，决定出城反击。

五月，刘守光派大将单廷珪率一万名精兵出城作战。单廷珪信心百倍地对众将领说道："今天一定要擒获周杨五，献给皇帝陛下。"单廷珪所说的周杨五，是周德威的小名。

周德威得知单廷珪出城，已在幽州城东南的龙头冈列阵迎战。

两军对阵，单廷珪看到周德威正在阵前，立即挺枪跃马，独自一人奋勇向前。到了周德威面前，单廷珪举枪便刺。周德威侧身避让，顺势举起手中铁檛，向单廷珪打去。单廷珪不能抵挡，坠下马来，被周德威当场擒获。

大将单廷珪被擒，燕兵士气大减。周德威趁势率骑兵掩杀，燕兵大败，三千余人被杀。刘守光失去一员大将，一时不敢再战，只得继续坚守城池。

六月，后梁宫廷发生变故，太祖朱晃被其子朱友珪杀害，朱友珪继位为帝。八月，朱友珪派兵讨伐护国节度使朱友谦，朱友谦请李存勖派兵增援。李存勖不怕两面作战，调大将李存审与将领李嗣肱、李嗣恩率兵增援朱友谦。十月，李存勖又亲自率兵增援朱友谦。也许是李存勖分兵增援朱友谦，半年之中，周德威与刘守光几乎没有发生交战。

半年后，周德威等将又在桀燕境内攻城略地。

公元913年（后梁郢王凤历元年）正月，周德威攻克顺州。二月，李存晖攻克檀州。三月，刘光浚攻克桀燕的古北口。

刘守光又坐不住了，决定采取应对措施。刘守光派大将元行钦带领七千骑兵，到燕山以北放牧战马，同时招募燕山以北的士兵接应契丹部来援。刘守光还派骑兵将领高行珪前往武州（今河北省张家口市宣化区）当刺史，以为外援。

晋国将领李嗣源当时正在燕山以北扫荡，一连攻克八个军城。李嗣源再攻武州，高行珪献出城池投降。

元行钦听闻高行珪投降，立即前往武州，攻打高行珪。高行珪担心不敌，派人向李嗣源求救，并送其弟高行周到李嗣源军中当人质。李嗣源率部来援，元行钦解围而去。李嗣源与高行周一同追击元行钦，一直追到广边军（今河北省赤城县南）。

李嗣源这一路追击，将近两百里，元行钦跑得累，李嗣源也不轻松。两军随即展开激战，前后交战八次，李嗣源七次射中元行钦，元行钦拔箭再战，也射中李嗣源一次。

最后，元行钦终于无力再战，向李嗣源投降。李嗣源对元行钦的骁勇非常欣赏，便收元行钦为义子。

高行珪后来被任命为代州刺史，前往代州赴任。其弟高行周则留在李嗣源的军营，随侍左右。

李存勖听说李嗣源得到元行钦、高行周两员大将，便向李嗣源索要。元行钦被李存勖要走，还赐名为李绍荣，而高行周不肯离开李嗣源。

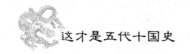

四月，周德威率部逼近幽州城南门，大有攻城之势。

刘守光知道幽州外围不少城池已被攻占，他的猛将单廷珪被俘，元行钦也不敌而降。刘守光萌发了求和的想法。刘守光派使带着书信来到周德威军中，向周德威求和，书信的用语非常卑下，近乎哀求。

周德威阅罢书信，对使者说道："大燕皇帝尚未到郊外祭天，怎会如此向人屈服！我奉命讨伐有罪之人，至于结盟、讲和一事，没有听说过。"

周德威拒不回书，刘守光非常害怕，再派人苦苦哀求。周德威不能决断，派人将此事奏呈晋王李存勖。李存勖派河东监军张承业前往幽州，与周德威一同处置此事。

六月，张承业到达幽州。刘守光派人出城拜见张承业，愿意献出城池投降。张承业认为刘守光向来言而无信，因而拒不接受。周德威于是继续围困刘守光，而其他各将仍在桀燕境内攻城略地。

十月，桀燕的城池除了幽州，全部被晋国将领占领，幽州真的成为一座孤城。刘守光派人向契丹求救，契丹认为刘守光言而无信，不肯发兵相救。刘守光别无他法，只好派人出城向周德威请求投降，前后多次。周德威认为有诈，始终不接受投降。

周德威不接受投降，刘守光也不敢打开城门。刘守光最后登上城头，对城外的周德威说道："等晋王来了，我便打开城门，俯首听命。"

周德威派人前往太原，将刘守光的话报给晋王李存勖。

十一月六日，李存勖前往幽州，同时将张承业调回。

十一月二十三日，李存勖来到幽州城下，对城头的刘守光说道："朱温大逆不道，篡权夺位，我本与公联合河朔五镇之兵兴复唐室。公图谋不轨，效仿朱温僭越称帝。成德、义武两镇都俯首听命于公，而公从不体恤两镇，是故有今日之战。大丈夫是成是败，必须有所抉择，公到底想如何？"

刘守光回道："我今天已是俎上之肉，任凭大王裁决。"

李存勖听了，不禁生出怜悯之心，当场与刘守光折箭为誓，说道：

"只要公能够出城相见，保证没有其他变故。"

没想到刘守光却又有了别的打算，对李存勖说改日再议。

刘守光还有一员爱将名叫李小喜，刘守光对其言听计从。刘守光想向李存勖投降，李小喜却一直不赞同，这便是刘守光始终犹豫的原因。现在李存勖亲到幽州城下，刘守光还在犹豫，李小喜反而改变了想法。当天夜里，李小喜独自一人翻越城墙，向李存勖投降。李小喜还告诉李存勖，城中已经粮尽草绝，可以发起最后的进攻。

第二天，李存勖下令从四面同时攻城，很快便攻克城池，俘虏刘仁恭及其妻妾。刘守光倒是带着妻儿逃了出去。刘仁恭、刘守光父子割据卢龙前后将近十九年，至此终结，存在不到三年的桀燕也就此灭亡。

李存勖得到幽州，任命周德威为卢龙节度使，兼侍中，镇守幽州，再调李嗣本接替周德威任振武节度使。

且说刘守光出城南逃，想去沧州投奔刘守奇。途中，刘守光迷了路，进入了北边的燕乐（今北京市密云区东北）境内。刘守光白天躲在山谷土坑里，夜晚赶路，一连几天没有进食。刘守光实在是饥饿难耐，只得让其妻祝氏到百姓家中讨饭。

祝氏来到老农张师造家，张师造看到祝氏与众不同，几经盘问之下，得知刘守光躲避之处。张师造便将刘守光及其三个儿子全部活捉，交给官府。

十二月六日，李存勖正在幽州城中宴请众将，有将吏将刘守光押至。李存勖笑问刘守光道："主人为何到那么远的地方躲避客人？"

李存勖命人将刘守光与其父刘仁恭一起安置在馆舍，赐给衣服、膳食。李存勖再命掌书记王缄草拟"露布"，将消灭燕国、擒获刘守光一事通报出去。

李存勖在幽州城中待了十多天，准备从云、代二州方向返回河东太原。成德节度使王镕与义武节度使王处直恳请李存勖经定州、镇州，再从太行八陉之井陉返回河东，无非是想款待一下李存勖。李存勖接受二人的请求。

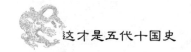

十二月十三日，李存勖离开幽州南下，刘仁恭、刘守光父子带着枷锁，站在"露布"的下面。刘仁恭父妇唾刘守光的脸骂道："逆贼，把我们家败坏到如此地步！"刘守光低头无语。

四日后，李存勖到达定州，王处直将其迎入城中，置酒款待。

李存勖又继续南下到达行唐，王镕已在路旁迎接。李存勖与王镕抵达镇州后，将兵马驻屯在城外。王镕少不了也款待李存勖一番。

公元914年（后梁末帝乾化四年）正月一日，李存勖在大帐中设宴，回请王镕。席间，王镕举杯向李存勖敬酒祝福，还提出想见一下太师刘仁恭。李存勖命人将刘仁恭及刘守光的枷锁取下，让二人一同就席。刘仁恭、刘守光见到王镕，立即行礼，王镕也回礼。王镕还给刘氏父子送来衣服、鞍马与酒馔。

第二天，李存勖起程西返，王镕一直送到西部边境。

十多日后，李存勖到达太原城外，命人用铁链拴住刘仁恭、刘守光，然后再高奏凯歌进城。李存勖将刘氏父子押至太庙前，告慰先人。李存勖下令先诛杀刘守光，并亲自到刑场监斩。

行刑之时，刘守光大声叫道："我虽死无恨，然而让我不降的是李小喜！"

李存勖将李小喜召来对质，李小喜面露凶光，对刘守光叱责道："你的禽兽之举，也是我教的？"

李存勖认为李小喜太过无礼，下令先斩李小喜。

刘守光又求道："我善于骑射，大王想成就霸业，为何不留下我为大王效力呢？"

刘守光的两位夫人李氏、祝氏斥责刘守光道："皇上，事已至此，活着还有何用？"说完便伸长脖颈等待行刑。

刘守光十分怕死，不停地号哭、哀求，直到被杀死。

李存勖再命节度副使卢汝弼将刘仁恭押到代州，在先王李克用墓前挖出刘仁恭的心脏祭奠李克用，然后再将刘仁恭斩首。

晋国与桀燕的幽州之战，前后两年，李存勖消灭桀燕，拥有卢龙军。此前的柏乡之战，李存勖已经得到成德、义武的归附，从此李存勖在河北没有后顾之忧，可以谋取南边的保义、天雄两藩镇了。

　　我们暂且将目光转向南方，因为就在晋国与桀燕战于幽州之时，淮南再次与吴越国发生交战，而在幽州之战前后，前蜀与岐国发生长达七年的交战。无论是北方还是南方，都是战火纷飞。

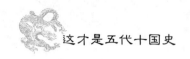

第13章　降服老将，对外用兵

公元910年（后梁太祖开平四年）二月，使者万全感从岐国归来，给弘农王杨隆演带来一个好消息，那就是岐王李茂贞承制，封杨隆演为吴王，加授杨隆演兼中书令。尽管杨隆演还没有正式宣布建立吴国，但其爵位已由弘农郡王升为吴国王。本书在此之后称杨隆演统辖区域为吴国。因史上也有吴国，本书称杨隆演的吴国为南吴，以示区分。

五月，吴王杨隆演任命左右牙都指挥使徐温为内外马步军都军使，兼润州观察使，继续掌控南吴军政大权。就在当月，徐温的母亲去世，将吏前来祭奠，还做了一个木偶，有几尺高，外披绫罗绸缎。对于将吏的讨好，徐温并不领情。徐温说道："这些罗锦都是从百姓当中来的，为何要与木偶一起烧掉？不如解下来送给穷人。"

尽管徐温勤政爱民，仍有四人对其不服。

这四人是镇南节度使刘威、歙（音社）州观察使陶雅、宣州观察使李遇以及常州刺史李简。他们都是镇守一方的重要官员，而且都是杨行密时代的旧将。他们认为徐温不过是牙将出身，何德何能掌控南吴军政大权，心中甚为不平。李遇最为不服气，经常说："徐温是谁，我从未听说过，怎么就突然管理起国家来了？"

徐温得知四人对自己不服，准备先解决李遇。

公元912年（后梁太祖乾化二年）三月，馆驿使徐玠将要出使吴越国，徐温让其经过宣州（今安徽省宣城市），劝说李遇到扬州来晋见新王。

徐玠到了宣州，劝李遇前往扬州，李遇没有多想就答应了。没想到徐玠又多说了一句话："你要是不去，人们便会认为你谋反。"

李遇听后，当即大怒，说道："你说我李遇谋反？那么杀死侍中的人是不是谋反？"

李遇所说的侍中，就是先王杨渥，杀死侍中的当然也有徐温的份儿。

李遇决定改变主意，不再前往扬州。

李遇没有来扬州，还说了不恭之语，徐温决定派兵讨伐。

四月，徐温指责李遇不朝之罪，撤销李遇官职。徐温再任命淮南节度副使王檀为宣州制置使，派都指挥使柴再用率昇、润、池、歙四州之兵，护送王檀赴任，徐温的义子、昇州防遏使兼楼船副使徐知诰担任柴再用的副手。

王檀到了宣州，李遇坚守城池抵抗。柴再用下令攻城，没有想到一个多月下来都不能攻克。

徐温想了一个对策。徐温听说李遇非常喜爱小儿子，而这个小儿子当时就在扬州，担任淮南牙将。徐温决定拿李遇的小儿子来要挟李遇。

五月，徐温命人将李遇的小儿子押到宣州城下。

李遇的小儿子在城下大声号哭求救，李遇见到后，于心不忍，便不想再战。

徐温派来的典客何荛（音饶）进入城中，以吴王杨隆演的名义对李遇说道："如果公本来就想谋反，请将我何荛斩首，以昭告全军。如果不是这样，就请随我投降。"

李遇于是打开城门，向柴再用投降。

尽管李遇已经投降，徐温也没有放过他。徐温传令柴再用将李遇斩首，屠灭全族。至此，其他将领才开始害怕徐温，不敢再有违命。离扬州最近的常州刺史李简便不再反对徐温，后来被调到武昌任节度使，得到善终。

徐温下一个便想讨伐镇南节度使刘威。

徐温之所以要讨伐刘威，不仅是刘威不服徐温，还因为刘威遭到了

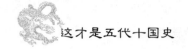

猜忌。吴王杨行密重病之时，幕僚周隐就曾提出让刘威来继承王位，从此刘威便遭人猜忌。有人又在徐温面前说刘威的坏话，徐温便打算向刘威用兵。一场内战即将爆发。

还是刘威的幕僚黄讷有见识。

九月的一天，黄讷对刘威说道："明公所受的诽谤虽然很深，但明公并没有任何反状。如果明公能只乘一叶小舟前往扬州晋见徐温，那么徐温对明公的嫌隙必将消去。"

刘威采纳这个建议，便准备主动前往扬州。

歙州观察使陶雅听说李遇被杀，也感到害怕。陶雅听说刘威要去扬州，便与刘威一起前往叩见徐温。

刘威、陶雅二人到了扬州，徐温对二人也非常尊敬。徐温还给二人加官晋爵，二人非常高兴，而且心悦诚服。

徐温趁刘威、陶雅二人在扬州之际，与二人及各位将吏一起请故唐朝宣谕使李俨承制，加授吴王杨隆演为太师，仍封为吴王。李俨此次承制，与李茂贞两年前略有不同的是，将杨隆演的检校官职由中书令升为太师。吴王杨隆演于是也给徐温加官，授徐温为镇海节度使、同平章事，原有淮南行军司马一职仍然保留。

此事完毕，徐温让刘威、陶雅二人返回本镇。

徐温臣服了老将，开始考虑对外用兵，以开拓领地。

徐温准备攻打被南楚占领的岳州（今湖南省岳阳市）。淮南节度副使陈璋奉命出征。为防止南楚派兵北上增援，徐温先派抚州刺史刘信率抚、江、袁、吉、信五州兵马进驻吉州，声援陈璋。

十一月，陈璋率水师攻克岳州，擒获南楚岳州刺史苑玫。楚王马殷得到消息，立即派水军都指挥使杨定真北上援救岳州。

陈璋没有固守岳州，而是率水师逆江而上，再攻后梁的荆南军。荆南节度使高季昌得到消息，派大将倪可福率兵抵御，陈璋不能取胜。

公元913年（后梁郢王凤历元年）正月，陈璋率部撤退。荆南、南楚兵马在岳州北边的江口会师，准备拦截陈璋。陈璋探得消息，将所部二百艘战船编成一列，乘着夜色，从江口悄悄通过。当荆南、南楚将士发觉时，陈璋已经成功离开江口。

徐温攻打南楚、荆南没有取得战果，又准备向吴越国用兵。

徐温此次攻打吴越，不再像五年前那样去攻打边境城池苏州，而是直接攻打吴越王钱镠的家乡衣锦军（今浙江省杭州市临安区）。

三月，行营招讨使李涛率两万人马，从千秋岭方向，直捣衣锦军。

尽管徐温此次出兵，企图出其不意，但消息还是被吴越探马获知。吴越王钱镠立即作了部署：任命其子、湖州刺史钱传瓘为"北面应援都指挥使"，令其率兵前往援救衣锦军；任命另一子、睦州刺史钱传璙为"招讨收复都指挥使"，令其率水军攻打南吴的东洲（今江苏省常州市东南），以牵制敌人兵力。

钱传瓘没有在家乡衣锦军等待李涛，而是快速赶到千秋岭，以图利用千秋岭的有利地势伏击李涛。当时，钱传瓘的兵马数量远少于李涛的人马，所以必须抢占地利，方能有取胜的可能。

四月，钱传瓘到达千秋岭（今安徽省宁国市东南）。

千秋岭果然既险又窄，钱传瓘准备将南吴兵马困在千秋岭的小道上，然而再袭击。钱传瓘先命人砍伐树木，隐藏在山坡上等待。

不久，南吴兵马进入小道，钱传瓘立即下令将树木推下山谷，堵塞南吴兵马的退路。钱传瓘接着便发动袭击，兵马从小道两侧的山坡上攻下，南吴兵马根本无力招架，死伤很多，主将李涛及三千多士兵被俘。

徐温获知李涛兵败，不想罢兵。徐温再派宣州副指挥使花虔会同广德镇遏使涡信，再攻衣锦军。

五月，花虔抵达广德，与涡信会合，准备南下袭击衣锦军。

消息很快便被不远处的钱传瓘探得。钱传瓘立即从千秋岭出发，前往百里之外的广德。

六月，钱传瓘攻克广德，俘虏花虔、涡信。

钱传瓘两次击败南吴来攻兵马，吴越王钱镠决定乘胜进击。

此前，钱镠另一子钱传璙已经率水军北上，奉命攻打与吴越接壤

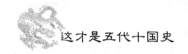

的常州。钱镠决定再派钱传璙与钱传瑛兄弟一同攻打常州。钱镠这一架势，不像是报复徐温派兵袭击他的家乡，而是想趁机夺取常州。当然，常州以及润州原本就属于镇海军的范围，钱镠一直想收复整个镇海军。

九月，钱传瑛、钱传璙、钱传璙三兄弟进入常州境内，在潘葑（今江苏省无锡市西北）安营扎寨。

消息传到扬州，徐温不敢怠慢，决定亲自领兵出战。为安定军心，徐温平静地对众将说道："吴越人轻率而且胆怯，不用太担心。"话虽如此说，徐温仍是倍道兼行，很快到达了常州南边的无锡。

大战在即。

黑云都将陈佑对徐温建言道："吴越人认为我们远道而来，一定筋疲力竭，不敢决战。请派我部兵马趁敌人未有防备之时，突然袭击，必能取胜。"

徐温赞同突袭敌人，但令陈佑率其部先快速绕到吴越兵马身后，然后再两面夹击。陈佑领命而去。

吴越兵马果然没有防备，只顾正面迎战徐温主力兵马，不想交战一开始，背后也有南吴兵马杀来。吴越兵马一时惊慌，惨遭失败，伤亡很大。钱氏三兄弟率残兵一路撤回吴越。

此后数年，南吴与吴越没有交战。

第14章 前蜀伐岐，猛将再叛

王建于公元907年（后梁太祖开平元年）九月在成都称帝，只比后梁太祖朱晃迟了五个月。王建的国号为蜀，史称前蜀，王建便是前蜀高祖。前蜀是十国当中第一个正式成立的国家。

王建的前蜀与李茂贞的岐国一直友好，但是李茂贞不断地向王建索要城池与土地。王建当然不愿意给李茂贞城池与土地，但也不想得罪李茂贞，因为王建想把李茂贞的岐国当着屏障。于是，王建只给李茂贞大量的财物。

不久，两国还是发生冲突。

公元911年（后梁太祖开平五年）正月，王建的女儿普慈公主派宦官宋光嗣带着书信，从秦州（今甘肃省秦安县西北）来到成都，对王建诉说丈夫李继崇骄傲、狂妄，而且嗜酒。普慈公主不想再与李继崇一同生活，想返回成都。王建接受了女儿的请求，立即将普慈公主召回。王建还将宋光嗣留在成都，任命宋光嗣为阁门南院使。

李继崇是李茂贞的义子，是天雄节度使，镇守在秦州。王建召回公主，李继崇作为一镇节度使也许不敢阻止，但岐王李茂贞得知此事，非常生气，决定与前蜀断绝关系。李茂贞还集结大军驻屯在前蜀东部边境。

王建得到消息，召集群臣商议对策。

王建说道："自从李茂贞被朱温围困，朕便一直支援他，现在竟然忘恩负义来犯边关，哪个愿为朕领兵出战？"

王建的义子、中书令王宗侃请求出征。王建接受王宗侃的请求，下诏任命王宗侃为北路行营都统。

司天少监赵温珪劝谏道："李茂贞虽然集结兵马，但尚未犯边，诸将贪图军功而深入敌国，粮道险远，恐怕对国家不利。"

王建根本听不下去，继续调兵遣将，再任命侍中王宗祐、太子少师王宗贺、山南西道节度使唐道袭为三招讨使，左金吾大将军王宗绍为副招讨使，各位招讨共率十二万步骑兵讨伐岐国。

三月八日，王宗侃等从成都出发，旌旗招展，绵延数百里。

李茂贞获报王建已经出兵，立即下令驻屯在边境的兵马向前蜀发起进击。四月，岐国兵马攻入前蜀的山南西道，山南西道节度使唐道袭率兵迎战，把岐国兵马击退。

王宗侃率领的各路大军不久便与岐国兵马发生交战。五月到七月，王建还到利州（今四川省广元市）督战一次。前蜀大军看到王建到来，都奋力作战，屡次击败岐国兵马。

岐国兵马初战不利，李茂贞只得再派大将出马。李茂贞会派谁出场呢？李茂贞想到了刘知俊与李继崇。刘知俊于两年前从后梁前来投奔，一直担任彰义节度使。李继崇是普慈公主的丈夫，也是岐蜀两国交战的起因人。

八月二十四日，刘知俊、李继崇率部与前蜀将领王宗侃、王宗贺、唐道袭、王宗绍等在青泥岭（今陕西省略阳县西北）激战。刘开道果然名不虚传，在青泥岭大败王宗侃大军。王宗侃收拢残兵退到安远军（今陕西省勉县）固守，唐道袭则逃回兴元（今陕西省汉中市）城中。

刘知俊、李继崇率部攻打安远城，还派一支兵马追到兴元城下，将兴元城围住。城中守将劝唐道袭放弃兴元撤走，唐道袭说道："没有兴元，就没有安远，利州也会被敌人占领。我决定死守兴元。"

王建得知兵马大败青泥岭，安远城被围，立即作了一些部署。王建任命定戎团练使王宗播为"四招讨马步都指挥使"，再任命御营使、昌王王宗鐬（音会）为应援招讨使，命王宗播统领王宗鐬、王宗祐、王宗贺、唐道袭四位招讨，前往援救安远城中的王宗侃。

王宗播在廉水与让水之间扎营，再联合唐道袭的兵马，最后在安远城西的明珠曲与刘知俊、李继崇激战。明珠曲这一战，王宗播战胜名将刘知俊，刘知俊传令暂撤。第二日又在城西的凫口激战，王宗播再败岐兵，阵斩岐国成州刺史李彦琛。尽管王宗播两胜岐兵，但仍不能解围安远城。

十月初，王建再到利州督战。

也许是王建亲临前线，将士作战都很英勇。决云军虞候王琮擒获岐国将领李彦太，杀死及俘虏三千五百余名岐兵。捉生将彭君集连破岐军两个营寨，杀死及俘虏三千余人。尽管如此，安远前线仍然吃紧。安远城中的王宗侃派裨将林思谔从小路来到利州，向王建告急。

王建再派开道都指挥使王宗弼前往增援。

十一月，王宗弼抵达安远境内，在安远城西南的金牛寨击败岐军。王宗弼还一连攻破岐军十六个营寨，擒获岐将郭存。王宗鐬、王宗播也在安远城西的黄牛川击败岐国另一支兵马，擒获岐将苏厚。

十一月十七日，王建从利州前往兴元督战。

由于王建的到来，前蜀各路援军纷纷集结，安远的守军远远地看到前蜀的大旗，欢呼雀跃。王宗侃等将更是鼓噪而出，与援军夹攻岐军，岐军大败，二十一个营寨被攻破，岐将李廷志等被斩。刘知俊、李继崇传令撤围安远，率部北走。蜀将唐道袭早已在斜谷（今陕西省太白县境内）埋伏兵马，再次重创岐兵。

前蜀与岐国的第一次交战，岐国兵马接连遭败，对主将刘知俊来说极为不利。回到岐国后，便有人说起了刘知俊的坏话，此人便是李茂贞身边的亲信石简颙。李茂贞听信了谗言，削去了刘知俊的兵权。

李继崇认为不妥，对李茂贞说道："刘知俊是一名勇士，走投无路才来，不应当听信谗言而撤其官职。"李茂贞又听信了李继崇的话，下令杀了石简颙，以安刘知俊的心。尽管如此，李继崇还是担心刘知俊的家人遭到陷害，便让刘知俊全族迁到其镇守的秦州居住。

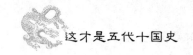

之后的三年，王建没有大规模向岐国用兵。一个原因是唐道袭与太子王元膺发生矛盾，二人均被杀。还有一个原因是长和国入侵前蜀，前蜀将其击退。尽管如此，在这三年中，前蜀与岐国还是发生了两次边界冲突。第一次是公元912年十二月，行营都指挥使王宗汾攻克岐国的文州（今甘肃省文县）。第二次是公元914年十二月，兴州刺史兼北路制置指挥使王宗铎、指挥使王宗俨攻破岐国凤州（今陕西省凤县）境内十余个营寨。

公元915年（后梁末帝乾化五年）八月，王建再度向岐国用兵。王建任命中书令王宗绾为"北路行营都制置使"，中书令王宗播为招讨使，令二人率兵攻打岐国的秦州，也就是李继崇镇守的地方。

三个月后，大战爆发。

十一月，王宗绾等将在金沙谷（今甘肃省成县东南）击败秦州兵马，擒获岐国将领李彦巢。王宗绾等将乘胜向秦州杀去。三日后，王宗绾攻克成州（今甘肃省成县），擒获成州刺史李彦德。

岐国天雄节度使李继崇不想再战，便派其子李彦秀带着符节印信向王宗绾投降。王宗绾接受投降，率部进入秦州城，占领天雄。王宗绾向王建上表，推荐排阵使王宗俦为天雄留后，李继崇则被调往成都任职。依附李继崇的刘知俊家人也跟着来到了成都。

刘知俊得到这个消息时，正奉命攻打静难军的治所邠州（今陕西省彬县）。原来是静难军发生叛乱，静难节度使李继徽被其子李彦鲁毒死，李继徽的义子李保衡又杀死李彦鲁，并以静难所辖邠、宁二州向后梁归降。后梁末帝朱友贞调李保衡为感化节度使，再调河阳留后霍彦威为静难节度使。岐王李茂贞不甘心丢失静难军，便派刘知俊攻打静难军。

刘知俊攻打邠州城已经半年之久，再听说妻儿被带到了成都，顿时无心再战。刘知俊在没有接到李茂贞命令的情况下，便解围邠州返回凤翔（今陕西省凤翔县）。

回到凤翔后，刘知俊又担心李茂贞会责备他，不免一场灾祸。思来想去，刘知俊决定离开凤翔。一天夜里，刘知俊带领七十名亲兵，砍开城门，前往前蜀投奔王建。王建接受刘知俊投降，并任命刘知俊为武信节度使。

前蜀将领仍在攻占岐国城池。不久，王宗绾与"东北面招讨使"王宗瑶会合，又攻克了凤州。次月，前蜀在凤州设武兴军，辖文、兴二州，任命前利州团练使王宗鲁为节度使。

岐国接连丢城失地，不久又有藩镇叛离。十二月，义胜节度使李彦韬发现岐王李茂贞大势已去，便以所辖耀、鼎二州归降后梁。后梁末帝朱友贞下诏，改耀州为崇州，鼎州为裕州，义胜军改为静胜军，让李彦韬恢复本姓温，更名昭图，官职依旧。

半年后，王建第三次向岐国用兵。

公元916年（后梁末帝贞明二年）八月，王建调集两路大军。第一路由王宗绾担任东北面都招讨，集王王宗翰、嘉王王宗寿为第一、第二招讨，三将共率十万兵马从凤州出发。第二路由王宗播担任西北面都招讨，武信节度使刘知俊、天雄节度使王宗俦、匡国军使唐文裔为第一、第二、第三招讨，四将共率十二万兵马从秦州出发。

十月，王宗绾北出大散关（今陕西省宝鸡市南），与岐国兵马激战，大胜岐兵，杀死及俘获一万多人，很快攻占宝鸡。王宗绾再会同西北面行营第一招讨刘知俊，围攻岐国的都城凤翔。岐国兵马紧闭城门不战，王宗绾、刘知俊不能攻克。不久，天降大雪，王建传令大军班师。

王宗播则西出故关（今甘肃省陇西县西），到达岐国保胜军治所陇州（今甘肃省陇西县）。岐国保胜节度使李继岌率部众两万人放弃陇州，向前蜀兵马投降。王建得到消息，下诏任命李继岌为西北面行营第四招讨，隶属王宗播，并让李继岌恢复本名桑弘志。

九个月后，王建准备第四次向岐国用兵。

公元917年（后梁末帝贞明三年）七月，王建任命桑弘志（李继岌）为西北面第一招讨，王宗宏为东北面第二招讨。王建又任命王宗侃为东北面都招讨，武信节度使刘知俊为西北面都招讨。

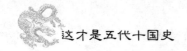

　　从这次任命可以看出，刘知俊已经从一个招讨升为都招讨。然而前蜀这次出征并没有取得什么战果，原因是刘知俊所统领的将领大多是前蜀的旧将老臣，不愿接受刘知俊的指挥，而且还嫉妒刘知俊。朝中弄权的飞龙使唐文扆（音以）又不断诋毁刘知俊。

　　王建也忌惮刘知俊的才能，曾经对身边亲信说道："朕已年老，知俊不是你们这些人能够驾驭得了的。"十二月六日，王建下旨逮捕刘知俊，诬陷刘知俊谋反，将刘知俊斩首于炭市。

　　前蜀对岐国用兵数年，占领岐国文、阶、成、秦、凤、陇等州，后梁还得到了岐国的静难、义胜等藩镇，岐王李茂贞的都城凤翔还被袭击，要不是大雪，可能会亡国。李茂贞无力反击，只得请求和解。公元918年（后梁末帝贞明四年）四月，李茂贞的使者来到成都，请求和好，两国长达七年的冲突终于结束。

　　我们再来讲述晋国与后梁争夺河北之事。

第15章　占领魏州，漳河遇险

后梁名将杨师厚镇守在天雄，河北诸镇不能南侵，可以说守住了后梁的北大门。然而杨师厚晚年居功自傲，常常截留赋税。杨师厚还在军中挑选数千名骁勇士兵，设置银枪效节都，打算恢复以前的牙兵。后梁末帝朱友贞表面上对杨师厚非常礼遇，心中非常忌惮。

公元915年（后梁末帝乾化五年）三月，杨师厚去世，朱友贞得到消息，非常高兴，竟在宫中私下庆贺。

租庸使赵岩、判官邵赞替朱友贞想了一个对策，以削弱天雄。

二人对朱友贞说道："唐朝时，天雄一直是心腹之患，两百多年不能铲除，就因为天雄地广兵强。现在杨师厚去世，陛下应当趁此契机，早作打算。臣等以为，当将天雄六州分为两个藩镇，以削弱天雄。"

朱友贞认为很有道理，便决定将天雄六州之中的相州、澶州、卫州分出，设置一个新的藩镇为昭德军，治所为相州（今河南省安阳市）。原魏州、博州、贝州仍称天雄军。

朱友贞再下旨，调平卢节度使贺德伦为天雄节度使，宣徽使张筠为昭德节度使，还将原天雄一半人马以及在魏州府库中的一半物资分给昭德军。

贺德伦、张筠已经前往两镇赴任，朱友贞担心天雄兵不服，又派开封府尹刘鄩率六万兵马从白马北渡黄河，声称征讨成德、义武，实是为了防范天雄兵马，以备不测。

天雄的士兵都是父子、兄弟相继，已有百年，而且互相通婚，盘

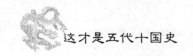

根错节，不肯分开。天雄节度使贺德伦多次催促分出的士兵上路前往相州，然而这些士兵都怨声载道，每个营寨里都有哭声。

贺德伦不能将天雄兵马分开，只有等刘鄩大军前来。

三月二十九日，刘鄩大军进屯南乐（今河北省南乐县），先派澶州刺史王彦章率五百名龙骧骑兵进入魏州（今河北省大名县），驻扎在金波亭。刘鄩这是想利用王彦章来逼迫天雄的士兵赶快分开。

天雄士兵得到消息，互相议论道："朝廷忌恨我们天雄军强大，所以施计将天雄削弱。我们天雄六州已成一体，历代如此。如果让我们骨肉分离，真是生不如死。"

当天晚上，魏州城内发生兵变。士兵们纵起火来，还到处抢掠，继而围攻金波亭。那位人称"王铁枪"的王彦章夺门而逃。

第二天天明，乱兵进入内城，屠杀贺德伦的亲兵，还将贺德伦劫持到楼上软禁起来。

银枪效节军校张彦率领部众阻止了抢掠，控制了局势。混乱已经停止，但天雄士兵仍不肯分开。

四月，后梁末帝朱友贞派供奉官扈异前来安抚，答应任命张彦为刺史。张彦不为所动，提出撤销昭德军，恢复原来的天雄军。

扈异回到都城开封，对朱友贞说张彦容易对付，只需让刘鄩发动袭击，一定能取其首级。朱友贞不肯动兵，只想用措辞缓和的诏书来安抚张彦。

使者到了魏州，张彦竟将诏书撕碎，扔在地上。张彦还两手叉腰面向开封方向，辱骂朝廷。

张彦又对贺德伦说道："天子愚昧暗弱，由别人牵着鼻子走。我们的兵马虽强，但如果没有外援，一定不能立足，应当向晋国投诚。"

张彦逼迫贺德伦修书，向晋王李存勖求援。

李存勖接到贺德伦的求援书信，立即传令马步副总管李存审从赵州（今河北省赵县）南下，前往据守贝州的临清（今河北省临西县）。

五月，李存审到达临清，离魏州两百余里。

这时后梁大将刘鄩率大军向北推进，已经驻屯洹水（今河北省魏县西南），离魏州城不足百里。

贺德伦非常担忧，再派使者向李存勖告急。

李存勖知道，一场大战即将到来，决定亲自上阵。

李存勖从黄泽岭（今山西省左权县境内）穿越太行山，一路东来，与李存审会师于临清。李存勖不敢继续南下，担心这是贺德伦设的圈套，毕竟贺德伦原本是后梁的天雄节度使。

这时贺德伦派判官司空颋（音挺）前来犒劳。司空颋对李存勖说道："除乱应当除根。张彦凶险狡诈，应当先把张彦除掉，其他人不用担心。"

李存勖没有作答，但决定继续向南推进，以观情形。

不多日，李存勖到达永济（今山东省冠县北），离魏州城只有百里。

张彦得到消息，决定前往晋见李存勖。

张彦在银枪效节都中挑选了五百人，手持兵器作为卫队。

李存勖登上驿马车，远远地对张彦说道："你胁迫主帅，残害百姓，几天之内，拦住马首喊冤的就有一百多人。孤今天举兵前来，是为了安抚百姓，不是为了夺取土地。你虽然有功于孤，但孤不得不杀掉你来替魏州人报仇。"

李存勖接着下令将张彦及其党羽七人拿下斩首。

李存勖又对张彦的卫士安抚道："有罪的就是这八个人，其他人都不追究。从今日起，你们应当竭力充当孤的护卫。"

众人都下跪叩拜，高呼万岁。

第二天，李存勖缓带轻裘继续南下，让张彦的士兵身穿铠甲，手拿兵器护卫而行，称之为帐前银枪都。李存勖不穿铠甲，表明对魏州银枪都士兵的信任，因而众人都很敬服。

后梁大将刘鄩听闻李存勖率部逼近，立即挑选一万多名精兵，从洹水开赴魏县（今河北省魏县）。

后梁末帝朱友贞听闻天雄军士兵背叛，感到非常后悔，也非常害怕。为防不测，朱友贞再调天平节度使牛存节进屯杨刘（今山东省东阿县东北），声援刘鄩。牛存节当时已经患病，接诏后仍然率部前往，不想数日后病逝。朱友贞再派匡国节度使王檀前往接替牛存节。

李存勖听说刘鄩向魏县挺进，命李存审驻屯临清，派史建瑭抢先进屯魏县抵御刘鄩。李存勖不久也率大军到达魏县，与刘鄩的大军隔漳河对峙。

六月一日，贺德伦带领天雄将吏来到李存勖的大营，请李存勖进入魏州城。李存勖入城后，贺德伦奉上符节印信，请李存勖兼任天雄节度使。

李存勖不肯接受，说道："孤听闻梁国兵马入侵贵地，因而亲率兵马前来相救。孤又听说魏州城中刚刚经历一场涂炭，所以暂且入城安抚。明公不明孤心，将符节印信交给孤，这实在不是孤之本意。"

贺德伦再三拜首，说道："现在敌寇就在眼前，城中又刚变乱，人心不安。德伦的心腹将领都被张彦杀光，势孤力弱，如何能够统领部众？一旦发生事情，我恐有负大恩。"

李存勖听到贺德伦如此诚心的言辞，终于接受贺德伦的请求。贺德伦带领魏州将吏向李存勖下拜道贺。李存勖也承制任命贺德伦为大同节度使，还派人护送其前往赴任。贺德伦经过太原时，河东监军张承业不放心，便将其留下，不准离开。

当时银枪效节都士兵在魏州城内仍然骄横，李存勖下令道："从今日起，再有结党、造谣及抢掠百姓的，杀无赦！"

李存勖还调沁州刺史李存进任天雄都巡按使。李存进执法很严，凡妖言惑众或抢夺平民一文钱以上的，一律推到街头枭首磔尸。不过十天，魏州城中一片肃然，无人再敢喧哗闹事。

李存勖得到天雄，虽然也兼任天雄节度使，但毕竟所管事务繁多，便将天雄的军政事务交给判官司空颋处理。司空颋这个人仗恃他的才能以及李存勖对他的信任，睚眦必报，有些事竟然不向李存勖禀报。司空颋还贪赃枉法，无所不为，生活也极为奢侈。李存勖后来下令，将司空颋全族斩于营门前，再命另一判官王正言代替司空颋。

魏州有个孔目官名叫孔谦，此人勤快聪明，擅长管理财物账目，李存勖便让其担任支度务使。孔谦还有一本领，那便是善于谄媚，所以李存勖对他的宠信最为深厚。魏州经过这场变乱，府库已经空虚，百姓也非常困苦，但李存勖带领天雄、成德、义武三镇兵马在黄河一带作战，前后长达十年，粮草并不缺乏，这都是孔谦的功劳。当然，孔谦对天雄六州百姓横征暴敛，让六州百姓陷于水火之中，百姓多有怨恨，更是将这些怨恨发在李存勖身上。

李存勖趁天雄内乱而占领魏州，但其他各州并不全部臣服。贝州刺史张源德就不接受。张源德派人到北边联络沧州、德州，南边联络刘鄩，准备抵抗晋国兵马。张源德还多次切断成德、义武运往魏州的粮道。

李存勖获报，开始考虑对策。有人对李存勖说道："请先派一万兵马攻打张源德，占领贝州，再向东兼并沧州、景州，则邻近大海的这片土地都为我们所有。"

李存勖说道："不可。贝州城非常坚固，而且兵马众多，不能很快攻取。德州是义昌的辖区，必定没有防备。如果我们占领德州，再派兵驻守，那么沧州与贝州之间就不能联络。两个城池成为孤城之后，才可能攻取。"

计议已定，李存勖派五百名骑兵，昼夜兼行，奔向德州。德州真的没有防备。当听报晋兵突然来到，德州刺史竟翻越城墙逃走。

七月，李存勖又派兵袭击天雄所属的澶州，一战而克。

后梁澶州刺史王彦章当时正在刘鄩的军中，其妻儿都在澶州，被晋兵俘虏。李存勖也知道王彦章是一名猛将，也想得到王彦章，便令人妥为照顾王彦章的妻儿。李存勖还派人悄悄去劝王彦章，希望王彦章能向晋国归降。王彦章是一位忠义之人，不仅不为所动，还将晋国使者杀掉。李存勖一怒之下，派人将王彦章的妻儿全部杀掉。

李存勖一连攻克德州、澶州，驻屯魏县的后梁大将刘鄩一直按兵不动，李存勖决定前往察看刘鄩军情。

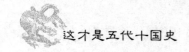

　　李存勖带领一百余名骑兵来到漳河边，一路向西察看。不久，天色阴暗，李存勖来到一处河水弯曲、又有丛林之处。正想继续前行，突然一阵鼓噪，刘鄩埋伏在此的五千名士兵杀了出来，顿时便将李存勖围了数重。

　　李存勖纵马奔驰，高声呼叫，左冲右突。裨将夏鲁奇等人手拿短刀奋力作战，前后两个时辰，一连杀死一百多人，终于杀出一条血路。跟随李存勖的骑兵有七人战死，夏鲁奇也遍体鳞伤。正在这时，李存审带领救兵赶到，李存勖才得以逃脱。

　　摆脱险境后，李存勖转身对左右说道："今天差点儿被贼寇笑话。"

　　众人都说道："正好让敌人见识一下大王的英勇。"

　　夏鲁奇从此深得李存勖的宠爱，被赐姓名为李绍奇。

第16章 一步百计，惨败魏州

魏县（今河北省魏县西南）是魏州的一个县，与魏州城所在的贵乡县（今河北省大名县）相距数十里，中间隔着一条漳水。后梁大将刘鄩的大军在魏县，晋王李存勖的兵马在魏州城中。

公元915年（后梁末帝乾化五年）七月，刘鄩与李存勖隔河对峙已经一个多月。刘鄩不想渡河作战，想用计取胜。刘鄩认为晋国兵马都在魏州，老巢太原必定空虚。刘鄩于是悄悄率领兵马从黄泽岭（今山西省左权县境内）穿越太行山，一路向西而去，准备奇袭太原。

魏州城内的晋兵两天不见魏县城中有什么动静，于是派出斥候打探。斥候发现魏县城中并无烟火，只见旗帜还在城头来回移动，像是有人在巡守。

李存勖获报，说道："听说刘鄩用兵，一步百计，这当中一定有诈。"

李存勖再派人前往打探，原来是绑着旗帜的草人骑着驴在来回走动。再向城中老弱百姓盘问，才知刘鄩大军已经走了两天。

李存勖对众将说道："刘鄩擅长乘人不备发动袭击，最不擅长沙场决战。如此算来，大概才到太行山一带。"

李存勖担心太原，立即派将领李嗣恩率骑兵西返。

当时天降大雨，长达十余天，黄泽岭一带道路原本就很险峻，现在淤泥又有一尺深，刘鄩的士兵只能抓住葛藤，艰难前行。不久，将士们出现脚肿、腹泻，死亡者十之二三。而晋将李嗣恩倍道兼行，已经回到太原。太原城中获知后梁兵马即将来袭，立即传令加强戒备。

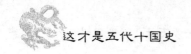

刘鄩到达乐平（今山西省昔阳县）时，所带粮食已经吃完。士兵们听说晋兵已有防备，而且后面又有追兵，都感到非常害怕，面临崩溃。

刘鄩对将士们说道："我们深入敌境，离家千里，前后都有敌人，现在还陷在山谷里，如同坠落在深井之中，就是想跑，又能往哪里跑？只有拼死力战，才可能得以脱险，否则只有以死报答君王与父老。"

众人听了此言才安定下来。

刘鄩虽然这么说，但已决定改变策略，不再前往袭击太原。刘鄩准备率部东返，前往攻打依附晋国的成德、义武两镇，以使深入天雄境内的李存勖没有后方。

穿越太行山后，刘鄩获知李存勖的粮草多存于临清（今河北省临西县），又改变了主意。刘鄩决定切断李存勖的粮道。刘鄩于是从邢州西边的陈宋口过了漳水，一路向东，最后驻屯在宗城（今河北省威县），进逼临清。

且说晋国卢龙节度使周德威听闻刘鄩率兵西进，立即率一千名骑兵，从幽州南下，前往援救太原。周德威到达土门（今河北省石家庄市鹿泉区）时，获知刘鄩已经东返，随即更改方向，向刘鄩追去。只用一天时间，周德威便到达南宫（今河北省南宫市），离刘鄩驻屯的宗城只有百里。

周德威派出骑兵，擒获刘鄩的数十名斥候。周德威得知刘鄩打算到临清切断粮草，于是下令砍断这些斥候的手腕，再让这些斥候回去给刘鄩带话道："周德威已经到达临清。"

刘鄩的将士们听到这个消息，都感到非常害怕。刘鄩觉得已经无力占领临清，于是再改变计划，准备南返魏州，袭击李存勖的兵马。

刘鄩到达贝州时，获知李存勖已经率部进屯博州（今山东省聊城市）。刘鄩又从贝州南下，准备前往博州。不久，刘鄩进驻博州西边的堂邑，离李存勖所在的博州只有数十里。

周德威一路追到了堂邑，立即向刘鄩发起进击。

刘鄩不想与周德威激战，并决定放弃攻打李存勖而再度南下。

一日后，刘鄩到达莘县，周德威也一路追到莘县。

莘县（今山东省莘县）是魏州的属县，刘鄩不准备再走，下令加固莘县城池，挖掘壕沟，准备坚守莘县城。刘鄩还从莘县到黄河渡口修建一条甬道，用于运送粮草。

李存勖这时也从博州南下，到达莘县城西三十里处安营。

刘鄩与李存勖两营烟火相望，大战没有，小战不断。

八月，刘鄩的粮草开始不足。

李存勖得到消息，不断派出兵马多次到刘鄩营寨前挑战，刘鄩就是坚守不出。李存勖又派人切断刘鄩的运粮甬道，再用一千多把大斧砍断刘鄩营寨的木柱，后梁士兵感到非常害怕，纷纷逃出营寨。晋兵将这些士兵俘虏，然而回军。

后梁末帝朱友贞对刘鄩长期不战非常不满，下诏责备刘鄩没有速战速决，以致粮草不济，士兵逃散。

刘鄩上奏回复道：“臣本来想出奇兵直捣敌人心脏，然后再回军攻取成德、义武两镇，满以为十天半月之间就能扫清河朔。无奈上天仍不厌乱，一连十天阴雨不停，致使粮草不足，士兵生病。臣又想据守临清，以断敌人粮道，想不到周德威突然杀来，快如闪电。臣现在退保莘县，休整训练，等待时机。臣观晋兵数量众多，擅长骑射，确实是劲敌，不可轻视。一旦有机可乘，臣岂敢苟且偷安而放纵贼寇。”

朱友贞阅罢刘鄩奏章，再下诏问刘鄩有何决胜之策。

刘鄩又回复道：“臣现在尚无对策，只愿能给每个将士十斛粮食，保证可以破贼。”

朱友贞阅后，大怒，再下诏斥责道：“将军要这么多粮食，是想破贼，还是想充饥？”朱友贞还派宦官前往军中督战。

刘鄩感到非常苦恼，便召集诸将商议。

刘鄩说道：“陛下深居宫中，不知前方军中之事，只跟几位年轻的小辈们谋议。自古用兵在于随机应变，不可以预先确定对策。现在敌人还很强大，强行交战，一定对我军不利，这可如何是好？”

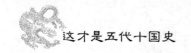

诸将也不赞同刘鄩的策略，都说道："是胜是败，应当决战，这么等下去，要到什么时候？"

刘鄩看到诸将与自己的想法不一样，感到非常不高兴。

众将走后，刘鄩对亲近之人说道："皇上愚昧，臣子谄媚，将领骄横，士兵懒惰，我不知道将会死在哪里。"

过了数日，刘鄩再将众将召到营帐之中，每人面前放一碗从河中取来的水，让众将当场喝下。众将不知是何用意，只好硬着头皮喝下。

刘鄩对大家说道："一碗水都这么难喝，何况滔滔之河水，如何能喝完？"

众将听后，都面无表情。

刘鄩喜欢用计，没有十足把握不敢出战，这样的人不是胆小，就是过于谨慎。一般来说，弱小的兵马才需要用计取胜。刘鄩当时有数万兵马，应当适时出击。领兵作战有时需要一定的冒险。

两个月后，刘鄩终于有所行动，但仍是用计，并没有出战。

刘鄩派人向李存勖诈降，然后贿赂负责膳食之人，让他们给李存勖下毒。没想到事情不顺利，被李存勖知道了，李存勖将这些人全部杀掉。

刘鄩一计不成，便继续按兵不动。朱友贞仍然不断催促刘鄩尽快出战，但整整三个月过去了，刘鄩仍然坚守营寨不战。

公元916年（后梁末帝贞明二年）二月，李存勖命副总管李存审留守莘县城西大营，自己到贝州劳军，对外声称要返回河东太原。

刘鄩探得这一消息，认为与敌人决战的时机已到，便派人快马给朱友贞上奏，请求攻打魏州。朱友贞面对盼望已久的消息，当然非常高兴，立即回诏道："现在朕把全国兵马都交给将军，社稷存亡，在此一举，请将军奋力作战！"

刘鄩为确保万无一失，先传令澶州刺史杨延直率一万人马到魏州会战。杨延直接令后，立即出发，当天夜半时分到达魏州城南扎营，而刘鄩的兵马尚未抵达。

魏州城中守将是晋将李嗣源。李嗣源得知杨延直到了魏州城南，决定连夜偷袭。李嗣源挑选五百名身强力壮的士兵，在夜间悄悄出城，向杨延直的大营发起袭击。杨延直的士兵一时溃散，四处逃走。

第二天一早，刘鄩率大军从莘县到达魏州城东，与杨延直的残余部众会合。让刘鄩没有想到的是，李存勖从贝州突然赶到，而李嗣源又率领城中兵马杀了出来，与李存勖会合。

刘鄩见到李存勖，大惊失色，不禁脱口说道："真的是李存勖啊！"

刘鄩不敢迎战，率部撤退。

李存勖指挥大军追击，一直追到故元城（今山东省莘县南）西。这时李存审率部从南边到达，刘鄩的大军陷入了两面夹击之中。李存勖与李嗣源的方阵在西北，李存审的方阵在东南。

大战开始，双方交战很久，后梁兵马大败。

刘鄩无心再战，只率数十名骑兵突围而走，七万步兵被晋兵环绕攻击。这些士兵无路可逃，便攀上树枝，树枝又因人多而折断。不少士兵逃到漳河，不是被杀就是淹死。

刘鄩集结残兵从黎阳渡黄河南下，退保滑州。

魏州在大战，声援刘鄩的王檀向后梁末帝朱友贞上了一道密疏，请求调发关西兵马，乘虚袭击太原。朱友贞采纳这一奏请，下诏令护国、镇国、感化、忠武四镇派出三万兵马，从阴地关方向，奔袭太原。

三万大军在王檀率领下，日夜行军，突然出现在太原城下。

太原城中并无防备，兵马也很少，河东监军张承业只好发动城中的工匠与百姓登城固守。城墙几次就要被攻克，张承业非常害怕。大同节度使贺德伦部下不少士兵逃入后梁军中，张承业担心贺德伦有变，便将贺德伦斩首。

曾在代北担任将领的安金全当时就居住在太原，立即前往求见张承业，对张承业说道："太原是根本之地，一旦丢失，则大事去矣。我虽然年老有病，但仍然忧国忧民。请将府库中的铠甲兵器授予我，我为公击退敌人。"

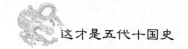

张承业便给安金全铠甲兵器。安金全带领族中子弟，以及致仕在家的老将共有数百人，连夜出了北门，攻打正在羊马城内的后梁士兵。后梁士兵感到非常吃惊，急忙撤退。

晋国昭义节度使李嗣昭听报后梁兵马袭击太原，立即派牙将石君立率领五百名骑兵，驰援太原。石君立早上从潞州出发，晚上便到太原城外，一路急行五百余里。

后梁兵马扼守太原城南的汾河桥，石君立把守桥士兵击破，立即冲到太原城下，大声叫道："昭义李嗣昭的大军到了。"

石君立进了太原城，于当天夜里与安金全等人从各城门杀出，后梁兵马死伤十之二三。

第二天早上，王檀率部抢掠一番，撤退。

后梁末帝朱友贞先听说刘鄩兵败魏州，又听说王檀偷袭太原无功，叹息道："大事去矣！"

朱友贞召刘鄩回京。作为败军之将，刘鄩不敢回京，也无脸回京。刘鄩一直不回，朱友贞也不敢强硬催促，怕将其逼反。朱友贞于是就任命刘鄩为宣义节度使，让其驻屯黎阳。王檀偷袭太原失败后，被朱友贞任命为天平节度使。半年后，王檀被其由盗贼组成的亲兵杀死，此为后话。

再说李存勖大胜刘鄩的七万大军，接着便开始攻打后梁河北一带的州县城池。从三月到八月，李存勖一连占领了卫州、磁州、洺州、相州、邢州。李存勖任命李嗣源为相州刺史，将相州仍划归天雄军。李存勖还将保义军更名为安国军，由李存审担任节度使，镇守邢州。李存勖任命归降的后梁保义节度使阎宝为东南面招讨使，兼天平节度使，希望阎宝去夺取黄河南边的天平军。

就在这时，李存勖得到消息，契丹首领耶律阿保机率大军攻打朔州。李存勖决定先返太原，但仍留有兵马在河北境内攻取后梁的州县城池。

九月，晋国兵马攻打后梁的顺化军，顺化节度使戴思远逃往都城开封。

李存勖将顺化军改回最早的名称横海军，调李存审前往担任节度使，而任命李嗣源为安国节度使。李嗣源当了节度使后，用应州的胡人安重海为中门使，把安重海当作心腹，安重海也尽心尽力为李嗣源效力。

天雄境内仍有一个州未被晋国攻破，那就是贝州。刺史张源德发现河北一带大多被晋国占领，也准备向晋国投降。部众认为坚持整整一年之久，又在势穷力孤之时才降，可能免不了一死。张源德坚决要降，最后被部众杀死。

不久，贝州城中缺粮，出现人吃人的惨状，守城将士才对晋国攻城将领说道："我们想投降，但又怕出了城被杀死。我们请求身穿铠甲手持兵器出降，事妥之后，再卸下铠甲。"晋将回道："如此甚好！"然而当后梁将士出了城并卸下铠甲后，晋兵立即将他们围了起来，全部屠杀。

至此，黄河以北除了黎阳小城还在刘鄩的手中，其他各藩镇、州郡、县城全部成为晋国的领地。

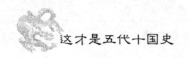

第17章 契丹南犯，激战幽州

公元916年（后梁末帝贞明二年）八月，契丹首领耶律阿保机率各部兵马共三十万，号称百万，从麟、胜二州攻向晋国的振武军治所朔州。耶律阿保机昼夜急攻数日，振武节度使李嗣本终因城中兵少不敌被俘。

耶律阿保机又派使带着木刻的书信来到云州（今山西省大同市），向晋国大同防御使李存璋索要财物。李存璋大怒，将耶律阿保机的使者斩首。耶律阿保机听说使者被斩，非常恼怒，立即率契丹大军北攻云州。李存璋坚守城池抵抗，并派人前往河北，向晋王李存勖告急。

李存勖得知契丹来攻的消息，决定先返河东太原。

几月，李存勖刚回到太原，便亲率兵马前往援救云州。

耶律阿保机听说李存勖来援，不敢与李存勖作战，便传令解围云州北返。李存勖当时已经到达代州（今山西省代县），听说耶律阿保机已经撤退，便没有继续北进。李存勖将大同由防御使级升为节度使级，任命李存璋为大同节度使，然后南返太原。

数月后，李存勖再度来到魏州（今河北省大名县）。

李存勖准备继续夺取后梁领地。李存勖当时虽然占尽河北各镇，但黄河北岸仍有一个小城黎阳（今河南省浚县）还在后梁大将刘鄩手中。李存勖准备先夺取黎阳。

公元917年（后梁末帝贞明三年）二月，李存勖向黎阳发起攻击。

一连攻了数日，不能攻克，李存勖传令撤退，返回魏州。李存勖令兄弟李存矩招募骁勇之士并征集五百匹战马送到魏州，以备下一轮进攻。

李存矩当时担任威塞军防御使，镇守在新州（今河北省涿鹿县）。李存矩骄横懒惰，不理政事，奴仆们都干预州府事务。李存矩的裨将卢文进有一女儿，长得非常漂亮，李存矩想纳为小妾，卢文进不愿意，但也不敢拒绝。

李存矩虽然不是个好人，但对兄长李存勖的命令也不能不理。李存矩招募勇士、征集战马后，便与卢文进带着这群士兵及战马前往魏州。士兵们都不愿南下，而李存矩也不加以安抚。

二月十五日，李存矩、卢文进到达涿州城西南的祁沟关，小校宫彦璋与士兵们商议道："听闻晋王与梁国在黄河边苦战，骑兵伤亡很多。我们抛妻弃子，替人到异乡作战，这是千里送死，而李存矩又不加以抚慰，这可如何是好？"

众人都说道："杀掉李存矩，拥护卢将军返还新州，坚守城池，谁能奈何我们？"

宫彦璋便带领士兵手持兵器，大声呼叫，来到李存矩的馆舍，就在床上将李存矩杀死。卢文进不能制止，哭着说道："奴才们害死郎君，让我有何面目去见晋王？"

卢文进不敢继续南下，宫彦璋等人也不会让他南下。

北返新州后，守将杨全章紧闭城门，不让卢文进等人入城。

卢文进于是攻打北边的武州（今河北省张家口市宣化区）。

新州、武州都是卢龙军的辖区，已经北返的卢龙节度使周德威不能不管。周德威立即派兵讨伐卢文进，卢文进无处容身，便率领部众北投契丹。

契丹首领耶律阿保机已于上年十二月称帝改元，国名虽仍是契丹，但耶律阿保机已经是皇帝。耶律阿保机收留了卢文进等人，卢文进恳请耶律阿保机发兵南下，夺取卢龙所辖州郡。

阿保机也有南下用兵之意。

恰巧，南吴王杨隆演派使来到契丹临潢府（今内蒙古自治区巴林左旗），向阿保机进献猛火油。南吴使者说攻城时，将这种油泼到城楼

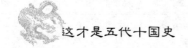

上，再点上火，敌人如若用水来浇，火会更旺。

阿保机听后大喜，立即下令挑选三万骑兵，准备攻打幽州（今北京市），同时试一下这猛火油。

皇后述律平不赞同，讥笑道："哪有为了试一种油而攻打一国的。"

述律皇后说完，用手指着帐前的大树，问阿保机道："此树无皮，还能不能活？"

阿保机回道："不能。"

述律皇后又道："幽州城也是这样。我们只要派三千骑兵到幽州城外四处抢掠，使其城中无粮，不过数年，幽州自困，何必如此轻举妄动？万一不成，岂不被人嘲笑？我们部落也会跟着溃散。"

阿保机听后只好作罢，但仍给卢文进一部兵马南下夺取新州。

三月，卢文进带领契丹兵马攻打新州，晋国新任新州刺史安金全不能坚守，弃城而走。卢文进任命部将刘殷为新州刺史，令其守城，自己准备再攻他处。

新州发生的事，远在魏州的李存勖不久便获知了。李存勖派卢龙节度使周德威，会合河东、成德与义武三镇兵马来攻新州。

卢文进得知周德威来攻，只好与刘殷一同坚守新州城。

周德威的大军一连攻了十多天，没有攻克。

卢文进的救兵来了。三十万大军，由契丹皇帝阿保机率领。

周德威寡不敌众，被阿保机击败，一路逃回幽州城中。

阿保机乘胜进击，一路杀到幽州城下。阿保机再次宣称有百万大军。

契丹兵马是草原上的骑兵，虽然剽悍，并不懂得攻城之术，但卢文进懂得。卢文进让契丹士兵挖掘地道，从四面八方日夜不停地进攻。

周德威在城中也挖掘壕沟，灌满油脂以阻截进入城中的契丹士兵。

卢文进又让契丹士兵在城外依着城墙推土成山，然后从土山上攻入城中。

周德威则派人熔化铜水，洒在土山上，一天之内杀死千余名契丹士兵，仍然不能阻止契丹的攻势。

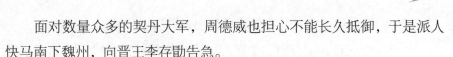

　　面对数量众多的契丹大军，周德威也担心不能长久抵御，于是派人快马南下魏州，向晋王李存勖告急。

　　李存勖当时正与后梁兵马在黄河一带对峙，想分兵又担心兵马不足，不分兵又担心幽州有失。李存勖于是召集诸将商议对策。只有李嗣源、李存审、阎宝三将劝李存勖分兵驰援周德威。李存勖大喜道："当年太宗有一个李靖，便能擒获突厥颉利可汗，孤现有三员猛将，何忧之有？"

　　分兵驰援已经商定，那么采用什么样的战术呢？

　　李存审、阎宝认为契丹兵马南下远征，没有带辎重，一定不能坚持太久，等他们在野外找不到粮食时，必定北返，那时再发兵追击，定能取胜。

　　李嗣源则说道："周德威是国家重臣，现在幽州朝不保夕，臣担心城中再生变乱，哪里还能等到契丹无草无粮？臣愿率所部兵马担当前锋。"

　　李存勖说道："公之所言甚是。"

　　李存勖开始调兵遣将。李存勖从魏州前线分出一部兵马，由李嗣源率领，充当前锋。李存勖再命成德、义武两镇一同出兵，由阎宝率领，随后继进。

　　四月，李嗣源、阎宝二将领命起程。

　　七月，李存勖认为李嗣源、阎宝的兵马还是太少，不能战胜契丹大军，于是再从魏州前线分出一部兵马，由李存审率领，快马北上。

　　八月，李嗣源、李存审、阎宝三路兵马在易州（今河北省易县）集结，共有步骑兵七万人。

　　从易州到幽州，还有两百多里，七万兵马如何前行，三位将领开始商议。

　　李存审说："敌人兵多，我们兵少；敌人骑兵多，我们步兵多。如果在平原遭遇，敌人用一万骑兵冲击我们的阵地，我们一个也活不了。"

　　李嗣源也说道："敌人没有辎重，我们行军总是带着粮草，如果在平原遭遇，敌人必定抢掠我们粮草，我们不战自溃。不如从山路悄悄前行，直奔幽州与城中守军会合。如果路上与敌人遭遇，也好据守险要抵御。"

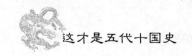

　　三位将领商议已定，大军便从易州出发沿山路北进。

　　八月二十三日，李存审、李嗣源、阎宝等翻过大房岭（今北京市房山区西），沿着山涧向东而行。

　　就要到幽州了，李嗣源与义子李从珂率三千骑兵担任前锋，行进在前。

　　离幽州城还有六十里时，李嗣源与契丹兵遭遇，契丹兵看到晋国兵马突然来到，也非常吃惊，慌忙后撤。

　　李嗣源立即传令追击。

　　契丹军在山上，李嗣源兵马在山涧，每到一处谷口，契丹兵便会停下阻截，李嗣源父子奋勇力战，勉强前行。

　　终于到了出山之口，竟然有一万多契丹骑兵守在山口，李嗣源的士兵都大惊失色。年已五十的李嗣源会害怕吗？不会，李嗣源人称"李横冲"，自是名不虚传。

　　李嗣源带领一百多名骑兵冲到前边，扬起马鞭，用契丹语对契丹士兵喊道："你们无故犯我疆界，晋王命我率百万大军直捣西楼城（今内蒙古自治区巴林左旗），消灭你们全族！"

　　李嗣源说完，纵马奔驰，手挥铁槬，二次冲入契丹阵中，杀死契丹酋长一人。

　　不久，李存审、阎宝大军来到，契丹兵开始撤退，晋兵终于出了山口。

　　出了山口，一路上便无险可据。李存审传令步兵砍伐树木作为"鹿角"，人手一枝，停留时立即堆成营寨。契丹骑兵看到晋兵扎营，又来袭扰，岂料营寨中顿时万弩齐发，流箭蔽日，契丹兵马死伤无数，塞满道路。

　　快到幽州时，契丹兵马早已严防以待。

　　李存审先派步兵绕到契丹兵马之后，按兵不动。李存审再派老弱士兵点燃柴草前进，一时烟尘蔽天，契丹兵不知晋兵人之多少。就在契丹兵疑惑之时，李存审传令擂起战鼓，大声嘶喊，发起进击。绕道契丹兵马身后的步兵听到鼓噪，也一起杀了过来。契丹士兵一时无力招架，一齐向北山退去，丢弃众多车辆、营帐、铠甲以及遍野的羊马。李存审传令追杀，俘虏一万多人。

第二天，李嗣源等进入幽州城，坚守幽州城将近半年之久的周德威见到他们，紧紧握住他们的手，流下了热泪。

史书上说，周德威镇守卢龙后，自认为骁勇，对边境一带不加设防，渝关天险早已丧失，契丹兵不时南下，在营、平二州之间放牛牧马。周德威又是气量狭小之人，把幽州一些有声望的老将都杀掉。契丹此次大举南下，虽然没有攻克幽州，但周德威镇守的卢龙军早已不全，多个州郡被契丹占领。

契丹国后来又任命卢文进为卢龙节度使，镇守在平州（今河北省卢龙县）。卢文进每年都带领奚部落骑兵入侵晋国北疆，袭击边境官民。契丹兵也不断入侵晋国北部边界，卢文进则带领汉人士兵充当向导。时日一久，卢龙属州更加残破。

契丹与晋国的幽州之战结束了，李存勖也已经从魏州回到太原，尚未与后梁继续争战。然而就在这时，原本臣服后梁的岭南一带宣称脱离后梁，正式建立属于自己的独立国家了。

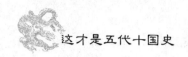

第18章　占据岭南，建立南汉

在岭南地区有一个藩镇叫清海军，治所是广州（今广东省广州市），节度使是刘隐。晚唐时，刘隐便拥护控制朝政的朱晃，还多次向朱晃劝进。公元907年四月，朱晃建立后梁，次月便封刘隐为大彭王，加检校太尉、兼侍中。

刘隐向后梁称臣，马殷也向后梁称臣，但不久两家便发生交战。

公元908年五月，楚王马殷利用后梁命其攻打武贞军之机，兼并了武贞军。武贞军在南楚的北边，马殷向北开拓了领地，还想到南边开拓领地。四个月后，马殷便派步军都指挥使吕师周攻打岭南，想夺取刘隐的领地。

刘隐得到消息，立即带领兵马前来迎战。刘隐与吕师周交战十余次，均遭失败，昭、贺、梧、蒙、龚、富六州被占领。马殷得到六州，也没有贪得无厌，开始与民休养生息。

十月，朱晃任命刘隐为清海、静海节度使。此时的静海军尚未被刘隐控制，刘隐只是名义上担任节度使。朱晃还派膳部郎中赵光裔、右补阙李殷衡为官告使，前往广州宣读任命诏书。刘隐将二人留在广州任职。

公元909年四月，朱晃再封刘隐为南平王，加检校太师、兼中书令。

刘隐开始向外开拓领地，目标是高州与容州。

高州（今广东省高州市）在广州的西南，原本属于清海军管辖。容州（今广西壮族自治区容县）是宁远军的治所，而宁远军是清海军西边的一个藩镇。宁远军节度使名叫庞巨昭，高州防御史名叫刘昌鲁。二人都曾是唐朝官员。庞巨昭开始是容管观察使，刘昌鲁是高州刺史。当年黄巢进入岭南时，庞、刘二人带领当地蛮夷部落抵挡黄巢，使得黄巢不能入境。唐朝为表彰二人之功，在容州设立宁远军，任命庞巨昭为节度使，刘昌鲁则由高州刺史升为高州防御使。

庞巨昭、刘昌鲁不愿归附刘隐，刘隐便派其弟刘岩前往攻打。

刘岩初名刘陟，父亲名叫刘谦，母亲段氏是刘谦的小妾。段氏在外生下刘岩后，刘谦的妻子韦氏非常嫉妒，命人将刘岩抱来，准备杀死。然而当韦氏看到刘岩后，突然惊讶一声，手中的宝剑掉在了地上。韦氏说道："这个孩子不一般。"三天后，韦氏杀掉段氏，而将刘岩收养过来。刘岩长大后，擅长骑马射箭，身高七尺，垂手过膝。

刘岩带领兵马先攻高州，刘昌鲁也不示弱，一战便将刘岩击败。刘岩也不恋战，带领兵马又去攻打北边的容州。没有想到，容州也不能攻克。刘岩决定撤兵回广州。

刘岩撤了，刘昌鲁反而感到不安，毕竟自己所在的高州原本属于清海军，难保刘隐不会再派兵来攻。刘昌鲁觉得自己实力太小，终不能敌过刘隐。刘昌鲁决定为自己找个安全的地方。

公元910年，刘昌鲁派人带着书信来到潭州（今湖南省长沙市），向楚王马殷请求归附，并请马殷派人前来迎接其前往楚国。马殷接书大喜，马上派横州刺史姚彦章率领兵马前往迎接。

从南楚前往高州，将要经过宁远军。当年十二月，姚彦章带着兵马便接近宁远军的治所容州。消息很快传到容州城中，宁远军裨将莫彦昭给节度使庞巨昭献上一计。

莫彦昭说道："楚国兵马远道而来，虽是为了迎接刘昌鲁，但可能会趁机夺取容州。如果我们将粮草隐藏起来，再离开城池，躲在山谷之中，姚彦章一定会乘虚进入容州城。到那时我们再带着兵马杀过来，姚彦章外无援军，一战可擒。"

庞巨昭不赞同，说道："马殷的楚国正在兴起，今天我们也许能够

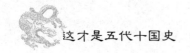

取胜，但将来如何？不如奉上酒菜，出城迎接。"

莫彦昭态度坚决，不肯接受庞巨昭的命令，庞巨昭只得下令将其杀掉。庞巨昭干脆献出城池，向姚彦章投降。姚彦章未动一刀一枪，在南下高州的途中便为南楚收复了一个藩镇。

姚彦章继续南下，不日便进入高州。姚彦章派人护送刘昌鲁全家前往潭州，刘昌鲁被楚王马殷调到永顺军担任节度副使。马殷再任命姚彦章知容州事，镇守宁远军，让姚彦章派人护送庞巨昭全家前往潭州。至此，南楚得到高州，拥有宁远军。

刘隐攻打高州、容州未果，反而让马殷捡了一个便宜，刘隐心里一定不悦，其弟刘岩也一定不会甘心。然而此时的刘隐开始患起病来，而且病情越来越重。刘隐不得不考虑后事。

公元911年三月，刘隐向朝廷推荐其弟刘岩权知留后。

后梁太祖朱晃接到刘隐的奏表，已是两月之后。然而刘隐在让人送呈奏表的三天后便病逝了，刘岩已经暂且掌管清海军。五月，朱晃下诏，正式任命刘岩为清海节度使。刘岩用中原一带的士人担任幕僚，也用士人出任刺史，在清海军境内，刺史没有武人担当。

刘岩不久便想到了高州、容州之事，刘岩想从南楚手中将这两个地方抢过来。刘岩认为，高州在南、容州在北，只要拿下容州，高州可不战而得。再说南楚的兵力主要镇守在容州。

十二月，刘岩所派兵马抵达容州。

此时离南楚得到容州不过一年之久。镇守在容州的姚彦章也刚被任命为宁远节度副使。姚彦章知道刘岩志在必得，也担心敌不过刘岩，于是一边坚守城池，一边派人快马向楚王马殷告急。

马殷得到消息，连忙派都指挥使许德勋率兵前往援救。

然而许德勋尚未到达容州，姚彦章已经无力坚守。姚彦章最后带着容州一带的士人、百姓以及府库中的财物北返潭州。刘岩占领容州后，果然不费多大力气便收复了高州。

公元912年四月，后梁太祖朱晃听闻马殷与刘岩发生冲突，便派出使者前往调解，毕竟马殷、刘岩当时都向后梁称臣，南楚、以及岭南在名义上都是后梁的辖区。经朱晃调解，马殷与刘岩从此结好。

岭南地区本有五管，即五个藩镇，分别是静江军、清海军、宁远军、岭南西道以及静海军。至此，马殷的南楚拥有静江军，刘岩拥有清海军与宁远军，而静海军仍在曲氏割据之下，岭南西道则由叶广略割据。新旧五代史都提到岭南西道被刘岩占领，据推测，当在夺取宁远军之后。在得到岭南西道之后，刘岩将此藩镇更名为建武军，后梁也任命刘岩为建武节度使，具体时间不明。

公元913年十月，刘岩向马殷求婚，马殷允诺将女儿嫁给刘岩。两年后，刘岩派人到南楚迎亲，马殷派永顺节度使马存护送女儿前往广州。刘岩与马殷通婚，给南楚与岭南一带的百姓带来多年的太平。

公元915年十二月，刘岩认为吴越王钱镠已是国王，而自己的南平王只是一个郡王，于是向后梁末帝朱友贞上表，请朱友贞封其为南越王，加授都统。朱友贞没有准奏。刘岩对僚属说道："如今中原一带混乱纷争，谁是真命天子？我岂能翻山过海，去尊奉一个伪朝？"刘岩从此不再向后梁进贡。

刘岩不只是想停止进贡，还在筹划建国称帝。

公元917年（后梁末帝贞明三年）八月，刘岩在广州登基即位，国号为大越，改远乾亨，大赦境内，将广州更名为兴王府。刘岩任命后梁使者赵光裔为兵部尚书，节度副使杨洞潜为兵部侍郎，节度判官李殷衡为礼部侍郎，都担任宰相。刘岩再兴建三座皇家祖庙，追尊祖父刘安仁为太祖文皇帝，父亲刘谦为代祖圣武皇帝，兄长刘隐为烈祖襄皇帝。

刘岩建立的国家虽然国号为大越，但一年后便改为大汉，史称南汉，刘岩便是南汉高祖。南汉是从后梁分裂出来的，共有三个藩镇，即清海、宁远与建武，北边与南楚、闽国相依，南边与曲氏的静海军相连。

南汉的建立，让后梁少了三个藩镇，也就在这时，李存勖已经向后梁再度发起攻击，黄河重要据点杨刘城失守了。

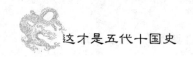

第19章 杨刘失守，勇将遇害

夏秋之际，黄河水面宽阔，滔滔东流。李存勖带领的是沙陀胡人兵马，不便渡河作战。李存勖想等到冬天结冰之时再发起袭击。不久，李存勖得知后梁大将刘鄩前往开封朝见皇帝朱友贞，被朱友贞贬为亳州团练使，认为后梁一时也不会北犯，便决定先返回太原。

回到太原，李存勖竟然与张承业发生冲突。

张承业是河东的监军宦官，最高官职是特进，曾帮助李存勖平定叔父李克宁，稳定了晋王地位。李存勖在前方征战，军府政事全部交给张承业掌管。张承业在河东，劝课农桑，征收租赋，管好财物粮草，供应前线军需。

张承业做事公平公正，无论是王府贵戚，还是自己家人，都是一视同仁。张承业有一个侄儿干起盗贼的勾当，杀死一个牛贩子，被铁面无私的张承业问斩，李存勖也没能救下来。

张承业精心为晋国治理国政，秉公执法，而李存勖常干些不当之事，难免与张承业发生冲突。李存勖时常需要钱财来赌博或赏赐戏子，而张承业总是不肯给。李存勖便想着法子向张承业要钱。

公元917年（后梁末帝贞明三年）十月的一天，李存勖在存放金钱的府库中摆下宴席，请张承业前来赴宴。宴席之上还有李存勖的儿子李继岌、猛将元行钦（李绍荣）以及后梁降将阎宝等人。席间，李存勖让李继岌为张承业跳一支舞。张承业便给李继岌送上一条宝带以及一匹骏马，以示答谢。

李存勖指着府库中的金钱，叫着李继岌的小名和哥，对张承业说道："和哥缺钱，七哥不妨多给他一些，宝带和马匹太少了。"

李存勖所说的七哥便是张承业，如此称呼，是想表示尊敬。张承业并不领情，回道："送给郎君的礼物，都是承业自己的俸禄，府库中的金钱，都是大王用来供养士兵的，承业不敢用公家的钱作为私人的礼物。"

李存勖听后，非常不悦，仗着几分酒意，训斥张承业。

张承业也不相让，生气道："仆不过是一个年老的宦官，不需要为子孙作什么打算。仆爱惜府库中的金钱，正是为了帮助大王成就霸业。要不然，大王自己只管拿，还要问仆做什么？最终不过是财尽人散，一事无成而已。"

李存勖听了此话，更为发怒，转过头来，向一旁的元行钦要佩剑，准备杀张承业。

张承业看到李存勖要杀他，马上站了起来，来到李存勖的身边，拉着李存勖的衣服，泪流满面，说道："仆受先王托孤之命，发誓为国家消灭汴州的贼寇。如若因为爱惜财物而死于大王之手，仆到地下见到先王也问心无愧了。现在就请大王动手吧。"

一旁的阎宝看到张承业如此无礼，马上起身上前，喝令张承业退下，还想将张承业的手拉开。

张承业立即火冒三丈，举起拳头把阎宝打倒在地。张承业还脱口大骂道："阎宝，你本是朱温的党羽。现在受到晋王大恩，不思尽忠图报，竟想靠谄媚来讨大王欢心！"

正在这时，有人来报，曹太夫人请李存勖到宫中去。

原来是曹太夫人听说儿子李存勖冒犯张承业，便派人前来请李存勖过去。李存勖是一位孝子，就是在河北作战期间，也总是抽空回太原看望母亲，一年当中就有数次。

听说母亲要见他，李存勖立刻酒醒，马上向张承业叩头道歉，说道："我多喝了几杯酒，冒犯了七哥。请七哥为我多饮几杯，以分担我

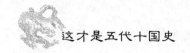

的一点罪过。"

李存勖说完，连饮四杯，而张承业一杯也不喝。

李存勖离开府库，前往宫中。

不一会儿，曹太夫人又派人前来向张承业致歉道："小儿冒犯特进，刚才已经打了他一顿。"

第二天，曹太夫人又带着李存勖来到张承业家中，当面向张承业赔礼道歉。

又过了数日，李存勖承制，授予张承业开府仪同三司、左卫上将军、燕国公。张承业固辞不受，终生只称唐朝所任命的官职，即河东监军使。

秋去冬来。十一月，李存勖接报，黄河已经开始结冰。

李存勖大喜道："一连数年作战，一直受这条大河限制，不能南渡。现在结冰，真是老天在帮助我们啊！"

李存勖立即离开太原，前往魏州前线。

十二月二十三日，已经到达魏州的李存勖出城打探黄河结冰情形。李存勖一直到达朝城（今山东省莘县境内），临近黄河。当天天气十分寒冷，李存勖听报黄河的冰结得很坚硬，打算骑着马踏上冰面，看看是否可以渡河。

到了黄河边，李存勖发现冰结得确实很厚，当即决定带领一支兵马过河，向对岸的后梁兵马发起突然袭击。

后梁当时有三千名甲士驻守在对岸的杨刘城（今山东省东阿县东北），沿着黄河南岸连营数十里。杨刘城的守将安彦之没有料到李存勖会突然来袭，沿河很多营寨并无设防，一时全被攻破。

李存勖再沿黄河南岸攻向杨刘城，命步兵砍平后梁营寨的鹿角，再用芦苇填平城外的壕沟，从四面同时进攻，当天就将杨刘城攻破，擒获守将安彦之。

黄河东部要塞杨刘城失守了，后梁末帝朱友贞在做什么呢？

朱友贞正在忙于举行郊礼。

原来朱友贞即位四年来，一直没有到洛阳举行郊礼。驸马赵岩认为朱友贞不举行郊礼，便与藩王无异，会被四方之人轻视。

老臣敬翔劝谏道："自从刘䣑兵败魏州，朝廷内外面临困境，人心惶惶不安。陛下若到西都郊祭，必定动用大量赏赐。再说敌人正在黄河对岸窥视，陛下乘舆怎能轻率出动？等到北方平定，再举行效礼不晚。"

朱友贞根本听不进敬翔的建言，毅然前往西都。

十二月二十四日，朱友贞抵达西都洛阳，检阅车辆服饰，下旨整修洛阳宫殿，确定郊祭日期。

就在这时，前方来报，杨刘城失守。接着传言也来了，说晋军已经攻入东都开封，而且一路西进，已经封锁汜水（今河南省荥阳市西）。跟随朱友贞来到洛阳的官员都非常担心东都的家人，面对面哭泣。朱友贞也大惊失色。

不久，前方来报，晋国兵马只是深入黄河南岸的郓、濮二州抢掠一番，已经北返。朱友贞不安的心终于放了下来。朱友贞立即停止郊祭，传旨东返。

公元918年（后梁末帝贞明四年）正月，朱友贞回到东都开封。

国家面临如此困境，老臣敬翔上疏道："国家连年战败，疆土一天比一天小。陛下居于深宫之中，与陛下谋划的又都是左右近臣，如何能够决断千里之外？先帝在位时，拥有黄河以北所有藩镇，亲自统兵，率领豪杰将领，仍然未能统一天下。现在敌人已经攻到郓州，陛下仍然毫不忧虑。臣听说李亚子继位以来，已有十年，无论攻城还是野战，总是亲冒矢石。近日攻打杨刘，听说李亚子亲自背着芦草，身先士卒，一鼓作气而攻克。陛下儒雅守文，从容镇定，令贺瓌（音瑰）等辈前往御敌，希望他们能够击败贼寇，臣实不知会有什么结果。陛下应当多听听老臣们的建言，多方寻求对策。不然的话，忧患就不能停止。臣虽然愚钝怯懦，但受深国恩，如果陛下找不到有才之人，恳请陛下派老臣到前方效力。"

敬翔所说的左右近臣，是指赵张五人。两年前，朱友贞的兄弟朱友孜谋反被杀，朱友贞从此不再信任宗室，只重用外戚驸马赵岩以及张德妃的兄弟张汉鼎、张汉杰、堂兄弟张汉伦、张汉融等五人，尽管张德妃已经去世两年。

敬翔所说的贺瓌，于一月前被朱友贞任命为"北面行营招讨使"。贺瓌已经成为继刘鄩之后，北方战事的主帅。此外，朱友贞还任命河阳节度使谢彦章为"北面行营排阵使"，与贺瓌一同驻屯濮州（今山东省鄄城县）城北的行台村。贺瓌擅长带领步兵，谢彦章擅长带领骑兵，二将齐名。

敬翔并不看好与朱友贞谋划的赵张五人，也不看好前线的贺瓌等将。然而敬翔的奏疏上呈后，赵张五人指责敬翔抱怨、泄恨，朱友贞便不予理睬。

二月，朱友贞命令谢彦章反攻杨刘城。谢彦章带领数万人马逼近杨刘城，并没有发起袭击，而是先修筑堡垒。堡垒修好后，谢彦章再命人决开黄河，淹没数里远。

李存勖听说谢彦章来攻杨刘城，赶紧带领轻骑兵到达黄河北岸。李存勖看到黄河南岸大片土地被淹，就是渡过黄河，也无法与谢彦章交战，只好返回魏州再等时机。

两国兵马在杨刘对峙了整整四个月，没有交战。

六月二十一日，李存勖再次来到杨刘城对岸的黄河边。李存勖亲自划着小船，测量水的深浅，发现河水很深，能够淹没长矛。李存勖对诸将说道："谢彦章并不想交战，只想依靠黄河之水阻挡我军，以拖累我军，我们应当渡河向他们发起进攻。"

两日后，李存勖带领士兵率先蹚水过河，将士们都拉起铠甲，肩横长枪，结队前行。李存勖如此渡河，显然是有风险的，因为水很深。然而当天黄河水突然下降，才到人之膝盖，这岂不是天助李存勖？

黄河对岸的谢彦章获知李存勖正在渡河，立即带领士兵在岸边抵御。李存勖无法上岸，便传令略加后撤。谢彦章也不示弱，立即下令进击。

李存勖退到黄河中流之时，突然传令擂起战鼓，将士们齐声呐喊，回杀过来。谢彦章不能抵挡，立即后撤。李存勖带领大军乘胜追杀到岸边，后梁兵马大败，死伤不可胜数，黄河水都被染红，谢彦章只逃出一命。

七月，李存勖调遣所辖区域内的兵马，有卢龙节度使周德威的三万步骑兵，横海节度使李存审的一万步骑兵，安国节度使李嗣源的一万步骑兵，义武节度使王处直的一万步骑兵。此外，麟、胜、云、蔚、新、武等州以及奚、契丹、室韦、吐谷浑等部也派兵前来助战。

八月，李存勖在魏州举行盛大阅兵。

李存勖当时求战心切，苦于贺瓌、谢彦章一直坚守营垒。

八月的一天，李存勖从魏州来到黄河南岸的杨刘城，带领兵马继续向南攻到郓、濮二州。李存勖又沿黄河西进，驻屯于麻家渡（今山东省鄄城县西），逼近后梁两位主将贺瓌、谢彦章驻屯的行台村。

李存勖深入敌境，连成德节度使王镕与义武节度使王处直都很担忧。二人派人携带书信来见李存勖，劝说道："百姓之命系于大王，唐朝中兴系于大王，大王为何如此不爱惜自己？"

李存勖笑对使者说道："自古定天下者，都是身经百战，孤怎能深居房室之内而把自己养得肥肥胖胖的？"

数日后的一个早晨，李存勖照旧带领少部人马出营。都营使李存审挡住李存勖的马头哭谏道："大王应当为了天下苍生，自爱自重。冲锋陷阵，是将士的职责，这是存审等应当做的事，不是大王应当做的事。"

李存勖没有坚持，便掉转马头回营。

过了几天，李存勖趁李存审不在，跳上马背，扬起马鞭，飞驰而出，还转身对左右说道："那个老家伙妨碍人家戏耍！"

李存勖只带数百名骑兵，直奔后梁大营。

后梁将领谢彦章已在河堤下埋伏了五千名精锐甲兵，当李存勖与十余名骑兵率先到来时，突然伏兵齐起，将李存勖围了数十道。李存勖毫不畏惧，在包围圈中奋勇作战。跟随而来的其余骑兵则在包围圈外战斗，李存勖终于得以脱身。这时，李存审率兵赶到，谢彦章传令撤退。李存勖经此一险，才认为李存审的话是忠言。

李存勖很想直捣后梁京都大梁，但苦于贺瑰、谢彦章大军横在黄河边。后梁兵马又深沟高垒不出战，李存勖一直不能攻破，双方对峙了一百余日。也许是上天不佑后梁，就在李存勖一筹莫展之际，后梁两位主将发生了冲突，起因是贺瑰对谢彦章与自己齐名甚感不悦。

十二月的一天，贺瑰在野外练兵，指着一处高地说道："此处可以构建栅栏。"谢彦章当时也在一旁。没想到几天之后，晋兵就在这个地方构建了栅栏，贺瑰怀疑是谢彦章与晋国暗中联络。

贺瑰想与晋兵交战，便对谢彦章说道："陛下将举国之兵交给你我二人，社稷存亡，就在你我身上。现在强大的贼寇压在营寨门口，而我们一直按兵不动，是否妥当？"

谢彦章不主张出战，说道："强寇紧压营门，要的就是速战速决。我们现在深沟高垒，据守险要，他们怎敢深入？如果我们轻意与敌交战，万一失手，则大事去矣。"

贺瑰听了此话，更是怀疑谢彦章在帮助李存勖，于是悄悄向朱友贞上奏，诬陷谢彦章已经叛敌。贺瑰不等朱友贞回复，便向谢彦章下手。一天，贺瑰利用犒劳将士之机，暗藏甲兵，将前来赴宴的谢彦章及濮州刺史孟审澄、别将侯温裕杀害。

第20章　激战胡柳，再战德胜

公元918年（后梁末帝贞明四年）十二月，李存勖听说后梁主将贺瑰害死谢彦章，大喜道："梁国将帅自相残杀，灭亡之日不远了。贺瑰如此残暴，必将失去军心，孤如果率兵直指梁国国都开封，贺瑰岂能坚守营寨不战？如果与他们决战，没有不胜之理。"

李存勖意气风发，满怀信心，准备亲自带领一万名骑兵直捣开封。卢龙节度使周德威劝谏道："梁人虽然害死上将，但其兵马还在，如果我们轻举妄动，企图从中获利，不见得能够成功。"

李存勖不接受周德威的建言。

十二月十九日，李存勖让军中的老弱士兵全部返回魏州（今河北省大名县），其余兵马全部攻向开封。李存勖还在天雄境内征集三万名百姓随军而行，专门负责修建营寨。

十二月二十一日，李存勖下令摧毁大营，全军开拔，号称十万人。

后梁主将贺瑰获报李存勖已经西进，立即放弃营寨，尾随其后。

十二月二十三日，李存勖大军抵达胡柳陂（今山东省鄄城县西北），三万百姓很快就将营寨建成。

十二月二十四日凌晨，斥候报说后梁兵马已经追来。李存勖很想出战，以早定胜负。

大将周德威劝道："贼寇兼程而来，尚未构筑营寨，得不到修整。我们营寨已经建成，也很坚固，防备充足有余。我们已经深入敌境，一举一动，定要万全，不可轻率。这里离汴州已经不远，梁兵都很想家，

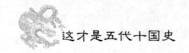

心中满怀激愤，不用策略，恐难获胜。大王应当按兵不动，让德威率骑兵前往骚扰，使其不得休息。等到傍晚时分，他们的营寨仍未建成，而且无法用餐，身心一定疲惫不堪，我们再出动大军，可一举而灭。"

李存勖不赞同周德威的看法，急切地说道："之前在黄河对峙，只恨不能与贼寇激战。现在贼寇已经来到，还等什么，公为何如此胆怯？"

李存勖又转身对负责粮草辎重的大将李存审说道："辎重先行，孤为你殿后，一起杀贼。"

李存勖说完，也不等众将回话，立即率领亲军出发。

周德威无可奈何，只得率领所部兵马跟随其后。周德威对其子说道："我不知道会死在哪里？"

贺瑰的大军已经到来，排成阵势，横亘数十里。

李存勖带着银枪都的士兵首先杀入贺瑰阵中，左冲右突，来回十余里。行营左厢马军都指挥使王彦章敌不过李存勖，带领所部骑兵一路向西逃往濮阳（今河南省濮阳市西南）。

李存审的辎重兵马当时正在西边。这些负责辎重的士兵不知李存勖已经击败王彦章。这些士兵看到王彦章的逃兵，竟然以为王彦章带领骑兵突然杀至，都纷纷溃散。天雄节度使副使王缄当时就跟随辎重兵马一同行进，便死于乱军之中。

王彦章的溃散之兵又一路狂奔，竟然冲进了周德威的阵地，周德威的卢龙兵马跟着乱成一团，自相践踏。周德威父子高声制止，但哪里制止得了。周德威父子只好纵马迎战，但由于兵马已乱，无力对阵，父子二人都力战而死。

晋国兵马已经不成阵形，后梁兵马又从四面杀来，士气高昂，形势对晋兵越发不利。幸亏勇猛的李存勖冲上一处高地，收集散兵。中午时分，晋国兵马重又振作。

后梁主将贺瑰正占据一处土山，与李存勖对阵。

李存勖对众将士道："能够抢得此山的，就能获胜，孤与你们把它夺过来。"

话毕，李存勖立即带领骑兵抢先登山，李嗣源的义子李从珂与银枪大将王建及率步兵紧随其后。后梁士兵看到李存勖杀了过来，纷纷下山逃走，土山遂被李存勖夺得。

傍晚，贺瑰又在土山的西边排成阵势，晋兵看到如此严整的队伍，心生恐惧。不少将领认为，此时兵马尚未全部集结，不如收兵回营，明日再战。李存勖也有这个想法。

天平节度使兼东南面招讨使阎宝说道："王彦章的骑兵已经逃往濮阳，山下的贺瑰只有步兵，到了晚上都想回营歇息。我们如果从高处冲杀下去，一定能够破敌。现今大王深入敌境，如果因为一部作战不利而撤退，敌人一定乘势杀来。各军尚未集结，再闻梁军杀来，一定不战自溃。大凡与敌决战，全靠观察情势，情势一旦有利，就不能疑惑。大王成败，在此一战。如果不能取胜，就是收拾余众北归，河朔一带也不再属大王所有了。"

昭义节度使李嗣昭也说道："贼寇没有营寨，天色已晚，又想着回营。我们只要派出精锐骑兵，不断骚扰，使贼寇不能用餐。等到贼寇撤退，我们便可追击，一定能够破敌。如果我们现在收兵回营，贼寇整顿之后，必将再来，胜负难料。"

银枪大将王建及披甲横槊，说道："贼将王彦章已经逃走，大王的骑兵毫无损失，攻打这群疲惫之兵，如同摧枯拉朽。大王只管在山上观战，臣为大王上前破贼。"

李存勖听了三人之言，大惊道："不是诸公提醒，孤几乎误了大计。"

李存勖于是下令出战。李嗣昭、王建及以及骑兵高声呼喊，杀向贺瑰的阵营，各路兵马也一同跟进。元城县令吴琼、贵乡县令胡装各带一万名百姓，在山下拖着树木，扬起高高尘土，再擂起战鼓、大声呼喊以助其势。

后梁士兵见此阵势，无心再战，丢弃的盔甲堆积如山，将近三万人阵亡。史书记载，交战当日，梁晋两国士兵阵亡都有一半以上。

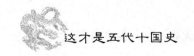

交战结束，李存勖回到大营，听报周德威父子阵亡，大声痛哭，说道："失去良将，这是我的错啊！"

十二月二十五日，李存勖又传令攻打濮阳，很快便攻克。

安国节度使李嗣源与义子李从珂被乱军冲散。李嗣源听说李存勖已经北渡黄河，便也踏着冰面过了黄河，准备前往相州（今河南省安阳市）。李嗣源后又听说李存勖攻克濮阳，便又赶到了濮阳。

李存勖见到李嗣源，非常不高兴，说道："你是不是认为我死了？过了黄河准备去哪里？"

李嗣源连忙叩头谢罪。由于李从珂跟随李存勖抢夺土山，而且晚上的战斗也立有战功，李存勖便没有处置李嗣源。李存勖只罚李嗣源用大杯喝酒，但从此对李嗣源也疏远了一些。

公元919年（后梁末帝贞明五年）正月，李存勖任命李存审为蕃汉马步总管，接替周德威，暂由李嗣昭掌管卢龙军政。李存勖又令李存审在濮阳的德胜渡口修建两座城池，分别位于黄河两岸，南岸称德胜南城，北岸称德胜北城。晋、梁两国一时没有交战，李存勖暂且北返魏州。

三个月后，战端又启。

四月，后梁北面行营招讨使贺瓌传令攻打德胜南城，百道齐发。为防止晋国兵马从黄河北岸南渡来援，贺瓌命人用竹子将十余艘艨艟战舰连接起来，再蒙上一层牛皮，四周设置城垛、栅栏，如同城池，横在河流中央，让晋兵不能通过。

李存勖得到消息，立即率兵从魏州前来增援德胜城。

李存勖到了黄河北岸，看到河中央的防御工事，知道无法强渡黄河。李存勖派一个叫马破龙的人潜水南渡。马破龙精通水性，很快到南城，见到守将氏延赏。氏延赏说城中矢石将尽，城池很快就要陷落。马破龙再游到北岸，将南城的情形告诉李存勖，李存勖决定重金悬赏能够攻破艨艟战舰的人。

面对大量金银绸缎，众将大都呆在那里，无计可施。

亲军将领李建及奋然说道："贺瓌出动所有兵马，就是想一举拿下德胜南城。如若我军不能南渡，贺瓌就能得手。为今之计，只能以死相拼，建及请求出战。"

李存勖接纳李建及的请求，还在银枪效节都挑选三百名敢死之士，交给李建及。李建及与敢死之士都身穿铠甲，手拿大斧，乘着小船前行。李建及等人靠近艨艟战舰时，后梁士兵立即向其射箭，一时箭如雨下。李建及等人毫无惧色，拿出大斧，砍断竹子。艨艟战舰本来是连在一起的，现在大都被砍开，随着黄河流水向东漂去。

李存勖又命人砍伐树木，载着柴草，浇上油，点起火，从黄河上游漂下。后梁士兵被烧死及淹死在河中的有一半以上。

李存勖觉得可以渡河进击了，便带领将士乘着巨大的舰船，擂起战鼓，乘势攻了过来。后梁主将贺瓌见势不妙，传令停止攻打德胜南城，解围而去。李存勖一直追到濮州（今山东省鄄城县）才作罢，最后退屯濮州北面的行台村。

两国一时罢战。李存勖得此机会，又回了一趟太原。

七月，贺瓌突然在军中去世，真是上天不佑后梁。

八月，后梁末帝朱友贞下诏，任命开封府尹王瓚为北面行营招讨使，接替贺瓌，担任前线主将。王瓚治军甚严，令行禁止。王瓚接诏后，立即与王彦章等将率领五万士兵，从黎阳（今河南省浚县）北渡黄河，在德胜上游十八里处的杨村（今河南省濮阳市西），夹着黄河修建堡垒。

十月，李存勖到达魏州，征集数万人拓宽德胜北城，加强防御。后梁主将王瓚得到消息，派兵向德胜城发起攻击，双方战火又起。此后两个月，两国兵马大小百余战，互有胜负。

十二月，李存勖亲自带领骑兵沿黄河南岸西进，阻截后梁的运粮兵马，抢掠不少粮草而返。后梁主将王瓚在途中设下埋伏，晋兵大败。李存勖在几名骑兵保护下逃走，后梁数百名骑兵紧追不舍，很快将李存勖包围。就在危急之时，猛将元行钦（李绍荣）看到晋王旗帜，单枪匹马冲入包围圈，拼死将李存勖救出。

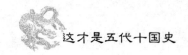

数日后，李存勖与王瓒在黄河南岸再次激战，王瓒初战取得胜利，擒获晋国将领石君立。不久，王瓒又大败，乘小船渡河逃走，一万多人阵亡。李存勖乘胜又追击一番才罢。

后梁末帝朱友贞听闻王瓒战败，下诏令王瓒南返，仍然让王瓒担任开封府尹。朱友贞再调天平节度使戴思远出任北面招讨使，接替王瓒。

自公元917年十二月杨刘之战，到公元919年十二月的德胜之战，前后两年，后梁与晋国在黄河沿线的作战损失都很大。此后，两国兵马形成了长时间对峙的局面。

我们再来讲讲南吴、前蜀又发生了怎样的故事。

第21章 长子被杀，义子执政

再来讲讲徐温及其义子徐知诰、长子徐知训的故事。

徐知诰本姓李，徐州人，幼年便成了孤儿，在濠州、泗州一带流浪。杨行密攻打濠州时，得到了徐知诰，收为义子。杨行密的长子杨渥讨厌徐知诰，杨行密便将徐知诰送给徐温收养，因而得名徐知诰。

徐知诰长大后，善于射箭，也喜爱读书，见识不凡。杨行密有一次对徐温说道："知诰是一代俊杰，诸将之子都不及他。"徐知诰对徐温非常恭敬，任劳任怨，深得徐温的信任与喜欢。徐温经常问自己的几个儿子："你们对待我，能像知诰那样吗？"

公元909年三月，徐温认为昇州（今江苏省南京市）地势险要，也是淮南战船聚集之地，便决定兼任昇州刺史。徐温不想离开扬州，于是任命徐知诰为昇州防遏使兼楼船副使，令其镇守昇州。当时徐知诰二十二岁。三年后，徐温派将领柴再用与徐知诰讨伐宣州观察使李遇，徐知诰因功升为昇州刺史。

徐知诰对待州政事务，不辞辛劳，有时彻夜不眠。当时，很多州郡的刺史都是武夫，只知军事，并不体恤百姓。徐知诰在昇州，专门选用廉洁的官吏，招募四方的士大夫，革新政治，注重教育。洪州的进士宋齐丘喜好纵横之术，徐知诰把他当作奇才，请他出任推官，与判官王令谋、参军王翃（音宏）一起，专门负责出谋划策。徐知诰还用牙吏马仁裕、周宗、曹悰等人为心腹。数年之后，昇州境内百姓富足，街道繁华，府舍壮丽。

公元915年（后梁末帝贞明元年）八月，徐温再次升官，被吴王杨隆演任命为管内水陆马步诸军都指挥使、两浙都招讨使、守侍中，封齐国公，昇、润、常、宣、歙、池六州为齐国封地。齐国封地相当于镇海军与宁国军两个藩镇的区域。

徐温当时还担任镇海节度使，并准备到镇海军的治所润州（今江苏省镇江市）去镇守。为了继续掌控南吴军政，徐温留长子徐知训在扬州执政，谋士严可求在扬州辅佐徐知训。

公元917年（后梁末帝贞明三年）五月，齐国公徐温来到昇州，看到这里十分富庶，心中甚为欢喜。润州司马陈彦谦马上劝徐温将镇海军的治所迁到昇州。徐温于是前往昇州镇守，调徐知诰任润州团练使，移镇润州。

徐知诰不想离开经营八年之久的昇州，但又不能拒绝义父的决定。徐知诰感到十分忧虑。谋士宋齐丘对徐知诰说道："知训骄横、放纵，早晚要败亡。润州与扬州只一水之隔，这是上天要把扬州送给主公啊。"

徐知诰听后，愁眉顿开，马上前往润州赴任。

再看看徐知训在扬州的执政情况。

徐温虽然掌管南吴军政大权，但对吴王杨隆演还算恭敬。徐知训则不一样，徐知训对杨隆演是一点君臣之礼都没有，还经常戏弄杨隆演，辅佐徐知训的严可求也无能为力。

公元918年（后梁末帝贞明四年）六月的一天，徐知训与杨隆演一起演戏，徐知训扮演参军，让杨隆演扮演苍鹘。杨隆演像小孩子那样把头发梳成两个角，身穿破旧的衣服，手拿帽子在后面跟随，哪里像是一位君王。

还有一天，徐知训与杨隆演到禅智寺赏花，徐知训借着酒疯，对杨隆演极其狂悖傲慢，杨隆演吓得哭了起来，在场的官员都不寒而栗。杨隆演的左右侍从扶着杨隆演上了小船离开，徐知训乘轻舟追赶，没有追上，竟用铁樋打死杨隆演的亲信官吏。

徐知训对徐知诰也非常无礼，甚至想杀掉徐知诰。徐知训有一次请各位兄弟来饮酒，只有徐知诰没有来。徐知训大怒道："这个叫花子，不想喝酒，难道想吃剑？"

徐知训的亲兄弟之中，只有徐知谏把徐知诰当作兄长。不久，徐知训又请徐知诰来喝酒，这回徐知诰来了，徐知训真的将武士藏在暗厢，准备把他杀死。徐知谏知道徐知训的密谋，在宴席上踩了徐知诰一脚，徐知诰马上觉得情况不妙，立即起身去厕所，趁机悄悄溜走。徐知训把佩剑交给侍从刁彦能，让刁彦能追杀徐知诰。刁彦能追上徐知诰，只举剑示意，然后便返回，说没有追上。

徐知训戏弄杨隆演，杨隆演无可奈何；徐知训加害徐知诰，徐知诰机智逃脱。徐知训不久又得罪诸道副都统朱瑾，终于惹来杀身之祸。

徐知训对朱瑾位在自己之上很为不悦，打算在泗州设置静淮军，由朱瑾前往担任节度使。朱瑾从此对徐知训很是憎恨，但表面上对其还很恭敬。然而生性残忍的朱瑾岂是好惹的人？

数日后，徐知训来到朱瑾府上，为朱瑾送行。朱瑾摆下宴席，亲自给徐知训斟酒，还让家中十分美丽的宠妓出来献歌，并将最心爱的骏马送给徐知训，徐知训大喜。

朱瑾再将徐知训请到中堂，让其妻陶氏前来拜见，徐知训也回拜。就在这时，朱瑾拿起笏板从身后猛击徐知训，把徐知训击倒在地。朱瑾再呼出早已埋伏在两侧的武士，当场将徐知训斩首。

朱瑾提着徐知训的首级来到外室，徐知训的随从吓得纷纷逃散。

朱瑾再来到王府，对吴王杨隆演说道："我已经为大王除了祸害。"

杨隆演一见徐知训首级，吓得魂飞魄散，连忙用衣服挡住眼睛，奔到内室，说道："这是舅父自己干的，我什么也不知道。"杨隆演所说的舅父就是朱瑾。

朱瑾骂道："这小子不足以成大事。"

朱瑾将徐知训的首级扔到柱子上，持剑出了王府。

子城使翟虔已经将城门关闭，正在搜捕凶手。朱瑾从后院翻越城墙，落地时脚受了伤，转身对追兵说道："我为万人除害，一人担当后果。"说罢举剑自刎。泰宁节度使米志诚带领十余名骑兵追查朱瑾去向，听闻朱瑾已死，只好作罢。

扬州发生变乱的消息很快传到一江之隔的润州，谋士宋齐丘劝徐知诰以平乱为名，立即带领人马过江接管扬州。徐知诰毫不犹豫，当日即北渡长江。到了扬州，徐知诰马上派人安抚军府内外。

齐国公徐温得知徐知诰已经入城安抚，考虑到其余诸子还小，只好让徐知诰接替徐知训镇守扬州，掌管南吴日常政务。对于杀害自己儿子的凶手朱瑾，徐温是痛恨异常，命人将朱瑾的尸体扔进雷塘池，还灭了朱瑾全族。徐温对米志诚以及寓居海陵（今江苏省泰州市）的故唐朝宣谕使李俨也很不满，认为他们与朱瑾同谋，于是命人将米志诚与李俨杀掉。

七月，徐温从昇州来到扬州，怀疑在扬州的诸将都与朱瑾有谋，准备在扬州城内大开杀戒。义子徐知诰与谋士严可求都向徐温呈报徐知训是咎由自取，徐温的怒气才稍微有些消解。徐温命人用渔网将朱瑾的尸体从雷塘池中捞起安葬，斥责徐知训的将佐没有规劝，都给予处罚。只有刁彦能当时给徐知训写了个少劝谏的书信，徐温便没有处罚刁彦能，还赏赐了刁彦能。

数日后，徐温任命徐知诰为淮南节度行军副使、内外马步都军副使、通判府事，兼江州团练使，徐知谏为润州团练事，接替徐知诰镇守润州。徐温不久返回昇州，仍然总揽朝政大纲，日常事务都由徐知诰处理。

徐知诰在扬州为政情况如何呢？

徐知诰对吴王杨隆演非常恭敬，对士大夫也非常谦恭，对所有人都很宽和，而自己却非常勤俭。徐知诰还以吴王杨隆演的名义，免除天祐十三年（916）以前所有的欠税，之后的欠税则等到丰年再缴纳。徐知诰又广求贤才，接纳劝谏，铲除奸猾，杜绝请托，深得士大夫、百姓之心，就是以前的老将、强悍的武夫也都心悦诚服。

此前，南吴有"丁口钱"，还有"计亩输钱"，也就是既按人头缴税，又按田亩缴税，百姓非常困苦。宋齐丘劝徐知诰免去"丁口钱"，其他税收都可用谷米、布帛来缴纳，一千钱的绸绢可当三千税钱。有人反对道："如果这样，国家每年将损失亿万钱。"宋齐丘说道："哪里有百姓富裕而国家贫困的道理？"徐知诰采纳了宋齐丘的建言。从此，江淮之间所有荒芜的田地全部变成良田，遍地桑柘，国家富强。

徐知诰非常器重宋齐丘，打算提拔宋齐丘，但徐温却非常反感宋齐丘。徐知诰只好任命宋齐丘为殿直军判官。徐知诰每天晚上都和宋齐丘到湖中的小亭中交谈，侍从左右都不得靠近，常常谈到深夜。有时二人又来到高堂之中，将堂中屏风全部撤去，当中只放一个大火炉，二人默默相对，并不言语，只用铁棒在炉中炭灰上写字，看完之后，立即抹去，没有人知道他们谈了些什么。

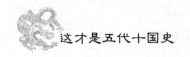

第22章　收复虔州，激战无锡

　　齐国公徐温回到昇州（今江苏省南京市）不久，便接到虔州（今江西省赣州市）战报。徐温阅罢，大怒异常，这是怎么回事呢？

　　话说虔州刺史卢光稠病逝后，虔州一直有内乱。公元912年（后梁太祖乾化二年）十二月，曾与卢光稠一同起事的谭全播被推举为知州事。谭全播掌管虔州五年有余，颇有政绩。然而，谭全播向后梁归附，不向南吴归附，还被后梁皇帝朱友珪任命为百胜防御使、虔韶二州节度开通使。

　　公元918年（后梁末帝贞明四年）正月，徐温决定派兵收复虔州。

　　徐温任命右都押牙王祺为虔州行营都指挥使，令其率洪、抚、袁、吉四州兵马，前往攻打虔州。王祺的大军从赣江直抵虔州，城中的士兵都感到非常突然。然而，虔州城非常坚固，王祺一直不能攻破。

　　七月，王祺仍未攻克虔州。时正夏天，天气炎热，军中出现瘟疫，连王祺也被传染。徐温再任命镇南节度使刘信为虔州行营招讨使，令其接替王祺。王祺不久病重而死。

　　虔州城虽然没有被攻破，但城中的谭全播仍担心不能长久坚守，便派人悄悄缒城而出，前往吴越、闽国、南楚，向三国求救。三国都是后梁的属国，都愿意出兵帮助同样归附后梁的谭全播。吴越王钱镠任命统军使钱传球为西南面行营应援使，令其率二万兵马攻打南吴的信州（今江西省上饶市）。楚王马殷派将领张可求率一万人马驻屯古亭（今江西省崇义县西南），闽王王审知则派兵进驻雩都（今江西省于都县），一西一东，进逼虔州。

信州城中守兵只有数百人，不能抵抗吴越的围城兵马。信州刺史周本干脆传令将四面城门打开，再在城内搭建很多空的营帐。周本自己则带领属下登上城楼，摆下宴席，饮酒奏乐。城外射入的箭，密如雨下，周本不动声色。吴越将领钱传球认为周本也是能战之将，如此神态，城外定有伏兵，遂于当日夜间解围而去，进屯虔州东边的汀州（今福建省长汀县）。

八月，刘信决定先攻打来援的三国兵马，然后再攻打城中的谭全播。刘信派将领张宣等在夜间突然袭击南楚援军。南楚将领张可求不敌败走。刘信又派将领梁诠等攻打吴越、闽国的援军，两国援军听闻南楚兵马已败，也无心再战，遂领兵回国。

刘信于是继续攻打虔州城，但仍不能攻破城池。

九月，刘信派人入城劝降谭全播。谭全播守城大半年，也确实难以支撑，便决定投降，并送来人质、贿赂。刘信认为谭全播已经归降，也算是收复了虔州，便传令班师，并派人将此事禀报给徐温。

徐温得到奏报，大怒异常，命人杖责使者。徐温让人将统领亲军的刘英彦叫来，给刘英彦三千兵马。刘英彦是刘信的儿子，徐温对其严厉地说道："你父亲占据上游之地，带领十倍之众都不能攻下一座城，这是在谋反啊！你就带着这支兵，去与你父亲一同谋反！"

徐温又派牙内指挥使朱景瑜与刘英彦一同前往。徐温又对二人说道："谭全播的守城士兵都是农夫，守城已快一年，早已饥饿难耐，而且妻儿都在城外乡间。刘信解围而去，这些农夫一定相互庆贺返回乡里。如果再听到大军来攻，必定四散而逃，谭全播守的便是一座空城，你们去了，一定能够攻克。"

刘英彦、朱景瑜到了江西，将徐温的话告诉镇南节度使刘信。刘信听说徐温动怒，也感到非常害怕。刘信二话没说，立即带领兵马与刘英彦、朱景瑜一起，再攻虔州。

十一月，刘信大军到达虔州城下，虔州城中的守兵果然不战自溃，

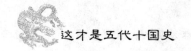

连谭全播本人都逃往百里之外的雩都。刘信派人将谭全播擒获，并送至扬州。徐温没有杀掉谭全播，而是任命谭全播为右威卫将军，遥领百胜节度使。

虔州被徐温收复，吴越国从此断了从虔州向后梁进贡的道路。吴越王钱镠便改从海路，经登（今山东省蓬莱市）、莱（今山东省莱州市）二州，向后梁进贡，不再细述。

数月后，杨隆演正式建立吴国。

公元919年（后梁末帝贞明五年）三月，齐国公徐温带领众将吏以及各藩镇节度使来到扬州，请吴王杨隆演登基称帝。杨隆演不肯称帝，只想称吴王，但接受改元，也算是表明与唐朝的脱离。

前面讲过，岐王李茂贞以及故唐朝宣谕使李俨，曾经先后承制，封杨隆演为吴王，但这还是承唐朝的制，而且仍然使用唐朝的年号。徐温现在劝杨隆演称帝，那就是完全摆脱唐朝，不是什么承制。

四月一日，二十三岁的杨隆演在扬州即吴王位，改元武义，升扬州为江都府，作为吴国的都城。杨隆演在江都建宗庙社稷，将父亲杨行密的谥号由武忠王改为孝武王，庙号为太祖，兄长杨渥谥号由威王改为景王，尊母亲王氏为太妃。

杨隆演设置文武百官，任齐国公徐温为大丞相、都督中外诸军事、诸道都统、镇海宁国两镇节度使、守太尉兼中书令、晋封东海郡王，徐知诰为左仆射、参政事兼知内外诸军事、兼领江州团练使，扬府左司马王令谋为内枢密使，营田副使严可求为门下侍郎，盐铁判官骆知祥为中书侍郎。从杨隆演任命的官员来看，徐温、徐知诰父子仍是南吴的核心人物。

就在杨隆演改元建国之际，后梁末帝朱友贞下诏给吴越王钱镠，令钱镠大举攻伐南吴。钱镠任命镇海节度副大使钱传瓘为诸军都指挥使，令钱传瓘率五百艘战船，向南吴进发。杨隆演得到消息，立即派舒州刺史彭彦章及神将陈汾率兵抵御。

四月八日，吴越、南吴两国舰船在狼山（今江苏省南通市南）一带的江面上遭遇。南吴的舰船处于上风，顺风向吴越的舰船快速冲来，钱传璙传令所有舰船避让，南吴的舰船很快从吴越的舰船一侧掠过。钱传璙立即传令顺风追随。南吴将领彭彦章连忙传令逆风迎战。

钱传璙此前已经在每只舰船上都装载草灰、豆子以及细沙，这时便传令各船扬起草灰。草灰顺风飘向南吴的舰船上，南吴的士兵都睁不开眼。当两国舰船靠近时，钱传璙又传令将细沙撒在所部舰船之上，而将豆子撒向南吴的舰船之上，南吴的士兵踩上豆子，纷纷跌倒，根本无法交战。钱传璙再命人纵火焚烧南吴的舰船，南吴士兵大败。尽管有一些缓过神来的南吴士兵捡起豆子再撒向吴越的舰船，然而豆子落在细沙上，吴越士兵踩在上面，没有任何影响。

南吴将领彭彦章竭力死战，兵器折断了，就用木棍继续作战，身中数十处创伤。裨将陈汾按兵不动，见死不救。彭彦章知道不能逃脱，于是自杀而死。钱传璙俘虏南吴裨将七十人，杀死南吴士兵一千余人，烧毁战舰四百艘。杨隆演后来将陈汾斩首，将其家产一半赐予彭彦章家人。

吴越国水战取得大胜，吴越王钱镠还想再从陆地上进攻。

七月，钱镠再派其子钱传璙率三万兵马攻打南吴的常州（今江苏省常州市）。

南吴大丞相徐温得到消息，决定亲自统领众将迎战，同时派右雄武统军陈璋率水军从海门（今江苏省海门市）攻击吴越兵马的后背。

七月七日，两国兵马在无锡（今江苏省无锡市）发生激战。不巧的是，徐温突然生病发起高烧，不能处理军务。这时吴越的兵马又攻至徐温的中军，一时箭如雨下。在此危急时刻，南吴镇海节度判官陈彦谦将中军的大旗与战鼓移至左翼大营，再找一个长得像徐温的人，身穿甲胄，发号施令，让徐温得到休息。

数日后，徐温病情有所好转，开始指挥作战。当时正值夏季，又多日无雨，草木干枯，徐温传令顺风放火，吴越兵马一时大乱。南吴将士趁势掩杀，吴越兵马大败，将领何逢、吴建被杀，一万多人阵亡。

吴越主将钱传璙见势不妙，慌忙传令南撤，南吴兵马紧追不舍，再次击败吴越兵马。与此同时，南吴水军将领陈璋也在香弯（今江苏省江阴市东）击败吴越的兵马。

徐温的义子徐知诰也参与了无锡之战。徐知诰看到吴越兵马大败，向徐温请求率两千名步兵，穿上吴越士兵的服装，带着吴越的旗帜，跟在吴越的败兵之后，准备趁机夺取吴越的苏州（今江苏省苏州市）。

徐温说道："你的计策固然很好，但我想让士兵们休息一下，现在还没有时间实施你的建言。"

众将领认为："吴越兵马所依仗的就是舰船，现在正逢大旱，河水干涸，正是上天要灭亡吴越。应当率领所有步骑兵南下，一举消灭吴越。"

徐温叹息道："天下的战乱已经很久了，百姓已经非常困苦。钱镠也是一个不可小觑的人，如果长年征战，这才是诸君的忧患。现今正好利用战胜的余威来震慑钱镠，让两国百姓得到休养生息，君臣也得以高枕而卧，这难道不是一件快乐的事吗？不停地杀戮有什么好处呢？"徐温于是领兵北返。

八月，徐温派出使节，带着吴王杨隆演的书信来到杭州（今浙江省杭州市），拜见吴越王钱镠，还将战俘送还吴越，希望两国和好。钱镠也派出使者来到南吴，与南吴讲和。

从此，南吴休兵养民，所属三十余州二十余年安居乐业。

第23章　王衍继位，荒废国政

前蜀高祖王建共有十一个儿子，一百二十个义子。长子王宗仁有残疾，因而未能被册立为太子。次子王宗懿于公元908年六月被册立为太子。公元910年十一月，王建将王宗懿更名为王元坦，后又更名为王元膺。

史书上说，王元膺长相极其丑陋，牙齿突出嘴唇之外，眼睛歪斜。然而王元膺却很聪明，喜爱读书，善于骑射。王元膺还有严重的缺点，那就是性格急躁、猜疑，生性残忍。王建担心王元膺难当大任，多次告诫王元膺道：“只要学习朕的所作所为，就可以保住国家。”

王建让金紫光禄大夫、左谏议大夫、蔡国公杜光庭当王元膺的老师，再让杜光庭挑选一些德行高尚的饱学之士到东宫教授王元膺。杜光庭推荐了精通儒学的许寂、徐简夫等人，然而王元膺从不与他们说话，只与一群小人在一起玩耍。

公元913年七月，王元膺与太子太保唐道袭发生冲突。王元膺令亲信徐瑶、常谦带兵攻打唐道袭，唐道袭被杀死。王建得知后，立即派中书令王宗侃、王宗贺等率兵讨伐徐瑶、常谦。徐瑶被杀死，常谦与王元膺逃到龙跃池，躲在栏杆下面。次日早晨，王元膺出来向人索要食物，被人认出。王建得知后，马上派集王王宗翰前来慰抚。当王宗翰来到龙跃池时，王元膺已经被卫士杀死。王建后来贬王元膺为庶人，追赠唐道袭为太师。

内枢密使潘炕多次向王建奏请册立太子，王建便决定再选一位太

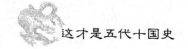

子。王建认为雅王王宗辂很像自己，信王王宗杰才思敏捷，想在二人当中选择一位。潘炕也希望如此，那么结果会如何呢？

王建晚年，宫中有很多宠妃，其中徐贤妃与妹妹徐淑妃深得王建宠爱。徐贤妃为王建生有一子名为王宗衍，也是王建最小的一个儿子，已被封为郑王。王宗衍年龄最小，原本没有机会担任太子，但其母徐贤妃却很希望王宗衍能够被册立为太子。

徐贤妃让飞龙使唐文扆鼓动宰相张格上表，请求册立王宗衍为太子。张格当晚便写好奏章，再与功臣王宗侃等人说自己得到密旨，皇上准备册立王宗衍为太子，请各位在奏表上署名，王宗侃等人都署了名。

王建看到张格呈递的联名奏表，以为众人都想立王宗衍为太子，不得已而准奏。王建还有些不放心，问道："宗衍年幼、懦弱，能担当大任吗？"众臣大都说堪当大任。

十月二十六日，王建下诏，册立王宗衍为太子。尽管大臣们大都跟随张格拥立王宗衍为太子，但内枢密使潘炕甚感失望。潘炕于是向王建称病告老，请求罢职回家，王建不准。潘炕坚决请求，王建只好恩准。

王宗衍是怎样的人呢？王宗衍被册立为太子时，才十五岁，喜爱游乐。数年后，王宗衍稍长，又沉湎于酒色之中。一天，王建从王宗衍的殿前经过，王宗衍正与各位亲王在斗鸡击球，喧闹之声，不绝于耳。王建叹息道："朕身经百战，创立基业，他们能守得住吗？"

王建开始痛恨宰相张格，但宫内有徐贤妃做主，王建也不能罢免张格。王建也曾萌发出废立太子的想法，想改立有才干谋略的王宗杰。然而，王宗杰不久又突然去世，王建怀疑有人加害。

公元918年（后梁末帝贞明四年）四月，前蜀与岐国恢复友好。此时的王建已经患病两年，而且很严重，有时甚至连东西都看不见。王建开始考虑后事，想给太子王宗衍找一个得力助手。王建认为北面行营招讨使兼中书令王宗弼沉静、有谋略，便将其召回成都，担任马步都指挥使。

五月三日，王建召众臣来到寝殿，对众臣说道："太子仁义、懦弱，朕不能违背诸公的奏请，因而越过长幼次序，册立宗衍。如若宗衍不能担当大任，诸卿可在王氏子弟中选择一位贤能之人辅佐，一定不要杀害宗衍。徐贤妃的兄弟只能给他们厚禄，不能让他们执掌军政，以保全他们的宗族。"

五月二十九日，王建下诏任命宣徽南院使宋光嗣为内枢密使，与王宗弼、王宗瑶、王宗绾、王宗夔等人一同接受遗诏，辅佐朝政。值得一提的是，王建之前任命枢密使，基本用的是士人，而此次任用的宋光嗣却是宦官，从此宦官开始掌握权力。

六月一日，王建病逝，年七十二岁。

六月二日，二十岁的王宗衍即位，是为前蜀后主。

王宗衍即位后，更名为王衍。王衍尊徐贤妃为太后，徐淑妃为太妃。王衍晋封中书令王宗弼为钜鹿王，任命内枢密使宋光嗣为判六军诸卫事。从此，朝廷内外百官任免都交由王宗弼，禁军则交由宋光嗣掌管。王宗弼趁机营私舞弊，接受贿赂，全国上下，怨声载道。宋光嗣为人机敏、善于迎合，王衍对其自然十分宠信。辅佐朝政的王宗弼权力已经很大，后来宋光嗣又将判六军诸卫事一职让给王宗弼，王衍也不反对。

不久，王衍又任命内给事王廷绍、欧阳晃、李周辂、宋光葆（宋光嗣的堂弟）、宋承蕴、田鲁俦等人为将军以及军使。这些人骄纵、贪婪、残暴，从此都干预前蜀政事，成为前蜀的祸患。欧阳晃觉得自己的房屋太小，竟然在一个夜晚放起大火，将西边的数百间军营全部烧掉，第二天早上，再让工匠在焦土之上重新建起宽大的房屋。王衍得知此事后，也不加过问。

王衍将朝政大权交给王宗弼、宋光嗣等人，自己则奢侈、放纵，毫无节制，每天都与徐太后、徐太妃到大臣家游乐、宴饮，还到京城附近的名山游玩，饮酒赋诗，花费不可胜数。

仗内教坊使严旭为讨好王衍，还强抢百姓家女子送入宫中，要想幸免，须得向严旭送来大量贿赂。严旭因此不断升官，一直到蓬州刺史。

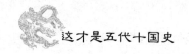

徐太后、徐太妃还公开标价，出售刺史、县令等官职。一旦有了官缺，总是多人争送贿赂，贿赂多者得之。

王衍不久向岐国用兵，前蜀、岐国再度开战。

岐蜀两国已经和好，按说王衍没有必要向岐国用兵。史书上把王衍向岐国用兵说成是北游，这或许有点勉强。王衍不是一位好皇帝，坏事很多，但也不能什么事都是坏的。王衍之所以北征，一定是有原因的，只是史书上故意避而不说。从后面的历史事实来看，很可能是被前蜀抢过来的边关城池又被岐国收复，一个重要的地方便是陇州（今陕西省陇县）。王衍一定是想把陇州再夺过来。

我们再来看看王衍此次用兵情况。

公元919年（后梁末帝贞明五年）三月十八日，北路行营都招讨、武德节度使王宗播从散关（今陕西省宝鸡市西南）出发，渡过渭水，与岐国大将孟铁山激战。王宗播击败孟铁山，不巧天降大雨，王宗播只好班师，同时也分出一部兵马驻守兴元（今陕西省汉中市）、凤州（今陕西省凤县）以及威武城（今陕西省凤县东北）。

三月二十日，天雄节度使王宗昱攻打陇州，不能攻克。

由此可见，陇州一定得而复失，要不然不会有王宗昱攻打陇州之事。然而王宗昱未能攻克陇州，王衍会就此罢休吗？从后续史实来看，没有。王衍不仅要向岐国再度用兵，还准备亲自到北方巡视。

公元920年（后梁末帝贞明六年）八月十日，王衍从成都出发，身穿黄金铠甲，头戴珠玉冠帽，手拿弓箭。跟随王衍出行的护卫兵马，绵延百里之长。王衍此行，对外声称就是为了北征岐国。雒县县令段融上疏劝王衍不应当远离都城，应当委派大臣领兵出征，王衍毅然北行。

九月，王衍到达安远城（今陕西省勉县）。王衍在安远城待了没多久，便继续北上，于十月三日到达武定军的治所洋州（今陕西省洋县）。王衍在武定待了没几天，便再返回安远城。

十一月一日，王衍在安远城任命兼侍中王宗俦为山南节度使、西北面都招讨、行营安抚使，天雄节度使王宗昱、永宁军使王宗晏、左神勇军使王宗信为三招讨，令王宗俦统率大军征讨岐国。

王宗俦大军从故关（今陕西省陇县西固关）出发，进驻咸宜（今陕西省陇县西北），修筑营垒，再进入良原（今甘肃省崇信县）。数日后，王宗俦大军向岐国的陇州发起袭击。

岐王李茂贞得到消息，亲率一万五千人驻屯汧（音千）阳（今陕西省千阳县）。两国兵马没有发生大的冲突。不久，前蜀兵马因粮草不济而南撤，王衍也从安远城南返。王衍征伐岐国的战事至此结束，未能占得岐国一城一池。

十二月三日，王衍到达利州（今四川省广元市），阆州团练使林思谔前来朝见，请王衍驾临阆州（今四川省阆中市）。王衍于是沿嘉陵江南下，一路上龙舟画舸交相辉映，华丽壮观。沿途州县征收民脂民膏，以供王衍受用，百姓怨声载道。

十二月十五日，王衍到达阆州。王衍听闻百姓何康的女儿何氏长得美丽，而且即将出嫁，立即命人将何氏抢了过来，只给何氏夫家一百匹布帛以作补偿，何氏夫君痛哭而亡。

公元921年（后梁末帝贞明七年）正月，王衍返抵成都。

此后的王衍仍然无心朝政，只爱玩乐。

王衍让人用绫罗绸缎扎成一座假山，再在假山上布置亭台楼阁，一旦被风雨损坏，即重新更换。王衍有时在假山饮酒，十多天不回宫中。王衍后来让人从假山前修筑一条小河，直通皇宫，晚上便乘船回宫，让宫女们举着一千多只蜡烛在船前照路，水面亮如白昼。王衍也常常在宫中饮酒，击鼓奏乐，直到天明。

王衍还喜欢微服出行，酒肆、妓院没有一处不到。前蜀境内的百姓都喜爱戴一种仅能盖住头顶的小帽，只要一低头，帽子就会掉下来，这种帽子被称为"危脑帽"。王衍外出，害怕被人认出，当然不敢戴"危脑帽"，可是只有其一人戴大帽子，也容易被人认出。王衍于是下诏，让全国百姓全部改戴大帽子。

王衍喜爱玩乐，有三个人便成了其狎客，这三个人是文思殿大学士韩昭、内皇城使潘在迎以及武勇军使顾在珣。这几个人常常和王衍及宫女们坐在一起，有时唱一些淫词艳曲，有时嬉戏谈笑，粗俗放荡，无所不为，王衍却感到非常开心。

也有人敢于劝谏。嘉州司马刘赞将当年亡国的陈后主的三阁图献给王衍，还作了一首歌来劝谏王衍。贤良方正蒲禹卿在对策时，用语极其恳切，王衍虽然没有加罪刘赞与蒲禹卿，但也没有采纳他们的建议。有一次重阳节，王衍召集近臣在宣华苑宴饮，嘉王王宗寿借着酒兴说国家将面临危险，说罢痛哭流涕，不能自已。一旁的韩昭、潘在迎马上笑着说道："嘉王一喝酒，就会悲从中来。"此事便一笑了之。

王衍还是太子的时候，娶兵部尚书高知言的女儿高氏为太子妃，但王衍并不宠爱高氏。有一次王衍到母亲徐太后那里，看到徐太后家族中一女长得美艳无比，心中甚喜。徐太后便将此女纳入王衍的宫中。王衍对外声称此女是唐朝宰相韦昭度的孙女，从此称为韦妃。自从韦妃进宫后，王衍对高氏更加冷淡。王衍后来干脆将高氏送回娘家，高知言吓得绝食而死。

王衍有了韦氏也不满足。军使王承纲的女儿王氏出嫁，王衍派人将王氏抢入宫中。王承纲到宫中恳求王衍放出其女儿，王衍大怒，将王承纲流放到茂州。王氏听闻其父被流放，自杀于宫中。

王衍把国家逐渐带向灭亡，那么会是哪个国家来消灭前蜀呢？我们再将目光转向中原，中原的后梁也同样面临生死存亡。

第24章 先援同州，再伐镇州

就在后梁与晋国对峙黄河一线时，后梁内部出现叛乱了。

公元920年（后梁末帝贞明六年）四月，后梁护国节度使朱友谦派兵攻打同州（今陕西省大荔县）。同州是后梁忠武军的治所，朱友谦此举是想兼并忠武军。

朱友谦不久便攻克了同州，赶走了忠武节度使程全晖。朱友谦再向后梁末帝朱友贞上表，奏请任命其子朱令德为忠武节度使。

朱友贞接到朱友谦的奏表，大怒，坚决不接受朱友谦的请求。

朱友谦也不示弱，立即派人前往晋国，再度向晋王李存勖归降。李存勖不仅接受朱友谦归降，还承制任命朱令德为忠武节度使。

朱友贞拒绝了朱友谦的请求后，又担心朱友谦怨恨，于是任命朱友谦兼任忠武节度使。不久，朱友贞得知朱友谦已经向晋国投降，非常生气，决定派兵讨伐朱友谦。

朱友贞会派谁领兵出征呢？

朱友贞想到了有"一步百计"之称的大将刘鄩。

刘鄩因魏州战败，于公元917年九月被贬为亳州团练使。一年后，因泰宁节度使张万进向晋国投降，朱友贞又任命刘鄩为兖州安抚制置使，令其讨伐张万进。公元919年十一月，刘鄩围困张万进一年之久，终于攻破泰宁军的治所兖州。朱友贞就任命刘鄩为泰宁节度使、同平章事，令刘鄩镇守兖州。

现在朱友谦背叛，朱友贞任命刘鄩为河东道招讨使，令刘鄩率感化

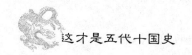

节度使尹皓、静胜节度使温昭图及庄宅使段凝，一同前往同州讨伐。

朱友贞派刘鄩讨伐朱友谦，让刘鄩有些为难，因为刘鄩与朱友谦是儿女亲家。不仅如此，朱友贞派给刘鄩的将领尹皓、段凝还与刘鄩不和，这二人一直嫉妒刘鄩。然而刘鄩不得不领兵出征。

公元920年六月，刘鄩率大军到达陕州（今河南省三门峡市）。

刘鄩不希望与亲家朱友谦兵戎相见，于是给朱友谦修书一封。刘鄩在信中向朱友谦阐明利害关系，希望朱友谦能够回心转意。

刘鄩在陕州等了一个多月，朱友谦仍然没有改变。刘鄩不得以，传令向同州进发。

闰六月，刘鄩大军抵达同州城下，开始攻城。

朱友谦担心不敌，派使来到晋国，向晋王李存勖求救。

李存勖接到朱友谦的求救，决定从黄河前线抽调大将李存审前往同州作战。李存勖还调李嗣昭、李建及、慈州刺史李存质等将一同前往援救同州。李存勖从黄河前线分兵，后梁并未趁机发动袭击，可以说坐失一次战机。

九月，李存审等将抵达河中府，与朱友谦的兵马会合，然后一同西渡黄河，进入同州境内。

李存审担心所部兵马到达同州后，刘鄩会坚守营垒不战。李存审于是挑选两百名精甲士兵，混杂在朱友谦的兵马之中，一直逼近刘鄩的营垒。

后梁士兵向来看不起朱友谦的兵马，听说朱友谦的兵马来了，毫无畏惧。刘鄩也没看出沙陀兵加入朱友谦队伍中，只派一千名骑兵出战。战斗中，刘鄩发现晋国兵马已经到来，大吃一惊，立即下令撤退回营。

刘鄩坚守营垒不战，李存审便在同州东边的朝邑扎营待机。

一时没有机会，李存审准备创造战机。

李存审分出一支兵马到同州西边攻打华州，不久便摧毁华州外城。

十余日后，刘鄩得知李存审率兵西进，只留少部兵马守营，决定出战。刘鄩传令全体人马出击，以图一战而胜。遗憾的是，刘鄩遭到大败，原来李存审大营中留下的都是精兵。刘鄩只好收拾残余部众，退保罗文寨。

刘鄩又不战了，双方对峙了十多天。李存审又想了一策。

李存审对李嗣昭说道："野兽被逼到绝境，也会拼死搏斗。不如让出一个缺口，让敌人逃走，然后再痛击。"李嗣昭认为有理。

李存审于是调一部骑兵到同州南边的沙苑牧马，故意让出一个缺口。

刘鄩得到消息，连夜从缺口处逃走。

李存审立即率部追击，一到追到渭水，再次大破刘鄩。

刘鄩带领少部残兵一路东去，李存审也没有再追。

刘鄩兵败回朝，称病，请求解除兵权。

尹皓与段凝趁机在朱友贞面前诬陷刘鄩道："刘鄩与朱友谦有姻亲，所以故意逗留不进，等晋国前来增援朱友谦。"朱友贞坚信不疑。

朱友贞让刘鄩到西都洛阳就医，再密令西都留守张全义（张宗奭）用毒酒害死刘鄩。次年五月，刘鄩在洛阳饮下毒酒而死，年六十四岁，此为后话。

李存审等击败刘鄩不久，便返回黄河前线。

不久，已经归附晋国的成德境内也出现叛乱。

成德节度使王镕晚年一心享乐，还喜爱拜佛、求仙，便将大权交给亲信。

王镕的亲信主要是行军司马李蔼、宦官李弘规、石希蒙和义子王德明。李蔼与李弘规掌管内外事务，石希蒙靠阿谀奉承得到王镕的宠爱。王德明原名张文礼，本是卢龙节度使刘仁恭的牙将，后来逃到成德，投靠王镕。张文礼喜爱吹嘘，王镕把他当作奇才，还收为义子，更名王德明。王德明受王镕之命，带领成德的兵马跟随晋王李存勖作战。王镕后来又将王德明调回，担任防城使，而派都指挥使符习在外征战。

公元920年十二月的一天，王镕求仙问道从西山回城，夜宿鹘营庄（今河北省平山县西）。

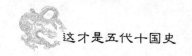

石希蒙建议王镕再到其他地方游玩一番。

李弘规劝阻道："晋王李存勖正与梁国在黄河血战，栉风沐雨，亲冒矢石，大王不应把军资用于游玩上。再者，镇州（今河北省正定县）城中空虚，大王长久在外，要防奸人变乱。"

王镕认为有理，便决定回镇州。

石希蒙又悄悄对王镕说道："李弘规无中生有，出言不逊，胁迫大王，想长自己的威风。"

王镕又听信了石希蒙，便留了下来，住了两宿，仍无归意。

李弘规派内牙都将苏汉衡带领亲军，身穿铠甲，拔刀出鞘，来到大帐中对王镕说道："士兵在外日久，请大王尽快返回。"

李弘规顺势说道："石希蒙劝大王游玩，没完没了，听说他还要谋害大王，请让属下将其诛杀。"

王镕不肯，但牙兵大声喊叫，已将石希蒙杀掉。

王镕非常恼怒，也非常害怕，急忙返回镇州。

王镕不再信任李弘规，连李蔼也不信任，只信任义子王德明。一到镇州，王镕便派长子王昭诈与义子王德明带领兵马包围了李弘规、李蔼的家，将二人诛灭全族，还杀掉了苏汉衡。

王镕从此将成德军府大权交给王昭诈。

王昭诈是个既骄傲又刚愎自用的人，还准备将李弘规的同党及部属全部灭族。王镕也非常痛恨李弘规的士兵杀了石希蒙，从此有赏赐也不给这些士兵。李弘规的士兵聚在一起，痛哭流涕，不知如何是好。

让王镕没有想到的是，他最为信任的义子王德明准备趁机谋反。

公元921年（后梁末帝贞明七年）二月的一天，王德明对这些士兵说道："大王命我将你们全部坑杀，我念及你们并无罪过，不忍加害。可是不听从大王之命，我又担心得罪大王，这可如何是好？"

众人听了，都很感激王德明。

当天晚上，有两个骁勇的士兵商议道："我们知道王太保的意图，今天晚上就是我们夺取富贵之时。"

这两个人于是翻墙进入王镕的府中，将正在烧香敬神的王镕当场砍死，然后再放火焚烧王镕的府第。

王镕被杀后，王德明被部众拥立为成德留后。王德明恢复本名张文礼，还灭了王镕全族，只有王昭诈的妻子普宁公主没有杀，给自己留一条投降后梁的后路。

三月，张文礼派人来到黄河前线德胜城，晋见晋王李存勖，把成德军变乱的情况呈报李存勖，同时劝李存勖称帝，再向李存勖请求任命。

李存勖当时正在置酒作乐，听了这个消息，扔掉酒杯，哭了起来。李存勖准备发兵讨伐张文礼。幕僚认为张文礼虽然罪大恶极，但当前晋国正与梁国相争，不应当在肘腋之中再树敌人，应当接受其请求，以安其心。李存勖这才作罢。

四月，李存勖派节度判官卢质承制任命张文礼为成德留后。

张文礼虽然接受晋国的任命，但内心仍感到不安。

三个月后，张文礼再派密使北上，通过卢文进向契丹国求援。

张文礼又派密使来到大梁，对后梁末帝朱友贞说道："王家被乱兵杀死，但公主安然无恙。现今臣已向北联络契丹，再请朝廷派一万名精甲士兵相助，从德、棣二州北渡黄河，则晋军连逃都来不及。"

朱友贞听后，迟疑不决。

老臣敬翔说道："陛下如果不能趁此良机收复河北，以后就再也不能打败晋国了。陛下应当接受张文礼的奏请，机不可失。"

赵张五人一致反对道："如今强大的贼寇就在黄河边上，用全部兵力都担心不能抵御，哪里能够分出一万人马去救张文礼？再说张文礼坐持两端，只想自守，对我国有什么好处？"

朱友贞听了，决定不出兵援救张文礼。

张文礼得不到后梁的支持，又派人来到德胜城，向李存勖请求将都指挥使符习召回，答应派其他将领来替。为让符习安心，张文礼还任命符习的儿子符蒙为都督府参军，再派人带着钱帛到行营犒劳将士。

符习不肯返回成德，哭泣流泪请李存勖将其留下。

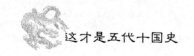

李存勖说道："孤与赵王同盟讨贼，义同骨肉，想不到在肘腋之间生出祸患，孤甚痛心。你如果不忘旧主，能为旧主报仇吗？孤将以兵粮相助。"

符习当时有一万名士兵，将领有三十多名。符习带着这三十多名将领，一齐跪下，痛哭道："赵王交给我们每人一柄剑，让我们消灭敌寇。自从听闻变乱以来，我们有冤无处诉。我们想拔剑自刎，只是对死去的人毫无益处。现今大王念及赵王辅佐之功，准许我们为赵王鸣冤，我们不敢麻烦大王出兵，只愿率所部将士回到成德，铲除凶手，以报王家累世大恩，死而无憾。"

八月七日，李存勖任命符习为成德留后，再派天平节度使阎宝、相州刺史史建瑭率兵协助，从邢、洺二州北上。

八月十一日，符习等人攻克赵州（今河北省赵县）。

张文礼当时正在生病，听说符习带领晋国兵马攻克赵州，吓得一口气没上得来，一命呜呼了。张文礼的儿子张处瑾不敢发丧，带领士兵坚守城池。

九月，符习、阎宝、史建瑭等人过了滹沱河，很快到达镇州城下。

镇州城不易攻克，符习又命人决开漕渠，向城中灌水。

数日后，符习再发起进攻，仍不能攻克，史建瑭却中流矢身亡。

李存勖得知符习攻城不利，准备再分出一部兵马，由自己亲自率领前往攻打镇州。

后梁北面招讨使戴思远探得消息，决定带领驻扎在杨村（今河南省濮阳市西）的全部兵马袭击德胜北城。

李存勖从投降而来的后梁士兵口中得到这一消息，决定将计就计。

十月七日，李存勖派大将李嗣源在戚城（今河南省濮阳市北）设下埋伏，再命李存审进驻德胜城，先用骑兵引诱，假装是一些年老胆怯的士兵。

后梁主将戴思远不知是计，立即下令进击，士兵们也争先恐后地奋力作战，而李存勖此时则命中军主力严阵以待。当后梁的将士杀来时，李存勖亲自带领三千铁骑杀了上来，后梁士兵大败。

戴思远带领兵马向杨村撤去，一路上又被李嗣源的伏兵杀了一阵。

这一战，后梁士兵损失惨重，有两万多人被杀。

李存勖为表彰李嗣源的战功，升李嗣源为蕃汉内外马步副总管、同平章事。

十一月，李存勖留大将李存审、李嗣源固守德胜城，亲率兵马北上镇州。

李存勖到达镇州城下时，张处瑾也感到害怕。张处瑾派其弟张处琪与幕僚齐俭出城晋见李存勖，向李存勖请罪并请求归降。李存勖不接受，传令攻城，没想到十余天都不能攻克。

张处瑾也担心时日一久，镇州城再坚也守不住，于是派将领韩正时带领一千名骑兵突出重围，向北边的义武军求救。李存勖分兵追击韩正时，在行唐（今河北省行唐县）将韩正时追上，斩首。

十二月，镇州城仍不能攻克，李存勖却接到北边义武的告急文书，原来契丹兵马一路南下，正向义武军的治所定州攻来。李存勖立即率五千亲军从镇州北上援救义武。

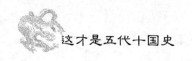

第25章 援救义武，平定成德

李存勖派符习讨伐张文礼时，义武节度使王处直认为成德与义武唇齿相依，成德如果灭亡了，义武便会孤立。王处直于是派使劝阻李存勖，认为晋国正与梁国作战，此时应当赦免张文礼。

李存勖认为张文礼谋杀王镕，义不可赦，而且又联络梁兵，担心对义武也将不利。王处直劝阻不了李存勖，心中甚为担忧。王处直思来想去，决定向契丹求援，希望契丹能为镇州解围。

王处直没有想到，他的这一决定让他失去了大权。

王处直有一个义子，名叫王都，本名刘云郎。王都非常奸诈，但善于逢迎，深得王处直喜爱。王处直让王都担任节度副大使，还想让王都当世子。

王处直还有一个儿子，名叫王郁，是王处直小妾所生，得不到王处直的宠爱。王郁后来投奔晋王李克用，李克用收留了王郁，还将女儿嫁给王郁。多年以后，晋国让王郁担任新州（今河北省涿鹿县）团练使。

王处直其余诸子年龄尚幼。

王处直认为新州靠近契丹，想让王郁贿赂契丹，再请契丹派兵攻打晋国。义武的将领们纷纷劝谏，但王处直就是不听，坚决派人悄悄前往新州。王郁对王都可能成为世子非常痛恨，于是趁机向父亲王处直提出要当世子，王处直应允了。

王都得知此事，非常愤恨，决定先下手为强。

一天傍晚，王都带领数百名士兵将王处直及其妻妾幽禁起来，然后将王处直在定州的所有子孙、心腹全部杀光。数月后，王处直忧愤而死。

王都自称义武留后，再派人将义武发生的事情呈报李存勖。

李存勖当时还在黄河前线，没多思索便同意让王都代替王处直掌管义武。

王都控制义武不久，王郁便劝说契丹南下。

契丹皇帝耶律阿保机本想派卢文进率部南下，谁知王都说道："镇州城中美女如云，黄金绸缎堆积如山。皇上如果不早日南下，这些全部归李存勖所有。"阿保机听后，决定派全国兵马南下。

契丹大军没有攻向镇州，而是很快攻到定州城下。

王都担心不敌，连忙派人向李存勖求救。李存勖当时已在镇州，二话不说，立即率五千名亲兵北上增援义武。

公元922年（后梁末帝龙德二年）正月，正是寒冷的冬季，河北一带下起了大雪。正月十三日，李存勖到达新城（今河北省新乐市南）之南，离定州只有数十里。

前方探马来报，契丹前锋兵马离开定州南下，已经抵达新乐（今河北省新乐市），正在南渡沙河。李存勖的将士听到这一消息，都大惊失色，一些士兵吓得开始逃跑。将领们杀了不少逃兵，但仍不能制止。

诸将都对李存勖说道："契丹出动全国兵马南下，我们寡不敌众。又听说梁国兵马入侵，大王应当回师魏州（今河北省大名县），以救根本。也可解除镇州之围，向西到井陉（今河北省井陉县西）暂避一下。"

李存勖也开始犹豫。

在此关键时刻，中门使郭崇韬的建言起了重要作用。

郭崇韬是代州人，风流偶傥，有智慧谋略，处事果断，特别能处理繁重事务。郭崇韬曾担任河东教练使，后来经中门使孟知祥推荐，担任中门副使，成为李存勖身边的重要幕僚。由于郭崇韬出色的决断能力，李存勖越来越器重郭崇韬。孟知祥后来辞去中门使一职，郭崇韬便担任中门使，掌管机要。

面对即将到来的契丹大军，郭崇韬说道："契丹受王郁诱惑，是为了财物而来，并非要拯救定州的危难。大王近年来不断击破梁国兵马，威震夷夏。契丹人一旦听说大王亲自来到，必定惊慌沮丧。如果我们能够打败契丹的前锋兵马，其大军必定闻风而逃。"

昭义节度使李嗣昭从潞州赶到，也对李存勖说道："如今强敌在前，我们有进无退，千万不可动摇军心。"

李存勖听了二人之言，奋然说道："帝王之兴，自有天命，契丹又能奈何孤？孤用数万之众，平定山东，今天遇到一群小小胡虏而躲避，孤还有何面目威临四海？"

李存勖说罢，立即率五千铁骑先行出发，很快到达新城，并未遇到契丹前锋。

李存勖再向新城以北进发，前面突然出现一片桑树林。李存勖毫无畏惧，下令穿过桑树林。人马才走出一半，就看到契丹一万余名骑兵正在前方。契丹骑兵看到李存勖突然出现，也不知有多少人马，竟吓得慌忙北走。李存勖立即下令兵分两路追击。

李存勖纵马一直奔跑了数十里，擒获了契丹皇帝阿保机的一个儿子。到达沙河时，由于桥窄，河冰薄，不少契丹士兵淹死在河中。

当天晚上，李存勖就在新乐城中入住。

阿保机的车帐当时就在定州城下，看到前锋兵马败回，立即传令向北退守望都（今河北省望都县）。

第二天，李存勖继续北进，到达定州，王都到城外迎接。入城之后，王都向李存勖请求结为姻亲，将女儿嫁与李存勖的儿子李继岌。

李存勖在定州城内待了三天，又率部前往北边的望都。

阿保机得知李存勖攻来，也派兵迎战。

李存勖只率一千名亲军骑兵担任前锋，与奚酋秃馁的五千骑兵相遇，被秃馁包围。李存勖奋勇作战，从午时一直战至申时，整整两个时辰，仍没有突出重围。李嗣昭得到消息，立即率三百名骑兵从侧面攻击，终于将秃馁击退，李存勖也得以解围。

这时晋兵全部来到，李存勖传令奋力反击，契丹兵马大败，向北撤退。当时大雪已经下了十多天，平地有数尺厚。契丹兵马没有粮草，一路上不断有人死亡。

阿保机举手指天，说道："上天不让我到这里来。"于是传令北返。阿保机还责怪王郁，命人将王郁绑了起来带回契丹，从此不听王郁的建言。

李存勖率部一路跟随，契丹人行军，李存勖也行军；契丹人扎营，李存勖也扎营。李存勖看到契丹人野宿之地，留下的物事整整齐齐，不禁叹道："胡虏军纪如此严整，中原国家不及也。"

到了幽州后，李存勖派两百名骑兵跟在契丹后面，吩咐道："胡虏出境后，你们便可返回。"

这些骑兵自恃勇猛，不停地追击，最终被契丹擒获，只有两人逃回。

李存勖北上作战，黄河前线战事如何呢？

留守德胜城（今河南省濮阳市）的大将李存审对李嗣源说道："梁国人一旦听说我们分兵北上，一定会来攻打德胜，或者袭击魏州。我二人都守在这里毫无益处，不如分兵防守。"

李嗣源便带领一支兵马前往澶州，以防梁军从此处北上袭击魏州。

果然不出李存审所料，后梁主将戴思远真的带领兵马前往袭击魏州，而且是全部兵马。李嗣源赶在了戴思远的前面，在狄公祠下扎营，并立即派人前往魏州，让魏州守军做好防备。戴思远到达魏州城西的魏店时，李嗣源已经派将领石万全率骑兵前来挑战。戴思远发现魏州已有防备，便放弃攻打魏州，大肆抢掠一番南返。

戴思远又率五万人攻打德胜北城，李存审坚守城池。戴思远在城外挖掘几道壕沟，再在壕沟外修筑堡垒，以作长久之战。李存审赶紧派人快马北上，向李存勖告急。

李存勖得到消息，立即从幽州南下，五天即到达魏州。

戴思远听报李存勖已经到达魏州，传令烧毁营寨，返还杨村（今河南省濮阳市西）。

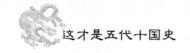

黄河前线一时安定，再看看晋将阎宝与符习等人围困镇州的战事状况。

阎宝在镇州城外修筑堡垒，还决开滹沱河水冲灌镇州城。

镇州城内外断绝，数月后城中粮草耗尽。

三月二十六日，城内的张处瑾派五百余人出城寻求粮食，阎宝故意放其出城，准备用伏兵袭击。五百余人出了城，立即攻打阎宝的堡垒。阎宝没把这五百余人放在眼里，因而没有防备，岂料突然又有数千人从城内杀了出来。阎宝的兵马尚未集结，这些成德的士兵已经摧毁堡垒，攻打阎宝的大营。阎宝不能抵挡，传令南撤至赵州。成德士兵毁坏阎宝的营垒，运走营中的粮草，运了好几天。

李存勖得知阎宝遭败，立即调昭义节度使李嗣昭任北面招讨使，代替阎宝。

镇州城内的张处瑾得到粮草，撑了一个月，又开始缺粮。

四月二十四日，张处瑾派一千人到九门（今河北省石家庄市藁城区西北）去接运粮食。李嗣昭得到消息，在阎宝之前的营寨中设下埋伏，当成德的士兵经过时，突然杀出，一千人几乎被杀光。

有五人躲在断壁废墟之间，李嗣昭骑着马环绕五人射击。岂料五人之中有一人也向李嗣昭射击，一箭正中李嗣昭的头部。李嗣昭的箭已用完，便拔下头部的箭，将那人射死。

天已黄昏，李嗣昭回到大营，伤口流血不止，当天晚上去世。

李嗣昭临死时传令，将昭义的兵马全部交给判官任圜指挥，令任圜带领人马继续攻打镇州。任圜的号令与李嗣昭一样，镇州城内的人不知道李嗣昭已经战死。

李存勖听报李嗣昭中箭身亡，非常痛心，好几天不喝酒不吃肉。

那位撤至赵州的阎宝听闻李嗣昭战死，也感到非常惭愧、悲愤，背上生了毒疮，一病而亡。

李存勖再调天雄马步都指挥使李存进任北面招讨使，接替李嗣昭。

五月六日，李存进到达镇州，在东垣渡扎营，并在滹沱河两岸修筑营垒。

之后的四个月，李存进一直在围困镇州城。

九月一日，张处瑾派其弟张处球趁李存进没有防备时，带领七千人袭击了东垣渡。李存进十分狼狈地带领十余人在桥上作战。张处球开始撤退，不想又遇到晋国刚来的一支骑兵。张处球遭到夹击，士兵几乎全部战死，李存进也在战斗中被杀。

李存勖接报李存进阵亡，在无比痛心之后，再从黄河前线调蕃汉马步总管李存审为北面招讨使，前来平定成德的叛军。

镇州城中的粮食又吃完了，张处瑾也不想再坚持下去了，便派人向李存勖请求投降。使者尚未到达李存勖所在的行台，李存审的大军已经到达镇州城下。

九月二十九日夜晚，镇州城中一个叫李再丰的将领决定做李存审的内应，悄悄配合李存审，让晋兵缒城而入。

天亮时，晋兵已经全部进入城中。张处瑾兄弟、家人以及同党都被俘虏，一齐送到行台。张文礼的尸体则被拖到街头，碎尸万段。

李存勖平定镇州，前后长达一年，损失史建瑭、阎宝、李嗣昭、李存进四将。

李存勖任命符习为成德节度使，李存审因战功而加授侍中。

符习不敢接受成德节度使之职，对李存勖说道："赵王没有后人，棺木尚未入土，我当身穿斩衰，安葬赵王。"李存勖便自兼成德节度使。

符习安葬王镕之后，立即来到行台晋见李存勖。李存勖准备将天雄所属的相、卫二州分出，设置义宁军，让符习当节度使。符习坚决推辞道："天雄是一个重镇，不可分割，只愿在黄河南岸梁国境内得一藩镇，由我自己去夺取。"

李存勖于是任命符习为天平节度使、东南面招讨使。

李存勖平定镇州，开始筹划称帝之事。

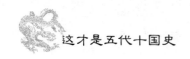
第26章　建立后唐，奇袭郓州

　　前蜀、南吴两国曾多次派使向晋王李存勖劝进。李存勖在魏州行台，将前蜀、南吴的劝进信拿给将吏们看，说道："当年王建曾给先王修书，说唐朝已经灭亡，应当各自称帝。先王对孤说，当年天子逃到石门镇，先王发兵讨贼，威震天下，如果那时挟天子而据有关中，再让天子禅位，谁能奈何得了？只因我家世代忠孝，为皇家立功，宁死不夺位。先王告诫孤，将来要竭力兴复唐朝，不要效法蜀、吴等辈。先王之言，犹在耳边，称帝一事，不敢闻也。"说罢，哭了起来。

　　李存勖此言表明他不想称帝。然而将领们以及一些藩镇仍不断地向李存勖劝进，李存勖终于有所心动。

　　李存勖想先制造玉玺，没想到很快就有人前来进献。

　　有一个叫传真的和尚在魏州大街上卖玉，有人识出这是唐朝皇帝的玉玺，一问才得知当年黄巢攻入长安时，传真的师父在长安得到此玉，收藏了四十年，去世前交给传真。既然此玉是唐朝皇帝的玉玺，传真便直接来到行台，向李存勖进献。

　　李存勖得到玉玺，众将吏都来道贺。

　　河东监军张承业听说李存勖想要称帝，连忙从太原赶到魏州劝阻。

　　张承业说道："吾王世世代代忠于唐朝，救其危难，所以老奴三十余年来为大王掌管钱财赋税，招兵买马，誓死消灭贼寇，就是为了恢复唐朝江山。如今河北刚刚平定，可是朱氏尚存，而大王突然登基称帝，绝不是多年南征北讨之意。大王为何不先消灭朱氏，为两位冤死的皇上报仇，然后再寻找唐朝后人，拥立为帝，向南攻取吴国，向西消灭蜀国，扫清四海，统一天下。到那时，就是高祖、太宗复活，也不敢位居大王之上。让之愈久则得之愈坚。"

李存勖有些无奈地说道："这也不是孤的愿望，将吏都来劝进，孤也无可奈何。"

张承业知道劝止不了，于是放声大哭道："诸侯们拼死血战，就是为了恢复唐朝大业，现在大王自己要夺取大位，这是误了老奴一片忠心啊。"

张承业回到太原，一病不起。

李存勖既已接受劝进，便派人到处寻找唐朝旧臣，为新朝廷设置百官作准备。护国军节度使朱友谦派前礼部尚书苏循来到行台，晋见李存勖。苏循到了魏州内城，一看到李存勖的府第，立即行礼下拜，称之为"拜殿"。苏循见到李存勖后，又三跪九叩，自称臣子，高呼万岁，激动得泪流满面。第二天，苏循又进献三十支大笔，称之为"画日笔"。李存勖大喜，当即任命苏循为河东节度副使。

公元922年（后梁末帝龙德二年）十一月，监军张承业病逝。李存勖听到这个消息，很是伤心，一连几天吃不下饭。当然，随着张承业的病逝，也不会再有人劝阻李存勖称帝了。

李存勖在河东、天雄、义武、成德四镇判官中挑选前朝士族，准备任用为新朝宰相。河东节度判官卢质声望最高，但卢质不肯出任宰相。卢质推荐义武节度判官豆卢革、河东观察判官卢程。

李存勖又召安义监军张居翰、节度判官任圜前来魏州，准备让他们出任新朝官员。

安义便是之前的昭义，治所潞州。原昭义节度使李嗣昭战死镇州后，本应由长子李继俦继承爵位。没想到次子李继韬囚禁兄长李继俦，自称昭义留后。李存勖忙于作战，不得已而任命李继韬为留后，还将昭义改名为安义。

李继韬知道自己干的勾当，担心李存勖迟早会来讨伐。

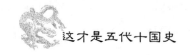

幕僚魏琢、牙将申蒙挑拨道："晋国没有人才，最终必定被梁国消灭。"

二人的意图非常明显，就是劝李继韬投靠后梁，李继韬犹豫不决。

李存勖召张居翰、任圜的命令到达潞州，魏琢、申蒙又对李继韬说道："大王紧急召见二人，可知情势危急。"

兄弟李继远直接劝李继韬向后梁投降。

李继韬于是派使来到大梁，向后梁末帝朱友贞请降，并将安义所辖泽、潞二州纳入后梁国土。朱友贞大喜，又将安义更名为匡义，任李继韬为节度使、同平章事。李继韬还将两个儿子送到后梁做人质。晋国将领裴约镇守泽州，不肯投降后梁。朱友贞便任命骁将董璋为泽州刺史，派其率兵夺取泽州。

李存勖当时正忙于登基称帝，暂且把安义的事放在一旁。

公元923年（后梁末帝龙德三年）四月二十五日，李存勖在魏州登上高坛，即皇帝位，定国号为大唐，改元同光。李存勖的国号虽然与唐朝相同，但不是唐朝的延续，毕竟唐朝已经灭亡整整十六年，因而李存勖建立的国家被后人称为后唐，是五代之第二代，李存勖便是后唐庄宗。

李存勖将魏州改为兴唐府，称东京，太原府称西京，把镇州改为真定府，称北都。后唐当时共有十三个藩镇、五十个州。这十三个藩镇是：天雄（治所兴唐府）、成德（治所真定府）、义武（治所定州）、横海（治所沧州）、卢龙（治所幽州）、安国（治所邢州）、大同（治所云州）、振武（治所朔州）、雁门（治所代州）、河东（治所太原府）、护国（治所河中府）、晋绛（治所晋州）、忠武（治所同州）。

李存勖称帝后，尊生母晋国太夫人曹氏为皇太后，嫡母秦国夫人刘氏为皇太妃，追尊曾祖朱邪执宜为懿祖昭烈皇帝，祖父李国昌为献祖文皇帝，父亲李克用为太祖武皇帝。

李存勖在太原设立皇家宗庙，共有高祖、太宗、懿宗、昭宗以及懿祖、献祖、太祖七座庙宇。李存勖所立的高祖、太宗就是李渊、李世民父子。其实李存勖是北方沙陀族人，本姓朱邪，与李渊、李世民毫无关系。

李存勖任命百官：豆卢革为门下侍郎、同平章事，卢程为中书侍郎、同平章事，郭崇韬、张居翰为枢密使，卢质、冯道为翰林学士，天雄节度判官王正言为礼部尚书，昭义观察判官任圜为工部尚书，张宪为工部侍郎、租庸使，孔谦为租庸副使。

两位宰相豆卢革、卢程都是肤浅平庸之辈，只因二人都是官宦之家，又得到卢质的推荐，所以受到李存勖的任用。当然还有一个重要原因，就是那位早就前来"拜殿"的故唐礼部尚书苏循已经去世。

两位掌管机要的枢密使，一个是郭崇韬，一个是张居翰。郭崇韬深得李存勖宠信，由中门使升任枢密使，毫不意外，而张居翰之所以能够位居此职，是由于郭崇韬的推荐。张居翰谦和谨慎、胆小怕事，军国机要实际由郭崇韬掌管。

孔谦自认为有才有能，应当担任租庸使，然而不少人认为孔谦出身微贱，不应这么快就担任如此重任。所以郭崇韬推荐张宪担任租庸使，而由孔谦担任副使，孔谦非常不悦。

李存勖建立后唐之时，后梁尚未灭亡，天下仍然四分五裂。除了后梁、后唐，当时位列十国的国家就有前蜀、南吴、南汉、吴越、荆南、南楚以及闽国。此外还有岐国、契丹、吐蕃、长和等国。

李存勖称帝之时，面临的形势并不有利。

北方的契丹两次南下攻打卢龙辖区，第二次还深入到易、定二州才返。由于契丹多次入侵，抢掠粮草，幽州的粮草支撑不到半年。李存勖让郭崇韬推荐卢龙节度使，郭崇韬推荐横海节度使李存审。李存审当时已经患病卧床不起，只好带病前往幽州赴任。李存勖又调蕃汉马步副总管李嗣源兼任横海节度使。

此外，后梁庄宅使段凝攻克卫州，后梁主将戴思远又攻陷淇门、共城、新乡等地。至此，澶州以西、相州以南，全部被后梁收复。更让李存勖痛心的是，昭义又背叛而投降后梁。

后梁军势再度振作，后唐情势岌岌可危。不少人认为后梁一时难以消灭，李存勖也十分忧虑。

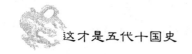

就在李存勖一筹莫展之际，后梁天平军的将领卢顺密前来投降，还向李存勖提供了重要情报。原来后梁主将戴思远本是天平节度使，奉命进屯杨村（今河南省濮阳市西）时，留卢顺密与巡检使刘遂严、都指挥使燕颙镇守天平军的治所郓州（今山东省东平县）。郓州的守兵不满千人，而且刘遂严、燕颙又都不得人心，卢顺密劝李存勖趁机袭取郓州。

李存勖怦然心动。

枢密使郭崇韬反对道："孤军远袭，万一不利，就会白白损失数千人，卢顺密的话不能听。"

尽管郭崇韬深得李存勖宠信，但李存勖没有盲目听从。

李存勖想冒险袭击郓州，还想找个人商议一下。马步总管李存审去镇守卢龙了，李存勖想到副总管李嗣源。李存勖于是秘密召李嗣源进帐，对李嗣源谋说道："梁国人正想吞并昭义，并没有防备东方战场，如若得到郓州，他们的心脏便没有了。郓州能够夺取吗？"

李嗣源自从胡柳陂之战让李存勖产生误会，一直想建立奇功以补过失。听了此言，李嗣源立即回道："陛下用兵已经多年，百姓已经极为困苦，如果再不出奇制胜，大功如何能建？臣愿独自领兵远征，定为陛下拿下郓州。"

李存勖听后，非常高兴。

闰四月二十八日，李存勖派李嗣源带领五千名精兵从德胜奔袭郓州。

李嗣源到达杨刘（今山东省东阿县东北）时，已是黄昏，天色变阴，下起雨来，将士大都不想前进。将领高行周对众人说道："这是上天在帮助我们，梁国人一定没有防备。"

当天夜里，李嗣源带领人马渡过黄河，一直来到郓州城下，郓州城内的后梁士兵无人知晓。李嗣源的义子李从珂率先登上城墙，杀死守城士兵，打开城门。李嗣源进入外城，开始进攻内城，城中一片慌乱。

第二天早晨，李嗣源攻克了内城。刘遂严、燕颙等人一路逃回大梁。李嗣源传令，不得纵火焚烧，不得抢掠，还派人安抚城中官吏与百姓。

李存勖得知李嗣源已经攻克郓州，大喜道："总管真是奇才，朕的大事成矣。"

李存勖传旨，任命李嗣源为天平节度使。

后梁末帝朱友贞获报郓州失守，大惊失色。朱友贞下诏，将刘遂严、燕颙绑缚街市问斩，免去戴思远招讨使之职，贬为宣化军留后。朱友贞还派出使节到黄河前线，催促段凝、王彦章等将尽快向后唐兵马发起进攻。

那么谁会出任前线主将呢？老臣敬翔有建言要上奏。

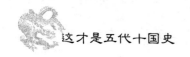

第27章 攻克德胜，败绩博州

后梁前线主帅刘鄩、贺瓌、王瓒、戴思远不是去世便是败绩被撤，军中重要将领也只有段凝、王彦章、霍彦威等人了。那么谁会接替戴思远而出任北面招讨使呢？

后梁末帝朱友贞以及赵张五人都想让段凝出任北面招讨使。

段凝本名段明远，其妹妹在后梁太祖朱晃宫中为美人。段凝担任怀州刺史时，曾因善于侍奉，深得朱晃的赞赏。段凝善于逢迎并结交朝中权贵，出任前线主将并不意外。

然而老臣敬翔看到国家面临生死存亡，有建言要冒死上奏。敬翔担心朱友贞不接纳他的建言，到宫中晋见朱友贞时，事先将一根绳子放在鞋靴之中。

敬翔说道："先帝夺取天下，不认为臣无能，臣的谋略没有一次不被采纳。如今敌人越来越强，而陛下不听臣之建言，臣活着还有什么用，不如死去。"

敬翔说完从鞋靴中拿出绳子，准备上吊。

朱友贞连忙阻止，问敬翔有什么话要说。

敬翔说道："情势危急，不用王彦章为大将，就不能挽救国家。"

朱友贞只好听从敬翔，下诏任命王彦章为北面招讨使。朱友贞仍然要用段凝，便再任命段凝为副使。

敬翔以及另一位老臣李振不赞同用段凝为副使，极力劝阻。

朱友贞坚持说段凝没有过错。

李振反驳道："等到段凝有过，国家就危险了。"

朱友贞就是不听。

公元923年（后梁末帝龙德三年）五月十六日，王彦章入朝晋见朱友贞，朱友贞问王彦章多久可以破敌。王彦章马上回道："三天。"朱友贞的左右侍从听了此言，都失声而笑。

我们有理由相信，这几个讥笑王彦章的人，一定有赵张五人，毕竟赵张五人并不想让王彦章当主帅。性格刚直的王彦章对赵张五人在朝中掌政也是非常不满。

当天，王彦章便离开京城，快马北行。

第二天，王彦章到达滑州（今河南省滑县）。

第三天，王彦章在军中摆下盛大宴席，故意迷惑敌人。其时，王彦章已悄悄派人到杨村（今河南省濮阳市西）集结舰船。夜晚时分，王彦章令六百名铠甲士兵手拿大斧，带着铁匠和锻铁的工具，乘着舰船，顺流东下。宴席尚未结束，王彦章起身离座，假装如厕。王彦章当然没有上厕所，而是带领数千名精兵从黄河南岸奔袭德胜南城（今河南省濮阳市）。

再说后唐庄宗李存勖得知后梁用王彦章为大将，也不敢怠慢。李存勖也担心王彦章会来偷袭德胜，便对守将朱守殷提醒道："王铁枪勇猛决断，满腔愤怒，一定会来袭击德胜，要小心防备。"

李存勖则亲自带领亲军进屯澶州（今河南省内黄县东南），以防不测。李存勖还派使前往南吴，告诉南吴已经攻克郓州，请南吴一同发兵夹击后梁。掌管南吴军政大权的徐温想出兵，被幕僚严可求劝止。

王彦章攻打德胜的当天，天空微微降下小雨，后唐守将朱守殷没有防备。

后梁的甲兵很快到达德胜，将河中的铁链烧断，再用大斧砍断浮桥。

不久，王彦章到达德胜南城，立即传令猛烈攻城。由于浮桥被砍断，德胜南城便成了孤城，很快便被王彦章攻克，此时离王彦章晋见朱友贞刚好三天。王彦章乘胜进攻后唐的潘张、麻家口、景店等营寨，全

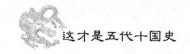

部攻克，后梁声势大振。

李存勖得知德胜南城失守，决定放弃德胜，固守东边的杨刘城（今山东省东阿县东北）。李存勖再命朱守殷放弃德胜北城，拆屋为筏，载着将士及兵器顺流东下，一同协助坚守杨刘城。

王彦章得到消息，也放弃刚刚占领的德胜南城，同样拆屋为筏，顺流东下。

两军的木筏在黄河两边行进。在河道弯曲处，两军木筏便会相遇，发生激烈的战斗，一天有上百次。交战中，不少木筏被损坏，上面的士兵全部落水，互有胜负。当两军到达杨刘时，都损失一半的士兵。

五月二十六日，王彦章、段凝率十万兵马攻打杨刘城，百道齐发，日夜不停。

由于杨刘城在黄河南岸，王彦章担心后唐士兵渡河来援，于是传令将九艘大的舰船连接在一起，横亘在黄河渡口上，让后唐援兵不能靠岸。

后唐杨刘城守将李周竭力坚守，与士兵同甘共苦，王彦章始终不能攻克。王彦章传令撤退到杨刘城之南，修筑营垒围困杨刘城。

李周派人出城向李存勖告急，请求日行百里快速前来增援。

李存勖亲自率兵赶往杨刘城，但日行只有六十里，并不着急，一路上还不忘打猎。有人请李存勖加快行进，毕竟杨刘城快坚守不住了。李存勖信心百倍地说道："李周守着杨刘，不用担忧。"

六月二日，李存勖到达杨刘城外。由于王彦章在杨刘城外挖掘重重壕沟，修筑重重堡垒，李存勖无法进入。李存勖非常忧虑，便问计于郭崇韬。

郭崇韬说道："王彦章据守杨刘渡口，以为坐在那里就能收复郓州。如果我们大军不能南下，则郓州一定失守。臣请求在博州（今山东省聊城市）黄河东岸修筑堡垒，以守住渡口，既可以接应郓州，也可以分开敌人的兵势。当然，一旦王彦章探得消息，一定会派兵袭击，堡垒就无法筑成。请陛下招募敢死之士，每天向王彦章发起挑衅，牵制王彦章。只要十天，堡垒便可修筑而成。"

郭崇韬说得没有错，当时王彦章围困杨刘城，深入后梁郓州境内的后唐大将李嗣源便被孤立，城中士兵开始担忧。

就在此危急之际，后梁右先锋指挥使康延孝悄悄向李嗣源投降。康延孝原本是太原府的胡人，因为获罪而逃往后梁，当时隶属段凝麾下。

李嗣源派押牙范延光将康延孝投降的消息用蜡书送给李存勖。范延光趁机对李存勖说道："杨刘城十分坚固，王彦章一定攻取不下。请陛下派人在博州黄河东岸马家口修筑堡垒，以打通通往郓州的道路。"

范延光的建言与郭崇韬不谋而合，李存勖欣然接纳。

李存勖就派郭崇韬率领一万名士兵连夜出发，倍道前往博州。李存勖则在杨刘与王彦章苦战。郭崇韬到达博州后，从马家口渡过黄河，日夜不停地修筑城池。

郭崇韬筑城第六天，王彦章终于发觉，立即带领数万人马前往博州。王彦章到达博州后，立即向郭崇韬新筑的城池发起猛烈的进攻，同时还在黄河中流将十余艘大船连接起来，以防后唐援兵过河。

当时新城还没有修筑完毕，城墙高度不够，城楼墙垛也没有修好。郭崇韬慰劳将士，身先士卒，四处御敌，同时也派人从小路向李存勖告急。

李存勖得知消息，又带领大军从杨刘前往博州新城，将兵马列阵于新城西岸，与新城隔一道黄河之水。城中士兵看到李存勖的旗帜，士气大增，大声呼叫，辱骂梁军。

王彦章看到李存勖，便无心再攻博州新城。王彦章令人砍断连接大船的绳索，解除新城的包围，退守黄河东岸另一渡口邹家口。随着王彦章的撤退，博州新城便得以建成，也打通了与郓州的通道。

七月五日，李存勖率部沿着黄河向南推进。王彦章不想与李存勖作战，想继续围攻杨刘城，便又放弃邹家口，再回杨刘城。李存勖派猛将元行钦（李绍荣）率领骑兵，直逼后梁大营。元行钦擒获后梁的斥候，后梁士兵非常害怕。元行钦还用点了火的木筏烧毁后梁连在一起的大

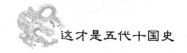

船。王彦章听说李存勖率部已经到达邹家口,吃了一惊,又无心再攻杨刘城。

七月十七日,王彦章解围杨刘城,退守杨村。后唐兵马追击,又乘胜收复了德胜城。

杨刘城解围当天,城中也已断粮三天。李存勖来到杨刘城,对守城将领李周说道:"没有卿的善守,朕的大事不成。"

十日后,李存勖又回到兴唐府(今河北省大名县)。

此次王彦章率后梁大军反攻德胜以及黄河一带后唐其他据点,士兵中箭、溺水、中暑而死的有一万余人,丢弃的粮草、铠甲、兵器、炊具数以千计,德胜城得而复失。

王彦章作战不利,朝中的赵张五人又来加害,后梁真是雪上加霜。

王彦章有话忍不住,曾对人说道:"等我击败敌人班师回朝,一定杀掉这几个奸臣以谢天下!"

赵张五人听说王彦章想杀了他们,私下商议道:"我们宁可死在沙陀手中,也不能让王彦章杀掉。"

赵张五人于是设法陷害王彦章。每次有捷报到达京城,赵张五人便将战功归了段凝。攻克德胜城明明是王彦章的功劳,最后赏赐只有段凝,竟然没有王彦章,军中将士都感到吃惊。

副使段凝也嫉妒王彦章的才能,总与王彦章发生冲突,千方百计地阻挠王彦章,就担心王彦章获得成功。段凝还不断向赵张五人送去贿赂,说王彦章的坏话。当王彦章兵败退守杨村时,段凝向朱友贞上表,陷害王彦章,竟然说王彦章因饮酒轻敌才导致失败。

朱友贞也担心王彦章一旦取得战功,必将无法控制,于是将王彦章召回京城。王彦章到了开封,当面向朱友贞奏报杨刘城的作战情形,用笏板在地上指画,述说胜败过程。赵张五人暗示有司弹劾王彦章对朱友贞不恭敬,勒令王彦章回到府第,闭门思过。

王彦章被召回,那么谁会出任北面招讨使呢?

赵张五人极力向朱友贞推荐段凝。尽管敬翔与李振极力反对,朱友贞最后还是任命段凝为北面招讨使。军中宿将听到这个消息，非常愤怒，士兵们也感到不服。

天下兵马副元帅张全义（张宗奭）对朱友贞进言道："臣为副元帅，虽然衰老腐朽，也能够为陛下抵御北方强敌。段凝是后来才进入军中的，没有什么战功，不能服众。朝廷内外议论纷纷，认为段凝将会给国家带来大患。"

敬翔也说道："将帅直接关系到国家安危，现今国难当头，陛下岂能不谨慎对待？"

朱友贞对他们的话一句也不听。

朱友贞再与赵张五人商议作战策略，最后决定兵马两路：主帅段凝率主力兵马继续在黄河沿线要点作战，并寻机进军河北；另一路兵马攻打郓州城中的李嗣源，以拔掉这个据点。那么谁来担任另一路兵马的将领呢？

朱友贞还是起用了王彦章，给了王彦章一万兵马。由于兵马不足，朱友贞将保銮骑兵也给了王彦章。尽管朱友贞起用了王彦章，对王彦章还是不太信任，因此特派赵张五人之一的张汉杰担任监军。

朱友贞这样的部署万无一失吗？

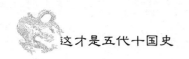

第28章　奔袭开封，消灭后梁

后唐庄宗李存勖到达朝城（今山东省莘县西南），已经悄悄向后唐投降的后梁左右先锋指挥使康延孝带领一百余名骑兵来到朝城，晋见李存勖。李存勖解下身上的锦袍玉带，赏赐给康延孝。李存勖还任命康延孝为南面招讨都指挥使，领博州刺史。

李存勖屏退左右，独自一人问康延孝梁国之事。

康延孝说道："梁国的领地不算狭小，兵马不算太少，然而最终必将败亡。为何？朱友贞昏暗懦弱，赵张五人又把持朝政大权，对内结交宦官，对外接受贿赂，官职大小只看贿赂多少。段凝这个人无智无勇，反而位居王彦章、霍彦威之上。段凝担任招讨使以来，专门克扣军饷，以结交权贵。最近又听说梁国将派出几路兵马，令董璋率领镇国、安义之兵，从石会关奔袭太原；霍彦威率汝、洛之兵，从相卫、邢洺一带入侵真定；王彦章、张汉杰率禁兵攻郓州；段凝、王晏球率主力兵马抵御陛下。诸路兵马约定十月大举进击。臣以为梁兵一旦聚集，数量确实不少，分开则不多。陛下只要养精蓄锐，等其分兵进击，然后率五千精骑从郓州直抵其都城开封，擒获伪主朱友贞，十天半月之间，天下就能平定。"

李存勖听后，非常高兴，于是再召集臣属商议。

宣徽使李绍宏等人认为："郓州城之外都是梁国领地，一座孤城难以坚守，有它还不如没有它。臣等建议用郓州向梁国交换卫州及黎阳，再与梁国讲和，以黄河为界，休兵养民。等财力稍微有些增长，再作打算。"

李存勖听后，很不高兴，说道："如果非得如此的话，朕死无葬身之地了。"

李存勖停止众议，单独召见枢密使郭崇韬，问郭崇韬有何对策。

郭崇韬说道："陛下一心想着为国家报仇雪恨，不栉沐，不解甲，已经十五六年。如今陛下已经登基，河北的士人百姓天天都在盼望天下太平。陛下刚刚得到黄河南边郓州一小块土地，便守不住而放弃，那如何才能得到中原呢？臣担忧将心动摇、士兵瓦解，等到粮草用尽，即使以黄河为界，谁来为陛下防守呢？臣曾经详细询问康延孝黄河以南的形势，权衡两国实力，日夜思虑，成败之关键便在今年。现在梁国将所有精兵全部交给段凝，侵入我国南部边界，还决开黄河，以为我们不能南渡，因而也没有严加防备。梁国派王彦章进逼郓州，其意图便是希望郓州内部有奸人叛乱。段凝不是一个将才，不能临机决断，不值得担忧。投降过来的人都说梁国京城开封没有兵马，陛下如果留下一部兵马固守兴唐府，确保杨刘城，再亲率精兵南下，与郓州兵马会合，然后长驱直入攻进开封，其城中既已空虚，必定闻风而溃。如果伪梁国主投降或被斩首，其诸将必定投降。不然的话，今年五谷歉收，粮草将尽，如果陛下不下决心，大功如何能成？谚语道，当道筑室，三年不成。帝王应运而生，自有天道安排，陛下不要再迟疑。"

李存勖听后，信心倍增，说道："此言正合朕心，大丈夫成则为王，败则为寇，朕意已决！"

掌管天文的司天监奏道："今年天道不利，深入黄河以南作战，难以成功。"李存勖听也不听。

也就在这时，后梁将领王彦章带领兵马渡过汶水，准备攻打郓州城。城中的守将李嗣源得到消息，立即派义子李从珂率领骑兵出战。李从珂在郓州城南的递坊镇击败王彦章的前锋兵马，俘虏后梁将士三百人，杀死两百人。王彦章得到消息，向南撤退到中都（今山东省汶上县）固守。

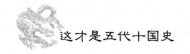

李嗣源击退王彦章的捷报传至朝城，李存勖大喜，对郭崇韬说道："郓州打了一场胜仗，足以鼓舞士气。"

李存勖命将士们将家属全部送到兴唐府，准备孤注一掷向后梁京师发起袭击。李存勖也将魏国夫人刘氏、皇子李继岌送到兴唐，与他们告别道："成败在此一举，如果失败，就把家人全部带到兴唐宫中，放火自焚。"

公元923年十月二日，李存勖带领大军从杨刘南渡黄河。

十月三日，李存勖抵达郓州，与李嗣源的兵马会合。李存勖再以李嗣源为先锋，连夜向南挺进，渡过汶水。

十月四日清晨，李嗣源的兵马与后梁兵马遭遇，发生交战，后梁兵马不敌而退。李嗣源紧追不舍，一直追到中都，将中都城包围。中都城是个小城，城不坚、墙不高，城中的王彦章也不想守城，便突围而去。

李嗣源率部追击，再破王彦章。王彦章不敢恋战，只带领数十名骑兵逃走。后唐龙武大将军夏鲁奇（李绍奇）单枪匹马追了上去，听出王彦章的声音，说道："前面是王铁枪！"

两马靠近时，夏鲁奇举枪便刺，王彦章未能避开，被夏鲁奇刺中。王彦章的坐骑一头栽倒，王彦章坠下马来，被后唐士兵当场擒获。同时被擒获的还有都监张汉杰、裨将赵廷隐等二百余人，数千名士兵被杀。

王彦章被押至李存勖面前。

李存勖对王彦章说道："听闻你常常说朕是个斗鸡小儿，不值得害怕。今天被擒，你服不服？你也是一员名将，为何不守兖州，却来守中都？中都是个小城，没有壁垒，如何坚守？"

王彦章回道："天命已去，还有什么要说的。"

李存勖爱惜王彦章是个将才，想劝其投降，便命人给王彦章治伤，还多次派人劝说王彦章。王彦章非常刚烈，始终不为所动，还说道："我本是一个匹夫，承蒙梁朝大恩，位列上将，与敌交战十五年。如今兵败，死是我的本分，即使陛下可怜我而不杀我，我又有何脸面去见天下之人？哪里有早上还是梁将、晚上便是唐臣的道理？这样的事，我绝不会做。"

李存勖不死心，又派李嗣源前去劝王彦章。

王彦章也看不起李嗣源。见到李嗣源后，王彦章仍然躺在床上，轻视地呼其小名道："你就是邈佶烈？"

李嗣源也没能劝降王彦章。

尽管不能劝降王彦章，但王彦章被擒，李存勖仍感到非常高兴。李存勖设下酒宴，款待众将。众将都举杯向李存勖称贺，李存勖则举杯对李嗣源说道："今日之胜，是公与崇韬的功劳。如果听从绍宏的建言，则大事去矣。"

李存勖又对众将说道："之前所担心的只有王彦章一人，现在王彦章已经被擒，这是老天要消灭梁国。段凝还在黄河一带，我们是进是退，该向何处进发？"

诸将认为："虽然听说开封没有防备，但不知虚实。如今梁国东方各镇的兵马都在段凝的麾下，东方一带都是空城，以陛下的天威驾临，没有攻不下的。如果先扩大领地，东至大海，然后再待机而动，才是万全之策。"

康延孝极力主张直接袭击开封。

李嗣源也说道："兵贵神速，如今王彦章被擒，段凝未必得知，即使有人跑去告诉段凝，将信将疑之间，还要三天。如果段凝知道我们的去向，立即发兵援救，直接南下则会被决口的黄河水阻挡，必须得从白马（今河南省滑县）南渡黄河，然而数万兵马，船舶难以很快准备。而我们这里离开封很近，前方也没有高山阻挡，大军通行无阻，昼夜兼程，三天可至。段凝尚未离开黄河，朱友贞便已被我们擒获。延孝之言有理，请陛下率大军缓进，臣愿率一千骑兵作为前锋。"

李存勖听罢，意气风发，立即下令向开封进发，军中士兵也是踊跃前行。

当天晚上，李嗣源便率前锋兵马直奔开封。

十月五日，李存勖率大军从中都出发，命人抬着受伤的王彦章一同

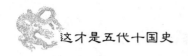

前行。

李存勖派人问王彦章道："此次出击，能否获胜？"

王彦章说道："段凝有六万精兵，虽然不是大将之才，但也不会立即倒戈投降。如此看来，此次用兵恐怕难以获胜。"

李存勖听出王彦章的意思，就是能够取胜，也不想壮其士气。李存勖觉得王彦章始终不能为其所用，便下令将王彦章杀掉。

一些隶属王彦章的士兵败回开封，说王彦章已经被擒，唐军已经长驱直入，很快就会到达开封。

朱友贞听到消息，将皇族中人聚集在一起，哭着对他们说道："大势已去。"

朱友贞又召集群臣商议对策，都一言不发。

朱友贞只好问老臣敬翔道："朕以前常常不听卿的建言，以致兵败如此。现今事情危急，卿一定不要怨恨朕，告诉朕将如何应对。"

敬翔听后，哭着说道："臣深受先帝大恩，已有三十余年，名义上是国家的宰相，实际上是朱家的老奴，侍奉陛下如同郎君。臣前后所进之言，没有一句不竭尽忠心。陛下当初用段凝时，臣便极力以为不可，然而小人相勾结，以致有今日。如今唐兵将至，而段凝又被隔在黄河北岸，不可能立即来救。臣请陛下离开京城暂且躲避，陛下一定不会听从。臣请陛下亲临战场，出奇制胜，陛下又没有这样的勇气。这个时候，就是古之张良、陈平复活，也不能替陛下想出奇计。臣只愿陛下赐臣一死，不忍心见到国家被灭亡。"

敬翔说完与朱友贞相对而哭。

京城开封面临覆亡，尽管已经没有可能解救，但朱友贞最后还是派赵张五人之一张汉伦快马加鞭北上，请段凝南下驰援。张汉伦到达滑州黄河边时，从马背上跌了下来，脚部受伤，再加上黄河之水挡在面前，不能前行。

开封城中还有数千名控鹤军，禁军将领朱珪请求带领这支兵马出战，朱友贞不肯，只命开封府尹王瓒逼迫百姓登城坚守。

在此危急时刻，朱友贞担心伯父朱全昱之子朱友诲勾结禁军趁机谋反，便派人将朱友诲以及之前谋反被囚的朱友谅、朱友能全部杀掉。朱友贞还担心亲兄弟贺王朱友雍、建王朱友徽也趁机谋反，于是将他们也一同杀掉。

此时的朱友贞只信任外戚，更盼望着段凝能够尽快回师开封。朱友贞亲自登上皇城南门的建国楼，挑选亲信重重赏赐，再派他们穿上百姓的衣服，带着蜡丸诏书北上，催促段凝尽快来援。朱友贞怎么也没有想到，这些所谓的亲信接受命令后，全部逃走，躲了起来。

有人向朱友贞建言驾临西都洛阳，集结诸军抵御唐军，唐军就是占领东都，也不会长久据守。更有人请朱友贞到段凝军中去，控鹤都指挥使皇甫麟反对道："段凝本不是将才，他的官职是靠宠幸而得，如今情势危急，期望他能够转败为胜，难啊。再者，段凝一旦听说王彦章兵败，必将肝胆破裂，怎能知道其是否为陛下尽忠呢？"

赵张五人之赵岩也说道："事已至此，下了建国楼，谁能保证还有忠心？"

朱友贞只好作罢。

宰相郑珏请求由他带着传国玉玺到唐军大营诈降。

朱友贞问道："到了今天，朕也不会爱惜这个国宝，但按卿之计策，能否成功？"

郑珏回道："恐怕难以成功。"

左右之人听了不禁笑了起来，只有朱友贞在哭泣、流泪，不知如何是好。

朱友贞原本将玉玺放在卧榻之侧，以防不测，谁知退朝之后回到宫中，竟然找不到玉玺了，原来已被左右之人偷走去迎接唐军了。

十月八日，有人报说唐军已经过了曹州，一路上尘土飞扬。

赵岩听到消息，不再顾及朱友贞的死活了，赶紧奔往许州，投奔匡国节度使温昭图。赵岩认为他对温昭图有恩，温昭图一定会不辜负他。

赵岩一走，朱友贞也就没了依靠。朱友贞此时很清楚，国家灭亡就

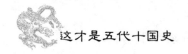

在旦夕。朱友贞想到了死，想以死殉国。朱友贞不怕死，但不想自杀，于是对亲信皇甫麟说道："河东李氏与朕家，世代有仇，朕不能向他们投降，也不能等他们用刀来杀朕。朕不能自裁，请卿砍下朕的首级。"

皇甫麟哭道："臣只为陛下挥剑杀敌，不敢接受如此诏令。"

朱友贞问道："卿难道想出卖朕？"

皇甫麟听后，举剑准备自杀，以表心迹。朱友贞拉住皇甫麟的手说道："朕与卿一起死。"

皇甫麟于是将朱友贞杀死，然后自杀。

朱友贞在位十年有余，死时三十六岁。史书说朱友贞为人温和谦恭，勤俭节约，没有荒淫之事，只是宠信赵张五人，任由他们作威作福，疏远敬翔、李振等老臣，最终导致国家灭亡。

十月九日凌晨，后唐前锋李嗣源抵达开封城下，攻打封丘门，开封府尹王瓒开门出降。李嗣源进入城中，出榜安民。

当天，李存勖也到达开封，李嗣源前来迎接，并向李存勖道贺。李存勖喜不自胜，用手拉着李嗣源的衣服，还用头靠着衣服，兴奋地说道："朕能夺得天下，都是爱卿父子的功劳，朕将与卿共有天下。"

李存勖进了开封城，后梁百官大都拜谒马首，请罪。李存勖安抚慰劳，让众人各安其位。

后梁老臣敬翔没有去拜李存勖，崇政使李振对敬翔说道："新朝有诏书赦免我们，我们一起去朝见新君吧。"

敬翔说道："我们二人都是梁朝的宰相，君王有错，我们不能劝谏，国家灭亡，我们不能挽救，新君要是问起来，我们如何对答？"

敬翔不相信新朝会赦免他，也坚决不肯投降新朝。

同样作为后梁元老，李振此时却心存幻想。第二天天还没亮，李振便去朝见李存勖。

敬翔得知后，叹息道："李振枉为大丈夫！朱家与新君世代有仇，如今国家灭亡、君王死去，就是新君不杀我，我又有何面目再进建国门！"

敬翔最后在家中自缢而死。

后梁北面招讨使段凝得知唐军攻入京师开封，立即率部从滑州渡过黄河，前来援救京师，派诸军排阵使王晏球为前锋。王晏球到了封丘（今河南省封丘县），与李嗣源的义子李从珂遭遇，不战而降。

十月十二日，段凝率五万人马也到达封丘。段凝没有传令作战，而是下令解甲，向唐军投降。段凝带着各位将领到开封向李存勖请罪，李存勖赦免他们，让段凝仍然担任宣义留后，王晏球担任耀州刺史。李存勖又赐段凝姓名为李绍钦，赐王晏球姓名为李绍虔。段凝出入公卿之间，扬扬自得，毫无愧色，后梁的旧臣见到段凝，都恨不得想咬他的脸，挖他的心。

段凝又趁机加害过去曾经讨好过的朝中要员。段凝向李存勖上表道："伪梁要人赵岩、张汉伦、张汉杰、张汉融、朱珪等，窃取权力，作威作福，残害百姓，不可不杀。"

李存勖当然不会放过赵张等人，也不想放过敬翔、李振等老臣。李存勖下诏道："敬翔、李振领头辅佐朱温，一同覆灭唐朝，应当与赵岩等人一同押至街市问斩，其余文武一概不究。"

敬翔已经自杀，李存勖已经杀不成了，李振终究没有逃过一死。

后梁各镇节度使纷纷前来朝见李存勖，上表请罪。

匡国节度使温昭图命人砍下赵岩首级，送给李存勖。温昭图又将赵岩家产全部收为己有，再恢复本名温韬。温韬进京朝见李存勖，李存勖赐其姓名为李绍冲。温韬担心李存勖不让其返回本镇，便用大量财物贿赂刘夫人以及李存勖宠爱的戏子，十天后，李存勖便让温韬返回许州。

枢密使郭崇韬对李存勖说道："陛下为唐朝报仇雪恨，而温韬挖遍唐朝陵墓，其罪与朱温一样，为何还放其回镇，天下的义士会如何看待陛下？"

李存勖说道："朕刚进开封时，就曾赦免他，现在也不好更改。"

宣武节度使袁象先用车辆装载价值数十万钱的珍宝，将刘夫人以及各位权贵、戏子、宦官全部贿赂。十天之间，宫内宫外，对袁象先一片

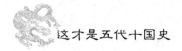

赞赏之声。李存勖还赐袁象先姓名为李绍安。

此外，镇国节度使霍彦威朝见李存勖，被赐姓名为李绍真。护国军节度使朱友谦也到开封朝见李存勖，李存勖设宴款待朱友谦，荣宠无比，赏赐无数。李存勖给朱友谦赐姓名为李继麟，让其子李继岌称朱友谦为兄长。

后梁西都留守、河南尹张全义（张宗奭）前来朝见李存勖，从此恢复本名张全义，进献钱帛马匹，数以千计。李存勖对张全义非常敬重。

李存勖想挖掘后梁太祖朱晃的陵墓，劈棺焚尸。张全义劝止道："朱温虽是国家的仇敌，然而人已死亡，刑罚对其已经没有用处，消灭其国，就已经报了仇，请陛下不要劈棺焚尸，以显陛下大恩。"

李存勖接受张全义的劝谏，只命人将朱温陵墓上的屋宇以及树木铲去。

张全义又奏请李存勖将都城迁到洛阳，李存勖准奏。张全义还说当初后梁末帝朱友贞准备到洛阳郊祭，因杨刘失守而作罢，但准备好的仪物都在。张全义请李存勖前往洛阳郊祭，李存勖也准奏。

李存勖感激张全义，便加授张全义为守尚书令。

第29章 逃离虎口，岐国消亡

李存勖建立后唐，将很多藩镇以及地名恢复为唐朝时的旧名，如将开封府又改回汴州。李存勖还恢复唐朝律法，继续使用唐朝的《律令格式》。李存勖称唐朝为本朝，认为他的后唐与唐朝是一个整体，后唐是唐朝的延续。其实李存勖不承认后梁，是没有根据的，因为从公元907年四月至公元923年四月，晋国是不能代表唐朝的。唐朝于公元907年四月已经灭亡，是不争的事实。

李存勖消灭了后梁，继承了后梁的疆域，因而后唐的疆域要比后梁大。尽管如此，当时的天下仍然四分五裂。后唐占据中原，实力最大，是五代之第二代。后唐之外至少还有九个割据势力，分别是位列十国的前蜀、南吴、南汉、吴越、南楚、闽国与荆南，以及岐国与藩镇匡义（治所潞州）。

南楚、岐国与荆南得知李存勖消灭后梁时，立即有所反应。

南楚与后唐之间隔着一个荆南，但楚王马殷得知后唐消灭后梁，立即派其子马希范到汴州晋见李存勖，缴纳洪、鄂行营都统印信，呈报境内将领官吏的名册。马殷的举动，显然是向后唐称臣。

岐王李茂贞得知李存勖消灭后梁，没有派儿子前往后唐，而是派使者来到后唐，呈献书信，向李存勖表示祝贺。然而，在书信中，李茂贞以叔父自居，用语非常傲慢。李存勖当时也没有放在心上。

荆南节度使高季昌听闻李存勖消灭后梁，主动改名为高季兴。为何？因为他要避李存勖祖父李国昌的名讳，以讨好李存勖。高季兴还准

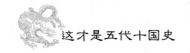

备亲自到汴州朝见李存勖。

谋士梁震劝谏道："李存勖有吞并天下的志向，据险严守都担心不能自保，何况到千里之外去朝见。再者，公是朱氏旧将，怎知李存勖不把公当作仇敌而扣留在京城呢？"高季兴不听。

公元923年（后唐庄宗同光元年）十一月，高季兴来到汴州。

李存勖对高季兴的到来非常赞赏，赏赐甚多。

一天，李存勖突然问高季兴道："朕想攻取吴、蜀，卿以为先向哪家用兵？"

从高季兴的真实想法来说，高季兴不希望李存勖消灭这两个国家，因为两国一旦被灭，他的荆南也将不保。高季兴认为蜀道险阻，很难攻取，于是对李存勖说道："吴国地少，百姓贫困，攻下来也没有益处。蜀国土地丰饶，而且国主荒淫，百姓抱怨，攻之必克。陛下攻克蜀国之后，再顺江东下，夺取吴国，易如反掌。"

李存勖听后高兴地说道："甚好！"

李存勖一高兴，便下诏加授高季兴为守中书令。

十二月，李存勖迁都洛阳，高季兴也跟着来到洛阳。

高季兴在洛阳，李存勖身边的宦官、戏子不断向其索要贿赂，高季兴非常愤怒。高季兴很想返回荆南，而李存勖则想把高季兴留在洛阳。

枢密使郭崇韬劝谏李存勖道："陛下刚刚夺得天下，各位诸侯不过派子弟或将佐前来入贡，只有高季兴亲自前来朝见，陛下应当奖赏高季兴，以鼓励那些没有来的人。如果将高季兴扣留在洛阳，这是背信弃义，会失去人心。"

李存勖于是准许高季兴返回荆南。

高季兴纵马狂奔，日夜兼程。

到了许州（今河南省许昌市）时，高季兴才对左右说道："此行有两个错误，一个是前来朝见，一个是放我返回。"

高季兴回到荆南，握住梁震的手说道："我没有听你的话，差点儿逃不出虎口。"又对将领们说道："新朝经过百战才得到天下，可新君却对功臣举手说是其用十指得天下，他人都没有功劳，如此骄傲，人心岂能不散。新君又沉湎于游猎与女色之中，其国怎能长久，我不用担忧。"

高季兴于是传令修缮城池，广积粮草，严加守备。

其他国家及割据势力对后唐消灭后梁一时没有反应。南汉、吴越、闽国这三个国家离后唐比较远，中间还隔着别的国家，李存勖一时没有放在心上。李存勖特别关注南方的邻国南吴、西南的前蜀，以及藩镇匡义。

李存勖派人将消灭后梁的消息送到南吴与前蜀，看看他们的反应。对于藩镇匡义，李存勖就没有这么客气，而是直接给匡义节度使李继韬下达诏书，令其到京都来朝见。

掌管南吴大权的徐温接到李存勖的诏书还是有些担忧的，谋士严可求认为李存勖骄傲自满，不可一世，统御部下，也没有章法，不出几年，必有内乱，劝徐温用卑辞厚礼对待李存勖，继续保境安民就好。严可求的办法确实让南吴一时安定，没有遭到战火。

前蜀后主王衍接到李存勖的诏书，得知后唐消灭后梁，也感到非常害怕。然而不久，王衍便将此事抛诸脑后，依然荒淫好色，不理朝政。

匡义节度使李继韬得知李存勖消灭后梁，整日忧惧。当接到李存勖令其到洛阳朝见的诏书时，更是不知如何是好。李继韬一会儿想逃往北方的契丹，一会儿又想去朝见李存勖。

有人对李继韬说道："先父对国家立有大功，陛下就相当于你的叔父，去了不会有事。"李继韬听从此言。

李继韬的母亲杨氏善于积蓄财富，有家财百万，便带着财物与儿子一同前往洛阳。到了洛阳，杨氏贿赂宦官以及戏子，让他们为李继韬求情。这些宦官与戏子于是在李存勖面前争相说道："李继韬当初并不想谋反，只是被奸人所惑。其父李嗣昭也是皇族中人，而且贤能，有战功，不能让他断后。"

杨氏再进入宫中叩见李存勖，哭着请求赐其一死，但不断提及李嗣

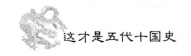

昭在世时的荣宠。李存勖当然没有赐死杨氏。

杨氏也去哀求刘夫人，请刘夫人为他们求情。

李存勖虽然没有加罪李继韬，但就是不肯让李继韬返回潞州。

李继韬不想被扣留在京城，便悄悄派人回到潞州，让兄弟李继远命人在军中作乱，这样李存勖便会让李继韬回潞州平定。岂料事情泄露，李存勖将李继韬先贬后斩。同时，李存勖又派人到潞州将李继远斩首。

李存勖再任命李嗣昭的长子李继俦知潞州事，另一子李继达为军城巡检，同时诏令李继俦前来洛阳朝见。李继俦霸占了李继韬的妻室，选了一些妓妾，又搜刮不少钱财才准备上路。李继达怒杀李继俦，然后北逃契丹。出城数里远，随从一哄而散，李继达最后挥刀自刎。

后来杨氏死于太原，留下财富如山，二子李继能、李继袭前往奔丧，打死杨氏掌管钱财的婢女。婢女家人告发李继能、李继袭谋反，二人均被斩首。李嗣昭七子之中只有李继忠一人善终。

李存勖收复匡义不久，岐王李茂贞又派儿子来了。

李茂贞得知李存勖到了洛阳，感到非常惊慌。洛阳离岐国的都城凤翔（今陕西省凤翔县）更近，李茂贞担心李存勖会谋取他的岐国。李茂贞觉得要有所表示。

公元924年（后唐庄宗同光二年）正月，李茂贞派其子李继曤（音掩）前往京都洛阳，纳贡、上表、称臣。李存勖认为李茂贞也是唐朝元老，与其父李克用是同辈，因而特别礼遇，每次下诏只称岐王而不称其名。

李存勖加授李继曤为中书令，数日后便让其返回凤翔。

李继曤回到凤翔，对其父李茂贞说后唐兵马非常强大，李茂贞听后更加担忧。李茂贞对李存勖给的礼遇也不敢接受，赶紧再上表，请求恢复臣属该有之礼。李存勖下诏婉转拒绝。

二月十三日，李存勖又下诏，将李茂贞由岐王晋封为秦王，仍然不呼其名，还赐李茂贞入朝不拜。看似李存勖提升了李茂贞的爵位与礼遇，但事实上李存勖已经利用诏书消灭了岐国。

首先李茂贞主动称臣纳贡，便不再使用唐朝的天祐年号，而改用后唐的同光年号。其次李茂贞的岐王爵位是唐朝所封，现在后唐封其为秦王，名义上提升，实际上相当于岐国自动消亡。

也许是过度恐惧，两个月后，李茂贞去世，年六十九岁。

李茂贞在去世之前，向李存勖上了一道遗疏，请求由其子李继曣暂且掌管凤翔军府事。从李茂贞的请求来看，不要说岐王的爵位了，就是刚封的秦王爵位也不敢再想了。果然，三个月后，李存勖正式下诏任命李继曣为凤翔节度使，至此岐国的名号彻底消失。

值得一提的是，岐国没有被史家列入五代十国。其实岐国存在的时间并不短，至少可以算为十六年，即从后梁建立到后梁灭亡这段时间。再从所辖州郡来看，岐国鼎盛时有二十州，最少也有七个州，远比只有三个州府的荆南要大得多。所以，无论怎么看，岐国都应当列入五代十国。如果把岐国与"五代十国"一起合称为"五代十一国"，还是比较合理的。

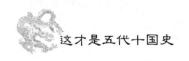
第30章　宠信伶宦，骄傲荒政

李存勖被后人称为"半截英雄"。在攻入汴州消灭后梁之前，李存勖带领将士们冲锋陷阵，取得一个又一个的胜利。然而在消灭后梁后的两年多里，史书上李存勖的负面记载便越来越多。一个是骄傲，认为所有的功劳都是自己的。再一个是荒淫，喜爱打猎、宠爱戏子与宦官，任由戏子、宦官干政。

李存勖继承晋王时只有二十五岁，可以说非常年轻。李存勖消灭后梁时三十九岁，也正值壮年。李存勖对身经百战消灭后梁感到很是得意，也很骄傲，这从荆南节度使高季兴的话可以看出。李存勖曾从德胜南渡黄河，重走当年与后梁交战之地，向随同群臣一路讲述，十分得意。骄傲便会自满，李存勖这样的心胸注定其不能统一全国。

李存勖非常喜爱打猎，但如果不顾百姓死活，只顾自己打得开心，便不是什么好皇帝了。

李存勖刚占领汴州不久，便到中牟县去打猎。李存勖踏坏百姓的庄稼，被中牟县令挡住坐骑。中牟县令劝谏道："陛下就是百姓的父母，怎能毁坏百姓的粮食，让百姓饿死在水沟里？"

李存勖大怒，要杀掉中牟县令。

戏子敬新磨当时也在场，立即上前叱责中牟县令道："你身为县令，怎么就不知道天子喜爱打猎？为何让百姓耕田种地，而妨碍天子打猎，你罪该万死！"

敬新磨又请求李存勖对中牟县令用刑，李存勖明白敬新磨的用意，便笑了起来，将县令释放。

李存勖迁都洛阳后，也多次到洛阳郊外打猎。每次打猎，李存勖总是与随从随意践踏百姓的庄稼。有一天，洛阳县令何泽躲在草丛里，等李存勖靠近时，立即上前拦住马头，劝谏道："陛下急于征收赋税，现今庄稼快要长成，却将其踏毁，官吏如何治理，百姓如何生存？臣请求赐予一死。"

李存勖抚慰一番后，再令何泽离开。然而，李存勖仍然毫无节制，而且对劝谏丝毫不放在心上，依然我行我素。一次，李存勖带着亲军到洛阳城南的山里打猎，不顾山路难行，一连数日不回。有时夜间还要合围猎物，不少士兵掉下悬崖摔死或受伤。

李存勖喜爱听戏，也喜爱唱戏，而且入戏很深。刘夫人也爱听戏，李存勖有时也会化妆，与戏子一同登台，唱上一段，以取悦刘夫人。李存勖还有一个艺名叫"李天下"。有一次唱戏时，李存勖情不自禁地自己喊自己道："李天下，李天下！"

戏子敬新磨立刻走上前去，朝李存勖脸上打了一巴掌。李存勖顿时大惊失色，在场的其他戏子也非常惊骇。敬新磨毫不慌张，严肃地说道："治理天下的只有一人，你叫谁呢？"

李存勖听后，马上面露喜色，重重地赏赐了敬新磨。

听戏、唱戏或许算是一个业余爱好，但如果因此而宠信戏子，让戏子胡作非为，便不是好皇帝。

早在胡柳陂之战时，一个叫周匝的戏子被后梁兵马俘虏，李存勖总是想念他。五年后，李存勖攻入汴州，周匝到马前迎接，李存勖非常高兴。周匝哭着说："臣之所以能够得以不死，都是梁国教坊使陈俊与内园栽接使储德源的帮助，恳请陛下给二人赏赐两个州，以报答他们。"李存勖当时就答应下来。

郭崇韬反对道："跟随陛下打下天下的是英雄豪杰之士，如今大功告成，将士们还没有封赏，却先封赏戏子为刺史，恐怕会失去人心。"李存勖也就只好作罢。

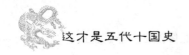

后来戏子们不断催促，李存勖又对郭崇韬说道："朕已经答应周匝，现在朕都没脸见此三人。公所言虽然有理，但不妨替朕变通一下。"

郭崇韬只好任命陈俊为景州刺史，储德源为宪州刺史。当时亲军中有不少人跟随李存勖身经百战，还没有被任命为刺史，得知此事，都非常愤慨。

敬新磨身为戏子，还知道劝谏李存勖，然而另一个叫景进的戏子就不一样了。

景进喜爱打听街头琐事，然后报给李存勖。李存勖也想听到民间的事，便把景进当作耳目。景进每次向李存勖奏报，李存勖总是屏退左右，因此景进得以干预政事，也干尽了坏事。

景进如此得宠，朝中大臣都非常害怕他，也纷纷巴结他、贿赂他，租庸使孔谦干脆把景进认作兄长。宣义留后段凝也通过景进向宫中进献大量财物，不久便被任命为泰宁节度使。

李存勖还宠信宦官。

李存勖曾下敕令："前朝的宦官、各藩镇的监军以及私人家的宦官，不论贵贱，全部送到皇宫。"

当时在李存勖身边的宦官已经有五百人，到这个敕令一下，已经达到一千人。李存勖对这些宦官赏赐都很优厚，还给他们官职，把他们当作自己的心腹。宫内的各司各使，二十年来都由士人担任，现在全部改用宦官，宦官又开始干预政事。

不久，李存勖恢复各藩镇的监军，全部由宦官担任。当节度使带领兵马出征或到京城朝见时，军府大事全部由监军决断。这些宦官仗着皇帝的支持，竟然欺凌主帅，争权夺利，各藩镇都非常愤恨。

宦官还与戏子相勾结，一起为所欲为。

洛阳的宫殿十分宽敞，宦官们向李存勖建议增加一些嫔妃宫女。这些宦官还欺骗李存勖说夜晚宫殿之中会出现鬼怪，李存勖准备找一些巫师来驱除鬼怪。宦官们说："以前唐朝咸通、乾符年间时，宫中的嫔妃宫女有一万人，现在宫殿多半空无一人，因而鬼怪出来游荡。"

　　李存勖于是派宦官王允平、戏子景进到民间挑选百姓女子，远的地方一直到太原、幽州、镇州等地，一共挑选三千人。这些女子不少还是王允平、景进派人强抢而来，连将领们的妻女也不放过。工部侍郎张宪就曾向李存勖奏报说："军营官兵们的妻子、女儿突然失踪一千多人，恐怕是禁卫士兵把她们劫持。"

　　夏天时，李存勖想在宫中找一个凉快的地方避暑，一直不能如意。

　　宦官们建言道："臣等在唐朝时，看到大明宫、兴庆宫亭台楼阁多达上百。如今陛下的宫殿都不及当年公卿的府第，因而找不到避暑的地方。"

　　李存勖于是命宫苑使王允平建一座高楼来避暑。

　　宦官们又说："郭崇韬总是愁眉不展，就因为租庸使孔谦总是说用度不足，臣恐陛下建不成这座高楼。"

　　李存勖说："朕用宫内的钱，不用朝廷的费用。"

　　尽管这样说，李存勖还是担心郭崇韬反对，便派宦官去对郭崇韬说："今年夏天酷暑异常，朕当年在黄河一带作战，穿着铠甲，亲冒矢石，也没有觉得有今年这样炎热。"

　　郭崇韬说："陛下当年在黄河边上，仇敌未灭，心里想的只有杀敌雪耻，就是有酷暑，也觉察不到。如今外患已除，就是有华丽的亭台、舒适的楼阁，也会觉得闷热。陛下如果不忘当年之艰辛，暑气便自动消除了。"

　　李存勖听后无言以对。宦官们趁机说："郭崇韬的家比皇宫还好，所以他不知陛下闷热。"

　　李存勖还是命王允平建高楼，每天有上万人在施工，花费万万钱。

　　郭崇韬又来劝谏道："如今黄河南北都有水灾，军粮不足，请暂且停建高楼，等到丰年再建。"李存勖根本不听。

　　礼部员外郎罗贯，性格刚直，为官清正，深得郭崇韬器重，被郭崇韬任命为河南县令。河南县令虽然官职不算大，但也是京都洛阳城外最重要的地方官。不少权贵、宦官、戏子都向罗贯请托，罗贯一个也不给

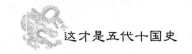

办理。等到这些请托的事情积累很多了，罗贯便全部呈报给郭崇韬，郭崇韬则全部奏报给李存勖。那些宦官、戏子便把罗贯恨得咬牙切齿。日子一久，李存勖也把罗贯恨入骨髓，只是忍住没有发作。

公元925年八月，李存勖前往察看母后坤陵的修建情况，发现道路泥泞，桥梁毁坏，难以通行。李存勖问是谁主管此处道路，宦官们马上说是河南县令罗贯。李存勖终于忍无可忍，当即下令，将罗贯逮捕入狱。狱吏们把罗贯打得体无完肤。第二天，李存勖又下诏将罗贯斩首。

郭崇韬极力劝谏道："罗贯没有修好道路、桥梁，罪不至死。"

李存勖哪里听得下去，大怒道："太后的灵柩即将启运，天子每天都要在此路行走，道路桥梁不修，卿竟然说没有罪，卿一定是在袒护罗贯。"

郭崇韬说道："陛下是万乘之尊，却对一个小小的县令如此动怒，让天下人认为陛下执法不公，这是臣的罪过啊。"

李存勖怒气稍消，说道："既然是卿心爱之人，卿自己看着办吧。"

李存勖说完一拂衣袖，起驾回宫。

郭崇韬哪里敢自作主张释放罗贯，便紧紧跟在李存勖后面，不断请求开恩。李存勖亲自把宫门关上，郭崇韬无法进入。罗贯最后还是被斩首示众，远近百姓都为罗贯感到冤枉。

郭崇韬是个正直的人，以治理国家为己任，但郭崇韬性情刚烈急躁，遇事容易发怒。宦官、戏子也常对郭崇韬提出无理的要求，郭崇韬并不理睬。这些宦官、戏子便在李存勖面前说郭崇韬的坏话，郭崇韬对此也很不安。

郭崇韬提出将枢密使一职让给官宦马绍宏（李绍宏），李存勖不肯。郭崇韬又将自己的职权分出一些给宦官，宦官们仍在加害他。郭崇韬最后竟想辞去朝中职务，到藩镇去躲避。一亲信提醒道："万万不可，蛟龙一旦失水，蝼蚁都可以制伏它。"

郭崇韬最后在亲信们的帮助下想出一个看似绝妙的对策，那就是向李存勖奏请册封刘夫人为皇后。亲信们认为，如果让刘夫人做了皇

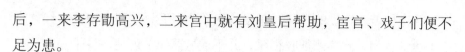

后，一来李存勖高兴，二来宫中就有刘皇后帮助，宦官、戏子们便不足为患。

　　郭崇韬原本是反对刘夫人当皇后的。史书上说刘夫人是一个狡猾、凶悍、淫荡、嫉妒的人。刘夫人出身低微，富贵后，父亲前来相认，刘夫人不仅不认，还命人将其父拉到宫门外鞭打。刘夫人很会争宠，在宫中也最为得宠。李存勖称帝后也想册封刘夫人为皇后，苦于正妃韩夫人尚在，而且生母曹太后也讨厌刘夫人。郭崇韬也多次劝止，李存勖只好作罢。

　　郭崇韬出于无奈而联合朝中宰相、百官一同奏请刘夫人正位中宫，李存勖当然准奏。刘皇后一旦得势，便专心敛财。四方的贡物除了皇上，也有她皇后一份，因此刘皇后的宝物堆积如山。不仅如此，刘皇后还有教令，与皇太后的诰命、李存勖的敕令一样可以下达藩镇。

　　相比郭崇韬，孔谦则是一位只顾讨好李存勖而不顾百姓死活的昏官。

　　孔谦一直想当租庸使，由于郭崇韬的反对，一直没有当上。孔谦没有罢休，想尽一切办法，最后终于当上租庸使。孔谦从此肆无忌惮、横征暴敛，甚至一些免掉的赋税仍照收不误。

　　孔谦还想了一个为朝廷敛财的措施。孔谦将钱贷给百姓，然后让百姓用蚕丝来偿还。这或许有助于百姓发展农桑，但孔谦不会让百姓赚钱，于是将蚕丝价格估得很低。孔谦多次发文要州县督促执行，百姓怨声载道。

　　翰林学士承旨、权知汴州卢质上疏道："梁国的赵岩当租庸使时，就将钱贷给百姓，再剥夺百姓财物，激起百姓的仇恨。陛下革故鼎新，为民除害，而有司并未有所更改，如同赵岩复生。今年春天，天降寒霜，桑叶长势不好，蚕茧很薄，缴纳正常的捐税，都担心百姓逃荒，更不用说偿还借贷了。百姓已经无力承受，请陛下早作明示。"李存勖没有理睬。

　　由于孔谦加重税收，以满足李存勖的欲望，致使民不聊生。李存勖竟然给孔谦赐了一个封号：丰财赡国功臣。

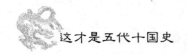

　　孔谦仗着李存勖的信任，越发为所欲为。孔谦的租庸使公文经常直接下达给各州，向各州征收税赋，并不通过藩镇节度使。日子一久，就有节度使感到不满。天平节度使李存霸、平卢节度使符习便向李存勖上表称："所属各州总是直接接到租庸使的公文，军府并不知晓，这不合惯例。"

　　李存勖也觉得这个做法不妥，便下诏要求租庸使的公文先发给节度使，各州也不可直接上奏。李存勖还指出租庸使当前的这一做法是伪梁的做法，不是唐朝的做法，诏令孔谦更改。虽然李存勖下了此诏，孔谦仍一意孤行。

　　后唐国内的危机终于随着李存勖攻取前蜀爆发出来。

第31章　长驱直入，消灭前蜀

公元924年（后唐庄宗同光二年）四月，李存勖开始谋取前蜀。

李存勖决定先不发兵，而是派客省使李严先去前蜀打探一下。李存勖还让李严带着马匹前去，与前蜀交换珍宝，看看前蜀的态度。

李严到了成都见到前蜀后主王衍，极力宣扬李存勖的威名与德政，还说李存勖有统一天下的志向。李严接着话锋一转，说朱温当年篡唐时，各位诸侯竟然无人前往京师勤王。

前蜀中书令王宗俦认为李严言语过分，有辱蜀国，请求将李严斩首。王衍不肯。宣徽北院使宋光葆认为李存勖有吞并蜀国的野心，建议选拔将领、操练兵马，加强边境的防守，再广积粮草，修建战船，严阵以待。王衍采纳宋光葆的建言，还任命宋光葆为武德军留后，令其镇守武德。

李严用马匹交换珍宝一事并不顺利，原因是前蜀有诏令，不准珍宝进入中原。那些能够运往中原出售的珍宝，也都很粗陋，被前蜀人称为"入草物"。一月后，李严回到洛阳，将此事奏报给李存勖，李存勖大怒道："王衍敢保证他不当'入草人'？"

李严还告诉李存勖："王衍是个不懂事的孩童，疏远老臣，亲近小人，君臣上下都竞相奢靡荒淫。掌权大臣王宗弼、宋光嗣等人都谄媚逢迎，作威作福，贪赃枉法，赏罚混乱。以臣看来，大军一到，其国必将土崩瓦解，可翘足而待。"

李存勖虽然赞同李严的看法，但当年并没有向前蜀出兵，一个非常重要的原因是契丹国不断入侵，契丹皇帝阿保机还要求割让幽州。为专

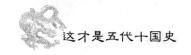

心应对契丹，稳住前蜀，李存勖于八月再派李彦稠前往前蜀议和。

九月，李彦稠到达成都，得知李严走后，王衍也开始加强防御。当李彦稠提出两国友好时，王衍非常高兴。两个月后，李彦稠起程回国，王衍则派翰林学士欧阳彬回使后唐，同时也送李彦稠返回洛阳。

李彦稠走后，王衍便放松警惕，甚至不再设防。十一月到十二月，王衍接连下诏，撤回威武城、武定、武兴、金州等地的边防兵马，关宏业、王承骞、王承勋等六十个军回师成都。

王衍认为天下安定，又开始荒废朝政。

宣徽北院使王承休是一名宦官，由于想当天雄节度使，便对王衍说："秦州盛产美女，让臣为陛下前往挑选献来。"王衍于是任命王承休为天雄节度使，还封鲁国公。史书上说，唐朝末年，宦官干政，但也只是担任监军，没有当节度使的，王衍算是开了先河。不仅如此，王承休身为宦官，竟然还娶了妻子。

王承休到了天雄军的治所秦州（今甘肃省秦安县西北），拆除军府，修建行宫，强取民间有姿色的女子安置在行宫之中，派人教习歌舞，再找画师将她们的容貌画下来，将画送给王衍。王衍看了非常心动。

公元925年（后唐庄宗同光三年）九月，王衍刚刚从青城山游玩回宫，就接到王承休的奏表，请其到秦州游玩。王衍想到王承休送来的那些美女画像，早已迫不及待。王衍还想到王承休的妻子严氏长得很有姿色，虽然之前已经私通，现在还想再去与其幽会。王衍当即决定，马上就去秦州。

辅政的王宗弼上表劝谏，王衍将其奏表扔在地上。

徐太后哭泣劝谏，还不进食，王衍无动于衷。

曾经担任过天雄节度判官的蒲禹卿也上表，写了将近两千字的谏言。蒲禹卿在奏表中说先帝创业艰难，而陛下生来就享受荣华富贵，还沉迷于酒色之中。蒲禹卿还说凤翔长期与蜀国交战，一定会趁机发难，而唐国也会借机生出歹念。蒲禹卿最后还提醒王衍道："秦皇东狩，銮驾不还；炀帝南巡，龙舟不返。蜀都强盛，雄视邻邦，边庭无烽火之虞，境内有腹心之疾，百姓失业，盗贼公行。昔刘禅降于邓艾，李势屈于桓温，山河险固，不足凭恃。"

蒲禹卿的奏表没有被王衍看到，而是被文思殿大学士、礼部尚书、成都尹韩昭收下。韩昭看了之后，对蒲禹卿说道："我先收下你的奏表，等陛下回来，会让狱吏一字一句拷问你。"

十月四日，王衍带领数万兵马从成都起程。

第二天，王衍到达汉州（今四川省广汉市），武兴节度使王承捷派人前来奏报说唐军正在西进。王衍不信，以为群臣合谋，阻止他出游。王衍说道："朕也正想展示一下武力。"传旨继续东行。一路上，王衍与群臣赋诗，毫无忧虑。

王衍没有想到，李存勖真的派大军攻了过来。

一月前，早已击退契丹的李存勖召集群臣，商议伐蜀主将人选。

宣徽使马绍宏（李绍宏）推荐威胜节度使段凝（李绍钦）。段凝因不断谄媚马绍宏，才得到马绍宏的推荐。马绍宏说："绍钦有盖世奇才，就是孙武、吴起也不及他，可以担当大任。"

枢密使郭崇韬马上反对道："段凝是亡国之将，奸诈、谄媚无耻之极，不可信任。"

众人又推举镇守在成德的李嗣源，郭崇韬也反对道："契丹气焰正盛，总管不可以离开河朔。"

李存勖让郭崇韬推荐一位。

郭崇韬说道："魏王是国家的储君，从未立过战功，请任命其为伐蜀都统，以成其威名。"

魏王是李存勖的长子李继岌，当月刚被封为魏王。李存勖说道："孩子年纪还小，怎能独自领兵？应当给其配个副手。"李存勖接着又对郭崇韬说道："没有人比卿更合适。"

李存勖于是任命李继岌为西川四面行营都统，郭崇韬为东北面行营都招讨制置等使，军事大权由郭崇韬负责。

李存勖又任命荆南节度使高季兴为东南面行营都招讨使，凤翔节度使李继曧（音掩）为都供军转运应接等使，匡国节度使李令德为行营副招讨使，保义节度使康延孝（李绍琛）为藩汉马步军都指挥使，西京留守张筠为西川管内安抚应接使，感化节度使毛璋为左厢马步都虞候，静难节度使董璋为右厢马步都虞候，客省使李严为西川管内招抚使。各路大军共六万兵马。李存勖还准许高季兴率所部兵马西进，夺取夔、忠、万三州，以纳入自己的荆南辖区。

李存勖再给都统李继岌设置中军，任命供奉官李从袭为中军马步都指挥监押，宦官李廷安、吕知柔担任魏王府通谒，工部尚书任圜、翰林学士李愚一并参与都统军机。

郭崇韬在出发之前，向李存勖推荐北都留守孟知祥为攻克后的西川节度使。郭崇韬之所以推荐孟知祥，是因为孟知祥当年有引荐自己的恩情。郭崇韬对李存勖说："孟知祥忠信、厚道，又有谋略，如果攻克西川，没有人比孟知祥更适合当节度使的了。"

九月十八日，郭崇韬率大军起程，康延孝与李严率三千骁骑、一万步兵担任前锋。

十月十八日，康延孝、李严的前锋兵马已经开始攻打前蜀的威武城（今陕西省凤县东北），前蜀威武城指挥使唐景思、城使周彦祎等投降。康延孝进入威武城，得到粮食二十万斛。

康延孝马不停蹄，兼程奔袭凤州（今陕西省凤县）。李严则派人快马给镇守凤州的武兴节度使王承捷送去劝降信。第二日，王承捷投降，康延孝占领凤州，得到八千兵马、四十万斛粮食。康延孝派人向都统李继岌报捷。

李继岌、郭崇韬率领大军此时已经过了凤翔，即将到达散关（今陕西省宝鸡市西南）。大军粮草开始不济，军心开始不稳。进入散关时，郭崇韬指着高山说道："我们向前挺进，如不能成功，就不能再回到这里，应当与敌决一死战。现在粮草不足，应该先占领凤州，夺其粮草。"

诸将都说蜀地险固，不可长驱直入，应当按兵不动，等待时机。

郭崇韬问李愚有何对策，李愚说道："蜀主荒淫，蜀人深受其苦，都不想为其卖命。应当以迅雷不及掩耳之势进击，蜀兵一定被吓破肝胆，就是有险阻，谁来替其坚守呢？我们应当快速前进，不可放缓。"

就在当天，郭崇韬接到前锋康延孝的捷报，得知康延孝占领凤州，得到很多粮食，高兴地对李愚说道："公料敌如神，我还担忧什么？"郭崇韬又对众将说道："平定蜀国，必定成功！"于是传令倍道前进。

此时，前蜀后主王衍一路北行，已经到达利州（今四川省广元市），威武城的败兵也逃到这里，王衍这才相信唐军真的攻来了。随同出行的辅政大臣王宗弼、宋光嗣对王衍说道："东川、山南的兵马还很完整，陛下只要派大军扼守利州，唐人怎敢孤军深入？"

王衍于是任命王宗勋、王宗俨、王宗昱为三招讨，令三招讨率三万兵马迎战唐军。随驾士兵都抱怨道："王承休的龙武军赏赐是我们的几倍，我们谁愿上阵杀敌？"

三诏讨率部一路北上，在兴州城（今陕西省略阳县）南的三泉与后唐前锋康延孝遭遇。康延孝已经占领兴州，兴州都指挥使程奉琏不仅率所部五百名士兵迎降，还请求修建桥梁、栈道，以供唐军主力通过，从此唐军前行再无险阻。康延孝与三招讨兵马发生激战，三招讨兵马大败，五千人被杀，余众溃散而逃。康延孝在三泉又得到十五万斛粮食，至此后唐大军粮草无忧。

康延孝传令日夜兼程，奔袭利州。

王衍听报三招讨战败，命令辅政大臣王宗弼切断利州城东南的桔柏津浮桥，坚守利州，再还让王宗弼将三招讨斩首。王衍一刻也不敢再留在利州，立即南返成都。

十月三十日，后唐主力兵马在李继岌、郭崇韬的带领下抵达兴州。

前蜀武德留后宋光葆派人给郭崇韬送来书信道："请唐军不要进入武德辖境，我将献出武德所属州县归附。如果不接受此约，我当坚守城池，决一死战，以报本朝。"

郭崇韬回书，答应宋光葆的请求。宋光葆果然以武德所辖梓、绵、剑、龙、普五州投降。

接着，武定节度使王承肇以洋、蓬、壁三州，山南节度使王宗威以

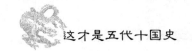

梁、开、通、渠、潾五州，阶州刺史王承岳以阶州向后唐投降。

天雄节度使王承休不想投降，准备突袭唐军。节度副使安重霸反对道："如果突袭失败，则大事去矣。属下以为，蜀中有十万精兵，再加上蜀地之险，天下为最，唐兵再勇，也不能到达剑门关（今四川省剑阁县东北）。突袭不如南下坚守，属下愿与公一同南下增援。"

王承休向来听信安重霸，便接纳此言。安重霸还建议贿赂羌人，以便从抚州（今四川省九寨沟县）、文州（今甘肃省文县）方向南下，王承休也完全听从。

一切准备停当，王承休传令安重霸带领龙武军以及所招募的一万二千名士兵起程南下。谁知安重霸突然到马前叩首道："国家好不容易才得到秦、陇，如果我随节帅回朝，谁来守卫这个地方？节帅走了，请留下重霸为公留守。"

王承休无可奈何，便与招讨副使王宗汭从抚、文二州南下。岂料抚、文二州境内都是不毛之地，当地羌人又不断袭扰。王承休且战且行，一路上士兵又饥又饿，等到达茂州（今四川省茂县）时，只剩下两千余人。王承休更没想到，安重霸在其走后，竟以秦、陇二州向后唐投降。

荆南节度使高季兴率水军逆江而上，攻打施州。前蜀峡路招讨使张武用铁链锁住长江通道，高季兴不能取胜，无计可施，只好传令撤退。张武听闻北路已被后唐大军攻克，遂也派使以夔、忠、万三州向李继岌、郭崇韬投降。

前蜀各地守将纷纷向后唐投降，郭崇韬于是给驻屯利州的王宗弼修书一封，陈述利害。王宗弼接到郭崇韬的信，便弃城西去。王宗勋等三位招讨追上王宗弼，王宗弼从怀中拿出诏书说道："宋光嗣让我杀了你们。"三位招讨听后很是害怕，相对而泣。四人商议，先回成都，然后再向唐军请降。

王宗弼一走，康延孝便占领利州。

数日后，康延孝与李严到达绵州（今四川省绵阳市）。

绵江的浮桥也被切断，江水很深，没有船只。康延孝对李严说道：

"我们的兵马已经深入，应当速战速决。在蜀人吓得破胆之时，哪怕一百名骑兵过了鹿头关（今四川省德阳市北），他们都会投降。如果等修好浮桥再出发，必定滞留数日，必定会有人建议王衍封锁关卡，挫败我们的攻势。如果再拖上十天半月，则胜负难料。"

李严也认为应当尽快过江。康延孝于是下令乘马浮水渡江，两千多人，只有一千人渡过绵江，还有一千人淹死在江水中。过江之后，康延孝顺利占领鹿头关。

十一月十八日，康延孝占领汉州，决定在此等待李继岌的大军。

再说王宗弼回到成都，在士兵的严密保卫下，登上大玄门。王衍及徐太后都派人前来慰劳，王宗弼极其傲慢，没有臣子之礼。王宗弼命人劫持王衍、徐太后及皇家诸王，将他们全部囚禁在西宫。王宗弼拿走王衍的玉玺、印绶，还派亲信到义兴门取走皇宫府库中的金银布帛，全部放到自己家中。王宗弼的儿子王承涓则手持宝剑进入宫中，挑选王衍的几名宠姬带回家中。

王宗弼趁机将平时看不惯的人全部杀掉。王宗弼声称内枢密使宋光嗣、景润澄、宣徽使李周辂、欧阳晃等人蛊惑王衍，于是将宋光嗣等人全部斩首。王宗弼还叱责文思殿大学士、礼部尚书、成都尹韩昭奸诈、谄媚，也将韩昭斩首。内外马步都指挥使徐延琼及其他皇亲国戚都十分害怕，将家中的金银布帛以及妓妾全部送给王宗弼，才得以不死。

王宗弼控制了成都，自称权知西川兵马留后。

王宗弼得知康延孝、李严已经到达汉州，赶紧派人带着币马、牛酒前来劳军。王宗弼还给李严送去一封信道："公到成都来，我就投降。"

有人对李严说道："公是第一个提出伐蜀建言的，蜀人对公一定无比痛恨，千万不要前往。"

李严不听，欣然纵马前往成都。

到了成都，李严安抚前蜀的官员、百姓，并且告知大军马上就到。李严还去看望王衍、徐太后，王衍及后宫嫔妃都大哭起来。王衍信任李严，将母后、皇后等人都托付给李严。

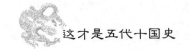

王衍听说魏王李继岌与郭崇韬到达绵州，令翰林学士李昊草拟降表，中书侍郎、同平章事王锴草拟降书，让兵部侍郎欧阳彬带着降表、降书前往迎接李继岌与郭崇韬。

十一月二十二日，李继岌与郭崇韬到达德阳（今四川省德阳市）。王宗弼派人带着书信来到德阳，告知已将王衍迁到西宫，等待王师到来。王宗弼还派其子王承班带着王衍宫中的宫女、珍宝前往贿赂李继岌。李继岌说道："这些都是我家的东西，还用得着你来送？"

三天后，李继岌到达汉州，与康延孝会合，王宗弼也赶来迎接。

十一月二十六日，李继岌到达成都城外。

第二日，李严带着前蜀后主王衍以及百官到城外的升迁桥向李继岌投降。王衍身着白衣、脖系草绳、口衔璧玉、手牵绵羊，百官穿着丧服、光着双脚、抬着棺材，哭着等待处置。李继岌接受璧玉，郭崇韬为王衍解开草绳，再命人烧掉棺材。郭崇韬承制赦免王衍，王衍带着百官向东北方向的洛阳拜谢。

第三日，后唐大军全部到达成都。郭崇韬下令，军士入城不得抢掠，街市照常开业。

王衍出降，前蜀灭亡，其国十个藩镇、六十四个州、二百四十九个县全部并入后唐。后唐还得到前蜀三万兵马及数以千万计的铠仗、钱粮、金银、缯绵。前蜀从高祖王建称帝到灭亡，前后整十八年。如果从王建攻占成都开始到最后灭亡，前后共三十四年。后唐伐蜀大军从开始起程到进入成都，前后共七十天。

荆南节度使高季兴听闻后唐已经消灭前蜀，当时正在用餐，吓得将筷子掉在地上。高季兴叹道："这是老夫的罪过啊。老夫当年不该建言先攻蜀国。"

谋士梁震安慰道："不必忧虑，李存勖得到蜀国后，必定会更加骄傲，他的灭亡就在眼前了，这或许还是我们的福运呢。"

南楚王马殷听闻后唐灭蜀，连忙上表道："臣已在衡山脚下建好告老退隐之所，请准许臣上缴符节印信，以安度余生。"李存勖下诏抚慰挽留。

第32章 命丧成都，魂归洛阳

消灭前蜀，前锋康延孝功劳居首，但康延孝并不开心。

康延孝的官职是马步军都指挥使，高于右厢马步都虞候董璋。然而董璋与掌管军事大权的郭崇韬关系很好，郭崇韬也多次请董璋参与军机。康延孝对此感到十分不平。

一次，康延孝看到董璋，愤然说道："我有平定蜀国的功劳，你不过是一个小官，却天天跟在郭公后面，整天想着谋害他人。我身为都将，难道不能用军法将你斩首？"

董璋听后，非常害怕，立即将此事告诉郭崇韬。郭崇韬为了保护董璋不受康延孝的军法管制，下令解除董璋的军中职务。郭崇韬再上表推荐董璋为东川节度使。

康延孝听到消息，更为愤怒，说道："我冒着刀刃之险，翻山越岭，平定两川，而董璋却坐享其成。"

康延孝越想越气，便去找郭崇韬，对郭崇韬说道："东川是个重镇，应当推荐文武双全的工部尚书任圜为节度使。"

郭崇韬听罢大怒道："你是不是想造反？竟敢违反我的号令！"

康延孝听后非常害怕，立即告退。

郭崇韬可以吓退将领康延孝，却不能消除宦官对他的憎恨。

郭崇韬向来痛恨宦官，曾经私下对魏王李继岌说道："大王将来登基即位，阉过的马都不要骑，宦官更不能用。应当将所有的宦官全部除去，专门任用士人。"魏王府通谒吕知柔也是一位宦官，偷听到郭崇韬

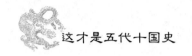

这句话，从此宦官们都把郭崇韬恨得咬牙切齿。

郭崇韬手握大权，军中事务以及官员任命都由其负责，因此其府前每天都有很多将吏前来拜见，可以说是门庭若市。再看魏王李继岌的都统中军，除了早上有大将前来参见，其他时候一直是辕门冷落。中军马步都指挥监押、宦官李从袭等人对此感到非常不满，甚至感到羞耻。不仅如此，大军灭蜀之后，前蜀的旧臣都争相将珍宝、美女送给郭崇韬以及郭崇韬的儿子郭廷诲，而魏王李继岌能得到的不过是一些马匹、绸缎、痰盂和拂尘，李从袭等人更是愤愤不平。

不久，魏王李继岌便开始怀疑郭崇韬。

前面讲过，前蜀的辅政大臣王宗弼已经自称西川留后，现在又贿赂郭崇韬，希望被任命为节度使。郭崇韬口头上答应了下来，但一直没有正式任命。王宗弼自作聪明，竟然猜测郭崇韬想留在蜀地镇守，于是带领前蜀旧臣去见魏王李继岌，请李继岌将郭崇韬留下。

李继岌未置可否，先将王宗弼等人打发走。

李从袭等人对李继岌说道："郭公父子专权蛮横，现在又让蜀地人请其留下为当统帅，其志向难以预料，大王不可不所有防备。"

李继岌当然不敢将郭崇韬留下，他担心郭崇韬据蜀称土。

李继岌于是召见郭崇韬，对其说道："主上对侍中的依靠，如同大山，侍中不可离开朝廷。主上也不会将元老放在蛮夷之地。再说这也不是我能够做主的事，请蜀人到京城去向主上奏请吧。"

郭崇韬听出李继岌已经生疑，决定杀掉王宗弼来洗清自己。

一天晚上，郭崇韬的伐蜀士兵大吵大闹，竟然还纵起火来。郭崇韬一问才知是王宗弼答应缴纳数万贯钱来犒劳大军，由于王宗弼吝啬一直没给，士兵们便开始闹事。没几天，前蜀的武德留后宋光葆从梓州来到成都，又向郭崇韬控诉王宗弼杀害宋光嗣等人。郭崇韬决定动手了。

公元925年（后唐庄宗同光三年）十二月十日，在呈报魏王李继岌之后，郭崇韬下令逮捕王宗弼以及王宗勋、王宗渥，宣读三人罪状，再将三人诛灭全族，家产全部没收。蜀地百姓也恨透了王宗弼，都纷纷前来抢食王宗弼身上的肉。

不久，蜀地盗贼蜂起，布满山林。郭崇韬担心大军一旦撤离，后患难以收拾。郭崇韬于是派安抚应接使张筠与工部尚书任圜率兵前往讨伐，大军因此停留蜀地，没有及时东返。

后唐庄宗李存勖派宦官向延嗣到成都来，催促郭崇韬尽快起程。向延嗣到了成都郊外，郭崇韬没有到郊外迎接。向延嗣到了城中见了郭崇韬，郭崇韬又非常傲慢无礼，向延嗣非常生气。

李从袭趁机对向延嗣说："魏王是皇太子，陛下也很康健，而郭公竟然如此专权。其子郭廷诲带着卫士走进走出，每天都与军中勇将、蜀地豪杰喝酒嬉戏，指天画地。最近又听说郭廷诲请其父向陛下奏请，由其出任西川节度使。郭廷诲还对其父说，蜀地富饶，应当好好谋划。如今在蜀各军将校都是郭崇韬的党羽，魏王如在虎狼之口，一旦发生变乱，我们这些人不知葬身何处。"

李从袭说罢，就在向延嗣面前哭泣起来。

向延嗣回到洛阳，将李从袭说的话告诉刘皇后。

刘皇后担心其子李继岌的安危，马上去找李存勖，哭着将李从袭的话说了一遍。刘皇后一再请求李存勖尽早救出自己的儿子。

李存勖听了此言，也开始对郭崇韬不放心。

李存勖查阅前蜀府库的账簿，问向延嗣道："人们都说蜀地珍宝无数，怎么只有这么一点？"

向延嗣回道："臣听说灭蜀之时，珍宝都落到郭崇韬父子之手。郭崇韬有黄金一万两、白银四十万两、钱一百万贯、名马一千匹。其子郭廷诲所得还在这些之外，所以陛下最后得到的也就不多了。"

李存勖听罢，怒形于色。

李存勖命孟知祥尽快前往成都赴任西川节度使，还对孟知祥说道："朕听说郭崇韬已生二心，卿到成都后，替朕把他杀了。"

孟知祥与郭崇韬互有引荐之恩，当时并不怀疑郭崇韬，因而说道："崇韬是国家的功臣元勋，不会有这样的事。等臣到了成都，严加调

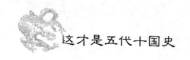

查，如果没有这样的事，就把他送回来。"

李存勖也赞同。

孟知祥走后，李存勖仍不放心，毕竟孟知祥就是郭崇韬推荐的。李存勖又派衣甲库使马彦珪快马前往成都，察看郭崇韬是否已有反心。李存勖还吩咐马彦珪道："郭崇韬接受诏书立即班师则罢，如果再有拖延，卿便与继岌将其杀掉。"

马彦珪也是一名宦官，也听到了向延嗣传回的话，马彦珪希望李存勖直接下旨将郭崇韬杀掉。马彦珪不便向李存勖提出这个建议，便去见刘皇后，对刘皇后说道："臣听向延嗣说蜀中之事，危在旦夕。成败之事，刻不容缓。现在陛下当断不断，如果发生紧急之事，如何向三千里之外的京都奏报？"

刘皇后马上又去见李存勖，劝李存勖早下决心。

李存勖说道："目前只是传言，不知真假，不能马上决定。"

刘皇后劝不了李存勖，干脆直接用自己的名义下教令给魏王李继岌，令李继岌杀掉郭崇韬。

马彦珪带着刘皇后的教令快马西去，在石壕村（今河南省新安县西）赶上了孟知祥。马彦珪将刘皇后的教令告诉孟知祥，还催促孟知祥快速前往成都，孟知祥叹道："大乱就要爆发了！"

马彦珪并未与孟知祥一同西进，而是快马加鞭前往成都传达刘皇后的教令。孟知祥也加快了行程，以图早日到达成都。

公元926年（后唐庄宗同光四年）正月六日，马彦珪到了成都，立即将刘皇后的教令拿给李继岌看。李继岌看后不肯对郭崇韬下手，说道："大军就要起程，郭崇韬也没有反迹，怎么可以做出这样负心的事？况且没有陛下的诏令，只凭皇后的教令，就杀掉招讨使，可否？"

宦官李从袭等人哭着说道："既已有此打算，就不能拖延，一旦郭崇韬得知而发生变乱，就无法挽救了。"

宦官们都对李继岌陈述利害，李继岌不得已，只好接受。

第二天，李从袭去见郭崇韬，说魏王李继岌请其商议事务。

　　郭崇韬一点疑心都没有，很快前往李继岌的府中。郭崇韬刚登上台阶，李继岌的侍从李环便拿出铁挝猛烈地击打郭崇韬的头部，当场将郭崇韬打死。

　　李继岌又下令杀掉郭崇韬的两个儿子郭廷诲、郭廷信。

　　都统推官李崧得知此事后，对李继岌说道："我们行军在三千里之外，没有皇上的诏令就擅自杀掉大将，大王为何做出如此危险之事？难道不能等到了洛阳再说？"

　　李继岌听后，也感到后悔，说道："公所言极是，我也很后悔。"

　　李崧于是假造一份皇上的诏书，再用蜡刻的印章盖上印，然后向军中宣布杀掉郭崇韬是皇上的旨意，军中才没有出现混乱。

　　四天后，孟知祥到达成都，得知郭崇韬被杀，人心不安。孟知祥立即出榜安抚吏民，犒劳将士，成都吏民逐渐安定下来。

　　马彦珪快马返回洛阳，向李存勖奏报说郭崇韬确有二心，已将郭崇韬杀掉。李存勖没有责怪，也正式下诏通报郭崇韬的罪状，并将郭崇韬另三子郭廷说、郭廷让、郭廷议全部杀掉。

　　此事传出后，朝野一片哗然、议论纷纷。李存勖还派宦官悄悄调查。宦官奏报说郭崇韬的女婿、保大节度使李存义声称郭崇韬死得冤枉。李存勖也不顾及李存义是自己的兄弟，传旨逮捕李存义，没几天便将其杀害。

　　郭崇韬被杀，很快便株连到朱友谦（李继麟）。

　　朱友谦有功于后唐，李存勖对其非常厚待，还赐了免死铁券，其子朱令德、朱令锡都出任节度使，荣宠超过其他藩镇节帅。朱友谦不仅担任护国节度使，还担任尚书令，位高权重。尽管如此，李存勖身边的那帮戏子、宦官还是向朱友谦索要财物，而且贪得无厌。朱友谦仗恃得到李存勖的信任，不理这些戏子与宦官。这些戏子与宦官便恨透了朱友谦，一直在寻找机会加害他。

　　李继岌、郭崇韬统领大军伐蜀时，朱友谦派其子朱令德率一支兵马随同出征。朱友谦还亲自检阅这支兵马。戏子景进与宦官便在李存勖面前诬陷朱友谦道："朱友谦听说大军西进，以为是讨伐他，便检阅兵

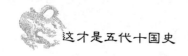

马，以加防备。"

郭崇韬消灭前蜀后，这些人又说："郭崇韬之所以敢在蜀地横行，就是其与朱友谦有阴谋，互相呼应。"

这些风言风语也传到朱友谦的耳朵里，朱友谦非常害怕，准备到洛阳为自己申辩。朱友谦认为去觐见李存勖，当面表明忠诚，那些进谗的小人便会获罪。朱友谦还认为这样做不仅可以洗清自己，也能挽救郭崇韬。

就在郭崇韬被杀的前一天，朱友谦起程前往洛阳。

朱友谦到了洛阳，见了李存勖，李存勖也就不再怀疑他。朱友谦一时没有返回护国军治所河中府（今山西省永济市），而是住在洛阳的府第之中。

不多日，郭崇韬被杀的消息在洛阳传开，戏子景进又来诬陷朱友谦，对李存勖说道："河中府有人报说朱友谦与郭崇韬一同谋反。郭崇韬死后，朱友谦又与李存乂一同谋反。"

宦官们也都劝李存勖尽早将朱友谦铲除，以绝后患。听信谗言的李存勖于是调朱友谦为义成节度使。当天夜里，李存勖又派蕃汉马步使朱守殷带领士兵包围朱友谦的家，将朱友谦押到洛阳城北的徽安门外杀害，撤销对其赐名。

李存勖还要杀掉朱友谦的儿子。朱友谦的儿子当中，朱令德是武信节度使，朱令锡是忠武节度使，一个在蜀地的遂州，一个是中原的许州。李存勖下诏，令魏王李继岌到遂州斩朱令德，令郑州刺史王思同到许州斩朱令锡。

李存勖也不放过朱友谦的族人，再令河阳节度使夏鲁奇（李绍奇）到河中府杀死朱友谦的族人。夏鲁奇到了朱友谦的家，朱友谦的妻子张氏对夏鲁奇说道："朱家宗族当死，请不要连累其他人。"

张氏于是将一百余名奴婢仆人选出放走，只带朱家族人赴刑。到了刑场，张氏又取出免死铁券给夏鲁奇，说道："这是皇上去年赐给朱家的，我是一个妇人，不识字，不知上面写的是什么东西。"

夏鲁奇看后也感到非常惭愧，但也不能不执行李存勖的诏令。

朱友谦还有一子朱建徽在澶州当刺史，李存勖也不打算放过他。

第33章 邺都兵变，蜀地叛乱

朱建徽在澶州当刺史，李存勖会派谁去杀他呢？

李存勖想到了天雄监军宦官史彦琼。天雄的治所在邺都，邺都就是以前的魏州（今河北省大名县），离澶州（今河南省濮阳市）只有一百多里地。

公元926年（后唐庄宗同光四年）二月的一天夜晚，史彦琼纵马出城，直奔南面的澶州而去。城门官看到史彦琼夜半出城，便向邺都留守王正言禀报说："史监军夜半驰马出城，没说到哪里去。"

王正言当然也不知道发生了什么事。

接着就有谣言说："郭崇韬杀了魏王李继岌，自己在蜀地称王，所以被诛灭全族。而刘皇后把李继岌的死归罪于陛下，已将陛下杀掉，因而急召史彦琼回京议事。"人们越传越感到惊骇。

就在这时，天雄指挥使杨仁晸带领兵马从瓦桥关轮调回来，已经到达贝州（今河北省清河县），突然接到李存勖诏令，让其留屯贝州。李存勖之所以让杨仁晸不要回邺都，是因为担心邺都空虚，这支兵马回去后会生变乱。

杨仁晸的士兵眼看就要到家了，却不能前行，都开始抱怨。

一天夜里，士兵皇甫晖劫持杨仁晸，说道："陛下之所以得到天下，就是我们天雄军出的力。我们已经十余年身不解甲、马不解鞍。如今天下已定，陛下却不念当日的功劳，反而更加猜忌。我们在外镇守一年，刚刚返回快要到家，却不能与家人相见。现在听闻皇后杀死陛下，

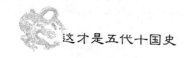

京师已经混乱，我们愿与公一同返回邺都，然后再奏报朝廷。如果天子仍在，出兵讨伐我们，凭我们天雄的兵马足以抵挡。"

杨仁晸不肯，皇甫晖便将其杀死。

皇甫晖又逼迫效节指挥使赵在礼为首领。赵在礼当了首领，便与皇甫晖率部南下，一路剽掠临清、永济、馆陶等地，直指邺都。

二月五日夜晚，赵在礼、皇甫晖的前锋兵马已经到达邺都南门，当即开始攻城。史彦琼当时已经杀了朱建徽回到邺都。史彦琼听到叛军的叫喊声，吓得一人单骑逃往京都洛阳。

第二天，赵在礼、皇甫晖等带领叛军攻入邺都，都巡检使孙铎不能抵御，也逃走了。留守长官王正言见到赵在礼，不仅不敢训斥，还好言安慰。赵在礼占领邺都宫城，任命皇甫晖为马步都指挥使，放纵士兵大肆抢掠。众人都推举赵在礼为天雄军留后，并给李存勖上表，奏报发生之事。

二月九日，史彦琼到了洛阳，李存勖也得知邺都发生叛乱。

李存勖问新任枢密使马绍宏（李绍宏），何人可以带兵前往平叛。马绍宏一直得到后梁降将段凝（李绍钦）的好处，因而再度推荐段凝。李存勖便让段凝呈报作战方案。段凝推荐不少后梁的旧将以及自己喜爱的将领，李存勖心中生疑，便没有让段凝出征。

李存勖回到后宫，将此事说与刘皇后。刘皇后说："这是一件小事，不用劳烦大将，绍荣就可以。"

刘皇后所说的绍荣便是李绍荣，本名元行钦，当时担任归德节度使。李存勖于是派元行钦率三千骑兵前往邺都招降安抚，天雄监军史彦琼也随元行钦出征。李存勖同时诏命其他藩镇备好兵马，以防赵在礼不服。

李存勖刚刚派出元行钦，又得到消息，邢州左右步直兵赵太带领四百名士兵占领州城，自称安国军留后。李存勖只得再命东北面招讨副使霍彦威（李绍真）率兵讨伐。

先说元行钦。

元行钦到了邺都南门，没有马上攻城，而是先派人将李存勖的诏书拿给城中赵在礼看。赵在礼看了诏书，得知李存勖能够赦免他们，也不想抵抗，便派人带着酒肉到城外犒劳。赵在礼还在城头对元行钦说："将士们想回家，因而擅自归来，相公如果愿意替我们向皇上奏报求情，让我们免于一死，我们一定悔过自新，戴罪立功。"

眼看元行钦不战就能平定叛乱，岂料一旁的史彦琼对着城中大骂道："你们这群死贼，攻城之后，一定将你们碎尸万段。"

皇甫晖说："听史彦琼这话，皇上也不会饶恕我们。"

皇甫晖说完带着士兵大声喊叫，抢过诏书，当场撕碎。

元行钦只好传令攻城，然而攻了很久，不能攻克。

第二天，元行钦暂且退到澶州，再派人向李存勖呈报。

李存勖大怒道："破城之日，一个不留！"

李存勖于是再增调兵马前往讨伐赵在礼。

二月二十三日，元行钦带领各地的援兵再次攻打邺都。城中叛军知道不会被赦免，便拼死坚守。元行钦依然不能攻克邺都城，损失还很惨重。

李存勖得到消息，非常忧虑，还想给元行钦增派兵马。李存勖此时能够想用的只有尚在蜀地的魏王李继岌的兵马。李存勖于是每天都派宦官快马西去，催促李继岌尽快东返。

那么李继岌为何还没有返回洛阳？

且说李继岌杀了郭崇韬之后，让工部尚书任圜接替郭崇韬掌管军政。李继岌决定，留下马步都指挥使李仁罕、马军都指挥使潘仁嗣、左厢都指挥使赵廷隐、右厢都指挥使张业、牙内指挥使武漳、骁锐指挥使李延厚等驻守成都，自己与任圜率部东返。曾经担任攻蜀前锋的康延孝（李绍琛）带领一万二千人殿后，与中军保持三十里。

不久，李继岌到达武连（今四川省剑阁县东南），接到宦官送来的诏书，原来是李存勖令其派董璋去杀朱友谦的儿子朱令德。李继岌这时才知道朱友谦已经被杀，便派右厢马步都虞候董璋前往遂州去杀朱令德。

董璋率部南下，经过康延孝的大营。董璋没有到大营中拜见康延

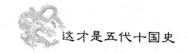

孝，康延孝很是生气。康延孝又听说派董璋去杀朱令德，而没有派自己前往，心中更是吃惊，担心李存勖已经不再信任自己。

数日后，康延孝到达剑州（今四川省剑阁县）。康延孝在大营中喝了不少酒，乘着酒兴对诸将说道："国家南取大梁，西定巴蜀，都是郭公与我的功劳，而脱离梁国，弃暗投明，与陛下形成掎角之势以破梁国，则是朱公的功劳。现在朱公、郭公无罪而被灭族，等回到朝中，就该轮到我们了。冤啊，老天啊，奈何啊！"

康延孝的军中有很多护国军的士兵，都感到愤愤不平。将领焦武更是在营门前号哭道："西平王有什么罪？竟然满门被屠。我们回去后，必定一样被杀，我坚决不东返！"焦武所说的西平王便是朱友谦。

第二天，康延孝率部从剑州南下，准备夺取成都。康延孝自称西川节度使、三川制置等使。康延孝还发布檄文到成都，称自己接到皇上的诏书，令其代替孟知祥任节度使。三日之内，康延孝的兵马增至五万人。

二月十二日，李继岌的大军到达利州（今四川省广元市），还不知道康延孝已经南下。这时有人来报，康延孝派人切断利州东南的桔柏津，李继岌这才得知康延孝已经谋反。

李继岌立即任命任圜为副招讨使，令其率领七千名步骑兵，与都指挥使梁汉颙、监军李延安一同南下追击康延孝。李继岌则留在利州等待任圜。不久便有宦官前来催促李继岌早日东返，因为赵在礼叛乱、元行钦平叛不顺利。李继岌非常着急，但不能马上东返，因为精锐兵马已经去讨伐康延孝了。

两日后，任圜到达剑州，攻克了剑门关。

南下诛杀朱令德的董璋听闻李继岌讨伐康延孝，马上率部两万人进屯绵州（今四川省绵阳市），会同任圜一同攻打康延孝。

康延孝一路向成都进发，不日遇到由洛阳前来成都的宦官崔延琛。崔延琛欺骗康延孝道："我奉诏前往成都，是要召回孟知祥，你如果等一等，便可得到成都。"康延孝竟然也就信了。

崔延琛到了成都后，劝孟知祥加强防守。孟知祥立即命人挖掘壕沟，构筑栅栏，再派马步都指挥使李仁罕率四万人、骁锐指挥使李延厚率两千人前往讨伐康延孝。

二月二十七日，任圜与董璋在汉州追上康延孝。

招讨掌书记张砺建议将精锐兵马埋伏在后，而派老弱兵马上前引诱，任圜便命董璋派东川的老弱兵马先上阵。康延孝认为任圜不过是一个书生，又看到上阵的都是老弱士兵，十分轻视，传令猛烈进击。董璋的老弱兵马不敌而退，康延孝更是穷追不舍，突然，埋伏两旁的精锐兵马杀了出来，康延孝大败，数千人被杀。康延孝撤至汉州（今四川省广汉市）城中，闭城不出。

汉州城没有壕沟，只用树木构成栅栏。任圜派人烧毁城外的栅栏。康延孝知道汉州城难守，便带领兵马出城，在城东的金雁桥与任圜大军交战。康延孝再次遭败，最后带领十余名骑兵逃往北边的绵竹。任圜的士兵一路追击，将康延孝擒获。

西川节度使孟知祥也赶到汉州犒劳将士，与任圜、董璋大摆宴席，饮酒庆功。席间，孟知祥命人将康延孝的囚车推了过来。孟知祥一边用大杯自斟自饮，一边对康延孝说道："公身为大将，有平蜀之功，何愁没有富贵，如今反而进入这个囚车当中。"

康延孝说道："郭侍中在开国功臣中，功居第一，又兵不血刃取得两川，毫无罪过，竟然被诛灭全族。像我这样的人怎能保得住项上人头？因此不敢返回朝廷。"

孟知祥无言以对。两月后，康延孝被杀。

再说洛阳城中的李存勖一直没能等来李继岌的大军，不得不重新考虑平定邺都叛乱的主将。李存勖准备亲自前往邺都平叛。李存勖想御驾亲征，这与他的个性有关，他喜欢带兵打仗，甚至总想冲在最前面。从一个角度来看，这或许是李存勖英勇的体现。但从另一个角度来看，这也许就是李存勖的统驭能力不足，对将领们不太放心。试想，如果郭崇韬不推荐皇子李继岌，李存勖会让郭崇韬一人领兵去攻打前蜀吗？

李存勖已经贵为天子，还想到邺都去讨伐叛军，各位宰相以及枢

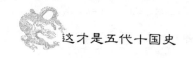

密使马绍宏都认为京师重地，天子不可轻易离开。李存勖无奈地说道："诸将之中，没有一个合适的。"

群臣都说："李嗣源是元老功臣，最为合适。"

李嗣源时年六十岁，不仅是先王李克用的义子，还屡立战功，确实是一位功臣元老。李嗣源当时是蕃汉内外马步总管，还兼任河朔重镇成德节度使，镇守在镇州（今河北省正定县）。曾经担任总管的周德威、李存审等老将早已不在人世，数来数去，元老将领也只有李嗣源了。

但李存勖对李嗣源也不放心。

李嗣源刚到成德时，想到家人一直在太原，希望能够有人照顾。李嗣源便向李存勖上表，请求将其义子、卫州刺史李从珂调回太原，任北京内牙马步都指挥使。李从珂如能回到太原，便能照应家人。

李存勖接到此表，大怒道："嗣源手握兵权，位居重镇，难道不知军政大权在朕，怎么能为其子做出这样的奏请？"

李存勖一怒之下将李从珂贬为突骑指挥使，令其带领数百人驻守石门镇（今河北省遵化市西）。李存勖把李从珂调得远远的，李嗣源非常害怕，马上上表谢罪。很久之后，李存勖的怒气才消。

就在郭崇韬、朱友谦被杀不久，有关李嗣源的谣言也很多。李存勖曾派蕃汉马步使朱守殷到镇州察访。朱守殷对李嗣源说："令公功高震主，应当找一个归宿，远离祸患。"李嗣源说道："我一颗赤心，不负天地，是祸是福，无法逃避，一切听天由命。"

现在群臣推荐李嗣源，李存勖明明不放心，却说道："朕爱惜嗣源，想让他到京城来留宿禁卫。"

群臣只好说道："那就没有更合适的人了。"

刘皇后攀认的义父张全义建言道："河朔一带正是多事之秋，时日一久，祸患更深，应当派总管率大军讨伐。如果倚靠绍荣，不知何时才能平定。"

枢密使马绍宏也不断进言，李存勖只好派李嗣源率亲军前往讨伐赵在礼。

第34章 总管谋反，攻占汴州

公元926年（后唐庄宗同光四年）三月四日，平定邢州史太的霍彦威（李绍真）来到邺都（今河北省大名县）城外，当着城中叛军的面将史太斩首。霍彦威接着便在邺都城西北扎营，而之前来讨伐赵在礼的元行钦（李绍荣）所部一万人驻扎在邺都城南。

两日后，李嗣源率大军也到达邺都，在城西南扎营。李嗣源派人与霍彦威、元行钦联络，准备一同攻城。霍彦威响应李嗣源，而元行钦怀疑李嗣源已有二心，按兵不动。李嗣源对元行钦这位曾经的义子也无可奈何。

三月八日，李嗣源下令各军做好准备，次日早晨攻城。

当天夜里，从马直军士张破败带领士兵作乱，大声鼓噪，斩杀将领，烧毁营寨。第二天天刚亮，张破败逼近中军，乱军士兵越来越多。李嗣源、霍彦威出了中军帐，高声叱责张破败等人道："你们意欲何为？"

张破败说道："将士们追随皇上征战十年，身经百战得到天下。如今皇上恩断义绝，为了立威，只知杀戮。邺都的士兵在外驻守，不过是想念家乡，皇上竟然说破城之后，全部坑杀。我们并不想谋反，只是怕被处死而已。现在众人商议，准备与城中的赵在礼联合，击退各藩镇来的援兵，然后让皇上在黄河以南当皇帝，令公在黄河以北当皇帝，做我们的统帅。"

张破败所说的令公就是李嗣源，他们是想拥立李嗣源当皇帝。李嗣

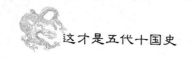

源当然不能接受，于是声泪俱下地劝说。张破败等人坚决不听。李嗣源最后无奈地说道："你们不听我的话，那就随你们的便，我自己返回京师。"

李嗣源说完就想走，乱兵当中有人拔出钢刀，对着李嗣源说道："这些人都是虎狼之辈，不知道谁尊谁卑，令公要往哪里去？"

乱兵簇拥着李嗣源、霍彦威来到邺都城下，准备入城。

元行钦看到李嗣源被叛军带入邺都城，便率所部兵马撤走。

邺都城中的皇甫晖不知道城外发生的事，以为李嗣源要攻城，传令迎战。张破败敌不过城中的叛军，被当场杀死。城中的赵在礼弄清原委，也想与李嗣源联合，于是带领城中将校迎接李嗣源入城。

赵在礼哭着对李嗣源说道："我们辜负令公，敢不唯命是从。"

李嗣源不想留在城中，欺骗赵在礼道："但凡成大事的，必定有兵马，现在城外士兵溃散，我到城外替你把他们召集起来。"

赵在礼便让李嗣源、霍彦威出了城。

李嗣源、霍彦威出了城，当晚在魏县（今河北省魏县西南）入住，溃散之兵逐渐聚集，也不过一百余人，还没有兵器。霍彦威带来的五千名士兵是镇州来的，这些士兵看到李嗣源出城，纷纷前来投奔，李嗣源的势力又开始振作。

李嗣源进入叛军控制的邺都城中，又平安地出了城，担心皇上李存勖会怀疑他。李嗣源不禁哭了起来，对诸将说道："我明天就回镇州（今河北省正定县），向陛下呈递奏章，等待陛下降罪。"

霍彦威与中门使安重诲劝道："这不是好的计策。令公是大军统帅，不幸被叛军劫持进入邺都城中，元行钦不战而退，回到京师，一定会说令公的坏话。令公如果回到藩镇，便是据地要挟君王，正好给陷害令公的小人带来口实。不如昼夜兼程，回到京师，当面向皇上奏明原委，可以洗清自己。"

李嗣源说："甚好！"

李嗣源在南下途中，不断派人前往洛阳，向李存勖呈递奏章。李嗣源在奏章中不断为自己申辩，生怕李存勖起疑。然而撤退到卫州的元行钦也已派人到洛阳奏报说李嗣源已经背叛，并与邺都城内的叛军联合。

李存勖此时正为钱财的短缺而苦恼。

由于朝廷府库中的钱粮严重不足，租庸使孔谦便克扣军粮，致使将士们流言四起。朝中宰相非常担忧，带领百官向李存勖上表道："如今国库已空，宫库还很有余，将士们连家人都养不活，如不赈济，将士必将离心。等过了灾年，再将钱财还给宫库。"

宰相们所说的宫库便是李存勖后宫的府库。面对难关，李存勖也准备动用宫库钱财，但刘皇后不肯，说道："我夫妇君临天下，虽然靠的是武功，但也是天命。既然有天命，别人又能把我们怎么样？"

宰相们又到便殿向李存勖奏报，恳请拿出宫库中的钱财以渡难关。刘皇后命人在屏风后偷听。过了一会儿，刘皇后拿出梳妆用具及三个银盆，还叫出三个年幼的皇子，当着李存勖与宰相的面说道："都说宫中积蓄多，四方进贡的钱物都赏赐出去了，剩下的只有这些，你们拿去卖吧。"

宰相们听后，非常害怕，慌忙告退。

李存勖正在一筹莫展之际，再听说李嗣源谋反，更是无比痛心。然而痛定思痛，李存勖决定先安抚李嗣源。李嗣源的长子李从审当时在洛阳担任金枪指挥使。李存勖对李从审说："朕知道你父亲忠心，你去你父亲那里，宣谕朕的旨意，让他不要担忧。"

李从审便从洛阳北上，途经卫州时，被元行钦囚禁。元行钦准备杀掉李从审，李从审说："你既然不相信我的父亲，我也不去父亲那里，就请让我返回京城洛阳吧。"

元行钦便将李从审释放。李从审回到洛阳，李存勖也很怜悯李从审，把李从审当作儿子看待，还赐名为李继璟。

元行钦放了李从审，但派人截获李嗣源送往京城的奏章，不让李嗣源向皇上申辩。李嗣源得知后，感到非常害怕，不知如何是好。

女婿石敬瑭说道："事情的成功在于果断而失败在于犹豫。哪有

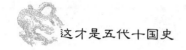

大将与叛军一同进入城中而日后还能安然无恙的？汴州（今河南省开封市）是天下的重镇，请给我三百名骑兵前往突袭。如果侥幸能够夺取，令公再率大军快速前往，这样才可自保。"

突骑指挥使康义诚也说道："主上无道，军民怨恨，令公与众人在一起便生，为主上守节则死。"

李嗣源接受二人建言，准备谋反并夺取李存勖的皇位。李嗣源派安重诲向各镇发出檄文，请各镇一同发兵。李嗣源还派人召集齐州防御使王晏球（李绍虔）、泰宁节度使段凝（李绍钦）、贝州刺史房知温（李绍英）。

李嗣源的家人当时还在镇州，面临生命危险，因为成德的监军宦官效忠李存勖。成德的将领王建立先下手为强，杀掉这位监军宦官，李嗣源的家人得以保全。被贬的李从珂得到消息，也率部从石门镇前往镇州，与王建立会合，然后快马南下，前往义父李嗣源处。

李嗣源与义子李从珂会合后，分出三百名骑兵交给石敬瑭，命石敬瑭担任前锋，带领一支兵马突袭汴州，义子李从珂殿后。

总管李嗣源谋反的消息很快到达洛阳，李存勖担心李嗣源从孟州（今河南省孟州市）南渡黄河而袭击洛阳，于是派怀远指挥使白从晖带领士兵扼守河阳桥。李存勖终于拿出金银布帛赏赐各军将士，枢密使、宣徽使及供奉内使景进等人也拿出金银布帛献给李存勖用于赏赐。将士们拿着钱物抱怨道："我的妻儿已经饿死，这时再拿这些东西有什么用？"

第二天，元行钦从卫州回到洛阳，李存勖到洛阳城北的鹑店慰劳。元行钦说道："邺都乱兵已经派翟建白占据博州，想南渡黄河袭击郓州、汴州，请陛下到关东招抚他。"

李存勖接纳，准备亲率兵马东征。

戏子景进对李存勖建言道："魏王尚未到达，康延孝才平定，西南还不太平。王衍族人党羽不少，一旦听闻陛下东征，便会趁机叛乱，不如除掉他。"

前蜀后主王衍等人被押往洛阳，当时才到长安，李存勖便派宦官向延嗣带着诏书前往诛杀王衍。

向延嗣到了长安，将二十七岁的王衍及其族人全部诛杀。王衍母亲徐氏被杀时大声喊道："我儿以一国投降，仍不免被杀，皇上如此背信弃义，必将遭受大祸。"

三月十九日，李存勖从洛阳起程，两日后到达氾水。

李存勖派元行钦带领骑兵沿黄河南岸向东巡查，不少人趁机逃走。有人劝李嗣源的儿子李从审（李继璟）早点逃走，李从审不肯。李存勖也多次派李从审去见其父李嗣源，李从审坚决推辞，情愿死在李存勖面前，以示忠诚。李存勖听闻李嗣源驻扎在黎阳（今河南省浚县），再派李从审前往招降。李从审这回答应了，不想半途被元行钦杀掉。

再说李嗣源的前锋石敬瑭率先到达汴州城下，派裨将李琼率精锐突袭了封丘门。石敬瑭紧跟其后，从西门攻入，镇守汴州的骑将西方邺请求投降。石敬瑭派人向李嗣源告捷。

李嗣源当时已经从白皋南渡黄河，到达滑州（今河南省滑县）。李嗣源派人去招抚天平节度使符习，符习率部与李嗣源在胙城（今河南省延津县北）会合。李嗣源得到石敬瑭已经攻入汴州的消息，于三月二十六日也到达汴州。

李嗣源占领汴州的消息传到李存勖那里时，李存勖已经到达荥泽（今河南省荥阳市东北）以东。李存勖派龙骧指挥使姚彦温率三千名骑兵为前锋攻打汴州。李存勖对姚彦温说道："你们都是汴州人，朕不想让别的兵马作为前锋，担心惊扰你们的家乡。"

李存勖重重地赏赐了姚彦温，再命其出发。

姚彦温不想为李存勖作战，到了汴州，立即向李嗣源投降。

汴州已经丢失，不少将领也跟着背叛。李存勖神色沮丧，登上高处，叹息道："朕要败了。"

李存勖已经失去信心，也不想与李嗣源争夺天下了，立即传令回师洛阳。李存勖东出氾水关时，还有二万五千人跟随，现在西返时，已经

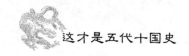

少了一万人。

非常落魄的李存勖在西返洛阳的途中，一旦遇到手拿兵器的士兵，总是好言对他们说道："刚才接到奏报，魏王又从西川运来五十万两金银，到京都时就全部发给你们。"

然而士兵们并不领情，说道："陛下的赏赐来得太晚了，没有人会感激陛下。"

李存勖听后，不停地流泪。

李存勖又想用袍带来赏赐一直跟随的官员，然而掌管宫库的宦官张容哥说已经没有东西可以赏赐。

三月二十八日，李存勖到达石桥西，已经靠近洛阳城。

李存勖传令摆设酒宴。宴席之上，李存勖再次悲痛而落泪。李存勖对元行钦等将说道："卿等追随朕以来，无论患难还是富贵无不一同享有，如今情势危急，难道就没有一点对策？"

在场诸将一百多人听后，都把头发割下来放在地上，发誓以死报答李存勖，但并无退敌之策，只是相对号哭。

当天晚上，李存勖进入洛阳城。

第35章 明宗即位，不改国号

公元926年（后唐庄宗同光四年）三月三十日，宰相、枢密使一同向李存勖奏报："魏王西征大军即将返回洛阳，陛下应当驾临汜水关，收集溃散兵马，等待魏王大军。"

李存勖准奏，又到上东门外检阅骑兵，传令次日凌晨出发。

四月一日，李存勖大军整装待发，骑兵在宣仁门外列阵，步兵在五凤门外列阵。李存勖怎么也没有想到，在此关键时刻，掌管亲军的从马直指挥使郭从谦突然发动叛乱。

郭从谦也是一名戏子，艺名郭门高。郭从谦不仅戏唱得好，还能上阵杀敌，深得李存勖喜爱。郭从谦曾把郭崇韬认作叔父，睦王李存乂则收其为义子。郭崇韬、李存乂被杀，郭从谦悲愤痛哭，用自己的钱财犒劳将士，替二人叫冤。李存勖杀郭崇韬、李存乂时一点没有心软，竟然留着郭从谦担任亲军将领。不是李存勖糊涂透顶，就是被戏曲迷昏了头。

郭从谦带领士兵拔出钢刀，大声呼叫，攻打兴教门。

李存勖当时正在用早餐，听报军中生乱，立即登上城楼，令诸王及近卫骑兵前往镇压。李存勖又派宦官去传蕃汉马步使朱守殷带领骑兵一同平叛，朱守殷竟然带领兵马到北邙山的茂林下休息。

乱兵纵火焚烧兴教门，攀城而入。那些发誓以死保护李存勖的近臣宿将都脱下铠甲逃走，只有散员都指挥使、李存审之子李彦卿及宿卫军校何福进、王全斌等十余人拼死力战。

突然，一支流箭射中李存勖，鹰坊人善友立即扶着李存勖下了城楼。到绛霄殿廊下时，李存勖感到非常口渴，想要喝水。刘皇后听闻后，也没有前来看望李存勖，只是派宦官端来一碗酪浆。没多久，李存勖便死去了，年仅42岁。善友将廊下的乐器收集起来，放在李存勖身上，然后再点火将李存勖与这些乐器一起烧掉。

李彦卿等痛哭一番后，率部离去。

刘皇后将宫中的金银财宝装进锦袋，绑在马鞍上，在元行钦（李绍荣）带领的七百名骑兵保护下，与李存勖的弟弟李存渥从师子门逃走。

当天，李嗣源到达汜水关西边的罂子谷，听闻李存勖去世，大声痛哭。李嗣源对诸将说道："皇上一直得到将士们的爱戴，不过是被一群小人蒙蔽以至于此，现在我将如何是好？"李嗣源在罂子谷不再前行。

第二天，蕃汉马步使朱守殷派人快马来报："京城大乱，各军烧杀抢掠，请总管快来援救！"李嗣源传令继续向洛阳进发。

第三天，李嗣源到达洛阳，住进自己的府第。

李嗣源传令各军不得烧杀抢掠，命人在灰烬中找出李存勖的骨头，准备安葬。李嗣源还对朱守殷说道："你要好好巡查，等候魏王的到来。淑妃、德妃还在宫中，对她们要妥加照应。等到将先帝安葬，国家有了新君，我自当回到藩镇，为国镇守北方。"

宰相豆卢革带领百官向李嗣源上表劝进，李嗣源对众人说道："我奉诏讨贼，不想部属叛变，本想入朝诉说，又被元行钦阻住道路，以至到了如此地步。我本无他心，诸位想拥戴我，实是不明白我的心，请不要再说了。"

豆卢革等坚决请求，李嗣源坚决不答应。

然而国不可一日无主，百官三次上表请李嗣源先当监国，李嗣源接受。

当了监国，李嗣源便不再住在自己的府第，而是入住兴圣宫。宣徽使为讨好李嗣源，从李存勖的后宫挑选数百名年轻貌美的宫女送来。李

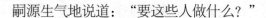

嗣源生气地说道："要这些人做什么？"

宣徽使回道："宫中事务，不能没人掌管。"

李嗣源说："宫中之事，要用熟悉情形的人，这些人这么年轻，知道什么？"

宣徽使只好重新找一些年老的，那些年轻的全部放出宫回家，无家无亲的则任其去留。

李存勖的兄弟及皇子的情况如何呢？

李存勖的兄弟有永王李存霸、邕王李存美、薛王李存礼、申王李存渥、睦王李存义、通王李存确、雅王李存纪等。

李存义是郭崇韬的女婿，已经受到牵连而被杀。李存确、李存纪躲到百姓家，被安重诲派人杀掉。李存霸是护国军节度使，听闻兄长李存勖已死，便带领部众逃往太原。到了太原，随从已经全部逃散，李存霸削发为僧去见北都巡检、李存审之子李彦超，被李彦超的部下杀掉。李存渥与刘皇后在元行钦的护卫下逃出洛阳，不久便与元行钦分道扬镳。二人一路逃往太原，途中还私通。到了太原，李彦超不让二人进城。李存渥便继续北逃，途中被属下杀害。刘皇后则在太原当了尼姑，不久被李嗣源派来的人杀掉。李存礼在洛阳变乱中失散，不知所终。李存美因为中风卧床而得以幸免，一直住在太原。

李存勖年幼的皇子李继嵩、李继潼、李继蟾、李继尧等在洛阳变乱中失散，不知所终。李存勖还有一位皇子，便是伐蜀的都统、魏王李继岌。

李嗣源担心李继岌，不仅因为他是李存勖的儿子，还因为他手中有一支大军。李嗣源为此作了一些部署，任命女婿石敬瑭为保义军留后，义子李从珂为护国军留后，令二人分别前往两藩镇的治所陕州（今河南省三门峡市）、河中（今山西省永济市）镇守，防备东返的李继岌。

李继岌当时已经到达兴平（今陕西省兴平市），听闻洛阳变乱，不敢再回洛阳，传令掉头西进，准备割据凤翔（今陕西省凤翔县）。李继岌退至武功县时，宦官李从袭劝道："是祸是福，还难以预料，

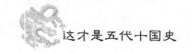

与其后退，不如前进。请大王尽快东返，以拯救国难。"李继岌便又继续东返。

不久，李继岌到达渭水北岸，西都留守张篯（音简）已经命人砍断浮桥。李继岌找不到船只，只好传令大军游水渡河，当天到达渭河南岸。

李继岌身边的心腹宦官吕知柔等人已经悄悄逃走，李从袭也对李继岌说道："大势已去，大王应当自己做个了断。"李继岌听后，发现早已众叛亲离，不禁悲从中来，涕泪交流。李继岌度来度去，最后躺在床上，命仆夫李环将自己缢死。

任圜带领将士们继续东行，最后将两万六千人带回洛阳。

不久，元行钦也被擒拿。原来元行钦去河中府投奔李存霸，一路上士兵纷纷逃散，最后他被当地官府擒获，还被打断双腿。元行钦被押到李嗣源的面前，面对曾经的义子，李嗣源叱责道："我何处有负于你，你却杀掉我的儿子？"

元行钦面无惧色，双目怒视李嗣源道："先帝何处有负于你？"

李嗣源听罢更为怒火，命人将元行钦斩首。

李嗣源下教令，列数租庸使孔谦的罪状：奸诈、谄媚、克扣军饷、致使百姓穷困，最后将孔谦斩首。凡是孔谦所定的苛捐杂税全部废除，还撤销租庸使，恢复盐铁、户部、度支三司，委派一名宰相掌管。李嗣源还下教，令李绍钦、李绍冲恢复本名段凝、温韬，再让他们回归乡里。

李嗣源认为李存勖因为重用宦官而亡国，便废除各藩镇的监军，下令各藩镇将宦官全部杀掉。有数百名宦官逃到深山茂林中躲避，有的还削发为僧，还有七十多人逃回太原。李嗣源命北都指挥使、侄儿李从温将他们全部诛杀。

百官又劝李嗣源登基即位，李嗣源终于接受，还命有司商议登基的礼仪。武宁节度使霍彦威（李绍真）与枢密副使孔循认为唐朝国运已尽，应当重新确立一个国号。

李嗣源问左右道："什么叫国号？"

左右答非所问，说道："先帝的姓是唐朝所赐，先帝也消灭梁朝，为唐朝报仇，继承昭宗的皇位，因而仍然称唐。现在霍彦威、孔循这些梁朝的官员不希望殿下仍然称唐。"

李嗣源说："我13岁那年开始追随献祖（李国昌），献祖看我是一个部族，把我当作家人。后来我又跟随武皇（李克用）将近三十年，跟随先帝（李存勖）将近二十年，无论国家大计还是出征作战，没有不参与。武皇的基业就是我的基业，先帝的天下就是我的天下，哪有同家而异国的？"

李嗣源让群臣再议。

吏部尚书李琪说："如果更改国号，先帝就成了路人，其灵柩由谁来安葬？不只是殿下忘记三世旧主，我们作为人臣也不能自安。前朝以旁支入继大统的也为数不少，殿下应当以嗣子名义在灵柩前登基即位。"

群臣都无异议。

四月二十日，李嗣源身穿斩衰前往西宫，百官也全部身穿缟素。李嗣源在李存勖的灵柩前即位，是为后唐明宗。接着，李嗣源再头戴皇冠、身穿龙袍，百官也换了官服前来道贺。八日后，李嗣源下诏大赦天下，改元天成。

李嗣源任命太子宾客郑珏、工部尚书任圜一同担任中书侍郎、同平章事，任圜兼判三司，中门使安重诲为枢密使，镇州别驾张延朗为副使。任圜将国事当家事，以天下为己任，为国家精心选拔贤才，杜绝投机之人，一年之间，国库充实，军民富足。张延朗在后梁时担任过租庸官，能讨上司欢心，还将女儿嫁给安重诲的儿子，所以安重诲推荐其担任枢密副使。

李嗣源不识字，各地奏章都由安重诲读给他听，有时安重诲也不能明白其中之意。安重诲对李嗣源说："臣以忠心侍奉陛下，得以掌管机枢，当代之事粗略知晓，古代之事不是臣所能明白，请仿照前朝，设立

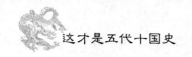

侍讲、侍读，挑选饱读诗书之人与臣一同共事。"

李嗣源于是又设立端明殿学士，由翰林学士冯道、赵凤等担任。

李嗣源即位后，颁了不少诏书，做了一些利国利民的事，可以看出这是一位乱世之中难得的好皇帝。这些诏书内容主要有：酌量留下后宫百人，宦官三十人，教坊百人，鹰坊二十人，御厨五十人，多出的人随其意愿安置；一些有名无实的宫内使司全部予以废除；将城中各军调到洛阳近畿驻屯，以节约粮运；废除夏、秋两季征收的"税省耗"，减轻百姓负担；各地节度使、防御使每年新年、冬至、端午、皇上生日可以进贡，但不得搜刮百姓，刺史及以下官员不得进贡；朝廷内外不得进献鹰犬奇玩；其名"嗣源"二字只要不连起来使用，都不用避讳。

武宁节度使李绍真、忠武节度使李绍琼、贝州刺史李绍英、齐州防御使李绍虔、河阳节度使李绍奇、洺州刺史李绍能等请求恢复本名，分别为霍彦威、苌从简、房知温、王晏球、夏鲁奇、米君立。李嗣源准奏。

李嗣源还准许将郭崇韬父子归葬乡里，又恢复朱友谦的官爵，两家所抄收的钱财田宅全部归还。

李嗣源也任命前蜀的　些官员为刺史、判官、司马。

李嗣源不改国号，让后唐得以延续。其实李嗣源有太多的理由更改国号。如果李嗣源更改国号，李存勖的后唐将会很短，只有两年多时间。如果这样，历史上的"五代"也许就会成为"六代"。

李嗣源即位之时，华夏大地仍然四分五裂，除后唐外，尚有南吴、南汉、吴越、闽国、南楚、荆南等。曾经位列十国的前蜀已经灭亡。

南吴与南汉已经称王称帝，还有自己的年号，与中原朝廷没有臣属关系。

吴越王钱镠没有称帝，表面上使用中原朝廷的年号，但在境内悄悄使用自己的年号。就在李嗣源即位那年的十二月，钱镠就悄悄改元"宝正"，《资治通鉴》对此有明确的记载。

闽王王审知已经病逝，其子王延翰自称威武军节度使。李嗣源即位的次月，下诏加授王延翰为同平章事。然而五个月后，王延翰便自称大闽国王，兴建宫殿、设置百官，礼仪全部仿照天子，标志着闽国的正式建立。

南楚王马殷一直向中原朝廷称臣纳贡，不称帝、不改元。李嗣源即位五个月后，加授马殷为守尚书令。一年后，李嗣源册封马殷为楚国王，允许马殷正式建国。马殷仍向后唐称臣，没有称帝、改元。

荆南节度使高季兴一直向后唐称臣，岂料在李嗣源即位不久竟然与后唐决裂。

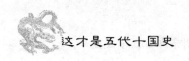

第36章 荆南叛离，后唐讨伐

荆南作为一个国家，其正式成立的时间在十国当中是最难认定的。后梁末帝朱友贞曾于公元913年八月封荆南节度使高季兴为渤海王，那时高季兴还叫高季昌。后唐庄宗李存勖曾于公元924年三月封高季兴为南平王。所以，史书也称此后的荆南为南平。有人认为荆南作为一个国家，应当从高季兴被封为南平王开始，也有人认为应当从被封为渤海王算起。其实渤海王也好，南平王也罢，都只是郡王，只不过渤海与荆南没有什么关联，而南平在历史上曾属于荆州。到了唐朝、五代，荆州已经变小，后又更名为江陵府（今湖北省江陵县），成了荆南军的治所。

高季兴没有主动称王称帝，也没有自己的年号，就是被别人封王时，也没有建太庙、置百官这样的事，所以荆南作为一个国家，很难找到正式建国的标志。当然，高氏长期割据荆南，就已经形同独立王国，虽然这个国家很小。

高季兴只有三州之地，也曾想对外扩张。

三个州，可以说是弹丸之地，能向哪个国家用兵呢？西边、北边是后唐，很强大，自然不敢去抢占领地。东边是南吴，也很强大，高季兴也不敢。高季兴打算向南边的南楚用兵，还决定大修战船。

掌书记孙光宪劝谏道："荆南多次遭受战乱，全靠明公才得以休养生息，现在刚刚有一点生机。如果我们与楚国为敌，别国再趁机袭击，实在是让人担忧。"

孙光宪是高季兴的第一谋士梁震推荐的，曾经担任过陵州判官。高季兴一直很器重梁震，特别是李存勖中箭身亡之后，高季兴是更加敬重梁震，因为梁震曾认为李存勖灭亡就在眼前，让高季兴不用害怕李存勖。

高季兴也相信孙光宪的话，便打消了武力扩张的妄想。

不能夺取南楚的州郡，高季兴便想收回原本属于荆南的属州。

后唐明宗李嗣源即位不久，高季兴便向李嗣源上表，请求将夔、忠、万三州归还荆南，李嗣源准奏。高季兴得寸进尺，又向李嗣源奏请朝廷不向此三州任命刺史，由高季兴派子弟担任。让高季兴失望的是，这回李嗣源没有接受。高季兴感到不甘心，决定寻找机会夺取。

高季兴的儿子、行军司马高从诲极力劝谏高季兴不要与后唐决裂，高季兴就是不听。不知梁震与孙光宪有没有劝谏高季兴，遗憾的是，史书上没有讲。从高季兴与后唐决裂来看，荆南作为一个国家已经宣告成立。这个在夹缝中的三州小国，神奇地存在了30多年。

公元927年（后唐明宗天成二年）二月，后唐夔州刺史潘炕去职，李嗣源任命奉圣指挥使西方邺为夔州刺史。西方邺还没有到达夔州（今重庆市奉节县），高季兴便派兵袭击后唐守兵并占领州城。高季兴还传令不让西方邺进城赴任。

高季兴夺了夔州，并未就此罢休。高季兴听说李继岌曾派押牙韩珙押运前蜀的金银财宝沿江而下，当时才到西陵峡口。高季兴立即派兵将韩珙击杀，再将所有钱财抢走。

李嗣源得知此事，派人前来查问。高季兴说："韩珙的船只从三峡东下，茫茫数千里，要想得知翻船溺水之事，应当去问水神。"

李嗣源听到高季兴的话，大怒异常。

李嗣源下诏削去高季兴的官爵，任命山南东道节度使刘训为南面招讨使、知荆南行府事，忠武节度使夏鲁奇为副招讨使，令二人率四万步骑兵讨伐高季兴。李嗣源又任命东川节度使董璋为东南面招讨使，新任夔州刺史西方邺为副使，令二人率蜀地兵马从三峡东下。两路兵马再会同南楚的兵马三面进攻高季兴。

三月，刘训率部到达荆南境内，楚王马殷也派都指挥使许德勋率水军驻屯岳州（今湖南省岳阳市）。面对各路大军，高季兴不敢出战，传

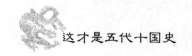

令坚守城池。高季兴知道，他的江陵城是不太容易攻破的。

四月，刘训仍未能攻克江陵。江陵地洼潮湿，当时连日大雨，粮草又供运不上。不仅如此，将士们还因水土不服而生起病来，刘训也病得卧床不起。刘训赶紧将困难奏报给李嗣源，李嗣源派枢密使孔循到江陵察看，评估是否要继续作战。

五月，孔循到了江陵，先下令再发动一轮攻击，但仍不能攻克。孔循又派人入城劝说高季兴投降，高季兴态度傲慢，不肯接受。孔循派人将荆南的情况奏报给洛阳城中的李嗣源。

李嗣源知道前方作战的困难，特别是粮草不济。李嗣源还不想撤兵，想从南楚解决粮草。李嗣源于是派人给南楚士兵送去一万件夏季的衣服，再给楚王马殷送去鞍马玉带，请马殷给刘训大军提供粮草。

马殷虽然向后唐称臣，态度也极为诚恳，其内心实不希望后唐消灭荆南这个屏障。马殷故意拖延，没有很快给刘训送来粮草。李嗣源不得已，于五月二十日下诏放弃攻打荆南，传令刘训等将班师。刘训回师后，被李嗣源贬降为檀州刺史。

次月，西方邺率部在三峡中击退荆南舰船，收复夔州。

后唐大军走后，楚王马殷继续向后唐进贡，李嗣源也回赐马殷一匹骏马、两名美女。后唐使者经过江陵时，高季兴将骏马、美女全部夺走。

高季兴得罪后唐，得找个靠山，于是派使带着贡物向南吴归附。南吴大丞相徐温说："治国者应当务实效而去虚名。高季兴归附唐国已经很久，而洛阳离江陵又不远，后唐国步骑兵攻打他很容易，我们的水军救之却很难。如果接受其称臣，而不能相救，岂不惭愧？"

徐温于是只受贡物，不接受称臣。

一年后，徐温病逝，掌控朝政的是徐温的义子徐知诰。高季兴再度向南吴请求称藩。面对高季兴再度请求称藩，南吴竟然接受了，还晋封高季兴为秦王，这当然是徐知诰的决定。

后唐明宗李嗣源得到消息，决定再次讨伐高季兴。李嗣源没有从后唐派兵，以防再次出现上次水土不服的情况。李嗣源给楚王马殷下诏，令马殷出兵攻打高季兴。马殷派大将许德勋率兵攻打荆南，其子马希范为监军。

公元928年（后唐明宗天成三年）六月，许德勋、马希范到达沙头（今湖北省荆州市沙市区），高季兴的侄子、云猛指挥使高从嗣单枪匹马来到楚营门前挑战。高从嗣高呼马希范出来应战，马希范不敢出战。南楚副指挥使廖匡齐纵马出营与高从嗣激战。高从嗣不敌，被当场杀死。高季兴得到消息，大为恐惧，立即派人前来讲和。许德勋于是罢兵南返。

过了三个月，高季兴似乎忘记了痛。

九月九日，高季兴又派兵与南楚作战，两国兵马在白田（今湖南省岳阳市北）遭遇，南楚的岳州刺史李廷规不敌被擒。高季兴命人将李廷规押送到南吴。

李嗣源得知这一消息，决定派兵讨伐高季兴。李嗣源任命武宁节度使房知温兼荆南行营招讨使、知荆南行府事，再调遣各藩镇兵马前往襄州（今湖北省襄阳市）集结，准备讨伐高季兴。

高季兴听说房知温的兵马不多，准备派兵迎战。谋士梁震劝说道："朝廷派兵征伐，兵虽少而势很大。再说四方藩镇都想兼并他人州县，如大王战而不胜，谁不想前来争夺土地？为大王计，不如给主帅房知温送去书信、牛酒，然后再上表自责，这样方可自保。"

高季兴听从了梁震的建议，也就避免了一场战事。

十二月，高季兴患病，竟然卧床不起。高季兴开始考虑后事，任命其子高从诲权知军府事。十二月十五日，高季兴病逝，年七十一岁。

南吴皇帝杨溥得知高季兴病逝，下诏任命高从诲为荆南节度使兼侍中。高从诲不打算接受南吴的任命诏书，而想继续向后唐称臣。高从诲对僚佐说道："唐国离我们近，而吴国离我们远，我们向吴国称臣不是好的计策。"

公元929年（后唐明宗天成四年）六月，高从诲向后唐明宗李嗣源上表认错，请求继续归附后唐，恢复进贡。七月，奏表辗转到达洛阳，李嗣源接受高从诲的请求，下诏任命高从诲为荆南节度使、兼侍中。

讲了荆南，顺便再讲讲南楚、南吴的事，然后再讲后唐。

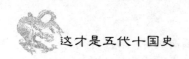

第37章　南楚建国，马殷失权

马殷一直向中原朝廷称臣纳贡，使用中原朝廷的年号。

公元907年四月，朱晃建立后梁时，马殷派使进贡，朱晃首先就封马殷为楚王。

公元910年六月，后梁太祖朱晃应马殷要求，加授马殷为天策上将军。于是，马殷开设天策府，任命兄弟马賨（音丛）为左相、马存为右相。

公元912年四月，朱晃任命马殷为武安、武昌、静江、宁远四镇节度使，兼洪鄂四面行营都统。宁远当时属刘岩，武昌属南吴，后梁如此任命马殷有两方面考虑：一是在名义上不认同刘岩对宁远的占领；二是希望马殷去攻打南吴的洪州、鄂州。

公元923年十月，李存勖消灭后梁，马殷立即派其子马希范到汴州晋见李存勖，缴纳洪鄂行营都统印信，呈报境内将领官吏的名册。

公元924年十一月，马殷听说后唐灭蜀，连忙上表道："臣已在衡山脚下建好告老退隐之所，请准许臣上缴印信符节，以安度余生。"李存勖下诏抚慰挽留。

公元926年九月，即位不久的李嗣源加授马殷为守尚书令。

公元927年，即后唐明宗天成二年，马殷向李嗣源奏请建立行台。李嗣源接受奏请，正式册封马殷为楚王。有司说没有册封国王的礼仪，请求依照三公用竹册。李嗣源便派尚书右丞李序带着符节用竹册为马殷册封。

八月，马殷将潭州升为长沙府，在长沙建立宫殿，设置文武百官，自己如同天子一样。马殷还在长沙立三座宗庙，分别是其曾祖、祖父与父亲。尽管如此，有一些名称还与皇帝不同，比如百官称马殷为殿下，而不是陛下，翰林学士称文苑学士，枢密院称左右机要司，知制诰称知辞制。南楚的百官有：姚彦章为左相，许德勋为右相，李铎为司徒，崔颖为司空，拓跋恒为仆射，张彦瑶、张迎为判左右机要司。

如果从称帝或改元角度来看，马殷的南楚一直没有正式建立。然而史家认为，南楚正式建立的时间便是公元927年八月。这一年马殷已经七十六岁，可谓其人生巅峰。

数月后，南楚与邻国开战。

南楚的邻国主要有北边的荆南、东边的南吴以及南边的南汉。南楚臣服后唐，自然不免要与叛离后唐的荆南发生战争，而其南边的南汉早已正式称帝与中原朝廷分庭抗礼，南楚也不能与其结交，战争随时发生。东边的南吴是一个强国，南楚也不想与其发生冲突。

公元928年（后唐明宗天成三年）三月，楚王马殷来到岳州（今湖南省岳阳市），派六军使袁诠、副使王环、监军马希瞻等率水军攻打荆南。荆南节度使高季兴得到消息，也不示弱，也派水军迎战。

两国兵马很快都到达刘郎洑（今湖北省石首市刘郎浦）。马希瞻于当天夜里令数十艘战船藏在港中。第二天早上，两国水军开始交战，马希瞻将埋伏的战船全部开出，突然袭击了高季兴的战船。高季兴猝不及防，大败，一千余人被俘。

马希瞻等传令水军，继续向荆南的治所江陵（今湖北省江陵县）进发。高季兴非常害怕，立即派使请和，还将之前俘虏的南楚将领史光宪放还。王环等传令班师。

马殷对各将没有乘胜攻占江陵非常生气。将领王环说道："江陵在中原及吴、蜀之间，是四战之地，应当留其作为我国的屏障。"马殷听后又转怒为喜。

王环带兵打仗，总是身先士卒，与士兵同甘共苦。王环还懂得疗

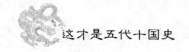

伤，每次出征，总是带着针药，一场战斗结束，王环便让人将受伤的士兵抬到自己的大帐之中，亲自为士兵治伤。跟随王环的士兵总是互相庆贺地说："我们跟着王将军，死得其所。"因而王环每次出征，总能立功。

马殷又发兵攻打南边的南汉。马殷的水军不日便抵达南汉的封州（今广东省封开县），将封州围困。

南汉皇帝刘岩接报，并不慌张。刘岩先命人用《周易》算上一卦，得到"大有"，属吉利之卦。刘岩十分高兴，立即下诏大赦境内，改元大有。刘岩接着才派左右街使苏章率三千名神箭手、一百艘战舰前往援救封州。

苏章到达贺江，命人将铁链横放于江中，沉入江底，两端拴在江边的巨轮上。苏章再命人在巨轮边修筑长堤将巨轮挡住，让身强力壮的士兵埋伏在长堤之后。一切妥当之后，苏章再亲率小舟前往袭击南楚士兵，假装不能取胜而撤退。

南楚士兵不知是计，立即追击苏章，一直追到贺江之上。埋伏在长堤后面的南汉士兵立即将铁链拉起，南楚的战船不能进退。这时，南汉的三千名神箭手一同向江中的南楚战船射击，南楚士兵大败，解除封州之围而去。为了加强封州的镇守，刘岩便任命苏章为封州团练使。

马殷接连攻打荆南、南汉，没有想到南吴的兵马攻来了。就在当年四月，南吴右雄武军使苗璘、静江统军王彦章率一万名水军攻打南楚的岳州，不日到达洞庭湖中的小岛君山。

马殷得到消息，立即派大将、右丞相许德勋率一千艘战舰前往抵御。许德勋说道："吴国人突然来袭，也是想趁我们没有防备，如果见到我们的大军，必定惊惧而逃。"

四月十二日，南吴的战舰到达岳州东边的道人矶。许德勋命战棹都虞候詹信带领三百艘小舰绕道南吴水军之后，自率大军出现在南吴水军之前，前后夹击。南吴兵马大败，将领苗璘、王彦章被俘虏。

消息报至南吴，南吴派使来到南楚，向南楚王马殷求和，请求释放苗璘、王彦章二将。楚王马殷也不想与南吴兵戎相见，毕竟南吴也是一个强国。于是，马殷接受南吴的请求，将苗璘、王彦章二将放还。

马殷还派许德勋给苗璘、王彦章二将饯行。酒过三巡，许德勋对二将说道："楚国虽小，但旧臣宿将还在，请吴国不要有所谋图。等到将来众驹争槽时，再来谋图。"

许德勋为何这么说？因为马殷后宫宠妃太多，嫡子庶子三十多人，而且这些嫡子庶子又没有分别。不仅如此，众王子骄横、奢侈，将来马殷去世，各王子必定争夺王位。

不是许德勋有先见之明，而是许德勋看到了南楚的隐患。当然，许德勋对敌国将领说出这样的话，似乎也不应该。

一年后，马殷决定将军政大权交给其中一个儿子午安节度副使、判长沙府马希声掌管，并有意培养其做继承人。

公元929年（后唐明宗天成四年）三月，马殷任命马希声为知政事，总录内外诸军事。从此，南楚的国政大小事务都先经过马希声，再奏报马殷。

马殷将大权交给马希声，没想到因此而失去重要的谋臣高郁。

马殷从进入潭州（今湖南省长沙市）起，便重用谋臣高郁，南楚也因高郁的治理而得以富强。南楚有高郁，周边各国都感到不安，有人还寻找机会挑拨离间。

马殷曾派其子马希范前往洛阳进贡。李存勖看到马希范非常机敏，便趁机挑拨道："听说马家的天下将要被高郁夺取，现在看到马家的公子如此聪慧，高郁怎么能得到。"

马希范回到南楚，将李存勖的话说给马殷听，马殷不上当。

北边的近邻荆南节度使高季兴也造谣挑拨高郁与马家的关系，马殷当然不予理睬。高季兴不死心，听说马希声开始掌权，又给马希声修书，盛赞高郁，愿意与高郁结为兄弟。高季兴的使者还对马希声说道："高公常常说，马家的政事都由高郁做主，这是子孙的忧患啊。"马希声听后，觉得很有道理。

行军司马杨昭遂是马希声妻子的族人，一直想谋取高郁的官位都军判官，也不断地在马希声面前说高郁的坏话。

马希声于是多次在父王马殷跟前说高郁放肆，还与邻国结交，请求杀掉高郁。马殷说道："成就我功业的人就是高郁，高郁的功劳无人能比。你不要再说这样的话。"

马希声坚决请求削夺高郁的兵权，马殷不得已便降高郁为行军司马。

高郁被贬降后，心里也感到很不高兴。有一天，高郁对身边亲信说道："快点整修西山，我要到那里养老。小狗已经长大，会咬人了。"没有想到，这句话还是被马希声听到，马希声大怒异常。

八月的一天，马希声假传马殷之命，将高郁杀于家中。

马殷对此一无所知。那天大雾弥漫，久久不散，马殷有种不祥的预感，对左右说道："我当年跟随孙儒渡淮河南下，每当杀死无辜之人，老天必有异常天象。看今天的情形，难道有冤死之人？"

次日，马殷才听报高郁被杀。马殷手捶胸口，大声痛哭道："我真是老糊涂了，政令都不由自己做主，让我的功臣被冤杀而死。"过了一会儿，马殷又对左右叹息道："我在这个位置上还能待多久呢？"

公元930年（后唐明宗长兴元年）十月，马殷患病，越来越重，便向后唐明宗李嗣源上表，请求将王位传给马希声。十一月，马殷病逝，遗命各子兄终弟及。马殷临死前还让人在祠堂放置一柄剑，说："不听孤之命令的，斩！"

马希声继位后，撤销王国，恢复藩镇。十二月，后唐下诏，任命马希声为武安、静江两镇节度使。

第38章　徐温病逝，义子掌政

　　吴王杨隆演忠厚稳重，恭敬谨慎。徐温、徐知诰父子专权执政，杨隆演从无怨言。自从公元919年四月正式称吴王、改元立国以来，杨隆演反而感到并不快乐，整日纵酒，很少进食。不久，杨隆演便卧病在床。

　　公元920年（后梁末帝贞明六年）五月，大丞相徐温从镇守之地昇州（今江苏省南京市），来到江都府（今江苏省扬州市），与朝中各位官员商议继承人一事。有人迎合徐温，说道："刘备在病逝前曾经对诸葛亮说，如果继承人没有能力，就让诸葛亮取而代之。"

　　徐温听了此言，非常生气，说道："我如果有这个想法，当初在诛杀张颢时就可以这么做，何必要等到今天？哪怕杨家没有儿子，就是有一个女儿，我也要拥立其为王。再有胡说八道的，一律斩首！"

　　徐温最后以杨隆演的名义，将丹杨公杨溥接到江都，监督国政。杨溥是杨行密的第四子，时年二十一岁。五月二十八日，杨隆演病逝，年仅二十四岁。六月十八日，杨溥继位为吴王。七月，南吴将昇州升为金陵府。

　　杨溥继位，徐温仍然继续掌管南吴军政。徐温对杨溥很恭敬，多次劝杨溥到南郊祭祀，以表明天子身份。有人劝阻道："礼乐未备，不能郊祭。再说郊祭要花费很多钱，当年唐朝天子郊祭时，花费金钱就有万万，我国一时筹措不到这么多钱。"

　　徐温说道："岂有帝王不郊祭之理？我认为郊祭，只要有一片诚心就好，不必浪费那么多钱财。唐朝每次郊祭，为了打开南门，单是向门锁、门轴灌输油脂，就要一百斛，如此奢侈，不可效仿。"

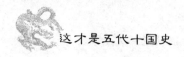

公元921年（后梁末帝龙德元年）十月十二日，杨溥到南郊祭祀。第二天，杨溥下诏，大赦境内，加授在江都执政的徐知诰为宰相。不久，又在江州（今江西省九江市）设奉化军，任命徐知诰遥兼奉化军节度使。

徐知诰在江都执政，大丞相徐温镇守在金陵，时日一久，便有人心存不满。徐温的次子徐知询认为徐知诰并不是其亲兄长，多次向其父请求由其到江都代替徐知诰。徐温不肯，对徐知询说："你们兄弟几个都不及知诰。"

不仅徐温舍不得放弃徐知诰，徐温的夫人陈氏也如此。陈氏曾经亲手将徐知诰抚养长大，对徐知诰很有感情。陈氏曾对徐温说："知诰是在我们家贫贱时收养的，怎能在富贵时将其抛弃？"

徐知诰有一首《咏灯》诗，足可以打动徐温。在这首诗中，徐知诰将自己比作灯，而徐温则是主人，其对徐温的恭敬尽在诗中。诗云：

> 一点分明值万金，
> 开时惟怕冷风侵。
> 主人若也勤挑拨，
> 敢向尊前不尽心。

在江都辅政的严可求以及行军副使徐玠，也多次劝徐温让徐知询代替徐知诰，徐温觉得徐知诰非常孝顺、恭谨，不忍心这样做。然而严可求等人仍然不断地劝谏，徐温终于接受了。

公元927年（后唐明宗天成二年）十月，徐温准备会同各藩镇节度使一同到江都，劝吴王杨溥称帝，然后趁机将徐知诰调离，而由其亲子徐知询接替。徐温计议已定，准备动身前往江都，突然感到不适，于是派徐知询先带着奏表前往江都劝进，同时让徐知询留在江都代替徐知诰执政。

徐知询到了江都，徐知诰便得知徐温的计划。徐知诰并不情愿离开执政将近十年的江都，但也不敢违抗徐温的命令。徐知诰甚至感到非常害怕，害怕会发生对其不利的事。

十月二十四日，徐知诰草拟奏表，请求外任镇南军节度使，准备第二天早朝时向吴王杨溥呈奏。当天晚上，突然传来徐温病逝的消息，徐知诰便决定不再呈递此表。

徐知询得知父亲病逝，立即从江都返回金陵。

徐温掌管南吴军政大权将近二十年，病逝时六十六岁。

吴王杨溥追封徐温为齐王，谥号忠武。杨溥仍按计划登基称帝。

十一月三日，杨溥在江都即皇帝位，追尊其父孝武王杨行密为武皇帝，兄长景王杨渥为景皇帝，兄长宣王杨隆演为宣皇帝。十多天后，杨溥大赦境内，改元乾贞，册封太妃王氏为皇太后，加授徐知诰为都督中外诸军事，徐知询为诸道副都统、镇海宁国节度使兼侍中。

由于突如其来的变故，徐知询未能代替徐知诰在江都执政。徐知询反而代替父亲徐温在金陵镇守，徐知诰则仍在江都执政，二人平静地度过了两年。两年后，二人之间的冲突终于发生。

公元929年（后唐明宗天成四年）八月，南吴的武昌节度使李简患病，请求返回江都。李简东返到达采石（今安徽省当涂县西北）时，病逝。李简的女婿徐知询擅自将李简的两千名亲兵留在了金陵。徐知询还向皇帝杨溥上表，推荐李简之子李彦忠代父镇守武昌军治所鄂州（今湖北省武汉市）。

杨溥虽是皇帝，但大权却在执政的徐知诰手中。徐知诰没有接受徐知询的奏请，而是任命龙武统军柴再用为武昌节度使。

徐知询得到消息，大怒道："刘崇俊是你的亲戚，接连三代当濠州刺史，李彦忠是我妻子的娘家人，偏偏不可以，这是什么道理？"

徐知询自认为手握重兵，占据长江上游，根本不把徐知诰放在眼里。吴越王钱镠给徐知询赠送的金玉鞍勒、器皿，都雕饰着龙凤图案，只有天子才能承受，而徐知询照收不误，毫不避嫌。

徐知询的所作所为，徐知诰十分忧虑。内枢密使王令谋对徐知诰

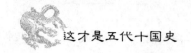

说道："公在朝中辅政日久，挟天子以令境内，没有人敢不从。知询年少，对人没有恩威与信任，成不了大事。"

徐知询确如王令谋所说，竟然对自己的亲兄弟也很刻薄，几位兄弟都埋怨他。连当初想拥立徐知询的徐玠也觉得徐知询难成大器，不值得辅佐，反而将徐知询的缺点报给徐知诰。

徐知询的典客周廷望劝谏徐知询道："公如果能拿出钱财与朝中元老结交，让他们拥护公，那么知诰还能依靠谁？"

徐知询认为有理，便派周廷望前往江都联络朝中元老。

周廷望与徐知诰的亲信周宗友善，通过这层关系又悄悄与徐知诰结交。周廷望为继续得到徐知询的信任，也将徐知诰的阴谋转报给徐知询。

徐知询准备先下手为强，派人来请徐知诰到金陵，参加其父徐温的除丧之礼。徐知诰当然不敢离开江都前往金陵，便谎称南吴皇帝杨溥不准许其前往。

徐知诰看出徐知询的企图，也准备用计将徐知询骗到江都来。徐知诰让周宗对即将返回金陵的周廷望说道："有人控告侍中有七项不臣之罪，请侍中尽早来朝申辩。"徐知诰所说的侍中便是徐知询。

周廷望回到金陵，将此事禀报徐知询。徐知询不知是计，竟然动身前往江都。

十一月，徐知询来到江都，晋见南吴皇帝杨溥。徐知诰立即奏请任命徐知询为统军，领镇海节度使，让其留在江都。徐知诰再派右雄武都指挥使柯厚前往金陵，将驻屯在金陵的兵马带回江都。从此，徐知诰完全掌管南吴军政。

徐知询终于弄清徐知诰的意图，生气地对徐知诰说道："先王去世，兄长身为人子，却不去奔丧，应该吗？"

徐知诰回道："你手拿宝剑等着我，我岂敢前往？你身为人臣，却收取天子才能拥有的乘舆、服饰，也应该吗？"

徐知询又把周廷望说徐知诰的坏话说出，徐知诰回道："说你坏话的，也是他。"

徐知诰最后将周廷望这个两面派斩首。

徐知诰也想害死徐知询。

十二月，徐知诰宴请徐知询。宴席之上，徐知诰用金钟斟满酒给徐知询，说道："祝愿兄弟长命千岁！"

徐知询怀疑酒中有毒，不敢喝。徐知询再拿一个酒杯，将酒倒了一半，跪下对徐知诰说："弟愿与兄长各享五百岁。"

徐知诰哪里敢接，脸色马上就变了。徐知询仍举杯跪在那里，坚决不起。徐知诰左看右看，不肯接杯，席上之人都不知如何是好。

这时戏子申渐高快步走上前去，说了几句诙谐的话，然后抢过两个酒杯，将酒全部喝下。申渐高最后拿着金钟快步走出宴厅。徐知诰悄悄派人带着解药去救申渐高，申渐高已经头脑溃烂而死。

徐知诰未能害死徐知询，徐知询便一直在南吴担任将领，只是完全在徐知诰的掌控之下。我们再来讲讲后唐的故事。

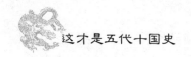
第39章　出兵定州，平定王都

后唐明宗李嗣源即位后，面对四分五裂的天下，并没有想到要实现统一大业。不能说李嗣源没有雄心，当时的天下实在是太乱，李嗣源也许只想让境内百姓休养生息。史书上有一段李嗣源与宰相冯道的谈话，可以看出李嗣源的为政之道。

李嗣源即位三年多来，连年丰收，四方没有大的战事。冯道担心李嗣源骄傲而忘记百姓疾苦，提醒道："臣常常记起在先王幕府中时，曾奉命出使定州（今河北省定州市），穿越井陉时，担心道路险峻而马失前蹄，便谨慎地拉住缰绳，因而一路无虞，没有闪失。后来到进入平路时，放开缰绳，任由骏马奔驰，不想一下子跌倒。大凡治理天下的，也与此相同啊。"

李嗣源听后，觉得非常有理，又问冯道："今年丰收，百姓富足吗？"

冯道说："歉收之年，农民饿死荒野，丰收之年，粮价下跌。不论是丰是歉，农民都有苦难。臣记得进士聂夷中有一首诗写道：'二月卖新丝，五月粜新谷，医得眼下疮，剜却心头肉。'话虽粗糙，但道尽农家人的困境。在士农工商当中，数农民最苦，人主不可不知。"

李嗣源听后，命人将聂夷中的这首诗抄录下来，常常吟诵。

公元927年（后唐明宗天成二年）十月，南吴大丞相徐温病逝。十一月，吴王杨溥在江都（今江苏省扬州市）称帝即位。枢密使安重诲劝明宗李嗣源趁机攻打南吴，李嗣源没有接受。

三个月后，南吴的使者来到洛阳，安重诲认为南吴竟敢称帝与朝廷抗礼，还派使者前来窥探，便拒绝接见使者，从此两国断绝往来。尽管如此，李嗣源也没有向南吴用兵。

当然，李嗣源不想对外用兵，但对境内的叛乱没有坐视不管。

李嗣源在位期间，除了荆南节度使高季兴背叛，义武节度使王都、东川节度使董璋、西川节度使孟知祥、定难节度使李彝超等也相继背叛。高季兴背叛的事，前面已经讲过，下面讲讲王都。

王都杀死义父王处直镇守定州已有数年，辖区内的刺史都由自己任命，租赋也从不上缴朝廷。安重诲当了枢密使之后，王都才稍有收敛。当时契丹多次侵扰后唐边境，后唐在幽州、易州之间驻屯不少兵马，大将常常往来其间，王都担心朝廷趁机对其袭击，便暗中加以防备。

公元928年（后唐明宗天成三年）四月，为加强对各藩镇的控制，李嗣源对各地守将作了一些调整：调邺都留守、皇子李从荣为河东节度使、北都留守，客省使冯赟为副留守，夹马指挥使杨思权为步军都指挥使，一同辅佐李从荣；宣武节度使、女婿石敬瑭为邺都留守、天雄节度使，加同平章事；枢密使范延光为成德节度使；枢密使安重诲兼河南尹；河南尹、皇子李从厚为宣武节度使，仍判六军诸卫事。

王都担心李嗣源将其调往别的藩镇，心腹和昭训也劝王都为自己谋划保全之计。于是，王都与北边的卢龙节度使赵德钧缔结姻亲。王都得知南边的成德节度使王建立与朝中的安重诲不和，便派使前往成德，请求与王建立结为兄弟，还与王建立谋划恢复当年河北藩镇割据的局面。王建立假装同意，却悄悄派人向李嗣源上奏。

王都又派人带着蜡丸书信前往联络平卢节度使霍彦威、武宁节度使房知温、安义节度使毛璋、西川节度使孟知祥以及东川节度使董璋，挑拨他们之间的关系，以图让后唐境内混乱。

王都还派人游说归德节度使王晏球，王晏球不予理睬。王都派人用重金贿赂王晏球的属下，让属下杀掉王晏球，最终没有成功。王晏球将王都背叛之事奏呈明宗李嗣源。

李嗣源接到王晏球的奏报，下诏削去王都官爵。李嗣源再任命王晏球为北面诏讨使，横海节度使安审通为副招讨使，郑州防御使张虔钊为都监，令三将率兵前往定州讨伐王都。

王晏球不日抵达定州城下，很快攻克定州北关城。

城中的王都担心不敌，立即派使带着重金请奚酋秃馁援救。

五月初，秃馁率一万名骑兵来到定州。王晏球得到消息，暂退至定州城西北的曲阳。王都与秃馁一同来攻曲阳。王晏球率部与王都、秃馁在嘉山下激战，大胜王都、秃馁。

王都、秃馁带领两千人马逃回定州城中，王晏球一路追到城门口。王晏球传令攻城，又攻占西关城。定州城太坚固，王晏球不能攻克，便在西关城修建行府，令义武所辖定州、易州、祁州百姓供应粮草，以长期围攻。

数日后，王晏球探得契丹派兵来援王都。王晏球不准备再留在定州围困王都，而是将兵马分成两部，一部由自己率领，北上望都，阻截契丹援兵；一部由张延朗率领，南下新乐防守。

张延朗到达新乐时，看到城防很破，便不想在此驻守。张延朗于是留下赵州刺史朱建丰修缮新乐城，自己率兵继续南卜到达镇州（今河北省正定县）。

契丹兵马并没有经过望都，而是从其他道路进入定州城中。王都会合契丹援军，随即南下夜袭新乐城。新乐城防尚未修好，无法坚守，朱建丰战败而死。

王晏球得到消息，立即派人联络张延朗，一同到行唐会合。王晏球与张延朗会合后，再次来到曲阳，准备在此与敌作战。

五月二十二日，王都乘着击破新乐的余威，带领所有人马与契丹援军五千骑兵共计一万余人，前往曲阳阻截王晏球。

第二天，大战即将开始，王晏球召集众将校，作战前动员："王都轻敌而又骄傲，可以一战而擒。今天正是诸君报国之时，传我号令，不得使用弓箭，全部手拿短兵器，胆敢回头者，斩！"

　　王晏球传令骑兵先行。这些骑兵手挥铁挝、短剑，冲向敌阵之中，大胜敌军，王都与契丹所部尸横遍野，契丹援兵阵亡过半。王都与奚酋秃馁在数名骑兵保护下逃走。契丹援兵在北逃途中，又被卢龙节度使赵德钧阻截，几乎全军覆没。

　　王晏球大胜王都及契丹援兵，并没有乘胜攻打定州城。王晏球认为王都虽然遭败，但定州城实在是太坚固，不想徒增伤亡。王晏球于是等待时机，没想到将领朱弘昭、张虔钊竟然对众人说主将王晏球胆小，不敢攻城。

　　消息传到洛阳，明宗李嗣源也认为王晏球胆小。李嗣源于是下诏传令王晏球攻打定州城。

　　六月二十二日，李嗣源的诏书到达定州，王晏球只好强行攻城，不想伤亡三千多人，而定州城安然无恙。数日后，北面招讨副使安审通在军中逝世，王晏球大军少了一员大将。

　　七月，契丹再派七千骑兵来援王都。王晏球探得消息，马上率所部兵马前往唐河北岸迎战。王晏球再次大胜契丹大军，契丹军北撤，王晏球追击。两日后，王晏球一直追到易州境内。

　　当时正是夏季，下了不少天的雨，河水猛涨，不少契丹士兵淹死在河水之中。契丹残兵一路北逃，道路泥泞，人困马乏，再加上饥饿，好不容易到了卢龙境内。卢龙节度使赵德钧派牙将武从谏率精锐骑兵拦截契丹溃兵，契丹主将及数百人被擒获，余众逃到村落之中，被村民用木棍殴打，逃回契丹国内的不过数十人。从此契丹也非常沮丧，士气低落，不敢轻易犯境。

　　王晏球仍在围困定州，岂料城中的王都竟然拥立出一位皇帝来要挟王晏球。

　　庄宗李存勖当年在河北境内作战时，曾经得到一个小孩，李存勖将这个小孩养在宫中，赐姓名李继陶。李嗣源即位后，将李继陶放出宫，被王都接到定州。王都让人做了一套黄袍，让李继陶穿上。王都带着李继陶来到城楼之上，对城外的王晏球说道："这是庄宗的皇子，已经登

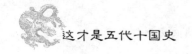

基即位。公曾受到先朝的厚恩，难道一点都不念旧恩？"

王晏球不为所动，说道："公如此所为，有什么用？我今天给公两个出路，一个是带领全部人马出城决战，一个是束手就擒，此外别无求生之路。"

又过了数月，定州城仍不能攻克。李嗣源对王晏球一直不能攻克定州感到非常着急，再度派使前来督战。李嗣源还任命横海节度使、侄儿李从敏为北面招讨副使，接替安审通。

十月，李嗣源的使者来到定州。王晏球带着使者一同纵马巡查城防，指着定州城池说道："定州城如此高大坚固，就是城内无人防守，任由我们登城，也不是云梯、冲车能够达到的。强行攻城只不过多加伤亡，对叛军一点损失都没有，这样做有什么好处。不如多消耗三个州的租赋，爱民养民以等待良机，敌人内部必定崩溃。"

使者回到洛阳，将定州的战况呈报李嗣源，李嗣源便不再催促王晏球。

公元929年（后唐明宗天成四年）二月，王晏球围困定州已达十个月。在这十个月中，王晏球动用自己的钱财犒劳将士，从没有杀过一个士卒。城中的王都与奚酋秃馁此时真的到了无力支撑的地步。王都与秃馁准备突围而走，但王晏球围困很紧，王都与秃馁根本无法出城。

二月十三日，定州都指挥使马让能打开城门，将王晏球大军引入城中。王都自知无力回天，便带着族人放火自焚。秃馁及两千名契丹士兵则被王晏球大军俘虏。

为奖赏王晏球与赵德钧平定王都之功，李嗣源下诏任命王晏球为天平节度使，与赵德钧一同加授兼侍中。次月，王晏球进京朝见李嗣源，李嗣源赞其战功，王晏球谦虚地说战事时日太长，劳烦后方这么久地供应粮草。

第40章　两川背叛，明宗征讨

后唐枢密使安重诲认为，西川节度使孟知祥及东川节度使董璋手握重兵，据守险要之地，时日一久，就难以控制。安重诲尤其认为孟知祥与李存勖有姻亲，是个不能信任的人，应当设法除掉孟知祥。

孟知祥当时确实有割据巴蜀的想法，也作了不少部署：设左、右牙等十六营，共有一万六千名士兵，分驻牙城内外；设左、右冲山等六营，共有六千人，驻屯罗城内外；设左、右牢城等四营，共四千人，驻屯成都城内；设义宁等二十营，共一万六千人，驻屯在西川所属各州县。

客省使李严不希望蜀地发生战乱，主动向明宗李嗣源请缨，前往西川担任监军。李严认为自己一定能让孟知祥忠于朝廷。于是，李嗣源任命李严为西川都监，同时任命文思使朱弘昭为东川节度副使，连东川的董璋一同监视。

李严来到西川，孟知祥并不欢迎。孟知祥先集结大军，以图把李严吓回洛阳。李严不为所动，孟知祥只好直截了当，将李严杀掉。前往东川的朱弘昭听说此事，非常害怕，赶紧找个机会返回洛阳。

孟知祥杀了李严，派人到洛阳向李嗣源上表称："李严假传圣旨，说要调臣回京，而由李严接任节度使。李严还擅自许诺将士赏赐，所以臣将其诛杀。"

李嗣源不相信孟知祥的话，但又不希望引发蜀地战乱，于是再派客省使李仁矩带着诏书前往西川，安抚孟知祥。

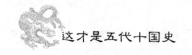

之后两年，西川与朝廷没有大的冲突。

公元929年（后唐明宗天成四年）五月，李嗣源准备到南郊祭祀，需要不少费用。李嗣源派客省使李仁矩带着诏书来到两川，令西川缴纳一百万贯，东川缴纳五十万贯。两川都说军用不足，最后各缴纳一半。

李仁矩认为自己是李嗣源的客将，也得到安重诲的信任，在东川时对节度使董璋十分傲慢。董璋手拿兵器对李仁矩大声骂道："你只听说西川斩客省使李严，认为我东川不能吗？"

李仁矩吓得涕泪交流，赶紧奔回京都洛阳。

李仁矩向明宗李嗣源奏报了董璋的不法行为，李嗣源并没有立即采取措施。

九月，奉命驻守东川的一支保大兵马到期应当返回本镇。董璋擅自将这支兵马中强壮的士兵留下，只让老弱士兵返回保大，还不让这些士兵带走铠甲。

安重诲得到消息，奏请明宗李嗣源采取应对措施。

十月，李嗣源下诏，割昭武军的阆、果二州设立保宁军，治所为阆州，由李仁矩担任节度使。李嗣源还任命旧将武虔裕为绵州刺史。武虔裕也是安重诲的表兄。安重诲令李仁矩与武虔裕一起带兵前往蜀地赴任。安重诲还让李仁矩收集董璋谋反的证据，李仁矩便添油加醋地奏报。安重诲又让武信节度使夏鲁奇修缮治所遂州的城池，制造铠甲兵器，增扩士兵。

朝廷的做法让董璋感到非常担忧。董璋还听到传言，说朝廷打算割东川的绵、龙二州设立藩镇，让武虔裕当节度使。董璋十分害怕，想联合孟知祥一同抗拒朝廷。董璋与孟知祥一直不和，孟知祥会响应董璋吗？孟知祥对朝廷的做法也感到害怕，所以，当董璋向孟知祥请求结为亲家时，孟知祥当即应允。

公元930年（后唐明宗天成五年）二月，孟知祥与董璋一同向朝廷上表道："臣等听说朝廷在阆州设置藩镇，又在绵、遂二州增兵，臣等感到十分惊恐。"

李嗣源下诏，好言抚慰孟知祥与董璋。

董璋并不买账，决定采取行动。四月，董璋向李嗣源上表，推荐武虔裕为行军司马，将武虔裕调到东川的治所梓州来。李嗣源不知道董璋的意图，便准其所奏。武虔裕到了梓州，便被董璋囚禁在府中。五月，董璋在剑门关以北设置永定关，修建烽火台，以防朝廷兵马来伐。

七月，朝廷仍在向武信、保宁两藩镇增兵。于是，董璋与孟知祥再向朝廷上表，向朝廷此举表示抗议。两川一带的战争气氛越来越浓，大有一触即发的势头，外地的商人大都不敢入蜀。

董璋的儿子董光业在洛阳担任营苑使，董璋给其写信道："朝廷割我的属州另设藩镇，驻屯三千兵马，看来是要向我下手了。你去跟枢密使说，如果朝廷再派一名骑兵进入斜谷（今陕西省太白县境内），我就谋反！跟你永别了。"

八月，董光业收到其父书信，立即将书信拿给枢密承旨李虔徽看。李虔徽则将此事报给枢密使安重诲。然而，安重诲仍向蜀地增兵，当月便派别将苟咸率兵前往阆州。

董光业再对李虔徽说道："苟咸兵马未到，家父必反。我没有别的想法，只是希望朝廷能够停止调兵，我敢保证家父绝没有二心。"

李虔徽赶紧去找枢密使安重诲，安重诲正想逼反董璋，以名正言顺地讨伐董璋，所以根本不听李虔徽的劝说。

董璋得到消息，立即宣布与朝廷脱离。

昭武、保宁、武信三藩镇得到消息，立即派使向朝廷奏报，称董璋已经背叛朝廷，正集结大军准备攻打三藩镇。安重诲立即将此事奏报李嗣源，还对李嗣源说："臣早就料到董璋会谋反，是陛下包容他，不愿讨伐。"

李嗣源说："朕决不辜负他人，如他人辜负朕，朕一定讨伐。"

九月，西川进奏官苏愿告诉孟知祥，朝廷将讨伐两川。孟知祥与副使赵季良商议对策。赵季良建议与东川的兵马先攻占遂、阆二州，兼并武信、保宁两藩镇，然后再合兵坚守剑门关，就是朝廷大军到来，两

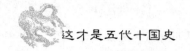

川也无后顾之忧。孟知祥赞同此策，立即派使前往东川，约董璋一同举兵，分别攻打阆州与遂州。

于是，董璋向昭武、保宁、武信三镇发布檄文，历数三镇离间两川与朝廷的关系，同时传令攻打阆州（今四川省阆中市）。孟知祥也任命都指挥使李仁罕为行营都部署，汉州刺史赵廷隐为副部署，简州刺史张业为先锋指挥使，令三将统兵三万攻打遂州（今四川省遂宁市）。孟知祥还派别将牙内都指挥使侯弘实、先登指挥使孟思恭率四千兵马会同董璋攻打阆州。

东川董璋的兵马不日抵达阆州城下，董璋决定先联络一下当年的旧将姚洪。原来董璋在后梁当将领时，姚洪便是其属下。现在姚洪在阆州当指挥使，正带领一千人马防守阆州。董璋修书一封，派人悄悄送给姚洪，劝姚洪做内应。姚洪将书信扔进茅厕。董璋大怒，准备攻城。

城中诸将对保宁节度使李仁矩说道："董璋早就想反，一直用金银绸缎讨好士兵，士兵们锐不可当。我们应当深沟高垒以挫其锐气。用不了十天，朝廷大军一到，董璋自然退去。"

李仁矩说道："蜀兵一向懦弱，怎能抵挡我们的精锐之师。"

李仁矩传令出城迎战，然而两部兵马尚未交战，李仁矩的士兵全部溃散，纷纷逃入城中。

董璋传令日夜不停地攻城。

九月二十日，阆州城破，李仁矩被杀，还被诛灭全族。

董璋对被擒的姚洪说道："我从士卒中将你提拔，今天为何如此相负？"

姚洪骂道："老贼！你当年在李家当家奴时，整天扫马粪，被赏一块肉，就感恩无比。今天天子让你当节度使，没有负你，你为何要反？你连天子都辜负，我得到你什么恩德，谈什么相负？你是一个奴才，本来就没有廉耻，我是一名义士，岂能跟你一样？我宁愿为天子去死，也不与家奴共生。"

董璋听罢，大怒，命人架起一口大锅，再让十个壮汉割姚洪身上的肉煮着吃。姚洪骂不绝口，直到死去。

此事传到洛阳，李嗣源被姚洪忠义所动，将姚洪的两个儿子安置在近卫军，对其家人赏赐甚厚。李嗣源对董璋所为无比愤怒，下令削去董璋官爵，并将董璋之子董光业及其在洛阳的族人全部诛杀。

李嗣源开始发兵讨伐董璋，任命天雄节度使石敬瑭为东川行营都招讨使，武信节度使夏鲁奇为副使，右武卫上将军王思同为行营马步都虞候，担当伐蜀前锋。李嗣源还命石敬瑭权知东川事，孟知祥兼西南供馈使。

从李嗣源的部署来看，朝廷此次只是讨伐东川节度使董璋，并没有讨伐孟知祥，甚至还让孟知祥供应粮草，以助朝廷讨伐董璋。从任命的将领来看，李嗣源的女婿石敬瑭再次担当重任。李嗣源不仅让石敬瑭担任伐蜀的统帅，还准备由石敬瑭暂管东川。石敬瑭当时镇守在河北重镇天雄，与巴蜀相距甚远。

伐蜀大军尚在途中，董璋、孟知祥仍在攻城略地。从九月到十月，董璋接连攻打集州、利州，没有攻克，反而接连攻克了征、合、巴、蓬、果五州。西川将领李仁罕一直围困遂州，另一将领张武反而于十一月接连攻占渝州、泸州，还分兵攻打黔、涪二州。

十一月，李嗣源下诏，也削去孟知祥的官爵。

不久，石敬瑭率大军抵达散关（今陕西省宝鸡市西南），前锋马步都虞候王思同、步军都指挥使赵在礼会同阶州刺史王弘贽、泸州刺史冯晖已经逼近剑门关。王思同、王弘贽等从侧面经过剑门关，再从剑门头的南边奇袭剑门关。剑门关守将毫无觉察，更没有防备来自南边的袭击。王思同、王弘贽等将攻克了剑门关，杀死东川三千名守兵，擒获守将齐彦温。王思同又派王弘贽南下攻克剑州城（今四川省剑阁县）。

仍在阆州的董璋得知剑门失守，马上派人向孟知祥告急。

孟知祥派牙内都指挥使李肇率五千人马北上援救剑门。临行时，孟知祥告诫李肇道："你一定要倍道兼行，抢先占领剑州城，朝廷大军就无可奈何了。"

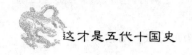

孟知祥又派人来到遂州前线，命李仁罕继续围城，调赵廷隐率一万人马北上进屯剑州。孟知祥还觉得不放心，又派将领李筠率四千人马奔赴剑州西边的龙州，防守险要之处。孟知祥这是担心石敬瑭可能会利用当年邓艾入蜀旧道前来进攻，后来石敬瑭果然派一支兵马袭击此处，不胜而回。

孟知祥获报王思同、王弘贽等将坚守剑门关，等待石敬瑭大军，大喜道："我一开始认为王弘贽等人攻克剑门关，必定立即攻占剑州城，然后坚守此城，也可能率兵直接攻打梓州，逼迫董璋放弃阆州而返回梓州。我们失去援助，也会解除遂州之围。如此一来，我们内外受敌，两川震动，危险万分。没想到王弘贽等人焚毁剑州城，将粮草运到剑门关，止步不前，我们的大事就要成功了。"

董璋也不敢怠慢，亲自率兵从阆州出发，不日进屯剑州城东南的木马寨。董璋派出将领王晖率三千人马会合西川将领李肇，分别驻屯剑州南山一带。西川将领赵廷隐也很快抵达剑州。

十二月六日，石敬瑭进屯剑州城北山。

大战开始。赵廷隐在剑州城牙城后山列阵，李肇与王晖在石桥列阵。石敬瑭派步兵进击赵廷隐，赵廷隐挑选五百名善于射箭的士兵埋伏在道路两侧，等待石敬瑭兵马的到来。等到长矛能够触及之时，伏兵突然鼓噪而起，石敬瑭的兵马吓得慌忙退走，一百余人被俘杀。石敬瑭又派骑兵冲击石桥，李肇以强弩射击，骑兵不能靠近。黄昏时分，石敬瑭率部退走，赵廷隐又率部悄悄跟在后面，与伏兵一起夹击石敬瑭，石敬瑭再度遭败。

石敬瑭不能占领剑州城，最后也退守剑门关。

石敬瑭讨伐两川没有战果，从前线回到洛阳的使者，都说蜀地道路又险又窄，大军行动极为困难，关西一带的百姓运送粮草已经十分疲惫，为了躲避，竟然逃到山谷之中，当起盗贼。

李嗣源听报，十分忧虑。李嗣源对近臣安重诲等人说道："谁能替朕处理朝中事务，朕打算亲征两川。"

安重诲明白李嗣源的意图，立即说道："臣执掌机枢，军威不振，将士作战不力，是臣的罪过，臣请求到两川督战。"

李嗣源准许，安重诲当即叩头辞行。

安重诲走了不久，石敬瑭的奏疏便到了洛阳。

石敬瑭并不赞同讨伐两川，苦于安重诲坚持如此。现在听说安重诲已经离开洛阳，不在李嗣源身边，遂不断上疏，认为蜀地不可伐。李嗣源当时已有疏远安重诲之意，看到女婿石敬瑭的奏疏，也越来越觉得有理。

公元931年（后唐明宗长兴二年）正月十四日，石敬瑭再次来到剑州城外，驻屯北山之上。西川将领赵廷隐让人举起夏鲁奇的首级给石敬瑭看。原来三日前西川将领李仁罕攻陷遂州，夏鲁奇自杀身亡。孟知祥命人将夏鲁奇首级砍下，送到剑州前线。石敬瑭看到夏鲁奇的首级，当时便无心再战。

夏鲁奇的两个儿子就在石敬瑭军中，看到父亲的首级，哭着向石敬瑭请求到敌营中夺取，以回去安葬。石敬瑭说道："孟知祥也是一位长者，一定会妥加安葬你们的父亲，岂不比身首异处要好。"

石敬瑭传令退回剑门关。石敬瑭认为遂、阆二州已经陷落，粮草又不能及时运送，于是烧毁营寨，北返。两川兵马还追击一番，直到利州（今四川省广元市）。

西川将领将此事报给孟知祥，孟知祥故意藏起文书，对赵季良说："朝廷大军一天一天逼近，如之奈何？"

赵季良说："不会过了绵州，必定逃走。"

孟知祥问是何原因？赵季良说："我军以逸待劳，石敬瑭一支孤军深入千里，粮草耗尽，能不逃走吗？"

孟知祥听罢大笑，这才把文书拿给赵季良看。

尚在剑州的赵廷隐派人对孟知祥说道："董璋这个人生性狡诈，可以与其同忧患，不可与其共富贵，日后一定会成为公的忧患。董璋就要到剑州来犒劳将士，我请求趁此机会将其除掉。公得到两川，就可以谋

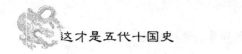
图天下。"孟知祥不准。

董璋不日来到赵廷隐大营，住了一晚后离开。赵廷隐叹道："孟公不接受我的建言，灾难就没完没了。"

二月十七日，赵廷隐、李肇从剑州南返，留五千兵马驻守利州。第二天，董璋也返回东川，留下三千人马驻守果、阆二州。

孟知祥的东路兵马仍在攻占城池。由于峡路行营招收讨伐使张武去世，孟知祥任命李仁罕为峡路行营招讨使，令其率水军沿长江东下攻城略地。从二月到三月，李仁罕一连攻克忠州、万州、夔州，孟知祥的领地向东已经到达一千余里之外。

第41章 杀死权臣，安抚两川

再来讲讲李嗣源身边权臣安重诲的故事。

安重诲年轻时便在李嗣源军中效力，因其过人的才识得到李嗣源重用，成为李嗣源的心腹。李嗣源称帝后，安重诲便担任枢密使要职，协助李嗣源治国理政。安重诲有一定的政治才能，也懂得济世安邦的道理，在辅佐李嗣源的数年中，使得后唐战事不多，百姓丰收，得到休养生息。

在对待骄藩强镇上，安重诲力主削藩，最终导致讨伐两川之战。安重诲仗着李嗣源的宠信，为人也骄横跋扈，刚愎自用，不能礼贤下士，回避权宠，甚至欺骗君王，最终引发与李嗣源的矛盾。

先讲几个故事，看看安重诲是什么样的人。

公元927年正月，因宰相豆卢革、韦说被免职，朝廷商议新的宰相人选。枢密使安重诲采纳副使孔循的建议，向李嗣源推荐太常卿崔协。宰相任圜极力反对推荐崔协，而向李嗣源推荐御史大夫李琪。

任圜对李嗣源说道："安重诲不了解朝中之人，被人欺骗。崔协虽是名家，但识字不多。臣已经是一位没有学问的宰相，现在再增加一位，岂不让天下人笑话？"

李嗣源只好说："宰相一职十分重要，卿等再议。"

安重诲私下对任圜说道："现在正缺人手，就让崔协备选，可不可以？"

任圜很坚决，不肯妥协，说道："明公舍弃李琪而用崔协，这好比

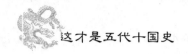

放弃苏合之丸而取蜣螂之转。"

由于安重诲与孔循都说李琪的不是，李嗣源最后还是任命崔协为宰相。

不久安重诲又与性格刚直的任圜发生争论。按照旧制，使节出京，免费食宿的馆券由户部发给，安重诲却奏请从枢密院发出，任圜坚决反对。二人在李嗣源面前激烈地争论，任圜声色俱厉，毫不相让。

李嗣源退朝回宫，宫女问何人与安重诲争论。李嗣源说是宰相。

宫人们说："妾在长安宫中时，从未见过宰相与枢密敢如此争论，这是不把皇上放在眼里。"

李嗣源听后，也感到不悦，便听从安重诲的建议。

任圜对李嗣源不采纳他的建议很生气，竟然提出辞去判三司一职，李嗣源也没有反对。李嗣源于是下旨，将任圜贬为太子少保。次月，任圜请求致仕，定居磁州（今河北省磁县），李嗣源也没有阻止。

数月后，宣武节度使、检校侍中朱守殷谋反，有人对安重诲说："失职在外的人，趁反贼未破之时，可能作乱，不如除掉。"安重诲认为有理，竟然假传圣旨将任圜赐死。

端明殿学士赵凤得知后，哭着对安重诲说道："任圜是一位义士，怎么会谋反？公如此滥用职权，如何治理国家？"

使者到了磁州后，宣读赐死任圜的诏书，任圜将族人召集在一起痛饮一番，然后受刑而死。

安重诲杀掉任圜后，才向李嗣源奏报说任圜与朱守殷一同谋反。

公元928年二月，李嗣源想任命华温琪为节度使，对安重诲说："温琪也是朕旧日老友了，应当找一个藩镇安置他。"

安重诲说没有空缺。

过了几天，李嗣源又对安重诲提及此事，安重诲仍然说没有空缺。

李嗣源后来多次找安重诲，安重诲竟然生气地说道："臣都说没有空缺，要么把臣这个枢密使给他。"

李嗣源说："也可。"

安重诲听后，一时无言以对。

安重诲讨厌成德节度使王建立，对李嗣源说王建立与王都勾结，有不臣之心。王建立也上表控告安重诲专权，还请求到朝中面呈其状。李嗣源批准王建立入朝。

王建立到了洛阳，对李嗣源说安重诲与宣徽使判三司张延朗结为儿女亲家，互相勾结，作威作福。李嗣源于是召见安重诲，面有怒色道："现在给卿一个藩镇，卿就好好休息吧，就让王建立代替卿，张延朗也外任为官。"

安重诲哪里肯答应，马上说道："臣披荆斩棘事奉陛下数十年，陛下登极之后，臣又执掌枢密，数年间天下无事。现在将臣逐到外镇，臣想知道犯了什么罪。"

李嗣源不想回答，起身便走。

后来宣徽使朱弘昭劝谏李嗣源说安重诲也是陛下的左右手，不能因一件小事而抛弃他，李嗣源又好言抚慰安重诲。

不久安重诲又得罪李嗣源的宠妃。

李嗣源的宫中有一位王德妃，是五代时期的绝色佳人，人称"花见羞"。花见羞本是邠州城中一个卖饼人家的女儿，后来被卖给后梁名将刘鄩为妾。刘鄩死后，花见羞无家可归，正值李嗣源的夏夫人去世，安重诲便给李嗣源找来了花见羞。花见羞美貌无双，李嗣源非常宠爱。李嗣源即位后，册封花见羞为德妃。

由于安重诲的推荐，王德妃才得以进宫，因而王德妃也很感激安重诲。一回，王德妃用国库中的锦绣制作地毯，安重诲恳切劝阻，还拿李存勖的刘皇后做前车之鉴，王德妃听后十分生气。从此，王德妃开始怨恨安重诲。

安重诲还与李嗣源的养子李从珂不和。

李从珂本姓王，因其母改嫁李嗣源而改姓为李。李从珂与石敬瑭一样，是李嗣源身边的重要将领，多次立下战功。有一次，李从珂与安重诲喝酒发生争吵，越吵越凶，李从珂竟然殴打安重诲。李从珂酒醒之

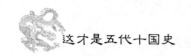
后，感到后悔，也向安重诲道歉，但安重诲仍然耿耿于怀。

李嗣源称帝后，李从珂出任护国节度使，而安重诲更是手握大权，连李嗣源的亲生皇子李从荣、李从厚都巴结讨好他。安重诲想报复李从珂，多次在李嗣源面前说李从珂的坏话，然而李嗣源很宠爱李从珂，便对安重诲的话不予理睬。

安重诲竟然假传圣旨，命护国军牙内指挥使杨彦温将李从珂赶走。杨彦温趁李从珂出城检阅战马，关闭城门不让李从珂进城。李从珂敲打城门喊道："我待你不薄，为何如此？"

杨彦温说道："我不敢忘记您的恩德，只是接到枢密院的文书，请您入朝。"

李从珂无法可想，便驻屯在城东的虞乡，派使到京都奏报。

李嗣源得知此事，问安重诲道："杨彦温怎么说出这样的话？"

安重诲马上说："这是奸人胡言，应当尽快讨伐。"

李嗣源打算将杨彦温引诱前来查问此事，便提出让杨彦温到绛州当刺史，安重诲则坚决请求发兵讨伐。李嗣源只好派西都留守索自通、步军都指挥使药彦稠率兵讨伐杨彦温。李嗣源令药彦稠一定要生擒杨彦温，他要当面讯问。

李嗣源也召李从珂返回洛阳。李从珂知道安重诲在加害自己，赶紧返回洛阳为自己申辩。李从珂到了洛阳，李嗣源责备了他，命他回到家中，不准上朝。

公元930年四月，索自通等攻克了护国军治所河中城（今山西省永济市），立即将杨彦温斩首。索自通命人将杨彦温首级送到洛阳。李嗣源接报大怒，责备药彦稠不能保住杨彦温一命。

安重诲又唆使宰相冯道、赵凤上表，指责李从珂不能守住藩镇，应当加罪。

李嗣源说道："朕儿被奸人所害，是非曲直尚未弄清楚，卿等为何说出这样的话，这是不想让从珂活了吗？这一定不是卿等之意图。"

冯道、赵凤二人听后，惶恐而退。

数日后，赵凤又向李嗣源提及此事，李嗣源不答。

又过了一天，安重诲决定亲自出马，向李嗣源提出应当给李从珂加罪。

李嗣源说道："朕当年还是军中的一名小校时，家里很贫穷，全靠从珂这个小儿出去拾马粪才得以度日。今天朕已是天子，难道还不能保住从珂一命吗？卿到底想如何处置从珂才好呢？"

安重诲听了此言，也很害怕，说道："这是陛下父子之间的事，臣不敢再言，只听陛下裁决。"

李嗣源说道："就让他在家赋闲吧，还用说什么？"

在安重诲的建议下，李嗣源下诏任命索自通为护国军节度使。索自通按照安重诲的指示，将府库中的兵器分几次上缴朝廷，说是李从珂私自制造。由于王德妃的极力保护，李从珂最终才得以不死。

朝中的士大夫都不敢与李从珂往来，只有礼部郎中史馆修撰吕琦因为住得近，常常去看望李从珂。李从珂有什么奏请，也常跟吕琦商量。由于李嗣源的极力保护，安重诲终不能害死李从珂。

安重诲手握大权时日一久，朝廷内外恨他人的便很多。

捧圣军使李行德与十将张俭就向李嗣源揭发安重诲有谋反之举。二人根据边彦温的检举，说安重诲调遣兵马，准备讨伐吴国，还找卜卦者为其算命。侍卫都指挥使安从进、药彦稠说安重诲如此富贵，不可能谋反，二人愿以全族人性命做担保。李嗣源便下旨将边彦温斩首，好言抚慰安重诲。

王德妃及宫内的武德使孟汉琼常常干预朝政，也多次在李嗣源面前说安重诲的坏话。安重诲感到非常担忧，上表请求解除枢密使一职。李嗣源对安重诲回复道："朕没有怀疑卿，那些诬陷卿的人，朕也已将其诛杀，卿为何还要这样？"

安重诲面见李嗣源，说道："臣出身卑微，承蒙陛下信任而居于高位，现在突然有人诬陷臣谋反，不是陛下明察，臣已经举族被诛。臣才薄任重，担心最终不能挡住流言，请求赏赐臣一个藩镇以度余生。"

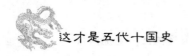

李嗣源不肯，安重诲不停地恳求。

李嗣源发怒道："随你的便，朕不怕找不到人。"

李嗣源让孟汉琼与中书省官员商议安重诲去留之事。商议结果是，不应轻易变动。

最后再说说安重诲到蜀地督战之事。

公元931年（后唐明宗长兴二年）正月，安重诲到达凤翔。凤翔节度使朱弘昭靠巴结安重诲，才得以到重镇担任节度使，因而赶紧出城迎接，一直来到安重诲的马首跪拜。

朱弘昭再将安重诲请到后堂，让妻儿一起跪拜。朱弘昭又设宴款待安重诲，礼数甚为周到。宴席之上，安重诲不禁流下眼泪，说道："奸人一再诬陷我，差点儿性命不保，幸亏皇上明察，得以全族不死。"

第二天，安重诲离开凤翔继续前往利州前线。

安重诲刚走，朱弘昭立即派使向朝廷上表称："安重诲抱怨时局，口出恶言，不可让其前往行营，恐怕会夺取石敬瑭的兵权。"

朱弘昭再给石敬瑭修书道："安重诲举止孟浪，如果来到军前，恐怕将士们会生疑、惊骇，不战自溃，应当阻止其前行。"

石敬瑭收到朱弘昭的书信，非常害怕，立即向李嗣源上表道："安重诲到了行营，恐怕军心会变，应当尽快将其召回。"

李嗣源于是下诏让安重诲返回洛阳。

二月，安重诲到达利州城北的三泉，接到令其返回京城的急诏。安重诲不敢怠慢，立即掉头东返。

再次经过凤翔时，朱弘昭已经不让这位恩人入城，安重诲这才感到事态的严重性，于是快马加鞭，飞奔洛阳。

安重诲尚未到达洛阳，又接到李嗣源任命其为护国节度使的诏书。这一诏书表明，李嗣源已经解除安重诲枢密使之职。李嗣源同时也下诏，任命李从珂为左卫大将军。李嗣源还哭着对李从珂说道："如果按照安重诲的想法，你如何还能见到朕？"

宰相赵凤还为安重诲作最后的努力，对李嗣源说道："安重诲是陛下的家臣，一定不会背叛主人，只是做事不周，被人陷害。陛下如果不能明察其心，其必将没有活命之日。"

李嗣源认为赵凤是安重诲的朋党，心中甚为不悦。

安重诲在护国当了两个月的节度使，心中非常不安，便上表请求致仕。

闰五月，李嗣源下诏，让安重诲以太子太师名义致仕，再调保义节度使李从璋为护国节度使，以接替安重诲。

数日后，安重诲的两个儿子安崇赞、安崇绪从洛阳逃往河中。安重诲大惊道："你们怎么来了？"

过了一会儿，安重诲又叹息道："我知道了，这不是皇上的意图，是他人指使的。我决定以死殉国，还有什么话可说。"

安重诲命人将二子捆绑，派人带着奏表押着二子前往京城。

皇城使崔光邺与安重诲不和，李嗣源就派他前往河中察看安重诲。李嗣源还交代崔光邺道："如果安重诲真的有异志，就把他杀了。"

崔光邺到了河中，会同李从璋带领士兵将安重诲府第包围，然后再进入府中，拜见安重诲。安重诲大惊，连忙走下台阶迎接。李从璋突然拿出铁挝，打击安重诲的头部。安重诲的妻子张氏看到后，连忙上前相救，也被李从璋用铁挝打死。

安重诲死了，李嗣源下诏称，安重诲离间孟知祥、董璋、钱镠三人与朝廷的关系，又说安重诲攻打吴国以谋取兵权，还派人将二子从洛阳接回藩镇，因而责令将安重诲及二子诛杀。

李嗣源让东西两川的进奏官返回本镇，传谕由于安重诲专权，才兴兵讨伐两川，现已将安重诲处死。李嗣源这样做，是想安抚两川，以期两川从此能够安宁，然而事与愿违。

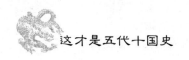

第42章　兼并东川，册封蜀王

西川的进奏官苏愿回到成都，告诉西川节度使孟知祥，其在洛阳的亲属都安然无恙。孟知祥于是使联络东川节度使董璋，准备一同向明宗李嗣源上表谢罪。

董璋大怒道："孟公亲属都好好的，当然应当归附朝廷。我董璋已被灭族，还有什么罪可谢。"

董璋不理孟知祥，孟知祥的使者便不能经过东川前往京都。孟知祥与节度副使赵季良、掌书记李昊等商议从长江东下，经过三峡，再前往洛阳。

李昊说道："明公不与董璋商议而独自派使，董璋会认为是明公负约在先。"

孟知祥于是再派使前往东川劝说董璋，董璋仍是不接受。

赵季良建议派兵攻取壁州，以防山南西道等藩镇兵马从那里进入巴、蓬、果等州。

李昊不赞同，对孟知祥说道："朝廷让苏愿回到西川，尚未致谢，现在反而派兵夺取城池。明公如果不顾及祖坟与亲属，则不如直接发兵攻打梁、洋二州，何必去夺取一个小小的壁州呢？"

孟知祥没有采纳赵季良的建议，赵季良从此憎恨李昊。

于是，孟知祥第三次派人去劝说董璋，说当今皇上非常礼遇两川，如果不上表谢罪，恐怕会招致再次讨伐。董璋仍然不听。

孟知祥又派李昊亲自前往东川，向董璋陈述利害关系。

董璋见到李昊，破口大骂，坚决不接受劝说。

李昊回到成都，对孟知祥说道："董璋不愿与我们商议，而且还有窥视西川的野心，明公应当严加防备。"

董璋确实想谋取西川，还准备先下手为强。

公元932年（后唐明宗长兴三年）四月，董璋召集诸将商讨袭击成都能否取胜，诸将大都认为必克。只有前陵州刺史王晖说道："剑南一带，方圆万里，成都是当中最大的一座城池，很难攻取。再说我们师出无名，一定不能成功。"

董璋不听，下令发兵攻打成都。

孟知祥得到消息，立即派马军都指挥使潘仁嗣率三千兵马前往汉州（今四川省广汉市）防御。

不数日，孟知祥又得到消息，董璋大军已经攻破汉州城东的白杨林镇，擒获守将武弘礼，声势浩大。孟知祥非常忧虑，连忙与僚属商议。

赵季良说道："董璋作战勇猛，但待人寡恩，士兵并不归附，如果坚守城池，则很难攻克，如果出城野战，则容易擒获。现在董璋不守他的老巢，这对明公有利啊。董璋作战，精锐兵马都在前锋，明公应当用老弱兵引诱，而用精锐兵马埋伏等待。一开始虽然会有小败，但之后一定能够大捷。董璋素有威名，现在突然杀来，将士们一定会恐惧，明公应当亲自出城抵御，以鼓舞军心。"

赵廷隐说道："董璋轻率浮躁，勇而无谋，此次出兵，一定失败，我替明公将其生擒。"

孟知祥决定与董璋一战，任命赵廷隐为行营马步军都部署，令其率三万人马前往迎战。

第二天，赵廷隐向孟知祥辞行，准备出发。这时董璋的檄文到来，还有写给赵季良、赵廷隐以及李肇的书信。董璋在书信中说赵季良、赵廷隐已经与自己密谋，请他们一同行动。

孟知祥将书信交给赵廷隐，赵廷隐看都不看，扔在地上，说道："这不过是董璋的反间计，想让令公杀掉副使与廷隐。"

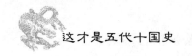

赵廷隐说完，向孟知祥行礼下拜，然后出发。

孟知祥说道："事情一定能够成功。"

赵廷隐出发不久，孟知祥获报潘仁嗣在汉州不敌董璋被擒，汉州已经丢失。孟知祥准备亲自率兵奔赴汉州。

五月二日，孟知祥率八千名士兵到达弥牟镇（今四川省成都市新都区北），而赵廷隐已在镇北构筑阵地。

第二天天明，赵廷隐又到不远处的鸡踪桥排兵布阵，义胜、定远都知兵马使张公铎则在其后扎营。

董璋看到西川兵马强盛，不敢交战，传令撤退到武侯庙下。

董璋帐下的骁勇之士大声喊道："日头当空，让我们在此晒太阳做什么！"

于是，董璋跨上战马，传令作战。

兵马刚刚交战，东川右厢马步都指挥使张守进就向孟知祥投降。张守进还对孟知祥说道："董璋的兵马全在这里，没有后继兵马，应当快速进击。"

孟知祥传令进击，并登上一处高冢督战。

左明义指挥使毛重威、左冲山指挥使李塘据守鸡踪桥，被东川兵杀死。赵廷隐一连发起三次冲锋，也都受阻。牙内都指挥副使侯弘实见势不妙，率部后撤。

在此危急时刻，孟知祥手举马鞭指向后阵，赵廷隐阵后的张公铎看到后，立即带领所部将士大声呼喊，杀向东川阵地。张公铎作战英勇，东川兵马不能抵挡，数千人战死，东川中都指挥使元瓒、牙内副指挥使董光演等八十余人被擒，而西川将领潘仁嗣则被救回。

董璋看到兵马溃败，叹道："亲兵都战死了，我还依靠谁？"说完带着数名骑兵逃走，余众七千人投降。

孟知祥领兵追击董璋，一直追到汉州城西南的五侯津，东川马步都指挥使元瓌投降。西川士兵进入汉州城，搜寻董璋。这些士兵看到董璋留在汉州的军资，竟然纷纷争抢，让董璋得以逃走。

当天晚上，孟知祥夜宿汉州。孟知祥让李昊草拟榜文，安抚东川官民，还给董璋写一封信，说将到东川的治所梓州（今四川省三台县），问其负约缘由，追究其讨伐西川的罪责。

第三天，孟知祥令赵廷隐率部攻打梓州，自己返回成都。

再说董璋逃回梓州，乘坐小轿进城。王晖迎面而来，问道："太尉全军出征，如今回来的不到十人，这是为何？"

董璋哭泣涕零，不能回答。

董璋回到府第，正要吃饭，就见王晖与侄子董延浩带领三百名士兵大声喊叫着闯了进来。董璋知道情况不妙，赶紧带着妻儿登上城楼。乱兵追上城楼，董璋儿子董光嗣自杀身亡，董璋则逃到北门城楼。

董璋令指挥使潘稠讨伐乱兵。潘稠却带领十名士兵将董璋斩首，再取来董光嗣的首级，一起交给王晖，王晖派人向赵廷隐投降。

赵廷隐进入梓州，封存府库，等待孟知祥的到来。

孟知祥获报攻取梓州，立即起程前往梓州。

五月八日，孟知祥到达玄武（今四川省中江县），赵廷隐带领东川的将吏前来迎接。孟知祥接见各位将领之后，突然感到身体不适，患起病来。孟知祥决定在玄武住上几天，等病情好转再前往梓州。

四天后，孟知祥的病情更加严重。孟知祥时年五十九岁，此时患病确实让人担忧。中门副使王处回一直侍奉左右，一日三餐，不管孟知祥是否下咽，总是空碗而出，以安军心。又过了两日，孟知祥病愈，立即前往梓州。

孟知祥到了梓州，开始犒赏将士。

赏毕，孟知祥问李仁罕与赵廷隐二将："二位将军，哪个愿意镇守这里？"

孟知祥非常想听到二人互相推让，然后再任命其中一人，然而二人已经不和。

李仁罕本是赵廷隐的长官，但攻打东川时李仁罕没有参与，因为李仁罕当时在遂州。李仁罕来到梓州时，赵廷隐也赶到城外的板桥迎接。

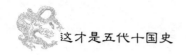

李仁罕见到赵廷隐，只字不提赵廷隐攻取东川的战功，反而侮辱赵廷隐，赵廷隐非常生气。

听了孟知祥的问话，赵廷隐一言不发，李仁罕则答非所问："我以前当过蜀州刺史，如果令公再让我当也行。"

孟知祥听了此言，感到非常惊愕，一时未作决定。

二将离开之后，李昊说道："当年梁太祖、唐庄宗都曾兼任四镇节度使，现在二将互不相让，只有令公自己兼领东川。令公应当尽早返回成都，与赵仆射（赵季良）商议。"

孟知祥准备先返成都，但也不能就这样放下东川。孟知祥先令李仁罕返回遂州，留赵廷隐在东川任巡检，而让李昊行东川军府事。孟知祥这样的安排，名义上是由李昊掌控东川，实际有军权的仍是赵廷隐。

李昊马上说道："如今二虎相争，我不敢接受这个任命，我请求与令公一同返回成都。"

孟知祥只好先任命都押牙王彦铢为东川监押，镇守东川。赵廷隐不久便率部西返。

孟知祥在回成都的途中，一连接到李仁罕七份诉状，都说应当由孟知祥兼任东川节度使，不然诸将不服。赵廷隐也送来书信说，他本不敢当东川留后，只因李仁罕不让，才有心相争。

回到成都，孟知祥对李昊说道："我得到东川，忧患更大。"

孟知祥终于想好了对策，又对李昊说道："你替我告诉赵廷隐，准备在阆州恢复保宁军，再割果、蓬、渠、开四州为辖区，由其前往镇守。至于东川节度使，就由我来兼任，好让李仁罕死心。"

李昊向赵廷隐转达孟知祥的这个决定，赵廷隐仍然感到不平，竟然提出与李仁罕决斗，获胜者为东川节度使。李昊一再劝说，赵廷隐才终于接受。

孟知祥兼并东川，明宗李嗣源的反应如何呢？

当初董璋攻打孟知祥时，新任枢密使范延光对李嗣源说道："如果两川落到一个贼寇的手中，贼寇据守险要，我们夺取就更加困难。应当趁两贼寇相争，尽早谋图。"

李嗣源于是派山南西道节度使王思同待机而动。

没过多久，董璋战败身死，范延光又对李嗣源说道："孟知祥虽然得到整个蜀地，然而士兵都是东方人，士兵们思念家乡可能会发生变乱。孟知祥也想依靠朝廷的恩威才能镇抚部众。陛下如果不屈尊安抚，孟知祥便没有悔过自新的机会。"

李嗣源说："孟知祥是朕的故人，对朕来说，没有屈尊的说法。"

李嗣源于是派供奉官李存瓌带着诏书去见孟知祥，诏书说："董璋如同狐狼，自取灭亡。卿家祖坟、亲属一切安好，卿应当保全世代的美名，坚守君臣之间的大节。"

李存瓌是李克用兄弟李克宁的儿子，也是孟知祥的外甥。李嗣源派李存瓌出使，是向孟知祥显示诚意。

果然，孟知祥见到外甥，感动得流下眼泪，立即跪下接受诏书。

五日后，孟知祥送李存瓌返回洛阳，同时上表谢罪。孟知祥也奏报其妻福庆公主李氏已于当年正月逝世。从此，孟知祥恢复向后唐称藩。

孟知祥本是西川节度使，在抵御石敬瑭讨伐大军时，趁机夺取不少州郡，现在又兼并东川，其领地已经更加广阔。孟知祥所管辖的范围除西川、东川两个藩镇外，还有五个藩镇，分别是：武泰（治所黔州）、武信（治所遂州）、保宁（治所阆州）、宁江（治所夔州）、昭武（治所利州）。孟知祥也为这五个藩镇任命了留后，分别是：赵季良、李仁罕、赵廷隐、张业、李肇。

孟知祥掌管七个藩镇，野心自然就会产生。

孟知祥希望朝廷能够正式任命赵季良等五人为节度使，还希望朝廷封自己为蜀王。孟知祥让李昊替五位留后草拟奏表，一致向朝廷请求晋封孟知祥为蜀王，同时也请求任命各自为节度使。

李昊对孟知祥说道："近来，诸将攻取一个藩镇，便镇守其地，现在又让他们自己求取节度使符节印信，还替明公索要封爵，这样一来，大小权力都在诸将之手。明公自己向朝廷奏请，难道不行吗？"

孟知祥听罢，恍然大悟，于是让李昊替自己草拟奏表，请求赐予墨制之权，可以自行任命境内刺史以下官员，同时奏请任命赵季良等五位留后为节度使。

孟知祥并未就此满足。

当初孟知祥杀掉李严，朝廷只要任命刺史等官员，就会派兵护送赴任，小州不少于五百人，大州达到数千人。孟知祥连克遂、阆、利、夔、黔、梓六个大州，得到朝廷派来的兵马三万多人。孟知祥担心朝廷将这些兵马调回，便又上表请求让这些将领的妻儿来蜀地团聚。

李嗣源准许孟知祥先行任命剑南一带的节度使、刺史以下官员，然后上表呈报，但不准诸将妻儿前往巴蜀，朝廷也不征调其兵。李嗣源也同意封孟知祥为蜀王，还派人带着诏书前往成都册封。

公元933年（后唐明宗长兴四年）八月，册礼使工部尚书卢文纪、礼部郎中吕琦来到成都，给孟知祥带来一套一品朝服。孟知祥已经看不上这套朝服，早已让人做好九旒冕、九章衣，车马服饰与君王相同。孟知祥身穿衮冕，带着依仗卫士来到馆驿，面向北方，接受卢文纪、吕琦宣读册封诏书。册封完毕，孟知祥乘玉辂大车返回王府，再乘步辇进入府中。

孟知祥虽然没有称帝，也没有确立年号，但一个独立王国基本形成。半年后，孟知祥称帝，与后唐决裂，十国之后蜀正式建立。

第43章　秦王谋反，明宗病逝

前面讲了高季兴、王都、董璋、孟知祥的叛乱，还要讲一下李彝超。

就在后唐明宗李嗣源同意册封孟知祥为蜀王之时，定难节度使李仁福去世，定难军将领拥立李仁福之子为李彝超为留后，等待李嗣源正式任命。

如果李嗣源就这样正式任命李彝超为定难军节度使，李彝超应当不会背叛李嗣源。然而李嗣源不希望李彝超家族一直据守定难军，想趁机调换定难节度使。

李嗣源不是想自找战端，他的想法其实没有错。一个藩镇，如果一个家族拥有太久，便会形同一国，荆南军便是一个例子。如果李嗣源的计划得以实施，后来的西夏国就可能不会出现。

公元933年（后唐明宗长兴四年）三月，李嗣源任命李彝超为彰武留后，原彰武节度使安从进为定难留后。李嗣源知道李彝超家族在定难时日已久，不会愿意离开。李嗣源给安从进五万兵马，令其强行赴任。

李嗣源还给定难军所属的夏、银、绥、宥等州下诏道："夏州偏僻、地荒，李彝超年纪太轻，恐怕不能抵挡外敌，因而调其前往延州。如果接受诏令，则可享李从曦（音掩）那样的荣华富贵；如果抗拒，则有王都那样的灭族之祸。"

夏州（今陕西省靖边县北）是定难军的治所，延州（今陕西省延安市）是彰武军的治所。李彝超确实不想离开夏州，给李嗣源上表称："我受到定难军民慰留，不能前往延州赴任。"

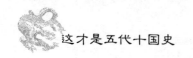

李嗣源再下诏，催促李彝超离开夏州。

李彝超知道李嗣源不会罢休，便开始采取对策。李彝超派兄弟阿啰王到夏州城西北的青门岭，集结境内的党项部族以及其他少数民族，以图自保。李彝超得知安从进大军已经到达夏州城南的芦关，立即派出党项部族骑兵，抄掠大军后路，抢掠粮草、兵器。安从进传令大军后撤。

前方战事不利，李嗣源又突然得了风疾，真是上天不佑。

五月，安从进继续率大军向夏州城逼近。

一天夜间，李彝超命人在城中举火，火光直冲云霄，安从进不知何意，传令大军严加戒备。第二天天明，数千蛮族骑兵向夏州杀了过来，原来昨晚发出的火光是一个信号。安从进派先锋使宋温出战，宋温将这些骑兵击退。

夏州城是十六国时期胡夏皇帝赫连勃勃所建，城池坚固，难以攻克。一支党项族骑兵又在城外时常来抢掠安从进的粮草，安从进大军的供给线也被这些骑兵切断。

两个月后，李彝超走上城头对安从进说道："夏州这个地方很贫瘠，没有什么珍宝可以进贡。不是我要留恋这里，只因自祖父以来，世代镇守此地，不想离开罢了。如果可以，请为我上表，恳请皇上准许我们改过自新，将来如果派我们出征，我们愿当先锋。"

安从进将李彝超的话奏报给李嗣源。

李嗣源当时的病情越来越重，一连多日不能上朝理政了，洛阳城内人心惶惶。李嗣源不得已，只好强撑病体，在广寿殿接见文武，人心才得以安定。当李嗣源接到安从进的奏报时，也无心再攻打李彝超，于是命安从进撤兵。李嗣源后来赦免了李彝超，就任命李彝超为定难节度使。

尽管李嗣源的病情很重，但李嗣源还没有想到要册立太子。

八月，太仆少卿何泽觉得秦王李从荣的权势正盛，便奏请册立李从荣为太子。

李嗣源接到此表，感到很伤心，认为是逼他让位。李嗣源不禁流下眼泪，对身边的近臣说道："文武百官奏请册立太子，朕只有回太原老家了。"

李从荣听说有人推荐自己为太子，认为是要夺其兵权，决定推辞。李从荣来到西宫，对父皇李嗣源说道："儿臣私下听闻有奸人奏请立儿臣为太子，儿臣年幼，正在学习如何管理军队与百姓，不愿当太子。"

李嗣源说道："群臣想这么做。"

李从荣不再言语，退出西宫，去见枢密使范延光、赵延寿。李从荣对二人说道："你们想让我当太子，是想夺我的兵权，把我软禁在东宫罢了。"

二人知道李嗣源也不想立李从荣，马上去奏报李嗣源。李嗣源没有册立李从荣为太子，只任命李从荣为天下兵马大元帅。李从荣则向李嗣源奏请拨付严卫、捧圣两支步骑兵作为自己的牙兵。李从荣每次入朝，随从就有数百骑，都张弓挟矢。不久，李嗣源又下诏，李从荣位在宰相之上。

李嗣源在册立太子一事上不够明智，与后梁太祖朱晃有些类似。一来，李嗣源已经身患重病，应当考虑继承人的事。二来，李嗣源在选谁的问题上，也应当早作考虑。一旦确定合适人选，就要作一些安排，否则可能酿成悲剧。

那么谁可能会成为太子？

李从珂是李嗣源的养子，跟着李嗣源四处征战，立下赫赫战功。李嗣源对李从珂感情深厚，但李从珂毕竟是养子，李嗣源不太可能立其为太子。安重诲就曾想除掉李从珂，不一定是件坏事。然而李嗣源极力保护李从珂，后来又让李从珂到重要藩镇护国军当节度使。李嗣源不知有没有想过，一旦其驾崩，他的那几个没有战功的儿子能否降住李从珂？

李嗣源的亲生儿子有李从审、李从荣、李从厚等。李从审是长子，被庄宗李存勖收为养子，已经被元行钦杀害。李从荣是次子，已被封为秦王。李从厚被封为宋王，是天雄节度使，镇守在魏州。李从厚在李从荣面前表现得很卑微、懦弱，因而二人矛盾不明显。

从立嫡立长来说，李从荣应当成为太子。

李从荣非常喜爱作诗，经常聚集一些浮华之士到其府中，互相唱和，十分自负。李从荣每次酒宴，总是让僚属赋诗，如果有不如意的诗，就当面撕毁，扔在地上。李嗣源听闻此事，曾规劝李从荣道："朕虽然不识字，但喜爱听儒生们讲经义，确实能开启人的心智。至于作诗，我们将家子弟并不擅长。朕见庄宗喜爱作诗，最后是身败名裂。你不要效仿他，让人窃笑。"李从荣没有将此言放在心上。

李从荣看人，就像老鹰，而且行为轻佻，为人刻薄。秦王府的幕僚都是一些刚来的少年，轻浮、鲁莽、谄媚、逢迎，师傅刘瓒常常规劝李从荣，李从荣很不高兴。李从荣后来把刘瓒当作一个普通僚属，每月只许来王府一次，来了也不召见，也不提供饭食。

李从荣的官职是河南府尹、判六军诸卫事，参与朝中事务，经常骄纵不法。安重诲当枢密使时，李从荣与安重诲关系亲密，虽然掌握兵权，但常被安重诲管制，因而也没有出什么乱子。安重诲被杀后，范延光、赵延寿为枢密使，李从荣不把他们看在眼里，还时常侮辱他们。李从荣有一回私下对亲信说："我一旦面南背北，一定将他二人灭族。"范延光、赵延寿担心大祸临头，多次提出辞去枢密使一职，请求与其他老臣对调，李嗣源不准。

李嗣源的女婿石敬瑭是河阳节度使、同平章事，还兼六军诸卫副使，也就是李从荣的副手。石敬瑭的妻子永宁公主与李从荣同父异母，二人一直互相憎恨。石敬瑭不想与李从荣一同共事，一直想躲避他。正巧契丹侵扰边境，李嗣源想派人到河东去镇守，石敬瑭愿意前往，被李嗣源任命为北京留守、河东节度使，兼大同、振武、彰国、威塞等军蕃汉马步总管，加兼侍中。

石敬瑭去了河东，范延光、赵延寿也想离开朝廷。二人为避开李从荣，再次向李嗣源上表请求外任。李嗣源以为自己正在病中，故而范延光、赵延寿等要离开朝廷，当场大怒道："想走就走，何必上表？"

赵延寿也是李嗣源的女婿，其妻是李嗣源的女儿齐国公主。齐国公主得知此事，连忙来到宫中，对父皇说赵延寿有病，不能处理机枢要务。

范延光、赵延寿又向李嗣源上表道："不是臣等害怕劳苦，只是想与老臣们轮流担任枢密使。我们二人也不敢全部离开朝廷，只愿让一个人先外任，如果新任枢密使不称职，皇上再召臣回朝。"

李嗣源这才准奏，任命赵延寿为宣武节度使，调山南东道节度使朱弘昭为枢密使、同平章事。岂料朱弘昭也上表辞让，李嗣源大怒道："你们都不想在朕的身边，朕养你们有何用？"朱弘昭这才不敢多言。

赵延寿离开朝廷，范延光又不断通过宣徽使孟汉琼及王淑妃向李嗣源请求外调。王淑妃便是花见羞，已由德妃升为淑妃。李嗣源终于下诏，任命范延光为成德节度使，升宰相冯赟为枢密使。

十一月十七日，李嗣源旧病复发，非常沉重，李从荣入宫问候。李嗣源头都抬不起来，一旁的王淑妃说道："从荣在此。"李嗣源仍然没有反应。

李从荣出了宫，听到宫中一片哭声，以为李嗣源已经驾崩。

李从荣想有所行动，迟了可能会被别人抢先。

第二天早上，李从荣声称有病，不再到西宫问安。李从荣与亲信谋划，准备带兵入宫，控制朝中大臣。其实李从荣并不知道，前天晚上，李嗣源的病情已经略有好转。

李从荣想拉拢枢密使朱弘昭、冯赟，也想先试探一下二人是否愿意支持自己，便派都押牙马处钧对二人说道："秦王准备率牙兵入宫侍奉陛下，同时防备宫中有变，兵马驻扎在何处为好？"

朱弘昭、冯赟非常害怕，马上说道："请大王自己决定。"

二人又对马处钧说道："主上龙体安好，大王应当尽忠尽孝，不要听信流言。"

李从荣听了此言，大怒，再派马处钧对二人说道："你们不爱惜家人性命，竟敢拒绝我！"

二人非常担忧，连忙入宫，将此事告诉王淑妃与孟汉琼。四人商议认为，这件事如果得不到康义诚的支持，就不能成功。康义诚是亲军都

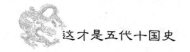

指挥使，确实举足轻重。然而康义诚左右观望，态度不明。

十一月二十日清晨，冯赟还在家中，马处钧又来了。

马处钧严厉地对冯赟说道："秦王今天率兵入居兴圣宫。公等都有家人宗族，处事应当三思，祸福就在片刻之间。"马处钧说完就走了。

冯赟知道情况不妙，立即骑马前往右掖门。

冯赟到了右掖门，看到朱弘昭、孟汉琼、康义诚等都在，忙将马处钧的话告诉众人。众人埋怨康义诚道："秦王说是祸是福就在片刻之间，其意可知，公不要以为儿子在秦王府做事，就左右观望。主上提拔我们，从布衣升到将相，如果让秦王的兵马从此门进入，将置主上于何地？我们难道还能活命？"

就在这时，宫门守卫前来报说秦王李从荣带着兵马，已经到达端门之外。孟汉琼拂袖而起，对康义诚说道："今日之事，危及君王，公还在观望以图获利吗？我将自率兵马抵御。"

孟汉琼说完，立即进入殿门。朱弘昭、冯赟也随其而走。康义诚没办法，也跟着进了殿门。

孟汉琼等人进入宫中，对李嗣源说道："秦王已反，兵马已经攻到端门，很快就要到达宫中，就要大乱了。"

宫中的宫女、宦官们听了此言，都大声哭了起来。

李嗣源说道："从荣何苦如此？"又问朱弘昭等："确有此事？"

众人回道："确有，刚才已经传令关闭宫门。"

李嗣源举手指天，泪流满面。

控鹤指挥使李重吉是李从珂的儿子，当时也侍奉在一旁。

李嗣源对李重吉说道："朕当年与你的父亲，冒着矢石平定天下，你父亲多次将朕从危险中救出。从荣他们，出了什么力？被人煽动，干此大逆不道之事！朕早就知道不能将大事交给他们，应当让你父亲来，朕将把兵权交给他，你去替朕把所有宫门全部关闭。"

李重吉立即率控鹤兵前往把守宫门，孟汉琼则披上铠甲，跨上战马，召见马军都指挥使朱洪实，令其率五百名骑兵讨伐李从荣。

李从荣此时身穿常服，带着一千名步骑兵在天津桥列阵。

李从荣坐在一个胡床之上，样子很悠然。李从荣认为康义诚会支持他，派左右去叫康义诚。端门已经关闭，左右从门缝中看进去，只见朱洪实率着骑兵正从北边赶来。左右连忙去禀报李从荣。李从荣大惊，命人取来铁掩心穿上，仍坐下拨弄弓箭，强作镇定。

不久，来了很多骑兵，李从荣吓得赶紧逃回河南府，幕僚及左右侍从一哄而散，牙兵趁机抢掠嘉善坊，最后也全部溃散。李从荣与其妃刘氏躲到床下，皇城使安从益将二人杀掉，连同李从荣的儿子。

李嗣源听说李从荣已经被杀，非常悲痛，差点从床上掉下来，昏死过去又苏醒，有好几次，病情也更加严重。

李从荣当时有一个年幼的儿子就在宫中，诸将请求杀掉。

李嗣源哭着说道："这孩子有什么罪？"

虽如此说，李嗣源最后还是将这个年幼的孙子交给诸将杀掉。

十一月二十一日，宰相冯道等带领文武百官到雍和殿晋见李嗣源。

李嗣源呜咽哭泣，泪如雨下，说道："朕家事如此，没脸见众卿。"

第二天，李嗣源派孟汉琼前往魏州，召宋王李从厚回京，同时让孟汉琼代替李从厚镇守魏州。

李嗣源又将李从荣追废为庶人。李从荣的结局本不该如此，作为李嗣源的亲生儿子，而且年纪又长，没有意外，应当继承大位。六军判官、司谏郎中赵远曾经规劝李从荣道："大王是嫡长，只要修德，必定能够继承皇位。大王不要以为父子至亲就可以为所欲为，难道没听说春秋时晋献公杀恭世子以及汉武帝杀戾太子的事吗？"

十一月二十六日，李嗣源病逝，年六十七岁，在位七年有余。

李嗣源在位期间，契丹不敢南侵，这是为何呢？

一是契丹打不过后唐。公元928年四月到公元929年二月，后唐讨伐义武节度使王都，契丹曾派兵援救王都，被后唐打得惨败，将领荝（音测）剌等被卢龙节度使赵德钧擒获，契丹为此派使到后唐进贡。契丹还

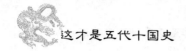

多次派使前来请求放回蓟刺等。赵德钧等人认为，契丹之所以数年不敢犯边，正是因为蓟刺等在后唐，如果将其放回，边患将再次发生。

二是李嗣源收留契丹叛臣耶律突欲。耶律突欲是契丹皇帝耶律阿保机的长子，但未能继承皇位，还被送到东丹王国。公元930年十一月，耶律突欲带领部曲四十人，乘船渡海投奔后唐。公元931年三月，李嗣源给耶律突欲赐姓东丹，更名慕华。九月，李嗣源再给耶律突欲赐姓更名为李赞华。李赞华在后唐，先后担任怀化、义成、昭信节度使，但并不过问政事，只是享受俸禄。从耶律突欲的名字改为慕华到赞华，充分看出后唐当时的实力。

三是北部边疆将领的得力防守。公元932年九月，赵德钧在阎沟、古潞、三河等地分别筑城，从此卢龙与契丹的边界百姓得以安宁。十一月，为加强对契丹的防御，李嗣源再任命石敬瑭为河东节度使。

李嗣源在位期间，境内战事不多，边患也很少，百姓得以休养生息。史书评价李嗣源不猜忌、与物无竞，在位期间，"年谷屡丰，兵革罕用，校于五代，粗为小康"。五代虽是乱世，而李嗣源在位的几年，是乱世中的"小康社会"。

第44章　闵帝即位，讨伐潞王

二十岁的宋王李从厚到达洛阳，即皇帝位，是为后唐闵帝。

公元934年正月七日，李从厚下诏，大赦天下，改元应顺。

李从厚所面对的天下，七国并立，除后唐外，还有南吴、南汉、闽国、吴越、荆南与南楚。南吴、南汉与闽国国主已经称帝，吴越、荆南与南楚仍然向后唐称藩纳贡。李从厚作为中原之主，还得给这些藩国加封：钱镠子钱元瓘为吴越王，马殷子马希范为楚王，高季兴子高从诲为南平王。

一个月后，八国并立。

蜀王孟知祥得知李嗣源病逝、李从厚即位，对僚属们说："李从厚年幼，辅政的又是一些小人，我们可以坐在这里等其混乱。"

然而孟知祥并没有等到后唐混乱，便迫不及待地登基了。

闰正月二十八日，拥有七个藩镇的孟知祥在成都称帝，是为后蜀高祖。随着后蜀的建立，华夏大地八国并立。李从厚当然不会去给孟知祥加封，因为其人已经与他一样，也是皇帝了。

李从厚也有把国家治理好的志向，但不能把握要点，缺少决断。李从厚年幼，生性宽和，甚至不能掌控朝政大权。

当时辅政的大臣主要是枢密使、同平章事朱弘昭与同中书门下二品冯赟以及侍卫都指挥使康义诚。尤其是朱弘昭，自认为平定李从荣功劳很大，便想把持朝政。

朱弘昭首先就排挤李从厚身边的亲信宋令询。宋令询本是天雄军左

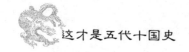

都押牙，李从厚镇守天雄时，便一直跟随左右。朱弘昭不希望李从厚将宋令询留在朝廷任职，便推荐宋令询出任磁州刺史。李从厚对此甚感不悦，但又无可奈何。

朱弘昭、冯赟二人又排挤侍卫马军都指挥使安彦威与侍卫步军都指挥使张从宾，将二人分别调任护国节度使、彰义节度使。二人原有官职由捧圣马军都指挥使朱洪实、严卫步军都指挥使皇甫遇接替。

朱、冯二人不久又猜忌李从珂与石敬瑭，给国家带来了动乱。

李从珂是潞王，镇守在凤翔（今陕西省凤翔县），担任凤翔节度使。石敬瑭是李嗣源的女婿，镇守在太原府，担任河东节度使。二人早年便跟随李嗣源南征北战，立有战功，在军中很有声望。朱弘昭、冯赟便非常忌惮二人。李嗣源病逝，李从珂则声称有病，不敢前来奔丧。

李从珂的长子李重吉当时就在京城担任控鹤都指挥使，朱、冯二人便将李重吉调到亳州任团练使。李从珂有个女儿在洛阳出家为尼，法名惠明。朱、冯二人又让李从厚将惠明召入宫中，以便监视。李从珂得到消息，非常忧虑。

朱弘昭、冯赟不希望李从珂、石敬瑭一直镇守在凤翔、河东，准备调整二人镇守之地，同时还想把同伙、天雄节度使孟汉琼调回朝中。

二月，朱、冯二人调成德节度使范延光为天雄节度使，接替孟汉琼；调石敬瑭为成德节度使，接替范延光；调李从珂为河东节度使、兼北都留守，接替石敬瑭；调洋王李从璋权知凤翔，接替李从珂。

对于这项重大任命，朱、冯二人竟然没有通过李从厚下达诏书，而是让使者直接带着枢密院的文书前往传达。

李从珂听说调李从璋前来赴任，非常反感。李从璋性格粗鲁、草率，还幸灾乐祸，之前代替安重诲镇守河中时，便亲手杀死安重诲。李从珂很想拒绝李从璋前来，遗憾的是兵弱粮少，一时不知所措，于是召集将佐们商议。

诸将都说："主上还很年轻，政事全由朱、冯二人做主，大王功高震主，离开藩镇必定难以保全，大王万万不能奉命。"

李从珂又问观察判官马胤："我如果前往河东赴任，必将经过京城，当如何是好？"

马胤说道："皇上召见，丝毫不能怠慢。大王应当先到京师奔丧，然后再到河东赴任，这有什么可以迟疑的？"

众人对马胤所言嗤之以鼻。

李从珂真的决定先前往京城，不过不是一人前往，而是带兵前往。

李从珂先向各藩镇发出檄文道："朱弘昭等人趁先帝病重，杀长立少，把持朝政，离间皇家骨肉，动摇各处重镇，恐怕就要倾覆社稷。从珂今天将前往朝中清君侧，然而一人之力不足，请邻近藩镇相助。"

邻近藩镇是否会响应呢？

西都留守王思同镇守在长安，挡住李从珂进京的道路。李从珂特别想与王思同结盟，便派推官郝诩、押牙朱廷义等前往长安，劝说王思同，还给王思同送去美女。李从珂交代郝诩等人，如果王思同不肯结盟，就设法将其杀掉。

郝诩等人到了长安，将李从珂的意图说给王思同，王思同不肯接受。王思同对诸将说道："我深受明宗大恩，如果今天跟潞王一同谋反，事成也能得到荣华富贵，然而仍是一时之叛臣。如果失败，必将受到侮辱，留下千古的骂名。"还没等到郝诩等人下手，王思同就将郝诩等人拿下，奏报朝廷。

李从珂派到其他邻近藩镇的使者，大都也被逮捕，即使不逮捕的，也未置可否，只有陇州防御使相里金倾心归附，还派判官薛文遇前来商议。

前往凤翔的洋王李从璋听闻李从珂起兵，吓得立即东返。

李从珂起兵的消息传到洛阳，闵帝李从厚赶紧与朱弘昭、冯赟、康义诚等人商议，朱、冯建议由康义诚前往凤翔讨伐李从珂。康义诚不肯出征，担心失去军权，推荐由王思同挂帅，再调羽林都指挥使侯益为行营马步军都虞候。侯益担心军心不稳，可能也会叛变，也推辞不行。朱、冯大怒，将侯益外调为商州刺史。

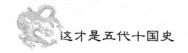
于是，李从厚任命王思同为西面行营马步军都部署，担任讨伐李从珂的主将。李从厚给王思同配了一名副将：前静难节度使药彦稠为副部署，前绛州刺史苌从简为马步都虞候，严卫步军左厢指挥使尹晖、羽林指挥使杨思权等为裨将。

数日后，李从厚再下诏，加授王思同为同平章事、知凤翔行府，任命护国节度使安彦威为西面行营都监。从此诏可以看出，王思同不仅担任讨伐李从珂的主将，还要取代李从珂镇守凤翔。

李从厚还派人前往亳州，将李重吉擒获，囚禁在宋州。

护国节度使安彦威与山南东道节度使张虔钊、武定节度使孙汉韶、彰义节度使张从宾、静难节度使康福等五人都上表称，将合兵讨伐凤翔李从珂。

三月十五日，王思同统领各镇兵马到达凤翔城下，开始攻打西关城。西关城被攻破，城中死伤很多。

第二天，讨伐军再度攻城，城内军心开始动摇。潞王李从珂亲自登上城墙，流泪对城外大军说道："我还是一个孩子时，就追随先帝，身经百战，出生入死，身上到处都是伤疤，才建立今天的国家。你们也曾是我的部下，都曾日睹其事。现今朝廷信任奸邪，使我家骨肉猜忌。我何罪之有，却要受到诛杀？"

李从珂说完，哭声更响，城外将士听了也非常感动。

山南东道节度使张虔钊最为性急，当时正负责攻打凤翔城的西南角，手举大刀命士兵登城，士兵们反而大怒，辱骂、攻打张虔钊。张虔钊见势不妙，纵马逃走。

羽林指挥使杨思权趁机喊道："大相公就是我们的主人。"

杨思权所说的大相公就是李从珂。杨思权更是带领所部士兵解甲投降，从西门进入城中。杨思权还在纸上写了字，送给李从珂。李从珂打开一看，上面写道："大王攻克京城之日，请任命臣为节度使，不要当防御使或团练使。"李从珂当即回书道："思权可任静难节度使。"

王思同并不知道杨思权已经投降李从珂，还在命令士兵攀城。

裨将尹晖大声叫道："城西的士兵已经入城接受赏赐了。"

士兵们一听，都弃甲投降，喊声震天动地。

到了中午，向李从珂投降的士兵全部入城，没有投降的也全部溃败，王思同等六节度使全部逃走。李从珂下令，将城中吏民的财物全部拿来犒赏士兵，甚至连烧饭的锅也拿来赏赐。

朝廷讨伐军大败，李从珂便整顿兵马，竖起大旗，擂动战鼓，从凤翔城出发，一路东进。李从珂担忧王思同等回到长安合力据守，阻挡其东进洛阳。到岐山时，李从珂听闻西京副留守刘遂雍不让王思同入城，王思同已经奔往潼关。

闵帝李从厚得知讨伐军战败、李从珂已经东进，十分无奈地对朱弘昭、冯赟、康义诚等人说道："先帝病逝，朕正镇守藩镇，当时由谁来继承大统，都由诸公决定，朕实在无心争夺。朕既已承继大业，年纪尚幼，国事都由诸公做主。朕与潞王兄弟之间本无猜忌，但诸公却要讨伐潞王，朕也不敢反对。兵马出发之时，诸公都夸下海口，认为很快就能平定。现在事已至此，如何才能化解灾祸？朕打算出城迎接潞王，将大位让给他，如果仍不能免去罪过，朕也心甘情愿。"

朱弘昭、冯赟听后，非常害怕，不敢言语。

掌管侍卫军的康义诚想以全部宿卫兵马向李从珂投降。康义诚为了能够带领兵马出降，这次便主动请求率兵出征。康义诚对李从厚说道："讨伐大军溃散，都是主将失策。现在侍卫诸军为数不少，臣请亲自前往，守住险要，再召集散兵，再作定夺，请陛下不要过于忧虑。"

李从厚则想派使去召石敬瑭，令其率部阻截李从珂。康义诚坚决请求由自己出征，李从厚便召见将士，好言抚慰，还将府库中财物全部拿出赏赐。李从厚还承诺，在平定凤翔之后，每人再赏钱二百贯，如果府库中的钱物不足，就用宫中的衣服及珍宝代替。岂料李从厚所为，让士兵们更加骄横，他们毫无顾忌，背着所赐之物，一路上扬言说："到了凤翔，再领一份。"

李从厚已经与李从珂决裂，干脆又派人到宋州将李从珂的儿子李重

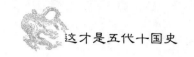

吉杀掉，还杀了软禁在宫中的李从珂女儿惠明。

第二天，康义诚与马军都指挥使朱洪实发生争执。

朱洪实认为应当派禁军固守洛阳，说道："如果这样，叛军一定不敢前来，我们就有机会考虑进攻，可以万全。"

康义诚已经想向李从珂投降，哪里还想固守洛阳，听了此言，当即大怒道："你这是想谋反！"

朱洪实也不示弱，说道："你自己想反，才说别人反！"

李从厚听闻二人争执，便将二人召来讯问。二人在李从厚面前继续争辩，李从厚也不能决断是非。康义诚一直憎恨朱洪实，便极力请求将朱洪实斩首。李从厚不得已，便下令将朱洪实斩首，士兵们更加愤怒。

李从厚下诏，任命康义诚为凤翔行营都招讨使，王思同为副使。从这个任命可以看出，讨伐李从珂的主帅已经由王思同变为康义诚。然而让李从厚没有想到的是，康义诚已经心怀鬼胎，而王思同已经被李从珂的前锋兵马擒获。

三月二十三日，李从珂抵达长安城东边的灵口，王思同也被押了过来。

李从珂责备了王思同。

王思同说道："思同起于行伍之间，得到先帝的提拔，位至节将，常常为不能报答大恩而惭愧。思同不是不知依附大王就能得到富贵，帮助朝廷就会自取灭亡，只是担心死了之后没有面目到九泉之下去见先帝。如今战败，用我的鲜血祭祀大王战鼓，也是死得其所，请早点杀了我吧。"

李从珂听后，也很为感动，说道："你也是各为其主，忠义可嘉。"

李从珂打算宽恕王思同，便没有杀掉王思同。

然而已经投降李从珂的杨思权、尹晖等将已经无脸去见主将王思同，尹晖甚至已将王思同家产及妓妾占为己有。杨思权、尹晖多次对李从珂的心腹刘延朗说道："如果留下王思同，可能会失去军心。"刘延朗便趁李从珂醉酒之时，将王思同与其妻子一同杀掉。李从珂酒醒，怒责刘延朗，一连数日，不停叹息。

第45章 潞王夺位，害死闵帝

公元934年（后唐闵帝应顺元年）三月二十四日，潞王李从珂抵达华州，擒获副部署药彦稠，将其囚禁。

第二日，李从珂到达阌（音文）乡，与朝廷派来的兵马遭遇，朝廷兵马全部投降，没有一人想战斗。驻守在阌乡以东的五百名捧圣骑兵也向李从珂投降，并担任起东进的先锋。

第三日，李从珂到达灵宝，护国节度使安彦威、匡国节度使安重霸投降，只有保义节度使康思立准备固守治所陕州，等待康义诚。捧圣骑兵来到陕州城下，对城头大声喊道："十万禁军已经拥护新皇帝，你们这几个人守在这里有什么用，只不过给全城人带来祸患罢了。"城中的捧圣士兵听后，都争相出城迎接，康思立不能制止，也只好出城投降。

第四日，李从珂到达陕州。僚属对李从珂说道："大王即将到达京城，听闻皇上已经离开洛阳，大王最好在此稍作停留，先给京城传达文告，安抚城中士人百姓，稳定人心。"

李从珂采纳僚属们的建议，让人带着文告前往洛阳称，除朱弘昭、冯赟两族外，其余人等全部赦免，不要忧虑。

康义诚当时已经到达新安，离陕州尚有两百余里，然而其士兵自发集结，或数十人，或百余人，丢盔弃甲，争先恐后，到陕州投降，一路上络绎不绝。康义诚到达陕州城东的乾壕时，部下只有数十人。李从珂的十余个斥候骑兵正好经过，康义诚将自己的弓箭作为信物，请斥候骑兵带给李从珂，以示投降。

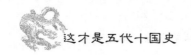

闵帝李从厚得知李从珂到达陕州、康义诚投降，感到无比惊恐，毕竟最后依靠的兵马也没有了。李从厚连忙召集朱弘昭、冯赟等人前来商议对策。

然而，随着李从珂的文告到达洛阳，朱弘昭、冯赟二人早已惊慌失措。

朱弘昭接到召令，自语道："如此急切地召我入宫，一定是要定我的罪。"

朱弘昭没有进宫，而是投井自杀。

冯赟没有自杀，被京城巡检安从进杀掉。安从进还灭了冯赟全族，再派人带着朱、冯二人首级向李从珂投降

李从厚不敢再留在洛阳，准备去魏州避难，命孟汉琼先到魏州准备。孟汉琼不理，单人匹马前往陕州，投奔李从珂。

李从厚身边还有一位受其宠信之人叫慕容迁。慕容迁是李从厚在藩镇当节度使时的牙将，在李从厚即位后，便被升为控鹤指挥使。李从厚现在只有依靠慕容迁了。李从厚与慕容迁商议，准备北渡黄河前往魏州，让慕容迁率部守住玄武门。

晚上，李从厚在五十名骑兵的护卫下出了玄武门。

李从厚对慕容迁说道："朕暂且驾幸魏州，慢慢谋图复兴。卿带着控鹤骑兵跟着朕。"

慕容迁说道："无论是生是死，定要跟从皇上。"

然而当李从厚出了北城门，慕容迁立即下令关闭城门，并不北上。

四月一日，天还没亮，李从厚到达卫州城东数里之外，遇到奉诏入朝的河东节度使石敬瑭。李从厚大喜，连忙问石敬瑭如何应对。

石敬瑭没有回答，反而问道："听说康义诚西讨，结果如何？陛下为何到了这里？"

李从厚说道："康义诚已经背叛。"

石敬瑭俯首长叹，一连数声，接着说道："卫州刺史王弘赟是一位老将，也熟悉军国大事，可以与其商议。"

李从厚便暂留卫州驿，等石敬瑭去见王弘贽。

石敬瑭进了卫州城，王弘贽对其说道："前代天子流亡的也很多，但仍有将相、侍卫、府库、法物，让群臣有所敬仰臣服，现在皇上身边只有五十名骑兵，我们虽有忠义之心，又能怎么样？"

石敬瑭回到卫州驿，将王弘贽的话说了一遍。

李从厚身边的弓箭库使沙守荣、奔洪进二人怒斥石敬瑭道："公是明宗的女婿，应当与陛下同富贵共忧患。现在陛下流亡，向公问计，以图复兴，公竟然寻找借口，这分明是想投降贼寇而出卖陛下。"

沙守荣抽出佩刀要砍石敬瑭。石敬瑭的亲信将领陈晖上前相救，将沙守荣杀死。奔洪进自知不敌，便举刀自刎。

不多时，石敬瑭的牙内指挥使刘知远带着兵马赶来，将李从厚身边左右及五十名骑兵全部杀光，只留下李从厚一人。

石敬瑭丢下李从厚不管，自己带领人马继续前往洛阳。

李从厚后来被王弘贽囚禁在卫州。

李从厚离开洛阳的第二天，宰相冯道等人上朝，才到端门，便听说朱、冯二人已死，李从厚已经北逃。冯道等人商议决定先各自回家。经过天宫寺时，安从进派人来说道："潞王正倍道赶来，马上就到，各位相公应当带领百官到城西的谷水迎接。"

冯道等人遂在天宫寺暂歇，等待百官一齐到来。

不久中书舍人卢导来了，冯道说："我们等你很久了，现在正差一份劝进文书，请快快起草。"

卢导说道："潞王入城，百官可以列班迎接。如果有废立之事，也应当等候太后的教令，岂能现在就去劝进？"

冯道说道："做事还要务实一点。"

卢导坚持道："哪有天子在外、人臣就劝人即位的？如果潞王坚守臣子之道，以大义斥责我们，我们如何对答？公不如带领百官前往后宫，以问安为名，听听太后的懿旨。"

冯道正要说话，安从进又派人来相告："潞王已经到了，太后、太

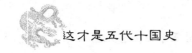

妃已经派中使前往迎接了，百官为何还不快去？"

冯道等人一听，立即前往上阳门等候。

潞王李从珂并未到达洛阳，当时还在陕州。马步都虞候苌从简、左龙武统军王景戡都被部下擒获，一起向李从珂投降。至此，朝廷派来讨伐李从珂的兵马全部投降。

不久康义诚便到了，李从珂责备道："先帝驾崩，由谁继位，全在诸公。如今皇上还在守丧，政令全部出自诸公，为何不能有始有终，而将我们兄弟害到这个地步？"

康义诚听后，非常害怕，连忙下跪叩头，请求一死。

李从珂向来讨厌康义诚的为人，只留了康义诚十日，便将其斩首、灭族。

李从珂继续东进，不日到达渑池城西，宦官孟汉琼到了。

孟汉琼之所以敢来投奔李从珂，就是因为当初李从珂被免官在家时，王淑妃曾数次派孟汉琼前往看望，孟汉琼自认为对李从珂有恩。

孟汉琼见到李从珂，大哭起来，想为自己的所作所为申辩。

李从珂阻止道："不用多言，所有事情我都清楚。"

李从珂说完就命人在路边将孟汉琼斩首。

四月三日，李从珂到达洛阳城西的蒋桥，百官已经在此迎接。

李从珂派人传话道："在没有叩见先帝灵柩之前，不能与百官相见。"

宰相冯道等人都上笺劝进，李从珂没有理会。

李从珂先入宫中，晋见太后、太妃，再到西宫，伏在李嗣源灵柩前大声痛哭，边哭边说起兵入朝的原由。哀毕，冯道又带领百官前来叩见行礼，李从珂也向众人行礼。

冯道等人再次请李从珂登基即位。李从珂说道："我此次入京，情非得已，等皇上回朝，先帝安葬，我就返回藩镇，诸公不必多言。"

李从珂说这话，已经没有意义，谁还看不出他此时的实力？

第二日，曹太后下教令，降李从厚为鄂王，由李从珂主持军国大事。

第三日，曹太后再下教令，让李从珂即皇帝位。

第四日，李从珂在李嗣源的灵柩前即位，是为后唐末帝。

李从珂当了皇帝，便不想放过闵帝李从厚。

李从珂派王弘贽之子王峦带着毒酒前往卫州，将李从厚赐死。

数日后，王峦到达卫州，王弘贽设宴招待李从厚与王峦。李从厚问王峦为何来此，王峦不答，王弘贽则不停地向李从厚敬酒。李从厚知道酒中有毒，坚决不肯喝，王峦便动手将李从厚缢杀而死，李从厚当时年仅二十一岁。

史书上说，李从厚生性仁厚，与兄弟相处也很和睦，虽然遭到秦王李从荣的猜忌，但李从厚坦诚待之，并没有遭到李从荣的陷害。李从厚即位后，与李从珂也没有矛盾，只是朱弘昭、孟汉琼等人从中挑拨，李从厚又不能做主，以致祸来身亡。

李从厚已死，其妃孔氏尚在洛阳宫中。李从珂派人问孔妃："重吉在哪里？"孔妃无言以对，最终与四个儿子一同被杀死。

李从珂当了皇帝，便要兑现当初给将士们的承诺，就是每人赏钱一百贯。李从珂共需五十万贯钱用于赏赐，而府库中远远没有这么多钱。掌管财政的三司使王玫奏请将京城中的百姓钱财征来，以补不足。

数日后，仅征得数万贯。李从珂对宰相们说："将士们不可不赏，百姓也不能不活，如之奈何？"

宰相们建议征收房屋税，不管是官是民，不管是自住还是借住，每户提前缴纳五个月的税收。李从珂准奏。这大概是最早的房产税了。

十天下来，才征得六万贯，李从珂听报大怒，下令，将那些缴不出钱的人全部关到监狱中，没日没夜地拷打，监狱一时人满为患。有不少百姓被逼上吊、投井，而士兵们在大街上行走，面露骄色。

百姓聚在一起骂道："你们这些人为了主上拼死作战，建立功劳，固然艰苦，现在却让我们被鞭子抽，木棍打，逼迫我们拿出钱财，用于对你们的赏赐。你们还感到如此扬扬自得，难道不觉得愧对天地？"

国库中的财物、各藩镇的进贡，以及曹太后、王太妃的珍玩、服饰、首饰全部拿了出来，才有二十万贯，李从珂非常着急。

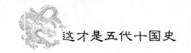

一天夜晚，正是枢密直学士李专美当值，李从珂责备其道："卿有才干之名，却不能替朕谋划、解忧，留着才能做什么呢？"

李专美谢罪道："臣很愚笨，是陛下过于提拔才有今日。臣以为，就是有无穷的财物，也不能满足骄兵的欲心。国家的存亡，不能全靠厚厚的赏赐，应当制定法度，建立纲纪。如果陛下不吸取前车之鉴，臣担心只会增加百姓的困苦，国家存亡真是难以预料。如今国家财力就是如此，应当量力而行，何必要兑现当初的承诺？"

李从珂听罢，也觉得有理。

李从珂于是下诏，凡是在凤翔就归降的，从杨思权、尹晖等人开始，各赏赐两匹骏马、一只骆驼、七十贯钱，士兵赏钱二十贯；那些在京城才归降的，赏钱各十贯。

然而士兵们贪得无厌，仍然怨声载道，还编出歌谣道："除去菩萨，扶立生铁。"言下之意，除去了仁厚的菩萨李从厚，扶立了钢铁一样的李从珂。士兵们都有后悔之心。

后唐发生内乱，后蜀高祖孟知祥趁机夺取后唐不少城池。从四月到六月，后蜀接连得到山南西道、武定两个藩镇，以及兴、阶、文三州。然而孟知祥却于七月便病逝了，年六十一岁，只当了半年皇帝。

我们再来讲讲李从珂与石敬瑭的故事。

第46章　遭忌谋反，引狼入室

末帝李从珂与河东节度使石敬瑭都曾追随先帝李嗣源南征北战，屡立战功，然而二人互相不服。此次石敬瑭进京，本是闵帝李从厚所召，只因李从珂胜利太快，才不得不进京朝见。

安葬先帝李嗣源之后，石敬瑭很想返回河东，但自己不敢向李从珂提出。石敬瑭于是让妻子晋国公主与其母曹太后在李从珂面前说石敬瑭有病在身，请求让石敬瑭返回河东。

李从珂犹豫不决，便与近臣商议。

在凤翔时的将领们大都劝李从珂将石敬瑭留在京城，只有枢密使韩昭胤、李专美等人认为不应当猜忌石敬瑭，因为同是先帝的女婿，赵延寿当时镇守在宣武，而其养父赵德钧镇守在卢龙，以免二人生疑。

李从珂看到石敬瑭确实消瘦，也就不再担心石敬瑭，便说道："石郎不只是至亲，年少时便与朕同患难。如今朕当了天子，不依靠石郎，还依靠谁？"

李从珂于是还任命石敬瑭为河东节度使，兼北面总管。

石敬瑭回到河东后，就一直在谋划保全之计。

石敬瑭首先要打探李从珂的动静。石敬瑭在朝中是有人的，两个儿子便在朝中任职，石重殷为右卫上将军，石重裔为皇城副使。宫中更是有人，那便是石敬瑭的妻子晋国公主与母亲曹太后。石敬瑭让他们暗中打探李从珂的一举一动。

石敬瑭其次便是向李从珂示弱，常常在宾客面前称自己身体衰弱，

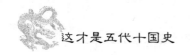

不能担任节度使，以此希望李从珂不猜忌他。然而事与愿违。

石敬瑭到了河东不久，契丹兵马便开始南侵。一年之内，契丹兵马先后入侵云州、新州、朔州、应州等地，石敬瑭两度出兵抵御。

公元935年（后唐末帝清泰二年）六月，石敬瑭正在忻州，防御契丹兵马。当时正是炎热的夏天，朝廷派使前来给将士们赏赐夏衣。使者宣读诏书完毕，将士们竟对着石敬瑭连声高呼万岁。石敬瑭感到非常害怕，幕僚段希尧建议将带头高呼万岁的人斩首，石敬瑭便命令都押牙刘知远将都将李晖等三十六人斩首。

使者回到洛阳，将此事奏报李从珂，李从珂更加怀疑石敬瑭。

公元936年（后唐末帝清泰三年）正月十三日，是李从珂的生日。李从珂在宫中设宴，石敬瑭的妻子晋国公主举杯向李从珂敬酒祝寿。宴毕，晋国长公主请求返回河东太原。

李从珂当时已有醉意，随口说道："为何不再留几日，这么着急回去，是不是想与石郎一同谋反？"

李从珂虽然这样说，但还是让晋国公主返回太原。

晋国公主将李从珂的话说给石敬瑭，石敬瑭更加忧虑。石敬瑭于是声称军费不足，命人将其在洛阳以及其他各处的财产全部运到太原。人们都说石敬瑭已经准备谋反。

三月的一天夜晚，李从珂与近臣说道："石郎与朕是至亲，没有什么可以怀疑的。然而流言不断，万一发生不快，如何化解？"众人都不言语。

李从珂走后，端明殿学士、给事中李崧与同僚吕琦商议道："我等深受陛下厚恩，岂能与别人一样观望？你有什么计策？"

吕琦说道："石敬瑭要是谋反，一定会与契丹结交，引契丹为外援。契丹的述律太后因其长子李赞华在中原，多次请求和亲，只因我国一直没有释放其将领蓟（音册）刺等人，所以和亲未成。如果将蓟刺送回，每年再送价值十多万贯的礼物，契丹一定欣然接受。如果能够这样，石敬瑭要想有所动作，也将无能为力。"

李崧说道："这也是我的想法。"

二人便将这个谋划奏报给李从珂，李从珂大喜，称赞二人忠心。二人于是开始草拟送给契丹的文书。

数日后，李从珂将这个谋划告诉了枢密直学士薛文遇。薛文遇反对道："陛下以天子之尊，去事奉契丹，不是耻辱吗？再者，假如契丹要娶公主，陛下如何拒绝？"薛文遇还当场背诵了戎昱写王昭君的《咏史》诗道："安危托妇人。"

李从珂听了此言，立即改变主意。李从珂马上召见李崧、吕琦，对二人大怒道："卿等也知古今之事，应当辅佐君王，创万世太平。朕只一个女儿，还很年幼，卿等想将其抛弃遥远的沙漠？竟然还要把供养军士的钱财送给契丹，卿等是何用心？"

二人听罢，吓得大汗直流，连忙说道："臣等时刻想着竭尽全力报效国家，不是为胡虏谋划，请陛下明察。"

二人跪下，不停地叩头，请求恕罪，李从珂仍然不停地责骂。

吕琦气喘吁吁，叩头有所放缓，李从珂更加生气道："吕琦如此强硬，还想把朕当作人主吗？"

吕琦也不相让，说道："臣等谋划不周，请陛下治臣等之罪，多叩头有什么用？"

李从珂听后，怒气稍消，让二人不要再叩头，赏赐二人一大杯酒，让二人退下。

从此，群臣不敢再向李从珂提和亲之事。

李从珂不断收到石敬瑭的奏报，说自己身体虚弱，请求解除兵权，调往别的藩镇。其实这是石敬瑭主动在试探李从珂，看看李从珂到底有什么反应。李从珂与群臣商议，准备接受石敬瑭的请求，调石敬瑭到郓州任天平节度使。李崧、吕琦等人极力劝阻，李从珂也犹豫不决。

一天夜晚，李崧等有事在外，内宫只有薛文遇一人当值，李从珂便与其商议河东之事。薛文遇说："谚语曾说，当道筑室，三年不成。这件事应当由陛下自己决断，群臣只会各自谋划，岂能尽言？以臣看来，

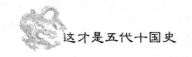

河东调也反，不调也反，这是早晚的事，不如尽早行动。"

此前曾有术士说今年会有一位贤臣来辅佐李从珂，能够出奇谋、定天下。李从珂听了薛文遇此言，认为薛文遇便是那位贤臣，大喜道："卿言正合朕意，不管成败，朕意已决。"

第二天，李从珂下诏，调石敬瑭为天平节度使，再调马军都指挥使、河阳节度使宋审虔为河东节度使。诏书一宣，朝堂之上的文武两班官员听到石敬瑭的名字，都大惊失色。

诏书送达河东，石敬瑭很是忧虑，与将佐商议道："我再次来到河东时，主上当面许诺，让我终生镇守河东，永不派人接替。现在突然来了这个调令，一定是主上生疑。我不想作乱，主上却先逼我，我怎能束手就擒、死于半道呢？现在先上表称病，看看主上的意图。如果宽恕我，我当事奉；如果派兵讨伐我，我就谋反。"

都押牙刘知远朗声说道："明公带兵日久，深得将士之心。如今据有形胜之地，兵强马壮，如果起兵传檄，帝业可成。岂能听从一张诏书的命令而自投虎口？"

掌书记桑维翰说道："主上刚即位时，明公入朝晋见，主上岂能不知蛟龙不可以放入深渊？然而主上仍然将河东交给明公，这是上天要给明公以利器。明宗声名尚在人间，主上却以义子旁支继承大位，人心不服。明公是明宗的爱婿，主上反而将明公当作叛逆，这不是叩头致谢能够赦免的。契丹曾与明宗约为兄弟，最近的部落就在云、应二州，明公如果能够屈节事奉契丹，万一有急事，早上召唤，晚上便可到达，还有什么可担忧的？"

石敬瑭听罢，决心谋反。

石敬瑭还给李从珂上了一道奏表。石敬瑭在奏表中称："陛下是先帝的养子，不应当继承帝位，请将大位传给许王。"

石敬瑭所说的许王是李嗣源幼子李从益，由花见羞抚养长大。

李从珂阅罢石敬瑭的奏表，大怒，当场将奏表撕碎，扔在地上。李从珂立即下诏回复石敬瑭道："你与鄂王（李从厚）并不疏远，却在卫州杀掉鄂王随从，把鄂王交给王弘贽，致使鄂王被王弘贽绞死。你今天再说拥立许王的话，还会有谁相信？"

李从珂再下诏，削去石敬瑭官爵，任命建雄节度使张敬达为太原四面招讨使，义武节度使杨光远为副使，令二人率河阳节度使张彦琪、安国节度使安审琦、保义节度使相里金、右监门上将军武廷翰、前彰武节度使高行周等攻打太原。

李从珂还下令杀掉石敬瑭在洛阳的兄弟子侄。石敬瑭的兄弟石敬德被抓获，死于狱中，石敬瑭的堂弟石敬威自杀身亡。石敬瑭的儿子石重殷、石重裔逃出洛阳，躲到百姓家中，也被抓获诛杀，那家百姓还被灭族。

面对朝廷的讨伐，石敬瑭考虑向契丹称臣，以得到契丹的援救。石敬瑭不仅要向契丹国称臣，还要把比自己小十岁的契丹皇帝耶律德光当着父亲来对待。石敬瑭准备在事成之后，将整个卢龙军以及雁门关以北各州割给契丹。

都押牙刘知远劝阻道："称臣可以，把契丹主当父亲有些过分。只要用大量金银布帛贿赂契丹，以让其出兵，不必承诺割让领地。属下担心割让领地，日后会成为中原大患，悔之晚矣。"

石敬瑭不听，让掌书记桑维翰草拟奏表，派使送给契丹皇帝耶律德光。耶律德光接到石敬瑭的奏表，大喜，对其母述律太后说道："儿最近做梦，梦见石敬瑭派使前来，今天果然来了，这是天意啊。"

耶律德光对石敬瑭称臣、称儿，还割让大片土地，非常高兴。耶律德光当即命人回书，等到秋天草长马肥，就举全国之兵南下援救。

八月，张敬达率大军开始围攻太原城。张敬达命人在太原城外修筑长墙，试图困死石敬瑭。石敬瑭任命刘知远为马步都指挥使，率兵迎战。石敬瑭还亲自登上城墙，冒着矢石，慰劳将士。

刘知远对石敬瑭说道："我看张敬达这些人，深沟高垒，只想长期围困，没有更好的计策，不足为虑。请明公派出使者，设法出城从小道前往各地，联络各处将领。守城之事不难，知远一个人就行。"

石敬瑭听后，很为高兴，抓着刘知远的手，又抚摸刘知远的背，赞

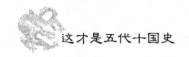

赏一番。

时令很快入秋。契丹皇帝耶律德光率领五万骑兵，号称三十万，从扬武谷方向南下。契丹大军一路旌旗飘飘，前后五十余里。

九月十五日，耶律德光抵达太原城外，在汾河北岸的虎北口布下阵势。

耶律德光派人设法进入城中，告诉石敬瑭："我准备今天就攻打贼寇，是否可以？"

石敬瑭回复道："南方的围城军很强，不可轻视，请等到明天再议。"

使者尚未到达耶律德光军中，契丹兵马已经与后唐的骑兵将领高行周、符彦卿（李存审之子，已经恢复本姓）交战起来。石敬瑭得到消息，也不再犹豫，立即派刘知远出城助战。

耶律德光派出三千名轻骑兵，连铠甲都不穿，直接冲入张敬达的阵中。后唐兵马看到契丹骑兵没穿铠甲，并不害怕，争相追逐，一直追到汾水拐弯处。契丹骑兵涉水而过，后唐兵马则沿岸边跟进。突然，契丹伏兵杀出，将后唐兵马冲断为南北两段，北边的步兵大多被契丹杀死，南边的骑兵撤回了晋安寨。

张敬达等人收拾残兵退保晋安寨，耶律德光也率兵返回虎北山。这一战，后唐有一千余士兵向石敬瑭投降，刘知远劝石敬瑭将他们全部杀掉。

当天晚上，石敬瑭出了北门，晋见契丹皇帝耶律德光。四十五岁的石敬瑭握住三十五岁的耶律德光的手，大有相见恨晚的感觉。石敬瑭问道："皇上远道而来，士兵战马都很疲倦，仓促之间与唐兵作战，却取得了胜利，这是为何？"

耶律德光说道："我从北边来，认为唐兵必定阻断雁门一带的各条道路，险要之地再设下伏兵，我就不能很快到达此地。后来派人前往打探，根本没有一个唐兵，我得以长驱直入。我军士气正锐，敌军士气低落，如果不趁机急攻，一旦旷日持久，胜负难知。这就是我速战而胜的原因，不可用以逸待劳这个常理来看待。"

石敬瑭听后甚为叹服。

第二天，石敬瑭率部与契丹兵马合围晋安寨，并在晋安寨南扎营，东西长一百余里，纵深五十里，布置响铃与军犬。

张敬达虽有五万士兵，一万匹战马，但四面看去，无路可逃。张敬达还是派人设法出了包围圈，向末帝李从珂奏报。这是张敬达最后一次向朝廷奏报战况，之后再没有机会派出使者。

李从珂接到张敬达的奏报，大惊失色，立即派彰圣都指挥使符彦饶率洛阳城内的步骑兵进屯河阳。李从珂再诏令天雄节度使范延光率二万名士兵从青山口奔向榆次，卢龙节度使赵德钧率兵袭击契丹后路，耀州防御使潘环率西路兵马，一同救援晋安寨。

李从珂仍不放心，决定御驾亲征。

雍王李重美劝阻道："陛下眼病未愈，不能远征。儿臣虽然幼小，愿替陛下北征。"

李从珂当时也不想亲征，听了此言，甚喜。然而三司使张延朗及宣徽南院使刘延朗等人都劝李从珂亲征，李从珂不得已，只好接受。

九月二十三日，李从珂到达河阳，不敢再向北前行。

李从珂召集宰相、枢密使商议。宰相卢文纪知道李从珂不想继续北上，便说道："国家的根本，大半在黄河以南，胡虏的兵马来去飘忽，不可能在中原久留。张敬达坚守的晋安寨也很为牢固，更何况陛下已经调遣三路兵马前往增援。河阳是重要渡口，皇上的车驾应当在此镇抚南北，再派近臣前往督战，如果仍不能解围，陛下再向前推进不晚。"

三司使张延朗表示赞同，他人也无异议。

李从珂又与群臣商议派哪位近臣北上。张延朗一直想排挤枢密使赵延寿，便与翰林学士和凝等人建言道："赵延寿父亲赵德钧正率卢龙兵马前往增援，应当派赵延寿前去与父亲会合。"

李从珂便派赵延寿率两万兵马前往潞州，还任命右神武统军康思立为北面行营马军都指挥使，令其率扈从骑兵前往团柏谷。

两日后，李从珂又北上到达怀州。

李从珂仍在担忧晋安寨的安危，又向群臣问计。

吏部侍郎龙敏建言册立李赞华为契丹国主，令天雄、卢龙两镇派兵护送其回国，从幽州直奔契丹都城西楼（今内蒙古巴林左旗）。然后朝廷再发出檄文，宣告天下，契丹主耶律德光必有内顾之忧，一定解围而去。李从珂听后认为非常有理，可是其他官员认为不一定能成功，最终是议而不决。

此时的李从珂神情极为沮丧，每天从早到晚只是饮酒、悲歌。有大臣劝李从珂继续北进，李从珂终于说出心里话："卿不要再说了，石敬瑭让朕胆战心惊。"

不久，卢龙节度使赵德钧的奏表到达。赵德钧当时已是北平王，很想利用国家大乱之际，夺取中原，称王称帝。李从珂本来令赵德钧袭击耶律德光大军的后背，赵德钧却奏请率三千名"银鞍契丹直"骑兵从土门西进河东境内。李从珂没有办法，只好准奏。

赵德钧从幽州南下，先到达易州，命镇守在此的赵州刺史刘在明率部随自己南下。赵德钧到达镇州时，任命成德节度使董温琪为招讨副使，也请其一同南下。赵德钧还上表称兵马太少，请求与昭义兵马会合，于是取道吴儿谷，向潞州进发。

当时大雄节度使范延光奉诏，已率本镇两万兵马驻屯在辽州，赵德钧又奏请与天雄兵马会合。范延光得知赵德钧一路南下，已经会合了三支兵马，其志难测，于是上表称其部已经进入敌境，无法再南下数百里与赵德钧会合。

十一月，李从珂下诏任命赵德钧为诸道行营都统，依旧兼之前授予的东北面行营招讨使；赵延寿为河东道南面行营招讨使，翰林学士张砺为判官；范延光为河东道东南面行营招讨使，宣武节度使、同平章事李周为副使；刘延朗为河东道南面行营招讨副使。

从这个任命来看，赵德钧已经成为讨伐石敬瑭的主帅。赵德钧不久便与其子赵延寿会合，又得到朝廷的两万兵马。赵德钧并不想与契丹作战，只想吞并范延光的天雄兵马，因而逗留不进。李从珂催促赵德钧进发的诏书不断，赵德钧只好北进驻屯团柏谷。

第47章　建立后晋，当儿皇帝

契丹皇帝耶律德光对石敬瑭说道："我南下三千里，前来解救你的危难，必定取得成功，中原也必将易主。我观察你的容貌器宇、胆识度量，真正是中原之主。我准备册封你为天子。"

石敬瑭再三推让。耶律德光坚持要让石敬瑭当皇帝，石敬瑭的属下也跟着劝进，石敬瑭便答应了。

公元936年（后唐末帝清泰三年）十一月十二日，耶律德光册封石敬瑭为大晋国皇帝。耶律德光还将自己身上的衣帽解下，让石敬瑭穿上，接受册封。当天，石敬瑭在太原城东南的柳林筑起高坛，登基即位。石敬瑭所建立的国家，史称后晋，石敬瑭是后晋高祖。后晋是五代之第三代，建立之日，后唐仍在苟延残喘，中原以外还有七个国家，分别是南吴、南汉、闽国、南楚、吴越、荆南与后蜀。

石敬瑭根据当初承诺，将后唐的幽、蓟、瀛、莫、涿、檀、顺、新、妫、儒、武、云、应、寰、朔、蔚这十六州割让给契丹，还承诺每年向契丹进贡三十万匹布帛。石敬瑭所割让的便是所谓的"幽云十六州"，也称"燕云十六州"。

石敬瑭即位后，废除李从厚、李从珂时期的制度，全部恢复李嗣源时期的制度。石敬瑭的重要官员有掌书记桑维翰、军城都巡检使刘知远与客将景延广。桑维翰权知枢密使事，执掌朝政大权。刘知远为侍卫马军都指挥使，景延广为步军都指挥使，二人掌管兵马大权。

当时，耶律德光驻军柳林，辎重与老弱士兵则在虎北口。驻扎在柳

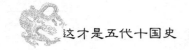

林的士兵每天晚上都收拾行装随时准备撤到虎北口。如果此时袭击契丹兵马，将是一个好时机，然而前来增援张敬达的赵德钧并不想与契丹作战。赵德钧抵达团柏谷一个多月，始终按兵不动，尽管团柏谷离张敬达被困的晋安寨只有百里之地。

赵德钧没有袭击耶律德光，也没有设法联络张敬达，而是不断地向李从珂上表，奏请任命其子赵延寿为成德节度使。赵德钧在奏疏中称："臣率军远征，幽州势孤力薄，恳请由延寿镇守镇州，南北相邻，便于接应。"

李从珂回复道："延寿正在讨伐贼寇，没有精力前往镇州，等到平定河东，再准卿所奏。"

赵德钧仍不停地上表奏请，李从珂生气地说道："赵家父子坚持想得到成德，是何用意？只要能击退契丹，就是取代朕的皇位，朕也甘心。如果想以贼寇来要挟君王，恐怕猎犬会与狡兔一同毙命。"

这话传到赵德钧那里，赵德钧非常不悦。

赵德钧竟然也想依靠契丹来夺取中原，便派人悄悄给耶律德光送去一封信，还送上金银绸缎。赵德钧在信中说："如果册立我为皇帝，我将率兵南下平定洛阳，与契丹结为兄弟之国，也会许诺石敬瑭永远镇守河东。"

耶律德光接到此书，认为自己深入敌境，晋安寨久久不克，而赵德钧兵马强大，又担心北部各州断其后路，便想答应赵德钧的请求。耶律德光也给赵德钧送去诏书，还送来铠甲、战马、弓箭。

石敬瑭得知耶律德光又准备扶立赵德钧，非常害怕，马上派桑维翰去见耶律德光。桑维翰来到柳林，对耶律德光说道："大国出动义军前来救援，一战便让唐兵瓦解，退守一寨之中，粮草很快耗尽。赵德钧父子，不忠不信，既畏惧大国之强，又野心勃勃，绝不是以死殉国之人，何足畏惧？陛下岂能相信其满口胡言，贪图其微末小利，而放弃垂成之功。如果晋国得到天下，必将竭尽中原财力事奉大国，岂是此等小利可以相比？"

耶律德光还有顾忌，说道："你见过捕捉老鼠的人吗？一不小心，就会被老鼠咬破手指，何况赵德钧也是一支强敌。"

桑维翰答道："陛下的大国已经扼住他的咽喉，他还能咬人吗？"

耶律德光继续为自己辩解："我不是要违背之前的约定，只是兵家谋划，不得不如此。"

桑维翰说道："陛下以信义救人之急，四海之人有目共睹。陛下为何随时更改决定，让大义不能始终？"

桑维翰说完，跪在耶律德光的大帐前。从早上一直到晚上，桑维翰泪流满面，不停地请求。

耶律德光终于被其感动，指着大帐前的一块大石对赵德钧的使者说道："我已经许诺石郎，只有这块石头烂了，我才会改变主张。"

晋安寨被围困将近四个月，寨中的将领高行周、符彦卿也曾数次带领骑兵出战，终因寡不敌众无功而返。粮草早已耗尽，只能将木头削成碎片喂马，甚至从马粪中淘出草木喂马。战马相互啃噬身上的鬃毛，然而不久便被啃光。战马饿死了，士兵们便将死马分而食之。将士们天天盼望援兵，始终不见援兵的影子。

面对如此困境，将士们为何还在坚持？只因主帅张敬达生性刚强，人称"张生铁"。

将领杨光远、安审琦劝张敬达向契丹投降，张敬达说道："我受到明宗及当今皇上的厚恩，担任元帅打了败仗，罪恶已经很大，何况降敌？援兵早晚就到，只需耐心等待。如果真的到了山穷水尽，你等砍下我的首级出降，也为时不晚。"

杨光远用眼神示意安审琦杀掉张敬达，安审琦于心不忍。

将领高行周知道杨光远想杀掉张敬达，一直带着骑兵跟在张敬达的身后，张敬达不知何故，对人说道："行周总是跟在我后面，不知是何用意？"

高行周也不便说出，从此也不敢再跟随张敬达。

闰十一月九日早上，诸将按例到张敬达的大营议事，高行周、符彦卿还未到时，杨光远趁机将张敬达斩首。

杨光远带领诸将向耶律德光上表，请求投降。

耶律德光接受投降，听闻诸将大名，赐予每人契丹裘帽一套。耶律德

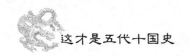

光还对诸将戏言道："你们这群汉人，竟然不用盐巴就吃下一万匹战马！"

杨光远等听后感到非常惭愧。

耶律德光赞赏张敬达的忠烈，命人厚葬，还对其部下及晋国诸将说道："你们身为人臣，应当效法张敬达。"

晋安寨中还有五千匹战马，五万件铠甲，耶律德光命人全部带回契丹，只将降兵交给石敬瑭，还对降兵说："好好事奉新的主人。"

耶律德光又对石敬瑭说："桑维翰对你忠心耿耿，你要用其为宰相。"

石敬瑭于是任命桑维翰为中书侍郎、同平章事，仍权知枢密使事。

石敬瑭与耶律德光率兵南下，数日后抵达团柏谷，随即向后唐兵马发起进击。后唐主将赵德钧、赵延寿父子率先逃跑，将领符彦饶、张彦琦、刘延朗、刘在明等也跟着逃跑，士兵全部溃散，一万多人互相践踏而死。

闰十一月十四日，刘延朗、刘在明逃到怀州，后唐末帝李从珂才得知石敬瑭已经称帝，招讨副使杨光远已经投降。李从珂与群臣商议，群臣认为藩镇天雄军还很完整，天雄节度使范延光的兵马也没有遭到重创，建议李从珂驾幸天雄军的治所魏州。

李从珂认为李崧与范延光友善，便召李崧商议此事。薛文遇不知李从珂只召见李崧，也来晋见，李从珂当即大怒，脸色骤变。李崧踩了薛文遇一脚，薛文遇赶紧离开。

李从珂说道："朕看到这个东西，浑身就发抖，刚才就想抽出佩刀砍他。"

李崧说道："薛文遇是个小人，见识浅陋，误国误民，杀了他也丢人。"

李崧劝李从珂不要去魏州，范延光也不可靠。李从珂最后决定南返，于三日后到达河阳，命诸将固守南北二城。

此时，石敬瑭与耶律德光一路南下，已经到达潞州。早已逃到潞州的赵德钧父子准备向石敬瑭投降，便来到城外的高河迎接。赵氏父子先见过耶律德光，再跪于石敬瑭马前，主动问道："别后安否？"

石敬瑭看都不看二人，更不答话。

耶律德光说话了，问赵德钧道："你在幽州设立的银鞍契丹直在哪里？"

赵德钧指着一边的三千名士兵说："就是他们。"

耶律德光立即下令，将这三千名契丹士兵全部杀死。

耶律德光再命人将赵氏父子用铁链锁上，送回契丹。

赵氏父子到了契丹，将所有的宝物连同田契、房契全部献给述律太后。太后对赵德钧说道："你想当天子，为何不先打败我儿，然后再慢慢谋图？你身为人臣，不能退敌，又想趁乱取利，如此所为，有什么脸面活在世上？"赵德钧低下头，说不出话。述律太后又问："宝物在此，田地、房屋在哪里？"赵德钧说："在幽州。"太后说："幽州今天属于谁？"赵德钧说："属太后。"太后说："那还用得着你献？"赵德钧更加惭愧，从此郁郁寡欢，吃不下饭，一年后去世。赵延寿后来倒是被耶律德光任命为枢密使，此为后话。

石敬瑭与耶律德光在潞州设宴。

耶律德光举杯对石敬瑭说道："我为大义远道而来，如今大事已成。我如果继续南下，黄河以南的百姓一定非常惊慌。你可率领汉人兵马继续南下，我派太相温率五千骑兵护送你到黄河大桥，如果有人想与你一同南渡的，多少都可。我暂且留在潞州，等候你的消息。如果有紧急情况，我再南下救你，如果洛阳平定，我就率部北返。"

耶律德光说完，握住石敬瑭的手，互相流泪，不忍相别。

石敬瑭终于要启程了，耶律德光又解下白貂裘，亲自为石敬瑭披上，再赠石敬瑭二十四良马，一千二百匹战马。

耶律德光说道："愿世世代代、子子孙孙不相忘！"

耶律德光还说："刘知远、赵莹、桑维翰等都是你创业的功臣，如果没有大错，千万不要抛弃他们。"

两日后，石敬瑭大军到达河阳，末帝李从珂已经南返洛阳，河阳节度使苌从简出城迎降。苌从简已为石敬瑭大军准备好南渡黄河的船只。

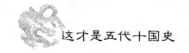

石敬瑭担心李从珂向西逃去，于是派一千名契丹骑兵前往扼守渑池。

李从珂回到洛阳，立即派宦官秦继旻、皇城使李彦绅将住在洛阳的李赞华杀死。李从珂得知河阳已失，便召集张彦琪、符彦饶、刘延朗等将商议收复河阳一事，发现他们已派人向石敬瑭递交降书。

李从珂感到十分绝望，决定自杀。

刘皇后准备将宫室烧掉，雍王李重美劝止道："新皇帝来了，不能没有居所，如果烧掉，还得让百姓重建。我们死就死了，还给百姓留下这个怨恨做什么？"刘皇后这才作罢。

花见羞王淑妃还不想死，对曹太后说："事情紧急，最好躲避，等待姐夫敬瑭的到来。"曹太后说道："我的子孙到了这个地步，我岂能忍心独生？妹妹好自为之吧。"王淑妃与许王李从益于是躲到了球场。李从珂最后与曹太后、刘皇后、皇子李重美等，带着传国玉玺登上玄武楼，自焚而死。

李从珂于公元934年四月夺位，至公元936年闰十一月自杀，在位两年有余。随着李从珂的自杀，后唐就此灭亡。后唐自公元923年四月建立到公元936年闰十一月灭亡，前后十三年有余，共历四位皇帝：庄宗李存勖、明宗李嗣源、闵帝李从厚、末帝李从珂。

李从珂自焚的当天晚上，石敬瑭到达洛阳，入居旧日府第。石敬瑭命刘知远掌管京城安全，刘知远让汉人士兵各自回营，而将契丹士兵安置在天宫寺，城中一片安定，无人敢有违令。

石敬瑭还在河东当节度使时，宰相张延朗担任判三司，知道朝廷猜忌石敬瑭，便对朝廷的赋税应收尽收，石敬瑭非常痛恨。现在石敬瑭消灭了后唐，马上下令杀掉张延朗。张延朗被斩首后，石敬瑭找不到合适的人当判三司，因而还有些后悔。最后，不倒翁冯道被石敬瑭任命为宰相。

石敬瑭在契丹帮助下当了皇帝、得了天下，自然对契丹感激不尽。石敬瑭不久便下诏，追封李赞华为燕王，派人护送其灵柩回契丹。契丹将领太相温带领兵马北返契丹，石敬瑭又将其一直送到河阳。不久，契丹皇帝耶律德光也从潞州北返。

石敬瑭消灭后唐，没有想到一年后，南方出现了一个国号为唐的国家。

第48章　禅代南吴，建立南唐

公元931年（后唐明宗长兴二年）十一月，掌管南吴军政大权的徐知诰上表称自己辅佐朝政时日已久，请求到金陵（今江苏省南京市）养老。徐知诰不可能真的到金陵去养老，南吴皇帝杨溥不会不明白。于是，杨溥任命徐知诰为镇海、宁国节度使，原有官职不变，与徐温当年一样总录朝政。

徐知诰离开江都，长子徐景通便担任司徒、同平章事、知中外左右诸军事，留在江都府（今江苏省扬州市）辅政。杨溥还任命王令谋为左仆射，兼门下侍郎；宋齐丘为右仆射，兼中书侍郎。二人都为同平章事兼内枢密使，一同辅佐徐景通。

徐知诰到达金陵后，开始扩建城池，周围长二十里。宋齐丘干脆劝徐知诰将南吴的都城迁到金陵，徐知诰赞同，便又在金陵修建宫殿。

徐知诰的都押牙周宗不赞同迁都，对徐知诰说道："一旦主上迁到金陵，明公必将迁到江都。这样一来，就要耗费大量劳力与钱财，而且违背民心。"

江都城中的官吏、百姓得知此事，大都反对迁都。南吴皇帝杨溥也不想迁都，便派宋齐丘前往金陵，希望徐知诰撤销迁都的计划。杨溥哪里知道，这个迁都的主意正是宋齐丘出的。

其实徐知诰不只是想迁都，更想夺取杨溥的帝位，宋齐丘也心知肚明。由于杨溥没有失德，徐知诰也没有马上夺位。徐知诰与宋齐丘曾商议等到下一任帝王继位时再说。然而徐知诰时年四十六岁，而杨溥才

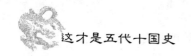

三十五岁，徐知诰有耐心等下去吗？一天，徐知诰对着铜镜，用镊子拔脸上的白胡须，叹息道："国家平安，而我已经老了，奈何？"

都押牙周宗听了此话，终于明白徐知诰的意图，便不再反对迁都。周宗还向徐知诰请求前往江都，暗示杨溥将帝位禅让给徐知诰，同时也告诉辅政的宋齐丘，让宋齐丘做些准备。

宋齐丘发现周宗先于自己推进禅让一事，感到非常不高兴。宋齐丘竟然决定阻止禅让。宋齐丘于是派人来到金陵，带着自己的书信，恳切劝谏徐知诰，认为无论是天时还是人和，都未到禅让的时候。

徐知诰看了书信，得知宋齐丘已经改变主意，很是吃惊。

数日后，宋齐丘又亲自来到金陵，当面请求徐知诰将周宗斩首，以向南吴皇帝杨溥表示歉意。徐知诰不得已，便将周宗贬为池州副使。

后来，节度副使李建勋、行军司马徐玠等也向南吴皇帝杨溥奏陈徐知诰的功业，恳请尽早顺从民意。徐知诰看到又有人为其推进禅让一事，又将周宗调回来，还任都押牙。徐知诰从此开始疏远宋齐丘。

徐知诰准备取代南吴，还忌惮一个人，此人便是杨溥的兄弟临川王杨濛。杨濛当时担任空头官衔昭武节度使，兼中书令，徐知诰担心杨濛会阻碍禅让。徐知诰于是派人诬告杨濛收留亡命之徒，擅自制造兵器，准备谋反。杨溥当然不相信，但也没有办法，只好下诏，贬降杨濛为历阳公，将杨濛幽禁在和州，再命控鹤军使王宏带领两百名卫士看守。

徐知诰还担心一个人会从中作梗，这便是自己的谋士宋齐丘。徐知诰便将宋齐丘调到金陵，任命其为诸道都统判官，加授司空，实际上并不让其参与政事。宋齐丘也明白徐知诰的用意，多次请求致仕，以回家养老。徐知诰不想让宋齐丘离开金陵，便将南园拨给其居住。

公元934年十月，杨溥加授徐知诰为大丞相、尚父，加九锡，封齐王。徐知诰辞让不受。一年后，杨溥又加授徐知诰为尚父、太师、大丞相、大元帅，进封齐王，享特殊礼仪。徐知诰照例上疏辞让，但这回没有全部辞让。徐知诰只辞让尚父、大丞相以及特殊礼仪，也就是接受了太师、大元帅与齐王的封爵。南吴划给徐知诰的齐国共有十个州，分别是昇州、润州、宣州、池州、歙州、常州、江州、饶州、信州、海州。徐知诰不久任命其子徐景通为太尉、副元帅，都统判官宋齐丘、行军司马徐玠为元帅府左、右司马。

公元936年十一月，杨溥下诏，让徐知诰设置百官，以金陵府为西都。徐知诰开始在金陵修建太庙、社稷，将金陵改称江宁府，牙城称宫城，厅堂称宫殿。徐知诰升左右司马宋齐丘、徐玠为左右丞相，马步判官周宗、内枢密判官周廷玉为内枢密使，其余百官都和南吴朝廷一样。

当月，中原国家后唐灭亡，徐知诰也加快谋划禅位一事。

十二月，徐知诰主动派人劝进。徐知诰认为镇南节度使、太尉兼中书令李德诚与德胜节度使兼中书令周本位高望重，希望得到他们的拥戴。徐知诰于是派人向李德诚与周本暗示。

李德诚没有反对，周本却说道："我深受先王大恩，自从徐温父子用事以来，恨自己不能解救杨家的危难，现在反而让我干劝进的事，怎么可以？"

周本的儿子周弘祚不断劝导周本，竟然将周本说通了。周本于是与李德诚一起带领诸将来到江都，向南吴皇帝杨溥上表，陈述徐知诰的功德。周本与李德诚又来到江宁，向徐知诰劝进。

仍然反对劝进的宋齐丘得知此事，对李德诚的儿子李建勋说道："令尊也是太祖的元勋，今日之事，他的声名扫地了。"

当时，南吴的皇宫中经常出现鬼怪之事，南吴皇帝杨溥叹息道："吴国要灭亡了！"

左右劝道："这是天意，不是人力所造成的。"

已经被贬的杨濛也知道南吴将亡，但想孤注一掷。杨濛杀掉守卫军使王宏，逃走。杨濛认为周本是国家元老，应当还忠于他们杨家，于是带领两名骑兵前往庐州（今安徽省合肥市）。

周本听说杨濛来投，准备迎接，其子周弘祚坚决劝阻。周本怒道："我家郎君来了，为何不让我去相见？"周弘祚将家门关上，不让其父出去，然后再派人将杨濛拿下，押往江都。

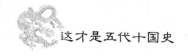

徐知诰得知此事，派使声称奉南吴皇帝杨溥诏命，在押解途中就将杨濛杀掉。

周本因不能保全南吴，忧愤、惭愧而死。

南吴的司徒、门下侍郎、同平章事、内枢密使、忠武节度使王令谋年岁已高，牙齿都掉了，还身患重病。有人劝王令谋致仕，王令谋说："齐王的大事还没办好，我怎能自求安逸？"

公元937年（后晋高祖天福二年）八月，王令谋向南吴皇帝杨溥奏请禅让之事。杨溥接受奏请，决定将大位禅让给齐王徐知诰。李德诚则带领百官再到江宁，向徐知诰劝进，只有宋齐丘不肯在劝进表上署名。

十月五日，徐知诰在江宁登基，大赦境内，改元升元，定国号为唐，史称南唐，徐知诰便是南唐烈祖。徐知诰封徐温的儿子徐知证为江王、徐知谔为饶王。徐知诰称原南吴皇帝杨溥为让皇。38岁的杨溥从此经常身穿道士服，修炼辟谷之术，一年后去世。

徐知诰在天泉阁宴请群臣，李德诚、宋齐丘都在。

李德诚说道："陛下应天顺人，只有宋齐丘不乐。"

李德诚还拿出宋齐丘阻止李德诚劝进的书信，徐知诰看都不看，说道："子嵩与朕是三十年的老友，一定不会辜负朕。"

一旁的宋齐丘下跪、叩首、致歉。

徐知诰加授宋齐丘为大司徒，但不让其参与朝政。宋齐丘心里很是怨恨，听到诏书中称其为"布衣之交"，说道："臣为布衣时，陛下为刺史。如今陛下已是天子，可以不用老臣了。"

宋齐丘说完便回到家中，等待徐知诰下诏处罚。徐知诰没有处罚他，还亲笔写诏书安慰，但不更改对他的任命。

过了一些时日，宋齐丘觉得还应当出点主意，以显示自己的重要性。宋齐丘于是建议将让皇杨溥迁出江都府，将原太子杨琏放逐到远方，断绝与徐知诰女儿的婚姻。让宋齐丘失望的是，徐知诰没有听从。

宋齐丘不甘寂寞，向徐知诰上表，称自己是丞相，丞相不应该不参与朝政。徐知诰仍然不想让宋齐丘参政，竟然以没有府署为由加以拒绝。宋齐丘只好寻找机会，设法参与政事。

宋齐丘听说契丹使节来到南唐，便让徐知诰给契丹准备厚重的礼物，等契丹使者北返到达后晋境内时，再将使者杀掉，以此破坏后晋与契丹的关系。徐知诰依然没有采纳。

公元939年（后晋高祖天福四年）二月，徐知诰恢复李姓，更名为李昪。

李昪重新建立宗庙，命百官商议徐、李两姓祖先宗庙次序。

宋齐丘等人认为，义祖徐温的庙宇应当在最东边。李昪不肯，要求将高祖李渊的牌位放在西室，太宗李世民次之，义祖徐温再次之，都是不祧之主。

群臣道："义祖是诸侯，不应当与高祖、太宗同享庙堂，恳请在太庙正殿后面，再建庙宇。"

李昪坚决不肯，说道："朕自幼跟随义祖，如果不是义祖有功于吴，朕岂能开启中兴之业？"

群臣这才不敢多言。

李昪又与群臣商讨以谁为始祖。

李昪想认李世民的儿子吴王李恪为始祖，有人说："吴王恪受到诛杀，不如以郑王元懿为始祖。"

李昪命有司考查两位亲王的后人，发现吴王恪的孙子李祎有功于国，李祎的儿子李岘还当过宰相。李昪于是决定以李恪为始祖，还商定从李岘经过五代到其父李荣，至于各代名姓，都由有司杜撰。

如此算来，从高祖李渊到李昪的父亲李荣，一共十代。李昪认为唐朝共有十九位皇帝，历时三百年，十代会不会太少。有司答道："三十年为一代。"李昪这才接受。

李昪即位以后，修改、制定新法《升元条》，共三十卷。李昪还派人调查百姓的农田，按肥瘠情况确定税收数目，百姓都说公平。从此，江淮一带无论是兵役还是赋敛，都以田赋为标准。李昪在位期间，江淮一带年年丰收，军粮也十分充足。

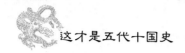

李昪非常勤政，常常夜以继日。李昪对尊号之类的虚名不感兴趣，还专门下诏，禁止大臣们在奏章中用"睿""圣"字样，违犯者以大不敬论处。李昪崇尚节俭，常常穿一双用蒲叶编织的鞋子，盥洗用的盆子也是铁做的，夏天的蚊帐是用青葛草做的，侍候他的都是一些又老又丑的宫女，所穿衣服也很粗陋简单。

李昪只想国内太平，决不轻易对外用兵。

公元941年（后晋高祖天福六年）五月，群臣向李昪上表道："陛下中兴唐朝大业，而北方多事，应当出兵收复旧有疆土。"李昪回道："朕幼时便在军中，知道战争对百姓的伤害很大，不忍再提用兵之事。彼国百姓安宁，我国百姓也就安宁，还想要什么呢？"

七月，吴越国的王宫发生火灾，宫室、府库几乎烧光。吴越王钱元瓘惊吓过度，精神失常。消息传到南唐，有人劝李昪趁机消灭吴越，李昪说道："岂能乘人之危？"李昪没有趁机用兵，而是派使前往吴越慰问，还派人送去财物以作资助。

我们再来讲讲中原国家后晋发生的事情。

第49章 礼贤从谏，慎事契丹

后晋高祖石敬瑭依附契丹，建立后晋，是一位儿皇帝，其声名必定遗臭万年。石敬瑭从公元936年十一月建立后晋，闰十一月消灭后唐，直到公元942年六月病逝，在位五年有余。那么石敬瑭在位期间，有没有做过有益的事呢？

《资治通鉴》说后晋刚建立时，不少藩镇还没有臣服，就是臣服的，也时常反复。此外，由于战争不断，契丹又贪得无厌，国家、百姓都很贫穷。桑维翰劝石敬瑭"推诚弃怨以抚藩镇，卑辞厚礼以奉契丹，训卒缮兵以修武备，务农桑以实仓廪，通商贾以丰货财"，"数年之间，中国稍安"。

《旧五代史》说石敬瑭很有德行。石敬瑭即位后，"宵衣旰食，礼贤从谏""以絁为衣，以麻为履"，也就是说石敬瑭天没亮就起床，天黑了才吃饭，用粗布做衣服，用麻线做鞋子。《旧五代史》认为，如果石敬瑭不依附契丹，就凭他这样的德行，也能得到天下，即使比不上前世的圣明君王，也算是一位仁慈恭俭之主。《旧五代史》认为石敬瑭主要的不足之处便是向契丹称臣、做儿皇帝。总之，民族大义至为重要，无论做多少好事，一旦败坏了民族大义，都将成为历史的罪人。

可以说，《资治通鉴》与《旧五代史》这两本史书，让我们比较全面地了解石敬瑭。我们不妨从两个方面来看看石敬瑭在位期间的情况，一个是国家治理，一个是用兵打仗。本章先讲讲石敬瑭在国家治理方面的一些做法。

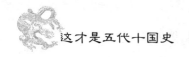

第一，石敬瑭废除枢密院，让宰相有实权。

自后梁以来，军国大政，天子大多与崇政使或枢密使商议，宰相的地位不再十分重要。宰相只不过"受成命，行制敕，讲典故，治文事"而已。郭崇韬被杀后，宰相很少再兼枢密使。

石敬瑭即位后，让桑维翰、李崧身兼两职。宣徽使刘处让等宦官对此都感到不悦，杨光远也密呈奏表，指责桑维翰等人的过失。公元938年十月，石敬瑭罢去桑维翰、李崧二人的枢密使，让刘处让担任。

然而刘处让的奏报对答大多不能让石敬瑭满意，石敬瑭决定有所调整。公元939年四月，刘处让母亲去世，需要回乡守丧，石敬瑭趁机下诏，废除枢密院，将枢密院的职事分给宰相处理。

石敬瑭仍然起用后唐时期的大臣如冯道、李崧、吕琦等人。石敬瑭对冯道很是器重，也十分宠信，任命冯道为守司徒兼侍中。中书省的印信一向由宰相轮流掌管，石敬瑭下诏由冯道一人掌管，冯道的权力便更大了。石敬瑭曾与冯道商讨军事，冯道说道："征伐大事，应当由圣上一人决断。臣只是一位书生，只知谨守历代成规而已。"石敬瑭也认为非常有理。冯道是五代不倒翁，自然有其一套，如此大的权力，他也感到害怕，于是称病，请求致仕。冯道一连多天不上朝，石敬瑭让郑王石重贵前往探视，带话道："明天还不上朝，朕将亲自来请。"冯道只好上朝，其所受荣宠，无人能比。

第二，石敬瑭也采纳很多好的建言，也喜欢听到正直的言论。

石敬瑭曾专门下诏让百官上呈封事，由吏部尚书梁文矩等十人组成详定院，专门负责考核。那些能够采用的封事就下诏施行，不能采用的也保存下来。数月下来，上呈封事的十个人都不到。石敬瑭于是再下诏，催促百官上呈。

公元938年二月，左散骑常侍张允上《驳赦论》，认为："帝王遇到天灾，往往下诏大赦，称之为修德政。如果有人犯罪而被赦，有罪者固然得到幸免，但有冤者仍然含冤。冤气越多，就会导致灾难，而不是消灾。"石敬瑭看到这篇《驳赦论》，非常高兴，下诏褒奖。

中书舍人李详上疏认为："近十年以来，朝廷不断发布大赦令，又允许各藩镇广施恩德，以致藩镇举荐的官员动辄数百人。那些藏典、书吏、优伶、奴仆一当官，便是银青从三品，穿紫色袍服，拿象牙笏板，名器不符，贵贱不分。臣奏请从现在起，各藩镇除主兵将校外，藩镇所在州可以奏报朱记大将以上十人，其他州只能奏报都押牙、都虞候、孔目官等职，其余官职，由本藩镇酌情调迁。"石敬瑭准奏。

六月，河南留守高行周奏请修葺洛阳宫。左谏议大夫薛融认为："如今的宫殿虽然经过焚毁，但仍然比尧帝的茅茨要奢侈。修建洛阳宫的费用虽然不算多，但也比汉文帝兴建露台要高。更何况范延光尚未平定，国家与百姓都很困窘，确实不是陛下修建宫殿之时。等到海内平定，再修不迟。"石敬瑭采纳谏言，下诏褒奖。

金部郎中张铸上奏道："臣看到乡里的一些没有户籍的百姓，不是他们不愿意耕田种地，只是因为他们种树不到十年，垦田不到三顷，就被县司征去当徭役，让他们承担很重的赋税、严酷的刑法。这些人不得不舍弃家业，外出求生。臣奏请让百姓垦田五顷以上，并且种田期满三年的，才准许征收徭役。"石敬瑭准奏。

七月，中书省奏报道："朝代虽然改变，但制度并没有差异。奏请委派官员收集明宗及清泰年间的诏书敕令，详细审查，可以长久执行的，编纂成册。"石敬瑭准奏，并命左谏议大夫薛融等负责收集审核。一年后，薛融等人终于完成编纂，石敬瑭也下诏遵照执行。

公元940年九月，宰相李崧启奏道："各州仓库中的粮食，超出账面很多。"石敬瑭得知这是各州官员在规定之外多征的税赋，非常生气，说道："在法令之外，向百姓征收税赋，其罪如同贪赃枉法。仓库的官吏可免一死，但有关官员要严厉惩处。"

此外还有几件具体的事，也值得说一说。

公元937年五月，石敬瑭下诏，对于太社中所保存的后唐罪犯的首级，准许家属或亲友前来认领安葬。武卫上将军娄继英是后梁的内诸司使，侍奉过后梁末帝朱友贞，娄继英也一直悄悄保存朱友贞的首级。娄继英看到石敬瑭的诏书，便请求将朱友贞的首级安葬，石敬瑭准许。娄继英后来响应范延光而背叛，还没有来得及安葬朱友贞的首级，便被杀掉。石敬瑭命人找到后梁的右卫上将军安崇阮与朱友贞的妃子郭氏，由他们将朱友贞首级妥为安葬。

八月，石敬瑭派使来到契丹，赎回滞留在契丹的中原士人与百姓。自后梁、后唐以来，有不少士人奉命出使契丹而留在契丹，还有不少百姓被俘掠至契丹。石敬瑭如今已与契丹建立父子臣属关系，两国已经友好，便派使将这些人全部赎回，让他们返回家园。

公元938年三月，石敬瑭下诏，禁止民间制作铜器，这是因为民间有人将钱币销毁，做成铜器，消耗大量钱币。十一月，石敬瑭又下诏，准许民间私自铸钱，但不得掺杂铅铁，但仍不许私自制作铜器。十二月，考虑到纯铜难找，石敬瑭再下诏，对所造钱币，轻重自便。后来，由于私自铸造的钱币大多掺杂铅锡，又小又薄，石敬瑭又下诏，全面禁止私自铸钱，全部由官府铸造。

最后再简要讲讲石敬瑭是如何事奉契丹的。

史书上说，石敬瑭每年向契丹进献三十万钱的金银绸缎。此外，遇到喜事、丧事、节日，还有进献。而对述律太后、太弟耶律李胡、伟王耶律宛、南北二王以及韩延徽、赵延寿等各位大臣还有贿赂，各类珍宝不绝于道。契丹的这些官员稍不如意，便派使前来斥责，石敬瑭总是低声下气，说一些道歉的话。很多人都将此事当作耻辱，但石敬瑭对契丹始终谨慎，毫无倦意，因而石敬瑭在位期间与契丹没有冲突。史书还说，石敬瑭每年给契丹的进贡，不过是几个县的租赋，有时还以百姓困苦为借口，达不到三十万的数目。耶律德光也曾多次阻止石敬瑭向其称臣，只让石敬瑭在奏疏上称"儿皇帝"就行，如同家人之礼。

石敬瑭甘心当儿皇帝，愿意当臣子，这可能就是石敬瑭被世人以及史家诟骂的原因。能够理解石敬瑭的人还是有的。北都留守、同平章事安彦威便是一个。一次安彦威入朝晋见，石敬瑭知道安彦威不断受到契丹的勒索，受了不少委屈，便安慰道："朕最看重的就是信与义，当年契丹以义救朕，朕今天以信报答。听说契丹不断地向卿索取，卿能够屈节侍奉，朕很是满意。"安彦威说道："陛下为了天下苍生，卑辞厚币侍奉契丹，臣有何屈节之说。"石敬瑭听后很是高兴。

那么石敬瑭是否对契丹臣服得五体投地、毫不设防呢？

早在公元937年六月，左拾遗张谊就给石敬瑭上书道："北方的戎狄有援立之功，应当承诺友好，但我国也要加强边防，不可松懈，以免戎狄生出入侵的野心。"石敬瑭对此言十分赞许。

在契丹面前唯唯诺诺的石敬瑭竟然还做了一件让人意想不到的事。

义武节度使王处直的儿子王威，因躲避王都的叛乱而逃到契丹。公元939年闰七月，义武节度使一职空缺，耶律德光派使对石敬瑭说道："请让王威继承其父的土地，如同契丹制度。"

对于契丹皇帝的指示，石敬瑭却拒绝了。石敬瑭回复道："按中原国家的做法，官员必须从刺史、团练使、防御使再到节度使，请将王威送回国内，按次序晋升。"

耶律德光听了此言，大发雷霆，立即派使来到后晋，责问石敬瑭道："你从节度使到天子，中间有几级？"

石敬瑭仍不准备接受，但也害怕契丹会纠缠不休，甚至节外生枝，于是派人带上厚重的礼物前往贿赂契丹，再向耶律德光请求由王处直兄长的孙子、彰德节度使王廷胤担任义武节度使，耶律德光的怒气终于有所消解。

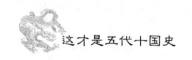

第50章　先征魏州，再讨安州

　　一个国家如果战争不断，老百姓日子一定不好过。石敬瑭在位的几年间，与契丹没有冲突，毕竟他已将契丹当作主子来侍奉，还将燕云十六州割让给契丹。石敬瑭与其他一些国家也没有战争。石敬瑭在位的几年，只是平定了范延光、李金全、安从荣、安从进等几位叛将。

　　赵德钧、赵延寿父子兵败团柏谷时，天雄节度使范延光率部返回魏州（今河北省大名县）。石敬瑭消灭后唐后，范延光上表请降。尽管如此，范延光心中仍感到不安。

　　范延光在卑微时，有一位术士张生说他将来一定会贵为将相。范延光后来在后唐担任枢密使，还担任节度使，便非常相信张生说的话。范延光有一回梦到一条蛇从他的肚脐进入腹中，便请张生为其解梦。张生说："蛇就是龙，这是帝王之兆啊。"范延光于是又产生了非分之想。

　　公元937年（后晋高祖天福二年）正月，范延光听说石敬瑭强行将成德留后秘琼调往齐州任防御使，认为秘琼一定不情愿，便给秘琼修书一封，希望与秘琼一同起兵对抗石敬瑭。秘琼毫无反应，范延光非常痛恨，担心走漏风声。秘琼前往齐州赴任经过天雄境内，范延光为了灭口，派人将秘琼杀掉。范延光再向石敬瑭上表，说是捕盗士兵误杀秘琼。

　　范延光又操练兵马，修缮兵器，为谋反作准备。

　　对范延光的所作所为，石敬瑭也在考虑应对之策。

　　石敬瑭想把都城由洛阳迁到汴州（今河南省开封市），由于担心有人反对，一直没有实施。枢密使桑维翰看出石敬瑭的心思，对石敬瑭说道：“汴州北控燕赵，南通江淮，是水陆都会，物资富饶。现在范延光的反迹已经显露，而汴州离魏州不过十个驿站，如果范延光一旦有变，朝廷大军很快就能到达，真是迅雷不及掩耳之势。”

石敬瑭听后，坚定了迁都的决心。石敬瑭仍然担心有人劝阻，不敢公开说迁都，只下诏说前往汴州巡视。

石敬瑭到了汴州，打算先安抚一下范延光，于是下诏，晋封范延光为临清郡王。范延光接到这份诏书，打算接受，然而有人却等不及要谋反了。

六月，左都押牙孙锐与澶州刺史冯晖一起逼迫范延光背叛石敬瑭，于是，范延光不再犹豫，准备采取行动。范延光任命冯晖为都部署，孙锐为兵马都监，令二人率两万步骑兵沿黄河西进，抵达黎阳口（今河南省浚县南）。

石敬瑭得到消息，立即派侍卫马军都指挥使、昭信节度使白奉进，率一千五百名骑兵进屯白马津以作防备。石敬瑭再派侍卫都军使杨光远率一万步骑兵进屯滑州，护圣都指挥使杜重威率兵进屯卫州。

为统一指挥各路兵马，石敬瑭再任命杨光远为魏府四面都部署，东都巡检使张从宾为副部署兼诸军都虞候，昭义节度使高行周为魏府西面都部署。从这个任命来看，杨光远已经成为讨伐范延光的主帅。

杨光远是什么样的人呢？我们可以听听郭威的评价。郭威当时只是一名军士，官职并不高。郭威之前隶属刘知远，后来进入杨光远的军中，应当随杨光远北征，但郭威却向刘知远请求将其留下。有人问郭威为何如此。郭威说：“杨公奸诈，不是英雄，我在那里没有用处。能用我的，只有刘公。”

副部署张从宾又是什么样的人呢？张从宾接到诏命，率数千人去讨伐范延光，竟然被范延光劝得一同谋反。张从宾率部攻打河阳，杀死河阳节度使石重信。张从宾又进入洛阳，杀死东都留守石重义。石重信与石重义都是石敬瑭的儿子。张从宾继续率兵东进，扼守汜水关，准备进

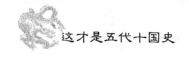

逼汴州。

面对张从宾的嚣张气焰，石敬瑭赶紧再下诏，命奉国都指挥使侯益率五千禁兵会同杜重威一起讨伐张从宾，再命宣徽使刘处让从黎阳分出一部兵马，也来讨伐张从宾。

当时军情紧急，使者来往如梭，跟随石敬瑭来到汴州的官员大都感到恐惧，只有枢密使桑维翰从容应对，镇定如常，神色自若，人心才稍作安定。

七月，张从宾开始攻打汜水关，杀死巡检使宋廷浩。

石敬瑭得到消息，感到非常紧张，连忙穿上戎装，备好一匹快马，打算奔向河东太原躲避。桑维翰跪下叩头，苦苦劝谏道："贼寇气势虽然强劲，但一定不能持久，恳请陛下少作停留，不可轻举妄动。"石敬瑭这才作罢。

副部署张从宾背叛了，滑州不久也发生变乱。驻屯白马津的白奉进与镇守滑州的义成节度使符彦饶发生冲突，白奉进被杀，符彦饶也被擒获斩首。消息传到汴州，石敬瑭感到非常苦恼，便向刘知远问计。

刘知远说道："帝王的兴起，是上天的安排。陛下在太原时，粮草不够五天，但很快便成就大业。如今天下已定，内有强兵，外结强虏，这些鼠辈能有什么作为？陛下只要用恩德对待将相，臣用威严对待士卒。恩威并用，京师就能得以安定。根本稳固，枝叶自然也不会受伤。"

石敬瑭于是再作一些部署：任命都部署杨光远为魏府行营都招讨使、兼知行府事，昭义节度使高行周为河南尹、东京留守，杜重威为昭义节度使、侍卫马军都指挥使，侯益为河阳节度使，马万为义成节度使。

杜重威、侯益所部不日在汜水与张从宾的兵马发生激战。张从宾虽有一万多人，但几乎全军覆没。张从宾最后淹死在河水之中，其同党被押到汴州。石敬瑭下令将这些人全部斩首。

杨光远由都部署变为都招讨使，仍是讨伐范延光的主帅。杨光远获报范延光的将领冯晖、孙锐带领兵马到达六明镇（今河南省浚县西南），与所部大军一河之隔。杨光远于是派人引诱冯晖、孙锐南渡黄河，然后半渡而击。这一战，冯晖、孙锐大败，三千多人被杀死，很多人淹死在黄河中。冯晖、孙锐二人仓皇逃回魏州，杨光远也一路杀向魏州。

到了魏州，杨光远与范延光发生数次交锋，范延光均遭失败。范延光不想再战，想投降，于是将叛乱的罪责全部推给孙锐。范延光先杀掉孙锐，诛灭其族，再派人来到杨光远的大营，请杨光远转奏，以向石敬瑭请罪、归降。

石敬瑭不接受范延光请罪，坚决下令讨伐。

然而魏州城很坚固，杨光远很难攻克，很是着急。

有人告诉杨光远，魏州城头坚守的将领李彦珣是可以策反的。李彦珣本是河阳行军司马，后来跟随张从宾谋反。张从宾失败后，李彦珣到了魏州投奔范延光，被范延光任命为步军都监。杨光远得知李彦珣的母亲在家乡邢州，便派人将其母带到魏州城下，以图李彦珣能够投降，岂料李彦珣拿起弓箭，当场将母亲射死。

没有办法，杨光远只得继续围攻魏州城。没想到夏去秋来，秋去冬来，杨光远仍然没有攻克魏州城。

公元938年（后晋高祖天福三年）八月，冯晖从魏州城中出来作战，没想到一出城便向杨光远投降。冯晖告诉杨光远，城中粮草已经耗尽。杨光远知道范延光快要支撑不下去了，准备发起最后的攻击。

然而就在这时，石敬瑭派宦官朱宪来到魏州，带来石敬瑭的旨意。石敬瑭认为杨光远围困魏州城一年有余，士卒疲惫，百姓困苦。石敬瑭不想再围攻范延光，准备劝降。

朱宪进了魏州城，对范延光说道："陛下承诺，在别处给你一个大的藩镇当节度使。陛下发誓，如果你投降还杀掉你的话，白日在上，陛下将失去国祚。"

范延光听了此言，心中仍然犹豫不决。宣徽使刘处让又入城对范延光劝说一番，范延光终于下定决心。

九月，范延光将儿子范守图、范守英交给杨光远，杨光远命人送往汴州。范延光再派牙将带着奏表前往汴州，向石敬瑭请罪。数日后，石

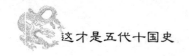

敬瑭的赦免诏书送到魏州，范延光身穿素服，在营门外迎接。后来，石敬瑭调范延光为天平节度使，赐予免死铁券。两年后，杨光远还是将已经致仕的范延光杀害，此为后话。

十月，石敬瑭正式迁都汴州，将汴州再改为开封府，称东京，原东都洛阳称西京，原西都京兆府改为藩镇。

石敬瑭下一个要解决的是安远节度使李金全。

安远军的治所是安州（今湖北省安陆市）。李金全在安州两年多，贪钱财，用小人。李金全任命亲信胡汉筠为中门使，把军府大事全部交给胡汉筠掌管。胡汉筠贪婪、狡猾、残忍，不断聚敛钱财，从不满足。石敬瑭也听闻胡汉筠为非作歹，便想把胡汉筠调到京城，授以他职，再派廉吏贾仁沼前往代替。胡汉筠不敢前往京城，李金全便替胡汉筠找个留下的借口，向石敬瑭上表称，胡汉筠正在生病，不能到京城赴任。胡汉筠后来派人毒死贾仁沼。

公元940年（后晋高祖天福五年）四月，石敬瑭任命前横海节度使马全节为安远节度使，而将李金全调离安州。胡汉筠听说此事，感到非常不安。胡汉筠还听说贾仁沼的两个儿子准备到朝廷控诉，为父亲申冤。胡汉筠不能再等了，决定赶紧采取行动。

五月的一天，胡汉筠对李金全说道："本镇的进奏官派人快马来报说，朝廷等到马全节代替公任节度使，便要调查贾仁沼的死因，朝廷已经怀疑公有谋反的企图。"

李金全听后，非常害怕。胡汉筠劝李金全投靠南唐。

李金全的降表到了南唐，南唐皇帝李昪接受李金全投降，还派鄂州屯营使李承裕、段处恭率三千兵马前往迎降，杜光业为监军。李昪还反复叮嘱李承裕、段处恭等人，不要进入安州城，只在城外扎营，等李金全出城后，再护送其进入南唐。李昪特别强调，不得在安州城抢掠。

六月，李承裕到达安州。李金全带领数百名士兵出了城，来到李承裕军中。李承裕看到李金全带着妓妾，还有大量财物，顿生歹心。李承裕将李金全的妓妾与财物全部占为己有，又带着兵马进入安州城中，再抢掠一番。

这时，石敬瑭派马全节与保大节度使安审晖前来讨伐，已经到达安州城北的大化镇。李承裕得到消息，立即带领兵马出城迎战。李承裕不能取胜，于是再回城中，大肆抢掠一番，然后出城南逃。

马全节进入安州城，派安审晖追击李承裕。安审晖在安州城南的黄花谷、云梦泽两次击败南唐兵马，杀死段处恭，俘虏李承裕及其一千多名士兵。马全节下令杀死李承裕及五百余名降兵，再命人押送监军杜光业及五百余名降兵前往京城，向石敬瑭献俘。

杜光业等人到了开封，石敬瑭说道："都是李承裕的错，这些人有什么罪？"

石敬瑭赏赐杜光业等人马匹、衣服，让他们返回南唐。

杜光业等人回到南唐，李昪认为他们没有听从自己的命令，以致失败，不肯收容他们。李昪派人将杜光业等人送到淮河以北，交给后晋。李昪还派人给石敬瑭送去书信道："是边防兵马贪图立功，企图趁机占领贵国城池。无论军法，还是朝廷规章，两国都不可有这样的事发生。"

石敬瑭仍然派人将杜光业等人送回南唐。李昪更是派战船在淮河上阻拦，杜光业等人最后还是回到后晋。石敬瑭只好将杜光业等人收留，还任命他们官职，士兵则收编为显义都。

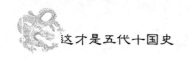

第51章 襄州镇州，先后背叛

安重荣，字铁胡，朔州人，性格粗率勇猛、骄横残暴。安重荣早年曾任振武巡边指挥使。石敬瑭在太原起兵时，安重荣率一千名骑兵前来投奔。石敬瑭即位不久，调安重荣任成德节度使，代替秘琼。

安重荣前往成德赴任，石敬瑭告诫道："如果秘琼不肯离开，朕将重新给你一个藩镇，千万不要强行夺取成德，以免引起祸患。"

安重荣听了石敬瑭的话，认为石敬瑭是个胆怯的人，便不把石敬瑭放在眼里。安重荣曾对身边人说："秘琼不过是一个匹夫，陛下尚且害怕他，何况我身兼将相，还有众多兵马。"

安重荣还常说："当今这世道，只要兵强马壮就能当天子。"

有一回，安重荣手拿弓箭，指着节帅府门前一根数十尺高的幡竿对左右说道："我要是能够射中幡竿上的龙，就有当天子的命。"说完张弓搭箭，嗖的一声，真的射中，从此更加自负。

安重荣每次向朝廷上表，言语常有过分之处。宰相们对安重荣的奏报，也往往加以否定，安重荣感到愤愤不平，暗生谋反之心。

安重荣开始破坏后晋与契丹的关系。

石敬瑭将幽云十六州割让给契丹，雁门以北的吐谷浑人也就隶属契丹。契丹人非常贪婪、残暴，吐谷浑人不堪其苦，想回到后晋。安重荣派人前往引诱，酋长白承福带领一千多篷帐的吐谷浑人前来投奔。

契丹皇帝耶律德光得知后，非常愤怒，马上派使来到开封，责问石敬瑭为何收容其国的叛徒。石敬瑭当然不能得罪他的父皇帝耶律德光，立即派出供奉官张澄带领两千名士兵前往并州、镇州、沂州、代州境内，搜查前来躲避的吐谷浑人，将他们赶回故土，也就是被割让给契丹的家园。

安重荣毫无收敛，依然在激怒契丹，每次看到契丹的使者，总是非常无礼、傲慢。有时安重荣让契丹使者过境，有时竟然将使者杀掉。安重荣甚至派出骑兵到契丹境内的幽州抄掠一番。耶律德光为此再次斥责石敬瑭，石敬瑭只有赔罪致歉。

公元941年（后晋高祖天福六年）六月，安重荣给石敬瑭上了一道长长的奏表，指责石敬瑭将契丹皇帝当作父亲，用中原国家的财富向契丹讨好。安重荣还请求发兵攻打契丹，要与契丹决一死战。石敬瑭收到安重荣的奏表，非常忧虑。

就在这时，荆南节度使高从诲的奏表也送达开封。高从诲称山南东道节度使安从进正在谋划叛乱。

安从进是振武人，属沙陀索葛部。李嗣源在位时，安从进曾奉命讨伐定难军的李彝超。李从珂起兵时，安从进杀掉宰相冯赟向李从珂投降。李从珂即位后，任命安从进为山南东道节度使，镇守襄州。石敬瑭消灭后唐，加授安从进为同平章事。安从进自认为山南一带地势险固，暗生不臣之心。安从进招兵买马，还将南楚进贡后晋的财物扣留下来。

石敬瑭也想将安从进换个藩镇。有一次安从进入朝，石敬瑭对其说道："朕已将平卢节度使一职空了出来，卿如果有意，朕马上就下诏。"平卢军的治所在青州，安从进不想去青州，只想留在山南东道，随口说道："如果能把青州搬到汉水以南，臣就去赴任。"

对于安从进如此不敬之言，石敬瑭也没有怪罪。

安从进反而开始行动了。

安从进派人来到成都，请后蜀派兵攻打后晋的金、商二州，以为声援。后蜀的创建者孟知祥已经去世，在位的是其子孟昶。孟昶召集群臣商议，群臣都说："金、商二州地势险要，路途遥远，出兵太少则不能克敌制胜，出兵太多则运粮困难。"于是，孟昶拒绝了安从进。

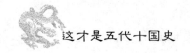

　　安从进又派人前往江陵，希望荆南节度使高从诲出兵援助。高从诲晓以祸福，劝阻安从进。安从进大怒，派人向石敬瑭诬告高从诲谋反。高从诲将此事奏明石敬瑭，并请求发兵助朝廷讨伐安从进。

　　石敬瑭对安从进没有采取行动，因为他更担心安重荣。

　　石敬瑭担心安重荣不是没有道理，毕竟安重荣手握重兵，镇守成德重镇。成德向来是骄藩强镇，石敬瑭担心难以控制。就在石敬瑭一筹莫展之时，外任泰宁节度使的桑维翰上了一道长长的奏疏。

　　桑维翰知道安重荣一定会反，担心石敬瑭处置不当而致使后晋与契丹关系破裂，直至引发战争。桑维翰还得知邺都留守、侍卫马步都指挥使刘知远当时正在都城开封，不在邺都军府，担心北方屏障空虚。

　　桑维翰在奏疏中指出，契丹这几年兵强马壮，吞并四邻，战必胜，攻必取，其主耶律德光更是智勇过人，其臣上下辑睦，牛羊蕃息，国无天灾，而晋国刚刚经历一场战乱，士气低落，不能与契丹相比。桑维翰说，如果两国交恶，必然要增加兵马防守边塞，兵少则不能抵御，兵多则粮草不济。一旦开战，契丹骑兵必定是我进其退，我退其进，让晋国的士兵疲于奔命，不用多久，义武、成德一带就没有人烟。而晋国当时满目疮痍，刚刚有了一点安定，正需休养生息，不可轻举妄动。如果一战而不胜，则大事去矣。

　　桑维翰也提到人们议论向契丹称臣是屈辱，向契丹进贡是耗蠹，但如果兵连不休、祸结不解，则财力匮乏，哪个更严重呢？而战端一开，武将功臣居功自傲，边藩远郡骄纵粗暴，以下犯上，哪个屈辱更大呢？桑维翰建议石敬瑭"训农习战，养兵息民"，等到"国无内忧，民有余力"，再"观衅而动，则动必有成矣"。

　　从桑维翰的建言来看，后晋向契丹称臣、称儿，只是权宜之计，等国力增强，契丹有内乱时再发起攻击，一旦开战，定要成功。桑维翰最后还提醒石敬瑭，刘知远不在邺都（今河北省大名县），北方空虚，建议石敬瑭到邺都巡察。

　　桑维翰的奏疏洋洋洒洒，让人看后很是信服，难怪胡三省称之为一代高论。石敬瑭看了桑维翰的奏表，也很是高兴，回复道："朕这些天来，烦闷忧虑，不能决断，今天看到卿的奏章，如梦方醒。"

石敬瑭准备前往邺都，以震慑安重荣。

石敬瑭觉得自己到了邺都，刘知远这样的大将便没有必要守在邺都，而河东更需要刘知远，毕竟河东也是一个重镇。石敬瑭于是下诏，调刘知远任北京留守、河东节度使，再调北京留守李德珫任邺都留守。

石敬瑭也担心南边的安从进，决定让郑王石重贵留守开封。石重贵是石敬瑭的侄子，也是养子。石敬瑭还留下十几张不写名姓的诏书给石重贵，一旦安从进在南边谋反，就在上面写上诸将名姓，派其出征。

八月，石敬瑭到了邺都。

石敬瑭先给安重荣下诏安抚："你身为国家大臣，家有老母，却为了个人私愤而不顾国家与母亲。我因为契丹而得天下，你因为我而得富贵。我不敢忘德，你却敢忘，这是为何？今天我以天下向契丹称臣，你却以一个藩镇与我对抗，不是很难吗？你要好好想想，不要后悔！"

安重荣接到石敬瑭的诏书会有何反应呢？安重荣变得更加骄横。安重荣听说山南东道节度使安从进也有反心，便派人悄悄前往联络。为激发契丹与后晋的矛盾，安重荣又一次杀死契丹过境使者。

石敬瑭获报非常忧虑，担心契丹借机犯境，马上派安国节度使杨彦珣前往契丹，向契丹皇帝耶律德光解释。

九月，杨彦珣来到契丹，见到耶律德光，耶律德光责问为何杀死其使者。杨彦珣从容答道："这就如同一个人家中有个恶子，父母不能管制，如之奈何？"耶律德光听后，怒气也就消了，但并不让杨彦珣南返。

刘知远到了河东，派人对吐谷浑酋长白承福威逼利诱，白承福便带领部众离开安重荣，投奔刘知远。刘知远将白承福的精骑收归麾下，将其余部众安置在太原以东的山区以及岚、石二州之间，再上表推荐白承福为大同节度使。

白承福投降刘知远，安重荣的实力有所减弱，一时也没有动作。

两个月后，安从进先起兵了，首先攻打的是邓州。

留守开封的石重贵得到消息，马上进行了部署：派宣徽南院使张从恩、武德使焦继勋、护圣都指挥使郭金海、作坊使陈思让率领开封的兵马前往讨伐安从进。石重贵又任命西京留守高行周为南面军前都部署，前同州节度使宋彦筠为副部署，张从恩为监军，郭金海为先锋使，陈思让为先锋监军。

从石重贵的部署来看，讨伐安从进的主将为高行周。

安从进获知朝廷派兵来伐，便率部撤退。途中，安从进与张从恩的兵马遭遇。安从进没有想到朝廷兵马来得这么快，仓促应战，大败，侄子安弘义被擒。安从进带领数十名骑兵逃回襄州，坚守城池。

十二月，在邺都的石敬瑭得到消息，再诏命荆南、南楚发兵一同讨伐安从进，并负责为大军供应粮草。荆南派李端率数千名水军到达汉水南岸渡口，南楚派张少敌率一百五十艘战船进入汉水，协助高行周。

安重荣得知安从进起兵了，也开始行动了。

安重荣将境内数万名饥民集结起来，南下邺都，声称晋见石敬瑭。石敬瑭获报，马上任命天平节度使杜重威为招讨使、安国节度使马全节为副使，率领护圣等三十九个步骑兵前往讨伐。

数日后，杜重威与安重荣在宗城（今河北省威县东）西南遭遇。

安重荣布下偃月阵，杜重威感到害怕，打算撤退。

指挥使王重胤说道："兵家最忌临阵退却。成德的精锐兵马全在中军，请公分出精锐士卒攻打其左右两翼，我为公率领契丹直攻打其中军，安重荣一定狼狈不堪。"杜重威采纳。

成德兵马果然再战不利而向后稍作撤退。杜重威立即挥军掩杀，成德兵马大败，一万五千余人被杀。安重荣收拾残余部众，退到宗城固守。杜重威下令攻城，直到半夜，终于攻克。

安重荣带领十几名骑兵一路北逃。到了镇州，安重荣下令固守城池。岂料当天夜里，气温下降，成德士兵有两万多人冻死。

杜重威率大军一路追击，也来到镇州。镇州城池坚固，杜重威攻而不克，只得下令围困。

公元942年（后晋高祖天福七年）正月，镇州牙将带领杜重威大军从水碾门入城，杀死守城吏民两万人，活捉安重荣，斩首。

石敬瑭得到消息，命人将安重荣的首级送往契丹，以平息契丹皇帝耶律德光的愤怒，杨彦珣也得以返回后晋。石敬瑭又下诏，将镇州改称恒州，成德军改为顺国军，任命杜重威为顺国节度使兼侍中。杜重威为独占功劳，杀死带领其入城的镇州牙将，并将安重荣的财产及城中的府库全部占为己有。

安重荣被平定了，安从进还在负隅顽抗。

八月，襄州城中粮草用尽，安从进无力支撑，围城的高行周又发起猛烈的进攻，城池终于被攻破，安从进带领族人自焚而死。然而石敬瑭没有能够听到这个消息，因为石敬瑭在当年六月就病逝了。

石敬瑭病逝后，继承者石重贵不再向契丹称臣，引发了后晋与契丹的数次大战，最终契丹消灭后晋，占据中原。我们暂且将后晋的故事放下，先来讲讲南方小国闽国的故事。

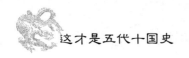

第52章　相信鬼神，惠宗荒淫

在五代十国当中，王审知的闽国与高季昌（高季兴）的荆南一样，只有一个藩镇，分别是威武军、荆南军。有所不同的是，王审知的这个藩镇有五个州府，而高季昌的荆南军只有三个州府。

闽国与中原国家并不相邻，北边是吴越，西边是南吴，南边是南汉。尽管如此，王审知一直向中原朝廷称臣纳贡，使用中原朝廷的年号，没有称帝，没有改元。王审知向中原朝廷进贡，走的是海路，尽管十次有三四次翻船大海，王审知也没有停止过进贡。

王审知与民休养生息，不对外发动战争。当然，如果别的国家前来侵犯，王审知也会派兵迎战，保卫家园。南汉皇帝刘岩攻打闽国汀、漳二州时，便被毫不留情地击退，尽管两国还是婚姻之国。

南吴不承认后梁，派使者来到闽国，以图结好。使者张知远态度傲慢，王审知将其杀掉，不与南吴往来。当南吴攻打虔州谭全播时，谭全播向闽国求救，王审知毫不犹豫出兵帮助这位同样向后梁称臣的人。

王审知于公元909年四月被后梁太祖朱晃封为闽王，但这并不能算闽国的正式建立。后唐庄宗李存勖在位，曾下诏加授王审知功臣称号，晋升爵位，增加封地。史书没有载明李存勖给王审知晋升何等爵位，难道会比闽王高？至于增加封地，更是无从谈起，因为后唐与闽国并不相连，如何给王审知增加封地？

公元925年（后唐庄宗同光三年）十二月，王审知病逝，年六十四岁。长子王延翰继位，自称威武节度使。

公元926年（后唐明宗天成元年）五月，明宗李嗣源下诏，加授王延翰为同平章事。这时李嗣源即位才一个月。这份诏书，不仅承认王延翰为威武节度使，还让王延翰当了使相。

后唐没有晋封王延翰为闽王，王延翰一定感到失望。五个月后，王延翰便自称大闽国王，立宫殿，置百官，所有礼仪、器物与天子相同。王延翰没有让百官称其为陛下，而是称殿下。王延翰追封父王王审知为昭武王。王延翰虽然称王，但仍使用后唐年号，向后唐称臣。

王延翰只当了两个月的闽王，便被亲兄弟王延钧、义兄弟王延禀杀死。王延钧被推举为威武军留后，王延禀则回建州当刺史。公元927年五月，王延钧被后唐任命为威武节度使、守中书令，封琅琊王。公元928年七月，王延钧又被后唐晋封为闽王。这几年，闽国无大事，只是和尚越来越多，因为王延钧曾让两万人剃度出家。

公元931年（后唐明宗长兴二年）四月，王延钧患病，王延禀趁机谋反，带领兵马从建州沿闽江顺流而下，一直攻到福州城下。王延钧派侄儿王仁达领兵迎战。王仁达用计取胜，最终杀死王延禀。王延钧再派兄弟王延政前往建州安抚吏民，出任建州刺史。

此后的王延钧干的都是荒淫之事。

王延钧喜好求仙问道，道士陈守元、巫师徐彦林与盛韬一同诱导王延钧建造宝皇宫。王延钧修建宝皇宫，动用了大量土木。豪华的宝皇宫建成后，王延钧就任命陈守元为宫主。

十二月，陈守元声称接到宝皇的旨意，对王延钧说道："大王如能避开王位，接受修道，可以做六十年天子。"王延钧深信不疑，于是让其子王继鹏暂且掌管军府大事，自己则出家修道，道号玄锡。王延钧此次闭关修炼长达三个月。

公元932年（后唐明宗长兴三年）六月的一天，王延钧对陈守元说道："替我问问宝皇，既然能当六十年天子，那之后如何呢？"

第二天，陈守元便对王延钧说道："昨天晚上，我向宝皇上奏，得宝皇旨意，大王可当大罗仙主。"

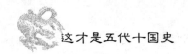

徐彦林等人也说道："北庙崇顺王曾经见过宝皇，他的话与守元说的一模一样。"

王延钧听后，更加得意，便想要称帝。王延钧向后唐明宗上表称："钱镠已经死了，请封臣为吴越王。马殷也已经死了，请授臣为尚书令。"

李嗣源不予理睬，王延钧从此停止向后唐进贡。

公元933年（后唐明宗长兴四年）正月，有人说在真封宅看到真龙。真封宅是王延钧继位前住过的地方。王延钧听了此言，非常高兴，将真封宅更名为龙跃宫。王延钧认为祥瑞一出，便是称帝之时。

王延钧于是来到宝皇宫，接受册礼，再在仪仗队的护卫下，回到王府，登基即位，更名王璘。王延钧定国号为大闽，改元龙启，王延钧便是闽惠宗。王延钧任命僚属李敏为左仆射、门下侍郎、同平章事，其子节度副使王继鹏为右仆射、中书侍郎、同平章事，亲信吴勖为枢密使。

王延钧自知国小地僻，便与北边的吴越、西边的南吴、南边的南汉等国谨慎相处，国内也大体安定。然而王延钧并不是一位好君王。

七月，王延钧开始大修宫殿，一改其父王审知节俭的作风。

中军使薛文杰迎合王延钧，王延钧喜爱奢侈，薛文杰便聚敛财物，讨好王延钧。王延钧把薛文杰当作亲信，任命其为国计使，掌管国家钱财。薛文杰暗中搜查富户的罪名，没收他们的财产，有时严刑拷打，甚至用铜熨斗灼烫。建州有一个土豪叫吴光，薛文杰想得其家产，便给其定罪。吴光得到消息，带着族人逃往南吴。

薛文杰不久便被任命为内枢密使。薛文杰还劝王延钧压制宗室，侄子王继图非常气愤，于当年十月谋反，被杀，有一千多人连坐。五个月后，王延钧还以谋反罪名杀掉了另一个侄儿王仁达。

王延钧相信鬼神，薛文杰则利用鬼神来排除异己。

十一月的一天，薛文杰对王延钧说："陛下的身边有很多奸臣，不请鬼神相助，就不能明辨。盛韬善于与鬼神相交，应当命其察看谁是奸臣。"王延钧完全听从。

薛文杰讨厌枢密使吴勘，便准备对吴勘下手。薛文杰听说吴勘有病，便到其家中探视，对吴勘说道："陛下听说你病了很久，打算免去你的枢密使一职。我说你只是患了小病，一点头痛而已，很快就好了。陛下如果派人来问，你千万别说得了其他毛病。"吴勘答应。

第二天，薛文杰又让盛韬对王延钧说道："刚才看到北庙崇顺王正在审讯吴勘谋反一事，用铜钉钉其头脑，用金锤捶其头颅。"

王延钧将此事告诉薛文杰，薛文杰故意说道："不一定可信，应当派人去问问。"

王延钧派人到吴勘家一问，果然头正痛。王延钧立即下旨，将吴勘逮捕入狱，还让狱吏严刑拷打。吴勘受不了，便屈打成招，最后与其妻子一同被斩。闽国百姓听闻此事，非常愤怒。

就在王延钧处死吴勘的时候，吴光请南吴出兵，前来攻打闽国。南吴信州刺史蒋延徽不等朝廷诏令，即带兵攻打建州，王延钧获报，派使向吴越国求救。公元934年正月，蒋延徽在浦城（今福建省浦城县）击败闽国兵马，继而围困建州城。

王延钧立即派上军使张彦柔、骠骑大将军王延宗率一万人前往援救建州。

途中，士兵不肯前行，说道："不逮捕薛文杰，坚决不去讨贼。"

王延宗派人前往福州奏报王延钧。王延钧犹豫不决，太后与福王王继鹏哭着对王延钧说："薛文杰乱用权柄，无辜害人，上上下下，一直怨恨。如今吴国兵马入侵，士兵不肯前去御敌，眼看社稷就要倾覆，留着薛文杰还有什么用？"

薛文杰当时就在一旁，也极力为自己辩解。王延钧无奈地说道："朕也不打算处置卿，卿自己看着办吧。"薛文杰立即离开皇宫，王继鹏则紧跟其后。薛文杰刚到启圣门外，王继鹏便用手中的笏板将薛文杰打倒在地，再用囚车将薛文杰押往军前。

薛文杰曾认为之前的囚车太大，囚犯在里边太舒服，便命人将囚车改小，还在四周安置铁钉，囚犯一动，便会碰到铁钉。新的囚车制造好，没想到薛文杰第一个使用。一路上，百姓不停地用瓦砾投掷薛文杰，以泄心中之恨。

薛文杰会卜卦，扬言说过了三天就会平安无事。那些押送薛文杰的士兵也不希望薛文杰安然无恙，便倍道兼行，只用两天便到了王延宗那里。王延宗的士兵看到薛文杰，纷纷上前，剐其身上的肉吃。王延钧还想赦免薛文杰的死罪，已经来不及了。与薛文杰一伙的盛韬后来也被诛杀。

再说蒋延徽攻打建州，眼看就要攻克，掌管南吴军政大权的徐知诰派使前来，将蒋延徽召回。徐知诰为何要召回蒋延徽？原来蒋延徽是南吴太祖杨行密的女婿，也与杨行密的儿子临川王杨濛友善，徐知诰担心蒋延徽攻克建州后，便有实力让杨家恢复大权，因而派人前来制止。蒋延徽接到诏令，只好带兵返回信州。

王延钧之前所娶的刘氏，出自名门士族，美丽漂亮，但得不到宠幸。先王王审知的婢女陈金凤长得丑陋，却被王延钧册立为皇后。原因是陈金凤非常淫荡，王延钧非常宠爱。陈金凤的族人陈守恩、陈匡胜都得到重用而担任殿使。

不久王延钧得了风疾，行动不便，淫荡无比的陈金凤又与王延钧的宠臣归守明、李可殷私通。闽国人听闻此事，都感到非常不耻。王延钧称帝时，曾命人制作九龙帐，国人因此编歌道："谁说九龙帐，只藏一归郎。"

第53章　卖官鬻爵，康宗无道

公元935年（后唐末帝清泰二年）十月，王延钧病情严重，其子王继鹏非常开心，认为其父一定活不长了。王继鹏于是与皇城使李倣（音仿）联合，杀掉与二人有过节的李可殷。

李可殷与皇后陈金凤经常私通，陈金凤对其被杀自然感到伤心。第二天，王延钧病情略有好转，陈金凤便将此事报给王延钧。王延钧强撑病体上朝，查问李可殷的死因，李倣非常害怕，决定铤而走险。

退朝之后，李倣带领士兵鼓噪入宫，要杀王延钧。王延钧吓得躲到九龙帐下，乱兵手举长枪在帐中乱刺，惨痛异常的王延钧只得爬出帐外。宫女不忍看到王延钧如此痛苦，便将其杀死。

李倣又与王继鹏一起杀死了陈金凤、陈守恩、陈匡胜、归守明等人。王继鹏还趁乱杀掉了与自己不和的兄弟王继韬。

十月二十日，王继鹏宣称得到皇太后的教令，于当日即皇帝位，更名王昶，是为闽康宗。

次月，王继鹏杀掉为自己夺位的李倣。

王继鹏是怎样的一位君王呢？两个字：无道。

闽国的士人林省邹曾对后晋的使者卢损说道："我主不事其君，不爱其亲，不恤其民，不敬其神，不睦其邻，不礼其宾，其国能够长久吗？我将身穿袈裟向北逃亡，与您相会于中原。"

六军判官叶翘博学多才、为人正直，先帝王延钧让他与王继鹏为友。王继鹏把叶翘当作师傅，品学都有长进，宫中都将叶翘称为"国

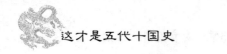

翁"。王继鹏继位后，任命叶翘为内宣徽使、参政事，但从此骄傲放纵，不再与叶翘商议国事。

一天早上，王继鹏正在府中处理公务，就见叶翘穿着道士服从府前经过，王继鹏连忙命人将叶翘叫过来。叶翘来到王继鹏面前，王继鹏立即下拜道："近来军国大事太多，很久没有接见卿，这是朕的过错。"

叶翘也下拜道："这是老臣辅佐无方，以致陛下自即位以来，没有一件事值得称道，请准许老臣告老还乡。"

王继鹏说道："先帝将朕托付给卿，政令有不对之处，卿应当极尽所言，为何要弃朕而去？"

王继鹏赏赐叶翘金银布帛，好言抚慰。

王继鹏虽然说得好听，但并不能听从叶翘的规劝。

王继鹏的元妃李氏是宰相李敏的女儿，但王继鹏宠爱贤妃李春燕，对李氏很冷淡。叶翘劝谏道："夫人是先帝的外甥女，有聘娶之礼，岂能为了新欢而抛弃她？"王继鹏听后感到不高兴。

不久叶翘再上疏建言国事，王继鹏竟然批了一首诗，诗名就叫《批叶翘谏书纸尾》，诗文为："春色曾看紫陌头，乱红飞尽不禁愁。人情自厌芳华歇，一叫随风落御沟。"王继鹏最后将叶翘外放到永泰，叶翘最终老死于家中。

王继鹏不用叶翘，却与其先帝一样，宠信洞真先生陈守元，赐予陈守元天师的法号。王继鹏甚至把将相任命、刑事处罚等大事都拿来与陈守元商议。陈守元接受贿赂，替人请托，王继鹏往往是言听计从。从此，陈守元家门庭若市。

王继鹏接受陈守元的建言，在宫中修建三清殿，用数千斤黄金铸造宝皇大帝、元始天尊、太上老君像。王继鹏命人昼夜奏乐，焚香祈祷，以求得道升仙。军国大事，不论大小，全部由林兴传宝皇之命裁决。

由于大兴土木，用度开始不足，王继鹏自有办法。

王继鹏对吏部侍郎、判三司蔡守蒙说："听说有司任命官职时，都接受贿赂，有这事吗？"

蔡守蒙回道："这是没有根据的谣言，不能相信。"

王继鹏说道："朕早就知道这事。今天将委任官员的事交给卿，卿要选择贤能之人任命，那些无德无才的也可以，只要他们愿意缴纳贿赂，卿全部登记好献给朕就行。"

蔡守蒙一向是清廉之人，认为不可以这么做。王继鹏大怒，蔡守蒙非常害怕，只好听从。从此任命官员，不看才能，只看出钱多少。

谏议大夫黄讽决定以死劝谏王继鹏。黄讽先与妻儿告别，然后进宫。王继鹏当然不接受黄讽的劝谏，准备杖责黄讽。黄讽说道："臣如果因不忠而被杖责致死，死而无怨。如果因犯颜直谏而被杖责，臣不能接受。"王继鹏大怒，将黄讽贬为平民。

王继鹏继续胡作非为。

王继鹏有两位叔父很有才能，也有很高的声望。这两人是前建州刺史王延武与户部尚书王延望。然而巫师林兴与这二人有仇怨，林兴便托鬼神之语对王继鹏说道："延武、延望将要谋反！"王继鹏问也不问，便让林兴带着勇士到二人家中，将二人及数子全部杀死。

王继鹏喜爱没日没夜地宴饮，强迫群臣喝酒。群臣醉酒之后，王继鹏再让左右查看谁有过失，如果发现，必定严加处罚。王继鹏的堂弟王继隆酒后失礼，王继鹏便下令将其斩首。

王继鹏的叔父王延羲当时担任左仆射、同平章事，为了躲避灾祸，假装发狂、变呆，经常胡言乱语。王继鹏赏赐王延羲道士服，将其流放到武夷山中。不久，王继鹏还是不放心，又将王延羲召回，幽禁在家中。

王继鹏不久得罪了拱宸、控鹤二都的将士，最终送了性命。

拱宸、控鹤的将士最早是太祖王审知的亲军，王延钧在位时，将这些亲军组成拱宸、控鹤二都。王继鹏继位后，不信任这两支亲军，于是重新招募两千名勇士作为心腹，组成宸卫都。宸卫都的俸禄与赏赐都高于拱宸、控鹤二都。

有人向王继鹏奏报说拱宸、控鹤二都将士有怨言，可能会叛乱。王

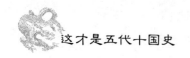

继鹏准备将这二都将士分开，派到漳、泉二州去。二都士兵得知后，更加愤怒。王继鹏还多次侮辱拱宸、控鹤两都的军使朱文进与连重遇，二人也非常愤恨。

一天，北宫失火，王继鹏下令捉拿纵火之贼，结果没有捉到。王继鹏怀疑连重遇与纵火者是同谋，打算将连重遇杀掉。内学士陈郯悄悄将此事告诉连重遇，连重遇准备先下手为强。

公元939年（后晋高祖天福四年）闰七月十二日，连重遇当值。连重遇带领早已愤怒的两都士兵，纵火焚烧王继鹏居住的长春宫。王继鹏与李皇后一起逃到宸卫都中。

连重遇一不做二不休，找来王延羲，向王延羲高呼万岁。

连重遇再联络外营士兵一同攻打王继鹏的宸卫都。第二天早上，连重遇火攻宸卫都，宸卫都战败，一千多名士兵护卫着王继鹏与李皇后冲出北关。然而，到了福州城北的梧桐岭时，这些士兵大都逃散。

王延羲派派侄儿王继业带领兵马追击王继鹏。王继业在一个村舍找到王继鹏。王继鹏善于射箭，手拿弓箭，连射数人，全部倒地身亡。不一会儿，追兵越来越多，王继鹏知道无法逃脱，便将弓箭扔下，对王继业说道："作为臣子，你的节操何在？"

王继业说道："君无君德，臣岂能有臣节？新君（王延羲）是我的叔父，旧君（王继鹏）是我的堂兄弟，哪个亲，哪个不亲？"

王继鹏无言以对，束手就擒。

王继业带着王继鹏一同回城。走到城北的陀庄时，王继业将王继鹏灌醉，再用绳子将王继鹏缢死。李皇后及王继鹏诸子也全部被杀。王继鹏宠信的道士陈守元看到大乱，换了衣服准备逃走，被士兵杀死。连重遇还捉拿负责卖官的蔡守蒙，历数其罪后，将其诛杀。王延羲则派将林兴诛杀。

王继鹏被杀后，王延羲自称威武节度使、闽国王，更名王曦，改元永隆。王延羲派商人带着奏表从小道前往后晋，向后晋称藩。王延羲虽然没有称帝，但在其国内，设置百官，如同天子一样。

第54章　兄弟不和，闽国分裂

王延羲继位，是为闽景宗。王延羲与之前的王延翰、王延钧都是闽国的开创者王审知之子。那么王延羲是个什么样的君王呢？史书上说王延羲骄傲、荒淫、恶毒、凶暴，猜忌宗族。

对于王延羲的行为，群臣也许不大敢劝，但其兄弟、建州刺史王延政却多次写信劝谏。王延羲很是生气，还回信诟骂王延政。王延羲又派亲信业翘到建州（今福建省建瓯市）去当监军，让教练使杜汉崇到南镇（今福建省古田县）去当监军。二人不断收集王延政的隐私，向王延羲呈报。从此，王延羲、王延政兄弟二人越发猜忌、憎恨。

公元940年（后晋高祖天福五年）二月的一天，业翘与王延政商议事情，意见不一。业翘竟然大声对王延政说道："你是不是想造反！"王延政也很怒火，想杀掉业翘，业翘赶紧逃往南镇。王延政发兵攻打南镇，击败南镇的守兵，业翘与杜汉崇一路逃回福州。

福州城中的景宗王延羲得到消息，立即派统军使潘师逵、吴行真率四万兵马前往攻打王延政。王延政没有迎战，决定固守建州城。潘师逵在建州城西扎营，吴行真在建州城南扎营，都沿河筑阵，还纵火焚烧城外房屋。

王延政担心敌不过王延羲的兵马，于是派人悄悄出城，向北边的吴越国求救。吴越王钱镠已在数年前去世，其子钱元瓘在位。吴越王钱元瓘派宰相仰仁诠、内都监使薛万忠率四万兵马南下，增援王延政。

吴越国的援兵未到，建州城外已经开战。

三月，潘师逵分出三千兵马，由都军使蔡弘裔率领，向王延政发起挑战。王延政不再示弱，立即派将领林汉彻出城迎战。林汉彻在城外的茶山大胜蔡弘裔，杀死一千多人。

夜晚，王延政再招募一千多名敢死之士，蹚过河水，偷袭潘师逵的大营。潘师逵猝不及防，被战棹都头陈海杀死，部众也随之而溃。王延政准备攻打吴行真的营寨，吴行真已经弃营而逃。王延政追杀一阵，杀死一万多人。王延政趁胜攻取了永平（今福建省南平市延平区）、顺昌（今福建省顺昌县）两座城池。

王延羲得知战败，一时也没有再派兵马来战。

四月，吴越国派来的援军到达建州。王延政认为福州的兵马已经败退，便希望吴越兵马能够班师。于是，王延政派人带着牛酒前往犒劳吴越大军，并请其班师。吴越将领仰仁诠、薛万忠不肯班师，就在建州城西北扎营。王延政很是害怕，于是又派使来到福州，请兄长王延羲出兵援救。

王延羲也不计前嫌，任命泉州刺史王继业为行营都统，令其率两万兵马前往增援建州，再派一支轻骑兵切断吴越援军的粮道。王延羲还派人带着书信前往吴越，指责吴越国派兵入侵。

五月，连日大雨，吴越兵马的粮草用尽。王延政看准时机，带领兵马出城袭击仰仁诠、薛万忠部。这一战，王延政取得大胜，杀死吴越士兵一万多人，仰仁诠、薛万忠连夜逃走。

两兄弟合力赶走吴越兵马，内战暂且停息。然而两兄弟仍然猜忌，王延羲在福州城西修建城郭，以防备王延政派兵来袭，王延政则在建州大修城池，周围长二十里。

王延政还不满足当一个州的刺史，也想当节度使。王延政向王延羲请求当威武节度使，还想把威武军的治所由福州迁到建州。王延羲当时已被后晋封为闽王，同时也是威武节度使。王延羲怎么可能将威武节度使让给王延政呢？因为闽国就这一个藩镇。

然而王延羲又不能完全拒绝王延政，于是在建州再设一个藩镇叫镇安军，由王延政当节度使，还封王延政为富沙王。王延政不喜欢镇安这个名称，请求改为镇武。

两兄弟一时相安，王延羲于是又干坏事。

王延羲怀疑兄弟、汀州刺史王延喜与王延政勾结，派将军许仁钦带领三千兵马前往汀州（今福建省长汀县），将王延喜抓了回来。王延羲听说王延政写信给泉州刺史王继业，怀疑二人勾结，又下令让王继业返回福州。王继业才到福州郊外，就被王延羲赐死。数月后，王延羲听说新任泉州刺史王继严深得民心，非常厌恶，下诏将其召回，毒死。

看到王家宗族元老不断被杀，谏议大夫黄峻抬着棺材上朝劝谏。王延羲骂道："老东西发疯了！"下诏将黄峻贬为漳州司户。

王延羲荒淫、奢侈无度，国家钱财不够其挥霍，便也与王继鹏一样，开始卖官。

不久王延羲与王延政再度开战。

公元941年（后晋高祖天福六年）七月，王延羲自称大闽皇，兼威武节度使。三个月后，王延羲正式登基称帝。自从当了大闽皇，王延羲便开始发兵攻打王延政。王延政也发兵迎战，两兄弟互有胜负，从此福州、建州之间，白骨遍野。

一年后，王延政整顿兵马，主动攻打汀州。王延羲立即调遣漳、泉二州五千兵马前往援救。王延羲还派将领林守亮进驻尤溪（今福建省尤溪县），大明宫使黄敬忠进驻尤口（今福建省尤溪县东北），准备乘虚袭击建州。国计使黄绍颇再率八千步兵声援林守亮、黄敬忠。

王延政一连发起四十二次袭击，都不能攻克汀州。王延政决定撤兵返回建州，命将领包洪实、陈望率水军断后。数日后，两军在尤口遭遇。黄敬忠准备迎战，占卜者说时机未到，出战不利，黄敬忠于是按兵不动。这时包洪实等引兵上岸，水陆两路攻打黄敬忠。黄敬忠大败被杀，部众两千多人战死，林守亮、黄绍颇等一路仓皇逃回福州。

王延羲得知自己的兵马惨败，也无心再战。王延羲于是亲自写了一份诏书，派使再带着九百件金器、一万贯钱、六百四十张空白任命书前

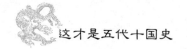

往建州，与王延政讲和，两兄弟暂且罢战。

王延羲继续荒淫残暴。

泉州刺史余廷英贪污受贿，还强抢民女，竟然诈称为皇上选秀女。王延羲得知此事后，派御史查问余廷英。余廷英非常害怕，急忙回到福州，立即向王延羲献上一万贯买宴钱。王延羲马上转怒为喜道："宴已买了，那给皇后的贡物在哪里？"余廷英又给李皇后进献钱物，王延羲于是让余廷英继续当泉州刺史。从此各州进献，必须给皇后一份。没多久，王延羲又将余廷英召回福州任宰相。

一天夜晚，王延羲宴请群臣。宰相李光准喝醉了，说了句犯上的话。王延羲立即下令将李光准押至街市斩首。有司不敢杀掉李光准，只将李光准关在狱中。第二天，王延羲酒醒上朝，又赦免了李光准。

又一日宴会，群臣大都喝醉，只有翰林学士周维岳一人没醉。王延羲说道："维岳身材矮小，为何能喝这么多酒？"左右答道："他有两个肚肠，有一个专门盛酒，所以身材不必太大。"王延羲听后觉得很有趣，便让人将周维岳肚子剖开，看看那个盛酒的肠子。有人赶紧说："如果杀了维岳，以后就没有人能够这样陪陛下喝酒了。"王延羲这才作罢。

李光准、周维岳能够幸免，有人就不行。有一次宴会，王延羲的侄子王继柔不能饮酒，王延羲强迫其饮酒。王继柔偷偷将酒减少一些，被王延羲发觉，王延羲立即下令将王继柔斩首。

公元943年（后晋出帝天福八年）二月，富沙王王延政在建州称帝，国号大殷，改元天德，闽国从此分裂。王延政之前不过是一个州的刺史，后来又以一州设立藩镇，现在再以一州建国。王延政当然不希望他的殷国只有一个州，于是在将乐县（今福建省将乐县）设立镛州，在延平镇（今福建省南平市）设立镡州。

王延政称帝后，册立妻子张氏为皇后，任命节度判官潘承佑为吏部尚书，节度巡官杨思恭为兵部尚书。不久，王延政再任命潘承佑为同平章事，杨思恭为仆射，录军国事。杨思恭因为善于敛财而得到王延政的宠信，百姓称其为"杨剥皮"。

宰相潘承佑倒很正直，于当年五月上疏，讲了十件事，以劝谏王延政：一、兄弟相攻，违背天理；二、赋税繁重，徭役太多；三、征民为兵，百姓怨恨；四、杨思恭盘剥百姓，百姓埋怨陛下；五、疆土狭小，而多置州县，增加官吏，百姓劳苦；六、修路运粮攻打汀州，应当防备唐、吴越乘虚袭击；七、搜刮富户，有钱的给官，没钱的惩罚；八、延平的各个渡口，向百姓征收水果蔬菜税，获利不多，百姓怨恨却很大；九、与唐、吴越为邻，但陛下即位以来尚未通使；十、宫室亭台，奢侈无度。王延政看了此疏，大怒，将潘承佑削去官爵。

小小闽国已经分裂，景宗王延羲仍然荒淫、残暴。

就在当月，闽国校书郎陈光逸也冒死上疏劝谏。陈光逸在奏疏中讲了五十件事，指出王延羲失德，国家眼看就要灭亡。王延羲阅罢大怒，命人将陈光逸鞭打数百下。陈光逸没有死，王延羲再命人用绳子勒住陈光逸的脖子，吊在庭院前的一棵大树上，直到气绝而死。

金吾使尚保殷的女儿很有姿色，王延羲纳其为妃，非常宠爱，封为贤妃。然而贤妃不贤，当王延羲喝醉时，尚贤妃想杀谁就杀谁，想赦免谁就赦免谁。

王延羲的女儿出嫁，朝中有十二人没有贺礼。王延羲命人将这十二人抓来当堂杖责。王延羲还认为御史中丞刘赞没有弹劾这十二人，也要杖责。刘赞受不了这样的侮辱，准备自杀。谏议大夫郑元弼劝谏王延羲道："自古刑不上大夫，中丞刘赞监察百官，岂能随意用刑？"王延羲正色道："卿想当魏徵吗？"郑元弼立即回道："臣将陛下当作唐太宗，所以才能效仿魏徵。"王延羲听了此言，才下旨将刘赞释放，但刘赞仍然忧虑而死。

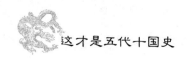

第55章　趁乱出兵，南唐灭闽

当初，拱宸、控鹤两都的军使朱文进与连重遇杀了康宗王继鹏，拥立王延羲。现在朱文进是拱宸都指挥使，连重遇是阁门使。二人一直担心有人声讨其罪，两家于是互相嫁娶，以结成牢固的阵营。其实，正是因为有了二人的帮助，才有了王延羲的帝位。那么王延羲会怀疑二人吗？

一天，王延羲喝醉了酒，在西园游逛，突然杀掉控鹤指挥使魏从朗。同党被杀，朱文进与连重遇感到很为担忧。还有一天，朱文进与连重遇参加王延羲的宴会，王延羲背诵白居易的诗道："天可度，地可量，唯有人心不可防。"接着举杯向二人敬酒。二人连忙起身下跪，哭泣流涕道："臣子事奉君父，不敢有二心！"王延羲没有应答，二人更加恐惧。

皇后李春燕对王延羲宠爱尚贤妃很是嫉妒，竟然想杀掉王延羲，拥立其子、闽王王亚澄继位。李春燕知道王延羲已经怀疑朱文进、连重遇二人，便想借助二人之力杀掉王延羲。三人一拍即合，就等机会到来。

机会不久就来了。李春燕的父亲患病，王延羲打算骑马前往探望。李春燕立即将这一消息告诉朱文进、连重遇。朱文进、连重遇便派拱宸马步使钱达在途中行刺。王延羲哪里知道这个密谋，最终被刺而死。这一天是公元944年（后晋出帝天福九年）三月十三日。

朱文进、连重遇这回还会拥立王家人当君王吗？

朱文进、连重遇立即召集百官来到朝堂，对百官说道："太祖昭武皇帝（王审知）开启大闽国，如今子孙荒淫暴虐，败坏先人基业。上天已经厌弃王氏，应当重新拥立有德者继位。"

百官无人敢言。连重遇推举朱文进上殿登基。朱文进于是身穿龙袍，登上大位，连重遇则带领百官向其跪拜、称臣。朱文进、连重遇没有让李春燕的儿子王亚澄登基，反而下令将王氏子孙五十余人全部杀死。

朱文进即位后，连重遇总领六军，掌管军事大权。朱文进又任命羽林统军使黄绍颇为泉州刺史，左军使程文纬为漳州刺史，汀州刺史许文稹向朱文进投降。至此朱文进的闽国也拥有福、泉、漳、汀四州。

殷国皇帝王延政听说朱文进杀了王延羲，立即派统军使吴成义率兵前往福州讨伐朱文进。吴成义不能取胜，王延政又派将领陈敬佺率三千人马进屯尤溪（今福建省尤溪县）及古田（今福建省古田县），另一将领卢进率两千人进屯长溪（今福建省霞浦县），以加强防御。

朱文进拥有的四州之内也有人不服。泉州散员指挥使留从效对同僚王忠顺、董思安、张汉思等说道："朱文进屠杀王氏皇族，派心腹到各州镇守。我等世代受到王氏大恩，却拥护乱臣贼子，如果富沙王攻克福州，消灭朱文进，我等死有余愧。"

众人都觉得有理，于是谋划举事。

十一月的一天夜里，留从效等人带着军中勇士来到家中饮酒。留从效对众勇士说道："富沙王已经平定福州，送来密诏，令我等讨伐刺史黄绍颇。我看各位容貌，都不是一直贫贱之人。各位如果听从我的话，富贵就在眼前，不然就大祸临头。"

众人听后，都踊跃向前，手拿白梃，翻越城墙，擒拿黄绍颇，斩首。留从效想找一个王家的人当泉州刺史，正好宗室之人王继勋就在泉州，留从效于是带着刺史大印来到王继勋的家中，请王继勋主持军府大事。留从效自称平贼统军使，再派副兵马使陈洪进将黄绍颇首级送往建州，交给殷国皇帝王延政。

陈洪进到尤溪时，效忠朱文进的数千士兵挡住去路。陈洪进对这些

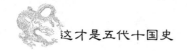

士兵高声叫道："义师已经诛杀朱文进，我倍道前往建州迎接新君，你等还守在这里干什么？"说完举起黄绍颇的首级，众士兵一见，立即溃散。

陈洪进到了建州，王延政便得知留从效已经杀掉黄绍颇。王延政于是任命王继勋为侍中、泉州刺史，任命留从效、王忠顺、董思安、张汉思、陈洪进等人为都指挥使。

漳州将领程谟听闻泉州之事，也杀死刺史程文纬，拥护王继成权知州事。王继勋、王继成都是王延政的侄儿。汀州刺史许文稹听闻泉州之事，也派使向王延政投降。

至此，泉、漳、汀三州又归附王延政，朱文进只有一个福州。朱文进当然不会甘心。十二月，朱文进以重赏招募两万名士兵，派统军使林守谅、内客省使李廷锷率领，前往攻打泉州。

王延政得到消息，派大将军杜进率两万兵马前往救援泉州。

当福州兵马到达泉州时，留从效传令打开城门出战。这时建州援兵也已赶到，与留从效一起前后夹击福州兵马。这一战，留从效与建州兵大获全胜，阵斩林守谅，生擒李廷锷。

王延政又派统军使吴成义率一千艘战船顺闽江而下，乘胜攻打福州城。福州城中的朱文进连忙派使前往吴越国求救，还送去人质。

吴越国没有派兵来救，南方强国南唐却想趁机消灭王延政的殷国。南唐烈祖李昪不喜用兵，也不会乘人之危，那么此时为何要出兵呢？原来李昪已经病逝，当时在位的是其子李璟。

南唐枢密副使查文徽得知闽国发生内乱，便向李璟上表，请求出兵攻打殷国皇帝王延政。群臣大多认为不可出兵，查文徽说他的同乡、翰林待诏臧循曾经做过商人，非常熟悉福建那里的河流山川，也多次进献袭取建州的计策。尽管查文徽认为攻打殷国很有把握，但李璟还是先任命查文徽为江西安抚使，到殷国边境巡察，看看能否出兵。

查文徽到达信州（今江西省上饶市）时，便上表称攻打殷国必克。李璟于是任命洪州营屯都虞候边镐为行营招讨诸军都虞候，令其率兵跟从查文徽攻打殷国。查文徽的同乡臧循也率一支兵马参战。

查文徽到达盖竹（今福建省南平市东南）时，听闻漳、泉、汀三州已经向殷国投降，而且殷国将领张汉卿正从镛州（今福建省将乐县）率领八千兵马赶来。查文徽非常害怕，便掉头退保建阳（今福建省南平市）。臧循在邵武（今福建省邵武市）被殷国兵马偷袭。臧循大败，被俘至建州斩首。

再说攻打福州的吴成义听闻南唐兵马入侵，不仅不慌，反而故意对福州城中的吏民喊道："唐国派兵助我讨贼，大军已经到来。"福州城中的守兵更为害怕，朱文进也决定投降。

闰十二月二十七日，朱文进派宰相李光准带着玉玺前往建州，呈给殷国皇帝王延政。然而朱文进也未能免于一死。福州南廊承旨林仁翰带领三十人身穿铠甲将朱文进、连重遇杀死。林仁翰迎接吴成义入城，吴成义则派人将连重遇、朱文进二人首级送往建州，呈给王延政。

公元945年（后晋出帝开运二年）正月，闽国故臣一同迎请殷国皇帝王延政还都福州，并改国号为闽。王延政接受更改国号，但考虑到南唐大军压境，不能离开建州。王延政于是任命侄子王继昌为督南都内外诸军事，镇守福州，再派飞捷指挥使黄仁讽为镇遏使，率兵守卫。

再说南唐查文徽得知王延政占领福州，统一闽国，于是再向南唐元宗李璟上表，请求增兵。李璟任命天威都虞候何敬洙为建州行营招讨马步都指挥使，将军祖全恩为应援使，姚凤为都监，令三人率数千兵马会攻建州。

二月，何敬洙等进屯赤岭（今福建省武夷山市西南）。闽帝王延政得到消息，立即派仆射杨思恭、统军使陈望率一万人马前往抵御。

陈望在一条河的南岸安营扎寨，十多天不战。杨思恭催促陈望出战，陈望说道："唐军都是精锐，其将领也深谙军事。国之安危就在此一举，不可不谨慎从事。"

杨思恭怒道："唐军入侵，陛下不能安寝。现在陛下将国家命脉交给将军，将军拥有一万之众，而唐军不过数千人，为何不趁敌未稳而出击？"

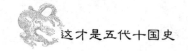

陈望不得已，只好引兵渡河与唐军激战。南唐将领祖全恩等将集结主力兵马正面迎战陈望，再出奇兵袭击陈望后背，陈望大败阵亡，"杨剥皮"一人逃走。

消息传到建州，王延政非常惊慌。王延政再调董思安、王忠顺率泉州的五千兵马前来建州，分别驻守险要之地。然而就在王延政加强建州防守之时，前方传来消息，福州丢了。这要从一个反复小人李仁达说起。

李仁达在闽国担任元从指挥使十五年，一直没有机会升迁，多少有些怨恨，于是到建州投靠王延政。李仁达后来又背叛王延政，投靠朱文进，朱文进厌恶李仁达为人反复，不予任用。

朱文进被杀后，李仁达听说镇守福州的王继昌暗弱嗜酒，不体恤将士，将士多有抱怨，认为机会来了。李仁达悄悄进入福州城，对镇遏使黄仁讽说道："唐兵必将乘胜攻打建州，建州一座孤城，危险万状。富沙王不能保住建州，岂能保住福州？当年王潮兄弟不过是一介平民，却能轻易夺取福建。我们如果趁机夺取福州，谋图富贵，不怕不如王潮兄弟。"黄仁讽心动。

当天晚上，李仁达带兵突袭州府，杀死王继昌与吴成义。

李仁达得到福州，想自己称帝，但又担心众人不服。李仁达听说雪峰寺的和尚卓岩明向来被人敬重，便声称："此僧目有重瞳，双手过膝，是真命天子。"于是派人将卓岩明接来。

三月三日，卓岩明脱下僧衣，穿上衮冕，登基称帝，李仁达带领将吏向其跪拜称臣。卓岩明根本不懂治国方略，也不懂用兵打仗，只会在殿上做做法事。卓岩明还派人到莆田老家，将父亲接来，尊为太上皇。李仁达拥立卓岩明为皇帝，自己则担任判六军诸卫事。

王延政听闻黄仁讽、李仁达背叛，大怒异常。王延政下令将黄仁讽的族人全部杀死，再派统军使张汉真率五千名水兵，会合泉、漳二州的兵马，共讨卓岩明、李仁达、黄仁讽。

黄仁讽听说在建州的家人已经全部被杀，非常愤怒。当张汉真的兵马抵达福州攻打东关时，黄仁讽立即带领兵马出城迎战。黄仁讽带着怒气，作战非常勇猛。黄仁讽阵前擒获张汉真，并将张汉真押入城中斩首。

然而李仁达已经怀疑黄仁讽，因为黄仁讽背叛王延政，不久便显露出后悔之意。李仁达让人诬告黄仁讽与将领陈继珣谋反，然后再将二人杀掉。从此，兵权全归李仁达。

李仁达也觉得皇帝卓岩明是多余的了。

五月十二日，李仁达检阅将士，请皇帝卓岩明驾临。李仁达事先已作谋划，因而当卓岩明登上检阅台时，一军士突然冲上检阅台，将卓岩明刺杀。李仁达假装惊恐，狼狈逃走。军士们一起将李仁达拦住，逼迫李仁达登上高台。

李仁达不敢称帝，只称威武留后，用南唐保大年号，派人向南唐称臣。南唐任命李仁达为威武节度使、同平章事，赐名弘义，编入皇家属籍。

南唐名义上得到福州，继续攻打建州王延政，屡次击败泉州来援之兵。王延政再一次派人前往吴越，向吴越称臣，请吴越出兵相救。吴越国依然没有派兵前来。不久，建州城内人心涣散，无心抵抗。

八月二十四日，南唐先锋桥道使王建封第一个登上城墙，士兵纷纷跟随，建州城终被攻破。泉州援兵将领王忠顺战死，董思安带领部众逃回泉州。王延政见大势已去，向南唐将领投降。

随着王延政的投降，闽国至此灭亡。王氏在闽五十余年，从王潮至王审知、王延翰、王延钧、王继鹏、王延羲、王延政，数王审知在位最长，共二十八年整。王审知忠孝传家，勤俭治国，在乱世之中，为闽地百姓带来一方乐土。然而王审知去世之后，其不肖子孙不是荒淫残暴，就是互相攻伐，最终国家灭亡。

这才是

五代十国史 下

王平客 著

中国书籍出版社
China Book Press

第56章　吴越遣兵，争夺福州

　　南唐占领建州、消灭闽国的次月，汀州刺史许文稹、泉州刺史王继勋、漳州刺史王继成献出城池向南唐投降。占据福州的李仁达之前已经向南唐归降，被南唐任命为威武节度使，至此，原闽国五州全部为南唐所有。

　　南唐为有效控制原闽国五州，也作了一些部署。南唐先在建州设永安军，调百胜节度使王崇文任永安节度使，再调漳州刺史王继成为和州刺史，汀州刺史许文稹为蕲州刺史。

　　泉州的情况有些不一样。南唐还没有调整泉州刺史时，泉州都指挥使留从效便夺了王继勋的刺史之职。南唐元宗李璟得知后，干脆任命留从效为泉州刺史，算是承认了留从效的官职。当然，李璟也派兵增防泉州。

　　李璟下一步便想解决福州的李仁达。李仁达虽然向南唐称臣，其实仍是割据。当初南唐兵马攻克建州时，将领们便想乘胜攻取福州，李璟没有准许。当时的李璟也许认为时机不成熟。那么现在又将如何收复福州呢？

　　枢密使陈觉认为其有三寸不烂之舌，可以劝李仁达前来江宁（今江苏省南京市）朝见。太傅宋齐丘也认为陈觉能言善辩，可以不用刀枪坐收李仁达。李璟于是先册封李仁达的母亲、妻子为国夫人，李仁达的四位兄弟都官升一级，然后再派陈觉前往劝降李仁达。陈觉即将起程，李璟还给其一个头衔：福州宣谕使，让陈觉带上大量金银布帛，以赏赐李

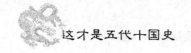

仁达。

公元946年（后唐出帝开运三年）六月，陈觉到达福州，与李仁达相见。李仁达知道陈觉的企图，因而脸色、言辞非常傲慢，接待礼仪也很简单。陈觉感觉气氛不对，便不敢提让李仁达入朝之事。陈觉在福州未能发挥其能言之才，便告辞北返。

陈觉到达剑州（今福建省南平市）时，对自己此次福州之行没有立功而感到耻辱。陈觉假传圣旨，派侍卫官顾忠前往福州，召李仁达入朝。陈觉还自称权福州军府事，擅自调遣汀、建、抚、信等州士兵，命建州监军使冯延鲁率兵前往福州强行迎接李仁达。

冯延鲁接令后，先给李仁达修书一封，晓以祸福。李仁达根本不怕，马上回书请求一战。李仁达立即派楼船指挥使杨崇保率领兵马迎战。陈觉看李仁达派出水军作战，也任命剑州刺史陈诲为缘江战棹指挥使，令其前往迎战。陈觉这时才给李璟上表，称："福州孤立无援，早晚便可攻克。"

李璟得知陈觉擅自发兵攻打李仁达，非常怒火。群臣都劝道："大军已经抵达福州城下，不可中途回军，应当增发兵马，以助其战。"李璟骑虎难下，只好下诏，任命永安节度使王崇文为东南面都招讨使，谏议大夫魏岑为东面监军使，冯延鲁为南面监军使，令三人一同攻打福州。

八月十九日，陈觉、冯延鲁在福州城西的候官击败杨崇保。

第二天，陈觉、冯延鲁乘胜进攻福州城西关。李仁达亲自出城迎战，大胜，擒获南唐左神威指挥使杨匡邺。

数日后，王崇文、魏岑等兵马到达，一起加入战斗，攻克福州城外城。李仁达不能取胜，固守内城。

李仁达认为死守城池没有外援一定不行，于是自称威武留后，再派人带着奏表前往开封，向后晋称臣。后晋出帝石重贵任命李仁达为威武节度使、同平章事，知闽国事。石重贵虽然接受李仁达称臣，但不能出兵相助，因为石重贵正准备与契丹国大战一场。

九月十四日，福州排阵使马捷引导南唐兵马，从福州城西北的马牧山破寨而入，一直杀到福州城西的善化门桥。李仁达的都指挥使丁彦贞带领一千名士兵拼死抵御。李仁达退到善化门，外城及第二道城墙都被南唐兵马攻破。

远水不解近渴，李仁达决定向北边的吴越国称臣求救。

李仁达的使者到达杭州，拜见吴越国君。此时的吴越国君是第三任国王钱弘佐，第二任国王钱元瓘已于五年前因王宫失火受到惊吓而病逝。面对李仁达的求救，钱弘佐召集诸将商议。诸将都说："前往福州，道路又险又远，难以相救。"只有内都监使水丘昭券认为应当出兵相救。

钱弘佐当年虽然只有十九岁，但已经继位五年，很想出兵夺取福州。钱弘佐看到诸将都不愿出兵相救，也有一丝不悦，说道："唇亡齿寒，我身为天下兵马元帅，邻居有难却不能相救，这个元帅还有什么用？诸君只管吃饱喝足，坐在那里一动不动？"

从这件事可以看出，吴越国去年未救王延政、前年未救朱文进，可能是诸将不肯，钱弘佐也没有坚持。

故事讲到这里，我们不妨讲一下李仁达多次更名的事。李仁达向南唐归附后，被南唐赐名为李弘义，编入皇家属籍。李仁达向后晋称臣时，先更名为李弘达，以去掉南唐的赐名。后来向吴越国称臣时，考虑到吴越国国君名为钱弘佐，便又更名为李仁达。

钱弘佐决定出兵援救李仁达，先下令招募士卒，没想到竟然无人前来应招。钱弘佐非常生气，下令强行征兵，还说："凡是征来的士兵，粮食与赏赐减少一半。"第二天，应者云集。钱弘佐于是派统军张筠、赵承泰率三万士兵，水陆两路前往福州援救李仁达。

十一月二十二日，吴越援兵达到福州，从福州城东南边的晋（音增）浦悄悄进入福州城中。李仁达会合吴越兵马，一起攻打占据东武门的南唐兵马。李仁达作战不利，反而被南唐兵马完全包围，从此与外界隔绝，城中更加危险。

然而南唐兵马虽然强大，但主将不和。南唐各路大军的元帅是王崇文，但陈觉、冯延鲁、魏岑等人谁都不想放权，而之后奉命前来增援的泉州刺史留从效、信州刺史王建封等人又傲慢不听指挥，所以各路兵马不能形成合力，福州城一直不能攻克。

各路大军包围福州，不能取胜，南唐元宗李璟非常不悦。然而让李璟更为懊悔的是，就在十二月，中原发生巨变，契丹皇帝耶律德光消灭后晋，进入中原，李璟本想趁机收复中原，但苦于各路大军陷在福州而无力北顾。

公元947年三月，南唐各路兵马仍在围困福州，李仁达也与吴越援兵在城中固守。吴越王钱弘佐已经决定再次给李仁达增兵，大有不夺下福州绝不罢休的架势。钱弘佐此次派将领余安率水军沿东海岸南下。

三月十四日，余安到达福州城南的白虾浦。海岸边一片泥泞，士兵无法上岸。余安命人在泥泞上铺一层竹席。南唐守在福州城南的将士们发现后，一齐向岸边射箭，竹席无法布放。

南唐将领冯延鲁说道："我们围困福州城三个多月，李仁达之所以不降，就是在等待这批援兵。长时间相持不战，也会将我军拖累。不如让这批援兵上岸，然后将他们全部杀光，城内的李仁达一定不攻自降。"

裨将孟坚不赞同，说道："吴越兵到了这里，进不能进，退不能退，想决一死战也不能够。如果让这些援兵上岸，他们必定拼死而战，其锋必将锐不可当，怎能杀得光？"

冯延鲁不接受，说道："我自会率兵袭击。"

冯延鲁于是下令不再放箭，任由吴越援兵登陆上岸。余安带领兵马上岸之后，一齐高声呼喊，奋勇作战，冯延鲁根本不能抵挡，只好丢下士兵逃走。余安乘胜挥兵进击，孟坚战死。

城中李仁达等听闻援兵已至，打开南门杀了出来。两部兵马夹击城南的南唐兵马，大获全胜。城南的南唐兵马开始撤退，吴越兵马追了上去。南唐主将王崇文带领三百牙兵亲自殿后，吴越兵马才不再追赶。

城东南的围城将领刘洪进对王建封、留从效等说道："听说吴越国兵马将要放弃福州，只想把李仁达救回钱塘，不如放开一个缺口，让李仁达出城后，我们再夺取城池。"

王建封、留从效当时是各怀鬼胎。王建封看不惯枢密使陈觉的专横，而留从效不希望福州落入南唐之手。二人都说道："我们兵马已败，怎么还能与人争夺此城？"

当天晚上，王建封、留从效等烧毁营寨，逃走。城北各军得到消息，也都逃走。

留从效回到泉州后，对驻屯泉州的南唐将领说道："泉州与福州世代为敌，而且此地贫瘠，又连年用兵，农桑荒废，所收赋税，只能自给，不敢劳烦大军长期驻屯于此。"

留从效又设宴为南唐将士送行，南唐将士不得已，只好返回。南唐元宗李璟也对留从效无可奈何，干脆加授留从效为检校太傅，以拢其心。李璟后来也将陈觉、冯延鲁等人贬官。南唐此次攻打福州，前后半年有余，阵亡两万余人，丢弃数十万件兵器，国库为之一空。

南唐兵马败走后，吴越将领余安领兵进入福州城中，李仁达将所部兵马也交与余安统领。当月，吴越援兵将领张筠、余安都返回杭州，吴越王钱弘佐再派东南安抚使鲍修让领兵驻屯福州。

六月，钱弘佐病逝，年仅二十岁。十日后，钱弘佐的兄弟钱弘倧登上王位，时年十九岁。七月，李仁达前往杭州晋见钱弘倧，钱弘倧加授李仁达兼侍中，令其再度改名为李孺赟。

钱弘倧准备将李仁达留在杭州，李仁达得知后，对此行十分后悔。李仁达于是用大量黄金贿赂内牙统军使胡进思，希望能够返回福州。胡进思为李仁达求情，钱弘倧便让李仁达返回福州。

李仁达又与吴越守将鲍修让不和，想谋害鲍修让，准备再向南唐归降。鲍修让发觉，便先下手为强，于当年十二月杀了李仁达，并灭其全族。李仁达于公元945年三月得到福州，至此灭亡，前后两年有余。此后，原闽国五州中，南唐得到建、汀二州，吴越得到福州，留从效控制泉、漳二州向南唐称臣。

就在闽国战乱之际，中原朝廷后晋正与契丹国大战。

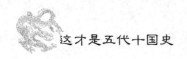
第57章　横挑强邻，一战契丹

公元942年（后晋高祖天福七年）五月，石敬瑭患病，卧床不起。宰相冯道前来探视，石敬瑭让最小的儿子石重睿向冯道下拜，又让宦官将石重睿抱到冯道的怀中，希望冯道能辅佐石重睿继承皇位。石敬瑭还下诏，让镇守河东的刘知远回京，与冯道一同辅政。诏书被养子石重贵压下不发，刘知远后来得知此事，对石重贵非常憎恨。

六月十三日，石敬瑭病逝，年五十一岁。

冯道与天平节度使、侍卫马步都虞候景延广商议认为，国家多难，应当拥立年长者为君王。二人于是拥立三十岁的石重贵继承皇位，是为后晋出帝。景延广认为自己有拥立之功，从此开始参与朝政。不久，景延广就被石重贵升为侍卫马步都指挥使、同平章事。

石重贵召集群臣商议，如何向契丹告知石敬瑭病逝的消息。

有大臣建言向契丹上表，以臣子身份奏报。

景延广提出修书一封给契丹，只称孙，不称臣。

李崧反对道："为了国家而委屈自己，何耻之有？陛下如果只称孙不称臣，最后必定是身穿铠甲与契丹作战，悔之晚矣。"

景延广极力坚持只称孙不称臣，而冯道又模棱两可，没有主意。石重贵最后听从了景延广的建议。

石重贵的书信到了契丹，契丹皇帝耶律德光阅罢大怒。耶律德光马上派使来到开封斥责石重贵道："为何不先奏报，就擅自登上帝位？"景延广亲自执笔回书，言辞极为傲慢。

契丹的卢龙节度使赵延寿听闻此事，也想像石敬瑭那样当个儿皇帝，于是多次派使劝说耶律德光，希望耶律德光出兵攻打石重贵。耶律德光也开始有这个想法。

一年后，景延广又向契丹发起挑衅。

景延广劝石重贵将契丹国的回图使乔荣逮捕入狱。作为回图使，乔荣负责契丹与后晋之间的贸易。景延广还劝石重贵将乔荣的贸易物品全部没收，那些在后晋国内做生意的契丹人则全部杀死。

有大臣认为契丹对后晋有功，不能辜负。石重贵想想也觉得有些过分，便将乔荣释放，还好言抚慰，赏赐财物，然后让其北返契丹。

乔荣向景延广辞行，景延广放出大话道："回去告诉你们的主子，先帝是北朝所立，所以向北朝称臣。如今皇上是中国所立，但也不敢忘记先帝与北朝的盟约，所以还敬奉北朝。作为邻居，称孙就够了，称臣就没有这个理。请北朝皇帝不要听信赵延寿的谎言而看轻中国。中国的士兵战马，你也亲眼看到了。老头子如果发怒，就来激战，孙儿有十万横磨剑，在此等待。如果被孙儿打败了，被天下人耻笑，不要后悔！"

乔荣担心失去财物回到契丹会被定罪，便想把罪责推给后晋，但怕说不清楚，想留个证据。乔荣于是说道："公说的话比较长，我害怕忘记，请写在纸上，让我带回。"

景延广命人写好，交给乔荣。乔荣回到契丹，将此事呈报耶律德光，耶律德光大怒，南下用兵的决心更为坚定。如果有后晋的使节来到契丹，耶律德光命人一律囚禁在幽州，不予接见。

已经回朝担任侍中的桑维翰多次奏请，要用卑下的言辞向契丹道歉，总被景延广阻止。石重贵因景延广有拥戴之功，便十分宠信景延广，还让其总管宿卫兵马，所以各位大臣不敢与其相争。河东节度使刘知远知道景延广此举必定引来契丹入侵，但考虑到景延广正得到石重贵的宠信，也不敢多言。刘知远知道一场战乱必将来临，便趁机招兵买马，设置兴捷、武节等十几个军以防备契丹入侵河东。

数月后，石重贵激怒平卢节度使杨光远，终于引来了契丹大军。

先帝石敬瑭曾经将三百匹战马借给杨光远，景延广建议石重贵将这批战马要回。石重贵照听不误，下诏让杨光远归还战马。杨光远接诏大怒道："这是在怀疑我。"

杨光远派人秘密告知其子、单州刺史杨承祚。杨承祚声称其母患病，连夜奔回平卢的治所青州。石重贵得到消息，赏赐杨光远玉带、御马，以作安抚，同时任命杨承祚为登州刺史，让其便于到青州省亲。

石重贵这样做，杨光远不仅不领情，反而更加骄横。杨光远派使奏报契丹皇帝耶律德光，认为石重贵违背之前的盟约，而且晋国境内又出现饥荒，应当趁机攻打晋国，必将一战而消灭晋国。

当时后晋国内确实出现灾害、饥荒。史书记载，当年春夏两季出现大旱，秋冬两季出现大水，还有蝗灾，东自大海，西到陇山，南过江淮，北至幽蓟，原野、山谷、城郭、房屋上爬满蝗虫，竹叶、树叶全被吃光。百姓已经无法生存，官府还要搜刮百姓的粮食，一点也不给百姓留下，有些穷人被指控隐瞒粮食而被处死。百姓饿死的有数十万人，流亡外地的不计其数。

杨光远的使者到了契丹时，赵延寿也劝耶律德光发兵南下。耶律德光于是集结阴山以北以及卢龙一带兵马合计五万人，交出赵延寿统领，准备让赵延寿经略中原。耶律德光对赵延寿说道："如果能够消灭晋国，就立你为帝。"赵延寿听了，深信不疑，从此为契丹尽心尽力，谋划夺取中原。

公元943年（后晋出帝天福八年）十二月，耶律德光派三路大军南下：西路军由将领安端率领，经雁门关攻打代州、忻州、太原；中路军由耶律德光率领，从幽州经邺都直逼黎阳，赵延寿、赵延照为前锋；东路军由耶律德光的堂兄弟耶律麻荅率领，经德州、博州渡过黄河，与杨光远会合。

公元944年（后晋出帝开运元年）正月二日，耶律德光率领中路军五万人马逼近贝州（今河北省清河县）。四日后，耶律德光攻克贝州城，杀死一万多人，贝州知事吴峦投井而死。

耶律德光继续南下，不久到达邺都境内。耶律德光率部围攻邺都城，邺都留守张从恩坚守待援。邺都便是之前的魏州，后来又更名为兴唐府、邺都、广晋府，是魏博军的治所，魏博军后来也更名为天雄军。虽然还没有攻下邺都，耶律德光先任命赵延寿为魏博节度使，晋封魏王。

契丹另两路大军也攻入后晋境内，开封城中的石重贵不断接到告急文书。石重贵开始调兵遣将，任命归德节度使高行周为北面行营都部署，河阳节度使符彦卿为马军左厢排阵使，右神武统军皇甫遇为马军右厢排阵使，保义节度使王周为步军左厢排阵使，左羽林将军潘环为步军右厢排阵使。

石重贵还决定御驾亲征，由侍卫马步都指挥使景延广担任御营使。当时调兵遣将、发号施令全部出自景延广，宰相以下官员无权过问。景延广气势逼人，不可一世，甚至趁机欺侮将领，石重贵也无可奈何。

数日后，石重贵北上到达澶州（今河南省濮阳市）。

石重贵在澶州接到奏报，契丹一支兵马已经到达太原城下，并向太原城发起进攻，还有一支兵马已经到达黎阳。太原有河东节度使刘知远镇守，石重贵不急于派兵增援，但黎阳近在咫尺，石重贵不敢马虎。石重贵立即派右武卫上将军张彦泽率兵前往抵御契丹。

让石重贵欣慰的是，河东节度使刘知远会同吐谷浑酋长白承福，集结两万兵马反攻，契丹兵马不敌。不久，刘知远又奏报说，已经击破契丹伟王耶律宛，杀死三千余人，契丹兵马已经逃走。

石重贵不再担心西路战事，想让刘知远到河北境内作战，以切断契丹的退路。石重贵任命刘知远为幽州道行营招讨使，顺国节度使杜重威为副使，安国节度使马全节为都虞候。石重贵让刘知远到邢州与杜重威、马全节会师。然而，心存观望的刘知远到达乐平（今山西省昔阳县）时，逗留不进。

天平观察判官窦仪来到澶州，向石重贵奏报道："博州刺史周儒献出城池向契丹投降，还派使与杨光远往来，引导契丹兵马从马家口（今山东省茌平县东南）渡过黄河，擒获左武卫将军蔡行遇。"

窦仪还提醒景延广道："契丹如果东渡黄河与杨光远会合，黄河以

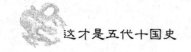

南一带就很危险。"景延广也认为有理。

石重贵赶紧再作一些部署。

二月一日，石重贵调护圣都指挥使白再荣防守马家口，前保义节度使石赟防守麻家口（今河南省范县南），前威胜节度使何重建防守杨刘镇（今山东省东阿县东北），西京留守安彦威镇守河阳（今河南省孟州市）。

二月二日，石重贵再派侍卫马军都挥使、义成节度使李守贞以及神武统军皇甫遇、陈州防御使梁汉璋、怀州刺史薛怀让，率一万兵马，沿黄河水陆并进，向东进发，以防契丹从马家口东渡黄河接应杨光远。

二月三日，景延广将一份告急文书奏呈石重贵。原来是高行周、符彦卿及先锋指挥使石公霸，在澶州北边的戚城被契丹大军围困多日。景延广其实很早就收到这份告急文书，由于他之前曾经下令，诸将分守各地，不要互相支援，所以一直没有奏呈。

石重贵得知高行周等将正在危急之中，立即前往援救。

石重贵很快就到达戚城，向契丹的围城军发起袭击，契丹上将金头王战死。契丹围城军看到后晋皇帝亲自来援、主将战死，便解围而去。被围的高行周等三位将领见到石重贵，哭着诉说救兵来得太慢，差点性命不保。

石重贵在戚城取得胜利，李守贞等将在马家口也传来捷报。李守贞等将到达马家口时，契丹正派一万步兵在此修建营垒，少量骑兵在外巡逻防备，尚有数万兵马屯在黄河西岸，数千艘船只正在摆渡士兵。李守贞等将立即向巡逻骑兵发起袭击，骑兵不敌退走。李守贞再向修建营垒的士兵发起袭击，获胜。契丹兵马撤退，抢渡黄河，数千人淹死，数千人被俘杀。黄河西岸的契丹士兵不能相救，痛哭而走，从此不敢再向东挺进。杨光远后来西进不利，便返回青州，不再细述。

契丹皇帝耶律德光刚占领贝州、博州时，也曾抚慰官员、百姓，有的人还被任命为官。然而自从戚城及马家口两地接连遭败，耶律德光非常怒火，将所俘百姓全部斩首，士兵全部烧死。耶律德光此举激怒了后晋臣民，纷纷起来反抗。

耶律德光准备解围邺都，派精骑兵在古顿丘城（今河南省南黄县东南）伏击晋兵。邺都留守张从恩认为契丹兵马已经逃走，真的准备追击，岂料阴雨不断，只好作罢。契丹兵马埋伏了十多天，人困马乏。

赵延寿对耶律德光建言道："晋兵都在黄河两岸，畏惧我军，不敢追击。不如进抵澶州城下，四面围攻，再夺其浮桥，南渡黄河，直捣开封，天下可定。"耶律德光采纳了他的建议。

三月一日，耶律德光率十余万兵马在澶州城北列阵，东西两翼包围澶州城东西两门，从城楼上望去，不见边际。高行周的前锋兵马在戚城之南，率先与契丹交战，从中午一直战到傍晚，互有胜负。

耶律德光令精兵攻打后晋的中军，石重贵毫无畏惧，亲自跃马出阵迎战。后晋士兵看到皇帝亲自出战，都纷纷向前。耶律德光看到后晋兵马众多，对左右说道："杨光远说晋兵已经饿死大半，怎么还有这么多？"

耶律德光派精骑左右攻略，突然万弩齐发，飞箭蔽地。契丹兵马向后稍加撤退，再攻后晋东边的阵地，也不能攻克。天色已晚，两军死亡士兵不可胜数。

天黑以后，耶律德光传令撤退，在三十里外扎营。耶律德光大帐中的一名小校偷了耶律德光坐骑向石重贵投降。这名小校告诉石重贵，耶律德光已经传了木书，即将北返。景延广怀疑其中有诈，坚守营寨不敢追击。

耶律德光真的决定从澶州北返。耶律德光留下赵延照为永清留后，镇守贝州，然后将兵马分为东西两路，东路从沧州、德州方向北上，西路从深州、冀州方向北上。一路上，契丹士兵烧杀抢掠，方圆千里，百姓、物产全部不存。北上途中，耶律麻荅还攻陷后晋的德州。

契丹兵马北撤后，后晋将领马全节、张从恩等将先后收复了德州、贝州。

四月，石重贵留归德节度使高行周、保义节度使王周镇守澶州，然后南返京都开封。

经过这场战争，朝廷上下对景延广非常厌恶，桑维翰又告发景延广不救戚城之罪，石重贵也担心难以控制景延广，便将景延广调到西京洛阳任留守。景延广到了洛阳，郁郁不得志，整日纵酒。

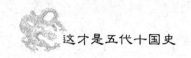

第58章　先平叛将，再战契丹

石重贵回到东都开封，准备讨伐平卢节度使杨光远。

然而，接连的灾害、饥荒以及战争让国库空空如也，石重贵决定先向百姓征集钱财，还派出三十六位使者，带着尚方宝剑到各藩镇督办此事。尽管百姓已经民不聊生，但各地官员还是大肆搜刮，借机谋取私利。西京留守景延广所在的河南府应当上缴二十万贯钱，而景延广却搜刮了三十七万贯。泰宁军本应上缴十万贯钱，而其府库中的任一个钱囤都不止这个数量。泰宁节度使安审信因中饱私囊被免职，义成节度使李守贞出任泰宁节度使。

泰宁离平卢不远，石重贵就派李守贞讨伐杨光远。

公元944年（后晋出帝开运元年）五月，李守贞集结两万步骑兵出发。

一个月后，李守贞攻克平卢所辖的淄州，杀死杨光远任命的刺史刘翰。李守贞很快便进抵平卢的治所青州城下，开始围困杨光远。杨光远知道兵力不足，不敢出城作战，只依靠坚固的城池，等待契丹国派兵来援。

半年过去了，青州城中的粮草已经用尽，饿死的人一半以上。杨光远左盼契丹不来，右盼契丹不来，便面向契丹方向下拜道："皇帝啊，皇帝啊，你误了光远了。"

杨光远的儿子杨承勋、杨承祚、杨承信都劝杨光远投降，以保全族人性命。杨光远坚决不肯，说道："我以前在代北时，曾用纸钱祭祀天池，纸钱沉到水底，人们都说我会当皇帝，再等一等吧。"

杨承勋决定不再等待。

十二月十九日，杨承勋将鼓动杨光远谋反的节度判官丘涛斩首，将首级送给城外的李守贞，然后再劫持其父杨光远出城投降。李守贞派人将此事奏呈朝廷。朝廷认为杨光远罪不可赦，但其子投降，又不便公开问斩杨光远，只命李守贞便宜从事。半个月后，李守贞命人将杨光远拉杀，然后声称杨光远已经病死。杨承勋后来被石重贵任命为汝州防御使。

闰十二月，契丹皇帝耶律德光终于大举南下。

这又是一个寒冷的冬天。耶律德光任命卢龙节度使赵延寿为先锋，令其从河北境内率先南下。赵延寿不久抵达邢州，顺国节度使杜重威发现自己被断了后路，连忙派使从小路前往京城向石重贵告急。

石重贵决定再次御驾亲征，没想到突然患病。于是，石重贵下诏，命天平节度使张从恩、邺都留守马全节、护国节度使安审琦，会同各藩镇兵马进屯邢州，再命武宁节度使赵在礼进屯邺都。

石重贵发出诏书不久，便接到前方来报，契丹皇帝耶律德光亲率主力兵马已经到达元氏。耶律德光在元氏建立牙帐，准备在此指挥。石重贵担心契丹兵马来势凶猛，进屯邢州的各路兵马难以抵敌，于是紧急下诏让张从恩等稍作后撤。岂料这一撤，士兵大为恐惧，一时丢盔弃甲，到达相州时，队伍早已不再完整。

公元945年（后晋出帝开运二年）正月，契丹兵马已经逼近邢州，大肆抢掠，屠杀百姓，然后进入邺都境内。张从恩将此事奏报给石重贵，石重贵诏命义成节度使皇甫遇率部增援。

不久，张从恩、马全节、安审琦等将集结数万士兵，在相州城北的安阳水列阵。皇甫遇与濮州刺史慕容彦超则率数千骑兵前往侦察契丹军情。

皇甫遇与慕容彦超一直向北到达邺县。二将准备北渡漳水，岂料遭遇数万契丹兵马。二将且战且退。退到榆林店时，契丹兵马越来越多，二将商议道："我们如果再退，就会全军覆没。"

二将于是不再撤退，传令列阵迎战。从中午激战到下午，一百余

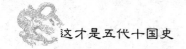

合，双方伤亡都很多。皇甫遇的战马倒地而死，皇甫遇便徒步作战。皇甫遇的仆人杜知敏将所乘之马交给皇甫遇，皇甫遇上马再战。

战了很久，契丹的攻势也有所减缓。皇甫遇回头看看杜知敏，发现杜知敏已被契丹士兵擒获。皇甫遇说道："知敏是义士，不可不救。"说完与慕容彦超一起纵马跃入契丹阵中，拼死力战，将杜知敏救回。

不久，契丹又有一支兵马前来，皇甫遇对慕容彦超说道："我们走不了了，只有以死报国。"

日暮时分，驻屯相州城北的张从恩、安审珂等将不见皇甫遇与慕容彦超回来，开始担忧。安审琦说道："皇甫太师没有音信，一定被胡虏围困。"

话音未落，就见探马来报，果然是皇甫遇与慕容彦超被胡虏数万人围困。安是琦一听，非常着急，准备立即前往营救。

张从恩劝阻道："探马的话不一定可靠。再说，如果胡虏真有这么多兵马，我军全部出动，也不能抵挡。"

安审琦说道："成败在天，就是不成功，也应当一同战死。如果让皇甫太师被契丹擒获，我们还有什么脸面去见天子。"

安审琦等将遂率兵北渡安阳水，前往营救皇甫遇与慕容彦超。

正在围攻皇甫遇与慕容彦超的契丹将士看到南边尘土飞扬，以为后晋大队人马来到，纷纷惊呼："晋军全来了。"契丹将士不敢恋战，解围而去。

皇甫遇与慕容彦超终于得救，与诸将一同回到相州城中。军中士兵听闻二将之事，都佩服二将勇敢。慕容彦超本是吐谷浑人，与河东节度使刘知远是同母异父兄弟。

当天晚上，张从恩等将在相州城中商议。

张从恩认为："契丹全国兵马南下，而我们的兵马并不多，城中的粮草也不够十天，万一有奸细将我们的虚实告诉契丹，契丹将派大军围困我们，我们将死无葬身之地。不如率兵前往黎阳仓，南倚黄河抵御契丹，可以确保万全。"

　　诸将并不赞同张从恩的建议，但张从恩已经率所部兵马先行出发，只留下五百名步兵防守安阳桥。诸将不得已，只好随张从恩而动。大军慌忙撤走，一时乱了阵脚，如同上月邢州溃败的惨状。

　　当天夜里四更之时，相州知事符彦伦对将领们说道："今天晚上大军纷乱而走，士兵们都无斗志，我们这里只有五百名疲惫之兵，如何守桥？"

　　符彦伦于是将这些士兵召入城中守城。后来石重贵得知相州兵马不多，又下诏命右神武统军张彦泽率所部兵马前往相州。

　　其实张从恩不知道，已经移驻邯郸的耶律德光听说后晋大军全部来到的消息，也感到非常惊恐。耶律德光已经向北撤退，而且一直撤到三四百里外的鼓城才传令安营扎寨。

　　耶律德光虽然北撤，其前锋赵延寿仍在邺都境内。

　　正月十六日天明，赵延寿率数万契丹士兵已经在安阳水之北列阵。相州城内的符彦伦登城远望，看到了赵延寿的大军。符彦伦并不慌张，反而命城中士兵扬起旌旗，擂起战鼓，大声呼喊。城外的赵延寿不知城中有多少兵马，不敢攻城。过了一个时辰，赵延寿率领兵马渡过安阳水，从相州城下经过，一直向南而去。

　　赵延寿到达汤阴时，听闻张彦泽正向相州而来，便不敢再向南深入，开始北撤。赵延寿再次抵达相州城下时，将大量铠甲骑兵展示城外，大有攻城的架势。

　　城头的符彦伦看后说道："这个贼虏就要逃走了。"

　　符彦伦立即带领五百名铠甲士兵出了北城门，在城北列阵等待赵延寿。赵延寿不敢作战，率部离开相州北去。赵延寿在北撤的途中，攻克了祁州城，祁州刺史沈斌自杀。

　　马全节等将得知契丹大军北返，向石重贵奏报道："据投降的人说，胡虏兵马并不算多。臣等建议趁契丹北返之际，发兵奔袭幽州。"

　　石重贵认为有理。石重贵当时的病情已经有所好转，说道："这不是睡觉的时候。"石重贵准备亲征。

　　二月，石重贵到达澶州。石重贵任命顺国节度使杜重威为北面行营

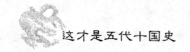

都招讨使，马全节为副招讨使，李守贞为马步都监。杜重威成了此次出征的主将。石重贵还命令杜重威与马全节会合，一同北进。

三月九日，杜重威等将在定州集结。

三月十四日，杜重威等将北上到达契丹控制的泰州（今河北省保定市满城区）城下，开始攻城。契丹泰州刺史晋廷谦献出城池投降。五日后，杜重威等又攻克遂城（今河北省保定市徐水区）。

有契丹降兵告诉杜重威："契丹皇帝耶律德光听闻晋军攻克泰州，已经率部掉头南下，大约有八万多名骑兵，估计明天晚上能到这里，应当早作防备。"

杜重威听到这个消息，感到非常害怕，决定退保泰州。

三月二十二日，契丹前锋兵马抵达泰州。

第二天，杜重威又不想坚守泰州，率部继续南撤至阳城（今河北省顺平县东南）。契丹兵马没有放过杜重威，一路尾随。

第三天，契丹兵马追到阳城，杜重威没有再撤，而是传令迎战。这一战，契丹兵马不敌而退。杜重威还向北追击了十余里，契丹兵马越过白沟（今河北省海河支流）而去。

杜重威在阳城休整　天，便又南撤。这时，北撤的契丹兵马又转头南下，原来是契丹皇帝耶律德光到了。契丹大军很快追上杜重威，杜重威率大军且战且退，一天才后撤十余里，早已人困马乏。

三月二十七日，后晋大军南撤至白团卫村（今河北省顺平县东南）安营扎寨。契丹大军一路追来，将后晋营寨围了好几重。契丹还派兵到营寨之南，切断后晋大军的粮草通道。

当天晚上，刮起猛烈的东北风，房屋倒塌，树木折断。晋军的营寨中严重缺水，杜重威下令在营寨中挖井，可是刚见到水时，井便崩塌。士兵们极其口渴，便抓起潮湿的泥土，用布包起来，挤出水喝。

第二天天亮时，风刮得更大。

契丹皇帝耶律德光坐在大奚车中，对其将领下令道："晋军就这些人了，把他们全部擒获，然后南下攻取开封。"

此令一下，契丹铁甲骑兵先行，将晋军营寨外的栅栏破坏，步兵再手拿短兵器冲杀进来。契丹士兵还顺风纵起火来，扬起高高的烟尘以助其势。

面对契丹大军的攻势，都招讨使杜重威按兵不动。

寨中士兵都非常愤怒，大声叫道："都招讨使为何还不下令出战，让我们白白送死？"

诸将来到杜重威营帐之中，请求出战。

杜重威说道："等风小一点，再看看能否出战。"

马步都监李守贞说道："彼众我寡，在风沙遮蔽之下，敌人不知我军是多是少，只要拼死力战，就有获胜的可能，这风正是帮助我们。如果等风停止，敌人看到我们并无多少兵马，我们一定全军覆没。公守住大营，守贞带领中军出营决战。"

李守贞不等杜重威说话，便大声叫道："各路兵马一齐出战！"

仍有将领说道："胡虏借着风势，难以抵御，应当等风向改变再出战。"

马军右厢副排阵使药元福说道："军中严重缺水，如果等到风向回转，我们已经被俘。敌人认为我们不能逆风迎战，我们应当出其不意，这是用兵之奇计啊。"

马步左右厢都排阵使符彦卿说道："与其束手就擒，不如以身殉国！"

诸将于是都出营作战。

契丹大军看到后晋兵马杀出，竟然向后撤退数百步。

符彦卿对李守贞说道："我们是与敌人往来周旋，还是勇往直前，不胜不止呢？"

李守贞说道："如此形势，不可撤退，应当长驱直入，直到取胜。"

这时风势更大，天昏地暗，如同夜晚。符彦卿等将带领一万余名骑兵杀向契丹阵中，横冲直撞，呼声震天动地。契丹没想到后晋兵马会有如此架势，更不知来兵数量多少，一时无力招架，纷纷溃散，如同高山崩塌。李守贞又命令步兵全部拔营而出，与骑兵一同杀了过去。

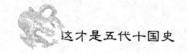

契丹兵马不敢再战，慌忙向北撤退，晋军追击二十余里。契丹皇帝耶律德光乘大奚车向北逃了十余里，由于晋军追得紧，只好改骑骆驼继续逃走。

契丹的散兵逃到阳城东南的一条河边，才略有阵形。

杜重威说道：“贼寇已经吓破胆，不能让其列阵。”于是传令精骑兵马进击。

契丹散兵只好渡河北去。诸将请求继续追击，杜重威说道：“遇到盗贼，能够侥幸不死就好，难道还要要回衣服行囊吗？”

李守贞也说道：“两天来，人马干渴，今天都喝个饱，也跑不动了，难以再追，不如全军而回。”

杜重威便带领兵马退保定州。不久，各路兵马从定州返回。

四月，石重贵也从澶州南返。

第59章　三战契丹，后晋灭亡

　　公元943年十二月至公元944年三月，公元944年闰十二月至公元945年三月，契丹国两次南侵后晋，都被后晋打败。石重贵认为天下从此太平，不免心生骄心，还变得奢侈起来。

　　石重贵开始大肆建造亭台楼阁、后宫庭院。石重贵还随意赏赐戏子。枢密使桑维翰劝谏道："重伤的士兵不过得到数端布帛的赏赐，而这些优伶戏子仅凭一谈一笑，陛下往往赏赐束帛、万钱、锦袍、银带。将士们怎能不抱怨？一旦军心瓦解，谁替陛下守卫社稷呢？"石重贵不听。

　　石重贵还用善于钻营、迎合、谄媚的外戚冯玉为宰相。冯玉利用手中的权力大肆收受贿赂，而石重贵对冯玉非常宠信。冯玉甚至诬陷桑维翰有废立之心。石重贵于是将桑维翰贬降为开封府尹，任命赵莹为中书令，李崧为枢密使。桑维翰从此称病，很少入朝。

　　一年后，契丹与后晋冲突再起。

　　公元946年（后晋出帝开运三年）六月，义武节度使李殷奏报，契丹兵马入侵边境。石重贵下诏，任命天平节度使、侍卫马步都指挥使李守贞为北面行营都部署，义成节度使皇甫遇为副部署，彰德节度使张彦泽为马军都指挥使兼都虞候，李殷为步军都指挥使兼都排阵使，令四将率兵抵御契丹。李守贞等将率兵于次月到达后晋、契丹边境，越过燕长城（今河北省固安县南），与契丹一千余名骑兵遭遇，辗转战斗四十里，大获全胜。

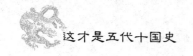

九月，契丹又派兵入侵河东，被河东节度使刘知远击败。

契丹东西两路兵马入侵，可以说是向后晋作了一次打探。

接着，契丹便开始实施诡计。

有人从幽州来到开封，说契丹卢龙节度使赵延寿想回归晋国。枢密使李崧、宰相冯玉便让天雄节度使杜重威给赵延寿写一封信，称朝廷欢迎其来归，并承诺赏赐丰厚的钱物。赵延寿也回信道："久处异域，思归中国。请派大军接应，自当脱身南下。"赵延寿言辞恳切，朝中官员坚信不疑。

不久，契丹又派瀛州刺史刘延祚给乐寿监军王峦写信，愿意献出城池投降晋国。刘延祚在信中还说："城中契丹兵马不足千人，请朝廷派轻骑兵来袭，我愿为内应。再者，今年秋天以来，雨水不断，从瓦桥关向北，到处积水，无边无际。契丹主已回牙帐，就是听闻关南有变，也不能相救。"

吴峦与杜重威上奏认为，可以趁机夺取瀛、莫二州。冯玉、李崧深信不疑，准备派大军北上迎接赵延寿与刘延祚。石重贵不满足收复瀛、莫二州，更想趁机北伐契丹，以收复石敬瑭割让给契丹的整个"幽云十六州"。

石重贵与冯玉、李崧等商议，由杜重威担任元帅，李守贞担任副元帅。中书令赵莹私下对冯、李二人说道："杜重威是皇亲国戚，贵为将相，然而其贪得无厌，怎可授其兵权？如果要在北方用兵，不如只用李守贞。"冯、李二人不听。

十月，石重贵下诏，任命杜重威为北面行营都指挥使，李守贞为兵马都监，泰宁节度使安审琦为左右厢都指挥使，武宁节度使符彦卿为马军左厢都指挥使，义成节度使皇甫遇为马军右厢都指挥使，永清节度使梁汉璋为马军都排阵使，前威胜节度使宋彦筠为步军左厢都指挥使，奉国左厢都指挥使王饶为步军右厢都指挥使，洺州团练使薛怀让为先锋都指挥使。

石重贵还昭告天下："此次调遣大军，志在扫平契丹，先取瀛、莫，安定关南；再收幽燕，荡平塞北。"又悬赏道："擒获契丹皇帝耶律德光者，授予重镇节度使，赏钱一万贯，绢万匹，银万两。"

杜重威、李守贞与各路兵马很快在天雄会合，然后向北推进。杜重威胆小，害怕敌不过契丹，便让其妻、宋国长公主进宫。宋国长公主对侄儿石重贵说杜重威深入契丹境内，必须有足够的兵马，请求增兵。石重贵于是派出全部禁军，京城为之空虚。

十一月十二日，杜重威大军到达瀛州（今河北省河间市），见城门大开，不见一人。杜重威不敢进城。不久得到消息，说契丹守将高谟翰早已逃走。杜重威于是派将领梁汉璋带领两千骑兵追击。梁汉璋在南阳务（今河北省肃宁县东北）追上契丹兵马，发生激战。梁汉璋不敌，战死。杜重威听报，非常害怕，竟率部南撤。

杜重威南撤至武强（今河北省武强县）时，听报契丹皇帝耶律德光再次率兵大举南下，正从易、定二州方向，直扑恒州（今河北省正定县）。杜重威更加惊恐，准备从冀州、贝州方向南撤，以避开耶律德光大军。这时驻防在恒州的彰德节度使张彦泽前来会师，认为契丹可以击破。杜重威便又决定前往恒州与耶律德光交战，由张彦泽担任前锋。

十一月二十七日，杜重威率领大军到达恒州城南的滹沱河南岸。滹沱河上有一座桥名为中度桥，此时已被契丹兵马占据。张彦泽带领骑兵夺桥，契丹士兵守桥不利，便纵火烧毁中度桥，退到滹沱河北岸。

耶律德光见晋军数量众多，再加上初战不利，担心晋军抢渡滹沱河，与恒州城内兵马里应外合。耶律德光正要决定向北退走，就见晋军在对岸安营扎寨，有持久的打算，耶律德光决定不再北撤。后晋、契丹两国兵马遂夹河对峙。

磁州刺史李毂对杜重威建议道："大军与恒州城近在咫尺，烟火相望。如果用大量的三股木投入水中，再将柴草与泥土堆在上面，桥便很快建成。然后再与城中秘密约定举火为号，招募将士夜晚砍开契丹营寨，内外夹攻，契丹士兵一定逃跑。"

诸将也认为可行，唯独生性怯懦的杜重威认为不可。杜重威竟派李

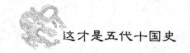

縠南下，到怀、孟二州去督运军粮。杜重威每天只是置酒作乐，很少商议军事。杜重威是在等待朝廷的增援，因为他已经派人向石重贵告急。

耶律德光本想将后晋大军诱出，再直扑京都开封，现在南进受阻，还担心被后晋切断退路。耶律德光非常忧虑，便召集诸将商议对策。诸将大多建议北撤，只有大将耶律图鲁窘反对道："如果我们北撤，幽州必将被敌人攻占。再说敌人步兵多，我们骑兵多，敌人行动缓慢，我们应当派出精锐骑兵绕道其后，切断其粮草，何愁不胜。"

耶律德光非常赞同，马上派将领萧翰与通事刘重进带领骑兵绕道晋军背后，切断晋军的粮道。萧翰、刘重进还擒获一些砍柴的晋兵。那些逃回来的砍柴士兵都说契丹兵马太多、太强，军心开始恐惧。

萧翰、刘重进向南一直到达栾城。栾城中守兵只有一千余人，马上开门投降。萧翰、刘重进将俘虏的脸上都刺字"奉敕不杀"，然后再让这些俘虏向南逃走。那些为后晋大军运粮的百姓看到这些面部刺字的人，都丢弃车辆，纷纷逃跑。

督运军粮的李縠得知此事，马上上呈亲笔密奏，认为大军面临危险，请石重贵驾临滑州督战，再发兵防守澶州、河阳，以防契丹兵马南下。李縠让军将关勋将此表快马送往京都开封。

关勋到达开封，杜重威请求增兵的奏表也跟着到了。

此时京城已经无兵可派，石重贵只好命守卫皇宫的数百人也奔赴前线。

石重贵还想亲征，但被马军都指挥使李彦韬劝止。石重贵于是再下诏，任命归德节度使高行周为北面都部署，符彦卿为副部署，一同防守澶州，再派西京留守景延广防守河阳，以张声势。

杜重威的使者在北返时被契丹士兵抓获，杜重威并不知晓，仍在等待消息。

奉国都指挥使王清对杜重威建言道："我们的大军离恒州城只有五里，守在这里没有什么用？一座孤营，粮草耗尽，必将不战而溃。我请求率领两千步兵为前锋，夺取中度桥，为大军开道，公率各将跟进。如果能够进入恒州城，就没有什么可以担忧的了。"

杜重威答应了王清，还派将领宋彦筠与王清一起夺桥。

王清带领士兵英勇作战，契丹守桥士兵不能抵挡，开始后撤。这时各将连忙请杜重威传令大军跟进，但杜重威不肯。

宋彦筠被契丹士兵击败，落入河中，游到了南岸。王清带领部众已经杀到河北岸，与契丹士兵互有杀伤。王清派人请杜重威增援，杜重威仍不发一骑一兵。

王清对部众说："上将手握重兵，坐观我们战死而不救，一定已有异志。我们应当以死报国！"

部众听后都很受感动，没有一个退却，一直战斗到晚上。契丹又不断派兵增援，王清及部众最后全部战死。

契丹大军很快将杜重威大营完全包围，杜重威从此与外界完全隔断，粮草也很快用光。

十二月八日，杜重威与李守贞商议，准备向契丹投降。杜重威再悄悄派心腹前往契丹牙帐，向耶律德光请求给予重赏。耶律德光说："赵延寿的威望还不够高，恐怕不能当中国的皇帝。如果杜重威愿降，就立其为皇帝。"

杜重威听了此言，大喜，下定决心投降。

十二月十日，杜重威召诸将前来大帐，向诸将出示降表，请诸将署名。诸将感到无比惊骇，没有一个敢说话，只有乖乖听命。杜重威让阁门使高勋带着降表前往晋见耶律德光，耶律德光也赐诏给杜重威，表示接纳、抚慰。

杜重威命全体将士出营列阵，将士们以为准备出战，都踊跃欢呼。岂料杜重威对大家说道："主上失德，听信奸人，猜忌我们。现在粮食已经吃完，我要与大家一同谋求出路。请大家全部脱下铠甲！"将士们听了此言，才知道是向契丹投降，于是都放声大哭，声震原野。

耶律德光派赵延寿来到杜重威大营，杜重威及各位将领都到马前迎接。赵延寿在众将士面前，给杜重威穿上赭袍，再宣读耶律德光的诏

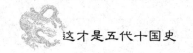

书，任命杜重威为太傅，李守贞为司徒。

随着杜重威的投降，顺国节度使王周、义武节度使李殷、安国留后方太也都向耶律德光投降。耶律德光任命孙方简为义武节度使，耶律麻荅为安国节度使，客省副使马崇祚权知恒州事。

耶律德光准备南下，夺取后晋都城开封。

耶律德光想派一名降将为先锋，先入开封。耶律德光派皇甫遇为先锋，皇甫遇不肯。皇甫遇退出耶律德光的大帐，对亲从说道："我位居将相，战败却不能守节而死，哪里还忍心到京城谋图自己的君王？"皇甫遇绝食数天，再扼住自己的喉咙而死。

耶律德光最后派降将张彦泽率领两千骑兵先行南下，还命通事傅住儿担任都监。张彦泽尽心为耶律德光卖命，倍道兼程，连夜南渡黄河，先头兵马于十二月十六日到达滑州，离京城开封只有两百里。

消息很快便传到开封，石重贵紧急召见李崧、冯玉、李彦韬等人商议。

石重贵还想调兵，然而开封城中已经没有兵马。石重贵想到河东节度使刘知远有一支兵马，不仅数量可观，也很有战斗力。如果石重贵早点派这支兵马东进河北，切断契丹大军退路，说不定耶律德光会北撤。当然石重贵就是派了，刘知远也未必会执行。然而此时，石重贵只有下诏，命令刘知远发兵增援。

诏书是发出去了，但第二天天还没亮，张彦泽已经到达开封城外，很快攻破封丘门进入城中。李彦韬带领五百名禁兵前往抵御，不能取胜。张彦泽在明德门外扎营，城中一片慌乱。

石重贵知道已经无法力挽狂澜，便在宫中放起火来，提着宝剑驱赶嫔妃进入火中自焚，被亲军将领薛超阻止。不多时，都监傅住儿前来宣读耶律德光诏书。石重贵脱下黄袍，身穿素衣，下跪叩头接诏，左右都掩面而泣。

石重贵此时已经不得不降，便让翰林学士范质草拟降表。石重贵在降表中既称孙又称臣，让人感慨万千。石重贵又派两位皇子石延煦、石延宝，奉上传国玉玺一颗、金印三枚，前往迎接耶律德光。

石重贵派人去请张彦泽，想与张彦泽谈一谈。张彦泽说："臣没有脸面去见陛下。"石重贵又想到靠谄媚逢迎而得到自己宠信的宣徽使孟承诲，想与其商议对策，孟承诲已经被张彦泽杀掉。

石重贵没有想找被自己贬降的桑维翰，也许他觉得没有脸面见到桑维翰，但张彦泽却以石重贵的名义让桑维翰前来侍卫司。有人劝桑维翰赶紧逃走，桑维翰说："我是国家大臣，往哪里逃？"

桑维翰来到侍卫司，看到张彦泽傲慢地坐在台上。桑维翰斥责张彦泽道："我去年在罪人当中提拔了你，让你到重镇去当节度使，手握兵权，为何如此忘恩负义！"

张彦泽无言以对，命人将桑维翰严加看守。第二天晚上，张彦泽命人将桑维翰处死，还在桑维翰脖子上系了一根绳子，说桑维翰自缢而死。后来耶律德光得知此事，说道："我并不想杀桑维翰，张彦泽为何要杀了他？"耶律德光命人厚待桑维翰家人。

张彦泽任由士兵在城中抢掠，整整两天，城中为之一空，而张彦泽居处的财物堆积如山。张彦泽自认为替契丹立下功劳，因而昼夜饮酒，只顾玩乐。张彦泽出入，总有数百名骑兵跟随，旗帜上写着"赤心为主"，见到的人都笑。张彦泽与阁门使高勋不和，有一天借着酒意闯入高勋家中，将其叔父、兄弟全部斩首。城中兵民听闻此事，都不寒而栗。

十二月十八日，张彦泽将石重贵带往开封府，一刻也不得停留，宫中一片哭声。石重贵与太后、皇后乘坐小轿，宫女、宦官十余人徒步跟从，看到的人无不落泪。张彦泽派控鹤指挥使李筠带领士兵看守石重贵。石重贵离开皇宫被软禁，也就失去了皇权，标志后晋的灭亡。

石重贵的楚国夫人丁氏，是石延煦的母亲，很有姿色。张彦泽派人来向李太后索要，李太后迟迟没有答应。张彦泽破口大骂，马上派人来把丁氏抢走。

十二月二十三日，两位皇子返回开封，带来耶律德光的亲笔诏书。耶律德光在诏书中说："孙儿不必担忧，一定会让你有吃饭的地方。"

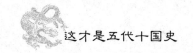

石重贵听了此言，心中稍安。

石重贵听说耶律德光即将南渡黄河，准备与太后前往迎接。张彦泽将此事奏于耶律德光，耶律德光不许。

耶律德光到达封丘（今河南省封丘县）时，已经无处可逃的景延广主动前来晋见。耶律德光责问道："让两国不和，发生战争，都是你之所为。十万横磨剑在哪里？"

景延广不承认自己说过那些话。耶律德光让乔荣前来对质，还拿出记录当年话语的纸张，景延广这才无话可讲。

耶律德光下令将景延广用铁链锁上，派人送往契丹。数日后，景延广到达陈桥（今河南省开封市东北）夜宿，趁看守没注意，自扼喉咙而死，年五十六岁。

公元947年正月一日，后晋百官一齐来到城北，遥向城中的石重贵辞别，然后改穿素服纱帽，跪在道路两旁，迎接耶律德光入城。四十六岁的耶律德光头戴貂帽、身穿貂裘，内裹铁甲，勒马于高岗之上，传令各位起身、易服。

这时百官中的左卫上将军安叔千独自出列，用契丹话向耶律德光禀报。耶律德光说道："你就是'安没字'？当年你在邢州时，多次向我上表请求投诚，我没有忘记。"

耶律德光之所以称安叔千为"安没字"，因为安叔千不识字。安叔千听说耶律德光还记得他，很是受宠若惊，连忙叩头致谢，一蹦一跳退下。

耶律德光进入开封城时，百姓吓得惊呼而走。耶律德光登上城楼，对城中百姓说道："我也是人，你们不要害怕。我会让你们过上好日子。我本无心南来，是汉人兵马把我引来的。"

耶律德光下了城楼，纵马来到明德门，下马向皇宫行礼，然后进入宫中。日暮时分，耶律德光出了皇宫，也出了城，驻屯在城东北的赤冈之上。

正月二日，阁门使高勋控诉张彦泽杀其家人。耶律德光还得知张彦泽抢掠京城，非常怒火，命人将张彦泽与傅住儿一起绑起来。耶律德光问百官道："这二人该死吗？"百官都说："该死！"

正月三日，张彦泽、傅住儿被押到北市斩首，高勋监斩。张彦泽之前所杀官员的子孙，都前来观看。高勋命人砍断张彦泽的手腕，剖开胸膛，掏出心脏，以祭奠死者。百姓争相前来，击破张彦泽的头骨，取出脑髓，一块一块割其身上的肉来吃。

正月七日，耶律德光从赤冈移住宫中。

正月九日，耶律德光换上中原服饰，朝见百官。威胜节度使冯道从邓州前来朝见耶律德光。耶律德光听说李崧、冯道二人有才干，便任命李崧为太子太师、枢密使，冯道为太傅，也在枢密院供职。耶律德光还派出使者，带着诏书前往各藩镇，各藩镇节度使大都争着上表称臣。耶律德光如果想召见谁，无不快马奔向开封。当然仍有例外。彰义节度使史匡威就坚决不向耶律德光称臣。雄武节度使何重建更是杀死契丹使者，以秦、阶、成三州向后蜀投降。

最后交代一下石重贵。耶律德光贬石重贵为负义侯，并令人押送至契丹东北部的黄龙府（今吉林省农安县）。数日后，石重贵与李太后、安太妃、冯皇后以及皇弟石重睿、皇子石延煦、石延宝一起北迁，宫女、宦官一百多人跟随。耶律德光还令后晋中书令赵莹、枢密使冯玉、马军都指挥使李彦韬一同随行。从开封前往黄龙，路途遥远，石重贵的饭食常常供应不上。石重贵经过中度桥时，看到杜重威留下的营寨，大哭道："天啊！我家有什么地方对不起他，竟让这个贼子破坏了。"二十七年后，石重贵在契丹病逝。

随着后晋的灭亡，契丹占据中原，华夏大地七国并立。南方有南唐、南楚、吴越、南汉、荆南与后蜀，中原及北方为契丹。

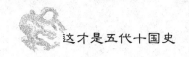

第60章　军民反辽，辽主病逝

公元947年正月，契丹皇帝耶律德光进入开封，将开封府降为汴州，中原一时为契丹占据。耶律德光在汴州，不断接受各地官员进贡，大肆纵酒作乐。耶律德光也很骄傲，常常对后晋的大臣说道："中原的事，我都知道，我国的事，你们不知。"

契丹卢龙节度使、燕王赵延寿奏请给契丹兵马发放粮饷，耶律德光说："我国没有这个做法。"耶律德光于是让契丹骑兵出城，以牧马为名，四处抢掠，还称之为"打草谷"。从东、西两都到郑、滑、曹、濮各州，数百里之间，百姓的财产、牲畜都被抢掠一空，很多青壮死于刀刃之下，老弱填在沟壑之中。

耶律德光自己也在搜刮钱财。耶律德光对判三司刘昫说："三十万契丹大军已经荡平晋国，应当厚加赏赐，快去准备钱财。"当时的国库已经空空如也，刘昫只好向京城的官员、百姓借钱借帛，将相也不放过。刘昫还派出数十人到各州搜刮，百姓苦不堪言。耶律德光得到这些钱财，也没有发给士兵，而是存在府库中，准备运回契丹。

耶律德光想在中原册立一个皇帝，对百官说道："我国辽阔，方圆几万里，有君长二十七人。然而中原的习俗与我国不同，我想选择一人当你们的君王，如何？"

百官都说："天无二日，国无二主。不论是汉人还是夷人，都愿拥戴陛下为皇帝。"

百官再三劝说，耶律德光才说道："你们既然想让我当皇帝，那当皇帝首先要做的事，是哪一件？"

百官说道："君王初登天下，应当大赦！"

二月一日，耶律德光头戴通天冠，身穿绛纱袍，登上正殿，设立器乐、仪卫。百官上前朝贺，汉人都穿汉服，胡人都穿胡服，胡人站在文武两班汉人之间。耶律德光从此将国号由契丹改为辽，耶律德光便是辽太宗。

赵延寿看到耶律德光当起中原的皇帝，没有立自己为帝，心中很是不快。赵延寿让枢密使李崧对耶律德光说道："我已经不敢盼望当汉人的天子，只愿当皇太子。"李崧不得已，便替赵延寿转奏。

耶律德光说道："我跟燕王是什么关系？就是割了我的肉，只要对他有益，我也愿意。然而我听说皇太子必须由天子的儿子来担当。"

耶律德光决定给赵延寿调整官职。翰林承旨张砺认为可以让赵延寿担任中京恒州留守、大丞相、录尚书事、都督中外诸军事，仍然保留枢密使之职。耶律德光拿起笔，涂去"录尚书事、都督中外诸军事"，然后准奏。

当时很多节度使都争着向耶律德光称臣纳贡，并前往汴州朝见。当然也有一些节度使不肯投降契丹。河东节度使刘知远的做法更是特别。刘知远不想称臣，也不想进贡，更不想离开河东这个重镇。刘知远只派人给耶律德光送来三份奏表，这是怎么回事呢？

刘知远曾受到石重贵的猜忌，虽然担任北面行营都统，但并无实权。然而刘知远却利用这个都统之名，大量招募士兵，步骑兵已经达到五万人。刘知远又得到吐谷浑的财物，河东已经成为最为富裕、最为强大的藩镇。石重贵与契丹结仇、开战，刘知远知道石重贵一定难以成功，但也没有说过一句劝谏的话。契丹大军向南深入，刘知远没有拦腰阻截，也没有派兵增援。刘知远听闻契丹大军已经进入汴州，才派出兵马以防契丹入侵河东。

耶律德光已经消灭后晋，占据中原，刘知远不得不做出反应。刘知远于是派客将王峻带着三份奏表前往汴州，拜见耶律德光。第一份奏表祝贺耶律德光进入汴州。第二份奏表说河东境内，是边防重镇，不敢离开。第三份奏表说已经准备好进贡之物，但契丹将领刘九一西进，越过

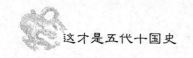

太行山，进驻太原城南，太原城中百姓非常恐惧，等将此军调走、道路畅通，才可以进贡。

阅罢刘知远的三份奏表，耶律德光非常高兴，并下诏加以赞赏。耶律德光还亲自在诏书上的刘知远姓名之前加了个"儿"字，又给刘知远赐予木拐。按照契丹人的礼遇，赐予木拐，表明对大臣的优待。在契丹，只有耶律德光的叔父伟王耶律宛才能得到这样的赏赐。

王峻回到河东，告诉刘知远："契丹人很贪婪，也很残暴，很快就会失去人心，一定不会长久占据中原。"

刘知远再派北都副留守白文珂到汴州向耶律德光进献奇缯名马，耶律德光看到刘知远还没有入朝晋见，终于明白刘知远心存观望。耶律德光感到不悦，便让白文珂给刘知远带话道："你不事南朝，也不事北朝，想等什么？"

蕃汉孔目官郭威对刘知远说道："契丹对我们怨恨很深了！"

有人干脆劝刘知远起兵，夺取汴州。刘知远说道："用兵有缓有急，必须随机应变。如今契丹刚刚降服晋国十万兵马，虎踞京师，没有任何变化，岂可轻举妄动？我看契丹，只在搜刮钱财，一旦钱财满足，必将北返。何况冰雪即将消融，契丹兵马不能久留，等其离开，我们再取，可以确保万全。"

刘知远听说出帝石重贵被押北上，声称出兵将石重贵接回太原。刘知远命武节都指挥使史弘肇调集兵马，在球场集结，宣布出兵日期。将士们都说："契丹人攻陷京城，俘虏天子，天下无主。如今能当天子的，不是我们大王又是谁？大王应当先登基称帝，然后名正言顺出兵。"将士们说完不停地高呼万岁。

将士们所说的大王便是刘知远，因为刘知远在后晋被封为北平王。刘知远听了将士们的话，说道："契丹还很强大，我们的军威还不够强，应当先建立功业。"

行军司马张彦威等一连三次上笺劝进，刘知远仍迟疑不决。

郭威与都押牙杨邠面见刘知远，劝道："如今远近人心都向着大

王，这也是天意。大王如不趁机登上帝位，一直谦让，人心就会改变，到那时反而对大王不利。"

刘知远终于接受。

二月十五日，刘知远在太原登基称帝。刘知远说不忍更改国号，但厌恶开运年号，于是称当年为天福十二年。刘知远此举表明当时仍是后晋，只是不用石重贵的年号，而用石敬瑭的年号。刘知远虽用石敬瑭的年号，但不当儿皇帝，给各藩镇下诏道："各藩镇替辽国搜刮钱财的，一律停止。各地辽国的使节，一律诛杀。"

三日后，刘知远出兵迎接石重贵及李太后，到达寿阳（今山西省寿阳县）时，听闻石重贵早已过了恒州，便又返回太原。

刘知远称帝，耶律德光很快便知晓。耶律德光也作了一些部署，任命通事耿崇美为昭义节度使，高唐英为彰德节度使，崔廷勋为河阳节度使，令三人扼守险要，以防刘知远南下。

从耶律德光任命的三位节度使所防守之地来看，昭义、彰德在太原之南，可谓第一道防线，而河阳还在南边，为第二道防线。然而让耶律德光没有想到的是，高唐英尚未到达彰德的治所相州（今河南省安阳市），相州便被一个叫梁晖的人夺取而献给刘知远了。

刘知远得到彰德，又想得到南边的建雄军。刘知远派张晏洪为使，前往建雄军的治所晋州（今山西省临汾市），劝建雄留后刘在明归附。刘在明已经前往汴州朝见耶律德光，由节度副使骆从朗暂且掌管州事。骆从朗不想归附刘知远，大将药可俦便杀死骆从朗，推举张晏洪为建雄留后。

耶律德光得知晋州丢失，非常担忧，因为刘知远很可能从晋州方向南下，再从陕州（今河南省三门峡市）方向南渡黄河进入中原，因为镇守在陕州的保义留后赵晖也已经向刘知远归附。

耶律德光准备拉拢赵晖，然而赵晖不领情，竟将辽国的使者斩首，再派赵矩为使前往太原，向刘知远奏报。耶律德光怒不可遏，立即派将领高谟翰攻打陕州，然而不能攻克。

刘知远在太原接见了赵矩，大喜道："你们据守咽喉之地，却向朕

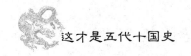

归附，看来得到天下，不难了。"

为了感激赵晖的支持，刘知远下诏任命赵晖为保义节度使。赵矩则劝刘知远率兵南下，以顺应民心之所盼。刘知远很为赞同。

河东正南方的昭义也出现反辽之举。昭义判官高防与巡检使王守恩密谋，派指挥使李万超带领部众，就在白天闯进节帅府，杀死昭义留后赵行迁，推举王守恩为昭义留后。王守恩命人杀死辽国使节，派人向刘知远投降。

至此，挡在河东南边的三个藩镇建雄、昭义、彰德均为刘知远所有。

辽国任命的昭义节度使耿崇美当时已经到达泽州（今山西省晋城市），准备夺取昭义的治所潞州（今山西省长治市），刘知远又派大将史弘肇率一万步骑兵增援潞州。

不数日，澶州、宋州、亳州、密州等地民众也纷纷起兵反辽。耶律德光接到奏报，对左右说道："我不知道中原人如此难以统治！"为防不测，耶律德光派天平节度使李守贞、天雄节度使杜重威、泰宁节度使安审琦、武宁节度使符彦卿等返回本镇，并派辽兵护送。耶律德光此时已经萌发出离开汴州北返的想法。

三月的一天，耶律德光对百官说道："天气渐渐热起来，我难以久留于此，我想北返上国探望太后，准备留下一名亲信在此当节度使。"

百官想留下耶律德光，奏请将太后接到汴州。耶律德光说道："太后的家族非常大，如同千年古柏，盘根错节，不可迁动。"

耶律德光在汴州设立宣武军，任命萧翰为节度使。萧翰是述律太后兄长之子，也是耶律德光的表兄弟，其妹便是耶律德光的皇后。史书记载，萧翰是第一个将述律改为萧姓的人，从此辽国皇后一族都姓萧。

耶律德光想让百官全部一同北上，有人说："举国北迁，恐怕人心慌乱，不如分批北上。"于是，耶律德光让有实际权力的官员北上，其余人暂留汴州。

耶律德光在北返之前，还做了一件事，那就是命宁国都虞候武行德带领一千多名士兵，护送数十艘船只，将铠甲从汴州运往辽国。耶律德光此举，不只是看中这批铠甲，更是想削弱中原的武力。

三月十七日，耶律德光从汴州正式起程北返，文武百官数千人、将士数千人、宫女宦官数百人跟随。耶律德光将府库中的财物全部带走，只留下一些乐器、仪仗而已。

四天后，耶律德光在白马（今河南省滑县）北渡黄河，高兴地对宣徽使高勋说道："我在上国时，以打猎为乐，到了中原真让人烦闷。今天得以回去，我死而无憾。"

耶律德光北返，所过之地，都是一片废墟。耶律德光对跟随的契丹人、汉人大臣说道："将中原破坏成这个样子的，都是燕王赵延寿的罪过。"回头又对张砺说："你也出了不少力。"

耶律德光虽然这样说，但仍要继续破坏。当到达相州城下时，耶律德光便传令攻城。城破之时，耶律德光下令将城中男子全部杀光，妇女全部带走。耶律德光留下高唐英镇守相州，高唐英发现城中只有七百人，而尸骨有十余万具。

四月十六日，耶律德光听报负责押送铠甲的武行德将铠甲发给士兵，趁河阳节度使崔廷勋护送耿崇美前往潞州赴任之机，夺取了河阳。武行德已派人向刘知远归附，被刘知远任命为河阳节度使。

第二道防线河阳也失守了，耶律德光不禁叹息道："我有三大失误，以致天下人背叛我。向各藩镇搜刮钱财，这是第一个失误。让上国人去打草谷，这是第二个失误。不让节度使早点返回本镇，这是第三个失误。"

耶律德光到达临城（今河北省临城县）时，突然患病。到达栾城（今河北省石家庄市栾城区）时，耶律德光病情恶化，高烧不退。部下弄来冰块，放在耶律德光的胸前、肚子上、手上以及脚上。耶律德光热得受不了，将冰放到嘴里，吃了起来。

四月二十一日，耶律德光达到栾城北边的杀胡林，病逝，年四十六岁。当时天气已经转热，为了能够将耶律德光的遗体带回辽国，部下将耶律德光的肚子剖开，将数斗盐巴装入腹中。

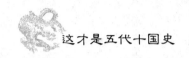

第61章 进入汴州，建立后汉

辽国燕王赵延寿得知耶律德光病逝，决定不再北上。赵延寿是辽国中京留守，于是带领兵马率先进入中京恒州（今河北省正定县）。

辽国永康王耶律兀欲以及南北二王各率所部兵马也相继到达恒州。赵延寿打算拒绝耶律兀欲等入城，但又害怕失去辽国的支援，于是又打开城门，让耶律兀欲等人入城。

赵延寿还假传先帝耶律德光遗诏，由其权知南朝军国事，并将此遗诏发布各藩镇。其实赵延寿有所不知，辽国诸将已经秘密商议拥戴耶律兀欲为主，耶律兀欲已经在鼓楼接受叔兄叩拜。耶律兀欲对赵延寿假传遗诏非常痛恨。

有人对赵延寿说道："辽国各部大人这几天一直聚集谋划，一定有大事发生。现在恒州城中有汉人兵马不下万人，不如先下手为强。"

赵延寿犹豫不决，想来想去，决定先于五月一日在待贤馆接受文武百官拜贺。赵延寿还定了仪式：宰相、枢密使拜于阶上，节度使以下拜于阶下。宰相李崧认为，辽军一定不能接受，可能会生变乱，请赵延寿不要举行这个仪式，赵延寿只好作罢。

赵延寿没有想到耶律兀欲先动手了。

公元947年五月一日，耶律兀欲请赵延寿以及张砺、和凝、李崧、冯道等人到其下榻的馆驿赴宴。席间，耶律兀欲对赵延寿说道："小妹从上国来，你要不要见见她？"

耶律兀欲所说的小妹便是其妻子，其妻向来把赵延寿当着兄长看待。赵延寿当时也没多想，高兴地与耶律兀欲一同进入里屋。

过了很久，耶律兀欲走了出来，对张砺等人说道："燕王谋反，已经被锁了起来。"张砺等人不敢多言。

耶律兀欲又说道："先帝在汴州时，曾经许我知南朝军国，然而燕王却擅自知南朝军国，岂有此理！此番只拿赵延寿一人，其亲朋党羽，一概不究。"

第二天，耶律兀欲到待贤馆接受蕃、汉官员的拜贺。

又过了数日，耶律兀欲召集蕃、汉官员到达府署，宣读先帝遗诏，大意为："永康王是大圣皇帝之嫡孙，人皇王之长子，深受太后钟爱，众望所归，可于中京恒州即皇帝位。"

宣读完毕，耶律兀欲与群臣一起改穿丧服，为耶律德光举行丧礼。

耶律兀欲虽然已经称帝，但其知道耶律德光尚有皇子在国内，自己作为侄儿继承皇位，并没有得到祖母、太后述律平的懿旨。耶律兀欲也知道，其回到国内，必将有一场皇位争夺战。

耶律兀欲返回辽国后，便与太后述律平的兵马交战。耶律兀欲战胜，将述律太后囚禁在太祖耶律阿保机的墓园。耶律兀欲自称天授皇帝，改元天禄，是为辽世宗。

耶律兀欲仰慕中华文化，任用不少汉人为官，自己则沉湎于酒色之中，以致国人不附，各部背叛。耶律兀欲从此率兵不断讨伐各部，数年之间，无力南顾，让已经称帝的刘知远夺取中原有了时机。

五月七日，刘知远与群臣商议进军汴州的策略。

诸将请求从井陉（今河北省井陉县西南）方向进入河北，攻取镇、魏二州。一旦占领河北，河南必将不战而降。

刘知远打算从石会关（今山西省武乡县西北）方向南下，经潞州（今山西省长治市）攻入汴州。

蕃汉孔目官郭威有不同的看法，说道："辽主耶律德光虽然已经死亡，其部众还很强盛，分别据守坚固的城池。我军前往河北，兵少路远，又没有增援，如果辽军各部合击我军，前后有敌，粮草又被切断，

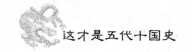

这是危险的策略。而潞州一带，山路崎岖，粮少民贫，没有供给，也不能考虑。近来，保义、建雄两镇相继归附，如果从此处南下，必定万无一失。用不了二十天，洛阳、开封两京就可平定。"

刘知远听后，说道："卿言有理。"

苏逢吉等人不赞同郭威的看法，说道："史弘肇大军已经进屯潞州，辽兵相继逃走，不如从天井关（今山西省晋城市南）方向南下，很快就能控制孟津（今河南省孟津县），进逼洛阳。"

苏逢吉等人显然是在支持刘知远的策略，如果没有人反对，郭威的建言就可能不被采纳。这时掌管天文的司天监奏报说："太岁在午，大军不可直接南下，应当从晋、绛二州抵达陕州。"

晋州（今山西省临汾市）是建雄军的治所，陕州（今河南省三门峡市）是保义军的治所，从晋州到陕州，便是郭威所说的路线。刘知远听了司天监的奏报，才下定决心。刘知远当天便下诏，定于十二日从太原出发，晓谕各藩镇。

就在刘知远将要南下之时，其将领史弘肇已经从潞州南下，攻打两百里外的泽州（今山西省晋城市）。辽国任命的泽州刺史翟令奇固守城池不降，史弘肇不能攻克。

刘知远得到消息，想把史弘肇召回。苏逢吉、杨邠等说道："如今保义、建雄、河阳三镇都已归附，崔廷勋、耿崇美早晚也会逃走。如果将史弘肇召回，河南一带人心便会动摇，辽国的势力还会再起。"

刘知远不能决定，派人去问史弘肇。史弘肇说道："兵马已经到达泽州，只可进不可退。"刘知远才没有将史弘肇召回。史弘肇后来占领泽州，又南下与武行德会师孟州（今河南省孟州市），逼近洛阳，辽国任命的西京留守刘晞放弃洛阳，前往汴州。

刘知远就要南下，再作最后的部署：任命兄弟、太原府尹刘崇为北京留守，镇守河东。刘知远同时任命赵州刺史李存瓌（音瑰）为副留守，河东幕僚李骧为少尹，牙将蔚进为马步指挥使，让三人一同辅佐刘崇。

五月十二日，刘知远统领大军从太原出发。

留在汴州担任宣武节度使的萧翰听说刘知远统兵南下，打算北返辽国。萧翰担心自己一走，中原无主，必将大乱而不能顺利北返。萧翰于是命人找到后唐明宗李嗣源的儿子李从益，立李从益为帝。

萧翰任命礼部尚书王松、御史中丞赵远为宰相，前宣徽使翟光邺为枢密使，左金吾大将军王景崇为宣徽使，北来指挥使刘祚为侍卫亲军都指挥使、京师巡检。萧翰再留下一千余名幽州士兵防守汴州各城门。

五月十八日，萧翰与李从益辞行。

萧翰走了，十七岁的李从益与养母王淑妃（花见羞）很是担心。王淑妃与大臣们商议，将镇守宋州的高行周与河阳的武行德召到京城来，然而二人都不肯来，王淑妃更是担忧。

王淑妃对大臣们说道："我们母子被萧翰逼迫，以致如此，灭亡是该当的。诸公没有罪，应当早点去迎接新主，以自求多福，不要把我们母子放在心上。"大臣们被其话感动，也不忍离开。

有人建议道："如果集结各营兵马，也不少于五千，再与幽州兵马一同坚守城池，一个月没有问题，辽国援兵必至。"

王淑妃说道："我们母子是亡国之人，岂敢与人争天下，以使全城涂炭？现在不幸到了这个地步，是死是生，由人定夺。如果新主明鉴，能够知道我们没有罪，那就是万幸，哪里还敢有别的打算？"

赵远、翟光邺建议李从益只称梁王、知军国事，再派人带着奏表向刘知远称臣，请刘知远早日来到京师。李从益采纳赵远、翟光邺二人建议，向刘知远称臣。李从益也不敢再留在宫中，而是回到自己家中。

刘知远已经一路经过霍邑（今山西省霍州市）、晋州，到达绛州（今山西省新绛县）城下。绛州刺史李从朗与辽国将领成霸卿不肯投降。刘知远传令大军将绛州城包围，但并不攻击。刘知远只派人向李从朗喊话，晓以利害。

三日后，李从朗打开城门，投降。刘知远并不入城惊扰，还派亲信将领把守各处城门，不准一个士兵进入。刘知远任命偏将薛琼为防御

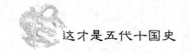

使，镇守绛州，然后继续南下。

五月二十七日，刘知远到达陕州，早已向刘知远归附的保义节度使赵晖出城，牵着刘知远的坐骑入城。刘知远在陕州略加停留，然后便转而向东。

六月二日，刘知远到达新安（今河南省新安县），离西京洛阳只有数十里，西京留守的官员全部前来迎接。

六月三日，刘知远抵达洛阳，住进行宫之中。汴州城内的百官都派人送来奏表以示迎接。刘知远下诏说，凡是被辽国任命的官员都不要担忧。刘知远还命人将辽国任命的文书全部烧毁。萧翰任命的宰相赵远，因犯了刘知远的名讳，赶紧改名为赵上交。

刘知远就要继续前往东京汴州了，他得先做一件事。刘知远派郑州防御使郭从义先行前往汴州，清扫皇宫，同时密令郭从义将李从益与王淑妃杀害。王淑妃临死时说："我儿是辽国所立，有什么罪？为何不留下我儿，让其在每年的寒食节，盛一碗麦饭去祭奠明宗的陵墓？"一旁的人听到此话，无不落泪。

六月八日，刘知远到达荥阳（今河南省荥阳市），离汴州还有一百多里，然而汴州的百官已在宰相窦贞固的带领下在此迎接。

三日后，刘知远到达汴州。

六月十五日，刘知远下诏大赦。刘知远在诏书中称，辽国所任命的节度使以及各将吏，都各安其职，不加更改。

刘知远正式定国号为汉，史称后汉，刘知远便是后汉高祖。刘知远还将汴州升为开封府，称东京。刘知远于当年二月十五日在太原称帝，整整四个月后才定国号。刘知远虽然更改了国号，但还是不改年号，仍用后晋高祖石敬瑭的天福年号。刘知远对群臣说："朕不忍忘记晋朝。"然而，第二年正月，刘知远还是更改了年号。

刘知远建立后汉时，华夏大地八国并立，即后汉、南唐、南汉、后蜀、吴越、南楚、荆南以及辽国。后汉是五代之第四代，南唐、南汉、后蜀、吴越、南楚、荆南位列十国。

第62章　平叛邺都，出兵关中

　　有传言说辽国燕王赵延寿已经死亡。已经担任枢密副使的郭威对刘知远说道："听闻赵延寿已经死去，其子赵匡赞是辽国任命的护国节度使，陛下应当派使前往吊祭，再将其调到其他藩镇。赵匡赞现在无国无家，必定对陛下感恩戴德而归附陛下。"刘知远接纳。

　　也就在这时，辽国任命的邺都留守、天雄节度使兼中书令杜重威与天平节度使兼侍中李守贞，都向刘知远上表称臣，杜重威还主动请求调到别的藩镇。归德节度使兼中书令高行周更是到京城开封来朝见刘知远。

　　刘知远决定将四位节度使一起调整。

　　公元947年（后汉高祖天福十二年）七月十三日，刘知远下诏，调赵匡赞为晋昌节度使，杜重威为归德节度使，高行周为天雄节度使，李守贞为护国节度使。

　　赵匡赞、高行周及李守贞都到新的藩镇赴任，杜重威没有动静。杜重威觉得自己曾归附辽国，有负中原，心中一直感到不安，所以才主动上表，请求调离天雄这个重镇。其实杜重威并不想离开天雄，所以当刘知远真的下诏调他时，他便准备与刘知远对抗了。

　　杜重威派其子杜弘璲前往恒州（今河北省正定县）充当人质，请辽国新任中京留守耶律麻荅出兵相救。耶律麻荅派指挥使张琏率领赵延寿从幽州带来的两千名亲兵前往救援。

　　刘知远得知杜重威背叛，下诏削去杜重威的官爵，再任命新任天雄

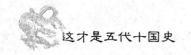

节度使高行周为招讨使，镇宁节度使慕容彦超为招讨副使，令二人前往讨伐杜重威。

就在刘知远派出兵马不久，镇守恒州的耶律麻荅被赶走，宰相冯道、李崧、和凝等人回到开封，被刘知远任命为太师、太子太傅、太子太保。刘知远还派兵夺回邢州（今河北省邢台市），收复安国军。

八月，高行周与慕容彦超率大军抵达邺都（今河北省大名县）城下。慕容彦超主张急攻，而高行周认为应当围困，等杜重威自毙。慕容彦超听了高行周的话，马上大声说道："高行周爱护女儿，所以袒护贼寇而不想攻城。"

原来高行周的女儿是杜重威的儿媳，高行周与杜重威是儿女亲家。高行周听了慕容彦超的话，心中很不悦，二将从此不睦。

消息传到开封，刘知远担心发生变故，决定御驾亲征。

九月二十九日，刘知远起程，长子刘承训留守开封。

十月十七日，刘知远抵达邺都城下，下榻高行周的大营，以表明对高行周的信任。高行周对刘知远说道："城中粮草没有耗尽，如果急攻，白白死伤士兵，不易攻克。不如长期围困，等其粮草用完，必定自行崩溃。"刘知远赞同。

高行周只向刘知远阐述长期围困的理由，还有一件苦衷没有直接对刘知远诉说。这件苦衷便是慕容彦超仗着自己是刘知远的同母胞弟，处处欺凌高行周。高行调便向宰相苏逢吉、枢密使杨邠等人泣诉，讲到冤枉之处，不禁手抓粪土塞到嘴里。苏逢吉、杨邠将此事奏报给刘知远，刘知远知道高行周冤枉，便将慕容彦超叫到帐中斥责，让慕容彦超向高行周道歉，希望二人和解。

刘知远调解了二将，决定派给事中陈观进城劝降杜重威，因为杜重威曾经扬言，如果刘知远驾到，他就投降。然而杜重威此时已经变卦，传令紧闭城门不降。尽管城中粮草已快枯竭，而且很多将士逃出城外投降，但杜重威仍很坚决。

劝降未果，慕容彦超提出强行攻城。

刘知远知道他这位兄弟一直想强行攻城，如果不让他吃点苦头，一定不服气。刘知远于是同意了慕容彦超的请求，并且准备亲自督战，以示对慕容彦超的支持。

十月二十五日，攻城开始。从寅时一直战到辰时，整整两个时辰过去了，慕容彦超也没有攻克城池，而士兵受伤一万余人，战死一千余人。刘知远传令停止攻城，慕容彦超也不敢再说攻城的话了。

当时邺都城中除了杜重威的部众，还有一支幽州兵，就是张琏带来的两千援兵。刘知远派人到城下招降这支兵马，并承诺一定降而不杀。张琏在城头问道："繁（音鄱）台那一千五百名士兵有什么罪，却被诛杀？我今天坚守此城，直到战死。"

张琏说的一千五百名士兵是萧翰从开封离开后留下的幽州士兵。刘知远进入开封不久，有人说这些士兵要叛变，刘知远便下令将这些士兵集结到繁台屠杀。张琏这句话，不仅让刘知远无地自容，更坚定了城中士兵的守城决心，因而城池一直不能攻下。

内殿直韩训向刘知远献上攻城器械，刘知远已经不想强攻，说道："守城靠的是万众一心，一旦人心瓦解，城池也就不攻自破，要这些东西做什么？"

又过了一个月，邺都城内粮草已绝，杜重威终于决定投降。

十一月二十四日，杜重威派观察判官王敏带着奏表出城，向刘知远投降。第二天，杜重威的儿子杜弘琏出城晋见刘知远。第三天，杜重威的妻子石氏出城晋见刘知远。石氏是后晋宋国长公主，刘知远对石氏也很敬重。第四天，杜重威打开城门，向刘知远投降。这时城中饿死的人十之七八，活着的人也已瘦得不成人形。

杜重威已经投降，不敢投降的张琏肯不肯降呢？刘知远再次承诺，不杀张琏，准许其返回乡里。然而当张琏出城之后，刘知远还是下令将张琏等数十名将校全部杀掉，只放其士兵北归。

如何处置杜重威呢？枢密副使郭威建议将杜重威及其一百余名牙将全部杀掉，并将杜重威的家产用来赏赐战士。刘知远接纳了这个建言，

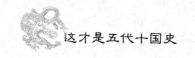

然而转身便又任命杜重威为太傅兼中书令，封楚国公。

繁台那一千五百名士兵不该杀而杀，张琏不该杀而杀，杜重威罪大恶极该杀而不杀，司马光认为刘知远不仁、不信、不刑，所以其国祚不长。杜重威当时如同过街老鼠，一旦在路上出现，就会有人用瓦砾投掷，还骂不绝口。

杜重威投降了，邺都也收复了，然而高行周却向刘知远提出不愿担任天雄节度使。天雄是河北重镇，很多人做梦都想到这个藩镇来当节度使，为何高行周不肯呢？原来慕容彦超当时是镇宁节度使，其治所澶州（今山东省濮阳市）离邺都一百余里，与天雄紧邻，高行周心中甚感不安。刘知远便将慕容彦超调到天平任节度使，而天平的治所郓州（今山东省东平县）离邺都两百余里，高行周这才接受。

十二月六日，刘知远从邺都南返。

十二月十三日，刘知远回到都城开封。刘知远无比痛心地得知，留守开封的长子刘承训两日前病逝，年仅二十六岁。刘知远从此一直陷于悲痛之中，不能自已。

还有让刘知远忧心的事，就在其亲征杜重威之时，刚调任晋昌节度使不久的赵匡赞向后蜀投降。后蜀还派使招降后汉凤翔节度使侯益，同时派兵进逼凤翔。侯益不堪进逼，也已向后蜀投降。侯益与赵匡赞还一同向后蜀皇帝孟昶上表，请求出兵夺取关中。

刘知远不得不考虑对策。刘知远决定派左卫大将军王景崇、将军齐藏珍率数千名禁兵前往经略关中。

公元948年（后汉高祖乾祐元年）正月，王景崇尚未起程，赵匡赞的节度判官李恕来到开封。李恕很不赞同赵匡赞向后蜀投降，已经劝说赵匡赞改变主意。赵匡赞派李恕前往开封，正是向刘知远谢罪，并请求前往开封朝见。

刘知远召见李恕，问道："赵匡赞为何归附蜀国？"

李恕说道："匡赞认为自己当了辽国的官，父亲又在辽国内，担心陛下不能明察，因而归附蜀国以求活命。臣以为陛下必定会保全抚慰匡赞，因而前来哀求。"

刘知远说道："匡赞父子，也是我们汉人，不幸身陷辽国巢穴。现在延寿正被辽国囚禁，朕岂能忍心再加害匡赞呢？朕准许匡赞前来朝见。"

侯益听闻赵匡赞归降后汉，也派使来到开封，请求在圣寿节时前来祝寿。圣寿节是刘知远的生日，即二月四日。

尽管赵匡赞、侯益已经归降，但刘知远还是派王景崇、齐藏珍前往关中。王景崇、齐藏珍即将起程，刘知远将二人召到宫中，嘱咐道："赵匡赞、侯益的真实想法，都不清楚。你到达那里时，他们如果已经入朝，就不作追究；如果还在拖延观望，就见机而行。"

赵匡赞不等李恕返回复命，便迫不及待地前往开封朝见。赵匡赞真心归顺后汉，刘知远自然接纳。赵匡赞时年二十六岁，历经后汉、后周直到北宋。后周时，赵匡赞战功卓著，任保信节度使。北宋时，为避宋太祖赵匡胤的名讳，更名赵赞，历任忠正节度使、建雄节度使，加检校太师，封卫国公，此为后话。

王景崇到了关中，与后蜀兵马发生两次交战，后蜀兵马败走，不再细述。

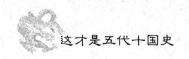

第63章　隐帝继位，关中三叛

公元948年（后汉高祖乾祐元年）正月十四日，一直陷于丧子之痛的后汉高祖刘知远病倒了。

正月二十七日，刘知远召苏逢吉、杨邠、史弘肇、郭威四人来到宫中，接受顾命。刘知远对四人说道："朕已气息奄奄，不能多言。承佑幼弱，后事就托付诸卿了。"过了一会儿，刘知远又说："谨防杜重威。"

当天，刘知远病逝，年五十四岁。苏逢吉等人秘不发丧。

三日后，苏逢吉等人以刘知远的名义下诏，称："杜重威父子，在朕小病之时，造谣惑众。现诏令将杜重威及其子杜弘璋、杜弘琏、杜弘璨等全部问斩，晋公主及其他族人不加追究。"

诏书一下，杜重威便被押到街市凌迟处死，市人争食其肉，行刑官也制止不了，一会儿工夫，只剩下一堆白骨。

二月一日，苏逢吉等人再以刘知远的名义下诏，册立左卫大将军、大内都点检、皇子刘承佑为周王，任同平章事。再过数日，苏逢吉等人才为刘知远发丧，同时宣读遗诏，由刘承佑即皇帝位，是为后汉隐帝。

刘承佑时年十八岁，所继承的后汉也才建立一年整。当时，南方尚有六国，南唐、后蜀、南汉已经称帝与后汉分庭抗礼，吴越、南楚、荆南虽然向后汉称臣，但也形国独立王国。北方更有辽国虎视眈眈，燕云十六州仍被辽国占据。华夏大地仍然四分五裂，然而让刘承佑没有料到的是，内乱首先爆发。

故事从已经进入关中的王景崇讲起。

刘承佑继位不久，便任命王景崇兼任凤翔巡检使。王景崇率部到了凤翔（今陕西省凤翔县），凤翔节度使侯益尚未起程入朝。有人建议将侯益杀掉，王景崇犹豫不决。侯益得到消息，不敢向王景崇请辞，赶紧离开了凤翔。王景崇知道后，感到非常后悔。

侯益到达京城，被刘承佑任命为开封府尹。侯益在京城，不断说王景崇的坏话。王景崇听说朝廷重用侯益，非常不悦，开始心生抱怨。

三月，刘承佑又下诏，将晋昌军更名为永兴军，还将原晋昌节度使赵匡赞留在关中的牙兵调至京城，并派供奉官王益前往征调。这些牙兵当时跟随王景崇与后蜀兵马作战，战事结束后，仍驻扎在凤翔。王景崇便趁机挑拨，以图激发牙兵的叛乱。

牙兵将领赵思绾十分害怕，不敢入京。赵思绾对另一将领常彦卿说道："我们的节度使赵匡赞已经落到朝廷手中，我们再到京师，不过是与节度使死在一起而已，如之奈何？"常彦卿倒不慌张，说道："随机应变，不必多言。"

赵思绾、常彦卿带领牙兵与王益一路东行，不日到达永兴军的治所长安。永兴节度副使安友规、巡检乔守温出城迎接王益，在郊外设宴。赵思绾对安友规等人说道："将士们的家眷都在长安城中，我们想到城中将家眷接走。"安友规等人没有多想，便准许赵思绾带着牙兵入城，当然这些牙兵都不穿铠甲，不带兵器。

赵思绾等人从长安城西门涌入。赵思绾看到一名军官站在城门旁，连忙冲上前去，夺下佩剑，砍下这名军官的首级。牙兵们一见，手拿木棍，与守门士兵格斗，很快就控制了长安城的四门。赵思绾又带领牙兵，来到兵器库，将兵器取出。安友规等人听闻此事，吓得不敢入城，慌忙逃走。赵思绾占领了长安城，又在城中征兵，很快达到四千余人。

赵思绾占领长安的消息传到京城，王景崇让官民推荐自己担任凤翔知府事的奏疏也到了京城。凤翔、永兴没有节度使，王景崇、赵思绾很想担任，但刘承佑岂能如其所愿？刘承佑决定调整三镇节度使，以图解

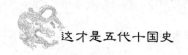

决忧患。

刘承佑下诏，调静难节度使王守恩任永兴节度使，保义节度使赵晖任凤翔节度使，王景崇为静难留后。这份诏书让王景崇离开凤翔，更没有任命赵思绾为节度使，王景崇、赵思绾当然没有奉诏。

赵思绾更是鼓动护国节度使李守贞，竟然劝李守贞称帝。

李守贞在后晋时曾担任侍卫亲军都虞候，平定了杨光远的叛乱，也曾两次参与抵御契丹大军南侵，取得胜利。第三次与契丹大军交战时，李守贞与杜重威作为主帅，竟然向契丹投降，以致后晋很快灭亡。李守贞归降后汉不久，便被任命为护国节度使。从后晋到后汉，李守贞历任义成、泰宁、归德、天平、护国五镇节度使，又有战功，也喜爱施舍，深受士兵爱戴，便不把小皇帝刘承佑放在眼里。李守贞听说杜重威被杀，非常担忧，暗生反心。李守贞开始招兵买马，修筑城池，打造兵器，日夜不停。李守贞还派人带着蜡丸藏书，前往联络辽国，但每次都被边防官兵抓获。

李守贞真的认为自己有当皇帝的命。

有一个和尚叫总伦，一直说李守贞能够当皇帝，李守贞十分相信。在一次宴会上，李守贞对众将说道："如果我将来有非常之事，一定能射中前面悬挂的舐掌虎图中的虎舌。"说完，举起弓箭，一箭射去，正中虎舌，左右一片喝彩，李守贞也更加自负。李守贞的参军赵修己非常清醒，多次劝李守贞道："天命与时机都不具备，不可轻举妄动。"李守贞哪里听得进去，赵修己于是称病，返回乡里。

李守贞有个儿子名叫李崇训，娶泰宁节度使符彦卿的女儿符氏为妻。有相命的先生说符氏将来一定能当皇后，李守贞听了非常高兴，说道："我的儿媳都能当皇后，何况是我呢？"李守贞于是下定决心谋反。

不久，赵思绾派人来向李守贞劝进，还送来龙袍，李守贞认为天命、人心已经具备，便自称秦王。李守贞当然不会忘记赵思绾的拥戴，便任命赵思绾为晋昌节度使，也不承认刘承佑对晋昌军的更名。

　　李守贞、赵思绾谋反的消息传到京城，刘承佑赶紧召集四位辅政大臣商议。商议的结果是派兵讨伐李守贞与赵思绾。

　　四月，刘承佑下诏，任命镇宁节度使郭从义为永兴行营都部署，客省使王峻为兵马都监，令二人率侍卫亲军前往讨伐赵思绾；任命保义节度使白文珂为河中行营都部署，令其率兵讨伐李守贞。数日后，刘承佑再任命宁江节度使、侍卫步军都指挥使尚洪迁为西面行营都虞候，令其统领讨伐李守贞、赵思绾的大军。

　　整整两个月过去了，讨伐军一直没有取得战果，主帅尚洪迁在攻打长安赵思绾时，又受重伤而死。刘承佑只得继续向关中调兵。六月，刘承佑任命奉国左厢都虞候刘词为河中行营马步都虞候。七月，刘承佑任命郭从义为永兴节度使，白文珂兼知河中行府事。不久，刘承佑又调昭义节度使常思入关平叛。

　　就在刘承佑不断向河中、永兴派兵之时，占据凤翔的王景崇正式背叛后汉了。新任凤翔节度使赵晖前往凤翔赴任，当时刚好到达长安，听到这个消息，立即向刘承佑上表，请求出兵讨伐王景崇。

　　刘承佑这时已经不准备只向关中增兵，原因是已经派往关中的各将并没有用力作战。当时常思驻屯潼关（今陕西省潼关县），白文珂驻屯同州（今陕西省大荔县），赵晖驻屯咸阳（今陕西省咸阳市），都没有向背叛的三藩镇接近。已经逼近长安的郭从义与王峻二人又不和，势同水火。二人心存观望，只顾安营扎寨，并不向长安城发起进攻。刘承佑对数月来各路大军毫无战果非常着急，决定派一位重臣前往督战。

　　八月六日，刘承佑任命顾命大臣之一的郭威为西面军前招慰安抚使，命前线各将均受郭威节制。史书记载了刘承佑派遣郭威出征时的一个细节。刘承佑先召见郭威，轻声地说道："朕想麻烦公，可以吗？"郭威知道要让其出征，答道："臣不敢请战，也不敢推辞，只听从陛下的旨意。"从这个细节看出，刘承佑对郭威非常敬重，也很敬畏。

　　郭威时年四十五岁，邢州尧山（今河北省隆尧县西）人，身材魁梧，志向不凡，爱练兵器，喜欢斗勇，不愿耕田种地。十八岁那年，昭

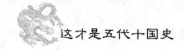

义留后李继韬招募兵马，郭威参军入伍。后唐庄宗李存勖杀掉李继韬后，李继韬的士兵全部编入亲军，郭威也在其中。郭威因能写会算，被任命为军吏。郭威爱读《阃外春秋》，很懂兵法。刘知远担任侍卫亲军都虞候时，郭威便一直跟随刘知远，刘知远也很看重郭威。刘知远称帝后，郭威担任枢密副使。刘承佑继位不久，又升郭威为枢密使。

郭威出发之前，还向不倒翁、太师冯道询问计策。冯道说道："护国节度使李守贞自认为是老将，深得士兵们拥护。公此次出征，千万不要爱惜国家的财物，对士兵要敢于赏赐，就能夺走李守贞所依赖的东西。"郭威谨记。

第64章 郭威出征，平定叛乱

郭威与诸将商议攻伐策略。

诸将建议先攻长安、凤翔。镇国节度使扈从珂有不同意见，说道："如今三藩镇背叛，而且又互相连衡，以河中李守贞为主。一旦李守贞败亡，赵思绾、王景崇也将失败。如果先攻长安、凤翔，就是舍近攻远，万一王景崇、赵思绾在前面阻截，李守贞在后面夹攻，我们便处于危险之地。"

郭威认为所言有理，于是决定先攻河中李守贞。

郭威下达命令：保义节度使白文珂与宁江节度使、侍卫步军都指挥使刘词从同州出发，昭义节度使常思从潼关出发，郭威自率一部兵马从陕州出发，三路大军一齐攻向河中（今山西省永济市）。郭威也没有不管长安与凤翔，传令郭从义、赵晖分别前往攻打。

郭威时刻想着太师冯道的提醒，对士兵非常爱护，与士兵同甘共苦。将士中有一点战功，郭威便奖赏，稍微受点伤，郭威便亲自探视。不久，将士们都很拥护郭威。

郭威带的那些禁军，都曾是李守贞的部下，也得到过他的恩惠。李守贞认为这些士兵早已不堪后汉的严厉，只要他召唤一声，必定前来归附。李守贞甚至认为根本不用出城作战，便可击败郭威。然而李守贞哪里知道，这些士兵已经被郭威收买，早已忘记李守贞的旧恩。

公元948年（后汉乾祐元年）八月二十三日，郭威带领的大军到达河中城外，士兵们都踊跃欢呼，挥动旌旗，争先恐后地准备攻城。李守贞

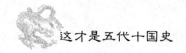

在城头看后，脸色开始发白。

话说河中城依黄河而建，西岸有一个西关城，东岸便是河中主城。白文珂到达黄河西岸，攻克了西关城，便在西岸扎营。常思在河中城南扎营，郭威在河中城西扎营。郭威认为常思不是将才，便命其先返回本镇。

诸将请求攻城，郭威说道："李守贞是前朝老将，擅长作战，对士卒常常施恩，也屡立战功。更何况河中城临近黄河，城墙、城楼都很完备、坚固，不能轻视。李守贞依仗城池，我们如果硬攻，就是把士卒投入汤火之中。不如筑起长墙，将河中围困起来，让飞鸟不能越，走兽不能过。我们只需在城外放牧战马，吃饱喝足等待城中粮草不济，然后再架设云梯攻城，发布檄文招降。到那时，城中的乌合之众，必将纷纷逃命，父子都不能相顾。"

有人担心长期围困，长安的赵思绾、凤翔的王景崇会派兵增援李守贞，郭威说："只要分出一部兵马，就能牵制赵思绾、王景崇，不足为虑。"

郭威既采取长期围困的战术，便传令征集各州民夫，一共征集了两万多人。郭威命白文珂带领这些民夫挖掘深壕，修筑长墙，将河中城包围起来。

郭威又对诸将说道："李守贞害怕高祖，不敢为非作歹。我们尚未立有大功，李守贞自然轻视我们，所以敢反。我们应当以静制动。"

郭威传令偃旗息鼓，只沿河设立火铺，连绵数十里长。一旦有敌情，这些火铺的守兵就立即燃起烟火。郭威还让舰船在河中巡逻，那些试图偷渡的人全被擒获。郭威如此严密围困，李守贞已经成了网中之鱼。

很快进入九月，李守贞终于坐不住了，决定出城作战，以图突出重围。然而，李守贞前后几次派出人马，都被郭威的围城将士击败。李守贞不得不继续紧闭城门待援。然而，谁会来援呢？关中的赵思绾？赵思绾没有派兵来援。凤翔的王景崇？王景崇正被赵晖围困，还派人向后蜀求救。

李守贞没有一直坐等援兵，于是派人带着蜡丸藏书前往南唐、后蜀与辽国，请求三国派兵来救。让李守贞十分绝望的是，郭威的防守实在太严密了，他的使者一个也逃不出城，就是有逃出的，也被巡逻的士兵抓获。

河中城中的粮食已经快吃光了，每天都有饿死的人，而且一天比一天多。李守贞满脸忧虑，便将和尚总伦请来。就是这位总伦和尚，说李守贞有当天子的命。现在李守贞面临绝境，李守贞只得再问问总伦，如何才能渡过难关。总伦毫不担心，说道："大王应当成为天子，什么人都不能改变。只是我们这里该有灾难，等到灾难结束，只剩下一人一骑，便是大王鹊起之时。"李守贞听了，深信不疑。

又过了两个月，李守贞实在坚持不住了。

李守贞派人改名换姓，设法出城，向南唐求救。郭威对河中城的围困非常严密，但百密一疏，还让李守贞的人逃出了城。南唐真的派兵袭扰后汉边境，以缓解李守贞的压力。然而南唐兵马没有战果便又撤回，南唐还为此向后汉隐帝刘承佑致歉，同时也请刘承佑赦免李守贞，刘承佑不予回答。

南唐增援李守贞未果，李守贞仍被郭威困在城中。郭威与将士们在河中城外有吃有喝，专等李守贞支撑不下去。

十二月，郭威仍在围困李守贞，赵晖派人前来告急。原来是后蜀派出两支兵马增援王景崇，赵晖已经无力抵挡，要请郭威派兵来援。郭威决定亲自前往凤翔增援赵晖。

郭威当时之所以敢离开河中，一定是认为对河中的包围已经非常严密，而且不会有援兵来增援李守贞。当然郭威还是有些不放心，便对另两位将领白文珂与刘词提醒道："李守贞如果不能突围，最终一定被我们擒获，是故一定不能让其突围成功。成败的关键便在这里。李守贞的精锐兵马都在城西，我一旦离开，李守贞必定会企图突围，你们一定要严加防备。"二将听命。

郭威不日从河中起程西进。当郭威到达华州时，听报后蜀一支援

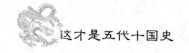

兵因缺粮而撤退，另一支援兵得到消息，也跟着退兵。郭威决定重返河中，毕竟围攻李守贞更为重要。

郭威即将到达河中，将领白文珂前来迎接。

城内的李守贞得知郭威西进，白文珂也离开河中城，马上决定偷袭。李守贞先派人设法出城，到附近村上卖酒，对郭威的士兵都不收钱，不少巡逻兵喝醉。一天夜晚，李守贞看准时机，派将领王继勋等人带领一千多名精锐士兵袭击后汉的营寨，纵火鼓噪，营寨中的汉兵一时慌乱。

将领刘词镇定自若，说道："小小蟊贼，不值得惊慌。"

刘词准备带领士兵迎战。

客省使阎晋卿对刘词说道："贼寇铠甲上贴有黄纸，火光一照，很好辨认，无奈的是，士兵们没有斗志。"

裨将李韬说道："无事时拿君王俸禄，有事时不死命战斗，哪有这样的事？"

李韬说完，举起长矛，带头冲锋。王继勋终因人少，不能取胜，七百多人战死。王继勋也身受重伤，只得逃回城中。

第二天，即公元949年（后汉乾祐二年）正月五日，郭威到达河中。

刘词来到郭威马前请罪。郭威没有责怪刘词，还给刘词行赏，说道："我担心的就是李守贞会派人突围，没有兄长拼死力战，就会被贼寇讥笑，然而贼寇也就这点本领了。"

郭威又听说不少士兵因喝了酒而误事，差点丢了营寨，于是下令："除非犒劳将士，一律不得饮酒！"尽管如此，仍有人违反。李审是郭威的爱将，一天早晨稍微喝了点酒，被郭威得知。郭威大怒道："你是我帐下将领，却带头违反军令，让我如何服众？"当即下令将李审斩首。

郭威继续围困李守贞。

四个月过去了，河中城中的粮食快要吃完了，饿死的百姓十之五六。李守贞决定再发动一次突围。李守贞派五千余人出城，分五路攻打西北角的围城兵马。郭威派都监吴虔裕拦腰痛击，李守贞兵马大败，伤亡一半以上。数日后，李守贞再次派兵突围，又遭失败，将领魏延朗、郑宾被擒。

之后，城中将领纷纷向郭威投降，郭威觉得攻城时机已到。

五月十七日，郭威下令，从四面一齐向河中城发起进攻，共有一百多处同时攻城。让郭威没有料到的是，河中城非常难攻，李守贞竟然还能支撑。郭威只好暂缓攻城，继续围困。

不久，负责围攻长安赵思绾的郭从义派人来报说赵思绾已经投降，也已被隐帝刘承佑调到华州任镇国留后，但一直没有离开，还在城中大肆抢掠。郭从义向郭威请求准许其对赵思绾采取行动，郭威准许。郭从义与都监王峻骑马进入长安城中，入住馆舍。当天晚上，郭从义为赵思绾设宴送行，就在宴席之上将赵思绾拿下，将赵思绾父兄以及部曲三百余人全部斩于街市。

七月十三日，郭威向河中城中的李守贞发起最后的攻击。

郭威攻克河中外城，李守贞带领余众退保内城。诸将向郭威请求立即攻打内城，郭威不许，说道："就是一只小鸟到了绝境，也会啄人一口，何况是兵马呢？等河水干了再捕鱼，急什么呢？"郭威于是再将内城团团围住。

李守贞又被困了八天，终于不能再支撑了。

七月二十一日，李守贞与妻子以及儿子李崇训一起纵火自焚。河中城被攻克了，郭威纵马入城，俘虏李守贞的儿子李崇玉以及李守贞任命的丞相、枢密使以及国师总伦等人。

有士兵闯入府中，只见李守贞的儿媳符氏端坐于堂。符氏厉声说道："我父亲符彦卿与郭公亲如兄弟，你们不得无礼！"士兵们真的不敢动，便向郭威禀报。郭威将符氏送到符彦卿那里，后来又让养子郭荣娶符氏为妻。

郭威在河中又待了二十多天，于八月十三日班师。此时，凤翔的王景崇尚未被平定，赵晖仍在城外围困。四个多月后，王景崇不堪赵晖的攻击，也自焚而死，此为后话。

九月，郭威抵达京城开封，叩见隐帝刘承佑。郭威凯旋，刘承佑非常高兴，赏赐他金帛、衣服、玉带、鞍马。郭威对刘承佑说道："臣奉命出征，前后整整一年，不过攻克一座城池，何功之有？再说臣在外带兵，京师的安定，粮草的供给，都是各位大臣的功劳，臣怎敢独自领受赏赐，恳请给众人全都加以赏赐。"刘承佑于是对朝中宰相、枢密、宣微、三司、侍卫使共九人进行赏赐，与郭威一样。

刘承佑不满足只给郭威赏赐，还想给郭威加授官职。郭威是朝中大臣，刘承佑想给郭威加授节度使，让郭威内外有职。郭威辞让道："杨邠位在臣之上，尚未加授节度使，臣是皇上身边近臣，不能加授此职。"

刘承佑觉得这样还是欠郭威些什么，仍想给郭威特别赏赐，郭威辞让道："运筹帷幄，在于朝廷；调兵运粮，在于藩镇；前线战斗，在于将士。如果将功劳只给臣，臣何以承受？"

刘承佑最后还是给郭威加授官职兼侍中，但防止郭威辞让，便给其他官员也加官：史弘肇兼中书令，窦贞固为司徒，苏逢吉为司空，苏禹为左仆射，杨邠为右仆射。

诸臣商议认为，只给朝中官员加官，各藩镇也会有不满，于是给藩镇也加官：天雄节度使高行周守太师，山南东道节度使安审琦守太傅，泰宁节度使符彦卿守太保，河东节度使刘崇兼中书令，忠武节度使刘信、天平节度使慕容彦超、平卢节度使刘铢并兼侍中，朔方节度使冯晖、定难节度使李彝殷兼中书令，义武节度使孙方简、武宁节度使刘赟为同平章事。

刘承佑又给向后汉称臣的国家加授官职。当时南方有六国，其中南汉、南唐、后蜀已经称帝，只有吴越、南楚、荆南向后汉称臣。刘承何于是给吴越王钱弘俶加授尚书令，楚王马希广加授太尉，荆南节度使高保融兼侍中。

当时的人对朝廷如此赏赐也有议论，认为郭威没有独揽功劳，将功劳分给他人，确实值得赞赏，但朝廷因一人之功，将国家的官爵如此赏赐，也确实太滥了。不过，得到赏赐的人一定非常感激郭威，因而郭威得到更多人的拥护。

第65章 出镇邺都，家人遇害

公元949年（后汉乾祐二年）十月，辽国兵马侵扰后汉黄河以北领地，所过之处，烧杀抢掠。辽国的游骑兵还一直南下，到达贝州（今河北省清河县）以及邺都（今河北省大名县）的北部境内。

军情报到京城开封，后汉隐帝刘承佑非常忧心。刘承佑决定再派枢密使郭威出征，由宣徽使王峻担任监军。郭威当时平定李守贞回到开封才一个月。接到圣旨后，郭威立即率领禁军北上。

辽兵听闻郭威率兵前来，不敢迎战，纷纷北撤。

十一月，郭威到达邺都。

郭威决定兵分两路继续北上，一路由监军王峻率领，快速北上恒州（今河北省正定县）、定州（今河北省定州市）；另一路由郭威亲自率领，北上邢州（今河北省邢台市）。

辽兵不敢迎战，很快便撤出后汉境内。郭威此次北上，可谓有征无战，便将入侵的辽国兵马赶出国境。郭威最后在邢州暂且驻屯。

公元950年（后汉乾祐三年）正月，郭威在邢州已经驻屯了两个月。郭威决定继续北上，准备经过成德、义武两藩镇，到汉辽边境集结兵马。郭威此举是向辽国示威，以使辽国不敢再犯。

郭威虽然有了这个计划，但没有擅自执行。郭威先派人到京城奏报了这个想法，以得到刘承佑的恩准。刘承佑得到消息，没有同意，而是下诏制止。郭威于是到北部边境巡视一番，于二月南返。

三月九日是嘉庆节，也就是刘承佑的生日，郭威已经回到京城参

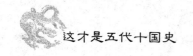

加此节。各地节度使也来向刘承佑祝寿。这些节度使有邺都留守高行周、天平节度使慕容彦超、泰宁节度使符彦卿、昭义节度使常思、安远节度使杨信、安国节度使薛怀让、成德节度使武行德、彰德节度使郭谨、保大留后王饶等。永安节度使折从阮迟了十多天，但举族前来朝见刘承佑。

刘承佑打算调动各地节度使，决定就在嘉庆节后下诏。

从三月二十五日到四月五日，刘承佑五次下诏，调整九藩镇节度使：高行周为天平节度使，符彦卿为平卢节度使，慕容彦超为泰宁节度使，薛怀让为匡国节度使，折从阮为威胜节度使，杨信为保大节度使，镇国节度使刘词为安国节度使，永清节度使王令温为安远节度使，王饶为护国节度使。

值得一提的是，王饶原为保大留后，还曾与李守贞悄悄往来。当时众人都以为平定李守贞之后，一定会给王饶任命一个没有实权的官职。谁知王饶入朝后，用重金结交四位辅政大臣之一的史弘肇。史弘肇当时是侍卫亲军马步都指挥使，掌管后汉禁军，可谓大权在握。史弘肇也是后汉的功臣，行军打仗一直是纪律严明，岂料在朝中为官也接受贿赂。由于史弘肇的帮助，王饶升任为重要藩镇节度使，让朝廷内外感到惊骇。

各地节度使换防完毕，刘承佑感到心安了，但边防来报，自从郭威南返后，辽国兵马仍旧不断侵扰黄河以北一带。北部各藩镇对入侵辽兵，只是自守，无力出击。

刘承佑召集群臣商议对策，有人建议派郭威到邺都镇守，同时督领河北各藩镇抵御辽国兵马。刘承佑采纳这一建议。郭威到地方镇守，就得有一个地方官职。群臣商议，准备给郭威任命的官职是邺都留守兼天雄节度使。

宰相苏逢吉认为郭威既已到藩镇任职，朝中的枢密使一职不便再兼。苏逢吉这一建议看似在理，但实是为了削弱郭威的权力。其实，苏逢吉与郭威早已面和心不和。史书记载，当年苏逢吉、郭威一同跟随高祖刘知远讨伐杜重威时，苏逢吉便多次借着醉意侮辱郭威。

苏逢吉想借机撤销郭威的朝中官职，郭威没有说话，但性格直率的史弘肇一定会说话，再说史弘肇与郭威关系也不错。史弘肇认为郭威应当继续兼任枢密使，并且说兼任枢密使就可以便宜从事，号令诸军，更加有效。

尽管苏逢吉说历史上没有先例，刘承佑还是听从了史弘肇的建议，毕竟郭威去邺都，不只是担任一个地方官职，而是要号令北方藩镇一同抵御辽国。刘承佑于是下诏任命郭威为邺都留守兼天雄节度使，原枢密使一职仍然保留。诏书还要求河北各藩镇，士卒、兵器、钱财以及粮草，只要见到郭威的文书，就给予办理。

虽然刘承佑已经接受了史弘肇的建议，但史弘肇还是埋怨苏逢吉不应当提出这个建议。苏逢吉也不相让，说道："由朝廷控制藩镇理所当然，现在反而让藩镇控制朝廷，可以吗？"

史弘肇说不过苏逢吉，但也不会善罢甘休。第二天，朝中大臣在宰相窦贞固府第宴饮，史弘肇举起大杯向郭威敬酒，还严厉地说道："昨天的朝会，竟然有人持不同意见。今天为兄弟饮上一杯。"

苏逢吉非常圆滑，马上也举杯说道："这都是为国家商议大事，不必介意。"

枢密使杨邠想平息事端，也如此劝说史弘肇。

史弘肇不听则罢，一听反而更加生气。史弘肇厉声说道："安定国家，靠的是长枪大剑，毛笔有什么用！"

三司使王章听了此话，反问道："没有毛笔，钱财、赋税从哪里来？"

史弘肇无言以对。

郭威就要前往邺都镇守，想把养子郭荣也带到邺都。

郭荣本名柴荣，时年三十岁，是郭威妻子兄长的儿子。柴荣当时担任左监门卫将军，属于朝廷禁卫军，要想调其去邺都，必须得到刘承佑的准许。郭威于是向刘承佑奏请，刘承佑当即准奏，还下诏任命柴荣为贵州刺史、天雄牙内都指挥使。

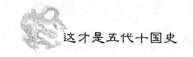

五月三日，郭威向隐帝刘承佑辞行。

郭威对刘承佑说道："太后跟随先帝很久，经历不少大事。陛下还很年轻，有事应当多向太后请教。陛下还要亲近忠直之人，远离奸邪小人，明辨什么是善什么是恶。苏逢吉、杨邠、史弘肇等人都是先帝的旧臣，他们都忠心耿耿，报效国家，陛下应当推心置腹，信任不疑，也就不会有什么差错。至于疆场之事，臣会尽心竭力，一定不辜负陛下。"

刘承佑恭敬地接受。

郭威到了邺都，严令将士们守卫边疆，不得外出抢掠百姓，一旦辽国兵马入侵，则坚壁清野。郭威让北部边疆得到安定，岂料朝廷之中发生重要变故，还波及了郭威。

郭威走后，刘承佑很快就忘记郭威的告诫，开始骄傲、放纵，宠信小人。飞龙使后匡赞、茶酒使郭允明以及枢密承旨聂文进，就得到刘承佑的宠信，刘承佑和他们亲密得随意说脏话。太常卿张昭上疏，请刘承佑远离小人，亲近儒臣，学习经典，刘承佑也不予理睬。李太后也多次告诫刘承佑，刘承佑根本不放在心上。

不久，刘承佑就与辅政大臣史弘肇、杨邠发生矛盾。

后匡赞、郭允明及聂文进想得到要职，由于顾命大臣杨邠、史弘肇的反对，一直不能得逞。客省使阎晋卿，按照次序应当升任宣徽使，也一直没有被任命。原平卢节度使刘铢罢职回到京师，也一直没有再被授予官职。这些人不断发出怨言，埋怨杨邠、史弘肇。

刘承佑还想给外戚李业授予一个好的官职。李业是武德使，是李太后的兄弟。高祖刘知远在位时，李业便执掌内帑，也就是管理宫中的钱财。刘承佑继位后，李业更是得到宠信。宣徽使王峻调往邺都，宣徽使一职空缺，李业想得到这个官职，刘承佑及李太后也不断暗示各位宰相推荐。然而杨邠、史弘肇认为宫内的官员升迁有一定的次序，不能因为李业是外戚就越级任命。

史弘肇阻止刘承佑的方式还很冲动。李太后一位友人的儿子想在军中找个官职，史弘肇不仅不肯，还派人将李太后友人的儿子杀掉。刘承佑给戏子们赏赐锦袍、玉带，史弘肇不知则罢，一知便怒道："士兵们守卫边疆，艰苦作战，还没有得到赏赐，你们这些人有什么功劳，却得到这样的赏赐？"史弘肇还将戏子们的赏赐夺了过来，缴还国库。

杨邠虽然比史弘肇理智一些，但有时也不把刘承佑放在眼里。有一回，杨邠与史弘肇在刘承佑面前议事，刘承佑说："这件事应当认真谋划一下，免得有人说话。"杨邠毫无顾忌地说道："陛下只管不出声，有臣等在。"刘承佑想册封自己喜爱的耿夫人为皇后，杨邠认为耿夫人升得太快，不能册封。不久耿夫人去世，刘承佑准备以皇后之礼安葬，杨邠也认为不可。

刘承佑对史弘肇与杨邠越来越不满，其身边的小人趁机说道："杨邠这些人专权横行，迟早一天会发生叛乱。"刘承佑对此深信不疑。一天夜里，刘承佑听到作坊里锻铁练钢的声音，就怀疑要发生事情。

宰相苏逢吉知道李业等人怨恨史弘肇、杨邠，便趁机挑拨李业等人，加害史弘肇、杨邠。李业等人于是在刘承佑面前不断说史弘肇与杨邠的坏话。刘承佑早就讨厌史弘肇与杨邠，便准备对史弘肇、杨邠动手，省得他们碍手碍脚。

要对顾命大臣动手，刘承佑还是先向李太后奏报一下。

李太后倒还清醒，说道："这样的事怎能轻举妄动？应当与宰相们商议。"

李业当时就在一旁，说道："先帝曾经说过，朝廷大事不可与书生们商议，书生们胆小，会误人误事。"

李太后仍然坚持要与宰相们商议，刘承佑不耐烦地说道："国家大事，女人们不懂！"说完，拂袖而去。

十一月十三日早朝，杨邠、史弘肇等人前来参加朝会，突然几十名身穿铠甲的士兵从广政殿冲了出来，当场将杨邠、史弘肇等人砍死。枢密承旨聂文进急忙将各位宰相、大臣召至崇元殿，宣读刘承佑诏书："杨邠等人谋反，已经被诛，与卿等一同庆贺！"

刘承佑将群臣召至万岁殿，对群臣说道："杨邠等人把朕当作小孩子，朕今天才真正成为卿等主人，卿等再也不要担心祸患了。"群臣叩谢退朝。刘承佑又派人将杨邠等人的亲戚、党羽、侍从全部杀掉，以绝后患。

杀了这些人，刘承佑是不是安心了呢？还没有，刘承佑认为还有几个人也让他不安心。这几人是郭威、王峻与王殷，他们都与史弘肇等人关系密切。郭威与王峻当时在邺都，王殷是侍卫步军都指挥使，当时在澶州（今河南省濮阳市）。刘承佑派供奉官孟业带着密诏前往澶州与邺都，令镇守在澶州的镇宁节度使、李太后的兄弟李洪义杀掉王殷，令邺都行营马军都指挥使郭崇威、步军都指挥使曹威杀掉郭威与王峻。

郭威等人还没有被杀掉，李业便等不及了，马上派在家待任的刘铢屠杀郭威、王峻的家人。刘铢非常残忍，将郭威、王峻的家人全部杀光，妇女儿童也没有留下。李业又派侍卫马军都指挥使、兄长李洪建屠杀王殷的家人，李洪建没有动手，只是派人看守，也供应饭食。

刘承佑将朝中大权重新作了分配，苏逢吉权知枢密院事，刘铢权知开封府，李洪建权判侍卫司事，阎晋卿权侍卫马军都指挥使。由此可见，苏逢吉在四位顾命大臣中更受刘承佑信赖。苏逢吉得知史弘肇、杨邠等人被杀，还感到突然，对人说："如果皇上问我一句话，就不会发生这样的事。"其实将相已经不和，苏逢吉这话应当不是出于真心。

刘承佑又紧急调天平节度使高行周、平卢节度使符彦卿、永兴节度使郭从义、泰宁节度使慕容彦超、匡国节度使薛怀让、郑州防御使吴虔裕、陈州刺史李穀入朝。慕容彦超接到刘承佑的诏书时，正在吃饭。慕容彦超得知朝中变故不小，立即扔下碗筷，快马进京，丝毫不敢耽搁。慕容彦超到了京城，刘承佑便将军事大权全部交给这位叔叔。

第66章　郭威起兵，进入开封

供奉官孟业到达澶州（今河南省濮阳市），将密诏交给镇守澶州的镇宁节度使李洪义。李洪义是一个胆小懦弱的人，担心侍卫步军都指挥使王殷已经得到消息，便不敢向王殷下手。李洪义干脆带着孟业去见王殷，王殷立即将孟业囚禁，再派副使陈光穗带着密诏前往邺都（今河北省大名县），将此事告知郭威。

刘承佑的密诏本来应当由孟业先送给李洪义，再到邺都送给郭崇威与曹威，让二人杀掉郭威。现在，密诏先到了郭威的手里，郭威与同在邺都的枢密院小吏魏仁浦商议。魏仁浦说道："公是国家大臣，功勋卓著，现在又手握重兵，镇守重镇。一旦被小人陷害，大祸临头，绝不是几句话就能说清的。事已至此，不能坐以待毙。"

郭威又召集郭崇威、曹威以及各位将领，对众人说道："枢密使杨邠已被冤死，陛下还下了密诏要杀掉我。我与杨邠诸公，披荆斩棘，追随先帝夺取天下。现又接受托孤重任，正当竭力保卫国家。如今诸公已死，我岂能独生？诸位应当奉行诏书，取我首级，以报天子，这样才不会连累诸位。"

郭崇威等人听后，哭着说道："天子年幼，这一定是身边小人所为，如果让这些小人得志，国家还能安宁吗？崇威等愿跟从明公入朝，扫清鼠辈以清君侧，不能让明公死在一个使者的手中，留下千古的骂名。"

翰林天文赵修己也对郭威说道："明公白白死了，有什么益处？不

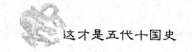

如顺应众人之心，起兵南下，这是上天给明公开启的道路。"

郭威决定起兵进京。

公元950年（后汉乾祐三年）十一月十五日，郭威留养子柴荣镇守邺都，命郭崇威率骑兵作为前锋先行，自率大军随后出发。

消息很快传至京城，刘承佑立即召集群臣商议。

前开封尹侯益说道："邺都的将士家属都在京城，我们应当紧闭城门，先挫其锐气，然后再让城中家属登上城楼，招将士们归降，可不战而胜。"

刘承佑的叔叔慕容彦超说道："侯益老了，这是懦夫之计。陛下应当派兵北上，在澶州阻截郭威。"

刘承佑于是下诏，命侯益与阎晋卿、吴虔裕、前保大节度使张彦超等人率禁军奔赴澶州。刘承佑还准备亲自前往澶州督战。

刘承佑哪里想到，侯益等人尚未起程，郭威的大军已经到达澶州。李洪义与王殷打开城门迎接郭威。王殷见到郭威，悲伤痛哭。郭威在澶州没有停留，很快便渡过黄河继续南下，王殷则率所部兵马一起跟从。

郭威大军南进途中，抓获前来打探军情的宦官鸑（音龙）脱。郭威拟了一份奏表，放在鸑脱的衣领中，让鸑脱带给刘承佑。郭威在奏表中说："臣昨天得到诏书，正伸长脖子等待诛杀。郭崇威等人不忍心杀了臣，说这是陛下身边贪得无厌的小人所为，还逼着臣归京请罪。臣求死不能，也不能控制部众，只得南下。陛下如果认为臣确实有罪，臣哪里敢逃脱处罚？如果确实有小人所为，也请将这些人交到军前，以快众人之心。臣届时一定安抚各军，返回邺都。"

鸑脱回到开封，将郭威的奏表呈给刘承佑。刘承佑听说郭威已经南渡黄河，不敢再提亲征之事。刘承佑甚至开始后悔，私下对宰相窦贞固说道："之前之事，也太草率。"

李业倒非常坚定，建议刘承佑将府库中的钱财全部拿出，以激励将士抵御郭威。刘承佑于是给禁军士兵每人二十贯，其他士兵减半。那些在郭威军中的士兵也有赏钱，不过是赏给其家人，同时让家人给士兵写信，以劝其归降。

十一月十八日，郭威到达滑州（今河南省滑县），镇守在滑州的义成节度使宋延渥向郭威投降。郭威进入滑州城中稍作休整，还用滑州府库中的财物犒劳将士。

郭威对将士们说道："听闻侯益已经督领各军前来，交战不是我入朝本意，不战又担心被杀死。我想保全你等功名，不如奉行之前的诏书，杀了我，我绝不忌恨。"

众人都说："是国家有负明公，不是明公有负国家。我等万众一心，如同报得自己的私仇，侯益那些人能有什么作为？"

郭威此举，已让众将士同仇敌忾，没想到王峻私下又对将士们谎称道："我得到明公的命令，如果攻克京城，准许大家抢掠十天。"众人听后，无不欢呼雀跃，踊跃向前。

十一月十九日，郭威大军到达封丘（今河南省封丘县），离开封城只有数十里。不久京城震动，人心惶惶。李太后听到消息，哭着对刘承佑说道："不用李涛的建言，难怪要灭亡啊。"

两年前，宰相李涛建议将杨邠、郭威调到藩镇任职。当时关中三叛，杨邠、郭威恳请李太后不要将他们外调。李太后听从了杨邠、郭威的话，还将李涛罢了相。难怪李太后现在感到后悔。

即便如此，刘承佑还是有可以依仗的人，那就是他的叔叔慕容彦超。慕容彦超也自认为骁勇异常，因而毫不担心。慕容彦超对刘承佑说道："臣看郭威的士兵，不过是一群蠓虫。臣一定会为陛下生擒他们的魁首！"

慕容彦超出了宫，见到枢密承旨聂文进，问郭威的兵马有多少，都有哪些将领，聂文进一一告知。慕容彦超听后，也感到害怕，自言自语道："这是强大的敌人啊，不可轻视。"

刘承佑只得再下诏，派左神武统军袁羲（音仪）、前威胜节度使刘重进率禁军与侯益等人一起驻屯赤冈（今河南省开封市东北）。慕容彦超率大队人马驻屯开封城北的七里店。史书称刘承佑派出的朝廷兵马为

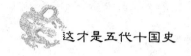

南军，称郭威的南归兵马为北军。

十一月二十日，南军与北军在七里店东北的刘子陂遭遇，开始对峙，没有发生交战。

刘承佑准备出城前往军中，一边慰劳南军，一边督战。

李太后劝道："郭威是我家的故旧，不到死亡的地步，是不会如此的。我们只要按兵不动，坚守城池，再下达诏书，观其志向。只要郭威说出道理，则君臣大义仍在，千万不要轻率出城。"

刘承佑怎能听得下去，因为他已经杀了郭威全家，郭威可以说出一万个理由。刘承佑坚决要出城，李太后只得交代聂文进道："千万要小心！"

聂文进说道："有臣在，就是有一百个郭威，也能生擒。"

刘承佑到了南军之中，两军仍在对峙，谁都不出战。一直到了晚上，两军仍然不战，刘承佑便先回宫中。慕容彦超放出大话道："如果明天宫中无事，陛下可以再来，臣将上阵破贼。其实臣根本无须动手，只要大喝一声，就能把北军吓散回营！"

十一月二十一日，刘承佑再次出城前往军中。

两军仍在对峙，郭威对众将说道："我此次进京，只想诛杀天子身边小人，绝不敢与天子为敌，诸位一定不要首先出战。"

不久，南军中的慕容彦超就不耐烦了。慕容彦超跨上战马，带着轻骑兵杀向北军。北军这边的郭崇威与前博州刺史李荣也立即率骑兵迎战。两部骑兵刚一接触，慕容彦超的坐骑突然跌倒，慕容彦超从马背上跌了下来，差点被北军擒获。慕容彦超迅速跨上马，带领所部骑兵撤退，郭崇威等追杀，南军百余人死亡。

由于慕容彦超出师不利，南军士气大减，不少士兵向北军投降。南军的将领侯益、吴虔裕、张彦超、袁嶬、刘重进等人也悄悄前往拜见郭威。到了天黑之时，南军士兵大都投奔北军。慕容彦超见势不妙，带领十余名骑兵一直奔回兖州，也不管刘承佑的安危。当天晚上，刘承佑与三位宰相以及随从官员共数十人就住在七里寨，其他人全都逃散。

十一月二十二日，刘承佑纵马来到一处高坡督战，身边旌旗高高飘扬。远处的郭威一见天子旌旗，连忙下了战马，脱下铠甲，朝刘承佑那里奔去。然而当郭威到了高坡之处时，刘承佑已经策马离开，前往开封城。

刘承佑回到开封城之玄化门，看到被其起用的开封府尹刘铢正守在这里。刘铢没有打开城门，而是问刘承佑左右之人："兵马呢？"不等回答，即下令向刘承佑左右之人射箭。刘承佑知道刘铢反了，只得掉转马头离开。

刘承佑来到开封城西北的赵村，有一支兵追了上来。刘承佑下马躲到一个百姓家，最后还是被乱兵杀害，年仅二十二岁。跟随刘承佑的宰相苏逢吉、阎晋卿、郭允明等人全部自杀，聂文进还想逃走，最后也被北军杀死。李业逃往陕州投靠李洪建，后匡赞逃往兖州投靠慕容彦超。

郭威听说刘承佑被杀，大哭道："都是老夫的罪过啊！"

哭归哭，开封城还是要进的，不久郭威便率领北军到达玄化门。守在玄化门的刘铢下令放箭，一时箭如雨下，郭威无法进城。郭威带领兵马又来到迎春门，这个门倒是没有什么防守，郭威很快进入城中。郭威进城后，派曹州防御使何福进带领人马保护明德门，因为进入此门，便是李太后入居的万岁宫。

郭威回到自己的家中，家中已经没有家人。

这时城中已经一片混乱，郭威带来的北军开始大肆抢掠，整个晚上，城中烟火四起。吏部侍郎张允家中财产数以万计，但其生性吝啬，就是自己的妻子也不放心，常常将钥匙挂在身上，走起路来如同佩带装饰。当天晚上，北军进城抢掠，发现了躲在佛殿里的张允。士兵们为了找钥匙，脱了他的衣服。那时可是非常寒冷的冬天，张允最后被活活冻死。

作坊使贾延徽也深得刘承佑的宠信，与魏仁浦是邻居。贾延徽一直想霸占魏仁浦的房屋来扩大自己的庭院，多次在刘承佑面前说魏仁浦的坏话，魏仁浦差点儿被投入狱中。士兵抢掠了贾延徽的家，也把贾延徽押到魏仁浦的面前，让魏仁浦报仇。魏仁浦说："趁乱报私仇，我不能

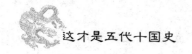

这么做。"郭威听闻此事，更加敬重魏仁浦。

十一月二十三日，城中仍在抢掠。王殷、郭崇威看不下去了，来到郭威家中，对郭威说道："如果不加制止，到今天晚上，开封城就会成为一座空城。"于是，郭威给各将领下令，立即制止所部士兵抢掠，违者斩首。到了傍晚时分，城中才安定下来。

郭威命人寻找宰相窦贞固、苏禹珪二人，二人已经从七里寨逃了回来。郭威让二人官复原职。太师冯道带领百官前来拜见郭威。郭威见到冯道，主动给冯道下拜。冯道坦然接受，缓缓说道："侍中此行不易啊！"

郭威又命人将刘承佑的灵柩放在西宫。有人建言以公爵之礼安葬刘承佑，郭威不许。郭威说道："事发突然，我不能保护陛下乘舆，已经罪大恶极，怎能还敢贬降陛下？"

十一月二十四日，郭威带领百官来到明德门，向李太后问安。李太后下诰令道："皇上被杀，国家不可无主。河东节度使刘崇、忠武节度使刘信都是高祖的兄弟，武宁节度使刘赟、开封府尹刘勋都是高祖的儿子，就让百官商议，在他们中选择一位为君。"

刘勋本名刘承勋，是高祖刘知远的儿子。刘赟本是刘崇的儿子，刘知远非常喜爱，便收为养子。郭威与王峻请求册立刘勋为新君，毕竟刘勋是刘知远的亲子。岂料李太后说道："刘勋身体有病，一直卧床不起。"李太后还命人将刘勋抬了出来，以防众人不信。

郭威与王峻再商量，决定立刘赟为新君。李太后同意了，于是再下诰令，命有司准备法驾，择日前往徐州迎接刘赟到开封即位。郭威奏请，派太师冯道及枢密直学士王度、秘书监赵上交前往徐州迎接。

郭威拥立刘勋或刘赟为新君，可以说合乎情理，毕竟两人都是刘知远的儿子，如果不是刘勋有病，刘勋应当优先。现在让刘赟继位，还让另一个人感到十分高兴。此人便是河东节度使刘崇。刘崇与郭威的关系不太好，对郭威辅政很是不安，因而在河东不断招兵买马，壮大实力。刘崇听闻郭威起兵进京，正要率兵南下开封，现在听说郭威拥立其子继位，高兴地说道："我儿子当皇帝，我还有其他想法吗？"便没有率兵南下。

刘崇还派人前往开封，以示自己没有二心。郭威见到刘崇的使者，也向使者表明自己没有称帝的想法。郭威出身微贱，少年时曾在脖子上刺一只飞雀，人称"郭雀儿"。郭威在刘崇使者面前，指着脖子上的飞雀说道："自古哪有文身的天子，请刘公不要怀疑。"使者回到太原，将郭威的话告诉刘崇，刘崇大喜，对郭威深信不疑。

新皇帝一时未到开封，郭威再带领百官向李太后奏称："等新皇帝到达京城，至少也要十天，请太后先临朝听政。"李太后于是临朝听政。

最后交代一下几个人的结局。

刘铢奉李业之命杀了郭威全家，可谓罪大恶极。在郭威进城后的第二天，刘铢便被擒获。郭威没有马上杀掉刘铢，而是等了六天。因为六天后，李太后已经临朝，郭威一定是通过李太后下达命令的。不过郭威没有杀掉刘铢的家人，郭威说："刘铢杀了我的全家，我如果再杀他全家，冤冤相报何时了？"

李洪建、李洪信、李洪义、李业四人都是李太后的兄弟。李洪建、李业在京城担任要职，李洪信、李洪义在外担任节度使。李洪建奉命杀掉王殷全家，但李洪建没有执行，反而对王殷的家人进行保护。然而郭威仍要杀掉李洪建，王殷多次请求郭威不杀李洪建，郭威就是不肯。李业在混乱之时逃往陕州，投奔兄长李洪信。李洪信不敢收留，李业便带着财物逃往河东，途中被盗贼杀害。李洪信、李洪义直到宋朝时才去世，善终。

还有一个小人后匡赞。后匡赞逃到了兖州，慕容彦超命人将其逮捕，再派人将其送给郭威。郭威二话没说，命人将后匡赞斩首。

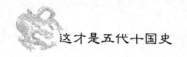

第67章　澶州兵变，黄袍加身

公元950年（后汉乾祐三年）十一月二十九日，李太后临朝听政。这一天的朝会，任命了一些朝中要职：王峻为枢密使，袁嶬为宣徽南院使，王殷为侍卫马步军都指挥使，郭崇威为侍卫马军都指挥使，曹威为侍卫步军都指挥使，陈州刺史李榖权判三司。可以看出，无论是枢密使还是侍卫司的官员，都是郭威的人。

这一天，北部的恒州、邢州还送来急报："辽国皇帝耶律兀欲率领数万骑兵入侵，攻克饶阳（今河北省饶阳县）、内丘（今河北省内丘县），并在内丘城中大肆屠杀。"

李太后第一天临朝，便遇到这样的大事。也可能这件事前几天就报达京城，只是李太后尚未临朝，无人能决策。朝议结果是，派侍中郭威率大军北上抵御辽兵，国事暂且交给宰相窦贞固、苏禹珪及王峻，军事交给王殷。

十二月一日，郭威离开都城开封，起程北上。

数日后，郭威到达滑州（今河南省滑县），停留数日。也就在这时，刘赟派使前来慰劳。刘赟当时尚未即位，太师冯道等已经到达徐州，刘赟也知道自己被册立为新君。刘赟于是让右都押牙巩延美、元从都教练使杨温镇守徐州，自与冯道一同前往开封。刘赟虽然没有登基，但其护卫仪仗都与皇帝一样，左右之人已称其为万岁。刘赟得知郭威北上抵御辽兵，便在途中派使前往慰劳。

刘赟的诏书到达滑州，诸将都不肯下拜接受，相互说道："我们举兵入京，又抢掠一番，可谓罪大恶极。如果仍然由刘家人来当皇帝，我们还能有活命吗？"将士们的这些议论传到郭威的耳中，郭威传令快速北上。

十二月十九日，郭威北渡黄河，到达澶州（今河南省濮阳市）。

第二天，大军正要起程，将士们突然大声喧哗起来。郭威当时还在馆驿之中，也听到外面的声音，连忙命人将馆驿大门关闭。岂料有将士竟翻越院墙，来到郭威住的房屋之中，对郭威说道："天子必须由侍中自己来当，将士们与刘家已经结仇，不可再立刘家人当天子。"这些将士也不问郭威肯与不肯，竟然撕破黄旗裹在郭威的身上，一起将郭威抱了起来，高呼万岁。这些将士又簇拥着郭威向南而行，打算返回京城开封。

这出"黄袍加身"的戏不管是郭威策划的，还是属下策划的，总之就是郭威他们一干人策划的。史书上的两个细节值得注意。一个是将士们喧哗，郭威不仅没有制止，反而关闭屋门，有意躲避。显然郭威知道这个喧哗不是要谋杀主将，甚至知道将士们想干什么。还有一个细节就是将士们是用黄旗当黄袍的，说明有些仓促。

郭威不再北上御辽，而是带领士兵南下。途中，郭威派人给京城的李太后上笺，承诺继续尊奉刘氏皇家宗庙，将李太后当着母亲。郭威还派人带着文书来到开封，安抚城中的吏民，称昨天已经南渡黄河，一路上军纪严明，秋毫无犯，请城中吏民不要惊慌。

朝中的大臣王峻、王殷当然支持郭威，并且立即作了部署。二人派郭崇威率七百名骑兵前往拦截刘赟，目的是控制刘赟。二人还派前申州刺史马铎率兵南下许州（今河南省许昌市）巡逻，防备镇守在此的刘信。刘信得到消息，惊恐过度，自杀。

十二月二十五日，郭威到达七里店，离开封城只有十余里。宰相窦贞固带领百官前来迎接，同时向郭威劝进。郭威传令大军在开封城北门外的皋门村扎营，然后带领少量随从入城。

郭威得知郭崇威去拦截刘赟，再派人给刘赟送去一封信。

且说郭崇威到达宋州（今河南省商丘市）时，刘赟正在此暂歇。郭崇威传令在刘赟的入住的府门前列阵。刘赟看到郭崇威带领骑兵突然到此，非常吃惊，连忙关上大门，登上楼阁责问郭崇威何故到此。郭崇威答道："澶州发生兵变，郭公担心陛下误会，因而派崇威前来护卫，没有其他缘由。"

刘赟召郭崇威一人进府，郭崇威不敢。太师冯道出了府门，与郭崇威说了几句话，郭崇威才进入府中，登上楼阁。刘赟抓住郭崇威的手，哭了起来。郭崇威以郭威的名义抚慰刘赟。

郭崇威离开后，武宁判官董裔对刘赟说道："我看郭崇威的眼神举止，一定有阴谋。外面已经有人传言，说郭威已经称帝。陛下如果再往前走，就会招致大祸。请紧急召见张令超，向他明辨是非祸福，令其夜间带兵劫持郭崇威，夺其兵马。明天再在宋州城中抢掠金银布帛，招募士兵，然后北上太原。郭威才到京城，一定没有时间追击，这是上上之策。"

董裔所说的张令超是护圣指挥使，负责刘赟的宿卫。董裔建议北上太原，正是希望刘赟去投奔父亲刘崇。

董裔的计策确实是上策，然而刘赟犹豫不决。也许刘赟当时还心存幻想，不认为郭威会夺其帝位。然而就在刘赟不能决断之时，郭崇威率先行动了。当天晚上，郭崇威秘密联络张令超，劝说张令超归附郭威，张令超接受了。刘赟得到消息，惊恐万分。

第二天，郭威的书信送到。郭威在书信中向刘赟解释，说自己完全是被将士们逼迫，不得已而为之。郭威还请太师冯道先返开封，留下赵上交、王度陪同刘赟继续西进。

冯道就要先返京城了，刘赟感到非常无助，对冯道说道："寡人此次之所以答应西进开封，完全是看在公是三十年的宰相，因而毫不相疑。现在郭崇威夺了寡人的卫兵，情势已经非常危险，公有什么计策？"

冯道是五代之中的不倒翁，最能看清形势。冯道此时会帮刘赟想计策吗？不会，所以冯道一句话也没有说。

刘赟的另一心腹、客将贾贞想杀掉冯道，刘赟阻止道："你不要鲁莽，这不是冯公的事。"

冯道走后，郭崇威杀掉刘赟的心腹董裔、贾贞等人。

十二月二十六日，郭威与百官上朝。李太后照样临朝，但不得不依照群臣奏请，将刘赟废为湘阴公。

第二天，李太后再下诰令，任命侍中郭威为监国。这时百官与各地藩镇纷纷上表，向郭威劝进，郭威没有应允。

两日后的晚上，郭威大营中有步兵将校喝醉酒，扬言说在澶州时是骑兵拥立郭威为天子，今天步兵要再拥立一次。郭威听到后，下令将这名将校斩首。

郭威不想当皇帝吗？绝不是。郭威是希望由李太后下诰令，让他即位。果然，公元951年正月五日，李太后又下诰令，将传国玉玺授予监国郭威，郭威正式即位。

郭威从皋门入宫，在崇元殿登基即位，改元广顺，大赦天下。郭威自称是周朝虢国的后裔，因而定国号为周，史称后周，郭威便是后周太祖。郭威给李太后上尊号为：昭圣皇太后，让李太后住到西宫。

郭威给已经被杀的杨邠、史弘肇等追赠官职，并派人寻找他们的子孙，录用为官。郭威再任命前复州防御使王彦超暂且担任武宁节度使，以代替被废黜的刘赟。王彦超到了徐州，巩廷美等人犹豫不决，不肯打开城门。王彦超派人向郭威奏报，郭威命王彦超攻城。两个月后，王彦超攻克徐州城，杀死巩廷美等人，此为后话。

那么，辽国兵马入侵是真是假呢？应当是真的。不过郭威的运气还是不错的，他虽然没有与辽兵作战，但辽兵不久便撤退了。史书记载，辽兵攻打内丘时，死伤很多，当时又出现月食，军中出现不少怪异之事。辽世宗耶律兀欲不敢再向南深入，便率兵北返。

郭威即位不久，辽世宗派使前来请求和好。郭威也派左千牛卫将军朱宪前往辽国，通报朝代已经变更，并向辽国赠送金器、玉带。尽管辽国已经派使讲和，但郭威对北方仍不放心，认为辽国迟早还会入侵。郭威认为邺都（今河北省大名县）是河北的重镇，控制邺都，便能控制辽兵南下。郭威打算派一位心腹之人前往镇守，于是任命宁江节度使、侍

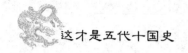

卫亲军都指挥使王殷为邺都留守、天雄节度使、同平章事，仍然兼任侍卫亲军都指挥使。

郭威称帝取代后汉建后周，刘家人的反应如何呢？

后汉高祖刘知远共有三个儿子，长子刘承训早年便去世，次子刘承佑便是隐帝，已经被杀，三子刘勋身患疾病，不能起床，在郭威即位的数日后也去世。刘知远的养子刘赟在郭威即位十余日后也被杀害，刘知远已经没有后人。

刘知远还有三位兄弟，一位是忠武节度使刘信，一位是河东节度使刘崇，还有一位是泰宁节度使慕容彦超。刘信已经自杀，只有刘崇与慕容彦超还在重镇镇守。

在刘赟被废时，刘崇曾派使来到开封，请求让刘赟回到太原。郭威给刘崇下诏回复道："湘阴公正在宋州，朕已派人接往京城。朕一定妥加安置湘阴公，公不要担忧。公能同心合力辅佐朝廷，朕将为公加授王爵，让公永远镇守河东。"

刘崇还会再相信郭威吗？下一章再讲。

慕容彦超听闻郭威称帝，不仅没有反对，反而派使来到开封进贡。郭威仍然担心慕容彦超，便给慕容彦超送去诏书称："你兄长的大业到了这个地步，一言难尽，还望兄弟能够扶持我，一同安抚黎民。"次月，郭威还加授慕容彦超为中书令，慕容彦超也上疏谢恩。郭威又给慕容彦超回了一道长长的诏书，说"危乱见忠臣之节，疾风知劲草之心"，以感化慕容彦超。

郭威在五代史上算是一位好皇帝。

郭威在刚刚即位之时，便下诏革除几项弊制。一、管理仓库的官吏不得向缴纳税收的百姓收取"斗余""称耗"。二、之前地方官员以盈余为名，向朝廷缴纳贡品，现在一律禁止。三、犯盗窃、强奸罪的，一律按后晋以前的刑法执行。四、不是谋反叛逆罪的，不得诛杀其族人，不得没收其家财。

郭威首先要改的这几项，其实是两类事情。

一类是赋税。以前国势混乱，百姓缴纳赋税时，管仓库的官吏硬是要百姓多交，说是有损耗。地方官员将多收的赋税再上缴朝廷，看起来没有损公肥私，但增加了百姓的负担，也让各级官员有了徇私舞弊的机会。

一类是律法。唐末以来，天下大乱，盗匪盛行，一些官员认为不用严刑就不能制止，于是偷盗或贪赃三匹布的，就一律处死。在后晋天福年中，稍微放宽一些，但也是五匹布就处死。男子与有夫之妇发生奸情，不管是强奸还是通奸，男女一起处死。到了后汉时，偷盗一文钱的便处死。很多人犯的不是谋反叛逆罪，也往往被诛灭全族、没收家产。郭威改了与百姓切身利益相关的弊制，百姓非常欢迎。

一直以来，各地官员总是向朝廷进献美味珍品，郭威对此非常反感。郭威对枢密使王峻说道："朕出身贫寒，尝尽艰苦，遇到乱世，突然当了帝王，怎能厚待自己、虐待百姓呢？"郭威下诏让各地不要再进贡这些美味珍品。郭威在诏书中还说："享受美味的只有朕一人，受到伤害的却是黎民百姓。"

郭威还将宫中的几十件宝玉拿到庭院之中，当场砸碎。郭威说："对帝王来说，要这些东西有什么用？听说隐帝每天都与嬖宠在宫中嬉戏，各类珍宝不离身边。这些事都不远，应当引以为鉴。"郭威对左右说，从今以后，各类珍宝不得送到宫里来。

郭威对别国的百姓也一样爱护。

郭威建立后周时，华夏大地七国并立：后周、南唐、后蜀、南汉、吴越、南楚、荆南。南唐、后蜀、南汉已经称帝，不向后周称臣纳贡。然而郭威曾经下诏称，我国与唐国并没有仇怨，唐国的百姓与我国百姓也没有什么不同，淮河一带的守兵，应当严守疆域，但商旅往来，不得禁止。当时南唐不少饥民北渡淮河来买米，郭威诏令各州县不得阻止。

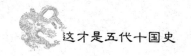

第68章　建立北汉，两攻晋州

刘崇目有重瞳，还是一位美髯公。刘崇早年嗜酒、好赌，不务正业，是个无赖。刘知远任河东节度使时，刘崇为都指挥使。刘知远建立后汉时，刘崇为北京留守、河东节度使、同平章事，镇守太原。隐帝刘承佑在位时，刘崇被加授中书令。

刘崇与辅政大臣郭威关系不睦。刘崇为了壮大自己的势力，在河东招兵买马，收罗天下豪杰，不再向朝廷缴纳赋税。刘承佑被杀时，刘崇准备率兵南下。当听说其子刘赟被册立为新君时，刘崇非常高兴，不想再带兵南下。

然而太原少尹李骧并不看好此事。李骧说道："我看郭威的心思，最终必定自己当皇帝。明公应当率兵快速南下，越过太行山，占据孟津（今河南省孟津县），等大公子即位之后，再回军太原，郭威一定不敢有所动作。如不这样，一定被郭威出卖。"

刘崇听了此言，大怒道："你这个腐儒，想离间我们父子。"

刘崇命人将李骧拉出去斩首。李骧大叫道："我身怀治国济民之才，却为这个愚蠢的人出谋划策，该当一死。只是家有老妻一人，请跟她一同去死。"

刘崇于是连李骧的妻子也杀掉，并将此事奏报朝廷，以示自己没有二心。

后来，刘赟被废黜为湘阴公，刘崇才感到失望与痛心。刘崇请求郭威将刘赟送回太原，郭威不肯。刘崇感到更加绝望，便准备自己称帝。

公元951年（后周太祖广顺元年）正月十六日，就在郭威登基的十天后，刘崇在太原也登基即位了。刘崇这一年已经五十七岁。刘崇仍然使用后汉乾祐年号，领地为河东所辖的十二个州府，即太原府、汾州、忻州、代州、岚州、宪州、隆州、蔚州、沁州、辽州、麟州、石州。

刘崇不改国号，不改年号，把自己当作后汉的继承者，以示后汉没有灭亡。传统史家认为，后周建立，后汉已经灭亡，刘崇所建立的国家是一个新的国家，称北汉，刘崇便是北汉世祖。随着北汉的建立，华夏大地八国并立：后周、南唐、南汉、后蜀、吴越、南楚、荆南、北汉。

刘崇称帝，也任命一些内外官员。节度判官郑珙为中书侍郎、同平章事，观察判官赵华为户部侍郎、同平章事，次子刘承钧为侍卫亲军都指挥使、太原府尹，节度副使李存瓌（音瑰）为代州防御使，裨将张元徽为马步军都指挥使，陈光裕为宣徽使。宰相每月的俸禄只有一百贯钱，节度使只有三十贯，其他官吏更少，是故北汉国内没有廉洁的官吏。

刘崇不建皇家宗庙，平时的祭祀与普通人家一样。刘崇觉得自己的国家不像是国家，曾对李存瓌、张元徽等人说道："朕因为高祖的大业突然崩溃，才不得已而登基即位。仔细看看，我算是什么天子，你们又算是什么节度使？"幸亏有个客省使叫李光美，曾在朝廷担任过直省官，了解一些朝廷制度，不然北汉更不像是一个国家。

刘崇称帝之后，才得知其子刘赟在宋州（今河南省商丘市）被杀。刘崇大哭道："我不听忠臣李骧之劝，以至于此啊。"刘崇十分懊悔，命人给李骧修建祠堂，逢年过节祭祀。

刘崇称帝的消息传到辽国，辽世宗耶律兀欲派人主动与刘崇联络。刘崇想把辽国当作靠山，以对抗郭威的后周。刘崇于是给辽国致信，希望像后晋那样，得到辽国的支援，辽世宗大喜。

刘崇有了靠山，决定向后周发起袭击，目标是晋州（今山西省临汾市）。刘崇任命次子刘承钧为招讨使，吐谷浑人白从晖为副使，李存瓌为都监，令三人率一万步骑兵袭击晋州。

二月六日，刘承钧到达晋州城下，兵分五道攻打晋州城。

晋州是后周建雄军治所，镇守在此的是建雄节度使王晏。面对北汉

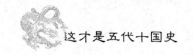

大军，王晏紧闭城门不战。刘承钧认为王晏胆怯，便下令强攻。士兵们开始攀登城墙，多得像蚂蚁一样。

刘承钧哪里知道，王晏已经在城外埋了伏兵。就在北汉大军专心攀城之时，王晏的伏兵从身后攻了过来，北汉士兵死伤一千多人。刘承钧不敢再强攻，派副兵马使安元宝带领士兵去焚烧晋州西城，安元宝却向王晏投降。

刘承钧攻打晋州不利，又转攻北边的隰州（今山西省隰县）。后周隰州刺史许迁派步军都指挥使孙继业迎战。孙继业在长寿村（今山西省石楼县东）与北汉兵马发生激战，取得大胜，擒获并杀死北汉将领程筠。刘承钧无心再战，传令撤退。

刘崇获报刘承钧出征不利，便派使请辽国出兵相助。

辽国派拽剌梅里为使来到北汉。拽剌梅里对刘崇说，辽国正与后周议和，后周的使者田敏已经来过，答应每年给辽国进贡十万贯钱。

刘崇立即明白辽国的意图，马上派宰相郑珙为使前往辽国，献上重金，还称"侄皇帝致书于叔天授皇帝"，并请辽国对其进行册封。辽国于是转而与北汉结好，并扣留了后周的使者。郑珙在辽国，辽世宗对其很是礼遇。郑珙也很能喝酒，然而挡不住辽国人的不断劝酒，最终醉酒而死。

六月，辽国派燕王耶律述轧等来到北汉，册封刘崇为大汉神武皇帝，刘崇也更名为刘旻。刘崇不仅给辽国进贡更多的钱财，还自称"侄皇帝"，与后晋高祖石敬瑭当契丹人的"儿皇帝"没有多少分别。

七月，刘崇派翰林学士卫融前往辽国，对辽国的册封致谢，同时请辽国派兵助其攻打后周。

辽世宗准备出兵相助，召集各部酋长在九十九泉（今内蒙古卓资县北）商议用兵之事。各部酋长不想攻打后周，辽世宗强迫他们出兵，并准备亲自带领兵马南下。

九月四日，辽世宗率兵到达火神淀（今河北省涿鹿县西）。燕王耶律述轧与太宁王耶律沤僧叛乱，杀死辽世宗，耶律述轧被部众拥立为皇帝。辽太宗的儿子耶律述律在各部帮助下，杀死耶律述轧、耶律沤僧。

耶律述律被拥立为皇帝，更名为耶律明，是为辽穆宗。辽穆宗当时只有二十二岁，喜爱玩乐，不理国事，每天晚上都喝得烂醉，天明才睡，中午才起，辽国人称其为"睡王"。

辽穆宗即位后，派使告知北汉世祖刘崇。刘崇派枢密直学士王得中前往辽国，祝贺耶律述律即位，攀认耶律述律为叔，同时请辽国出兵攻打晋州。辽穆宗派彰国节度使萧禹厥率五万兵马帮助北汉攻打后周。

刘崇得到辽国的大力相助，认为志在必得，决定御驾亲征。

十月十九日，刘崇带领的两万兵马与辽国大军到达晋州城外。刘崇与萧禹厥商议决定，三面包围晋州，日夜不停地攻城。刘崇的一支游骑兵还南下深入到绛州（今山西省新绛县）境内。

当时后周建雄节度使史王晏已经调离，新任节度使王彦超尚未到来，由巡检使王万敢暂且掌管晋州。王万敢一边派人向后周太祖郭威告急，一边与将领史彦超、何徽共守城池，抵御汉辽联军。

开封城中的郭威得到消息，感到十分担忧，毕竟辽国的兵马也来了。郭威不得不采取对策。郭威决定任命宰相王峻为行营都部署，令王峻率兵前往援救晋州，准许王峻便宜行事，可以自行选择将吏。诏令下达的第二天，王峻率军从开封出发，郭威亲自到城西为王峻饯行。

郭威十分着急，毕竟救急如救火。然而王峻似乎并不着急。当王峻西进抵达陕州（今河南省三门峡市）时，便传令在陕州停留十天。晋州前线的军情不断报到开封，郭威急得打算御驾亲征。郭威准备从泽州（今山西省晋城市）方向北进，最后与王峻会师晋州。郭威先派人将这一计划告知王峻。

王峻的回复一时未到，郭威已经不想再等。十二月一日，郭威下诏，定于两日后出征。

郭威尚未起程，前往陕州的使者回到开封，带回王峻的话："晋州城非常坚固，不容易被攻破。刘崇的兵锋正锐，不可硬拼。臣之所以在陕州停留，就是想等刘崇的士气衰退，然后再进军，不是臣胆怯不前。陛下刚刚即位不久，不宜轻易出京。如果陛下车驾西出汜水（今河南省

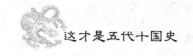

荥阳市西北），慕容彦超就会率兵进入开封，到那时，危险就大了。"

郭威听了此言，用手抓了抓自己的耳朵说道："差点坏了我的大事！"于是，郭威不再亲征，专等王峻捷报。

王峻当时已经率兵北上，但行军并不快。十二月十八日，王峻的前锋兵马才到达晋州城南百里之外的蒙阬（今山西省曲沃县西北）。此时离王峻从开封出发之日，已经过去了一个月零十天。

蒙阬地势最为险要，王峻非常担心北汉会派兵据守此地。当听闻前锋兵马已经顺利过了蒙阬，王峻大喜道："我一定大功告成！"

王峻行军了一个多月，刘崇攻打晋州城也已经五十多天。

当时正是寒冷的冬天，又下起了大雪，百姓都到山寨中躲避，野外没有粮草可以抢掠，刘崇的大军开始缺粮。辽国的兵马更是不想再战，士兵们盼望着早日北归。当听说王峻的大军已经过了蒙阬，北汉及辽国士兵更是惊慌，竟然烧毁营寨，连夜撤退。

王峻很快抵达晋州城外，得知汉辽兵马已经撤退，传令安营扎寨。诸将请求派兵追击，王峻犹豫不决。第二天，王峻才派行营马军都指挥使仇弘超、都排阵使药元福、左厢排阵使陈思让、康延沼等将率领骑兵追击。

四将在霍邑（今山西省霍州市西南）追上汉辽兵马，奋起攻击，汉辽兵马死伤很多，不少人坠下山崖而死。

霍邑这个地方道路狭窄，很难前行，康延沼不敢再追。药元福说道："刘崇率全部兵马前来，还带着辽兵，志在吞并晋、绛二州。现在刘崇士气已尽，狼狈逃窜，如不趁机将其消灭，将来必有后患。"

其他各将也不想再追，王峻又派人前来阻止，各将于是率兵返回。北汉兵马得以渡过汾水逃走。

辽兵到了太原，士兵、战马损失十之三四，辽兵主将萧禹厥感到非常耻辱，便将罪责全部推给一位大酋长，还将这位大酋长钉在木板上，游街示众，十多天后再斩首。

刘崇不敢再向后周发动袭击。史书上说，北汉土地贫瘠，还要供养士兵、向辽国进贡，百姓的赋税繁重，生活极为困苦，很多人逃入后周境内。

第69章　平定兖州，祭拜孔子

郭威称帝建立后周时，泰宁节度使慕容彦超派人来到京城开封进贡，以示向郭威臣服。然而当听说刘赟留在徐州的守将被平定时，慕容彦超便感到非常害怕，担心郭威下一个便会向他动手。

慕容彦超于是招兵买马，囤积粮草。慕容彦超还派人悄悄前往北汉，与刘崇结好，岂料使者都被后周的巡逻士兵抓获。慕容彦超不死心，又派人扮成商人，前往江宁，向南唐元宗李璟请求支援。

郭威得知慕容彦超的异常举动，马上派通事舍人郑好谦前往泰宁军的治所兖州，好言劝慰慕容彦超，并与慕容彦超盟誓。慕容彦超反而感到更为不安，于是派都押牙郑麟前往开封，表面上显示忠心，实是为了打探朝廷动静。

在郭威想亲往晋州增援之际，慕容彦超又做了一件荒唐的事。

慕容彦超派人给郭威送来多封书信，信是天平节度使高行周写给慕容彦超的，内容是高行周诋毁朝廷并愿与慕容彦超相结交的事。高行周是最反感慕容彦超的，郭威岂能相信？郭威看罢这些书信，笑道："这是慕容彦超使的诡计。"郭威将这些书信送给高行周，以示对高行周没有疑心，高行周上表谢恩。

郭威看到慕容彦超的反迹越来越明显，不仅不敢离京出征，还要采取一些对策。郭威于是派阁门使张凝率兵前往天平军的治所郓州（今山东省东平县）巡查，以作防备。

郭威此举像是在防备高行周，因为高行周是天平节度使，镇守在郓州。然而慕容彦超还是能够看出郭威的用意的，因为天平军与其泰宁军是两个紧邻的藩镇，郭威派兵到了天平，也就是靠近了泰宁。最重要的是高行周不可能与慕容彦超联合，只会忠诚于郭威。

慕容彦超继续玩弄诡计。慕容彦超派人来到开封上表，请求到开封朝见郭威。郭威看出慕容彦超在要诡计，便立即准奏。慕容彦超哪敢离开他的镇守之地，马上又说境内盗匪遍地，不能离开。

说起慕容彦超，也确实没有头脑。当刘崇带着辽兵攻打晋州时，响应刘崇也许是个好时机，反正自己也想反了，郭威也不会再相信自己了。然而慕容彦超一直没有行动。

不久，刘崇兵败，并与辽国援兵逃回北方。慕容彦超这才觉得自己真正成为郭威下一个要清除的目标。慕容彦超准备采取行动。然而慕容彦超也不敢举兵攻打郭威，他担心实力不够。慕容彦超决定加强防御，积极备战。

公元952年（后周太祖广顺二年）正月，慕容彦超下令，将乡兵调入城中，将泗水河里的水引入护城壕沟中。判官崔周度劝谏道：“兖州是鲁国旧城，而鲁国是诗书之国。自周公长子伯禽到鲁国以来，坚守礼义，虽然不能称霸诸侯，也能让国祚长久。明公与陛下并无私仇，为何自己生疑？况且陛下对明公坦诚相见，好言相抚。如果明公能够撤除战备，就能坐享泰山之安。明公难道没看到杜重威、安从进、李守贞等人，他们最终能成什么事？”

慕容彦超听了崔周度的话，非常生气。慕容彦超不仅没有撤除战备，还派出人马，带着旗帜，招募盗贼，增扩兵马。为了储备粮草，慕容彦超还派人抢掠邻近州县。不少地方向朝廷奏报，说慕容彦超已反。

郭威得到奏报，立即作了部署。郭威下诏，宣布沂州、密州不再隶属泰宁军，以削弱慕容彦超的藩镇。郭威又任命侍卫步军都指挥使、昭武节度使曹威（为避郭威的名讳，已更名为曹英）为都部署，齐州防御使史延超为副部署，皇城使向训为都监，陈州防御使药元福为行营马步都虞候，令四将率兵讨伐慕容彦超。

就在这时，南唐元宗李璟派将领燕敬权率五千兵马进驻下邳（今江苏省邳州市），以声援慕容彦超。燕敬权听闻后周已经出兵讨伐慕容彦超，吓得赶紧向南撤退。后周徐州巡检使张令彬率兵袭击燕敬权，大胜，生擒燕敬权。南唐兵马被击败的消息，让慕容彦超的声势大为减弱。

郭威下令将燕敬权放归南唐，并让燕敬权给南唐元宗李璟带话道："叛臣，哪个国家都会痛恨，没想到唐国君主竟然帮助叛臣，岂不是失策？"李璟听了此言，感到非常惭愧，于是下令将之前收留的中原人士，全部送回后周。

再说曹威等将抵达兖州，看到兖州城十分坚固，不敢强攻。曹威决定修建一道长长的墙将其围困，然后再攻城。曹威也担心慕容彦超出城干扰而不能顺利修建，便派将领药元福负责抵御慕容彦超。慕容彦超看到曹威修建长墙，果然不断出击，然而都被药元福击败。

十余天后，长墙建成，曹威下令向兖州城发起进攻。

朝廷大军开始攻城了，慕容彦超却在忙着搜刮百姓的钱财，充当军资。慕容彦超担心有人隐瞒财产，于是下令隐瞒者一律处死。

故后梁将领阎宝之子阎弘鲁将家中财产全部献了出来，但慕容彦超仍认为阎弘鲁还有隐藏，便命判官崔周度到他家中搜查。崔周度对阎弘鲁说道："你献出的财产多少决定你的生死，最好不要隐藏。"阎弘鲁哭着对其妻子及小妾说道："将财产全部交出来，救救我的命吧。"妻妾都说："已经全部缴出。"崔周度便向慕容彦超禀报，慕容彦超不信，将阎弘鲁夫妇投入狱中。阎家的乳母从地上找到一条金臂链，赶紧交了上来，以为能救回主人。没想到慕容彦超说道："隐藏的一定还有很多。"于是下令将阎弘鲁夫妇严刑拷打，直至死亡。慕容彦超还认为崔周度包庇阎弘鲁，又将崔周度斩于街市。

三个月过去了，曹威仍不能攻克兖州。郭威非常着急，决定亲征。郭威任命李毂权东京留守兼判开封府，郑仁诲权大内都点检，侍卫马军都指挥使郭崇威（为避郭威名讳，已更名为郭崇）为在京都点检。安排妥当之后，郭威便起程离京。

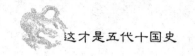

五月十三日，郭威到达兖州。

此时，曹威攻打兖州城已有三个半月。不是曹威作战不力，是兖州城确实太过坚固，这也表明慕容彦超的战备做得还是很不错的。难怪在朝廷大军攻城之际，慕容彦超还有精力搜刮百姓的钱财。

郭威也知道攻城是很难的，特别是攻这样坚固的城池。郭威想招降慕容彦超，看能不能不战而屈人之兵。第二天，郭威派人到城下招降慕容彦超，岂料城上守兵破口大骂。郭威没有动怒，还是等了一天。第三天，慕容彦超仍无降意，郭威只得下令各军一齐攻城。

郭威攻城了，慕容彦超在忙什么呢？慕容彦超生性贪婪、吝啬，此时正在忙着埋藏珍宝。士兵们得知慕容彦超的所作所为，都没有斗志，不少人出城向郭威投降。

五月二十日，郭威攻城的第五天，兖州城眼看就要攻破了。慕容彦超只能求助于土星了。之前曾有术士对慕容彦超说，土星到了角星与亢星之间，而角星与亢星正是兖州的分野，此天象表明将有洪福降临。慕容彦超便命人修建一个土星祠堂。在此危急时刻，慕容彦超赶紧到土星祠堂祷告，然而城池还是被攻破了。慕容彦超一怒之下，放火将土星祠堂烧掉。

慕容彦超不想投降郭威，与其妻一同投井而死。慕容彦超的儿子慕容继勋逃出城外，被擒获诛杀。朝廷大军入城后，大肆抢掠，城中一万多人被杀。慕容彦超曾招募两千多名啸聚山林的盗贼，但最后并未能替其卖命。

郭威对这么久才攻克兖州城也很生气，准备将城中将吏全部屠杀。翰林学士窦仪请冯道、范质与其一起劝郭威道："城中的这些人都是被逼迫的，他们本没有罪。"郭威这才下令赦免，但将泰宁军降为防御州。

到了兖州，就到了曲阜，而曲阜正是礼仪之邦鲁国的都城，也是孔子的家乡。郭威准备到曲阜去祭拜孔子。

六月一日，郭威到了数十里外的曲阜。郭威先来到了孔庙祭祀。祭祀完毕，郭威对着孔子像正要下拜，左右阻止道："孔子不过是一位臣子，陛下是天子，不能下拜。"

郭威说道："孔子是百代帝王之师，怎么敢不尊敬！"

郭威毅然下拜。郭威接着又祭拜了孔子墓，命人修葺孔子祠。郭威还命人寻访孔子、颜渊的后人，让他们当曲阜县令或主簿。

第二天，郭威离开兖州西返开封。

郭威平定慕容彦超之后，后周没有大的战乱，北汉也没有再南侵，郭威则忙于内政治理，恢复生产。我们再来讲讲南汉及南楚的故事。

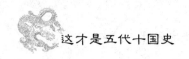

第70章 南汉中宗，杀尽兄弟

南汉高祖刘岩称帝不久，与北面的闽国通婚结好，将女儿嫁给闽王王审知的儿子王延钧。七年后，刘岩竟然又带兵攻打闽国的汀、漳二州，王审知派兵迎战，将刘岩击退。

刘岩听说李存勖消灭后梁时，也感到非常担忧。刘岩于是派使来到后唐，向后唐进贡。使者回到南汉，说李存勖骄傲荒淫，没有治国能力，刘岩从此不再与中原朝廷往来。

刘岩在位期间，曾一度占领交州（今越南河内市）。

交州是岭南五管之一的静海军治所。唐末五代之际，当地豪族曲承裕割据静海，任节度使。后梁建立当年，曲承裕去世，其子曲颢被后梁任命为静海节度使。四年后，曲颢去世，其子曲美被后梁任命为静海节度使。

公元930年（后唐明宗长兴元年）九月，刘岩派将领梁克贞、李守鄘攻打交州。二将攻克交州城，生擒静海节度使曲美，割据交州的曲氏政权至此灭亡。刘岩占领交州后，命将领李进驻守交州。

一年后，镇守爱州（今越南清化市）的曲氏旧将杨廷艺率兵围攻交州。李进派人向刘岩告急。刘岩派翰林承旨程宝率兵攻打杨廷艺。程宝尚未到达交州，李进已经放弃城池逃回广州。刘岩对李进丢掉交州很为动怒，下令杀掉李进。程宝最后兵败而死，杨廷艺自称静海节度使。

公元937年（后晋高祖天福二年）三月，交州将领皎公羡杀死杨廷艺，自称节度使。杨廷艺旧将吴权又率兵从爱州前往交州，攻打皎公羡。皎公羡担心不敌，派人带着金银前往广州，向刘岩求救。刘岩也想趁机收复交州。

公元938年（后晋高祖天福三年）十月，刘岩任命其子、万王刘弘操为静海节度使，改封刘弘操为交王，派刘弘操率兵前往援救皎公羡。刘岩还准备亲自率兵进屯海门（今广西壮族自治区合浦县），声援刘弘操。

刘岩此举，大有志在必得之意。大军即将出发，刘岩向崇文使萧益问询计策，萧益说道："如今大雨十天不止，海路又远又险。吴权非常狡猾，不可轻视。大军前行，要十分慎重，应当多用向导。"

刘岩没有把此话放在心上，他已经拟定好了作战方案，根本不需要向导。刘岩命刘弘操率领战船，经海路到达海口（今越南海防市）进入白藤江，然后沿白藤江直奔交州。

当时吴权已经杀死皎公羡，占领交州。吴权听闻南汉派兵前来，命人在海口一带海岸边插上木桩，木桩头部全部削尖，用铁皮包裹。当海水涨潮时，这些木桩全部没在水中，吴权再派人划轻舟向刘弘操发起挑战。

刘弘操到了海口，看到吴权的士兵只有轻舟，不知是计，下令猛烈进攻。吴权派的这些士兵假装不敌而撤退，刘弘操下令追击。不久，潮水退落，刘弘操的战船全部触碰木桩，不能进退。这时吴权又率小舟反攻，刘弘操大败，大半士兵落水而死，刘弘操也不能幸免。

刘岩得到消息，放声痛哭。刘岩无力再战，只好收拾残余人马返回广州。刘岩对此次兵败非常怒火，竟将责任归于著作佐郎侯融。侯融在多年前曾劝刘岩罢兵养民，刘岩认为正是这个建言，导致兵马不强。当时侯融已经去世，刘岩下令将侯融的棺材挖出，将侯融的尸首扔出棺外。不管刘岩如何发怒，交州再也没有收回。

刘岩为政情况如何呢？史书上说，刘岩虽然很聪明，但好用权术。刘岩骄傲自大，常常称中原的天子为"洛州刺史"。刘岩荒淫、奢靡，其皇宫用大量黄金、宝玉、珍珠及翡翠做装饰。刘岩更是一个残酷的人，有各种残酷的刑法，如灌鼻、割舌、肢解、刳剔、炮炙、烹蒸等。

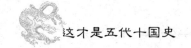

刘岩还有一个刑法叫水狱，就是把大量毒蛇放在水中，再将有罪之人投入水中。刘岩晚年特别爱猜忌，认为士大夫多为子孙作想，故而大量使用宦官，以致南汉国中宦官盛行。

刘岩一生名字不少，如刘陟、刘岩、刘龑等。刘岩称帝八年后，在南汉的皇宫中出现一条白龙，刘岩认为是吉兆，于是改元白龙，并更名为刘龑。刘龑这个名字使用的时间比较长，有十六年。

公元941年（后晋高祖天福六年）十二月，刘岩患病。有一个胡人和尚认为刘岩的名字"龑"不吉利，因而患病。刘岩于是又要改名，但刘岩仍想在名字中有龙这个字，于是造出一个字"龑"，意为"飞龙在天"，定其读音同"岩"字。刘岩虽然改了名，但其病并没有好，而且越来越重。

公元942年（后晋高祖天福七年）四月，刘岩卧床不起，开始考虑后事。该由哪位皇子继承刘岩的大位呢？

刘岩有十九位皇子，分别是：邕王刘耀枢，康王刘龟图，宾王刘弘度（后又改封秦王），晋王刘弘熙，越王刘弘昌，齐王刘弘弼，韶王刘弘雅，镇王刘弘泽，万王刘弘操，循王刘弘杲，息王刘弘暐，高王刘弘邈，同王刘弘简，益工刘弘建，辨王刘弘济，贵王刘弘道，宣王刘弘昭，通王刘弘政，定王刘弘益。

这十九位皇子中，刘耀枢、刘龟图早年便已去世，刘弘操已经战死，按次序应当由秦王刘弘度继位。然而刘岩认为刘弘度以及晋王刘弘熙都过于骄傲，为所欲为，因而不想让这二人继位。刘岩认越王刘弘昌孝顺、恭谨有聪明才智，想册立刘弘昌。刘岩于是与右仆射王翷商议，调刘弘度镇守邕州（今广西南宁市）、刘弘熙镇守容州（今广西容县），然后立刘弘昌为太子。

诏书就要颁发，崇文使萧益进宫问安。刘岩再向萧益询问册立太子一事。萧益说："太子应当由嫡长子担任，否则必将生乱。"刘岩这才作罢。

四月二十四日，刘岩病逝，刘弘度继位，改元光天，更名刘玢，是为南汉殇帝。刘弘度当了皇帝，让兄弟、晋王刘弘熙辅政。要记住，刘弘度也好，刘弘熙也罢，都是刘岩不看好的儿子。

刘弘度当上皇帝没几个月，境内一个叫张遇贤的小吏带领百姓起义。刘弘度任命越王刘弘昌为都统、循王刘弘杲为副都统，令二王率兵讨伐张遇贤。二王不仅不能战胜义军，还被义军包围，幸亏指挥使陈道庠等人拼死力战，才得以脱身。张遇贤最后占领家乡循州（今广东省龙川县）。

尽管国内出现义军，刘弘度仍然骄傲、荒淫、奢靡，不理政事。先帝刘岩的灵柩尚未下葬，刘弘度便开始置酒作乐。夜晚，刘弘度还微服与娼妓在一起鬼混，哪个敢劝谏，就将哪个诛杀。越王刘弘昌与内常侍吴怀恩多次劝谏，刘弘度虽然没有杀掉二人，但也听不进去。

辅政的晋王刘弘熙准备谋害刘弘度，于是给刘弘度送来很多歌妓，让刘弘度开心，也让刘弘度更加作恶多端。刘弘度喜爱摔跤，刘弘熙便让指挥使陈道庠带来大力士刘思潮、谭令䄄、林少强、林少良、何昌廷这五人到晋王府练习摔跤。刘弘度听闻此事，非常高兴，也想要观看。

公元943年（后晋出帝天福八年）三月八日，刘弘度与诸王在长春宫宴饮，观看五位大力士摔跤，一直到傍晚才结束。刘弘度喝得酩酊大醉，刘弘熙当场命陈道庠与刘思潮等人将刘弘度拉杀，同时杀死刘弘度的左右侍从。

第二天早上，越王刘弘昌与诸王一起奉迎刘弘熙登基即位。刘弘熙更名为刘晟，改元应乾，是为南汉中宗。刘弘熙任命刘弘昌为太尉兼中书令、诸道兵马都元帅、知政事，循王刘弘杲为副元帅、参知政事。陈道庠及刘思潮等人也得到丰厚的赏赐。

刘岩真的没有看错，其子刘弘度不是当皇帝的料，即位将近一年便身首异处。刘岩更没有看错，刘弘熙也同样不是一个善类。刘弘昌也没有想到，他奉迎了一位杀尽兄弟的残暴皇帝。

刘弘熙为何要杀尽兄弟？史书上说是听了甘泉宫使林延遇的建言。事实上，刘弘熙也想这么干。为何？因为刘弘熙担心各位兄弟将来会与其子争夺帝位。当时，除了继位的刘弘熙，刘岩在世的皇子尚有十四

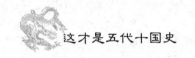

位。刘弘熙便在接下来的数年中，将这十四位兄弟全部杀光。

第一个被杀的是循王刘弘杲。刘弘熙当上皇帝才两个月，国内议论纷纷，无非是刘弘熙杀兄夺位一事，刘弘熙倒没放在心上，刘弘杲反而坐不住了。刘弘杲向皇兄刘弘熙建言，将刘思潮等人杀掉，以安内外人心。刘弘熙不肯。刘思潮等人听闻此事，干脆在刘弘熙面前诬告刘弘杲谋反。刘弘熙真有几分相信，便派刘思潮等人收集刘弘杲的反状。一天刘弘杲正在宴请宾客，刘思潮与谭令禋带领卫兵突然杀了进来，当场将刘弘杲斩首。

刘弘熙没有接着向其他兄弟下手，因为境内的义军活动频繁。刘弘熙派指挥使万景忻征讨义军，万景忻在循州击败义军。义军在张遇遇的带领下，进入南唐境内的虔州（今江西省赣州市）。南唐元宗李璟派严恩、边镐讨伐义军，最终把义军消灭。

义军被消灭了，刘弘熙又开始谋杀兄弟了。

刘弘熙特别猜忌越王刘弘昌，因为刘弘昌非常贤能而且深得人心，差点被高祖刘岩立为太子。公元944年（后晋出帝天福九年）三月，刘弘熙派刘弘昌前往海曲（今广东省广州市番禺区北亭），祭拜烈宗刘隐的陵墓。刘弘昌刚刚到达广州城西的昌华宫时，便被刘弘熙指使的盗贼杀害。

刘弘熙下一个目标是齐王刘弘弼。刘弘弼本是雄武节度使，镇守在邕州。刘弘弼认为雄武是一个大镇，非常害怕招惹祸端，便上表请求调回朝中。刘弘弼回到朝中一年平安无事。公元944年六月，刘弘熙派人将刘弘弼软禁在家中。

也许是因为刘弘弼主动放弃权力回到朝中，因而刘弘熙让其多活几天。刘弘熙决定先将代替刘弘弼镇守邕州的镇王刘弘泽杀掉。十月七日，刘弘熙派人前往邕州，将刘弘泽毒死。

公元945年（后晋出帝开运二年）八月，刘弘熙杀死韶王刘弘雅。

刘弘熙此时要向那几位帮他夺位的大力士下手了。

九月，刘弘熙杀死刘思潮、谭令禋、林少强、林少良、何昌廷等五人。刘思潮等人被杀后，陈道庠非常不安。一年后，特进邓伸给陈道庠送来一本《汉纪》，陈道庠不解，问为何送他这本书。邓伸没好气地说道："憨獠！这本书上有杀韩信、醢彭越之事，你要好好地读一读！"刘弘熙听闻此事，命人将二人一同杀死，还诛灭二人全族。

由于左仆射王翷曾与高祖刘岩谋划册立刘弘昌为太子，刘弘熙也憎恨王翷，将王翷外任为英州（今广东省英德市）刺史。王翷还在赴任途中，便被刘弘熙赐死。从此，朝廷内外，都心惊胆战，朝不保夕。

公元947年（后汉高祖天福十二年）八月，刘弘熙已经没有耐心，干脆将几位兄弟一起杀掉。刘弘熙此次杀掉的诸王有：齐王刘弘弼、贵王刘弘道、定王刘弘益、辩王刘弘济、同王刘弘简、益王刘弘建、息王刘弘暐、宣王刘弘昭等。

此外，高王刘弘邈、通王刘弘政分别于公元954年四月、公元955年六月被杀。

刘弘熙不仅杀死这些兄弟，还将他们家中的男人也全部杀死，而将女人全部纳入后宫。刘弘熙与其父刘岩一样，也有很多酷刑，如镬汤、铁床、刳剔等，号称"生地狱"。

此时，南楚正在内乱，刘弘熙想趁机夺取南楚的领地。我们再来讲讲南楚的故事。

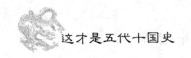

第71章　溪州铜柱，羁縻蛮族

　　楚王马殷去世，遗命其子兄终弟及。

　　马殷的儿子很多，其中年长的马希声与马希范同日出生。马殷去世前已经将大权逐步交给马希声，因而马殷去世后，马希声也就顺理成章即位。然而马希范认为自己也有资格即位为王，因而对马希声即位很不满。

　　其实马希范与马希声年龄虽然一样大，但母亲地位并不一样。马希声的母亲袁氏长得漂亮，得到马殷的宠爱，被册封为德妃。马希范的母亲陈氏则没有这样的地位。马希声优先即位也是顺理成章的事。

　　马希声即位后，撤销土国，恢复藩镇，将长沙府又改回潭州。马希声则被后唐明宗李嗣源任命为武安、静江两镇节度使。事实上，南楚当时拥有的领地是三个藩镇，还有一个是从雷彦恭那里夺来的武贞军，已经更名为武平军。马希范当时就镇守在武平军的治所朗州（今湖南省常德市）。

　　马希声在位期间，故事不多，但有一件事不能不说，那便是马希声学人吃鸡。马希声听说后梁太祖朱晃喜爱吃鸡，感到十分羡慕。马希声也开始吃鸡。尽管一天也吃不了多少鸡，但马希声每天要杀掉五十只鸡。即使在先王马殷丧事期间，马希声也同样如此。在安葬马殷灵柩当天，马希声便一口气喝下几碗鸡汤。曾经担任过吏部侍郎的潘起讽刺马希声道："当年阮籍在母亲丧事期间，还吃蒸肉，哪朝哪代没有贤才？"

　　公元932年（后唐明宗长兴三年）七月，在位不到两年的马希声去世。按照马殷兄终弟及的遗命，部众拥立马希范继承王位。八月，马希范从朗州回到潭州（今湖南省长沙市）即位。

此时的马希范仍然对马希声先即位而愤愤不平，还将这种怨气转嫁到马希声的生母袁德妃以及马希声的同母兄弟马希旺身上。马希范对袁德妃非常不尊重，对马希旺也经常严加谴责。马希旺当时担任亲从都指挥使，袁德妃为保儿子安全，向马希范请求准许让马希旺辞去官职，出家为道。马希范准许马希旺辞官，但不准马希旺出家。马希范让马希旺住在草屋之中，不让他参加兄弟的宴会。一年后，袁德妃去世，马希旺也忧愤而终。

马希范还有一位异母兄弟名叫马希杲，担任静江节度使、同平章事，镇守在桂州（今广西壮族自治区桂林市）。马希杲为任一方，很有政绩，但监军裴仁煦却对马希范说马希杲这是在收买人心，马希范开始怀疑马希杲。

公元936年（后唐末帝清泰三年）四月，南汉将领孙德威入侵南楚的蒙州（今广西壮族自治区蒙山县），威胁北边的桂州。马希范得到消息，决定亲自带兵南下迎战，实是想一道解决马希杲。马希范于是任命兄弟、武安节度副使马希广权知军府事，留守长沙，自率五千名步骑兵前往桂州。

马希杲听闻马希范率兵前来桂州，非常害怕。马希杲的母亲华夫人想保住儿子一命，连忙前往全义岭（今广西壮族自治区资源县东北）等待马希范，以图劝说、感化马希范。

马希范到达全义岭，华夫人对其说道："希杲治理无方，致使敌寇入侵，劳烦殿下亲自跋涉险阻，前来退敌，这都是妾身之罪。妾身恳请削去封邑，回去洒扫宫廷，以赎希杲之罪。"

马希范听到华夫人如此恳切的话语，也只好说："我很久不见希杲了，听说他将这里治理得很好，品德也很高尚，特地来看看他，没有别的用意。"

这时南汉的入侵兵马已经退去，马希范便趁机将马希杲调到朗州任刺史。九年后，马希范还是毒死了马希杲，此为后话。

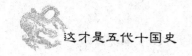

公元938年（后晋高祖天福三年）十月，马希范的夫人彭氏去世。彭氏容貌丑陋，但治家有方，马希范也很忌惮她。彭氏去世后，马希范便开始纵酒好色。马希范常常从晚上一直宴饮到天明。马希范听说一个商人的妻子长得非常美丽，便将这个商人杀死，将商人的妻子夺了过来。商人的妻子非常忠贞，自缢而死。

马希范在位期间，也做了一件值得称颂的事。

公元939年（后晋高祖天福四年）八月，后蜀的溪州刺史彭士愁带领奖（今湖南省新晃县东北）、锦（今湖南省凤凰县）二州的蛮族士兵一万余人攻打南楚的辰（今湖南省沅陵县）、澧（今湖南省澧县）二州。彭士愁纵火焚烧南楚的边防设施，还派使前往成都，请后蜀后主孟昶派兵增援。孟昶认为路途遥远，没有答应。

马希范得知彭士愁入侵，立即派左静江指挥使刘勍、决胜指挥使廖匡齐率五千名衡山士兵前往讨伐。十一月，刘勍、廖匡齐二将一直攻到彭士愁所在的溪州（今湖南省永顺县）。

彭士愁不能取胜，放弃州城，逃到山寨中固守。彭士愁的营寨在石崖之上，四面都是悬崖峭壁，易守难攻。刘勍派人架起云梯，修建栈道，将彭士愁包围。彭士愁居高临下反攻，廖匡齐战死。

消息传到长沙，马希范派人来到廖匡齐的家中，看望、慰问廖匡齐的母亲。廖匡齐的母亲听闻儿子战死，并不哭泣，对来人说道："廖家三百口人，得到楚王的恩典，得以吃饱饭，全族以死都不能报答，何况只是一个儿子。请对大王说，不要挂念！"马希范听后，很为感动，对廖家抚恤非常优厚。

公元940年（后晋高祖天福五年）正月，刘勍乘着大风，用带火的箭羽袭击彭士愁的营寨。营寨很快着火，越烧越旺。彭士愁无处躲避，只好放弃营寨，带领部众逃入深山之中。

刘勍没有退兵，传令将彭士愁藏匿的深山包围，并派人搜山。时日一长，彭士愁便无力支撑。正月二十九日，彭士愁派其子彭师暠带着各位酋长向刘勍投降，还缴出溪、锦、奖三州印信。

二月，刘勍率部返回长沙，因功被任命为锦州刺史。

南楚击败彭士愁，也得到了溪、锦、奖三州。马希范为更好地掌管溪州，将溪州治所向南迁到便利之地——下溪州（今湖南省古丈县）。马希范再向后晋朝廷上表，推荐彭士愁为溪州刺史。从此邻近的蛮夷部族都向南楚臣服。

马希范自称是东汉伏波将军马援之后，也想像马援一样立下一个铜柱。马希范命人用五千斤铜铸造一个高一丈二尺的铜柱，立在溪州。这根巨大的铜柱埋在地下部分就深六尺。学士李弘皋奉命撰写铭文，文末还附一首颂词：

> 昭灵铸柱垂英烈，手执干戈征百越，
>
> 我王铸柱庇黔黎，指画风雷开五溪。
>
> 五溪之险不足恃，我旅争登若平地。
>
> 五溪之众不足凭，我师轻蹑如春冰。
>
> 溪人畏威仍感惠，纳质归明求立誓，
>
> 誓山川兮告鬼神，保子孙兮千万春。

讨伐溪州彭士愁，让此地部族归附是马希范的一大功勋，铜柱铭文可以为证。溪州铜柱的意义还影响深远。三年后，宁州（今贵州省惠水县）境内的蛮夷酋长莫彦殊便以所属十八个羁縻州归附南楚。

马希范在位期间，正是中原朝廷后唐、后晋之时。后唐封马希范为楚王，后晋加授马希范为江南诸道都统、天策上将军。马希范修筑天策府，以幕僚廖匡图、李弘皋、拓跋恒等十八人为学士，称"天策府十八学士"。

马希范在位期间的南楚非常富庶，但其生活非常奢侈。马希范还向境内百姓大肆征收税赋，致使百姓困苦。马希范在位将近十五年，是马殷诸子中在位最长的一位。马希范去世后，南楚开始大乱。

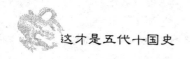

第72章 众驹争槽，南楚内乱

马希范去世后，谁将继任楚王呢？都指挥使张少敌、都押牙袁友恭推举马希萼，因为马希萼在几位兄弟中年龄最长。长直都指挥使刘彦瑫、天策府学士李弘皋、邓懿文、小门使杨涤等人推举马希广。

马希萼是武平节度使、知朗州事，镇守朗州（今湖南省常德市）。马希广是武安节度副使、天策府都尉，也是马希范的同母胞弟。马希广为人谨慎、温顺，深得王兄马希范的喜爱，因而马希范将大权交给马希广，由其担任判内外诸司事。

张少敌提醒道："三十郎年长，性情刚烈，一定不甘心居于三十五郎之下。如果一定要拥立三十五郎，必须考虑限制三十郎的策略，让他心甘情愿，不然国家就危险了。"

张少敌所说的三十郎就是马希萼，三十五郎则是马希广，由此可见马殷的儿子还不少。

天策府学士拓跋恒说道："三十五郎虽然掌管军府政事，但三十郎年长，三十五郎应当派使前往，以礼相让。如不这样，必起争端。"

刘彦瑫等人终于说出心里话："如今军政大权已在手中，这是上天给予的，如果让他人得到，我等日后还有容身之所吗？"

刘彦瑫等人一定要拥立马希广，也不把张少敌的提醒当回事。

公元947年（后汉高祖天福十二年）五月十一日，刘彦瑫等人称接受先王马希范遗命，拥立马希广继位。不久，后汉高祖刘知远任命马希广为天策上将军、武安节度使、江南诸道都统，兼中书令，封楚

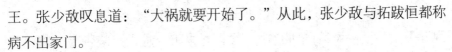

王。张少敌叹息道："大祸就要开始了。"从此，张少敌与拓跋恒都称病不出家门。

马希广当了几个月的楚王，兄长马希萼没有动静。然而好景不长，有人出来挑拨，此人便是马希广的异母兄弟马希崇。马希崇悄悄给马希萼写信，说刘彦瑫违背先王之命，废长立幼，以此来激怒马希萼。

尽管马希崇从中挑拨，马希萼还没有公然与马希广争夺王位。马希萼还从朗州赶到潭州（今湖南省长沙市）奔丧。侍从都指挥使周廷诲劝马希广趁此机会将马希萼杀掉，以绝后患。马希广说道："我岂能忍心杀掉兄长？实在不行，就与兄长分治潭州、朗州。"马希广给马希萼丰厚的赏赐，再将其送回朗州。

马希萼平安地回到了藩镇，然而马希崇并不死心。马希崇不断打探马希广的举动，一言一行都告诉马希萼。马希崇还劝马希萼起兵，自己愿作内应。马希萼一时没有动静。

也许是马希崇的多次挑拨，也许是马希萼心有不甘，一年后，马希萼终于有所行动。然而马希萼并没有起兵与马希广争权夺位，马希萼希望借助于中原朝廷，为自己争得地位与权力。

公元948年（后汉隐帝乾祐元年）八月，马希萼派使来到开封，向后汉请求与马希广一样称臣纳贡，同时还请朝廷给其另赐官爵。次月，后汉隐帝刘承佑给马希广及马希萼同时下诏道："兄弟之间应当和睦相处，希萼所进贡的，也附在希广的名义之下。"马希萼感到十分失望，派人向南唐称藩。

尽管如此，马希萼并没有过激行为。

当年十二月，南汉中宗刘弘熙任命内常侍吴怀恩为开府仪同三司、西北面招讨使，令其率兵攻打南楚的贺州（今广西壮族自治区贺州市八步区）。消息传到潭州，楚王马希广派决胜指挥使徐知新率五千兵马前往援救。徐知新还没有到达贺州，吴怀恩已经攻克贺州城。

吴怀恩探得马希广派兵来援，便派人在贺州城外挖一个巨大的陷阱，上面盖上竹枝，竹枝上面再盖上一层土。徐知新带领的五千士兵到

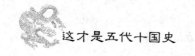

达贺州，不知城外有这个巨大的陷阱，只顾向南汉士兵发起攻击，没想到五千士兵全部坠落陷阱之中。吴怀恩再下令进击，陷阱中的南楚士兵全部被杀，徐知新逃回潭州。马希广得知徐知新兵败，立即下令将其斩首。

吴怀恩又西北方向推进，攻克了昭州（今广西壮族自治区平乐县）。

南汉抢了两个州，南楚无力夺回。不久，马希萼也动手了。

公元949年（后汉隐帝乾祐二年）八月，马希萼将境内青壮年全部征集起来，组建静江军，又建造七百艘战舰，准备攻打马希广。马希萼的妻子苑氏劝谏道："兄弟互相攻打，不管是胜是败，都会被人耻笑。"马希萼哪里听得下去。

潭州城内的楚王马希广听说马希萼攻来，对部属刘彦瑫、李弘皋说道："希萼是我的兄长，我不能与他争斗，应当将国家让给他。"刘彦瑫、李弘皋坚决认为不可。

马希广只好派兵迎战。马希广任命岳州刺史王赟为都部署、战棹指挥使，刘彦瑫为监军，令二人率兵迎战马希萼。王赟是南楚名将王环之子。王赟、刘彦瑫出发后，马希广又派使前往，提醒不要伤害他的兄长马希萼。

八月十八日，王赟在湘江中的仆射洲与马希萼发生交战，大胜马希萼的静江军，俘获三百艘战舰。马希萼见势不妙，掉转船头便逃，王赟立即追击。王赟眼看就要追上马希萼，马希广的使者来到，命令王赟不要伤害马希萼。

王赟只好放弃追击，传令收兵。马希萼最后划着一条小船从赤沙湖逃回朗州。苑氏听闻马希萼兵败而回，哭着说道："大祸将至，我不忍心再见到他。"说完投井而死。

马希广个性仁慈而且懦弱，他没有加害马希萼，但马希萼并不领情。马希萼继续为下一次攻打潭州作准备。马希萼觉得自己的兵力不敌马希广，决定引来外援。马希萼派人同辰州、溆州及梅山一带的部族人联络，诱惑他们说潭州城内钱财堆积如山。这些部族首领一听大喜，争相出兵。

公元950年（后汉隐帝乾祐三年）六月至八月，这些部族兵马接连攻打益阳、迪田（今湖南省湘乡市北）等地。马希广得到消息，赶紧派牙内指挥使崔洪琏率七千名士兵，进屯潭州城西的玉潭（今湖南省宁乡市西），以作防备。

刘彦瑫还劝马希广主动出击。刘彦瑫充满信心地对马希广说道："希萼的朗州士兵不到一万，战马不到一千，而我们有十万精兵，不用担心不能取胜。请给臣一万兵马，一百五十艘战舰，直接攻到朗州，将希萼擒获，以解大王之忧。"

于是，马希广任命刘彦瑫为战棹都指挥使、朗州行营都统，令其率水军前往朗州，攻打马希萼。马希广又派马军指挥使张晖带领一支兵马，从陆路攻打朗州。

十月中旬，刘彦瑫沿着水路进入朗州境内，当地父老争相献上牛酒犒劳大军。父老们还说道："朗州的百姓不想跟着马希萼叛乱，盼望王府的大军前来已经很久了。"

刘彦瑫听后，非常高兴，给这些父老丰厚的赏赐。然而，当刘彦瑫的战舰一通过，这些百姓便将竹竿投入河中，切断刘彦瑫的退路。

此时的马希萼正率领一百艘战舰在沅江中的湄州（今湖南省汉寿县西）等待刘彦瑫。刘彦瑫的战舰到达湄州时，正是顺风，刘彦瑫马上下令顺风纵火，以图将马希萼的战舰烧毁。真是上天不佑，风向突然发生逆转，大火反而烧了刘彦瑫自己的战舰。刘彦瑫立即下令战舰后撤，然而退路已断，士兵战死及淹死的有数千人。

楚王马希广听闻刘彦瑫战败，竟然哭泣起来。马希广此时能够做的就是拿出大量的金银布帛来赏赐士兵，以得到士兵们的支持。史书上说马希广平时很少赏赐，这回看来是实在没有办法了。

马希广用钱财鼓舞士气，那位为马希萼提供情报的马希崇则在城中谣言惑众，制造恐慌。有人向马希广告发马希崇谋反，请马希广将其杀掉。马希广说道："我要是害死亲兄弟，还有什么脸面到地下去

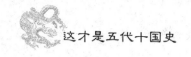

见先王？"

就在此时，马军指挥使张晖逃回了潭州城。原来张晖听说刘彦瑫兵败，便不敢再去朗州，而是退屯益阳。马希萼击败刘彦瑫之后，又派指挥使朱进忠率三千兵马攻打益阳。张晖放弃益阳，益阳城很快被攻克，城中九千多名士兵被杀。

马希广已经不想再战了，决定派僚属孟骈前往朗州，劝说马希萼，希望马希萼能够回心转意。马希广让孟骈给马希萼带话道："你忘掉父兄两代的仇恨，竟然向唐国称臣，这与当年袁谭向曹操求救有什么分别？"

马希萼不听则罢，一听勃然大怒，打算把孟骈斩首。孟骈说道："自古交战不斩来使。我孟骈如果怕死也不会到这里来。我说的话不只是对潭州好，也是对公好。"

马希萼听后，反而不再生气，准备将孟骈放回。马希萼也让孟骈给马希广带话道："大义已绝，不到地下决不相见！"

这时，指挥使朱进忠派人来报说，已经攻克益阳，并且挺进到潭州城西的玉潭，与那些部族兵马一起击败马希广派来的指挥使崔洪琏，崔洪琏已经逃回潭州城。朱进忠没有立即攻打潭州城，而是请马希萼亲自去攻。

十一月八日，马希萼留其子马光赞镇守朗州，自己率境内全部兵马奔赴潭州。马希萼还给自己弄了个称号，叫顺天王，好似攻打潭州的楚王马希广是名正言顺的。

十一月二十八日，马希萼到达潭州城外，在湘江西岸扎营。朱进忠也从玉潭赶来会师。那些部族兵马也已到达潭州，都在潭州城西的岳麓山下扎营。

马希萼兵临城下，楚王马希广也立即作了部署：刘彦瑫前往召集水军指挥使许可琼的水师，令其率五百艘战舰驻屯城北的码头，舰舰相连一直到城南的码头，马希崇为监军；马军指挥使李彦温率骑兵进屯驼口（浏阳河流入湘江处），控制前往湘阴的通路；步军指挥使韩礼率两千名士兵进屯杨柳桥，切断湘江西岸的道路。

在此关键之时，将领彭师暠献上一策。彭师暠本是部族酋长，十年前投降南楚，楚人厌恶他的粗犷、耿直，只有楚王马希广怜惜他，还让他当强弩指挥使，领辰州刺史。彭师暠非常感激马希广，一直想以死报答马希广。现在马希广面临大敌，彭师暠对马希广说道："朗州人突然取胜就开始骄傲，骄兵必败，当中还有不少蛮兵，号令不一，很容易攻破。请给臣三千名步兵，从巴溪（今湖南省长沙市西北）渡过湘江，到岳麓山的后面，绕到湘江西边攻打敌人后背。大王再令许可琼率战舰渡江出战，前后夹击，一定能够攻破敌人。敌人的前军一败，大军也就不敢轻易出动。"

彭师暠的计策应当是可行的，也算是出奇制胜，马希广听了，也非常赞同。然而有人不赞同这个计策，此人便是许可琼。许可琼是水军的主将，他不赞同，彭师暠的这个计策便实施不了。

许可琼是南楚名将许德勋的儿子，那么他为什么不赞同呢？原来许可琼已经被马希萼收买。马希萼还答应与许可琼平分楚国。许可琼已经有了二心，这是马希广万万没有想到的。

许可琼对马希广说道："彭师暠与梅山的那些部族人是同类，怎么能够相信！可琼世代都是楚将，一定不负大王，希萼能有什么作为？"

马希广对许可琼的话深信不疑，传令诸将均受许可琼节制。马希广不仅给许可琼兵权，还每天赏赐许可琼五百两白银。马希广曾多次到许可琼的大营议事，许可琼总是紧闭营门，不让士兵得到一点消息。马希广对许可琼钦佩得五体投地，叹道："这才是真正的将军，我还有什么可以担忧的？"

许可琼的表面文章做得还是不错的，马希广一点没看出来。然而马希广哪里知道，许可琼到了晚上，便以巡江为名，划着小船到对岸与马希萼相见，商量对策。许可琼的举动不久便被人得知，只是马希广不知。

一天早上，彭师暠对马希广说道："许可琼已经背叛，人人都知，

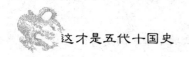

请大王早点下令将其除掉，以绝后患。"

马希广根本不信，说道："可琼是许侍中的儿子，怎么可能背叛？"

彭师暠离开王府，叹道："大王仁慈，优柔寡断，败亡就在眼前了。"

当时已是十二月，天气寒冷，不久又下起大雪，平地有四尺厚。马希广与马希萼都没有率先出战，两军仍在对峙。马希萼也许不着急，毕竟许可琼已经归降。马希广倒还有些担心。马希广竟然相信巫师与和尚的话，在湘江东岸雕塑一个巨大的鬼像，举手作阻挡对岸兵马的模样。又在高楼之上再塑一像，手指着湘江西岸，怒目而视。马希广再让和尚们日夜诵经，马希广自己也穿上僧服膜拜求福。

然而巨鬼并没有能够阻挡马希萼的兵马。

十二月十一日，朗州步军指挥使何敬真率领三千名部族士兵来到杨柳桥，看到驻扎在这里的韩礼营寨中的旌旗凌乱，认为韩礼的士兵已经害怕，可以一战而破。何敬真营中一名叫雷晖的士兵穿上韩礼士兵的衣服，悄悄混入韩礼的营寨。雷晖又闯进韩礼的大营，拔剑刺向韩礼。韩礼避开，雷晖没有刺中，但营寨之中已经一片惊扰。何敬真趁乱发起袭击，韩礼大败，身负重伤逃回家中，终因伤势过重而死去。

杨柳桥的战斗终于引发了两军的决战，马希萼立即传令所部水军、步骑兵一同向潭州城发起进攻。许可琼自然按兵不动。城中的步军指挥使吴宏、小门使杨涤二人互相激励道："以死报国，正是时候！"二人带领兵马出城作战。此外，彭师暠也在城东北角拼死抵御。

不多时，部族士兵在城东放起火来。马希广部署的三支兵马，水军许可琼已经投降，步军韩礼已经战败，还有驻屯驼口的马军李彦温。李彦温看到潭州城中火起，连忙率部前往援救。然而当李彦温到达城下时，潭州城已被马希萼的兵马占领。李彦温攻打清泰门，不能攻克。李彦温看到大势已去，也无心再战，便与刘彦瑫护卫着马希范、马希广的几个儿子投奔南唐。另一将领张晖则向马希萼投降。

吴宏与彭师暠一直在战斗，也没有被俘虏。二人一直冲到马希萼面前，被士兵挡住。吴宏满身都是血迹，对马希萼说道："今天都被许可

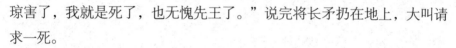

琼害了，我就是死了，也无愧先王了。"说完将长矛扔在地上，大叫请求一死。

马希萼被二人义勇所动，叹道："真是铁石男子！"下令不杀免死。

潭州城被攻陷了，马希萼的士兵在城中大肆抢掠，杀官杀民，又焚烧房屋。武穆王马殷以来所建的宫室都烧为灰烬，所有宝物都被部族人抢走。

马希萼占领潭州，左司马马希崇带领众将吏前来劝进。马希萼还不急于登基即位。马希萼传令紧闭城门，搜捕楚王马希广及掌书记李弘皋与其弟李弘节、都军判官唐昭胤及邓懿文、杨涤等人。不多时，马希广等人都被抓获。马希萼问这位楚王兄弟道："继承父兄的大业，岂能没有长幼之序？"马希广回道："这是众将吏推举、朝廷任命的。"马希萼下令将马希广等人全部囚禁。

数日后，马希萼下令，禁止城中士兵纵火、抢掠。

十二月十四日，马希萼在潭州城中自称天策上将军、武安武平静江宁远四镇节度使、楚王。马希萼还任命马希崇为节度副使、判军府事，所有重要的官职都由朗州来的人担任。马希萼任命其子马光赞为武平留后，何敬真为朗州牙内都指挥使，令二人镇守朗州。

马希萼接着便下令，将李弘皋、李弘节、唐昭胤、杨涤等人剁成碎块让人吃掉，将邓懿文斩于街市。马希萼打算放过兄弟马希广，免其一死。马希萼对众将说道："希广是个懦弱的人，只是被左右之人控制，我想保全他的性命，可以吗？"

将领朱进忠曾经受过马希广的处罚，当即答道："大王血战三年，才得到潭州，一国不容二主，如果不杀希广，日后必定后悔。"马希萼于是下令将马希广赐死。彭师暠最后将马希广安葬在浏阳门外。

马希萼与马希广的争斗终于以马希萼胜利而结束，然而南楚的内乱还没有结束。

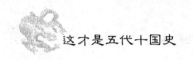

第73章　出兵潭州，南唐灭楚

马希萼即位后，一改多年向中原朝廷称臣的做法，从此向南唐称臣、纳贡。南唐元宗李璟接受马希萼称臣，任命马希萼为天策上将军，武安、武平、静江、宁远四镇节度使兼中书令，封楚王。南楚当时虽然设置四个藩镇，但实际拥有领地的只有三个藩镇，即武安、武平与静江，而宁远所在的容州（今广西壮族自治区容县）当时属南汉。

马希萼当了楚王之后，整日纵酒，不理政事，把军务政事全部交给兄弟马希崇。马希崇也不干好事，以致军务政事一片混乱。当时，潭州（今湖南省长沙市）城内的国家府库在战乱时已被抢掠一空，现在只能靠征收百姓的财物来犒赏士兵。说是征收，实是到百姓家中将门一关，随意搜取。

尽管如此，士兵们仍不满足，心存抱怨。一些从朗州（今湖南省常德市）跟随马希萼来的将领也感到不满，生出叛离之心。这当中就有朗州静江指挥使王逵与副使周行逢。

小门使谢彦颙本是马希萼的家奴，因长得漂亮而得到马希萼的宠幸，甚至能与马希萼的妻妾同坐。按常规，军府有宴会时，小门使应当手拿兵器守在门外，而马希萼则让谢彦颙赴宴入席，甚至位在诸将之上，诸将都以此为耻辱。谢彦颙仗恃马希萼对他的宠爱，很为专横，也很随便，有时竟然与马希崇并肩同行，甚至拍拍马希崇的后背。马希崇对此非常不悦，也很憎恨。

南楚的这一情况，掌书记刘光辅十分清楚。刘光辅到南唐进贡时，便对元宗李璟说道："湖南的百姓疲惫，而君王骄傲，可以谋取。"刘光辅的这个建议，显然是出卖了自己的国家，但也看出南楚当时的百姓已经不堪困苦，开始思变。

李璟曾在闽国内乱时消灭闽国，尽管最终只得到四个州，其中两个还形同割据，但听说可以夺取南楚时，李璟又蠢蠢欲动。于是，李璟任命营屯都虞候边镐为信州刺史，令其率兵进屯袁州（今江西省宜春市），寻找机会再进入南楚。

机会还是会有的，因为南楚内部并不太平。

由于战乱，潭州城内的府舍大都被烧毁，马希萼便派王逵、周行逢二人带领一千多名士兵来修葺。这些士兵本是行军打仗的，现在让他们修建房屋，不仅辛苦，还没有犒赏，士兵们都开始埋怨。

不少士兵私下议论道："赦免死罪的囚犯才来干这种事，我们跟着大王出生入死，夺取湖南，犯了什么罪？而让我们来干这个劳役？大王每天只知喝酒、听歌，哪里知道我们的劳苦？"

王逵与周行逢听到此言，也互相商议道："众人的怨恨已经很深，如果不早作打算，恐怕会招来大祸。"

二人商议离开潭州，还是回到朗州。

公元951年（后周太祖广顺元年）三月十一日早晨，王逵与周行逢带领部众逃回朗州，士兵们不是拿着长斧就是拿着白梃。王逵与周行逢到了朗州，朗州牙内都指挥使何敬真也背叛马希萼，迎接王逵、周行逢入城。

马希萼前晚照例喝醉了酒，还没有醒来，左右侍从也不敢惊扰。第二天，左右侍从才将王逵与周行逢逃回朗州一事禀报给马希萼。马希萼听了也很动怒，立即派湖南指挥使唐师翥（音柱）率一千多人前往追击。

王逵与周行逢得知马希萼派兵来追，便在朗州城外设下埋伏。唐师翥带领士兵一直追到朗州，正感疲惫之时，伏兵四起。唐师翥的士兵几乎被杀光，唐师翥一人逃回潭州。

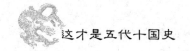

王逵、周行逢及何敬真占据朗州后，废黜马希萼的儿子马光赞，拥立马希萼已故兄长马希振的儿子马光惠为知州事。不久，王逵等人又拥立马光惠为武平节度使，由王逵等人参决军府事。

马希萼没有再派兵前来讨伐朗州王逵等人，而是将此事奏报给归附国南唐，希望南唐能够帮助他。南唐元宗李璟当时已经在谋划夺取南楚，但觉得时机未到，便没有派边镐采取行动。但李璟也不能不理马希萼，于是派出使者，带着丰厚的赏赐来到朗州，以图招抚王逵等人。王逵等人收了赏赐，让使者返回，但没有接受南唐的诏书，李璟也没有再过问。

朗州的王逵与潭州的马希萼两三个月没有发生冲突。

六月，王逵等人想废掉他们所拥立的武平节度使马光惠，原因是马光惠愚笨、懦弱而且又喜爱喝酒，不能让诸将信服。王逵与周行逢、何敬真等人商议认为辰州刺史刘言作战骁勇，也得到部族人的拥护，便想拥立刘言为武平留后。王逵等人于是派人前往辰州迎请刘言。

刘言知道王逵等人很难控制，不想去，但又不敢不去，害怕王逵会攻打他。刘言于是一人一骑前往朗州。刘言到了朗州，王逵等果真废了马光惠，推举刘言为武平留后。王逵等人又派人将马光惠送到南唐，再请南唐承认刘言的官职。南唐元宗李璟没有答应，王逵等人于是又派使前往后周，向后周太祖郭威称臣。

从王逵等人向后周称臣来看，南楚已经分裂，武平这个藩镇已经脱离南楚，至少朗州这个重镇已经脱离南楚。然而楚王马希萼并没有对朗州采取行动，南唐也没有对朗州甚至南楚采取行动。

马希萼当时可能比较满足，只想享乐，对朗州的脱离也不想过问。当然马希萼再荒淫，也知道要防备朗州的兵马来攻。马希萼于是派马步都指挥使徐威、左右军马步使陈敬迁、水军都指挥使鲁公绾、牙内侍卫指挥使陆孟俊等率领兵马在潭州城西北扎营，以防朗州之兵。

朗州已经失去，王逵等人已经背叛，然而马希萼并不吸取教训。马希萼对将士们仍是不爱护、不犒赏，想谋反的将士越来越多。四镇节度副使马希崇便想趁机谋取楚王之位。

九月十九日，马希萼宴请文武官员，徐威等人没有参加，马希崇也称病不至。马希萼怎么也没有想到，徐威等人已经准备对其下手。徐威先派人驱赶十几匹烈马来到王府，自己则带领部众手拿大斧、白梃随后赶来，声称前来捉马。然而，徐威等人一直冲到宴席之上，见人就砍，马希萼吓得赶紧逃走。徐威很快便将马希萼擒获，连同马希萼的宠臣谢彦颙。徐威等人对这个谢彦颙特别憎恨，当场将谢彦颙剁成碎块。徐威等人拥立马希崇为武安留后，马希崇将马希萼囚禁在衡山县。

潭州发生的事传到朗州，刘言、王逵等人决定派兵攻打潭州，讨伐马希崇。刘言等人给马希崇的罪名是篡夺王位。数日后，朗州的大军便到达益阳（今湖南省益阳市），在城西边扎营。

马希崇获报，非常害怕，马上派两千兵马备战。马希崇还是觉得没有信心，又派使前往朗州，与刘言讲和，希望两地和平共处。

刘言会接受吗？武平掌书记李观象对刘言说道："马希萼的旧将都在潭州，一定不会甘心与明公共处。不如让马希崇杀掉这些旧将，然后明公再挥兵夺取整个湖南，一定能够成功。"

刘言听从了李观象的建言，派人前往潭州，让马希崇杀掉马希萼的旧将。

马希崇真的将马希萼的旧将都军判官杨仲敏、掌书记刘光辅、牙内指挥使魏师进、都押牙黄勍等人斩首，并派前辰阳县令李翊带着杨仲敏等人的首级前往朗州。李翊到达朗州时，这些首级已经腐烂。刘言与王逵、周行逢等人都认为不是杨仲敏等，怒责李翊。李翊十分惶恐，自杀身亡。

面对朗州兵马的逼迫，马希崇虽然很害怕，但也没有勤于政事。马希崇即位后，也和马希萼一样，很荒淫，整日喝酒。马希崇讲话还很狂妄，为政不公，以致人心不附。

马希崇怎么也没有想到，马希萼不久又被拥立为王。

马希崇当初将马希萼囚禁在衡山县，是想借彭师暠之手除掉马希

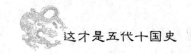

莘。因为马希萼虽然免了彭师暠的死罪，但还是杖责了彭师暠，又将彭师暠贬降为衡山县的平民。马希崇认为彭师暠一定憎恨马希萼，也一定会趁机杀了马希萼。然而彭师暠没有杀掉马希萼，反而对马希萼更加尊敬。

衡山指挥使、廖匡图之子廖偃与其叔父、节度巡官廖匡凝商议道："我家世代受到马家的大恩，现今马希萼被废黜，一定免不了灾祸，我们不如帮他复位。"廖匡凝接受。

于是，廖偃将庄户及乡人全部征来为兵，与彭师暠一起拥立马希萼为衡山王，就以县衙为行府。马希萼任命彭师暠为武清节度使，开始招募士兵。几天后，马希萼的部众达一万多人。马希萼之前一直是归附南唐的，此时又派判官刘虚己前往南唐求援。

朗州有兵马来，衡山又有马希萼称王，潭州城中的马希崇已经孤立无援。拥立马希崇为楚王的将领徐威等人认为，马希崇一定难成大事，总有一天会大祸临头。徐威等人想杀掉马希崇，以得到刘言、马希萼的原谅。马希崇也觉察到徐威等人的企图，便悄悄派客将范守牧带着奏章前往南唐，请南唐派兵来救。

等待多日的李璟终于命令边镐从袁州率一万人马西进潭州。

十月，边镐进入南楚境内，驻军醴陵（今湖南省醴陵市），离潭州一百多里。楚王马希崇派人前往醴陵犒劳边镐的大军。数日后，马希崇又派天策府学士拓跋恒带着降表，向边镐请降。

十月十五日，马希崇带着兄弟、侄儿一起前来迎接边镐进城。见到边镐时，马希崇下拜叩首，边镐则下马慰劳。十月十六日，马希崇跟随边镐进入潭州城中。边镐在浏阳门城楼入住，湖南的将吏全部前来祝贺，边镐都厚加赏赐。当时南楚境内发生饥馑，边镐打开粮仓，给百姓放粮，百姓非常高兴。

随着马希崇的出降，南楚灭亡。南楚前后共历六位君王：马殷、马希声、马希范、马希广、马希萼及马希崇。除马殷外，马希范在位时间最长，前后十五年。马希范去世后，南楚内乱，直到被南唐消灭。此时华夏大地七国并立：后周、南唐、后蜀、南汉、吴越、荆南、北汉。

最后交代一下马希萼、马希崇的结局。

马希萼请求到潭州镇守，潭州人厌恶马希萼，请求由边镐镇守。李璟于是任命边镐为武安节度使，镇守潭州。边镐催促马希崇及其族人前往江宁（今江苏省南京市），马希崇想用重金贿赂边镐，让边镐奏请李璟留下他。

边镐轻蔑地笑道："我国与你们楚国，世为仇敌，前后有六十余年，我国从来没有图谋楚国的想法。如今你们兄弟相斗，直到穷途末路向我国投降，如果再有三心二意，恐遭不测啊。"马希崇无言以对。

十一月，马希崇带领族人及将领共一千多人登舟前往江宁。马希崇等人都哭了起来，送行的人也都大哭，声音响彻山谷。

边镐再派先锋指挥使李承戬带兵前往衡山，催促马希萼也前往江宁。马希萼与各位将领、士兵共一万多人，从潭州东下前往江宁。

十二月，李璟任命马希萼为江南西道观察使，镇守洪州（今江西省南昌市），仍封楚王，马希崇为永泰节度使，镇守舒州（今安徽省潜山县）。马希萼最后死于南唐，马希崇后来到了后周，不知所终。

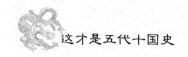

第74章　失去桂州，逃出潭州

南唐消灭南楚，与当年消灭闽国有很多相似之处。闽国也是兄弟相争发生内乱以致分裂，最后南唐趁机出兵，将其消灭。南唐消灭闽国后，并未能得到闽国的五州，吴越抢了一个福州，当地人留从效割据泉、漳二州，南唐实际只得到建、汀二州。那么南唐消灭南楚之后的情况又如何呢？

南唐消灭南楚后，朝中百官都向元宗李璟祝贺。李璟以及不少大臣甚至认为消灭其他各国也很容易，开始出现骄傲情绪。

李璟自即位以来，一直没有到南郊祭祀天地。主管礼仪的官员认为已经消灭楚国，正好可以祭祀。李璟骄傲地说道："等到天下一统之时，再祭祀不迟。"好像天下一统指日可待。

大臣魏岑趁机说道："臣少年时曾到魏州（今河北省大名县）游玩，非常喜爱那里的风土人情，等陛下平定中原，请授臣为魏博节度使，镇守魏州。"李璟当即准奏，魏岑也叩头致谢。

也有清醒的官员。起居郎高远便对李璟说道："我国乘楚国内乱，将其消灭很是容易。然而，臣观几位将领的才能，恐怕守不住楚国故地。"

李璟确实高兴得太早了，他刚刚得到南楚故地，就有国家来抢夺城池了。这个国家还不是什么大国，而是南边的南汉。其实在南楚内乱之时，南汉就已经夺走了贺、昭二州。现在南唐消灭了南楚，南汉中宗刘弘熙认为机会又来了。

南唐虽然消灭南楚，但静江军仍在马家人手中，镇守在此的是马殷的儿子马希隐。此外还有一位都监彭彦晖。彭彦晖是马希萼当了楚王后派来监视马希隐的，因而马希隐对彭彦晖的到来很是不悦。马希隐于是联络不被马希萼重用的许可琼，以对付彭彦晖。

许可琼曾帮助马希萼夺位，但马希萼并没有重用他，反而将他调到偏远的蒙州（今广西壮族自治区蒙山县）当刺史。蒙州靠近南汉，许可琼也一直担心南汉兵马来犯。现在马希隐联络他，他便放弃蒙州，带着人马来到静江军的治所桂州（今广西桂林市）。彭彦晖不让许可琼入城，许可琼便向彭彦晖发起攻击。彭彦晖不敌，逃往马希萼所在的衡山县。

公元951年（后周太祖广顺元年）十一月，南汉驻屯边境的将领、西北招讨使吴怀恩得知许可琼放弃蒙州，立即率兵占领了蒙州。吴怀恩又率部继续北进，静江军境内的百姓一片惊慌。桂州城内的马希隐与许可琼也非常害怕，但又无计可施，每天只能举杯对泣。

就在这时，南汉中宗刘弘熙的一封信送到桂州。由于南汉高祖刘岩曾娶武穆王马殷之女为妻，所以刘弘熙将马希隐兄弟称为舅舅。刘弘熙在信中说："武穆王拥有楚国之地，富强安定已经五十多年。由于三十五舅与三十舅互相争斗，自相鱼肉，将先人的基业献给仇敌。听闻唐兵已经占领潭州，下一步便会南下夺取桂州。汉、楚两国已经结为婚姻之国，看到如此危急之情，汉国怎能忍心不救？我已派遣大军，水陆并进，一定会让舅舅永远镇守一方。"

马希隐阅罢来信，打算向南汉投降，支使潘玄珪坚决反对。

就在马希隐犹豫不决之时，吴怀恩率部突然抵达桂州城下。马希隐与许可琼不想投降，也不敢迎战，便连夜打开北城门，带领部众逃往北边的全州（今广西壮族自治区全州县）。吴怀恩占领桂州后，继续攻略宜、连、梧、严、富、昭、柳、龚、象等州，从此南汉完全拥有岭南之地。

十二月，马希萼、马希崇已经到了南唐的京城江宁（今江苏省南京市），而南汉中宗刘弘熙仍在派兵夺取南楚故地。让人刮目相看的是，这位杀尽兄弟的残暴君王，也能够抓住有利时机拓展自己的国土。刘弘

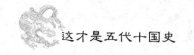

熙此次没有派吴怀恩北上，而是派内侍省丞潘崇彻与将军谢贯北上攻打郴州。

南唐武安节度使边镐得到消息，立即派兵南下迎战。潘崇彻与南唐的兵马在郴州城南数十里外的义章（今湖南省宜章县）发生激战。潘崇彻击败南唐兵马，占领郴州。边镐获报，非常担忧，于是向李璟奏请选派全、道二州刺史，以防备南汉。南汉后来没有再北上，然而边镐在潭州（今湖南省长沙市）却待不下去了。

且说跟随边镐来到南楚作战的其中一支兵马叫奉节都，指挥使叫孙朗、曹进。由于行营粮料使王绍颜克扣粮饷，孙朗、曹进二人非常生气。二人商议道："我们有功，不仅不增加赏赐，还被克扣粮饷，不如杀掉王绍颜及边镐，占据湖南归附周朝，可得富贵。"

公元952年（后周太祖广顺二年）正月三日夜，孙朗、曹进带领部众开始举事，将枯草堆到军府大门口，纵火焚烧。岂料枯草不能点燃，反被边镐发觉。边镐立即派兵袭击孙朗、曹进，同时还鸣鼓吹号。孙朗、曹进听到号声，以为天快要亮，不敢恋战，便带着部众一路逃往朗州（今湖南省常德市）。

朗州是王逵等人据守之地，已经向后周称臣。孙朗作为南唐的将领前来投奔，王逵有话要问。王逵问孙朗道："我当年跟随武穆王与淮南兵马作战，屡战屡胜，淮南兵马不难对付。我现在打算用朗州的兵马收复湖南，能够做到吗？"

孙朗答道："我在唐国好几年，留心他们的政事，朝中没有贤臣，军中没有良将，忠臣与奸臣没有分别，赏赐与处罚也很不当。唐国的这种情形，能够不失国就已经万幸了，哪有能力去兼并他国？我请求为明公担任前锋，夺取湖南如同弯腰拾芥。"

王逵听了此言，非常高兴，对孙朗也很礼遇。

孙朗对南唐君臣的评价也许比较恰当，但李璟一定不会这么认为。李璟当时对南楚故地被分为三块也很着急，也想收复被王逵占领的朗州以及被南汉占领的桂州。李璟于是派将领李建期屯兵益阳（今湖南省益阳市）以图谋取朗州，以知全州张峦兼桂州招讨使，以图谋取桂州。然而数月下来，二将均无捷报传来。

李璟终于想改变主意，问冯延巳、孙晟等人道："楚地百姓希望朕能让他们休养生息，而朕并未能抚平战争给他们带来的创伤，反而滥用武力，这不是他们希望复苏的本意。朕打算停止攻打桂州，调回益阳的守兵，给刘言授予官职，如何？"

孙晟认为非常有理。冯延巳则反对道："我国派出一名偏将，便能平定楚国，远近之人为之震惊。如果陛下调回两地之兵，则楚国三分，失去其二，他国之人一定会看轻我国。臣请派边防将领再观察形势，见机行事。"

五月，李璟再派统军使侯训率五千名士兵从吉州（今江西省吉安市）奔赴全州，与张峦会合，一同攻打桂州。张峦等人刚刚抵达桂州城下，正值非常疲惫之时，南汉伏兵四起。同时，城中南汉兵马又杀了出来，张峦等人腹背受敌，惨遭失败。这一战，侯训战死，张峦收拾残兵逃回全州。

桂州是收不回来了，再来看看朗州。李璟想经略朗州，还是想靠边镐。那么边镐是怎样的一个人呢？边镐这个人，当时人送他三个外号，能够看出他的为人。边镐当初跟随都虞候查文徽攻克闽国的建州时，所有俘虏全部释放，建州人称边镐为"边佛爷"。边镐率兵进入南楚占领潭州时，潭州的街市毫无影响，正常开业，潭州人称边镐为"边菩萨"。继而当了武安节度使，边镐镇守潭州，政事混乱，每天只顾吃斋拜佛，潭州人很是失望，便又称他为"边和尚"。史书上也说边镐昏庸懦弱、优柔寡断。总之，与朗州的那群英雄相比，边镐可差远了。

吉水县有一人叫欧阳广，曾给李璟上书称："边镐不是将帅之才，一定会丢失湖南，应当重新挑选良将，增加兵马以挽救其败。"李璟对这样一个小人物的建言根本没有理睬。

边镐听来自朗州的人说，刘言很忠心，边镐竟然相信，还不加防备。李璟还算个明白人，听说刘言忠心，便召刘言入朝，看看到底是不

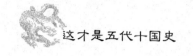

是忠心。

刘言哪里敢去，问王逵道："我不能入朝，但如果不去，唐国必定派兵来攻，如之奈何？"

王逵并不害怕，说道："朗州有长江、洞庭湖的险要，甲兵数万，怎么能够拱手受制于人？边镐是个庸才，不得人心，可一战而擒。"

刘言仍然犹豫不决。

周行逢说道："机密大事，贵在快速，一旦迟缓，边镐就有了防备，到那时就难以成功。"

刘言终于下了决心，任命王逵、周行逢以及牙将何敬真、张仿、蒲公益、朱全琇、宇文琼、彭万和、潘叔嗣、张文表等十人为指挥使，部署兵马，准备出征。史书记载，周行逢能谋，张文表善战，潘叔嗣果断，三人非常友善，一同出征，战无不胜。

诸将提出，请溆州酋长符彦通前来支援，周行逢说道："部族人贪婪也没有信义，前年跟随马希萼攻打潭州，这些人烧杀抢掠，什么也没留下。我们此次举的是义兵，无往而不克，哪里还用得着这些人，免得残害百姓。"

诸将这才作罢。然而诸将还担心，如果不用符彦通，符彦通就有可能成为祸患。诸将认为部族另一酋长、土团都指挥使刘瑶在部族人中很有威信，部族各部都怕他，于是任命刘瑶为西境镇遏使，令其防备符彦通。

十月，王逵等人兵分多路，杀向潭州，以孙朗、曹进为先锋使。潭州城里的边镐得到消息，立即派指挥使郭再诚率兵进屯益阳，以抵御朗州的兵马。王逵等人一连攻克沅江（今湖南省沅江市）、益阳、桥口（今湖南省潭州市西北）、湘阴（今湖南省湘阴县），于十月十二日抵达潭州城下。

边镐不敢出战，传令坚守城池待援，因为他已经派人向李璟告急。然而救兵不可能这么快就到来。城内的守兵不多，人心惶惶。边镐只守了一天，到了晚上，边镐实在没有耐心了，决定弃城逃走。边镐传令打开醴陵门，向东逃走。城中吏民听闻边镐逃走，都一片惊慌，纷纷跟着逃命，竟然将醴陵门外的护城河桥压断，有一万多人死亡。

十月十四日早晨，王逵带领兵马进入潭州城中。王逵自称武平节度副使、权知军府事，任命何敬真为行军司马。王逵再派何敬真等人追击边镐，没有追上，但也杀死南唐五百余名士兵。另一路兵马在蒲公益带领下攻克岳州（今湖南省岳阳市）。刘言获报攻克岳州，便任命蒲公益为岳州刺史。

南唐驻守湖南各州的守将听闻潭州丢失，纷纷逃走。至此，刘言收复南楚岭北故地，只有郴、连二州被南汉夺取。王逵后来也率五万名士兵南下攻打郴州，被南汉将领潘崇彻击败，死伤惨重，在此不再细述。

刘言不久派使前往后周，向后周太祖郭威奏报道："湖南世代都尊奉中原朝廷，不幸被邻寇攻陷。臣虽然没有得到诏命，但已经集结义兵，收复故国。潭州残破，请求将武安军府迁到朗州，希望如同楚国一样进贡，并可出售茶叶。"郭威全部准奏。

边镐丢了湖南，元宗李璟非常生气，将边镐流放到饶州（今江西省鄱阳县）。宰相、左右仆射冯延巳、孙晟则赶紧上表请罪。李璟没有怪罪二人。孙晟不断上表请罪，李璟于是罢免二人宰相之职，只担任左右仆射。

李璟开始反思，认为自己连年派兵出战，最终都徒劳无功，便想休兵养民。有大臣说："如果陛下几十年不用兵，国家就可进入小康。"李璟说道："不是几十年不用兵，而是终身不用兵！"李璟又想起吉水人欧阳广的建言，才知很是有理。李璟决定奖励欧阳广，任命欧阳广为本县县令。

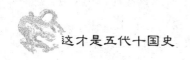
第75章 杀掉刘言，王逵夺权

公元953年（后周太祖广顺三年）正月，后周太祖郭威下诏，任命刘言为检校太师、武平节度使，兼管武安、静江军府事，王逵为武安节度使，何敬真为静江节度使，周行逢为武安行军司马。

从郭威给刘言等人授予的官职来看，南楚故地湖南境内共设有三个藩镇，即武平、武安与静江。显然，刘言仍是湖南的总管，至少在名义上是这样，他不仅是武平节度使，还兼管另两个藩镇的军府大事。

从战略位置来看，武安才是最重要的藩镇，武安节度使由王逵来当，显然王逵仍是湖南的实际掌权人。何敬真虽然也是藩镇节度使，但只是个空头官职，因为静江军已经被南汉占领。周行逢是王逵之后的第二号人物，虽然没有当节度使，但担任武安的行军司马，要比静江节度使有权得多。

南唐兵马被赶出了湖南，从朗州（今湖南省常德市）起家的这群英雄一时没了外敌，内斗就开始了。

前面讲过，刘言是王逵等人请来当首领的，王逵实际掌握大权。然而，随着战果的扩大、领地的增多、将领人数的增加，王逵已经感觉不能完全掌控刘言。刘言不仅在名义上总管湖南，还实际担任一个藩镇的节度使。还有，诸将之中，有人已经不再听命于王逵，而是拥护刘言，比如何敬真与张全琇。

何敬真一开始是马希萼的人，之后倒向王逵。现在当了一个藩镇的节度使，他也开始不把王逵当回事。刘言此时也想当个名副其实的总管，他也想拉拢一些人，而何敬真便是可以拉拢的人。张全琇在史书上的记载不多，只说他是武安节度使副使，不知何时也成了刘言的人。

刘言虽然想培植自己的势力，但也不敢公然与王逵作对，毕竟王逵有实权、有实力。然而王逵此时已经觉得刘言没有利用价值，甚至觉得刘言成了一个障碍，因为有刘言在，就会有人投向刘言，而不再听命于自己。王逵的这种感觉，不是凭空臆断。史书上也说，每次宴会，诸将赴宴喝酒，一片嘈杂，如同闹市，官员之间，没有上下级之分。

王逵决定除掉刘言，而除掉刘言得先除掉何敬真与张全琇。

王逵有了这个打算，还得有人支持。当时在诸将之中，周行逢与张文表对王逵非常尊敬，王逵对二人也很是信任。王逵先将这个想法与周行逢说了，也想听听周行逢的想法。周行逢说："刘言一直不与我们同心合力，而何敬真、朱全琇又不愿在明公之下，明公应当早点除掉他们。"

王逵听了这话，非常高兴，因为周行逢是支持他这么做的。王逵甚至有些激动地对周行逢说道："能与公一同铲除恶党，一同治理潭、朗，还有什么可担忧的？"

二人计议已定，就等机会到来。

不日探马来报，南汉再次派兵攻打全、道、永三州，周行逢马上计上心头。周行逢对王逵说道："我准备亲自前往朗州，劝说刘言派何敬真与朱全琇率兵南下，讨伐汉国兵马。等二人到了潭州（今湖南省长沙市），就如同我们手中的物件，再用计拿下他们，易如反掌。"王逵听从了周行逢的建议。

周行逢不仅善谋，而且能言。周行逢到了朗州，经过一番劝说，终于说动刘言出兵。当然，周行逢也承诺，王逵也派出兵马一同南下，此次讨伐汉国兵马，是两藩镇合力共讨。

刘言此时虽然忌惮王逵，但并没有想加害王逵，甚至连防备之心都没有。刘言甚至以大义为先，同意派兵南下，合力抵御南汉入侵兵马。刘言于是任命何敬真为南面行营招讨使，朱全琇为先锋使，令二人率

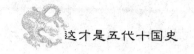

五百多名牙兵先到潭州，会合潭州兵马，一同南下抵御南汉。何敬真本来就是静江节度使，南下作战，也理所当然。

何敬真、朱全琇二人到了潭州，王逵早在郊外迎接。三人相见，如同老友相会，甚为欢喜。王逵留二人在潭州多日，每天都是好酒好肉，还有不少美女。何敬真、朱全琇二人也是胸无大志的人，竟然醉倒在王逵设计的温柔乡里，忘记了南征之事。

当时在潭州一直驻守着一支朗州兵马，有三千人，指挥使是李仲迁。何敬真命李仲迁率部先行南下，自己继续留在潭州享乐。李仲迁的兵马在南下的途中发生兵变，都头符会等人劫持李仲迁返回了朗州。何敬真对此一无所知。

一天，王逵乘何敬真喝醉了酒，命人假装是刘言的使者，斥责何敬真道："南部贼寇入侵，你不赶紧前去抵御，竟然沉湎于酒色之中，刘太师下令将你押到朗州。"

于是，王逵将何敬真囚在狱中。朱全琇得到消息，赶紧逃跑，王逵派兵将其追捕。王逵也没有将何敬真、朱全琇二人关得太久，在当年二月便将二人及其党羽十多人全部斩首。

王逵杀了何敬真、朱全琇二人，又派人将二人之事禀报给刘言，无非是二人贪恋酒色，不思出征。刘言相信王逵的说辞，甚至对符会等人擅自返回也非常生气，命人将符会等人斩首。

周行逢用计替王逵除掉了何敬真、朱全琇二人，不久也为自己排除异己。周行逢对另一将领张仿很是讨厌，于是对王逵说道："张仿与何敬真是亲戚，何敬真被斩时，曾将后事托付给张仿，明公应当防备张仿。"王逵马上故伎重施，设宴将张仿灌醉，然后再将张仿杀掉。

王逵下一个要除掉的便是刘言。

六月，王逵留周行逢守潭州，自己亲率兵马攻打朗州。也许刘言不懂军事，也许朗州已经没有能战之兵，王逵很快便将朗州攻克，杀死指挥使郑玟，擒获刘言。王逵没有马上杀掉刘言，而将刘言囚禁了起来。

王逵从此掌管湖南之地，统领武安、武平两藩镇。王逵还得向后周朝廷奏报兼并刘言的事。奏章是这样写的："刘言暗中谋划，准备将朗州献给唐国，还准备发兵攻打潭州。刘言的部众不肯听从，便将刘言废黜，囚禁起来。臣已从潭州前往朗州安抚军府官员，现已一切安定。臣再奏请把军府迁到潭州。"

王逵将责任推给了刘言的部众，其实王逵说得也没有错，在名义上他也是刘言的部众。

八月，后周太祖郭威批准王逵的奏请。王逵不久也回到了潭州，调周行逢前往朗州镇守。随着王逵到了潭州，掌管湖南军政的府衙也从朗州迁到潭州。王逵没有放过刘言，于当月派将领潘叔嗣到朗州将刘言杀害。后来，王逵还是觉得朗州好，又奏请把军府迁到朗州，再调周行逢镇守潭州。

王逵掌管湖南，成功招抚符彦通与刘瑶两位部族首领。

符彦通是溆州（今湖南省洪江市西北）的部族首领，自称是十六国时前秦天王符坚的后人。符彦通曾跟随马希萼攻入潭州，在潭州抢掠的财物最多。符彦通回到溆州后，自立为王。

王逵想找一位能言之人去招抚符彦通，将领王虔朗请求一行。

王虔朗到了溆州，符彦通部署了盛大的侍卫队伍，然后让王虔朗入见，符彦通则傲慢地坐在那里。王虔朗毫不畏惧，当即对符彦通进行严厉斥责："足下自称是符秦后人，应当知晓礼义，也应与其他部族不同。当年马家据有湖南，足下的祖父、父亲都向马氏称臣。现在王公（王逵）得到马家的领地，足下不早点前往，请求结盟，反而让王公的使者先到这里，还不以礼相待，将来能不后悔吗？"

符彦通竟然被王虔朗说得既惭愧又害怕。符彦通马上起身上前，握住王虔朗的手道歉。王虔朗看出符彦通是能够说动的，于是又说道："你们族人居住的这些地方不是溪涧就是山洞，在隋唐时，都曾设置州县，登记在册。现在足下上无天子之诏，下无使府之命，虽然自己在山里称王，其实不过是一酋长而已。如果足下自动去掉王号，向王公归附，王公必定以天子之命，授足下为节度使，与中原国家的侯伯等同，

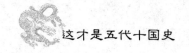
难道不更加尊贵荣耀吗？"

符彦通听了此言，大喜，当天就宣布去掉王号，还请王虔朗将其族的铜鼓献给王逵，以示诚心。王逵得知大喜道："王虔朗的一席话胜过几万雄兵，真正是国家的贤士啊！"王逵于是承制任命符彦通为黔中节度使，王虔朗为都指挥使，参与军府政事。

刘瑶是锦州（今湖南省麻阳县西南）刺史，在部族中很有威信，王逵之前攻打潭州时，已经任命刘瑶为西境镇遏使，以图刘瑶能够防备符彦通。现在王逵安抚了符彦通，决定再安抚刘瑶。王逵向后周朝廷上表，推荐刘瑶为镇南节度副使、西界都招讨使。镇南这个藩镇当时属于南唐，镇南节度副使对刘瑶来说只是一个空头官衔，但足以让刘瑶感到光荣。

王逵在招抚部族首领，周行逢正在潭州带领百姓赈灾。在王逵掌管湖南的第二年，湖南境内出现饥荒，百姓没有粮食，只能吃草根树皮。已是武清节度使、知潭州事的周行逢下令，打开粮仓，救助百姓。

周行逢出身贫贱，知道百姓疾苦，自从镇守潭州，始终励精图治。周行逢选拔官员，都是挑选那些清廉的士大夫。周行逢没有私心，对自己也很严格，有人笑其太过节俭，周行逢说道："马家父子极其奢靡，不爱护百姓，如今他们的子孙向别人乞食，这样的人怎么可以效仿？"

在王逵与周行逢的掌管之下，湖南境内一时无事。我们再将目光转向后周，看看郭威又是如何治理国家的。

第76章　郭威病逝，柴荣继位

郭威在位期间，没有主动对外发动战争，注重内政治理，革除弊制，与民休养生息。当时，华夏大地多国林立，后周的边患主要是北边的北汉与辽国。郭威即位不久，便击退了北汉对晋州的两次进攻，给北汉不小的打击，让北汉短时间不能再南侵。当然两国边境的小摩擦仍是有的。对待辽国，郭威开始采取的是和平共处的态度，只是后来被北汉破坏了。三年中，周、辽边境小摩擦时而有之，基本是辽国前来犯边，每次都被后周将领击退。总之，北汉与辽国并未给后周造成大的冲击，后周百姓是能够得到休养生息的。

郭威在位期间，朝中的主要官员有冯道、王峻、王殷、范质、李毂等。冯道是不倒翁，到了后周仍是宰相，当时的官职是太师兼中书令。范质本是枢密副使、兵部侍郎，郭威即位数月后又任命其为户部侍郎。范质聪明、反应敏捷，记忆力强，很有才能。李毂是出色的宰相，治理国家很有政绩。

我们就来讲讲郭威的将相李毂、王峻与王殷的故事。

李毂非常忠诚，郭威很器重他，即位时便用其为宰相。李毂开始的官职是判三司，郭威即位不久便加授其为中书侍郎、同平章事。李毂沉着、坚强、有气度、有谋略，在郭威面前议事，总是慷慨激昂，善用比喻。郭威亲征慕容彦超时，便以李毂为京城留守，可见郭威对李毂的器重。

公元952年七月，李毂跌了一个跟头，摔伤右臂，告假一个多月，公

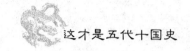

文积压很多。郭威得知后，命李榖赶紧上朝视事。李榖说伤没好，不能行朝拜之礼，无法入朝。郭威为了让李榖能来处理事务，特地下诏，准许李榖不要到大殿朝见，只到府衙视事。

十月，李榖的伤还没有好，三次上表向郭威提出辞官，让别人代替，郭威不肯。郭威让人带话道："卿的职责重大，朕很难找到合适的人。如果事务能够完成，何必在意朝堂礼节？朕今天在便殿等卿，卿可前来相见。"

郭威之所以在便殿等李榖，当然是可以免去其叩拜之礼的。李榖于是到金祥殿面见郭威。见到郭威，李榖仍向郭威请求辞去官职，郭威仍然不准。李榖不得已，只得继续到府中处理事务。由于手臂疼痛，不能握笔写字，郭威命其刻枚图章来用。

十一月，在李榖的建议下，郭威革除了一个弊制。自天下大乱以来，朝廷一直禁止百姓私自买卖牛皮，全部由官府统一收购。后唐明宗李嗣源在位时，有司用盐来置换百姓的牛皮。后晋高祖石敬瑭在位时，盐都不给。后汉时，私自买卖一寸牛皮的，处死。事实上，百姓不可能不用牛皮。李榖便向郭威建议，官府每年向百姓征收的牛皮减少三分之一。将征收的数量与百姓拥有的田亩数量相对应，计十顷田缴牛皮一张，余下的由百姓自用或买卖，但不可卖给敌国。郭威按李榖的建议颁了诏书，百姓十分欢迎。

李榖还向郭威提出撤销营田务。以前，屯田垦荒都在边疆，由守边的士兵负责耕种。唐朝末年，藩镇遍地，中原一带也驻屯士兵，到处屯田，称为"营田"。户部为此还专门设了一个衙门叫"营田务"，来管理各地的营田，这些田地便不再隶属所在州县。时间一长，问题就出来了。有的地方人多田少，有的地方包庇奸人，州县不能过问。李榖向郭威奏报了这个情况。公元953年正月，郭威下诏，撤销营田务，所属田地、百姓全部划归各州县，所有耕牛、农具全部成为百姓的私有财产。诏书一下，就在当年，户部发现多出三万多户百姓。百姓得到田产，才敢修建房屋，种植树木，也尽心耕种，田地产量比以前高出几倍。

再讲讲王峻。

王峻是枢密使，郭威即位时加授为同平章事。几个月后，郭威又任命王峻为左仆射兼门下侍郎。当时后周刚建立不久，四方多事，王峻夜以继日，尽心尽力。作为枢密使，王峻对军旅之事贡献不少谋略，也立有战功，曾率军击败北汉、辽国入侵晋州之兵。

王峻有才能，也以天下为己任，但王峻还是有缺点的。王峻性格轻浮、急躁，有心计，好权贪利，喜爱别人奉承自己。每次向郭威进言，如果得到准许就高兴，如不准许就会生气，常常说出不恭敬的话语。郭威把王峻当成多年的故旧，其又有佐命之功，也知道王峻的为人，每次都宽容他。王峻比郭威年长，郭威当了皇帝还经常称王峻为兄长，王峻因此更为骄横。

枢密副使郑仁诲、皇城使向训、恩州团练使李重进等都是郭威在藩镇时的心腹将领，郭威对他们稍加提拔，王峻便开始妒忌。王峻还多次向郭威提出辞去官职，以试探郭威的想法。郭威每次都派人前往劝说，王峻不仅不听劝，还对这些人大发脾气。王峻后来干脆不上朝，但又给各藩镇节度使写信，要他们向郭威保举自己。这些节度使将王峻的书信呈给郭威，郭威看了后非常惊愕。郭威犹豫了很久，还是决定派人去请王峻上朝。郭威让左右带话道："卿如再不来，朕就亲自来请。"王峻便开始上朝，郭威也对其好言抚慰。

王峻这个人虽有才能，但心胸不够宽广，竟然嫉妒郭威的养子柴荣。此时郭威已经没有亲生儿子了，就只有柴荣这一位养子。柴荣不仅英勇、刚烈，而且很有才能，郭威非常喜爱。柴荣开始是天雄牙内都指挥使。郭威在即位的次月，就调柴荣担任镇宁节度使，镇守澶州（今河南省濮阳市）。郭威特地为柴荣配备了几位得力的助手：侍御史王敏为节度判官，右补阙崔颂为观察判官，校书郎王朴为掌书记。柴荣多次请求进京朝见郭威，总是因王峻的阻挠而不能成行。

公元953年正月，正是冬季，郭威准备对黄河决口进行治理。王峻为给郭威解忧，主动请求到黄河视察。闰正月，在澶州镇守已经两年之

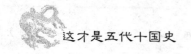

久的柴荣再次请求进京朝见，由于王峻在外，没有人阻挠，终于得到准许。王峻听说柴荣入朝，立刻从黄河返京，两日后就赶回了都城开封。当然王峻已经阻止不了柴荣进京，因为郭威已经恩准。王峻于是向郭威提出要兼任藩镇节度使，以增加自己的权力。郭威不肯，王峻一再请求，郭威不得已，只好让王峻兼任平卢节度使。

王峻越来越狂妄、暴躁，一月后又奏请由端明殿学士颜衍（音眠）、枢密直学士陈观代替范质、李穀为宰相。范质、李穀是很有能力的宰相，也深得郭威器重，郭威哪里肯让二人罢相。郭威对王峻说："宰相之职，至关重要，不可仓促决定任免，让朕再好好考虑一下。"王峻不肯作罢，极力争取，话也越说越无礼。快到中午时，郭威就要用膳，王峻还在说个不停，不肯离开。郭威实在没有办法，只好说道："今天是寒食节，等假期过后，朕便如卿所奏。"王峻这才告退。

郭威如果真的听从王峻，那他也是一位没有主见的皇帝，郭威当然没有这么做。经此一事，郭威反而下定决心，准备将王峻贬降。二月十三日，寒食节已过，郭威便召集各位宰相、枢密使进宫，王峻当然也来了。面对各位重臣，郭威突然下令，将王峻拿下，软禁在别室之中。

面对冯道等人臣，郭威突然流下眼泪说道："王峻欺朕太甚，想把大臣全部赶走，剪掉朕的羽翼。朕只有一个儿子，想到京城看朕，王峻都从中作梗，百般阻拦。哪里有枢密使身兼宰相，还想兼任节度使的？看王峻的志向，很难让他满足。王峻如此目无君王，谁能忍受？"

几年来，郭威如同受了不少的委屈，今天终于全都倒了出来。当然郭威不只是想哭诉，更会去采取措施，所以当机立断将王峻拿下。第二天，郭威便下诏，贬王峻为商州（今陕西省商洛市）司马，诏书中还说王峻"肉视群后，孩抚朕躬"，就是说把群臣看着砧板上的肉，把皇上看成是无知的孩童。王峻到了商州后，得了病。郭威也很怜悯王峻，让王峻的妻子前往探视。没过多久，王峻在商州去世。

有人说王峻就如同李嗣源朝中的安重诲。安重诲一直排斥李嗣源的义子李从珂，安重诲不死，李从珂不能入朝为官。王峻一直排挤郭威的义子柴荣，王峻不死，柴荣不能入朝。果然，就在王峻被贬的次月，郭威调柴荣回京，担任开封府尹，封晋王。

最后讲讲王殷。

王殷是侍卫亲军都指挥使，掌管朝廷禁军，也是郭威的心腹。郭威即位不久，认为邺都（今河北省大名县）是南北要冲，必须派一位心腹之人前往镇守，才能抵御辽兵南下。郭威于是任命王殷为邺都留守、天雄节度使、同平章事，仍保留其侍卫亲军都指挥使一职，并将侍卫司迁到邺都。掌管朝廷禁军的侍卫司迁出京城，后周又设殿前司，从此后周有两大禁军。

郭威贬了王峻，担心镇守邺都的王殷感到不安。郭威便派王殷的儿子、尚食使王承诲前往邺都，告知王殷，王峻乃是因罪被贬。王殷上表，请求进京朝见，以表明自己的忠心。郭威没有准许，也以此表明对王殷的信任。然而王殷连上三次奏表，郭威只好派使前往劝阻。

郭威把王殷当着心腹，那么王殷是什么样的人呢？

王殷到了邺都，依仗对国有功，开始专横跋扈。河北境内的守兵调遣，有的需郭威下诏才可，而王殷竟然直接下命令，根本不顾郭威的感受。王殷还贪图钱财，对境内百姓大肆搜刮。郭威得知王殷的所作所为，很是不高兴。郭威考虑到王殷也是他的心腹，便派人先去警告一下："卿是国家的重臣，邺都的府库也很丰足，卿都可以用，还用担心没有钱财？"同在河北境内的成德节度使何福进一直与王殷不和，便将王殷的不法行为全部奏报给郭威。郭威开始怀疑王殷。

公元953年十二月，王殷入朝奏事，郭威便将其留在了开封，让王殷担任京城内外巡检。王殷在京城，每次出入，总是带着几百名侍从。王殷还向郭威奏请给这些侍从发放铠甲、兵器，郭威感到非常为难。按说王殷的请求也是合理的，因为没有铠甲、兵器就没法维持京城的安全。然而给王殷发放铠甲、兵器，又怕王殷谋反，难以控制。郭威当时已经患病，而王殷在京城带兵，不仅郭威感到担忧，朝中大臣也感到担忧。郭威终于下定决心，准备将王殷除掉。十二月二十六日，郭威强撑病体，驾临滋德殿，王殷前来请安，郭威一声令下，将王殷拿下。郭威接着下诏，称王殷企图谋反，决定将其流放到登州。王殷刚刚出了城，便被诛杀。

十二月二十九日，郭威带病到南郊祭祀。由于病得很重，郭威只能在左右搀扶之下才能登上台阶。郭威斟酒献祭时，只能低头致礼，不能下拜。郭威最后让柴荣完成祭祀仪式。当天晚上，郭威就住在南郊，病情更加严重。到了午夜，郭威的病情略有好转。第二天，也就是公元954年正月一日，郭威在南郊圆丘继续祭祀，由于病情仍然很重，只能瞻仰不能下拜，很多事宜都由有司代做。郭威祭祀完毕，大赦天下，改元显德。

郭威回到宫中，病情又加重，大臣们不能晋见，朝廷内外人心不安。正月五日，宫中传出诏书，加授柴荣兼侍中，判内外兵马事。群臣听到柴荣掌管兵马大权的消息，不安的心终于平静了下来。

然而军中仍有流言，说郭威郊祭，赏赐太少，还不如明宗李嗣源当年赏赐的多。向来注重节俭的郭威听到这些话，很是不高兴。正月七日，郭威将诸将召至寝殿，责备他们没有管好士兵。

郭威说道："朕自即位以来，恶衣菲食，就是为了改善将士们的待遇。府库中的财物以及各地的进贡，大多用于军中，少有剩余，你们难道不知？现在竟然任由暴徒胡说八道，毫不顾及君王是不是勤俭，也不顾国家是不是富裕，更不想想自己有没有功劳，只知道抱怨，你们心安吗？"

诸将听了，都诚惶诚恐，连忙向郭威叩头谢罪。诸将出了寝殿，查出带头闹事的人，流言也就平息了。

郭威卧病在床，柴荣每天都在一旁伺候。郭威告诫柴荣道："我当年西征关中时，看到唐朝的十八座陵墓都被人盗掘，没有别的原因，就是因为陵墓中有很多金银财宝。我死之后，就给我穿上纸做的衣服，用瓦棺入殓，一定要尽快安葬，不要在宫中久留。陵墓不要用石头堆砌，砖头就行。工匠及杂役都要用钱去雇，不要劳烦百姓。安葬之后，只要请附近三十户人家负责打扫、看护，免除他们的徭役。陵墓不要修建地下宫室，不要让宫女守陵，不要修建石羊、石虎、石人和石马，只需在石碑上写着：'周天子平生好俭约，遗令用纸衣、瓦棺，嗣天子不敢违也。'你如果违背我的旨意，我就不保佑你。"

正月十五日，郭威又想起黄河八处决口还没有全部治理好。虽然当时是冬季，不用担心黄河水患，但郭威知道，此时正是治理黄河之时。郭威于是下诏，命人一定要在冬天完成堵塞、加固。

正月十七日，郭威命人宣读诏书，任命端明殿学士、户部侍郎王溥为中书侍郎、同平章事。王溥是郭威非常看重中的人才，郭威要让王溥辅佐柴荣。现在王溥当了宰相，郭威欣慰地说道："朕没有遗憾了。"

郭威又想到了姐姐福庆长公主的儿子李重进。李重进是禁军殿前司的都指挥使，手握兵马大权，还比柴荣年长。郭威对李重进还有些不放心。郭威将柴荣与李重进一起叫到寝殿，命李重进向柴荣下拜，确定君臣的名分。

当天，郭威驾崩于滋德殿，年五十一岁，在位三年整。四日后，三十四岁的柴荣登基即位，是为后周世宗。柴荣即位后，调整了两大禁军首领，李重进担任侍卫亲军马步都虞候，先帝郭威的女婿张永德由殿前都虞候升任殿前都指挥使。

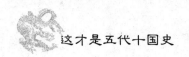
第77章 高平之战，统一曙光

北汉世祖刘崇听闻郭威病逝，大喜，准备向后周发动大规模的袭击。刘崇担心兵马不够多，难以重创后周，于是派使前往辽国，请辽国出兵相助。辽穆宗耶律述律派政事令杨衮率一万多名骑兵前往北汉助战。

公元954年（后周世宗显德元年）二月，刘崇亲率三万兵马，以义成节度使白从晖为行军都部署，武宁节度使张元徽为前锋都指挥使，与辽兵在团柏（今山西省祁县东南）会师，然后南下袭击后周的潞州（今山西省长治市）。北汉、辽国兵马不日到达潞州城西北的梁侯驿。

后周镇守潞州的昭义节度使李荣（为避柴荣名讳已经更名为李筠）派将领穆令均率两千名步骑兵迎战，李荣自率大军进驻潞州北边的太平驿。穆令均与汉将张元徽交战，张元徽假装不胜，率部撤退。穆令均不知是计，纵马追击，闯进埋伏圈，不敌身亡。李荣得到消息，不敢再出战，率部逃回潞州城中，坚守城池待援。北汉兵马乘胜向潞州城进逼。

北汉来攻的消息很快报至都城开封，后周世宗柴荣召集群臣商议。柴荣想御驾亲征，群臣都劝阻道："刘崇自从晋州战败，元气大伤，他一定不敢亲自来攻，不足为惧，无须陛下亲征。再者，陛下刚刚即位，时日不长，一旦出征，恐怕人心动摇。陛下应当派将帅率兵出征。"

群臣的担忧不无道理，柴荣当时刚刚继承帝位，能否服众还说不清，怎能轻易离开京城？再说先帝郭威的灵柩尚未安葬，柴荣哪有精力出征？刘崇此时南侵，也是想抓住这一时机。

然而，大家可能低估了柴荣。柴荣力排众议，说道："我国刚有大丧，刘崇正感庆幸，朕又年少刚立，刘崇还很轻视，因而有吞并天下之心，此次刘崇一定会亲自前来，朕不可不往。"

不倒翁冯道也担心柴荣出征会有闪失，坚决劝阻。

柴荣说道："当年唐太宗定天下，经常亲自出马，朕怎敢苟且偷安？"

冯道一反其和稀泥的态度，不顾情面地反问道："不知陛下能不能成为唐太宗？"

柴荣信心百倍地说道："我们的兵马非常强盛，击破刘崇如同大山压卵！"

冯道继续反问道："不知陛下能不能成为大山？"

柴荣听了此言，也感到有些不高兴。只有宰相王溥赞同柴荣出征。

三月三日，柴荣开始调兵遣将：天雄节度使符彦卿率兵从磁州的固镇（今河北省武安市西）出发，深入北汉兵马背后，镇宁节度使郭崇威为副手；护国节度使王彦超率兵从晋州东进，截击北汉兵马，保义节度使韩通为副手；侍卫马军都指挥使樊爱能、步军都指挥使何徽、义成节度使白重赞、郑州防御使史彦超、前耀州团练使符彦能率兵奔赴泽州（今山西省晋城市），宣徽使向训为监军。

国家面临大敌，柴荣亲自出征，也就不能主持先帝郭威灵柩安葬事宜。三月九日，柴荣命中书令冯道护送郭威灵柩前往山陵安葬。次月，冯道将先帝郭威安葬完毕，五日后也与世长辞。

三月十一日，柴荣任命枢密使郑仁诲为东京留守，亲自率兵从开封北上。

三月十六日，柴荣抵达怀州（今河南省沁阳市）。柴荣当时非常着急，就怕错过战机。柴荣打算倍道而行，以早日到达潞州。控鹤都指挥使赵晁私下对通事舍人郑好谦说道："敌人的气势正盛，我们应当缓缓前行，先挫挫敌人的锐气。"

郑好谦将此言报给柴荣，柴荣一听，大怒道："你怎么能说这样的话？一定是别人指使。你如果说出这人是谁，就赦你不死！"

郑好谦只好说是赵晁讲的。柴荣下令将郑好谦与赵晁一同囚禁在怀

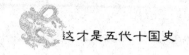

州的监狱中。

三月十八日，柴荣过了泽州，离潞州还有两百多里。柴荣想早日到达潞州，而刘崇并没有攻打潞州。刘崇一路南下，已经到达高平（今山西省高平市）城南。刘崇之所以敢向南深入，是认为柴荣一定不会亲自来战。

十九日，刘崇的兵马与柴荣的先锋兵马遭遇，发生交战。刘崇没想到后周兵马来得这么快，也不知来了多少兵马，便传令后撤。柴荣接到奏报，知道前方已经与敌人遭遇，担心刘崇逃跑，于是传令各军加快前行。

刘崇并没有逃跑，而是选好地势，排兵布阵：中军在巴公原（今山西省晋城市东北）列阵，北汉将领张元徽在东，辽国将领杨衮在西，阵势非常严整。

柴荣行军快速，很快便到达巴公原。然而，河阳节度使刘词率领的后军尚未到达，将士们对刘崇大军感到恐惧，只有柴荣意志高昂。柴荣将兵马分为三部：白重赞与侍卫亲军马步都虞候李重进率左军在西，樊爱能与何徽率右军在东，向训与史彦超率精骑居中，三部兵马一同向前推进。殿前都指挥使张永德带领禁兵护卫着柴荣，柴荣也纵马亲临战场督战。柴荣还命前泽州刺史李彦崇率一支兵马守在江猪岭（今山西省长子县西），以防刘崇从那里逃走。

刘崇看到后周的兵马并不多，感到有些后悔，后悔不该请辽国出兵助战。刘崇对诸将说道："我们的兵马就能击破敌人，哪里需要辽国兵马？今天不只要攻克周兵，还要让辽国将士开开眼，好让他们心悦诚服。"

诸将都认为刘崇说得有理。辽将杨衮策马向前，察看周军阵地，很快就返回来对刘崇说道："敌人数量不多，但我们面对的是劲敌，不可轻率进攻。"

刘崇哪里听得下去，奋然说道："机不可失，请公不要再言，请看我指挥作战。"

杨衮心中不高兴，也不再言语。

这时，强劲的东北风突然变为南风，北汉枢密副使王延嗣让司天监李义对刘崇说道："决战时机已到。"

枢密直学士王得中拦住刘崇的马头劝谏道："李义该杀，如此风势，对我不利。"

刘崇根本听不下去，说道："我意已决，老书生不要胡言乱语，再说，我就杀了你！"

刘崇说完，指挥东军先行出击，张元徽便率一千名骑兵向后周的右军发起进攻。

按说，当时的风向对后周兵马有利，毕竟周兵在南、汉军在北。然而让人想不到的是，后周将领樊爱能、何徽与汉军交战没多久，便带领骑兵先行逃走，右军顿时溃散。一千多名步兵没有逃走，竟然脱下铠甲，高呼万岁，向刘崇投降。守在江猪岭的李彦崇听说樊爱能等人已经南逃，赶紧带领兵马也向南撤退。

柴荣看到形势不妙，担心左军也跟着崩溃，便立即带领亲兵，冒着矢石督战。

亲兵队伍中有一名宿卫将领名叫赵匡胤，看到天子亲自出战，对同伴说道："陛下冒着如此危险，我们怎能不拼死而战？"

赵匡胤又对殿前都指挥使张永德说道："敌人的气焰虽然嚣张，只要奋力作战就可以击破。公的部下中有很多人善于左手射箭，请公带领兵马登上高处放箭，作为左翼，我带领兵马作为右翼。国家安危，在此一举。"

张永德赞同，于是各率两千人出战。赵匡胤身先士卒，纵马冲锋，士兵们也跟着拼死力战，无不以一当十，北汉兵马不能抵挡。

内殿直马仁瑀对部众说道："让陛下冒着危险身陷敌阵，还要我们做什么？"说罢跃马引弓，大呼一声，连射数人，士气为之振作。

殿前右班行首马全义对柴荣说道："敌人的气势已经受挫，必将被我们击败，请陛下勒马驻足，看诸将破敌。"说完也率数百名骑兵冲入阵中杀敌。

刘崇这时已经得知柴荣亲自前来，命张元徽乘胜前进。张元徽纵马

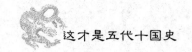

上前破阵，没想到战马突然跌倒，被后周士兵杀死。张元徽是北汉的一员骁将，北汉将士听说其阵亡，士气大减。

这时南风更加猛烈，后周士兵奋勇争先上阵杀敌，北汉兵马大败，四处溃散。刘崇看到不能取胜，连忙挥动红旗收兵，然而不能制止溃散。

辽将杨衮畏惧周兵强盛，不敢上前援救。杨衮又想到刘崇并没有听他的建言，心中仍然耿耿于怀，于是传令所部兵马撤退。

当时北汉还有一万多人马在河对岸列阵，队伍还很完整。

傍晚时分，河阳节度使刘词率领的后军赶到，立即投入战斗。北汉兵马再次遭败，枢密副使王延嗣被杀。

北汉兵马开始撤退，后周兵马追击，一直追到高平。一路上，北汉被杀的士兵布满山谷，丢弃的辎重、兵器、牲畜不计其数。

刘崇再次遭败后，惊慌而逃。为防止被人认出，刘崇换上普通衣服，头戴斗笠，骑着辽国赠送的黄骝马，带领一百多名骑兵从高平西北的雕窠岭向北逃去。刘崇果然经江猪岭向北而去，可惜李彦崇早已撤走。

半夜时，刘崇迷了路，于是俘虏一名村民作为向导，不想又误入晋州方向。走了一百多里，刘崇觉得不对，下令杀掉村民，转头向北逃去。刘崇如同惊弓之鸟，停卜吃饭时，刚刚掌起筷子，只要听说周兵来了，马上狼狈而逃。刘崇当时已经六十岁，如此日夜逃奔，身体也感到难以支撑，最后总算逃回了太原。

那天晚上，柴荣就在野外扎营。北汉不少士兵向后周投降，这当中就有临阵向北汉投降的一千多名步兵。柴荣下令将这一千多名步兵全部杀死，而北汉的降兵一个没杀。

三月二十日，柴荣传令在高平休整。柴荣在北汉的降兵中挑选数千人，组建效顺指挥，命前武胜行军司马唐景思带领，前往淮河防守，其余两千多人发放路费，让其回家。柴荣在高平休整两天，便继续北上进入潞州。

到了潞州，柴荣打算诛杀樊爱能、何徽等人，以整肃军纪。樊爱能、何徽等人听说后周兵马取得大胜，也带领部众回来了。柴荣考虑到樊爱能与何徽分别是侍卫马军都指挥使与步军都指挥使，是禁军侍卫司的主要将领，因而犹豫不决。

三月二十五日，柴荣在营帐中休息，殿前都指挥使张永德在一旁待命。柴荣与张永德谈到樊爱能、何徽等人。张永德说道："樊爱能、何徽等人并没有立过大功，却当了如此重要的官职。此次战斗，二人率先逃跑，杀了他们，都不能抵消罪责。陛下正想统一四海，如果没有严明的军纪，就是有一百万的骁勇将士，又有什么用？"

柴荣听了此言，很是兴奋，马上从床上跳起来，将枕头扔在地上，大声叫好。

柴荣传令，将樊爱能、何徽所部的军使以上共七十多人，全部逮捕，斥责他们道："你们都是几朝老将，并不是不能作战。今天望风而逃，没有别的原因，就是把朕当作奇货，想卖给刘崇罢了。"

柴荣下令，将樊爱能、何徽等七十多人全部斩首。柴荣当时想赦免何徽，因为何徽当年坚守晋州有功。柴荣继而又想到整肃军纪的重要，最后还是将何徽斩首，只是准许回乡安葬。那位从江猪岭撤走的李彦崇后来也被贬了官。从此那些骄兵悍将才感到害怕，知道朝廷不会再姑息养奸了。

柴荣处罚了逃兵，便开始论功行赏，毕竟高平一战最后还是取得了大胜。

三月二十六日，柴荣下诏，任命李重进兼忠武节度使，向训兼义成节度使，张永德兼武信节度使，史彦超为镇国节度使。张永德向柴荣奏报说，赵匡胤作战英勇还有智谋，柴荣便擢升赵匡胤为殿前都虞候，兼严州刺史。

此外，马仁瑀为控鹤弓箭直指挥使，马全义为散员指挥使，数十名将校被升职，不少士兵也被提升为军官。柴荣还释放了赵晁与郑好谦。

值得一提的是，赵匡胤时年二十七岁，由于高平之战表现突出，已经成为后周两大禁军之一殿前司的都虞候。殿前司当时最高官职还不是都点检，而是都指挥使，其下便是都虞候。都指挥使张永德比赵匡胤小一岁，与赵匡胤关系很好。

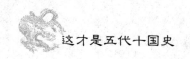

第78章　围攻太原，无功而返

　　北汉世祖刘崇逃回太原，担心柴荣会乘胜来攻，因而丝毫不敢大意，立即传令修造兵器，深挖壕沟，加强城防。

　　刘崇对辽国将领杨衮不战而撤，也不敢斥责，毕竟辽国是他的主子。杨衮当时已经带领部众北返到达代州（今山西省代县），正在代州暂驻。刘崇于是派枢密直学士王得中前去送杨衮回国，同时向辽穆宗耶律述律请求再派兵马。刘崇此次求兵，已经不是助其一同攻打后周，而是来增援他防守太原。

　　柴荣果然决定乘胜攻打太原。

　　公元954年（后周世宗显德元年）三月二十八日，柴荣任命符彦卿为河东行营都部署兼知太原行府事，郭崇威为副部署，向训为都监，李重进为马步都虞候，史彦超为先锋都指挥使，令五将率两万步骑兵从潞州（今山西省长治市）北上。柴荣又诏令护国节度使王彦超、保义节度使韩通从阴地关（今山西省灵石县西南）方向进入北汉境内，与符彦卿会合，河阳节度使刘词为随驾部署，保大节度使白重赞为副部署。

　　从这个任命可以看出，此次攻打太原的主将是符彦卿。符彦卿时年五十七岁，是后唐名将符存审（李存审）的第四子，人称"符第四"。符彦卿的女儿本来是河中叛将李守贞的儿媳，后来改嫁柴荣。就在北征太原之际，符氏被册封为皇后。符皇后温和、贤惠，遇事果断，柴荣非常敬重。

　　柴荣此次攻打太原，并没有想消灭北汉，只是想在太原城下展现兵力，然后便班师南返。然而，随着兵马深入北汉境内，形势开始发生改变。四月，北汉的盂县（今山西省盂县）、汾州（今山西省汾阳市）、辽州（今山西省左权县）接连向后周归降。北汉境内的百姓还争相前来给后周大军送粮，哭诉刘崇的赋税太重，愿意给后周大军供应粮草，以图能够攻克太原，消灭刘崇。

柴荣看到形势大好，便萌发出趁机消灭北汉的想法。柴荣于是派人与诸将联络，商议此事。诸将都说："粮草不足，请先班师，等待时机再来攻打。"柴荣当时是意气风发，很想一举拿下太原、消灭北汉，哪里听得进诸将的话！

十多天后，后周各路大军都到达太原城下，有数十万人，粮草很快出现不济。后周士兵此时也顾不了军纪，竟然在北汉境内抢掠，北汉百姓感到非常失望，不少人逃到山谷之中躲避。

柴荣听闻此事，命人快马赶到军前，禁止士兵抢掠，并命将领安抚百姓，只征收当年租赋。柴荣还下诏，命泽、潞、晋、绛、慈、隰各州以及太行山以东各州百姓向太原运送粮草，可以依据百姓捐献粮食的多少赏赐不同等级的官职。柴荣再令宰相李穀前往太原前线，核算大军所需粮草。

尽管大军粮草紧张，柴荣还是不断接到收复北汉城池的消息。北汉宪州刺史韩光愿、岚州刺史郭言、沁州刺史李廷诲等人先向后周投降，忻州监军李勍更是杀死刺史赵皋与辽国通事杨耨（nòu）姑，献出城池向后周投降。后周将领王彦超、韩通还攻克北汉的石州，擒获刺史安彦进。柴荣听说李勍献出忻州，便诏令李勍为忻州刺史。

五月三日，柴荣抵达太原城下，旌旗招展，有四十里长。

就在这时，忻州北边的代州也向后周投降。话说辽将杨衮一直驻屯代州城外，未能入城。杨衮怀疑北汉代州防御使郑处谦与后周勾结，想杀了郑处谦。杨衮命人去请郑处谦前来议事，郑处谦也起了疑心，便不肯前往。杨衮再派几十名辽兵来到城门前以图进城，郑处谦也不示弱，立即派兵将这些骑兵全部杀死，同时下令紧闭城门，不让杨衮进城。杨衮无计可施，便返回辽国。辽穆宗对杨衮没有立下战功很是生气，下令将杨衮囚禁在狱中。郑处谦赶走了杨衮，便得罪了辽国，干脆派使向后周世宗柴荣投

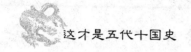

降。柴荣接报下诏，在代州设立静塞军，任命郑处谦为节度使。

忻、代二州在太原之北，后周得到这两个州，便对太原形成了威胁，然而在忻州与代州之间，仍有数千名辽国骑兵还在声援北汉。柴荣便派符彦卿等人率领一万余名步骑兵前往袭击这支辽国骑兵。

符彦卿进入忻州后，辽兵便退至忻州城北的忻口。然而辽国骑兵还不时在忻州城下出现，符彦卿担心兵马不足，不敢出城决战。符彦卿于是派人向柴荣请求增兵。柴荣派昭义节度使李荣与殿前都指挥使张永德率三千名士兵前往增援。

数日后，李荣、张永德等到达忻州与符彦卿会合。符彦卿与诸将率部向辽兵发起袭击，史彦超带领二十名骑兵作为先锋，李荣也率部跟了上来，一连杀死辽兵两千多人。辽兵开始撤退，史彦超仗恃自己勇猛，紧追不舍，离大军越来越远。突然，辽兵勒马迎战，史彦超终因寡不敌众，被辽兵杀死，李荣单人匹马逃了回来，后周士兵伤亡很多。符彦卿不敢再战，先退守忻州，再率部返回太原城下，向柴荣复命。

柴荣听说猛将史彦超战死，感到非常惋惜，也开始考虑是不是要撤兵。当时，为了攻打太原，后周在东自怀、孟，西到蒲、陕一带征集民工，然而一个多月过去了，太原城仍未攻克，百姓已经不堪其苦。到了五月，老天又不停地下起大雨，将士们都很疲惫，不少人还生起病来。柴荣准备与诸将商议撤兵之事。

柴荣当时虽然有撤兵的想法，但内心深处并不甘心。柴荣是个性急之人，想做的事，便想很快做成，不到万不得已不会放下。柴荣之所以有了撤兵的想法，那也是因为攻打太原时日已久，天时也不利，百姓、士兵都很困苦。然而柴荣仍然想再坚持一下，看看能不能一举拿下太原城。就在这时，有一个人被押送而来，让柴荣改变了决定。

话说替刘崇前往辽国搬兵的王得中返回时经过代州，因后周大军正在围攻太原，便暂留代州。后来代州防御使郑处谦向后周投降，王得中更是无法返回太原。不久，代州将领桑珪怀疑郑处谦与辽国勾结，又将郑处谦杀死。桑珪为表忠心，派人将王得中押到柴荣处。

柴荣想从王得中口中得知辽兵何时来援，看看有没有时间攻克太原。柴荣于是下令将王得中释放，赏赐玉带、鞍马，还问道："辽兵何时到来？"

王得中答道："我奉命送杨衮回国，别无他事。"

柴荣身边的人对王得中说道："辽国已经答应出兵，你如果不说实话，辽国兵马一旦来了，你还能活命吗？"

王得中面无惧色，叹息道："我食刘家俸禄，而且老母还在太原城中，如果以实相告，你们必定派兵防守险要，如果这样，家国两亡，我一个人活着还有什么用？不如杀了我一人，以成全家与国。"

柴荣认为王得中不说实话，下令将其绞死。

柴荣担心辽兵很快会来增援北汉，于是传令撤退。

六月三日，柴荣从太原开始南撤。匡国节度使药元福对柴荣说道："进军易，退军难。"柴荣说道："朕将此事全部交给卿。"药元福于是传令各部列成阵势，依次而撤，自己率一支兵马殿后。刘崇果然派兵出城追击，药元福将其击退。

后周大军匆促撤退，数十万石粮草堆在太原城外，来不及运走。柴荣不想将这些粮草留给刘崇，传令放火焚烧，一时烟火冲天。这时，军中谣言四起，人心惶惶，竟然互相抢掠。刚刚占领的北汉州县，也纷纷丢失，后周任命的刺史也纷纷弃城而走。代州的桑珪已经叛离北汉，又不能回后周，只得坚守城池。北汉派兵来攻，桑珪不敌，代州也被北汉收复。

刘崇经高平战败，忧愤成疾，便将国事全部交给其子、侍卫都指挥使刘承钧。十一月，刘崇病重，命刘承钧监国。不久，刘崇在太原病逝，年六十岁，在位三年有余。刘承钧派使到辽国奏报，辽穆宗耶律述律派骠骑大将军、知内侍省事刘承训前往北汉，册立刘承钧为皇帝，更名为刘钧，是为北汉睿宗。

睿宗刘承钧孝顺、谨慎，即位之后，勤于政事，爱护百姓，礼贤下士，境内大体安定。刘承钧每次给辽国上表时，总称自己为"男"，辽国皇帝给刘承钧颁诏，则称其为"儿皇帝"。

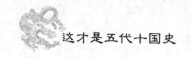

第79章　开边伐蜀，夺取四州

　　高平之战后，周世宗柴荣发现禁军中存在不少问题。后周的禁军也是前几个朝代继承下来的，军中有很多年老体弱的士兵，战斗力并不强。历代帝王只求安稳，不想整编精简。时日一久，这些士兵便很骄横，一旦遇到强敌，很多士兵不是逃走便是投降。前几个朝代之所以亡国，也多有这个原因。高平之战虽然取得了胜利，但柴荣却很清醒地认识到禁军中的这些弊病。

　　柴荣曾对左右侍臣说道："兵马在精不在多。现在，一百个农夫都不能养活一个战士，为何用大量的民脂民膏去供养那些无用的士兵？还有，勇猛的与懦弱的士兵待遇没有区别，如何能够激励士兵奋勇杀敌？"

　　柴荣于是下诏，对所有士兵进行精简，将精锐的士兵编入上军，老弱的士兵一律淘汰。当时各藩镇也收罗不少骁勇士兵，柴荣于是又下诏，招募天下壮士，令各藩镇将这些骁勇的士兵全部送到京城，由殿前都虞候赵匡胤从中挑选最好的组建殿前司各班，其他士兵则由侍卫司步兵、骑兵诸将挑选。从此，后周禁军士兵非常强盛、精锐无比，征伐四方，战无不胜，远胜之前各朝。

　　值得注意的是，殿前司的兵马规模、实力本来不及侍卫司，现在有了很大的增强。侍卫司是由前朝沿袭而来，弊病也最多。柴荣此次有意加强殿前司，也不是没有原因。然而柴荣只是注重士兵的整顿，没有安排亲信担任将帅，留下了一些隐患。

柴荣对唐朝末年以来华夏大地分崩离析非常愤慨。在高平大捷之后，柴荣便萌发了统一天下的雄心壮志。那么柴荣何时会开启他的统一大业呢？时间就在高平之战一年后，原因与秦、凤二州的百姓有关。

秦、凤二州，包括阶、成二州原本属于后汉，当年关中叛乱时，后蜀趁机抢走这四州。郭威平定叛乱直到建立后周，四州仍在后蜀的统辖之下。公元955年（后周世宗显德二年）三月，秦、凤二州不断有人来到京城开封，诉说后蜀的残暴统治，请求后周朝廷收复失地。

柴荣决定就从秦、凤二州开启统一大业。

四月的一天朝会，柴荣对各位宰相说道："朕常常思考治国的方略，但百思不得要领，寝食难安。自从唐、晋以来，吴、蜀、幽、并等地都与中原隔绝，不能统一。请各位大臣撰写《为君难为臣不易论》及《开边策》各一篇，供朕览阅。"

不少大臣上呈了策言，但由于他们只想苟且偷安，所言大多不可取。曾经在藩镇担任掌书记的王朴，此时已是比部郎中。王朴上呈的《开边策》深得柴荣赞赏。柴荣不久便升王朴为左谏议大夫，知开封府事。

王朴在《开边策》中，不仅指出国家四分五裂的原因，还提出了统一的策略，那就是先易后难、先南后北。王朴建议先夺取南唐的江北各州，然后再夺取江南各州。王朴认为在消灭南唐之后，南汉、后蜀可传檄而定。南方收复之后，便可以收复幽州一带。王朴指出，北汉无法用恩信去感化，只能以强兵去攻取。由于在高平遭到重创，北汉一时不会成为边患，可以最后攻取。王朴认为一年之后便可出兵，开启统一大业。

柴荣虽然对王朴的建议极为赞赏，但柴荣并没有完全按照王朴的策略进行。王朴建议先攻南唐，而柴荣却先从后蜀开始，毕竟开边献策的缘起来自后蜀的秦、凤二州。在出兵的时间上，王朴认为还要等上一年，而柴荣已经决定马上开始。

柴荣让群臣推荐西征后蜀的将帅，宰相王溥推荐宣徽南院使、镇安

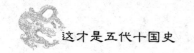

节度使向训。柴荣便令向训率兵出征，同时令凤翔节度使王景、客省使
昝居润一同出征。

五月，王景率兵从散关（今陕西省宝鸡市西南）开往秦州（今甘肃
省秦安县西北），进入后蜀境内。

消息传到成都，后蜀后主孟昶立即任命捧圣控鹤都指挥使、保宁节
度使李廷珪为北路行营都统，左卫圣步军都指挥使高彦俦为招讨使，武
宁节度使吕彦珂为副使，客省使赵崇韬为都监，令四人统兵北上抵御后
周兵马。

六月五日，李廷珪等将与后周兵马在威武城（今陕西省凤县东北）
的东面发生交战，大胜后周兵马，擒获后周排阵使、濮州刺史胡立。

李廷珪初战取胜，让孟昶有了一些安慰，但孟昶还在考虑对策。
孟昶想找一些外援，于是派使前往北汉及南唐，请两国出兵一同攻打
后周。北汉睿宗刘承钧与南唐元宗李璟虽然都答应派兵，但一直不见
动静。

开封城中的柴荣一直在关注巴蜀战事。柴荣听说初战不利，决定给
前线增兵。柴荣任命彰信节度使韩通为西南行营马步军都虞候，令其率
兵开赴巴蜀。七月一日，柴荣又对前方将领作了调整，任命王景兼西南
行营都招讨使，向训兼行营兵马都监。

朝中宰相认为，王景等人出征将近两个月，一直没有取得战功，现
在粮草又供应困难，建议撤兵。柴荣不肯，宰相们坚决请求。柴荣于是
派殿前都虞候赵匡胤前往巴蜀前线视察。

赵匡胤快马来回，向柴荣奏报说，秦、凤二州可以夺取。柴荣于是
下定决心，不拿下秦、凤二州，决不撤兵。

柴荣决心夺取秦、凤二州，而孟昶捍卫秦、凤二州的意志也很坚
决。孟昶于是再派通奏使、知枢密院、武泰节度使伊审徵前往行营慰
问、督战。

九月，后蜀将领李廷珪派先锋都指挥使李进据守凤州（今陕西省
凤县）西边的马岭寨，再派一支奇兵进驻凤州东北的白涧。李廷珪还

想切断后周兵马的粮道，于是再派两支兵马挺进凤州北边的唐仓镇及黄花谷。

李廷珪看中黄花谷与唐仓镇的地利，想抢占这两处要地，后周将领也看中这两个地方。闰九月，后周将领王景派裨将张建雄带领两千名士兵到达黄花谷，又派一千人前往唐仓镇，以图阻扼后蜀兵马的归路。

两军抢占黄花谷与唐仓镇，必然要发生交战。果然，蜀将王峦率兵来到黄花谷，与周将张建雄激战。王峦不敌张建雄，率部逃回唐仓，没想到后周另一支兵马已经到达唐仓，再度与王峦发生激战，王峦仍然不敌。唐仓镇这一战，王峦及其三千名士兵被俘。

这时，进屯马岭寨与白涧的蜀兵也被后周兵马击败，蜀将李廷珪与高彦俦已经南撤至青泥岭（今陕西省略阳县西北）据守。

由于后蜀兵马节节败退，镇守秦州的后蜀雄武节度使韩继勋决定放弃秦州，逃回成都。观察判官赵玭（音贫）献出城池，向后周投降。不久，成州（今甘肃省成县）、阶州（今甘肃省陇南市武都区）守将也向后周投降。

闰九月，柴荣宴请群臣。群臣向柴荣祝贺大军夺取秦、阶、成三州。柴荣举杯对宰相王溥说道："这是卿举荐将帅之功。"

当时的开封已是深秋，也非常寒冷。心中装着百姓的柴荣不无感叹地说道："这两天很是寒冷，而朕却在宫中吃着山珍美味，朕深感无功于民。朕既然不能亲自耕田种地，只有亲冒矢石为民除害，心中才有一丝安慰。"

十月，柴荣收到孟昶的一封来信。原来孟昶已经不想与后周作战，想讲和。时年三十七岁的孟昶已经认识到比他小两岁的柴荣是不可小看的。然而孟昶在书信中自称大蜀皇帝，柴荣看罢非常生气。柴荣认为孟昶很是无礼，便不给孟昶回信。

讲和未果，孟昶感到非常害怕，传令在北边的剑门关（今四川省剑阁县北）以及东边的白帝城（今重庆市奉节县）聚集粮草，以作备战。由于用度严重不足，孟昶下令铸造铁钱，对境内的铁器加强管控，百姓

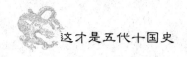

苦不堪言。

后蜀将领李廷珪、伊审徵已经回到成都，向孟昶请罪。孟昶宽恕二人，都没有追究。然而后周的兵马仍在围攻凤州，大有不得凤州绝不罢休的态势。

十一月十四日，后周主将王景终于攻克凤州，擒获后蜀威武节度使王环及都监赵崇溥，俘虏后蜀五千余名士兵。赵崇溥坚决不降，绝食而死。

柴荣听说收复凤州，下诏赦免秦、凤、阶、成四州境内被俘的蜀兵，愿意留下的，给予丰厚的赏赐，不愿留下的，发放路费回乡。柴荣在诏书中还说："为了安抚四州的百姓，让四州百姓安居乐业，除了征收两项赋税外，其余蜀国所立赋税全部废除。"

柴荣萌发统一天下的大志，首战便从后蜀夺取秦、凤、阶、成四州。柴荣没有停止统一的步伐，只是柴荣没有继续攻打后蜀，而是按照王朴的《开边策》，先攻南唐。其实柴荣早在收复秦、阶、成三州时，便在部署南下攻打南唐了。

第80章 一攻南唐，占领滁州

柴荣在忙于开疆拓土的同时，也没有忘记治国理政。

对于赋税损耗，先帝郭威曾下诏，不得收取损耗。然而，还是有人违背。公元954年十月，左羽林大将军孟汉卿收取赋税时，便多收了损耗。柴荣得知此事，立即下旨，将孟汉卿赐死。有司奏称孟汉卿罪不至死，柴荣说道："朕知道他不是死罪，只是想以此来警戒他人而已。"

柴荣对加收损耗也没有一概而论。后晋、后汉以来，漕运便不加收"斗耗"，经常出现亏欠，负责漕运的官员无法弥补，以致用性命来抵。公元955年正月，柴荣下诏，每斛征收损耗一斗。

从杨刘到博州，一百二十里的黄河堤岸，连年崩溃，有两股大的洪水，形成数百里宽的沼泽。东边还有一处决口，大水一直冲到海边，淹没大量农田、房屋。由于水灾，很多百姓沦为流民。公元954年十一月，柴荣派宰相李谷前往澶、郓、齐等州视察河堤事务，督促堵塞决口。李谷征调六万民工，用时三十天，将决口全部堵塞加固。

柴荣准备攻打南唐，决定先修汴水。汴水自唐朝末年决堤以来，埇桥（今安徽省宿州市）以南一带全部变为污水沼泽。柴荣派武宁节度使武行德征集民工，沿着旧的河堤疏浚，向东一直到达泗水河。朝廷内外对此议论纷纷，认为这是一件很难完成的事。柴荣信心百倍地说道："几年之后，就可以得到益处。"

柴荣觉得京城太狭小，要扩修开封城。

公元955年四月十二日，柴荣下诏，先确立外城标识，等到冬天农闲时动工修建，春耕时则停止修建，到冬天再继续。诏书要求，百姓安葬先人，必须在城池标识七里之外，标识内由县衙设置街道、仓库、军营，多余的空地则由百姓建造房屋。此前，开封城中的百姓修建房屋，往往占据街道，以致路面越来越窄，大的马车很难通行。

十一月，柴荣下诏，将对城中街道进行整修，不仅将道路变直，还要拓宽，最宽的地方有三十步。柴荣还要求百姓将城中的坟墓迁到城池标识以外。柴荣也知道这一做法会让很多人不满，便在朝会上对群臣说道："最近整修京城道路，对城中的人以及死去的人都多有惊扰，抱怨甚至咒骂的话一定不少，这全部由朕一人来担当。将来百姓得到了益处，也就不会再说这样的话了。"

柴荣又对寺院及僧尼加强管理，还销毁铜佛像用于铸钱。

公元955年五月，柴荣下诏，没有天子敕赐匾额的寺院一律废除。诏书还禁止私自剃度和尚、尼姑，凡是想出家的，必须经过祖父母、父母、伯叔准许。只有开封府、河南府、大名府、京兆府及青州可以设立戒坛。禁止僧侣舍身、断手、断足、炼指、挂灯、带钳之类迷惑百姓的举动。诏令两京及各州每年给僧侣登记名册，有死亡或还俗的，要及时注销。此诏一下，当年就废除了三万零三百三十八座寺院，境内只剩下二千六百九十四座寺院，和尚四万二千四百四十四人，尼姑一万八千七百五十六人。

朝廷很久没有下令铸造钱币，民间又往往将钱币销毁，做成器皿或佛像，钱币越来越少。九月一日，柴荣下诏，开采铜矿铸造钱币。诏书还规定，除非是国家法器、兵器以及寺院中的钟磬钹铎上的铜器可以保留，其他铜器，包括铜做的佛像全部收缴朝廷，由朝廷给予相应补偿，限期五十天。过期隐瞒不缴的，五斤以上为死罪，不足五斤的，按实际数量定罪。

诏书一出，必定要毁坏大量铜做的佛像，很多人一定不能接受。柴荣对身边的近臣说道："你们不要担心毁坏佛像。佛祖劝人向善，感化众生，只要一心向善，就是敬奉佛祖。那些铜像难道真的是佛？朕听说佛祖造福于人，就是头颅、眼睛都可以布施。如果用朕的身体能够拯救万民，朕一定在所不惜。"

《资治通鉴》的编写者司马光由衷地赞叹道："若周世宗，可谓仁矣，不爱其身而爱民；若周世宗，可谓明矣，不以无益废有益。"

柴荣执法公正，心底无私，有时还亲自审理案件。

柴荣曾对身边近臣说："朕一定要做到不因发怒而处罚人，也不因喜欢就赏赐人。"汝州有一个叫马遇的人，父亲及兄弟都被地方官员诬陷冤死。马遇多次上诉，都不能得到昭雪。公元955年六月，柴荣听闻此事，便命人将马遇带到京城亲自审问。柴荣最后辨明真相，还马遇公正，百姓都说柴荣英明如神。从此，各地官吏都亲自审讯犯人，不敢屈打成招、诬陷好人。

柴荣也渴求谏言。公元955年二月，柴荣下诏，命群臣大胆指出朝政得失，诏书大意为："朕对于各位爱卿的才能不能全部了解，甚至不能全部认识各位爱卿。如果不听其言而观其行、审其意而察其忠，那么如何才能分辨各位智略的高低，如何才知对各位的任用是否得当？如果进言不被采纳，罪责在朕。如果各位不上谏言，那又是谁的过失呢？"

柴荣注重文治，也注重武功，充满雄心壮志，准备统一天下。柴荣下一个攻打的目标便是南唐。那么南唐的皇帝李璟此时又在做些什么呢？

李璟已经决定终生不用兵，但也并非从此就励精图治。史书上说，李璟性格柔和，喜好诗文，朝中很多大臣也都喜欢吟诗作赋。李璟有一首词叫《摊破浣溪沙》，写得很好，其中"小楼吹彻玉笙寒"是名句。李璟也喜欢别人奉承自己，因此朝中阿谀、谄媚之人也越来越多。李璟在朝中用"五鬼"，本人生活奢侈，朝纲日趋混乱。

就说对淮河的防守吧。淮河是南唐与后周的边境线，每年冬季，淮河的水位很浅，很容易渡过，南唐都会加强沿岸的戒备，称为"把浅"。后来寿州监军吴廷绍认为不会再有战争，派兵"把浅"浪费粮草，便全部取消。镇守寿州的清淮节度使刘仁赡很不赞同，给李璟上

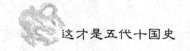

表，请求恢复"把浅"，李璟没有听从。

吴廷绍认为边界不会有战争，是因为中原朝政不稳，多次更迭。然而后周出现一位有为之主，取消淮河"把浅"便给了后周机会。后周西征大军还在围攻凤州时，世宗柴荣便开始部署攻打南唐了。

公元955年（后周世宗显德二年）十一月，柴荣决定由宰相李毂担任南征的主将，任命李毂为淮南道前军行营都部署兼知庐、寿等行府事，忠武节度使王彦超为副部署。柴荣令李毂、王彦超二人率领侍卫马军都指挥使韩令坤等十二位将领讨伐南唐。

南唐元宗李璟得到消息，也立即作了部署：任命神武统军刘彦贞为北面行营都部署，令其率两万士兵奔赴寿州（今安徽省寿县）；任命奉化节度使、同平章事皇甫晖为应援使，常州团练使姚凤为应援都监，令二人率三万兵马进屯寿州城东南一百多里外的定远。

十二月，后周主将李毂在正阳（今安徽省颍上县东南）架设好浮桥，副部署王彦超带领兵马很快过了淮河。正阳离寿州只有数十里远，王彦超不日便到达寿州城下。王彦超在寿州城外与南唐两千兵马发生激战，取得大胜。先锋都指挥使白延遇又在寿州城东的山口镇击败一千多名南唐士兵。

李毂将王彦超、白延遇首战告捷的消息报送柴荣，柴荣大喜。当时，吴越王钱弘俶正派判官陈彦禧到开封进贡，柴荣让陈彦禧给钱弘俶带去诏书，命钱弘俶出兵夹击南唐。柴荣也诏命掌管湖南的武平节度使王逵出兵攻打南唐。

公元956年（后周世宗显德三年）正月，柴荣又接到李毂奏报：在上窑（今安徽省蚌埠市西南）击败一千多名南唐士兵。柴荣对前线取得的战绩虽然很为欣慰，但非常希望早日击败南唐，收复江北各州。

柴荣准备御驾亲征。柴荣还准备让侍卫都指挥使、归德节度使李重进率兵赴正阳作战，让河阳节度使白重赞率三千名亲兵进屯颍上县（今安徽省颍上县）。由于李重进将要离京，柴荣便任命彰信节度使韩通为在京内外都巡检，并临时点检侍卫司。柴荣部署妥当后，于正月八日从开封起程。

柴荣到达围镇（今河南省杞县西南）时，第三次接到李穀的奏报。李穀说南唐将领刘彦贞已经率兵前来，将要破坏正阳浮桥。李穀认为后周大军不会水战，一旦敌人切断浮桥，就会腹背受敌，回都回不去。李穀想退保正阳，等待柴荣大军。柴荣不希望李穀退保正阳，立即派宦官骑上驿马前往阻止。

正月十三日，柴荣到达陈州（今河南省淮阳县），得知李穀已经烧毁粮草，退保正阳。柴荣立即派李重进率兵快速前往淮河前线。

李重进走了，柴荣又担心起寿州那里的百姓。柴荣对身边近臣说道："听说李穀解围寿州，很多农民回到村庄，现在再听说大军到来，必定还要逃到城中去躲避。朕非常担心他们成为饿莩，应当派使到各地去安抚，让百姓回乡务农。"

四日后，柴荣第四次收到李穀的奏报。李穀说："贼寇的战舰在淮河中飞快前进，弓弩、炮石都打不到，如果浮桥守不住，必将动摇军心。战舰一天天靠近，淮河的水位也在上涨，万一粮道被切断，危险将深不可测。臣请陛下就在陈、颍二州一带驻跸，等李重进来到，再商议对策。如果保证可以抵挡敌人的战舰，也能守住浮桥，就立即奏报给陛下。如果不能抵御敌人，不妨厉兵秣马，到冬天再来，也能让贼寇疲惫不堪，到那时再夺取也不算晚。"

柴荣求胜心切，听到李穀这样说，很是不高兴。

从奏表来看，李穀对南唐的水军还是感到害怕的。那么南唐援兵主将北面行营都部署刘彦贞是个什么样的人呢？值不值得李穀害怕呢？刘彦贞一生富贵，为人傲慢，虽然担任主将，其实不懂行军打仗。刘彦贞当过多个藩镇的节度使，只知道贪赃枉法，前后累积亿万家财。刘彦贞不断贿赂朝中权贵，所以宰相魏岑等人总说刘彦贞的好话，认为刘彦贞治理地方如同龚遂、黄霸，带兵作战如同韩信、彭越，因而元宗李璟听报后周兵马入侵，首用刘彦贞。

强将手下无弱兵，刘彦贞不是强将，其属下也都是有勇无谋之辈。

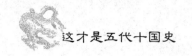

刘彦贞的裨将咸师朗等人听说李穀撤退，大为欢喜，带领兵马直奔正阳，旌旗辎重有数百里长。

刘彦贞当时已到寿州，清淮节度使刘仁赡与池州刺史张全约一再劝说道："公的大军没有到达，敌人就率先逃走，这是害怕公的声威，哪里需要速战速决？咸师朗急着去正阳，万一不利，大事就不好了。"

刘彦贞根本听不下去，很快也离开寿州，奔赴前线。

刘仁赡叹道："刘公如果与敌遭遇，必定失败。"

刘仁赡的担心没有错，刘彦贞、咸师朗如此急切地赶往正阳，正与渡过淮河的后周大将李重进遭遇，两军发生激烈的交战。李重进大胜，阵斩刘彦贞，生擒咸师朗，南唐士兵一万多人被杀，尸体长达三十里，三十多万件兵器被缴。

当时，江淮一带长时间安定，百姓已经很久没有见过战争。刘彦贞失败后，当地百姓非常恐慌，纷纷逃入寿州城中。张全约带领残兵也逃回城中。刘仁赡上表推荐张全约为马步左厢都指挥使。南唐另二将皇甫晖、姚凤退保滁州城西北的清流关。滁州刺史王绍颜竟然吓得放弃城池逃走。

正月二十日，柴荣到达正阳，知道李重进取得了大捷，决定调整主将。柴荣任命李重进为淮南道行营都招讨使，任命李穀为判寿州行府事。这一调整，意味着将作战的指挥权交给了李重进，而让善于治理的宰相李穀临时接管即将占领的寿州。

正月二十二日，柴荣到达寿州城外，在淝水北岸扎营。柴荣命令各军继续包围寿州城，并将正阳的浮桥东移至下蔡镇（今安徽省凤台县）。第二天，柴荣下令开始攻城，同时下诏，在八州境内征集壮丁，协助攻城，日夜不停。然而，三天三夜过去了，寿州城安然无恙，刘仁赡真是守城的良将。

柴荣决定一边围城，一边在外围作战。

当时南唐正有一支援兵驻扎在涂山（今安徽省怀远县东南）脚下，离寿州城不足百里。柴荣派殿前都虞候赵匡胤前往袭击这支援兵。赵匡胤决定打一场伏击战，预先在涡口（今安徽省怀远县东）设下埋伏，然后亲自带领一百多名骑兵袭击涂山大营。赵匡胤假装不敌，边战边走，南唐兵马看到赵匡胤人数不多，便全部出营追击。到达涡口时，后周伏兵四起，南唐兵马惨败，都监何延锡被杀。

赵匡胤在涡口取得胜利，柴荣命其再向南深入，攻打清流关。清流关在滁州（今安徽省滁州市）境内的一座山上，离南唐的都城江宁（今江苏省南京市）只有一百多里远。赵匡胤倍道而行，以出其不意地打击敌人。

二月，赵匡胤抵达滁州境内。赵匡胤先派前锋兵马到皇甫晖、姚凤大营所在的山前袭扰，自己则率一支奇兵来到山的后面，从皇甫晖、姚凤大营的后背杀了过来。皇甫晖、姚凤大惊，无心再战，连忙撤退至滁州城中。皇甫晖传令砍断吊桥，坚守城池，岂料赵匡胤带领将士们很快冲过了护城河，直抵城下。皇甫晖在城头对赵匡胤喊道："人都是各为其主，请容我排成阵势再战。"

赵匡胤笑了笑，答应了。

皇甫晖带领全部人马出城，很快摆好阵势。这时，赵匡胤一手抓住马颈，一手猛击战马，冲入敌阵之中，大声叫道："我只要皇甫晖，其他人不是我的对手。"

赵匡胤话音刚落，手挥宝剑，刺中皇甫晖的头颅。皇甫晖跌落马下，被赵匡胤当场擒获。赵匡胤并不罢休，纵马再奔向姚凤，又将姚凤擒获。后周士兵看到主将连擒南唐二将，立即冲杀过去，南唐兵马大败，滁州城被攻克。

赵匡胤向柴荣报捷，柴荣大喜，命赵匡胤暂且镇守滁州。

赵匡胤命人将擒获的皇甫晖、姚凤等人押送到柴荣处。皇甫晖被赵匡胤刺中，伤势很重，数日后去世。去世前，皇甫晖还在柴荣面前极力称赞赵匡胤的勇猛。

赵匡胤的威名一天比一天高，每次上阵作战，总是用彩绳系在铠甲上作为装饰，非常耀眼鲜明。有人对赵匡胤说道："你这样做，很容易

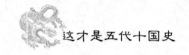

被敌人认出。"赵匡胤笑道:"我就是要让敌人知道我是谁。"

一天夜晚,赵匡胤的父亲、马军副都指挥使赵弘殷带领兵马来到滁州城下,高呼打开城门。赵匡胤登上城楼,对父亲说道:"父子是至亲,但守城是国家大事,没有王命,不敢开门。"赵弘殷便不得入城。

不久柴荣派一个叫赵普的人到滁州担任军事判官。赵普时年三十五岁,比赵匡胤长五岁,曾在永兴节度使刘词帐下担任幕僚。刘词去世前向朝廷推荐了赵普。赵匡胤攻克滁州后,宰相范质向柴荣推荐赵普来当判官。赵普到了滁州后,与赵匡胤谈了一席话,深得赵匡胤赞赏。当时正捕获一百多名盗贼,按以往做法,都应当斩首。赵普请求先审讯,然后再判决,最后十之七八的人无罪释放,赵匡胤对赵普更是另眼相看。

第81章　议和不成，南北夹击

南唐元宗李璟想议和。

公元956年（后周世宗显德三年）二月，李璟给柴荣写了一封信。信的内容是："唐皇帝奉书大周皇帝，请息兵修好，愿以兄长之礼事奉大周皇帝，每年进贡财物以做军资。"李璟想与柴荣约为兄弟之国，虽然进贡，但没有臣属关系。

柴荣不能接受，也没有回复。柴荣决定一边围困寿州（今安徽省寿县），一边继续夺取别处城池。柴荣听说江都（今江苏省扬州市）没有什么守备，准备派兵去夺取江都。柴荣将这个任务交给侍卫马军都指挥使韩令坤，并告诫韩令坤不得侵扰百姓。

二月十九日，南唐翰林学士、户部侍郎钟谟与文理院学士、工部侍郎李德明带着南唐元宗李璟的奏表来到寿州。李璟在奏表中表示，愿意向后周称臣进贡。钟谟与李德明此次便给柴荣带来了各类御用物品以及一千两黄金、五千两白银、两千匹布帛、五百头牛与两千斛酒。

钟谟与李德明都是能言之人，李璟派他们出使，也是想让他们劝说柴荣接受议和。柴荣也知道二人想凭三寸不烂之舌让其退兵，于是布下盛大的阵势，再与二人相见。

柴荣对二人说道："你主自称是唐朝的后人，应当更加知道礼义。你国与我国只隔一条河，却从未派出一位使者前来修好，反而泛舟大海，去与辽国勾结。你主舍弃中华，结交夷人，礼在哪里？义又在哪里？你们是不是想劝朕罢兵？朕绝不是战国时六国那些愚蠢的君王，岂

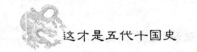

是你们仅凭口舌就能改变的？你们赶紧回去告诉你家国主，快点前来见朕，向朕致歉，可保无事。不然的话，朕想参观一下江宁城（今江苏省南京市），借用你们的府库犒劳大军，你们君臣到时可不要后悔啊！"

钟谟与李德明准备了很多话，竟吓得一句也不敢说。

南唐与后周议和之际，韩令坤已经悄悄到达江都城外。

二月二十二日，天快亮时，城门开启，韩令坤派将领白延遇带领几百名骑兵飞奔入城，城中之人竟然没有发觉。韩令坤随后便率大队人马进城。南唐的东都营屯使贾崇发现敌兵入侵，下令放火焚烧官府民房，弃城而逃。副留守、工部侍郎冯延鲁剃光头发，身穿僧服，躲藏在佛寺之中，被后周士兵抓获。

韩令坤兵不血刃占领南唐的东都，立即派人安抚城中百姓。南楚的亡国之君马希崇以及闽国的亡国之君王延政的儿子王继沂当时就住在江都。柴荣下令，命韩令坤妥加抚慰二人。马希崇为讨好韩令坤，将自己心爱的小妾杨氏献给了韩令坤。

李璟得知江都失陷，担心后周还会向东攻打泰州（今江苏省泰州市），危及原南吴的杨溥族人。李璟于是派园苑使尹延范前往泰州，将杨氏族人迁到长江南岸的润州（今江苏省镇江市）。尹延范担心道路难走，杨家人可能会叛乱，便将杨家六十名男子全部杀死。尹延范回到江宁，李璟大怒，将其腰斩。果然，尹延范刚走，韩令坤便率兵攻打泰州，南唐泰州刺史方讷逃往江宁。

南唐接连丢失江都、泰州，李璟决定再向柴荣求和。

三月，李璟派司空孙晟与礼部尚书王崇质带着奏表去见柴荣。奏表写道："唐朝末年以来，海内分崩离析，有的割据一方，有的改朝换代。臣继承先辈基业，拥有江表之地，本想攀龙附凤，但乌鸦还在盘旋，龙凤尚未出现。如今天命有归，陛下的声威和教化传至远方。臣愿比照两浙、湖南，奉周为正朔，谨守疆域。请陛下收回征伐的命令，赦免臣最后才臣服的罪过，则陛下怀柔远方的恩德，还有谁会不服？"

李璟还给柴荣送去了一千两黄金、十万两白银，两千匹丝绸。

孙晟与王崇质尚未到达寿州，柴荣的将领已经接连攻克或收降了天长（今安徽省天长市）、光州（今河南省潢川县）、舒州（今安徽省潜山县）、蕲州（今湖北省蕲春县）等地。然而让柴荣烦忧的是，寿州城始终不能攻克，刘仁赡真的是太能守城了。

不数日，孙晟、王崇质到达寿州柴荣大营。柴荣看到李璟的奏表，虽然称臣纳贡，但并没有割地之意。柴荣不接受李璟的奏请。

柴荣命人将孙晟送到寿州城下，让孙晟招降刘仁赡。身着戎服的刘仁赡在城楼之上看到孙晟，马上行礼。孙晟对刘仁赡说道："你受到国家的厚恩，千万不能开门纳寇。"

柴荣听闻此事，大怒，派人责问孙晟。孙晟说道："臣是宰相，岂可教节度使叛敌？"柴荣怒气稍消，不再怪罪孙晟。

柴荣一直没有退兵，李璟决定再作让步。李璟命工部侍郎李德明告诉柴荣，愿意去掉帝号，割让寿、濠、泗、楚、光、海六州，每年进贡一百万金帛。柴荣认为淮河以南已有一半被攻占，而且将领们每天都有捷报送来，柴荣想得到全部江北土地，因而没有答应李璟的条件。

李德明看到后周兵马一天一天进逼，也非常忧虑，便对柴荣说道："我家国主不知陛下兵力如此强盛，请给臣五天时日，臣回到江宁，劝国主尽献江北之地。"柴荣准许。

孙晟让王崇质与李德明一同回江宁，柴荣也派供奉官安弘道一同前往。柴荣让安弘道给李璟带去一封信，信的大意为："只管保留帝号，何必改变松柏不畏严寒的品格？如果尊奉大国的忠心坚定，朕一定不会乘人之危。等到江北各州来归，大军即刻撤退。言尽于此，不再絮烦，如果仍然不行，就请从此断绝！"

李璟看了柴荣的信，立即上表谢恩，但并没有答应割让江北各州。宰相宋齐丘也认为割让土地毫无益处。李德明于是在朝中大力宣扬柴荣的威德以及后周兵马的强大，劝李璟答应柴荣的要求。李璟感到十分不高兴。

李德明这个人向来轻浮，讲话言过其实，朝中之人一直也不太相信他。枢密使陈觉与副使李徵古一直讨厌李德明，想加害李德明。陈、李二人通过王崇质，提供与李德明相反的话，然后再诬告李德明卖国求荣。李璟深信不疑，下旨将李德明斩首街市。

李璟没有答应柴荣的要求，只得再想对策。正在一筹莫展之际，南边又报吴越国兵马攻打常州（今江苏省常州市）。李璟不得不再关注常州。

话说吴越王钱弘俶接到柴荣的诏书，便派丞相吴程、衢州刺史鲍修让与中直都指挥使罗晟，率兵攻打南唐的常州。吴程很快便攻破常州城外城，擒获常州团练使赵仁泽。

常州失守，李璟担忧吴越国兵马乘胜北攻润州。李璟想到镇守在润州的长子、燕王李弘冀年纪尚幼，怕他不懂用兵。李璟担心李弘冀的安危，马上派人将李弘冀召回江宁。

部将赵铎对李弘冀说道："大王是元帅，是众人的依靠，如果大王离开，部众必乱。"李弘冀认为有理，于是向父皇李璟上表请求留下，同时传令各将严加防守，做好备战。

李璟接到李弘冀的奏表，也就没有再召其回京。李璟决定派兵援救常州，这样便可加强润州的防守。何人可以为将？当时南唐将领大多前往江北作战，李璟一时想不到合适人选。

这时，龙武都虞候柴克宏请求到沙场效命。柴克宏是名将柴再用之子，为人沉默寡言，乐善好施，不治家产。柴克宏虽然是一名宿卫将领，但每天只与宾客下棋、饮酒，从不谈论军事。当时的人都认为柴克宏不是将才。然而柴克宏的母亲却向李璟推荐其子，说其子有其父之风，可以担任将领，如果不能胜任，情愿与其子一同受死。李璟于是任命柴克宏为右武卫将军，令其率兵会同袁州刺史陆孟俊前往援救常州。

南唐真的是无兵可派，李璟给柴克宏的几千人全是老弱之兵，也难怪，南唐的精兵全都调到江北去了。枢密副使李徵古给柴克宏发放的铠甲、兵器也都破烂不堪。柴克宏去找李徵古理论，李徵古还骂了柴克宏几句，士兵们非常痛恨，但柴克宏并不生气。

柴克宏带着士兵刚到润州，李徵古就派人前来将其召回，准备派神武统军朱匡业代替他。柴克宏正满怀壮志奔赴疆场，现在却受到小人的阻挠，很是为难。

燕王李弘冀倒是很有主见，对柴克宏说道："你只管前往常州作战，我来向朝廷上奏。"李弘冀于是向朝廷上奏称，柴克宏的才略足以胜任，常州危在旦夕，不能中途易将。

三月十九日，柴克宏抵达常州，李徵古的使者又到了。李徵古仍要柴克宏回京。柴克宏对使者说道："我就要击破贼寇，你却来召我回去，一定是奸细！"说完命人将使者斩首。使者大叫道："我奉李枢密之命而来。"柴克宏厉声说道："李枢密来了，我也斩他首级！"

柴克宏没有跟使者回江宁，开始考虑收复常州的作战计划。柴克宏知道自己的兵马战斗力不及吴越主将吴程的兵马，因而没有立即向吴程发起攻击。柴克宏准备用计取胜。

话说吴程与将领鲍修让、罗晟在福州时便不和，鲍修让、罗晟二人一直怨恨吴程。这一内情被柴克宏探得，柴克宏准备利用吴越将帅不和，派少部兵马偷袭。当然，柴克宏还得找一个机会。柴克宏还是善于寻找机会的。

元宗李璟曾派中书舍人乔匡舜出使吴越，柴克宏算算时日也该回来了，于是眉头一皱，计上心来。柴克宏命人用布将战舰蒙起来，让身穿铠甲的士兵藏在其中，声称前来迎接乔匡舜。吴越的巡逻兵将此事报给吴程，吴程说道："两国交战，不斩来使，让他们来迎接，不要疑神疑鬼。"

南唐的战舰一靠岸，士兵纷纷冲上岸，直奔吴程的大营。将领罗晟竟然不下令阻截，任由南唐士兵冲进吴程的营帐，吴程惊慌而逃。柴克宏率兵紧跟着杀了过来。这一战，柴克宏取得大胜，杀死吴越士兵一万多人。吴程逃回杭州，被吴越王钱弘俶罢免所有官职。

元宗李璟获报柴克宏取得大捷，下诏擢升柴克宏为奉化节度使。柴克宏不想前往奉化，还想为国立功，请求前往江北的寿州。李璟于是又调柴克宏前往寿州前线。可惜的是，柴克宏在前往寿州的途中突

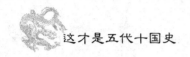

然去世了。

四月，与柴克宏会攻常州的将领陆孟俊率一万多人，奉元宗李璟之命，从常州过江，前往收复泰州。后周驻守泰州的守兵不敢迎战，弃城而走。陆孟俊又向西攻打江都，后周镇守江都的将领韩令坤竟然也弃城而走。

柴荣得知江都丢失，忙派殿前都指挥使张永德率兵前往增援。张永德击败陆孟俊，韩令坤又进入江都城。柴荣担心江都守不住，于是再派殿前都虞候赵匡胤驻屯滁州与江都之间的六合。赵匡胤到了六合，对将士们下令道：“江都的守兵如有人经过六合的，就砍断他的脚。”韩令坤听到这话，只好固守江都。

韩令坤不日在江都城东与陆孟俊发生激战，陆孟俊不敌被擒。陆孟俊是韩令坤刚得到的小妾杨氏的仇人，杨氏一再请求韩令坤杀了陆孟俊，韩令坤于是将陆孟俊当场杀掉。

柴克宏去世了，陆孟俊被杀了，李璟只得再派人去抵御后周大军。

李璟这回派出了兄弟、齐王李景达。李景达是先帝李昪的第四子，担任诸道兵马元帅。李璟还任命陈觉为监军使，边镐为应援都军使，令二人与李景达一同出征。

中书舍人韩熙载上书劝谏道：“要说信任，没有人超过亲王，要说重要，没有人超过元帅，何必还设监军使？”李璟不听。

李景达率两万兵马从六合东南边的瓜步渡江，在离六合城只有二十里的地方安营扎寨，不再前进。

驻屯六合的赵匡胤得到消息，便与将领们商议对策。将领们都跃跃欲试，请求出战。赵匡胤说道：“李景达设立营寨自守，这是惧怕我。现在我们的士兵不到两千人，而李景达有两万人，如果我们去袭击他，他一定知道我们兵不多，也就不再怕我们。不如等他主动来攻，我们一定能破他。”

过了几天，李景达果真攻打六合城，赵匡胤带领城中兵马奋力拼杀。这一战，赵匡胤取得大胜，杀死南唐士兵五千余人。余下一万多人纷纷南逃，争夺船只抢渡长江，很多人淹死在江水之中。至此，南唐的精锐兵马全部丧失。

在六合的这场战斗中，赵匡胤看到有人不尽力作战，便用剑刺他的皮斗笠。第二天，赵匡胤检查士兵的皮斗笠，有数十人被刺破。赵匡胤下令将这些人全部斩首。从此，所部士兵没有人不勇猛战斗。

尽管南唐援兵数次被击败，多处城池也被占领，但寿州城始终攻不下来。进入四月以来，天又不断下雨，大营中积水有数尺深，很多攻城器械损坏，不少士兵死亡。自从柴荣到了寿州，前后已经数月，粮草开始不足，柴荣与诸将商议准备班师，来年再战。

柴荣当时是非常不甘心的。在决定北返之际，柴荣又突然改变主意，准备到江都督战，直接攻打南唐的都城江宁。为此，柴荣还任命宣徽南院使向训为淮南节度使兼沿江招讨使。宰相范质等人认为粮草不足，士兵疲敝，极力劝谏，柴荣只得作罢。

柴荣走了，南唐寿州守将刘仁赡准备出城偷袭。当时，后周侍卫步军都指挥使、彰信节度使李继勋就在寿州城南扎营。六月的一天，刘仁赡趁李继勋没有防备，突然率兵出城，冲向李继勋的大营，杀死数百名士兵，烧毁攻城器械。

李璟也在考虑收复失地，派驾部员外郎朱元等人率兵收复江北各州。七月，朱元攻克舒州，后周任命的刺史郭令图弃城逃走。南唐另一将领李平也收复蕲州。李璟获报后，下诏以朱元为舒州团练使，李平为蕲州刺史。朱元不久又收复和州（今安徽省和县）。

后周淮南节度使向训向柴荣奏请，应当集中兵力先攻寿州，然后再谋取其他州县，柴荣准许。后周兵马不久便撤出已经占领的江都、滁州等地，各部兵马全部开往寿州。

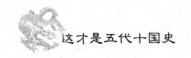

第82章　王逵被杀，湖南易主

柴荣攻打南唐时，曾给武平节度使王逵下诏，任命王逵为南面行营都统，令其率兵攻打南唐的鄂州（今湖北省武汉市）。王逵自从占据湖南，一直向后周称臣纳贡，可谓忠心耿耿。王逵接到柴荣的诏书，更是积极出兵响应。

王逵率领兵马，不日到达岳州（今湖南省岳阳市）。岳州是武平军的辖区，岳州团练使潘叔嗣见到王逵到来，早已备下丰盛的宴席，犒劳王逵大军。然而让潘叔嗣烦恼的是，王逵身边的人不断向潘叔嗣索要贿赂。潘叔嗣也拿出钱财送给这些人，但这些人还是很不满意，竟然向王逵诬告潘叔嗣有谋反之心。王逵不仅相信，还在潘叔嗣面前怒形于色，潘叔嗣感到非常恐惧不安。

公元956年（后周世宗显德三年）二月，王逵进入南唐鄂州境内，攻打长山寨（今湖北省通城县南）。长山寨守将陈泽不敌被擒。王逵命人将陈泽押送到寿州（今安徽省寿县），交给柴荣。王逵正要继续向前挺进，一个不好的消息传来：潘叔嗣杀向朗州（今湖南省常德市）了。

原来，王逵离开岳州不久，潘叔嗣对部众说道："我事奉王令公已经仁至义尽。现在王令公听信谗言，猜忌怀疑我。王令公回师时，必定攻打我。我不能坐以待毙，我打算先下手为强，出兵夺取他的朗州，你们能与我一同西去吗？"众人都很愤怒，纷纷请求一同杀向朗州。

朗州是王逵的发家之地，也是王逵的根本。王逵听说潘叔嗣带领岳州士兵杀向朗州，马上放弃攻打鄂州，回师追击潘叔嗣。当王逵追到朗州城外时，潘叔嗣已经占领了朗州。潘叔嗣也不示弱，立即出城迎战。王逵不敌，战死。

前面讲过，王逵割据的湖南有两个藩镇，一个是武平，一个是武安。王逵兼武平节度使，湖南的督府也设在朗州。周行逢是武安节度使，镇守在潭州（今湖南省长沙市），隶属王逵。

现在潘叔嗣杀了王逵，占领朗州，是不是意味着接管湖南，连周行逢也要隶属于他呢？有部将就这么认为，劝潘叔嗣不要返回岳州，就占据朗州。潘叔嗣还不敢这么想。

潘叔嗣认为周行逢应当到朗州来代替王逵，接管湖南，当武平节度使，而他潘叔嗣应当到潭州代替周行逢，当武安节度使。潘叔嗣对部众说道："我攻朗州，是为了救自己，不是为了占领朗州，当武平节度使。我们应当将军府大权交给潭州的周太尉，周太尉难道不会把武安交给我？"

于是，潘叔嗣返回岳州，派团练判官李简带领武平的将吏去潭州迎接周行逢。

李简等人到了潭州，对周行逢说道："一定要把潭州交给潘叔嗣。"

周行逢还是分得清是非忠奸的，说道："潘叔嗣杀死主帅，罪当灭族。唯一可以宽恕的是，他攻下朗州而不占有，还交给我。如果马上就授潘叔嗣为节度使，天下人一定会认为我与他是同谋，我如何才能说得清？应当先让其担任武安行军司马，一年后再升为节度使。"

于是，周行逢调衡州刺史莫弘万权知潭州，亲卫指挥使张文表遥兼衡州刺史，周行逢则带领部众前往朗州，自称武平、武安留后。周行逢将此事奏报后周朝廷，同时推荐潘叔嗣为武安行军司马。

潘叔嗣听说周行逢只是让他当行军司马，而不是节度使，非常生气，声称自己有病，不到潭州赴任。

周行逢得到消息，也很生气，对部众说道："行军司马这个官职我也当过，权力与节度使差不多，潘叔嗣还不满意，难道想取代我？"

左右建言道："不如就授予潘叔嗣为武安节度使，诱惑他前来军府

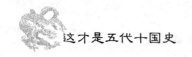

接受任命。到那时，他不过是砧板上的一块肉而已。"周行逢采纳。

潘叔嗣听说周行逢同意让他当武安节度使，非常高兴，当即决定前往朗州接受符节印信。潘叔嗣的亲友劝其不要前往。潘叔嗣认为自己一直把周行逢当作兄长，二人也很友善，因而毫不怀疑周行逢。

周行逢也派人前来迎接潘叔嗣，潘叔嗣便上路了。途中，周行逢还不断派人前来迎接、问候，潘叔嗣非常安心。到了朗州，周行逢又亲自到郊外迎接，二人相见，非常欢喜。

然而，当潘叔嗣刚刚到达军府还未进入庭院时，就听到周行逢一声令下，当场将其拿下。周行逢斥责道："你不过是一名小校，也没有大功，主帅王逵让你当团练使，你竟然谋反，杀了主帅。我念及旧日之情，不忍杀了你，让你当行军司马，你竟然敢违背我的号令而不接受！"

潘叔嗣知道免不了一死，便不向周行逢哀求，只是请周行逢照看家人。潘叔嗣最后被斩于朗州。

七月一日，已经回到京城开封的柴荣下诏，任命周行逢为武平节度使，制置武安、静江两藩镇。周行逢当年四十一岁。

史书记载，周行逢掌管湖南后，革除之前的弊制，将南楚时的苛捐杂税全部废除，整治贪官污吏以及为害百姓的豪强劣绅，挑选廉洁公正的人担任刺史、县令。周行逢本人也为官清廉，不讲私情。湖南境内一时没有战乱，百姓安居乐业。

周行逢对百姓很好，但对将领们则常常不太放心。

周行逢常常派人到各州去打探事情，看看将吏们有没有谋反的迹象。派到邵州（今湖南省邵阳市）的那位心腹实在找不到刺史刘光委有什么不轨之举，便向周行逢禀报说刘光委常常宴饮。周行逢说道："刘光委经常聚会饮酒，莫非是要谋图我？"周行逢于是立即派人将刘光委召回朗州，杀死。

亲卫指挥使、衡州刺史张文表与周行逢关系很好，但也非常担心大祸临头。张文表为求平安，便向周行逢请求解除兵权，只到衡州当刺史。张文表到了衡州，仍然担心周行逢怀疑他，便每年向周行逢缴纳丰厚的赋税，还谨慎地对待周行逢身边的人，因而一直平安无事。

当年与周行逢一同起事的九位将领，王逵、张仿、何敬真、朱全琇、潘叔嗣已经被杀，蒲公益、宇文琼、彭万和不久也被杀害，最后只剩下张文表一人。周行逢的妻子郧国夫人邓氏曾经劝谏周行逢，说其执法太严，会没有人追随。周行逢听不下去，大怒道："你们女人知道什么？"

邓氏其实是一位很有本领的人，虽然长得不漂亮，但处事很果断，也很会经营家产。邓氏看到周行逢不听她的劝谏，心里也很不高兴。邓氏请求前往乡下察看田园，谁知一去便不再回来了。周行逢很是着急，多次派人去请，邓氏仍然不归。邓氏曾说周行逢杀人太多了，她很担心发生变乱，说乡下那里容易逃跑、躲避。

周行逢也知道自己杀人太多，担心冤冤相报，于是相信佛法。有一个叫仁及的和尚便得到周行逢的高度信任，周行逢甚至让仁及参与商议湖南军政要事。周行逢还向朝廷上表，给仁及弄了个检校官职：司空。仁及在湖南非常有地位，出入与王公一样，还娶了几房妻妾。

说到检校官职，湖南境内很多。检校官职本身没有实际权力，只是一种荣耀。自从刘言、王逵掌管湖南以来，多次发生战乱，很多将吏都立有战功，朝廷曾授予很多人检校官职。为了笼络部族人的心，朝廷也给部族首领赐了不少检校官职。短短几年下来，湖南境内的检校官职在三公之上的，就有一千多人。

周行逢过生日时，不少节度使派人前来祝贺，周行逢不免有点沾沾自喜。宴会之上，周行逢很骄傲地对节度判官徐仲雅说道："是不是我掌管三个藩镇，四邻也很怕我？"

徐仲雅毫不留情地说道："主公掌管的湖南境内，到处都是太保、司空，四邻哪能不怕？"

周行逢听了这句讽刺的话，很不受用，便将徐仲雅贬到邵州。

周行逢掌管湖南前后六年之久，境内没有战乱，相对太平。我们再来讲讲后周世宗柴荣攻打南唐的事。

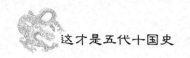

第83章 二攻南唐，占领寿州

公元956年（后周世宗显德三年）七月，后周兵马都向寿州（今安徽省寿县）撤去，南唐将领向朝廷请求在途中拦截。宰相宋齐丘认为这样做两国的怨恨会更深。元宗李璟于是传令各将守住营寨，不要擅自袭击后周兵马。不久，寿州城外就聚集大量后周兵马，城池防守更加困难。

齐王李景达兵败六合之后，重整兵马，向北推进，将大营设在濠州（今安徽省凤阳县），与寿州相距将近两百里。李景达当时虽有五万兵马，但不想与后周兵马决战，只是坐镇濠州，遥作声援。

八月，南唐将领林仁肇率水军沿淮河前往增援寿州。林仁肇在船上装满柴草，点上火，顺风冲向下蔡（今安徽省风台县）的浮桥，企图烧毁浮桥。驻屯下蔡的后周殿前都指挥使张永德立即率军迎战。突然，风向逆转，林仁肇的火船竟然退后。张永德趁机杀了过来，林仁肇不敌，撤退。

张永德为防止南唐水军再来破坏浮桥，在距离浮桥十几步远的地方拦上一条一千多尺长的铁链，铁链上绑了很多巨大的木头。从此，南唐水军不能靠近。

十月，铁骑都指挥使王彦升在寿州所属的盛唐县（今安徽省六安市）击败南唐兵马，杀死南唐三千多名士兵。王彦升是侍卫马步都指挥使李重进的将领，李重进将这一战果奏报给开封城中的柴荣。

当月，南唐水军再次前来攻打下蔡。张永德派会水的士兵潜到南唐战舰的底下，用铁链将战舰互相拴起来，让战舰进退不得，南唐很多士兵淹死。此次获胜，水兵功劳最大，张永德解下身上的金带赏给这些会水的士兵。张永德也将此事奏报给柴荣。

让柴荣感到惊讶的是，张永德还奏报李重进有二心。

张永德与李重进是后周两位禁军统领，分别掌管殿前司与侍卫司。二人都是先帝郭威的亲戚，一个是女婿，一个是外甥。没想到的是，张永德却与李重进不和。手握重兵的两位将领不和，让军中将士感到不安。

还是李重进深明大义，主动去找张永德，而且是一人一骑来到张永德的大营。在营中，李重进与张永德从容宴饮，毫不猜疑。李重进还对张永德说道："我与公有幸成为皇亲国戚，都担任将帅，为何猜忌到如此地步？"

张永德看到李重进如此坦荡，也就不再怀疑李重进。二人和好，军心也就稳定下来。南唐元宗李璟听说二将不和，派人用蜡丸藏书送给李重进，还用厚利诱惑。李重进不为所动，将书信全部交给柴荣。

柴荣不相信李重进会有二心，自然也就不相信张永德的话。

十月二十五日，柴荣下诏，任命赵匡胤为兼殿前都指挥使。赵匡胤战功赫赫，被升为殿前都指挥使，这或许并不奇怪，那么原都指挥使张永德将会担任何职呢？奇怪的是，柴荣在给赵匡胤升职时，并没有给张永德升职，而是在将近两个月后的十二月十四日，才升张永德为殿前都点检。难道柴荣想给张永德一些提醒？

柴荣返回开封，南唐使者孙晟、钟谟也跟着来到开封。柴荣对孙晟非常礼遇，每次朝会，总让孙晟列于中书省官员的后面。柴荣也时常召见孙晟，总是用美酒相待。柴荣如此所为，是想从孙晟这里听到南唐的事情。然而孙晟总是说："唐主畏惧陛下神武，事奉陛下没有二心。"

柴荣接到李重进送来的蜡丸藏书，才知李璟并没有真心臣服。柴荣非常生气，马上把孙晟召来，斥责他所言不实。孙晟面不改色，义正词严，请求一死。柴荣再问孙晟南唐的事，孙晟一言不发。柴荣拿孙晟没有办法，便下令将孙晟杀掉。柴荣将钟谟贬为耀州司马，不久又想到孙

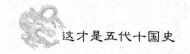

晟的忠诚，后悔杀了他，便将钟谟又召回朝中任卫尉少卿。

不久，寿州前线再次发生激战。

公元957年（后周世宗显德四年）正月，寿州城已经被围一年之久，城中粮草开始缺乏。面临粮草不济的严峻形势，城中想投降的人一定不在少数，但刘仁赡仍然坚定无比。刘仁赡的小儿子刘崇谏就想投降，被刘仁赡腰斩，谁都劝不了。刘仁赡的夫人为了大义及名节，不仅不救儿子，还催促赶快行刑。守城将士对刘仁赡夫妇的忠心非常感动，都流下了眼泪，也无人敢降。

驻屯濠州的李景达决定救援寿州，同时给刘仁赡运送粮草。李景达派应援使许文稹、都军使边镐、北面招讨使朱元等将率数万兵马沿淮河西进，直奔寿州。

许文稹等将到了寿州，在城东北十里外的八公山扎营，十几个营寨连在一起，如同珠子串在一起。营寨中的烽火与寿州城中的烽火日夜呼应。许文稹等将又修筑甬道直达城中，准备给城中运送粮草。甬道修了很长，快要到寿州城外时，后周将领李重进带领兵马前来袭击，大胜许文稹，杀死南唐五千名士兵，夺下两个营寨。

李重进将此事奏报给开封城中的柴荣。柴荣看了奏报，决定再次御驾亲征。朝中大臣认为南唐的援兵比较强，寿州一时还攻不下来，柴荣也有些迟疑。柴荣不能决定到底要不要亲征，甚至要不要再打下去，很想听听宰相李毂的建议。

李毂当时正患病在家，不能参加朝会。柴荣派宰相范质与王溥到李毂家中，与李毂商议。李毂给柴荣上疏，认为："寿州城被困日久，很快就要攻破。如果陛下再次亲征，将士们必定英勇奋战，而敌人的援兵一定更为惊恐，城中的守军知道必定灭亡，攻克城池指日可待。"柴荣看了疏文，非常高兴。

二月十七日，柴荣从开封起程前往寿州。

柴荣此次亲征，还带着一支特别的队伍，那就是水军。柴荣当初与南唐作战时，看到南唐的水军敏捷、精锐，很是痛心。柴荣回到开封后，在开封城西边的汴水修造数百艘战舰，让南唐的降兵教后周士兵练习水战。几个月后，后周的这支水军纵横出没，作战能力非常强。柴荣在离开开封时，右骁卫大将军王环就带领这支水军从闵河进入颍水，再由颍水进入淮河。南唐士兵见到这支水军，非常惊骇。

三月二日夜晚，柴荣渡过淮河，抵达寿州城下。

三月三日凌晨，柴荣身穿铠甲，在八公山南布下阵势，命殿前都指挥使赵匡胤率一支兵马攻打南唐的先锋寨。赵匡胤很快攻破先锋寨。柴荣又命赵匡胤攻打八公山北边的营寨，赵匡胤又攻破一个营寨。赵匡胤接连攻破两个营寨，共杀死南唐士兵三千多人，将南唐由八公山通往寿州城的甬道拦腰截断，使得寿州城与八公山的营寨无法呼应。

在此关键时刻，南唐将领朱元前来投降。

朱元认为自己立下不少战功，经常不听元帅李景达的号令。枢密使陈觉与朱元本来就不和，便以此为由，控告朱元有谋反之心，不可带兵。南唐元宗李璟相信陈觉，便命武昌节度使杨守忠代替朱元。陈觉担心朱元不肯交出兵权，便以齐王李景达的名义，召朱元到濠州议事，到时再撤销朱元的兵权。朱元也听到陈觉要夺其兵权的消息，非常生气，准备自杀，以表明忠心，也可保住妻儿性命。门下客宋垍劝说道："大丈夫到哪里得不到富贵，何必为了妻儿去死？"于是，朱元与先锋壕寨使朱仁裕带领一万多人以整个营寨向后周投降。

柴荣得知朱元投降，非常高兴。柴荣坚信此次一定能够攻破寿州城，也一定能够击败南唐的援兵。柴荣认为，南唐兵马一旦溃败，必将沿着淮河向东逃走。柴荣不仅要取得胜利，还要消灭敌人有生力量。柴荣于是派虎捷左厢都指挥使赵晁带领数千名水兵，到淮河下游堵截。

三月五日凌晨，柴荣命各军攻打南唐八公山营寨。这一战，非常激烈，后周将士取得大胜，杀死南唐一万多名士兵，擒获南唐将领许文稹、边镐、杨守忠等将。寿州城中的刘仁赡听闻援兵大败，不停叹息，一急之下病倒了。

南唐的士兵果然沿着淮河向东逃去。柴荣率数百名骑兵沿淮河北岸

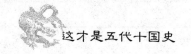
追击，各将带领步骑兵从南岸追击，水军则从淮河中流东下追击。南唐士兵战死、淹死以及投降的共有四万多人，缴获战舰、粮草、兵器不计其数。

傍晚时分，柴荣到达两百里外的镇淮军（今安徽省怀远县），传令就在镇淮军宿营。第二天，柴荣决定在镇淮军淮河两岸修建两座城池，再把下蔡的浮桥移到这里。柴荣此举是为了切断濠州与寿州的通道，因为南唐主帅李景达便驻屯在濠州指挥作战。

南唐濠州大营的将领们得知柴荣在镇淮军筑城，也想前往偷袭。正好当时淮河水涨，濠州都监郭廷谓便率水军沿淮河西进，想趁后周没有防备，焚烧他们正在搭建的浮桥。右龙武统军赵匡赞探得消息，立即率所部兵马阻截，将郭廷谓击败。濠州的李景达得知郭廷谓战败，无心再援救寿州，竟与陈觉一起逃回江宁。

李景达已经逃回江宁，元宗李璟还会派谁出任主帅到江北作战呢？李璟竟然准备亲征。中书舍人乔匡舜上疏极力劝谏。李璟认为乔匡舜打击士气，下诏将乔匡舜贬到抚州（今江西省抚州市临川区）。

李璟问神卫统军朱匡业、刘存忠如何抵御敌军。朱匡业吟诵罗隐的诗道："时来天地皆同力，运去英雄不自由。"言下之意，已经无力回天。刘存忠认为朱匡业说得有理。李璟非常怒火，将二人一个贬降、一个流放。当然李璟最后也没有敢亲征，只能坐看柴荣攻打寿州了。

柴荣决定还是先劝降刘仁赡，然后再攻。

柴荣命人给刘仁赡送去诏书，让刘仁赡慎重地选择祸福。刘仁赡没有丝毫犹豫，坚决不为所动，决不投降。柴荣看到刘仁赡不降，便在寿州城北炫耀兵力，以图城中士兵胆怯而降。由于刘仁赡不降，士兵们也无人投降。

然而上天不佑南唐，刘仁赡病情加重，突然不省人事。

三月十九日，清淮监军使周廷构、营田副使孙羽等人以刘仁赡的名义草拟降表，派人出城送到柴荣大营。第二天，柴荣给刘仁赡下诏，派阁门使张保续入城宣读诏书。刘仁赡仍在昏迷，什么也不知道，其子刘崇让出城向柴荣谢罪。第三天，柴荣在寿州城北接受投降。周廷构等人抬着刘仁赡出城向柴荣投降。柴荣接受投降，命人将刘仁赡抬到城中养病。

柴荣终于得到寿州，非常高兴，下诏大赦。柴荣对得到刘仁赡这样的将领更是高兴，尽管刘仁赡当时什么也不知道。柴荣任命刘仁赡为天平节度使兼中书令。柴荣在诏书中赞赏刘仁赡的忠心："尽忠所事，抗节无亏，前代名臣，几人堪比！朕之伐叛，得尔为多。"

然而，就在柴荣诏书颁发的当天，刘仁赡因病去世了。柴荣又下诏，追赠刘仁赡为彭城郡王。柴荣为表彰刘仁赡的忠心，还将清淮军恢复原来的名称忠正军。南唐元宗李璟听闻此事，也追赠刘仁赡为太师。

柴荣任命右羽林统军杨信为忠正节度使、同平章事，镇守寿州。柴荣想到寿州城中的百姓早就没了粮食，于是下令给城中百姓发粮。柴荣安排妥当，决定北返开封，由各位将领继续攻打淮河以南各州。

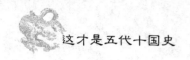

第84章　三攻南唐，尽得江北

周世宗柴荣第二次亲征南唐，终于得到寿州（今安徽省寿县），但并没有全部得到江北各州。柴荣当然不会就此罢休，否则还谈什么统一天下。然而柴荣得暂返京城，毕竟还有不少政事要其处理。柴荣在京城只有半年之久，便第三次亲征南唐。

这半年当中，柴荣也做了不少事，下面列举几件。

第一件事是下诏疏浚汴水，向北直通五丈河。从此，齐、鲁一带的船只可以直接到达京城开封。

第二件事是极力挽留宰相李穀。李穀身患重病，多次上表辞官。柴荣认为李穀是一位很有能力的宰相，一直不准其辞官。柴荣为此恩准李穀上朝不必下拜，还在御座之侧赐坐。李穀病情确实很重，一连九次上表请辞。柴荣只好答应让李穀辞去兼职，只留本职司空，让李穀每月到便殿议事一次。

第三件事是中书舍人窦俨提出五个建言，深得柴荣赞赏。第一，讨论古今礼仪，制定《大周通礼》，创作《大周正乐》。第二，指出唐末以来官员任免的种种弊端，提出任用与选拔的措施。第三，让盗贼互相揭发，对揭发者给予奖赏，以图更好地肃清盗贼。第四，鼓励百姓垦荒，多种田地。第五，战争要速战速决，让百姓尽快休养生息。

还有一件事，就是处罚作战不力的将领李继勋与武行德。李继勋是在柴荣一征南唐北返时被刘仁赡偷袭击败的。武行德是在柴荣二征南唐北返时被南唐将领郭廷谓击败的，连在涡口（今安徽省怀远县）的浮桥都被切断。柴荣下诏，免除武行德武宁节度使兼中书令之职，调任左卫上将军，免除李继勋河阳节度使之职，调任右卫大将军。

夏去秋来，柴荣准备第三次南征。

公元957年（后周世宗显德四年）十月十九日，柴荣从开封起程。

十一月五日，柴荣到达濠州（今安徽省凤阳县）城西，开始部署作战。柴荣准备攻打濠州城的南关城，柴荣将这个任务交给侍卫马步都指挥使李重进。柴荣还准备攻打濠州城东北的一处水上营寨，以防此处敌人来援。柴荣将这个任务交给内殿直康保裔与殿前都指挥使赵匡胤。柴荣又命水军攻打濠州城北的南唐战舰。

第二天，战斗开始。李重进很快就攻破了南关城，濠州城守将、团练使郭廷谓只得固守内城。负责攻打水上营寨的康保裔带领数百名身着铠甲的士兵，骑着骆驼蹚过河水，赵匡胤则带领骑兵随后继进。营寨里的南唐士兵本以为后周兵马不能靠近，现在看到赵匡胤、康保裔等人已经杀了过来，都慌作一团。赵匡胤、康保裔趁乱发起攻击，南唐士兵大败。水军也取得了胜利，纵火焚烧了七十艘战舰，杀死两千多人，还攻克了靠近河边的羊马城。

柴荣开始亲自攻打濠州城，然而一连数日不能攻克。

一天晚上，濠州城的守将郭廷谓派人带着降表出城交给柴荣，表文内容为："臣的家人都在江南，今天如果立即投降，恐怕家人都会被杀。臣请求先派使到江宁禀报，看看朝廷是否会派兵来援，然后再出城投降。"柴荣接受郭廷谓的请求，便不再攻打濠州城。

柴荣决定率部沿着淮河东下攻城略地。

十一月二十三日，柴荣到达泗州（今江苏省盱眙县淮河北岸）城下。赵匡胤率先攻打泗州城南门，纵火焚烧，很快攻克月城以及水寨。柴荣登上月城城楼，指挥将士们攻城。泗州城守将范再遇坚守城池，泗州城一时攻不下来。

十日后，范再遇实在无力支撑，这才决定投降。柴荣接受范再遇投降，将其调到宿州任团练使。柴荣来到泗州城下，传令外出砍柴的士兵

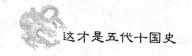

不得踏坏百姓的农田。百姓听到这个消息，都非常感激、高兴，纷纷给大军送来粮草。泗州城攻克，后周士兵一个也不敢擅自入城，军纪非常严明。

这时，探马来报，南唐有数百艘战舰沿着淮河逃向清口（今江苏省淮安市西南）。柴荣决定沿淮河向东挺进，追击这支战舰。柴荣从淮河北岸东进，赵匡胤率领步骑兵沿淮河南岸东进，其他各将率水军从淮河中流东进，一同追击南唐兵马。

淮河是两国边境，两岸长时间无人行走，杂草芦苇，密集众生，很多地方还有泥沼沟壑。然而，后周的士兵跟着柴荣乘胜前进，士气高昂，一点都不觉得道路难行，甚至不觉得疲劳。

十二月八日，柴荣追上南唐兵马，边战边进，战鼓隆隆，声传数里。第二天，柴荣追到楚州（今江苏省淮安市）西北，大破南唐兵马。有一支兵马沿着淮河继续向东逃去，柴荣亲自率兵追击，赵匡胤为前锋。赵匡胤追了六十里，擒获南唐保义节度使、濠泗楚海四州都应援使陈承昭，然后才率兵西返。

柴荣此次追击南唐兵马，共俘获战舰三百多艘，俘虏士兵七千多人。南唐在淮河一带的水师全军覆没。

十二月十日，柴荣南渡淮河，在楚州城西北扎营。

十二月十六日，柴荣开始攻打楚州城，当日攻克临近河畔的月城。然而楚州城中的守城将士都非常英勇，拼死坚守，毫不动摇，柴荣一直不能攻克。

两日后，濠州守将郭廷谓来到楚州，晋见柴荣。原来郭廷谓的使者从江宁返回，告诉郭廷谓，朝廷不会再派兵来救。郭廷谓决定正式向柴荣投降，还给柴荣带来一万多名士兵、数万斛粮食。

柴荣对郭廷谓说道："自朕南征以来，江南诸将不是战败就是阵亡，只有你能切断我们涡口的浮桥，攻破我们定远的营寨，你足以报答你的国家了。濠州是个小城，就是李璟来守，也守不住。"

柴荣任命郭廷谓为亳州防御使，并派其带领濠州的兵马南下攻打天长（今安徽省天长市）。

柴荣又派铁骑左厢都指挥使武守琦带领数百名骑兵攻打江都。武守琦才到达江都城北的高邮，南唐江都守将便命人纵火焚烧江都的官府以及百姓的房屋，强迫百姓南渡长江。武守琦进入江都后，发现城中只剩下十几个生病的百姓。柴荣将江都改回原名扬州，仍然命侍卫马军都指挥使韩令坤掌管扬州军府事。柴荣听说扬州东边的泰州（今江苏省泰州市）没有什么防备，便再派兵收复泰州。

就在南唐接连丢失扬州、泰州之际，新的一年到来了。

公元958年（后周世宗显德五年）正月，南唐元宗李璟改年号为"中兴"。然而李璟无法再中兴他的国家，因为各地仍在丢城失地。数日后，楚州北边的海州（今江苏省连云港市）又被后周占领。

楚州城被攻已经四十多天，虽然一直没有被攻克，但南边的扬州、北边的海州已被攻克，楚州迟早不保。柴荣一边攻城，一边考虑攻克楚州之后将前往长江作战一事。

柴荣准备从淮河经运河进入长江，没想到北神堰一带已经阻塞，战舰不能前行。柴荣又想开凿楚州西北的鹳水（今地不详），然后从鹳水前行。柴荣先派人前往察看是否可行，察看人员回来说地势复杂，需要耗费大量人力。柴荣亲自前往察看，指导规划，然后再征调楚州的民工前来挖掘，十天左右便完成，而且省了不少人工，大的战舰也能顺利通往长江，南唐人看到后，非常吃惊，以为神助。

河道已经疏通，柴荣决定加紧攻打楚州城。

正月二十五日，楚州城被攻破，南唐守将、楚州防御使张彦卿与都监郑昭业仍然带领士兵在抵抗。箭已用完，刀也损坏，张彦卿举起胡床格斗，直到战死。城中一千多人全部战死，没有一人投降。

二月六日，柴荣从楚州南下。

二月十五日，柴荣到达扬州。

三月一日，柴荣从扬州前往东边的泰州视察。

三月十日，柴荣再掉头向西，前往迎銮镇（今江苏省仪征市）。

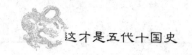

在迎銮镇，柴荣听说南唐有数百艘战舰停泊在东沛州（今江苏省启东市），企图切断后周与吴越的通道。柴荣立即派殿前都虞候慕容延钊率步骑兵、右神武统军宋延渥率水军，沿江东下，前往攻打这支战舰。不久，慕容延钊奏报说大破南唐兵马。

至此，南唐在江北的领地，尚有庐、舒、蕲、黄四州未被后周占领。柴荣又派李重进率部西去攻打庐州（今安徽省合肥市）。

柴荣在长江北岸用兵，南唐元宗李璟很为担忧，毕竟柴荣已经打到长江边上了。李璟赶紧将年号"中兴"改为"交泰"，可见中兴已经没有希望，只希望平安了，也变得低调了很多。

皇太弟李景遂更是前后十次上表，请求辞去皇太弟之位。李景遂在奏表中说国家面临危难，自己不能解救，请求到藩镇镇守，并奏请册立李弘冀为太子。齐王李景达也因为战败而请求辞去元帅之职。

于是，李璟册立嫡长子李弘冀为太子，让李弘冀参与朝政。

李璟非常担心柴荣渡江，想降低尊号向后周称藩，以图柴荣能够罢兵。然而李璟又为此感到耻辱，于是派兵部侍郎陈觉带着奏表前往柴荣处，提出将皇位传给太子李弘冀，由李弘冀向后周称臣。

三月十五日，陈觉到达迎銮镇，看到后周兵马非常强盛，立即用哀伤的神情向柴荣请求回到江宁，请李璟呈递降表，献出尚未被后周占领的庐、舒、蕲、黄四州，以长江为界，以使两国停战。

柴荣接受陈觉的请求，陈觉于是派阁门承旨刘承遇前往江宁，建议李璟割让四州，向后周称臣。柴荣也让刘承遇给李璟带去诏书。在诏书中，柴荣称李璟为江南国主，并对李璟好言抚慰。

刘承遇回到江宁，将柴荣的诏书呈给李璟。李璟接受陈觉的建议，再派刘承遇带着奏表，过江前往迎銮镇叩见柴荣。李璟在奏表中自称唐国主，愿意献出江北四州，每年进贡。自此，南唐江北十四州共六十个县全部纳入后周国土，这十四州是光州、寿州、庐州、舒州、蕲州、黄州、滁州、和州、濠州、海州、泗州、楚州、扬州与泰州。

三月二十日，陈觉向柴荣辞行。柴荣让陈觉告诉李璟不必传位给太子。

第二天，柴荣离开迎銮镇，前往扬州。

三月二十五日，李璟再派宰相冯延巳来到扬州，向柴荣献上价值百万的金银钱财以犒劳大军。不久，李璟为避郭威曾祖郭璟名讳，更名为李景，再去掉帝号，只称"国主"，去掉年号"交泰"，改用后周年号"显德"。

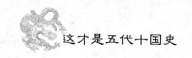

第85章 北收瀛莫，柴荣病逝

柴荣于公元955年十一月发兵攻打南唐，到公元958年三月得到江北十四州，前后两年零五个月，柴荣本人还三次亲临前线。柴荣攻打南唐，只想得到江北十四州，并没有想一举消灭南唐。这与当年攻打后蜀一样，只想得到秦、凤、阶、成四州，并没有想彻底消灭后蜀。

柴荣当时的统一策略已经在王朴《开边策》的基础上有所改变，那就是先南后北，再由北向南。具体地说，就是将南方的强国南唐以及对关中有威胁的后蜀打得不敢轻举妄动，再从南方得到丰富的赋税以供军资，然后专心攻打辽国与北汉，在收复幽云十六州与北汉之后，再挥兵南下，统一全国。

柴荣在得到南唐江北十四州后，并没有立即北上攻打辽国或北汉，而是先作防御，再作战争前的准备，毕竟战争需要大量的人力与物力。

先说防御的事。在柴荣南征之时，辽国以及北汉就派兵侵扰边境。柴荣并不担心北汉，因为边境守将能够抵御，此处不再细说。柴荣担心的还是辽兵入侵，因而柴荣在回到开封的当天，即召集群臣商议抵御辽兵一事。柴荣最后派殿前都点检张永德率兵北上，防御辽兵。柴荣作了这个部署之后，才下诏对南征将士进行犒赏，还对收复的江北各州百姓进行赏赐。

柴荣接着便开始注重农业生产，为战争积蓄财力。柴荣非常关注农业，命人用木头刻出农夫、蚕妇的雕像，放在殿堂之中，以警醒自己。柴荣在农业方面一个重要的措施就是实行均田。柴荣将唐朝元稹制定的

《均田图》发给各藩镇，再命左散骑常侍艾颖等三十四人前往各州，实施均田。数月后，开封府奏报说，按均田重新核定，共多出四万二千多顷。柴荣又命各州调整合并乡村，以一百户为一个团，每个团设置三名"耆长"。不久，柴荣再下诏，将所有"课户"与"俸户"全部撤销，划归所在州县管理，这些由百姓所供养的官员全部由州县发给俸禄。

柴荣要北上攻打辽国与北汉，不担心南唐，因为南唐已经称臣，但还是担心后蜀，毕竟后蜀没有称臣。柴荣希望后蜀能够称臣，这样便有精力在北方用兵。然而后蜀后主孟昶并不想称臣。

柴荣在二征南唐北返开封后，曾将后蜀的战俘放回，孟昶也将后周战俘放回，同时给柴荣带去书信，以示谢意，并请求结好。柴荣看到孟昶没有称臣之意，只是希望两国平等友好，很不高兴。柴荣没有回孟昶，孟昶竟然怒道："朕当天子时，你柴荣还在做贼，竟然敢这样对待朕！"荆南节度使高保融曾多次劝孟昶向后周称臣，孟昶没有答应。

公元958年（后周世宗显德五年）十月，柴荣任命户部侍郎高防为西南面水陆制置使，右赞善大夫李玉为判官，做出要攻打后蜀的姿态。高保融连忙再次派使前往后蜀，劝孟昶向后周称臣。孟昶严词拒绝，并做了防御部署。高保融干脆向柴荣上表请求出动水军进入三峡助战，柴荣下诏褒奖。柴荣只想虚张声势，为其北上用兵作一些防备。

柴荣当时的目标还不是后蜀，而是北方。柴荣的打算是，先攻打辽国，收复幽云十六州，然后再攻打北汉。幽云十六州是后晋高祖石敬瑭割让给辽国的，二十多年来，一直没有收复。然而，中原的朝廷到了后周则不一样，柴荣正在实施他的统一大业，当然包括收复幽云十六州。

北征之前，必须先打通漕运。

公元959年（后周世宗显德六年）二月，柴荣命侍卫马步都虞候韩通、宣徽南院使吴延祚，征集徐、宿、宋、单等州百姓数万人疏浚汴水。柴荣又命马军都指挥使韩令坤带领士兵从开封城东边引导汴水进入蔡水，打通陈州与颍州之间的漕运；命步军都指挥使袁彦带领兵民疏通五丈渠，向东经过曹州、济州、梁山泊，连通青州、郓州一带的漕运。

三月十九日，在作了不少准备之后，柴荣终于下诏，将前往沧州（今河北省沧州市东南）督战，以收复北部领土。柴荣先传令北方的义武节度使孙行友防范西部山路。三日后，柴荣命韩通等人率领水陆兵马先行出发。十日后，柴荣从开封起程。

四月，韩通在宁州（今河北省青县）南边安营扎寨。为了便于通过水路攻入辽国占领区境内，韩通从沧州开始疏浚河道，一直通向辽国占领下的瀛（今河北省河间市）、莫（今河北省任丘市北）二州。

四月十六日，柴荣到达沧州，一刻也没有停留，立即率兵北上。柴荣的大军军纪严明，除非柴荣的车驾所过州县，其他州县百姓均不知道。

四月十七日，柴荣到达宁州，辽国的宁州刺史王洪献出城池投降。宁州是辽国新设置的州郡，不是幽云十六州之一。

四月二十日，柴荣下令水陆两路同时进击，韩通为陆路都部署，赵匡胤为水路都部署。柴荣随水路行进，舰船相连，有数十里长。

四月二十四日，柴荣到达独流口（今天津市静海区北），再逆流西进。

四月二十六日，柴荣到达益津关（今河北省霸州市），辽国守将终廷辉献出城池投降。

四月二十七日，柴荣从益津关向西，前往瓦桥关（今河北省雄县）。因河道变窄，大船不能前行，柴荣便改走陆路，继续西进。夜晚，柴荣就在野外宿营，辽国的斥候骑兵不断在附近出现，随从官员都感到害怕，因为柴荣的侍卫兵马不到五百人。

四月二十八日，赵匡胤带领部众率先到达瓦桥关，辽国守将姚内斌献出城池投降。柴荣不久也到了瓦桥关，进入关城。两日后，侍卫亲军都指挥使李重进率领大军也到达瓦桥关。

柴荣此次北上，没有直接攻打瀛、莫二州，而是从沧州北上，再向西占领益津关与瓦桥关，这样便将瀛、莫二州与辽国切断，形成对瀛、莫二州的战略包围。柴荣的这一迂回战术很快就收到效果。四月二十九日，辽国莫州刺史刘楚信献出城池投降。五月一日，辽国瀛州刺史高彦晖也献出城池投降。至此，瓦桥关以南的城池、土地全部被收复，共三个州、十七个县，人口一万八千三百六十户。

五月二日，柴荣在瓦桥关行宫设宴犒劳诸将。柴荣提出准备继续北上，夺取幽州（今北京市）。诸将都不赞同，说道："陛下离京三十二天，兵不血刃，就夺取燕南之地，这是不世之功。现今辽国的骑兵都聚集在幽州之北，我军不能深入。"

柴荣很想继续收复幽州，听了此言，很是不高兴。柴荣仍然催促先锋都指挥使李重进先行北上，进驻固安（今河北省固安县），自己则前往北边的安阳水搭建浮桥。因天色已晚，柴荣又回到瓦桥关。

当晚，柴荣突然感到身体不适，便决定不再北进。

五月四日，义武节度使孙行友奏报说，攻克易州（今河北省易县），擒获辽国易州刺史李在钦。孙行友还派人将李在钦押到瓦桥关柴荣大营，柴荣下令在大营前斩首。

第二天，柴荣下诏，在瓦桥关设置雄州，割容城（今河北省容城县北）、归义（今河北省容城县）两县隶属；在益津关设置霸州，割文安（今河北省文安县）、大城（今河北省大城县）两县隶属。柴荣再命韩通征集滨州、棣州境内数千名百姓前来修筑霸州城。柴荣最后任命侍卫马步都指挥使韩令坤为霸州都部署，义成节度留后陈思让为雄州都部署，令二将在两地镇守。柴荣还派李重进率兵西进，防备北汉来袭。

柴荣安排妥当之后，开始南返。柴荣此次北征，共从辽国占领区收复宁、莫、瀛、易四州，其中宁、易二州不在幽云十六州之列，但在幽云十六州的南边，是后来被辽国抢占的。

柴荣回到京城后，病情并未好转，不得不考虑后事。

六月九日，柴荣册立已故符皇后的妹妹为皇后；封皇子柴宗训为梁王，兼左卫上将军；另一皇子柴宗让为燕国公，兼左骁卫上将军。柴宗训当年只有七岁，而柴宗让更小。

六月十五日，柴荣下诏，加授王溥为门下侍郎，与范质一同参知枢密院事；加授枢密使魏仁浦为中书侍郎、同平章事；任命宣徽南院使吴延祚为左骁卫上将军、枢密使；任命归德节度使、侍卫亲军都虞候韩通

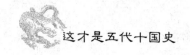

为同平章事、侍卫亲军副都指挥使；任命镇宁节度使兼殿前都点检张永德为同平章事；任命殿前都指挥使赵匡胤为殿前都点检。

魏仁浦不是科举出身，此次被升为宰相，是柴荣极力推荐的。魏仁浦非常谦逊、谨慎。柴荣个性严厉、急切，身边近臣有所冒犯时，魏仁浦总把责任揽走，救了不少人。所以，魏仁浦虽然出身于一个小小的刀笔吏，现在当了宰相，当时的人都认为不过分。

张永德本是殿前都点检，此次被解除军权，只当宰相。这是为什么呢？因为当时有一个谣言说："点检当天子。"柴荣当时正在患病，而且一直没有好转，当然担心身后之事。张永德手握军权，让柴荣不放心。不知柴荣有没有想过，他不让张永德当点检，而让赵匡胤当，难道就不担心赵匡胤吗？

六月十九日，柴荣病逝，年仅三十九岁。

柴荣是五代帝王中评价最高的一位，再看看史书对他的评价。

柴荣在藩镇时，韬光养晦，不露锋芒，即位之后，经过高平之战，人们才佩服他的英武。柴荣统领兵马，号令严明，没有人敢违犯。无论是攻城还是上阵杀敌，柴荣总是冒着矢石毫不畏惧。柴荣用兵随机应变，反应迅速，出人意料。柴荣勤于政事，各类文书簿籍，过目不忘，对不法行为，洞察细微，有如神明。柴荣在政事之余，常与儒生谈论前朝历史，探讨大义。柴荣不喜好音乐、珍宝。

在君臣关系上，柴荣常常说太祖郭威过于纵容王峻、王殷，以致君臣不分。柴荣对群臣有过一定当面指责，有功一定厚赏。文武群臣都能各尽其能，无不敬畏柴荣的英明，怀念他的恩惠。

史书也指出柴荣的缺点，那就是用法太严，群臣有小过就受到重罚，对有才干有名望的人也不例外。然而事后柴荣也感到后悔，所以后来有所放宽。柴荣病逝之后，远近之人都非常怀念他。

司马光引用《尚书》上的话来赞扬柴荣，认为柴荣几乎做到"无偏无党，王道荡荡""大邦畏其力，小邦怀其德"的境界。

第86章　陈桥兵变，建立北宋

柴荣这个年纪，正是纵马驰骋、四处征战的时候。如果再给柴荣十多年时间，柴荣一定能够结束唐末以来华夏大地四分五裂的局面，不仅能够消灭北汉、南唐、后蜀、荆南、吴越、南汉以及割据湖南、泉漳的两处势力，甚至能够从辽国那里夺回幽云十六州。

然而，柴荣的统一大业才刚刚开始时，便突然夭折了。人们不仅为柴荣感到惋惜，也为当时的国家、百姓感到痛惜，难道还要让分裂与战乱永无休止地进行下去？何时才会出现太平盛世呢？这个艰巨的大任，由谁来承担呢？会有这样的人吗？乱世已经持续很久了，这样的英雄人物应当会再出现吧。

柴荣的儿子显然不行。柴荣共有七个儿子，前三子都被后汉隐帝刘承佑杀死，在世的只有柴宗训、柴宗让、柴宗谨与柴宗诲。柴宗训继位后，另三个小兄弟便改名为柴熙让、柴熙谨与柴熙诲，分别封为曹王、纪王与蕲王。柴宗训只有七岁，不可能知道国家大事，更谈不上统一天下。

那么柴荣的后妃呢？柴荣早年的妻子刘氏，在京城时被刘承佑杀死，后被柴荣追封为贞惠皇后。宣懿皇后符氏已于几年前去世，柴荣后又娶符氏妹妹为后，称小符皇后。史书关于小符皇后的记载太简单，估计也不是有才略之人。至于柴宗训、柴宗让、柴宗谨与柴宗诲兄弟几个的生母是哪位嫔妃，史书更是没有记载，显然也是平常之人。

那么要想继续完成统一大业，就只能依靠文臣武将辅佐了。当年七八月份，朝廷对部分将相作了新的任命。我们先来看一下朝廷内外的

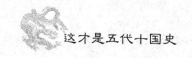

将相都有哪些人。

宰相是范质、王溥与魏仁浦三人，魏仁浦还兼枢密使。文官还有宣徽南院使、判开封府事昝居润与宣徽北院使、判三司张美。曾经担任殿前都点检的驸马张永德这回连宰相的职务也没有了，只担任节度使。

武将主要是侍卫司与殿前司两大禁军的将领以及各地节度使。侍卫马步军都指挥使是李重进，侍卫马步军副都指挥使是韩通，侍卫马步都虞候是韩令坤，侍卫马军都指挥使是高怀德，侍卫步军都指挥使是张令铎。殿前都点检是赵匡胤，殿前副都点检是慕容延钊，殿前都指挥使是石守信，殿前都虞候是王审琦。

这些将领大都兼节度使。李重进为淮南节度使，韩通为天平节度使，韩令坤为镇安节度使，高怀德为宁江节度使，张令铎为武信节度使，赵匡胤为归德节度使，慕容延钊为镇宁节度使，石守信为义成节度使。

此外，各地节度使还有天雄节度使符彦卿、忠武节度使张永德、昭义节度使李荣、凤翔节度使郭崇威、彰信节度使药元福、庐州节度使赵匡赞等二十九人。

在这些将相当中，魏仁浦既是宰相又是枢密使，而李重进与赵匡胤分掌两大禁军，都位高权重。在节度使当中，符彦卿与后周人祖郭威关系很好，又是两位符皇后的父亲，可以说德高望重。这些重要的将相都很有才能，不少人又与柴荣、符皇后有亲，如果他们非常忠心的话，柴宗训应当能够完成统一天下的大任，至少江山是能坐得稳的。

柴宗训平安地当了半年皇帝，时间很快进入公元960年（后周恭帝显德七年），柴宗训又长了一岁，然而也只有八岁，还是虚岁。正月初一，正是新年第一天，柴宗训朝会群臣，接受群臣道贺。

正在这时，北部镇州（今河北省正定县）、定州（今河北省定州市）派人来报："辽兵入侵，汉国也派兵从土门（今河北省石家庄市鹿泉区）来犯。"

柴宗训哪里知道如何应对，只能由朝臣商议。宰相范质、王溥等人商议决定派兵北上御敌。那么会派哪一位将领出征呢？侍卫司都指挥使李重进当时在扬州，结果是派殿前司都点检赵匡胤率兵出征。

正月二日，赵匡胤派殿前副都点检慕容延钊率先锋兵马先行出发。

正月三日，赵匡胤率大军也从京城开封起程。

赵匡胤刚走，京城之中便有传言说："点检要当天子。"

赵匡胤军中有一个叫苗训的人懂得天象，说他看到太阳下面又出现一个太阳。苗训于是对赵匡胤的亲信楚昭辅说道："看来点检当天子，是上天注定的啊！"

当天晚上，赵匡胤率大军到达陈桥驿（今河南省封丘县东南），传令宿营。众将互相商议道："皇上年幼，我们出生入死、拼死杀敌，有谁知道？不如拥护点检当天子，然后再北征。"

都押牙李处耘将此事告诉赵匡义与赵普。赵匡义是赵匡胤的兄弟，当时的官职是内殿祗候供奉官都知。赵普是赵匡胤所在藩镇归德军的掌书记。

李处耘的话还没有说完，众将便刀剑出鞘闯了进来。这些人大声叫道："大家已经商议好，准备拥立点检当天子！"

赵匡义马上说道："异姓接任君王，虽说是天意，但也是人心所向。你们如果能够管束士兵，不准抢掠，京城安定，则四方平安。你们也就能够得到富贵。"众将都齐声应允，转头便去各自军营。

当天夜里，赵匡义又派卫队军使郭延赟将此事飞马告知殿前都指挥使石守信、殿前都虞候王审琦。石守信、王审琦二人都是赵匡胤的心腹。

赵匡胤那天晚上喝醉了酒，正在馆驿大睡，什么也不知道。士兵们则环列在馆驿四周护卫，直到天亮。

正月四日早晨，众将身穿铠甲、手执兵器来到馆驿，敲打赵匡胤寝室的大门。这些将领边敲边叫道："众将无主，愿意拥立点检为天子！"

赵匡胤被惊醒，还没来得及穿好衣服，众将便破门而入，将一件黄袍披到赵匡胤的身上。众将立即跪下，向赵匡胤叩拜，高呼万岁。叩拜完毕，众将将赵匡胤强扶上马，逼迫赵匡胤南返。

赵匡胤没有办法，只好对众将说道："你们贪图富贵，拥立我为天

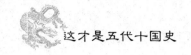

子，那我的号令你们能听吗？"

众将立即下马，齐声说道："唯命是从！"

赵匡胤又说道："太后与主上，我当以臣子来事奉，朝中大臣，也都是我的同僚。进入京城后，你们不得惊扰皇宫重地，不得冒犯朝廷大臣，不得闯入内府国库。听我命令的有重赏，不听的满门抄斩！"

众将齐声应诺。赵匡胤传令将士们整队南行，一路军纪严明、秋毫无犯。当天，赵匡胤带领将士们从仁和门进入开封城，城中毫无惊扰。

正月五日早上，赵匡胤派客省使潘美去见朝中宰相，告知军中所发生的事情。宰相范质、王溥等人正在参加早朝，尚未结束。范质听到赵匡胤兵变的消息，非常惊恐，一手抓住王溥的手，慌张地说道："仓促之间派将帅出征，这是我们的过错啊。"范质将王溥的手抓得很紧，指甲几乎要掐出血来。王溥更是张目结舌，无言以对。

宰相是文臣，也许没有兵马可以对付赵匡胤，但将领就不一样。韩通是侍卫马步军副都指挥使，也兼任宰相，也是禁军的重要官员，在侍卫司中的官职仅次于李重进。韩通听到赵匡胤兵变的消息，匆忙退出大殿，准备带领兵马抵抗，岂料到达左掖门外时，被伏兵暗箭杀死。

赵匡胤已经回到殿前司，将黄袍脱下。不久，众将又簇拥着宰相范质、王溥等人来到殿前司。赵匡胤见到范质等人，低声哭了起来，流着泪说道："我深受世宗大德厚恩，今天被六军将士所逼，到了这个地步，我愧对天地，我该怎么办呢？"

范质等人还没来得及说话，散指挥都虞候罗彦瓌（音瑰）手握剑柄厉声说道："我们没有君主，今天必须得到个天子！"

范质不知所措，王溥则走下台阶，率先向赵匡胤行礼。范质不得已，也只好向赵匡胤行礼。

各位宰相及众将请赵匡胤前往崇元殿，接受禅让典礼。赵匡胤前往崇元殿，宰相们则去召集文武百官，到崇元殿排定班次。翰林学士承旨陶谷从衣袖中拿出柴宗训的禅让诏书，宣徽使昝居润引导赵匡胤到雕龙台阶，面朝北接受诏书。

赵匡胤接着穿上龙袍，戴上皇冠，在崇元殿正式登基即位，接受群臣朝拜。赵匡胤封柴宗训为郑王，符太后为周太后，迁入西宫。赵匡胤在登基之前兼归德军节度使，而归德军的治所在宋州（今河南省商丘市），因而赵匡胤定国号为宋，赵匡胤便是宋太祖。赵匡胤下诏大赦，改元建隆，京城内外步骑兵依等级提高待遇，再派使节带着诏书到藩镇告知。

当时有一位高人叫陈抟，隐居在华山。陈抟听闻赵匡胤代周，说道："天下从此就安定了。"陈抟这句话的意思是赵匡胤能够让天下变得安定，因为当时的天下仍是四分五裂，没有统一，还谈不上安定。

赵匡胤在陈桥兵变，也有黄袍加身这一出，这显然是向郭威学的。所不同的是，郭威当年没有真正的黄袍，而是用军旗来充当的。赵匡胤兵变时，黄袍是真的，显然是早有准备。

那么赵匡胤为何在柴宗训即位半年之后才兵变呢？难道辽兵当时真的入侵了？从后面的情况来看，辽兵当时没有入侵，这是有人在精心策划的。此人便是赵匡胤的军师赵普，当然赵匡义与赵匡胤的心腹将领也参与了这件事。赵匡胤当然是知道的，只是装着不知道而已。

之所以选择在半年之后才行动，也是因为赵普一直在寻找时机。前面讲过，后周的禁军有侍卫司与殿前司，赵匡胤统领殿前司，只是其中之一。统领侍卫司的是皇亲国戚李重进，有李重进在，赵匡胤应当不敢轻举妄动。然而，李重进当时兼任淮南节度使，跑到扬州去镇守了。侍卫司还有一个韩通，只是不是赵匡胤的对手。

赵匡胤接着便对拥戴其即位的众将升官：石守信为侍卫马步军副都指挥使、归德节度使，高怀德为殿前副都点检、义成节度使，张令铎为马步军都虞候、镇安节度使，王审琦为殿前都指挥使、泰宁节度使，张光翰为马军都指挥使、宁江节度使，赵彦徽为步军都指挥使、武信节度使。

赵匡胤让石守信当侍卫马步军副都指挥使，算是代替韩通，而让张令铎当马步军都虞候，便是代替韩令坤，让高怀德当殿前副都点检，便是代替慕容延钊。韩通已经被杀，而韩令坤当时正在北方镇守，慕容延钊作为先锋正前往北方防御辽兵。赵匡胤派人前去告知韩令坤与慕容延钊，他已称帝代周，二人都愿意臣服赵匡胤。赵匡胤也给二人升官：慕容延钊为殿前都点检、昭化节度使，韩令坤为侍卫马步军都指挥使、天平节度使。

如此一来，慕容延钊与韩令坤二人便成了两大禁军的最高统领。殿前都点检原来是赵匡胤，现在由慕容延钊接替，因为赵匡胤已经当了皇帝，但韩令坤当了侍卫马步军都指挥使，李重进会怎么想呢？李重进心中很不是滋味，但也没有过激举动，只是上表请求进京朝见。赵匡胤派人给李重进送去诏书，让李重进不要入朝，李重进更是感到不安。

赵匡胤又给自己担任归德节度使时的幕僚升官，掌书记赵普为右谏议大夫、枢密直学士，节度判官刘熙古为左谏议大夫，观察判官吕余庆为给事中、端明殿学士，摄推官沈义伦为户部郎中。赵匡胤也给各地节度使加官晋爵，不再细述。赵匡胤还给兄弟赵匡义加官为睦州防御使，同时赐名为光义。赵匡胤忙完了这些事，镇州送来消息说，汉、辽入侵兵马自行撤退。

二月，赵匡胤为宰相范质、王溥、魏仁浦等人加官：范质加侍中，王溥加司空，魏仁浦加右仆射。史书记载，自古帝王与宰相议事，都让宰相坐着，退朝时还赐予茶水，称为坐论之礼。唐朝与五代也一直如此。现在到了宋朝，范质等人觉得自己是后周的大臣，不得不谦卑，也对赵匡胤的英明睿智感到敬畏，因而不敢坐着谈论国事。从此，坐论之礼被废。据考证，坐论之礼就是被赵匡胤所废的，与范质等人没有关系。

第87章　北征南讨，平定二藩

公元960年（宋太祖建隆元年）四月，赵匡胤的使者到达昭义军的治所潞州（今山西省长治市），给李荣送来加官晋爵的诏书。李荣在左右官员极力劝说下才接受诏书。在招待使者的宴会上，李荣突然拿出后周太祖郭威的画像，命人挂在厅堂。李荣望着郭威的画像，不断地流泪、哭泣。在场的官员非常惊恐，赶紧对赵匡胤的使者说道："李令公喝多了酒便会失态，使节莫怪。"

使者走了，这事自然就传了出去。赵匡胤宽宏大量，一时没有跟李荣计较，但北汉睿宗刘承钧听了，就策动李荣与其一起攻打赵匡胤。李荣决定接受刘承钧的建议。长子李守节坚决反对，流着泪不停地劝阻，李荣就是不听。

不久，赵匡胤又派人送来亲笔诏书，好言抚慰李荣，并调李守节到京城当皇城使。李荣让李守节前往京城开封，并让他察看赵匡胤的动静。

李守节到了开封，叩见赵匡胤，没想到赵匡胤突然大叫道："太子，你为何到了这里？"

李守节听了这话，大吃一惊，连忙用头叩击地面，说道："陛下为何说出这样的话？这一定是有人要害我家父子。"

赵匡胤说道："朕听说你不断地劝你父亲，你父亲就是不听。你父亲之所以让你来，就是想让朕把你杀掉，然后便可起兵谋反。回去告诉你父亲，朕没有当皇帝的时候，他想干什么就干什么，朕既已当了皇帝，难道就不能稍微让朕一点？"

李守节快马加鞭回到潞州，将赵匡胤的话告诉父亲李荣。李荣当即决定谋反并开始行动。李荣让幕僚撰写檄文，历数赵匡胤篡位的罪状。李荣又将监军周光逊逮捕，命牙将刘继冲将周光逊押到北汉，交给刘承钧，诚心请求刘承钧出兵。李荣再派出一支兵马南下攻打泽州（今山西省晋城市），杀死刺史张福，占领泽州城。

李荣的从事官间丘仲卿对李荣献策道："主公仅凭一支孤军起事，非常危险，虽然去请汉国支援，恐怕也没什么用处。开封城里的兵马都是精锐，难以战胜。主公应当率兵南下，越过太行，穿过怀、孟二州，抢占虎牢关（今河南省荥阳市西北），据守洛阳，然后再向东夺取天下。这才是上策。"

李荣说道："我是周朝的老将，与先帝世宗义同兄弟。再说禁军将士都是我的故旧，一旦听说我前来京城，必定闻风倒戈，向我归附，岂能不成？"李荣没有采纳间丘仲卿的建议。

李荣起兵谋反的消息传到京城开封，赵匡胤与群臣商议对策。枢密使吴廷祚说道："潞州地势险要，贼寇如果固守城池，朝廷大军恐怕几个月甚至一年都不能攻破。然而李荣一向骄傲、轻率，没有智谋，陛下应当出动大军，快速向其发起袭击。"

于是，赵匡胤派石守信、高怀德率领前锋兵马于两日后出发。

四月十九日，赵匡胤告诫整装待发的石守信、高怀德道："绝不允许李荣跨越太行山一步。你们要火速前行，抢先占据太行山的险要关卡，就一定能把李荣击败。"二将领命出发。

赵匡胤又召见三司使张美，令其负责调集粮草。张美说道："怀州刺史马令琮早就担心李荣会反，因而早就在怀州准备粮草，等待朝廷大军的到来。"

赵匡胤对马令琮的做法很是赞赏，当即下旨提拔马令琮为团练使。由于怀州不是团练使级，马令琮当了团练使，就要到其他州去赴任。宰相范质说道："大军北伐，正要靠马令琮供应粮草，不宜将马令琮调走。"赵匡胤于是下诏，将怀州升为团练使州，就让马令琮担任怀州团练使。

五月二日，赵匡胤又传令镇宁节度使、殿前都点检慕容延钊与彰德军留后王全斌率军从东路出发，与石守信、高怀德会师。

数日后，一个叫翟守珣的人从扬州来到开封，向赵匡胤奏报说李重进准备响应李筠，并与李筠结盟。翟守珣是李重进的亲信，当时正受李重进委派，前往潞州联络李筠。翟守珣不仅没去潞州，反而来到了开封。

赵匡胤重赏翟守珣，并让翟守珣返回扬州，设法劝说李重进推迟起兵。赵匡胤此举是不让两藩镇同时发难，避免朝廷两面用兵。翟守珣回到扬州劝说李重进，李重进真的听从了翟守珣的话，便没有行动。

李筠本来可以得到李重进这个支持者，现在只能等待北汉刘承钧的援军。然而刘承钧当月只派内园使李弼前来潞州，给李筠送来金银布帛与良马，并没有发兵。李筠只得再派牙将刘继冲前往北汉，请刘承钧出兵。

刘承钧知道自己实力有限，便派使前往辽国求援，谁知辽国没有接受。刘继冲转述李筠的话，不希望请辽国来援。刘承钧于是决定亲率兵马南下，当天就传令大军集结。

群臣在汾水岸边为刘承钧饯行。左仆射赵华劝谏道："李筠起事，轻率仓促，必定不能成功。陛下举全国之兵南征，臣看不出有胜利的可能。"刘承钧听不下去。

刘承钧率领大军不日到达太平驿（今山西省襄垣县西南），离潞州城不到百里。李筠早已带领潞州的官员前来迎接。刘承钧准许李筠晋见时不呼姓名，位在宰相卫融之上，还封李筠为西平王。

李筠看到刘承钧的兵马不是很多，也不像是精锐，心中感到很后悔。李筠此时又不想向刘承钧称臣，竟然在刘承钧面前说自己深受周朝的大恩，不忍相负。周朝与北汉也是世仇，刘承钧听了此言，很不高兴。

李筠回到自己的大营，刘承钧又派宣徽使卢赞去当监军，李筠心里更加不高兴。卢赞与李筠商议事情，李筠爱理不理，卢赞很是生气，拂袖而去。刘承钧又派卫融前去调解。

李筠留其子李守节防守潞州城，自己率三万兵马南下。刘承钧就暂

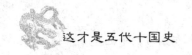

驻太平驿，只派卫融、卢赞以及河阳节度使范守图与李荣同行。

不多日，李荣南下到达长平（今山西省高平市西北），并在此安营扎寨。赵匡胤的先锋兵马在石守信、高怀德的带领下，也到达长平。石守信、高怀德的兵马不多，但还是向李荣发起袭击，攻克了一个营寨。石守信、高怀德不敢恋战，便向南边的泽州退去，李荣则率兵一直南进，直到泽州。

此时，赵匡胤已经决定亲统大军北征李荣。

五月十九日，赵匡胤任命枢密使吴廷祚为东京留守，开封知府吕余庆为副留守，皇弟赵光义为大内都点检。赵匡胤再派侍卫马步军都指挥使、天平节度使韩令坤率军进驻河阳（今河南省孟州市）。

五月二十一日，赵匡胤从开封出发，枢密直学士赵普请求随军出征。赵匡胤看到文质彬彬的赵普，笑道：“卿戴上头盔，穿上铠甲，还动得了吗？”赵普作为军师，当然可以不用穿上铠甲，赵匡胤只是说笑而已。

五月二十四日，赵匡胤到达荥阳（今河南省荥阳市）。西京留守向训对赵匡胤说道：“我军应当尽快北渡黄河，翻越太行山，在贼寇没有集结之前就发起攻打。如果停留几天，贼军的气势就会高涨。”

赵普也说道：“贼寇认为新朝刚立，陛下不会亲自领兵讨伐。如果陛下日夜兼程，攻其不备，可一战而胜。”赵匡胤听从二人建议，传令快速北上。

五月二十九日，赵匡胤还在北进途中，前方传来战报，石守信、高怀德会同各路兵马在泽州城南与李荣的三万大军发生交战，大胜李荣，擒获北汉河阳节度使范守图，杀死监军卢赞。李荣逃入泽州城中，固守城池。赵匡胤传令快速前往泽州。

六月初一，赵匡胤到达泽州城下，立即传令攻城，岂料十天都不能攻克。

赵匡胤召见控鹤左厢都指挥使马全义，问其攻城计策。马全义建议集中兵力，全力攻城，由自己带领敢死之士强行攀城。赵匡胤采纳了他的建议，并亲自督战。攻城开始，马全义带领士兵冒着飞箭登城，流箭穿透手臂，马全义毫不畏惧，拔出箭头，继续攀登。

六月十三日，泽州城被攻克，李荣投火自杀，北汉宰相卫融被俘。刘承钧听说李荣战败身死，立即从太平驿撤兵回北汉。

赵匡胤问卫融："你为何要教唆刘承钧帮助李荣造反？"

卫融凛然说道："狗见了外人就会叫，我岂能背叛主人？陛下就是不杀我，我也不会为陛下效力！"

赵匡胤命人用铁杖打击卫融的头。卫融血流满面，大声叫道："我死得其所！"

赵匡胤命人不要再打，说道："这是忠臣，放了吧。"命人用好药赶紧救治。

赵匡胤在泽州城停留数天，下旨免除泽州当年的赋税。

六月十九日，赵匡胤到达潞州，李守节出城投降。

赵匡胤任命李守节为单州团练使。赵匡胤再调安国节度使李继勋为昭义节度使，镇守潞州。赵匡胤下令免除潞州城三十里内的百姓当年的赋税。

十日后，赵匡胤从潞州南返。赵匡胤认为此次征讨李荣，赵普功劳当属优等，便升赵普为兵部侍郎、枢密使。

赵匡胤下一个要解决的便是镇守在淮南的李重进。

李重进一直没有行动，不知要等到什么时候。也许李重进看到李荣已经兵败身死，便不准备谋反了。然而赵匡胤既然怀疑他，便不会放过他。

赵匡胤准备主动采取措施，看看李重进的反应。

九月，赵匡胤下诏，调李重进任平卢节度使，派六宅使陈思诲带着免死铁券前往抚慰。李重进虽然得到所谓的免死铁券，但赵匡胤既然将他调离淮南，便是不信任他。

李重进认为自己是后周的皇亲国戚，赵匡胤不可能放过他。李重进不想离开淮南，决定起兵反抗赵匡胤。李重进先将陈思诲扣留在扬州，

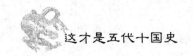

再派人到江宁（今江苏省南京市），请南唐元宗李璟出兵增援，李璟不敢接受。

赵匡胤得知李重进起兵，下诏削去李重进官爵。赵匡胤随即任命石守信为扬州行营都部署，兼知扬州行府事，王审琦为副部署，李处耘为都监，宋延渥为都排阵使，令四将率领禁军南下讨伐李重进。

十月，赵匡胤问赵普讨伐李重进的策略。赵普说道："李重进仗恃淮河天险，据守一座孤城，外无援兵，内无粮草，最好是速战速决。"

赵匡胤非常赞同，还决定亲征。赵匡胤任命赵光义为大内都部署，吴廷祚为东京留守，吕庆余为副留守。十月二十四日，赵匡胤从开封起程，文武百官、六军将士一起乘船东下。

十一月初八，赵匡胤到达泗州（今江苏省盱眙县淮河北岸），弃船上岸。众将士擂起战鼓，一路南下。

十一月十一日，赵匡胤到达扬州城下，立即下令攻城。

有人劝李重进将赵匡胤的使者陈思诲杀掉，李重进说："今天我的族人都活不了，杀他有什么？"李重进知道坚守不了，便自焚而死，而陈思诲还是被李重进的党羽杀死。

赵匡胤当天便攻克扬州城，命人找到崔守珣，任命崔守珣为殿直，不久又升其为供奉官。赵匡胤下令将李重进的兄弟李重赞、儿子李延福以及几百名党羽杀死，其他人全部赦免。赵匡胤下旨，赏赐扬州的百姓每人稻米一斛，十岁以下的为半斛。

南唐元宗李璟听闻赵匡胤到了扬州，非常惊慌。

第88章　迁都南昌，悔恨病逝

南唐元宗李璟当年曾与兄弟李景遂、李景达在先帝灵柩前盟誓，皇位由兄弟相传。李景遂后来当了皇太弟，而李璟的长子李弘冀则封为燕王，镇守润州。后周与吴越夹击南唐时，李弘冀表现不凡，立下战功。李景遂主动请求撤销太弟，而改立李弘冀为太子。

李弘冀当了太子，开始参与朝政事务。李璟个性仁厚，为政宽松，纲纪不振。李弘冀当了太子后，处事决断，朝纲有所改善。然而李弘冀的做法，李璟非常不满意，曾用球杆击打李弘冀，威吓说："马上把你叔父景遂再召回来。"

李璟的意思是，再让李景遂当皇太弟，废了李弘冀的太子之位。虽然李璟对李弘冀的为政作风看不惯，但也没有真的废黜李弘冀。南唐向后周称臣后，李璟还多次向后周世宗柴荣提出传位于李弘冀。由于柴荣每次都下诏劝慰、挽留，李璟一直没有能够退位。

李璟向后周称臣不到一年，便将朝中势力雄厚的宋齐丘、陈觉、李徵古等人铲除。这个做法，与李璟的风格并不相符，很有决断的太子李弘冀在当中一定起了不少作用。

宋齐丘是太傅兼中书令，在朝中朋党很多，那些想巩固朝权、企图升官的人都依附宋齐丘。枢密使陈觉、副使李徵古更是依仗宋齐丘的势力，骄横傲慢，甚至不把李璟放在眼里。

南唐不断被后周攻打时，李璟曾叹息哭泣道："我的国家怎么突然变成这样了？"李徵古竟然说道："陛下应当整治兵马以抵御强敌，哭

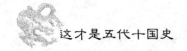
有什么用？难道是酒喝多了？"李璟听了，很是生气，而李徵古一脸无所谓的样子。

还有一天，司天官员奏称："天象有变，人主应当避开大位以消灾。"李璟便问李徵古："国家可托付给谁？"李徵古马上说道："宋公是缔造国家的能手，陛下如果厌倦国事，为何不把整个国家交给他？"陈觉也说道："陛下将国家交给宋公，由宋公先行后奏。陛下只需在宫中与臣等谈佛论道。"李璟听了很不高兴。

公元958年（后周世宗显德五年）十二月，李璟命知枢密院殷崇义草拟诏书，宣告宋齐丘、陈觉、李徵古等人的罪恶，让宋齐丘回九华山退隐，保留官爵，贬陈觉为国子博士，安置在宣州（今安徽省宣城市），削去李徵古官爵，赐其自尽。宋齐丘来到九华山隐居。李璟命人将宋齐丘的门锁上，在墙上打一个洞，传递饭食。宋齐丘叹道："我之前曾经献策，将让皇一族囚禁在泰州（今江苏省泰州市），今天应当有这个报应。"宋齐丘说完，自缢而死。李璟还不放过宋齐丘，给他的谥号为"丑缪"。

李璟认为都城江宁与后周边境只隔一条长江，不太安全。李璟打算迁都。迁到哪里好呢？李璟认为洪州（今江西省南昌市）险固，又在长江上游，可作为都城。

公元959年（后周恭帝显德六年）七月，李璟召集群臣商议迁都洪州。群臣大多不赞同，只有枢密副使、给事中唐镐赞同。李璟便命唐镐前往经营洪州城，为迁都作准备。不久，李璟下诏，将洪州更名为南昌府，定为南都。

九月四日，李璟尚未完成迁都，太子李弘冀便病逝了。

李弘冀年纪轻轻便病逝，让人觉得有些突然。史书上说了一个理由，便是李弘冀担心父皇李璟会再册立叔父李景遂为太弟，便派人害死李景遂，之后常常做噩梦。也就是说，李弘冀的死是因为做了亏心事。史书上还说李弘冀害死李景遂，李璟并不知道，也就没有处罚李弘冀。试问李璟不知，编写史书的人又是从何而知呢？另外，李弘冀派人害死

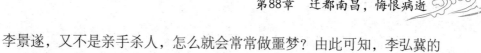

李景遂，又不是亲手杀人，怎么就会常常做噩梦？由此可知，李弘冀的死，要么是真的生病，要么就是有人加害。

李弘冀死了，李璟会再册立哪位皇子为太子呢？按长幼顺序，郑王李从嘉应该当太子。李璟也打算册立李从嘉为太子，但礼部侍郎、知尚书省事钟谟却推荐纪公李从善。钟谟的理由是："从嘉轻浮、懦弱，而且又信奉佛事，没有君王的才能。从善果敢、稳重，应当继承大统。"

李璟觉得钟谟已有二心，便没有接受钟谟的建议。李璟也没有立即册立李从嘉为太子，只任命李从嘉为尚书令、知政事，封吴王，但让李从嘉入居东宫。李璟认为钟谟越权，于次月将其流放饶州（今江西省鄱阳县），不久又将其杀害。

十二月，后周朝廷派端明殿学士、兵部侍郎窦仪出使南唐。后周雄主柴荣已经离世，李璟还会敬畏后周吗？当时正是冬天，下着大雪，李璟提出在廊下接受诏书。窦仪说道："我是使者，奉诏而来，不敢变更既定的礼仪。如果担心大雪会沾上衣服，可以等几天再接诏。"李璟不得已，只好在庭院的雪地里下拜、接诏。

公元960年（宋太祖建隆元年）正月，赵匡胤建宋代周，派人给李璟送来诏书。李璟也派使前往开封，祝贺赵匡胤登基。七月，赵匡胤平定昭义节度使李荣，李璟又派使带着白银前往开封，祝贺赵匡胤平定叛乱。八月，李璟再派使者前往开封，祝贺赵匡胤回到京城。

九月，镇守淮南的李重进联络李璟反抗赵匡胤，李璟不敢接受。

十一月，赵匡胤来到扬州，平定李重进。李璟赶紧派左仆射严续前往扬州劳军。五日后，李璟又派其子蒋国公李从鉴与户部尚书冯延鲁来到扬州进献买宴钱。所谓买宴钱也就是找个理由送上钱财。

赵匡胤对买宴钱照收不误，但仍有怒气。赵匡胤声色俱厉地对冯延鲁说道："你家国主为何与我国的叛臣来往？"

冯延鲁回道："陛下只知我家国主与李重进来往，却不知我家国主劝其不要谋反。"

赵匡胤问此话怎讲。

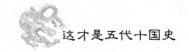

冯道鲁说道："李重进的使者就住在我家，我家国主派人对他说，大丈夫因不得志而谋反，历朝历代都有，但眼下却不是时机。我家国主说中原禅让之时人心不安定，再加上李荣叛乱，那时谋反正是时候。现在人心已定，却用几千乌合之众对付天下精兵，就是韩信、白起也不能成功。我家国主还说，我们有兵马有粮草也不敢相助。李重进没有后援，注定要失败。"

赵匡胤听了此话，怒气消了一些，但还是很强硬地说道："众将都劝朕乘胜渡江南下。"赵匡胤言下之意是马上就攻打南唐。

冯延鲁从容回道："李重进自以为是英雄豪杰，无人能敌，岂料陛下神威一到，立即败亡。我国只是一个小国，岂能与天威相抗？但，也有一些事值得陛下考虑。我国有数万兵马，都是先帝练就的亲兵，誓言同生共死。陛下如果不顾士卒性命，当然可以渡江一战。况且还有长江天险，风浪不可预测，如果前不能攻克城池，退又没有后路，这也值得想一想。"

赵匡胤立即笑道："朕只是戏言几句，不是来听卿讲道理的。"

赵匡胤虽然没有渡江，但也没有立即北返。赵匡胤命各路兵马从扬州向西到达迎銮镇（今江苏省仪征市），进行训练。迎銮镇更加靠近江宁，元宗李璟更加害怕。

十二月，赵匡胤北返开封，李璟心中的石头才落了下来。

公元961年（宋太祖建隆二年）二月初，李璟准备正式迁都南昌府。李璟册立吴王李从嘉为太子，让李从嘉留守旧都江宁，再任命右仆射严续知枢密院事，与汤悦一同辅佐太子。李璟接着便带着群臣乘船从江宁西进，前往南昌。

二月十六日，是赵匡胤的生日，称长春节，还在途中的李璟不忘提前派使前往祝贺。赵匡胤得知李璟迁都，也派使前往南唐，对李璟表示慰劳。

三月，李璟到达南昌。南昌城非常狭窄，宫殿、府库、军营、官舍还不到江宁城的十分之一二。文武群臣日夜想着返回江宁。李璟看到南昌城的景象，常常北望江宁，也是郁郁不乐，甚至想杀掉提出迁都建议的大臣。枢密副使、给事中唐镐感到非常惭愧、恐惧，不久患病而死。

李璟在南昌郁闷地度过了三个多月。

六月二十八日，李璟在南昌病逝，年仅四十六岁。李璟在去世前，留下遗嘱，要求将其安葬在南都的西山，坟头只要堆积几尺黄土就行，如果违背，就不是忠臣孝子。

李璟在位十八年有余，曾先后消灭闽国、南楚，变得自大起来，想收复中原，统一华夏，然而连闽国、南楚故地都没能很好守住。李璟决定终生不用兵时，后周又出了雄主柴荣。柴荣三度南征，夺走江北十四州，迫使李璟去掉帝号与年号，向后周称臣纳贡。李璟从此在悔恨交加中度过余生。

七月，李璟的灵柩运回江宁。太子李从嘉便在灵柩前即位，是为南唐后主。李从嘉时年二十五岁，即位后更名为李煜。李煜尊母亲钟氏为皇太后。由于钟氏父亲名为钟泰章，"泰"与"太"同音，为避其讳，皇太后称"圣尊后"。李煜又册封妃子周氏为皇后。

李煜即位的第一件事，便是撤销营田务，将军队的屯田全部划归各州县。南唐的营田务是元宗李璟在位时，听从李德明的建议而设置。由于所派营田官员侵扰州县，抢掠百姓，各地营田成了一大祸患。李煜撤销营田之后，百姓终于得到一些休养生息。

八月，李煜派桂阳郡公徐遨来到开封，呈递先帝李璟的遗表。李煜还向赵匡胤请求追封李璟的帝号，因为南唐向后周以及后来的大宋称臣，李璟已经去掉帝号，改称国主。赵匡胤准许给李璟追封帝号。李煜给李璟的谥号为明道崇德文宣孝皇帝，庙号为元宗。

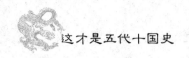

第89章 巩固政权，谋划统一

柴荣刚刚开始他的统一大业便突然离世，赵匡胤的统一大业还没有开始。赵匡胤正忙于巩固自己的统治，已经先后平定昭义节度使李筠、淮南节度使李重进。除了李筠、李重进，各地节度使基本上都臣服赵匡胤。

那么赵匡胤对前朝的这些节度使是不是都信任呢？不可能全信任。然而赵匡胤对那些不太信任的节度使采取的措施与李筠、李重进也不一样。赵匡胤的做法是派人去察看，或者将节度使互调。

成德节度使郭崇威一直想念后周对自己的恩德，听说赵匡胤取代后周，便流泪哭泣。成德监军将此事奏报给赵匡胤，并提醒赵匡胤，说成德靠近辽国边境，朝廷应当有所防备。赵匡胤说道："朕一向知道郭崇威重情重义，他只是有感而发罢了。"赵匡胤虽然这么说，还是派使者前去察看。使者回来后说郭崇威没有二心，赵匡胤高兴地说道："朕就知道郭崇威不会反。"赵匡胤后来调郭崇威任平卢节度使。郭崇威的孙女还是宋仁宗的皇后，此为后话。

保义节度使袁彦听闻赵匡胤称帝，便开始修缮兵器、整顿兵马。赵匡胤担心袁彦谋反，便派客省使潘美前往担任监军。潘美单人匹马前往，劝说袁彦前往京城朝见赵匡胤。袁彦立即整装起程。赵匡胤高兴地对左右说道："潘美不杀袁彦，完成朕的心愿。"赵匡胤后来调袁彦任彰信节度使。

忠正节度使杨承信镇守在寿州，赵匡胤将其调任护国节度使。杨承信到了护国，有人密报其阴谋背叛。赵匡胤派作坊副使魏丕带着生日礼物前往察看。魏丕回来后说杨承信没有谋反的举动，赵匡胤也就放心了。杨承信后来在护国镇守直到去世。

李荣起兵叛乱时，曾派人联络建雄节度使杨廷璋，杨廷璋没有响应，但赵匡胤已经生疑。又由于杨廷璋的妹妹是后周太祖郭威的妃子，赵匡胤更加怀疑杨廷璋会生二心。赵匡胤将骁勇善战的荆罕儒调到建雄军的治所晋州，任晋州兵马钤辖，以监视杨廷璋。荆罕儒每次与杨廷璋相见，总是怀揣短刀，如果发现杨廷璋有不轨行为，好随时下手。然而杨廷璋一直与荆罕儒坦诚相待，没有任何不臣之举。不久，赵匡胤下诏让杨廷璋入朝晋见，杨廷璋当天就前往京城开封。赵匡胤不再怀疑杨廷璋，调杨廷璋任静难节度使。

稳定了各地节度使，赵匡胤是不是就可以开始他的统一大业了呢？还没有。到了后周以及北宋前期，随着朝廷禁军的强盛，各地节度使的势力已经不再是很大的威胁。赵匡胤便是凭借禁军将领而夺取皇位的。因此，赵匡胤对禁军将领也不太放心。

看看两大禁军当时的将领。殿前司当中，都点检是慕容延钊，副都点检是高怀德，都指挥使是王审琦，都虞候是赵光义。侍卫司当中，都指挥使是韩令坤，副都指挥使是石守信，都虞候是张令铎，马军都指挥使是张光翰，步军都指挥使是赵彦徽。

慕容延钊与韩令坤是两大禁军的最高统领，二人在后周时声望资历与赵匡胤差不多，因而赵匡胤对二人有些不放心。赵匡胤名义上是让二人担任两大禁军统领，实际上是让二人在外带兵，如同一个普通将领，两大禁军的实际统领便成了高怀德与石守信。

高怀德是赵匡胤的妹夫，石守信是赵匡胤的义社十兄弟之一。王审琦也是赵匡胤的义社十兄弟之一，赵光义是自家亲兄弟，张令铎则是赵匡胤的亲信将领。张光翰与赵彦徽不是赵匡胤的亲信，因而不久赵匡胤又将二人的职位换为由韩重赟与罗彦瓌担任，韩重赟是义社十兄弟之一，罗彦瓌则是赵匡胤的亲信将领。至此，除慕容延钊与韩令坤，禁军

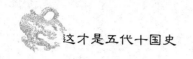

中的将领全是赵匡胤的亲信。

公元961年（宋太祖建隆二年）闰三月，赵匡胤免去慕容延钊、韩令坤二人在禁军中的职务，只担任山南东道节度使与成德节度使。从此，殿前都点检一职不再授予任何人。

赵匡胤将禁军的将领全部换成自己的结义兄弟、亲兄弟或亲信，觉得应当比较安全，但赵普仍然不以为然。赵普多次向赵匡胤建议将石守信、王审琦改任他职。

赵匡胤说道："他们一定不会背叛朕，卿担心什么呢？"

赵普说道："臣也不担心他们会背叛，然而臣看这几位大将，都没有统御之才，恐怕不能管制属下，万一属下作乱，他们也无可奈何。"

赵匡胤听了此言，立即醒悟。

七月的一天，赵匡胤将石守信、高怀德、王审琦、张令铎等人召来饮酒。酒至正酣，赵匡胤对石守信等人说道："没有你们，我当不了天子。然而天子也不好当，还没不如当节度使快活。我没有一天能高枕而卧。"

石守信等人忙问是何缘故。赵匡胤说道："你们想想，天子这个位子，哪个不想坐坐呢？"

石守信等人听了此言，连忙叩首说道："陛下何出此言？如今天下已定，哪个敢有二心？"

赵匡胤又说道："你们当然不会有二心，但你们麾下有人想得到富贵，突然将黄袍加到你们身上，你们就是不想当天子，又能如何？"

石守信等人听了这话，非常害怕，马上哭着叩首说道："臣等愚昧，没有想到这个，请陛下哀怜，指给一条生路。"

赵匡胤说道："人生如同白驹过隙，所以想得到富贵，多积攒钱财，好好享乐，让子孙不受贫穷。你们为何不放弃兵权，到藩镇去当节度使，购置大量田产，为子孙积累永世基业。再多置一些歌女，每天饮酒作乐，以终天年。朕再与你们结为亲家，互不猜疑，上下相安，岂不很好？"

石守信等人都叩拜致谢道："陛下为臣等想得如此周全，真是情同生死骨肉。”

第二天，石守信等人都上表称病，请求解除兵权。赵匡胤接受他们的奏请，并给予丰厚的赏赐。

数日后，赵匡胤下诏，任命石守信为天平节度使，高怀德为归德节度使，王审琦为忠正节度使，张令铎为镇宁节度使，都解除兵权。只有石守信仍然兼任侍卫都指挥使，但并无实际兵权。殿前副都点检从此也不再授予人。第二年，石守信也不再兼任侍卫都指挥使，这一要职也不再授予人。

赵匡胤在巩固内政之后，便开始考虑统一大业。

从唐朝末年到后周末年，天下大乱已久，政权不断交替，又出现了雄主，天下也该统一了。当时的天下，除了宋朝以及北方的辽国外，还有南唐、吴越、荆南、后蜀、南汉、北汉以及割据湖南、泉漳二州的两处势力。

南方的强国南唐已经不再是曾经消灭闽国、南楚的南唐，而是被后周打得割让江北十四州的南唐。南唐还去掉帝号，先后向后周及北宋称臣。元宗李璟已经在悔恨交加中病逝了，继位的是无心国政、只爱诗词与佛教的后主李煜。

吴越国的每任君王都向中原王朝称臣，到了钱弘俶已是第五任君王。吴越国偏安东南一隅，虽然境内安定，但国力不强，只能依附大国。赵匡胤称帝后，钱弘俶为了避赵匡胤父亲赵弘殷的名讳，已经更名为钱俶。

荆南节度使高季兴、高从诲父子有治国才能，在位期间，国家稳定、富庶。高保融在位期间，先后向后周、北宋称臣。高保融个性迂腐，统兵治民都不得要领，大小事务全部交给兄弟、行军司马高保勖，国力开始衰退。高保融多次劝后蜀向后周称臣，可谓十分忠心。高保融病逝，其子高继冲年幼，便让高保勖继位。高保勖喜爱建造亭台楼阁，大兴土木，兵民抱怨。他的兄弟高保寅出使宋朝归来，对高保勖说道："天下将要统一，我们应当首先纳土归宋，不要被别人抢去富贵。"高

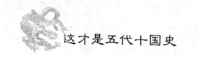

保勖不听。高保勖已是荆南第四任君主。

后蜀后主孟昶在位将近三十年。孟昶生活奢侈、荒淫，大臣多有不法，国政一天一天腐朽不堪。后蜀被后周攻打之后，失去秦、凤、阶、成四州，实力也有所减弱，无力危及关中地区。

南汉中宗刘弘熙已经去世，十六岁的儿子刘继兴继位，国事都由宦官、玉清宫使龚澄枢与女侍中卢琼仙做主，各省各官只是摆设。后主刘继兴已是南汉第四位君王。

割据泉漳二州的留从效是一个有能力的人，境内安定，百姓安居。留从效开始向南唐称臣，后来想向后周称臣却被柴荣拒绝。赵匡胤称帝后，留从效又向北宋称臣，赵匡胤接纳。

割据湖南的武平节度使周行逢是在南楚灭亡后崛起的一位英雄人物，在其统治期间，湖南境内相对安定。周行逢不敢称王称帝，诚心向后周以及之后的北宋称臣。

北汉的创建者刘崇已经去世，继任者睿宗刘承钧还算勤政爱民。刘承钧很少用兵，境内相对安定。刘承钧向辽国称儿皇帝，以图得到辽国的支援。北汉城池坚固，内有精兵，外有强援，是北宋的劲敌。

辽国当时正是穆宗耶律述律在位，辽穆宗是个睡王，为政昏庸残暴，其国内乱不断，无暇顾及南方，让北宋的统一得到有利时机。当然，辽国的实力仍然雄厚，是北宋不容忽视的强敌。

柴荣的统一策略是先南后北，再由北向南。柴荣已经完成了第一阶段，正在实施第二阶段，遗憾的是，刚刚收复瀛、莫二州便去世了。那么赵匡胤还会按照柴荣的策略去用兵吗？

赵匡胤与张永德曾有一段对话，谈及统一策略。张永德本是后周忠武节度使，赵匡胤即位后，调张永德为武胜节度使。张永德接到诏书后，先到开封朝见赵匡胤。赵匡胤最早曾是张永德的部下，正是因为张永德的举荐才得以不断提升。赵匡胤很想与这位老友聊一聊，便带着张永德一同游览玉津园。赵匡胤当时想向北汉用兵，便问张永德计策。张永德说道："河东的兵马不多，但很强悍，又有辽国做后援，难以攻取。臣以为可以每年派出游骑兵，在河东有农事时侵扰，再派人到辽国反间，让河东失去后援，然后才可以夺取。"赵匡胤认为很有道理。

从赵匡胤与张永德的谈话可以看出，赵匡胤仍想维持柴荣的统一策略，即先北后南。虽然张永德认为北汉有辽国做后援，不易攻取，但赵匡胤仍想先攻北汉。后来，赵匡胤又向华州团练使张晖询问攻打北汉的策略。张晖认为北汉靠近泽、潞二州，由于刚刚平定昭义节度使李荣之乱，泽、潞一带百姓不堪重负，不主张先攻北汉。

赵匡胤最终制定了先南后北、南攻北守的统一策略，但仍对北汉耿耿于怀。赵匡胤的统一策略实质上仍是先易后难，先弱后强。北汉虽然不算是很强，但城池坚固，又有辽国做后援，确实不易攻取。

南方各国已经不再强盛，赵匡胤是不是立即就发兵了呢？还没有，赵匡胤还要做一些准备，毕竟北部并不安定。赵匡胤要选派一些得力的将领，防守北部要点，让其南下用兵没有后顾之忧。

赵匡胤任命赵延寿的儿子赵匡赞为彰武节度使。赵匡赞到了彰武的治所延州（今陕西省延安市），分别部署步兵、骑兵，前后络绎不绝，树木草莽之中，远远便可见到旌旗，当地羌人、吐谷浑人都畏惧折服。

赵匡胤又派董遵海守卫环州，王彦昇守卫原州，冯继业镇守灵武，来防备党项人；李汉超驻屯关南，马仁瑀守卫瀛州，韩令坤镇守常山，贺惟忠镇守易州，何继筠镇守棣州，以防御辽国；郭进控制西山，武守琪镇守晋州，李谦溥镇守隰州，李继勋镇守昭义，以防御北汉。

宋朝从此多年没有西部、北部的边患，得以专心南部战事。

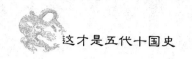

第90章　出兵荆楚，假途灭虢

　　赵匡胤做了充分的准备，但还没有动手，他还要看准时机。机会首先从湖南这里出现，赵匡胤的统一大业便从攻打湖南开始了。

　　公元962年（宋太祖建隆三年）九月二十六日，掌管湖南的武平节度使周行逢在朗州（今湖南省常德市）病逝，年仅四十七岁。周行逢在去世前将亲信将吏叫到榻前，将年仅十一岁的儿子周保权托付给他们。周行逢还说："衡州刺史张文表与我一同起于田亩之中，由于没有得到行军司马之职，心中一直怏怏不乐。我死之后，张文表一定叛乱，你们应当派杨师璠去讨伐他。"

　　十月，周行逢去世的消息传到衡州（今湖南省衡阳市），张文表说道："我和周行逢一同起于微贱，一同作战立功，怎么能让我去事奉一个小孩子？"

　　当时，周保权正派一支兵马到永州（今湖南省永州市）去换防，路过衡阳，张文表就逼迫这支兵马与其一同叛乱。张文表与士兵一起穿上素服，北上朗州，装着前来奔丧的样子。

　　张文表到达潭州（今湖南省长沙市）时，刚担任武安留后不久的廖简竟然不加防备。廖简对张文表一向轻视，听说张文表带着人马前来，毫不慌张。廖简当时正宴饮，一边饮酒，一边说道："张文表来了，就让他成为俘虏，有什么大惊小怪的？"说罢，继续谈笑宴饮。

　　不多时，张文表带着兵马进入潭州城，冲进廖简的军府。廖简这才去拿弓箭，但因喝多了酒，竟然抓不住弓箭。廖简于是对张文表大声叫骂，张文表当场将廖简杀死。张文表取走廖简的符节印信，自称留后，派人带着奏表前往开封向赵匡胤奏报。

张文表起兵叛乱的消息传到朗州，周保权便按其父周行逢的交代，派将领杨师璠领兵出征。周保权虽然只有十一岁，但很动情地将先父遗言说给众将士，还激动得流下眼泪。

杨师璠听了，也流着泪对士兵们说道："大家看到了吧，郎君还未长大成人，就已如此贤能。"将士们听了，都非常感动、振奋，士气高昂。

周保权虽然派出了杨师璠，但仍然觉得没有把握，便再派使者前往荆南，以及开封，向荆南节度使高保勖以及宋太祖赵匡胤请求派兵增援。张文表听说周保权派人前往开封，也派人前往开封为自己申辩。

周保权的使者很快便到了北边的荆南。然而让周保权失望的是，高保勖帮不了他，因为高保勖已经患病，而且越来越严重。

高保勖自知大去之期将近，便召牙内都指挥使梁延嗣前来。高保勖问道："我的病已经好不了了，谁可继任节度使呢？"

梁延嗣说道："先主去世时，没有让其子继冲继位，因为继冲年幼，如今继冲已经长大了，已经二十岁了。"

高保勖认为有理，当天就任命高继冲为权判内外军马事。

十一月二十日，在位只有两年多的高保勖去世。

高继冲认为自己年龄太小，不懂军政，便将政务交给节度判官孙光宪，军事交给牙内指挥使梁延嗣。高继冲对二人说："如果每件事都处理得当，别人没有闲言，我还有什么忧虑？"

荆南帮不了周保权，周保权只有依靠赵匡胤了。赵匡胤却认为这是他收复湖南的好时机。

十二月，赵匡胤先下诏任命周保权为武平节度使，稳住周保权。赵匡胤再派人给张文表送去一道诏书，让他到开封来朝见。如果张文表愿意来，收复湖南可以兵不血刃；如果张文表不来，便为出兵找到借口。

荆南节度使高保勖病逝的消息不久也传达开封，赵匡胤认为收复荆南的机会也已出现。赵匡胤之所以想趁机收复荆南，是因为他知道荆南

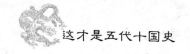

的家底。曾出使荆南的卢怀忠就向赵匡胤奏说过："荆南的兵马不超过三万,粮食收成还好,但百姓不堪横征暴敛,看样子也是朝不保夕,攻取不是难事。"

公元963年(宋太祖乾德元年)正月,赵匡胤召集宰相范质等人商议用兵之事。赵匡胤说道:"朕想向荆南借道出兵湖南,顺便攻下荆南,应当能够成功。"

群臣都无异议,赵匡胤便开始调兵遣将。赵匡胤任命慕容延钊为湖南道行营都部署,李处耘为都监。慕容延钊是山南东道节度使兼侍中,镇守在襄州(今湖北省襄阳市),李处耘是宣徽南院使兼枢密副使,时在开封。

赵匡胤还给慕容延钊与李处耘配备了三位将领。这三位将领是曾出使过荆南的酒坊副使卢怀忠以及毡毯使张勋、染院副使康延泽,张勋为南面行营马军都监,卢怀忠为步军都监。

李处耘、卢怀忠等不日便率军从开封起程,先前往襄州。

赵匡胤为了实现"假途伐虢"的计划,不仅要慕容延钊、李处耘等率领大军从荆南经过,还要让荆南的官员看不出他的意图。赵匡胤于是下诏,命荆南派三千名水军一同南下潭州讨伐张文表,以表明目标仍是张文表。赵匡胤再下诏任命高继冲为荆南节度使,以稳住高继冲。

赵匡胤正在大张旗鼓地讨伐张文表,还要高继冲一同出兵,那么周保权的将领杨师璠讨伐张文表的情况如何呢?杨师璠一开始作战并不利,便在潭州城下与张文表相持,以待各路援军。后来还是张文表按捺不住,主动出城作战,毕竟相持下去,对自己仍然不利,因为北宋、荆南的援军正向潭州开来。然而上天不佑张文表,张文表这一战惨遭失败,还被生擒活捉、斩首。

二月,李处耘等人率领的宋朝大军到达襄州,与慕容延钊会合,暂作停留。李处耘先派阁门使丁德裕前往荆南的治所江陵,向高继冲提出借道,还请高继冲为大军提供粮草。

高继冲不能决定,便召集文官武将商议。众人都担心宋朝大军过境，会对江陵城不利，然而又不能不让大军过境，商议结果是请大军不要到江陵城下，而在百里之外接受粮草。

丁德裕回到襄州，将高继冲的决定报给李处耘。李处耘不接受，再派丁德裕前往江陵劝说高继冲。

这回两位掌管军政的梁延嗣、孙光宪接受了，便劝高继冲也接受。兵马副使李景威反对道："朝廷大军虽然只是借路去收复湖南，但不能保证不会趁机袭击我们。请主公给我三千名士兵，我将在荆门险要之处设下埋伏，夜袭朝廷大军，朝廷大军必定撤退。我们再调兵南下，擒获张文表送给朝廷，主公的功劳一样很大。如果不这样的话，我们就会受制于人，要向人家摇尾乞食。"

高继冲不相信李景威的话，说道："我们高家，多年以来一直事奉朝廷，朝廷也不会做出这样的事。"

孙光宪说道："李景威只是长江三峡上的一介小民，哪里懂得胜败之事？中原朝廷从周世宗开始就有统一天下的意志，宋朝兴立，志向更加高远，势力更加强大。如今朝廷讨伐张文表，有如大山压卵，势不可当。平定湖南之后，朝廷大军岂能再借路返回？不如尽早将疆土奉送朝廷，免除荆楚百姓的灾难，主公也不会失去富贵。"

高继冲认为很有理，便派梁延嗣与其叔父高保寅带着牛酒，去犒劳宋朝大军，同时察看大军动静。李景威知道自己的计划得不到实施，叹道："大事不成，活着还有什么用？"说完自己扼住脖子自杀而死。后来赵匡胤听说李景威的事，钦佩道："真是忠臣啊！"命人对李景威的家人妥加安抚。

二月初九，梁延嗣、高保寅到达一百多里外的荆门，慕容延钊、李处耘也已率部到达。慕容延钊与李处耘对梁延嗣等人非常礼遇。梁延嗣非常高兴，派人快马前往江陵，向高继冲禀报说没有危险。

当天晚上，慕容延钊就在荆门宴请梁延嗣等人。李处耘则带领数千名轻骑兵连夜兼程南下，前往江陵。

高继冲当时正在江陵城中等待梁延嗣、高保寅等人返回，没想到探马

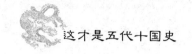

来报，宋朝大军即将到达江陵城下。高继冲很是害怕，立即出城迎接。

在江陵城北十五里处，高继冲见到李处耘。李处耘向高继冲行礼，请高继冲在城外等待慕容延钊，自己先率兵进入江陵城中。

等高继冲与慕容延钊到达江陵城下时，李处耘的将士已经占领江陵城各处要点以及大街小巷。高继冲非常惶恐，马上派人将所辖三州计十四万二千三百户百姓的簿籍与奏表一同送往开封。

第二天，李处耘带领兵马日夜奔赴朗州。

朗州城里的周保权听闻朝廷大军将至，连忙召观察判官李观象前来商议。李观象说道："张文表已经被杀，朝廷大军仍然不回，看来是想夺取湖南。听闻荆南已经被朝廷大军收复，我们失去北面的屏障，朗州也将保不住。不如归顺朝廷，也不会失去富贵。"

周保权打算接受这个建议，而指挥使张崇富等人认为不可，于是再商议防守御敌之策。

周保权不想投降，战争便不可避免。数日后，宋军主将慕容延钊率部到达三江口，与当地守将发生激战。慕容延钊取得胜利，随即占领不远处的岳州（今湖南省岳阳市）。

李处耘率领的兵马很快到达朗州北边的澧州（今湖南省澧县），离朗州只有一百余里。周保权得到消息，立即派指挥使张崇富率兵迎战。张崇富到达澧州城南时，便与李处耘的大军遭遇，他看到朝廷大军，竟然吓得不战而逃。

李处耘不想放过张崇富，下令追击，一路上俘虏不少湖南士兵。李处耘从俘虏当中挑选几个年轻力壮的，在脸上刺青，放他们回朗州传话。朗州人听说宋朝大军的厉害，非常害怕，全都逃到山谷中躲避。

三月十日，慕容延钊率部到达朗州，在西山下擒获张崇富，将其斩首示众。朗州的将领汪端挟持周保权逃走，李处耘派部将田守奇追击。汪端看到田守奇，慌忙扔下周保权逃走。田守奇将周保权带回朗州，汪端则于半年后被慕容延钊擒获、处死。

至此，湖南平定，共得十四州、一监，合计六十六个县，九万七千二百八十八户百姓。

为了减少战争对荆楚百姓的伤害，赵匡胤多次颁诏，安抚当地百姓。四月，赵匡胤下诏，将潭州、朗州境内的死囚减刑一等，流刑以下罪犯赦免，发配的人放回，免除三年以前的欠税。七月，赵匡胤又诏命免除朗州百姓当年夏租，荆南境内夏租减免一半。

赵匡胤对湖南、荆南任命的官员也是一些有才能的人，如户部侍郎吕余庆为权知潭州，枢密直学士薛居正为临时朗州知州，枢密承旨王仁赡为权知荆南军府事，泰州团练使潘美为潭州防御使。潘美在潭州，多次击退南汉入侵，平定境内部族部落，很有战功。

此次出征，慕容延钊与李处耘功不可没，然而李处耘遇事专擅独断，与慕容延钊不和，二人还上表互相指责。赵匡胤考虑到慕容延钊是老将，便只处罚李处耘，贬李处耘为淄州刺史。李处耘害怕，不敢申诉。

史书上说，赵匡胤与慕容延钊很友善，把慕容延钊当作兄长，称帝后也常常称其为兄长。慕容延钊回到开封后一病不起，赵匡胤亲自封好良药给慕容延钊送来。闰十二月初七，慕容延钊病逝，年五十一岁，赵匡胤痛哭不已。

最后交代一下高继冲与周保权的结局。由于高继冲主动归降，赵匡胤于当年二月即任命高继冲仍然担任荆南节度使，留在江陵。十个月后，高继冲上表，请求入朝参加祭祀，赵匡胤准奏。高继冲带领全族来到开封，被任命为武宁节度使。十年后，高继冲在武宁的治所徐州去世。周保权于七月被送到开封，被赵匡胤任命为右千牛卫上将军。二十二年后，周保权去世。

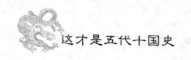

第91章 水陆并进，消灭后蜀

　　赵匡胤平定荆南、湖南后，翰林医官穆昭嗣曾对其说，荆南是西川、江南、岭南的交汇之地，如今攻克荆南，水陆两路都可直达蜀国。赵匡胤便决定将下一个目标定为后蜀。

　　公元963年（宋太祖乾德元年）四月，赵匡胤开始为征伐后蜀作准备，调华州团练使张晖任凤州团练使兼四面行营巡检壕寨使。张晖便是劝赵匡胤暂且不要向北汉用兵的那位将领，在华州也很有政绩。赵匡胤将张晖调往靠近后蜀的凤州（今陕西省凤县），便是让张晖尽快了解后蜀的山川地形。张晖到了凤州，很快便摸清后蜀的情况，向赵匡胤进献伐蜀的计策。赵匡胤还下令造楼船百艘，操练水军，并多次前往观看。

　　赵匡胤虽然将后蜀作为下一个征伐的目标，但整整一年半没有行动。一个重要的原因便是没有借口，师出无名。当然，赵匡胤也没有坐等一年半时间，而是不断派兵侵扰北汉边境城池。这大概是在实施张永德之前的建议。

　　公元964年（宋太祖乾德二年）十月，攻打后蜀的机会来了。

　　后蜀宰相李昊曾对后主孟昶说道："臣观宋朝应天承运，气象非凡，与汉、周不同。上天早就厌倦分裂与战乱，统一天下，大概就在宋朝。陛下如果向宋朝称臣纳贡，也是保证三蜀安定的长久之计啊！"

　　孟昶也知道宋朝收复荆南、湖南，对李昊的话有几分相信，便准备派使前往宋朝称臣。枢密使王昭远听闻此事，连忙面见孟昶，极力劝阻。于是，孟昶又改变主意不愿向宋称臣，决定加强防御部署。

　　王昭远不主张向宋朝称臣，还想主动出击，以防别人说自己没有战功却突然升至枢密使这一高位。王昭远向孟昶建议与北汉结好，再请北汉发兵南下，与后蜀南北夹击宋朝，这样可得关中地区。

　　孟昶听从王昭远的建言，于是派孙遇、赵彦韬、杨蠲（音涓）等人带着蜡丸藏书前往北汉，说已在褒州、汉州增兵，请北汉派兵南渡黄河，一同攻打宋朝。

　　孙遇等人经过开封时，悄悄将书信送呈赵匡胤。赵匡胤看了书信，笑道："朕讨伐蜀国，师出有名了。"赵匡胤还让孙遇等人将后蜀的山川形势、防卫部署以及道路远近画出来。

　　十一月二日，赵匡胤调集六万步骑兵，决定分两路入蜀。北路由忠武节度使王全斌、武信节度使崔彦进与枢密副使王仁赡率领，王全斌为西川行营凤州路都部署，崔彦进为副都部署，王仁赡为都监。东路由宁江节度使刘光义与枢密承旨曹彬率领，刘光义为归州路副都部署，曹彬为都监。

　　赵匡胤再任命给事中沈义伦为随军转运使，均州刺史曹翰为西南面转运使，为大军做好后勤。赵匡胤又让将作司在右掖门面临汴水修建宅第，以供后蜀后主孟昶来住。

　　大军出征之前，赵匡胤再次叮嘱各位将领："大军所到之处，不得焚烧毁坏房屋庐舍，不得抢掠官吏百姓，不得挖掘陵墓坟头，不得砍伐桑树、柘树，违者军法处置。"

　　第二天，赵匡胤在崇元殿为众将饯行。赵匡胤拿出刚刚画好的蜀地地图交给王全斌、刘光义等人，对二人说道："凡是攻克的城池堡寨，只登记那里的兵器、粮草，而将钱币、布帛分给将士们，朕想得到的，只是那里的土地而已。"

　　赵匡胤又指着地图对刘光义说道："蜀国在夔州（今重庆市奉节县）封锁长江，修建三道栅栏，还在长江两岸布置石炮。你们这一路沿着长江到了夔州这个地方，一定不要用水兵去攻打，应当先用步兵、骑兵去偷袭岸边守兵，等敌人稍有后退时，再用战舰水陆夹攻，一定能够

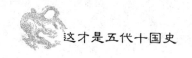

攻克这个地方。"

宴会之后，王全斌、刘光义等人便率大军出发。

宋朝派兵来攻的消息很快传到成都，后蜀后主孟昶立即派兵抵御。孟昶的部署是，任命王昭远为西南行营都统，赵崇韬为都监，韩保正为招讨使，李进为副招讨使。孟昶对王昭远说道："今天的兵马，都是爱卿招募而来，努力为朕建立功勋吧。"

王昭远自认为很有谋略，一直把自己比作诸葛亮。王昭远听了孟昶的话，手持铁如意，十分自负。孟昶又派宰相李昊等人在城外为王昭远饯行。酒至正酣，王昭远将起衣袖对李昊等人说道："我此次出征，何止是击败敌人，我还要率领这两三万黥面少年夺取中原，必定易如反掌。"

王昭远出发不久，王全斌这一路大军就进入后蜀境内。

十二月十九日，王全斌与后蜀守兵发生交战，攻克乾渠渡和万仞寨、燕子寨，接着攻打兴州（今陕西省略阳县）。后蜀兴州刺史蓝思绾率领七千多人迎战。王全斌大胜蓝思绾，缴获军粮四十多万斛，蓝思绾退保西县（今陕西省勉县西）。王全斌又乘胜攻打鱼关、白水阁等二十多个堡寨，全都攻克。

后蜀招讨使韩保正听说兴州已被攻克，竟然放弃山南，也退保西县。宋军马军都指挥使史延德带领先锋兵马率先到达西县。韩保正派数万兵马依傍山麓、背靠县城结阵固守。史延德击败韩保正，缴获三十多万斛粮食。

韩保正与副使李进向南逃走，史延德纵马追击。崔彦进和马军都监康延泽也一同来追击蜀兵，一直追到嘉川（今四川省广元市东北）境内，斩获很多。蜀兵最后烧毁栈道，退保葭萌关（今四川省广元市昭化区境内）。

且说刘光义与曹彬率领的另一路大军进入三峡，接连攻破松木、三会、巫山等营寨，杀死后蜀步骑兵五千多人，后蜀将领南光海等人阵亡。刘光义还俘虏了后蜀战棹都指挥使袁德弘，夺取战舰二百多艘，杀死及俘虏水兵六千多人。

　　刘光义、曹彬率领大军到达夔州境内时，谨记赵匡胤的叮嘱，在距离锁江栅栏三十里处停止前行。刘光义派步骑兵上岸，偷袭后蜀当地守兵，然后再派战船沿江而上。刘光义突破封锁长江的三道栅栏后，在白帝城西面屯驻军队。

　　后蜀镇守夔州的宁江节度使高彦俦对节度副使赵崇济、监军武守谦说道：“宋朝军队跋涉山川，远道而来，志在速战速决，我们应当坚守壁垒来对付他们。”武守谦说道：“敌人已到城下，我们不出击，在等什么呢？”

　　十二月二十六日，武守谦独自率领部众一千多人出城作战，在猪头铺与宋军交战。刘光义派马军都指挥使张廷翰等将出战，大胜武守谦。武守谦战败逃走。

　　张廷翰等将乘胜攻打夔州城。高彦俦拼死力战，身负十多处伤，士兵们都溃散而去。高彦俦知不能胜，也不想投降，更不想逃跑。高彦俦回到城中的宅第，整好衣冠，向西拜了两拜，然后登上城楼，纵火自焚。刘光义进城后，听说高彦俦已经自焚，命人在灰烬中找出骸骨，以礼安葬。

　　刘光义接着从夔州西进，一路上，万州、施州、开州、忠州、遂州刺史都打开城门投降。刘光义收复一处城池，便将府库中的钱财分给将士。将士们仍想杀戮、抢掠，被曹彬严令禁止，一路秋毫无犯。赵匡胤听闻此事，高兴地说道：“朕用人用对了。”赵匡胤特地下诏给曹彬，以示褒奖。

　　再说北路。因入蜀栈道被后蜀士兵烧毁，王全斌的大队人马无法前进。王全斌与众将商议准备从罗川入蜀。康延泽、崔彦进说道：“罗川道路险峻，各部难以同时通过，不如分出一部士兵来修栈道，约定在大小漫天寨之间的深渡与大队人马会合。”王全斌于是带着大队人马从罗川方向入蜀，而崔彦进、康延泽则修建栈道。

　　数日后，栈道修好。崔彦进、康延泽带领部众很快通过栈道，接连攻克金山寨、小漫天寨，到达深渡。这时王全斌率领的大队人马也到了

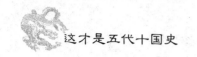

深渡。两军会合后，准备夺取深渡的浮桥。

后蜀的兵马就在嘉陵江边布阵，防守桥梁。崔彦进派步军都指挥使张万友等人带领人马前去攻打。张万友等人一直战到天黑，蜀兵才开始后退，一直退到大漫天寨中。崔彦进等人夺得浮桥，渡过嘉陵江，传令安营扎寨，明日再攻打大漫天寨。

第二天，崔彦进、康延泽、张万友三人各领一支人马，分三路攻打大漫天寨。寨中的后蜀精锐也全部出战。崔彦进等将大胜蜀兵，攻克大漫天寨，擒获寨主、义州刺史王审超、监军赵崇渥和三泉监军刘延祚。

这时，后蜀主将王昭远与赵崇韬率兵前来迎战，没想到三战三败。无比自信的王昭远不敢再战，慌忙向利州（今四川省广元市）撤去。王全斌传令紧追不舍，一直追到利州城北。王昭远不敢入城固守，匆忙渡过桔柏津，再烧毁浮桥，一路向剑门（今四川省剑阁县东北）方向逃去。

十二月三十日，王全斌进入利州城，得到军粮八十万斛。

当时正是冬天，蜀地很寒冷，京城开封更是下起大雪。赵匡胤穿着紫貂皮衣，戴着紫貂皮帽，在讲武堂帷帐中处理朝政。为了御寒，赵匡胤的这个帷帐还是用毡子做的。

赵匡胤在帷帐中突然想起远方作战的将士们，对身边人说道："朕穿着这样的衣服，还感到寒冷，而西征将士在外冒着风雪，怎么受得了？"

赵匡胤说完，解下皮衣，脱下皮帽，派中黄门坐着驿马车，立即前往西蜀，将衣帽赐给王全斌。王全斌接受赏赐，感动得流下眼泪。

再说王昭远战败的消息传到成都，孟昶还想作最后的抵抗，目标是把守剑门。主战的王昭远已经败了，还能再派何人出战呢？孟昶决定让太子孟玄喆当元帅，侍中李廷珪、宰相张惠安为副元帅。然而成都城中没有多少兵马，孟昶还得下旨向境内招募兵马。

孟玄喆当年二十九岁，好像没有觉得国家正面临生死存亡，竟然把这次出征当着"旅行"。孟玄喆不久便率领一万多人从成都出发了，还用辇车带着姬妾与乐师。孟玄喆大军的旗帜是绢帛做的，上面还有刺绣，旗杆上还裹着织锦。刚刚出发不久，便下起了雨，孟玄喆担心淋湿旗帜，便命人将旗帜收起来。雨停了之后，孟玄喆又命人将旗帜挂起来。由于粗心，不少旗帜竟然倒挂在旗杆上，士兵以及孟玄喆的姬妾都笑了起来。

从成都到剑门有五百多里，孟玄喆一时还不能到达，而从利州到剑门不过百里，王全斌很快就逼近剑门。因剑门地势险要，王全斌传令在益光（今四川省广元市昭化区昭化镇）暂且停留，与众将商议攻取剑门的策略。

侍卫军头领向韬说道："听俘虏说，在益光嘉陵江东边，翻越几座山有一条狭窄的小道，名叫来苏。蜀国人只在嘉陵江西岸防守，东岸没有兵马。我们可以从来苏向南，到剑门以南二十里的青强店，就有大路直通剑门。到那时，剑门之险便奈何不了我们。"

王全斌听了此言，立即准备带领兵马过江。康延泽说道："蜀兵屡战屡败，胆子和士气都已丧失，我们可以急攻，一定能够攻克剑门。再说来苏只是一条狭窄的小道，主帅不宜亲自前往，只需派一名偏将就行。一旦到了青强店，便可南北夹攻剑门，王昭远必定成为俘虏。"

王全斌认为也有道理，便派史延德带领部分人马前往来苏，自己带领大军从北面前往剑门。

史延德率部到了青强店后，很快从南面扑向剑门。王昭远看到敌人杀了过来，非常害怕，立即退守汉原坡（今四川省剑阁县东），只留下偏将防守剑门关。剑门关腹背受敌，守将无心恋战，很快就被攻克。

王全斌与史延德会合后，随即向汉原坡挺进。王昭远吓得瘫在胡床上不能起来，赵崇韬则在排兵布阵，亲自纵马上阵杀敌。赵崇韬虽然英勇，连杀数人，但仍然不敌宋军，最终被擒。王昭远这时已经丢盔弃甲逃跑了，但不久还是被追兵抓获。王全斌攻克了剑州（今四川省剑阁县），杀死后蜀士兵一万多人。

此时，后蜀太子孟玄喆与李廷珪才到绵州（今四川省绵阳市），他们一路上只顾游乐，根本没有把征战当回事。当听到剑门已经失守时，孟玄喆便不敢再往前行，准备退守东川。第二天，孟玄喆好似才明白是

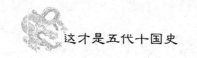

怎么回事，一下子又吓破了胆，竟然丢下兵马，仓皇逃往成都。

孟玄喆逃回了成都，后主孟昶无比惊骇，不知所措。孟昶连问左右："还有什么对策？"有一位叫石奉頵的老将建言道："东方的兵马远道而来，一定不能久留，陛下应当调集兵马，固守城池，以挫败敌人。"

孟昶听说只能固守，叹息道："朕家父子用丰衣美食来供养士人四十年，今天突然遇到大敌，竟然不能为朕向东放出一箭。现在就是紧闭城门固守，又有谁会拼死效力呢？"

宰相李昊则劝孟昶封好府库，向宋军投降。孟昶此时也已经无心抵抗了，毕竟能战的兵马已经战败了。孟昶只好让李昊草拟降表，并派通奏使伊审征送给宋军主帅王全斌。当初前蜀灭亡时，降表也是李昊草拟。当天夜里，有人在李昊家门上写上六个大字："世修降表李家"，以示嘲讽。

公元965年（宋太祖乾德三年）正月十三日，王全斌率领大军到达魏城（今四川省绵阳市游仙区魏城镇），伊审征也到达此处。王全斌收下降表，派通事舍人田钦祚乘坐驿马车前往开封奏报，再派康延泽赶赴成都去见孟昶，宣喻赵匡胤的恩德，抚慰军民。

正月十九日，王全斌到达成都城外的升仙桥，后主孟昶前来拜见。王全斌承制，让孟昶免礼。王全斌从开封出发，到孟昶出降，前后正好六十六天。宋朝平定后蜀，共得到后蜀四十六个州计二百四十个县，百姓五十三万四千零二十九户。

王全斌平定后蜀后，打算乘势夺取云南，还将地图献给赵匡胤。赵匡胤想到唐朝天宝年间的祸乱就起自南诏，便用玉斧在大渡河西画了一下，说道："这外面的地方，不是朕的。"

正月二十四日，田钦祚到达开封，将孟昶的降表呈给赵匡胤。孟昶在降表中请求保护先人坟墓并赦免年迈的母亲。赵匡胤下诏恩准，还告喻后蜀吏民，让他们安心，再免去蜀地去年的租税，当年夏税只收一半。

孟昶又派其兄弟孟仁赞带着奏表前往开封，向赵匡胤表明自己已经在反省罪过，但仍感到忧虑与惶恐，希望得到赵匡胤的怜悯。赵匡胤看了孟昶近乎哀怜的奏表，便下诏回复道："既然自求多福，归顺朝廷，就当革除前非。朕决不食言，你不必过虑。"

孟昶再哀怜，也不能再留在蜀地。三月，孟昶带着原后蜀官员及族人前往开封，从峡州（今湖北省宜昌市）乘船东下。孟昶到达江陵时，赵匡胤已派人前来迎候。孟昶从江陵上岸，改走陆路北上开封。

五月十五日，孟昶到达开封近郊，开封府尹赵光义在玉津园设宴慰劳。

第二天，孟昶与兄弟孟仁贽、儿子孟玄喆、孟玄珏、宰相李昊等三十三人身穿素色衣服，在明德门外等待降罪。赵匡胤赦免孟昶等人，赏赐衣冠腰带，让他们到崇元殿晋见。完毕，赵匡胤又在大明殿宴请孟昶等人，赏赐不少财物。

六月初五，赵匡胤任命孟昶为开府仪同三司、检校太傅兼中书令，封秦国公。

六月十七日，孟昶去世，赵匡胤为其停朝五天，追授尚书令、楚王。孟昶的母亲李氏听闻孟昶去世，说道："你不能为社稷而死，苟且偷生直到今天。我之所以不死，就是因为你还活着，现在你已经死了，我还活着做什么？"李氏接连数天不进食，直到死去。

孟昶时年四十七岁，到开封后一个月就去世，让人怀疑是不是正常死亡。史书关于孟昶死因记载不详，只说去世，连生病都没有提到。如此记载，便给后人留下很大的想象空间。有人认为赵匡胤看上了孟昶的宠妃徐氏，也就是所谓的花蕊夫人。赵匡胤不是好色之人，即使想杀死孟昶，也不是为了花蕊夫人，更多的是为了政治。

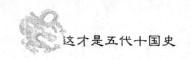

第92章　蜀地平叛，赏罚分明

　　王全斌进入成都数天后，刘光义、曹彬的东路兵马也到达成都。尽管刘光义、曹彬迟于王全斌进入成都，赵匡胤对两路将士赏赐是一样的。王全斌这路的将士认为平蜀功劳大，看到刘光义这路也得到同样的赏赐，心中感到怨恨。

　　王全斌是个缺乏决断的人，每次接到诏书或遇到事情，总是和将领们商议，有时为一件小事也是议论纷纷，难以决定。到了成都后，王全斌更是与崔彦进、王仁赡等将日夜宴饮，不顾军务，任由士兵们抢掠百姓的财物甚至强抢民女，蜀地百姓感到非常痛恨。曹彬实在看不下去，多次请土全斌班师，王全斌就是不听。

　　公元965年（宋太祖乾德三年）二月，参知政事吕余庆出任成都府临时知府。吕余庆虽是文官，但对不法之人一点不手软。一天，一名军校在街市持刀抢夺商人财物，吕余庆下令逮捕这名军校，斩首示众。军中将士听闻后，终于有所畏惧，百姓才得以安宁。

　　枢密直学士冯瓒出任梓州临时知州。冯瓒到了梓州（今四川省三台县），原后蜀的军校上官进聚集亡命之徒三千人，劫持数万村民，夜攻梓州城。当时梓州城中士兵只有三百人，但冯瓒毫不慌张，对士兵说道：“上官进这些人只是乌合之众，所以会在夜里来攻城。我们只要坚守城池，到天亮他们就会散去。”

　　冯瓒派士兵把守各城门，自己则坐在城楼之上，静观城外动静。冯瓒还命人加快打更报时，没到半夜，就打五更的鼓。上官进带来的这些兵民以为天就要亮，都慌忙逃走。冯瓒派城中士兵出城追击，将上官进擒获。第二天天亮时，冯瓒将上官进押至街市斩首，又招降一千多人，梓州境内从此安定。

赵匡胤曾经下旨，让后蜀的士兵全部前往京城开封，并且发放衣服与钱物。王全斌擅自克扣钱物，还放纵部属欺侮后蜀士兵，后蜀士兵非常愤怒。到达绵州（今四川省绵阳市）时，这些后蜀士兵推举旧将全师雄为帅，发动叛乱，部众达到十几万人，号称兴国军。

王全斌得到消息，连忙派马军都监朱光绪前往招降安抚。全师雄准备接受朱光绪的招抚，岂料朱光绪将全师雄家人杀死，还抢走全师雄的女儿与钱财。全师雄非常怒火，带领部众攻打绵州。绵州不能攻克，全师雄又去攻打彭州。

攻克彭州后，成都府所辖的十几县全都响应全师雄。于是，全师雄在彭州自称兴蜀大王，任命二十名节度使，分别占据要害之地。崔彦进派归州路先锋都指挥使高彦晖、北路先锋都监田钦祚等人前往讨伐。田钦祚怕死，中途退却，高彦晖带领十余骑力战而死，终年七十余岁。

不久，蜀地有十七个州响应全师雄。全师雄分兵截断剑阁，面临嘉陵江设置营寨，成都到开封的驿道也被切断。王全斌等人得知后，非常惊慌。

在成都，还有一批后蜀降兵，计两万七千多人。王全斌担心这些降兵叛乱，已将他们安置在成都的夹城中间。现在全师雄起兵叛乱，不少将领建议将这些降兵全部杀掉，以绝后患。西川兵马都监康延泽不赞同杀降，请求将其中七千多名老弱病残释放回家，其余派兵马押送，从水路回京城开封，如果乱贼前来抢夺，再杀不晚。大部分将领不赞同，王全斌也不能决断，任由将士们将这两万多人全部杀死。

刘光义、曹彬也率部讨伐叛军，不断击败全师雄，全师雄士气受挫。然而不久，原后蜀虎捷指挥使吕翰带领嘉州兵民叛乱，与全师雄的将领刘泽会合，有五万人。吕翰、刘泽斩杀通判、刺史，据守嘉州城。六月，曹彬与王仁赡等部在嘉州围攻吕翰，吕翰不敌，弃城而逃。曹彬

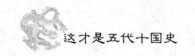

率部追击吕翰，杀死数万人，吕翰最后逃到雅州固守。

王全斌、刘光义等人在忙于平叛，士兵中仍有人干出不法之事。有个军校竟然将一个百姓妻子的乳房割下，并将这名妇女杀死。这件事被赵匡胤得知，赵匡胤大怒，立即传令将这名军校押到开封，斩首示众。当时有大臣认为这名军校有战功，便为其求情。赵匡胤流着泪说道："朕兴师西征，本是吊民伐罪，妇人有什么罪，竟残忍到这个地步，应当迅速伏法以为妇人申冤。"

八月，赵匡胤任命康延泽为普州刺史。康延泽请王全斌派兵护送其赴任，王全斌只给他一百人。康延泽到了简州，招抚流亡百姓，得到一千多人，训练他们布阵作战。康延泽就带着这一千多人前往普州，经过叛军地界，康延泽向百姓宣示恩威，又征集三千人。康延泽最后打败刘泽三万多人，叛军势头得到遏制。

十一月，康延泽到了普州，州城已被大火烧毁。康延泽一边作战一边修建城墙。不久刘泽就率众向康延泽投降。康延泽后被赵匡胤任命为东川七州招安巡检使。

公元966年（宋太祖乾德四年）六月，王全斌在灌口寨打败全师雄，俘虏两千多人，全师雄带领余部，逃往金堂。闰八月，王全斌打败贼将吕翰，攻克雅州。十二月，西川都巡检使丁德裕和西川兵马都监张延通率兵大破叛军，擒获叛军都统康祚，押至街市分尸。全师雄当月在金堂病死，蜀地叛乱至此全部平定，历时一年多。

赵匡胤为安抚蜀地百姓，下诏免除西川当年夏租和各种赋税的一半，田地没能耕种的百姓全部免除。

赵匡胤又派右拾遗孙逢吉到成都收取图书、仪仗、器物。数月后，孙逢吉回到开封，将孟昶宫中的器物也带到开封。赵匡胤看到这些器物，极其奢侈，连便器都用七宝来装饰。赵匡胤非常生气，下令立即打碎，说道："如此对待自己，想要不亡国，可能吗？"

赵匡胤俭朴节省，所穿的衣服经常洗了再穿，车马用具都质朴素雅。赵匡胤曾经拿出一件麻布做的衣服对群臣说道："这是朕从前穿过的。"赵光义说赵匡胤的用具太简陋，赵匡胤生气地说："你不记得我们住在夹马营中的时候了？"

公元967年（宋太祖乾德五年）正月，原后蜀的一些官员与百姓来到开封，状告王全斌、王仁赡、崔彦进等人攻占后蜀后的不法行为。赵匡胤下旨，将西征将领全部从蜀地召回。

王仁赡第一个到达开封，赵匡胤问其在蜀地之事。王仁赡只说他人坏话，企图开脱自己。赵匡胤生气地说道："收纳李廷珪的妓女，取走丰德库中的钱财，这也是别人干的吗？"王仁赡非常惶恐，不敢回答。

赵匡胤念及各位将领平蜀之功，不想将他们交给有司审理，只命宰相召来王全斌、王仁赡、崔彦进等人与告状的人对质。经对质，王全斌等人隐瞒的钱财有六十四万六千八百贯，而后蜀皇宫中的珍宝还不在其中。对于克扣士兵衣物钱、屠杀降军等事由，王全斌等人全部认罪。

赵匡胤令御史台在朝廷大堂聚集文武百官，议定王全斌等人的罪责。文武百官都说王全斌、王仁赡、崔彦进三人依法当判死罪。赵匡胤虽然对王全斌等人的不法行为感到愤怒，但最终还是赦免他们的死罪，只贬降官职。赵匡胤在随州设置崇义军，在金州设置昭化军，贬王全斌为崇义留后，崔彦进为昭化留后，王仁赡则免去枢密副使一职，担任右卫大将军。

刘光义、曹彬的东路将士进入蜀地后，军纪严明，赵匡胤决定给予奖赏。赵匡胤任命曹彬为宣徽南院使兼义成节度使，刘光义改任镇安节度使，张廷翰为侍卫马军都虞候兼彰国节度使，李进卿为步军都虞候兼保顺节度使。

王仁赡虽然诋毁各将，却为曹彬说了好话，说清正廉洁、处事谨慎、不辜负赵匡胤诏令的，只有曹彬一人而已，所以赵匡胤对曹彬的赏赐很优厚。

曹彬不敢接受，赶紧入朝，向赵匡胤推辞道："众将领全都获罪，只臣独自受赏，臣怎能心安？"

赵匡胤说道："爱卿有功无过，又不居功自傲，连王仁赡也不敢说卿的不是。奖赏处罚是国家的法典，爱卿不必推辞。"

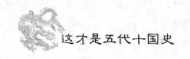

第93章　趁敌大丧，一攻北汉

　　赵匡胤平定后蜀之后，华夏大地除了宋朝与辽国，还有北汉、南唐、吴越、南汉以及割据泉漳二州的一处势力。南唐、吴越已经向宋朝称臣，割据泉漳二州的留从效已经去世，继任者陈洪进也向宋朝称臣，只有北汉、南汉仍然称帝与宋朝分庭抗礼。赵匡胤下一个会攻打哪个国家呢？按当初制定的先南后北策略，是不是该向南汉用兵了呢？

　　公元966年（宋太祖乾德四年）十二月，就在宋朝平定蜀地叛乱之际，北汉兵马夺回被宋朝占领的辽州（今山西省左权县）。赵匡胤得到消息，想把北汉作为下一个目标，但又担心群臣不赞同。赵匡胤一直在思考对策，夜不能寐。

　　在一个下着大雪的深夜，赵匡胤准备前往枢密使、宰相赵普的家，还让人去请兄弟赵光义。赵匡胤一直有夜访臣属家的习惯，所以赵普退朝回家，都不敢换下朝服。

　　这天夜里，赵普听到家门被敲得很急迫，连忙去打开门，看到赵匡胤正站在雪地上。赵普连忙行礼，赵匡胤说："已约了朕弟光义。"赵普将赵匡胤请到家中，不一会儿，赵光义也到了。

　　赵普在厅堂铺上多层垫褥，君臣便席地而坐。赵普又燃起炭火，一边取暖，一边烤肉。不一会儿，厅堂之中很是暖和，飘起阵阵肉香。赵普的妻子又出来给赵匡胤斟酒，赵匡胤称呼其为嫂子。

　　君臣寒暄片刻，赵普开始转入正题，因为赵普知道，皇上此时来访，一定有事。赵普问赵匡胤道："夜已很深了，又冷得很，陛下为何出宫？"

赵匡胤说道："朕躺下睡不着，所以前来看看卿。"

赵普问道："陛下为何睡不着？"

赵匡胤说道："因为一榻之外，都是别的人家。"

赵普说道："陛下觉得天下太小了吗？南征北战，现在正是时候啊。臣想听听陛下想向哪家用兵。"

赵匡胤说道："朕想攻取太原。"

赵普听了这话，知道赵匡胤想先攻北汉。赵普沉默了很久才说道："这不是臣所能知道的事。"

赵匡胤问道："何出此言？"

赵普回道："太原挡住西部、北部的边患，如果将它攻下，我们就要独自抵挡。何不暂且留着它，等到削平南方诸国，太原这个弹丸之地，还能保得住吗？"

赵匡胤笑道："朕也是这样想的，刚才只是想试试卿罢了。"

君臣二人又谈到将帅的任用，赵匡胤说道："王全斌平定蜀地，杀人太多，朕到今天仍然耿耿于怀。王全斌不可重用。"

赵普向赵匡胤推荐曹彬与潘美。

赵匡胤想先攻北汉，被赵普劝止，心中仍然感到不甘心。赵匡胤派人向北汉睿宗刘承钧传话道："你家同周朝有恩怨，确实应当不屈服。然而大宋与你家没有恩怨，为何一直困扰这一方百姓呢？如果你也想入主中原，为何不南下太行，决一胜负？"

刘承钧也让人传话，回复赵匡胤道："河东的土地、兵马，不到中原的十分之一，之所以守着这块弹丸之地，是怕祖宗的神庙不能祭祀。"

赵匡胤听了这话，很是同情，又让人传话道："给你一条路，让你活下去。"

赵匡胤决定只要刘承钧在，就不向北汉用兵。果然，尽管公元967年（宋太祖乾德五年）三月、五月以及公元968年（宋太祖开宝元年）正月、四月、七月，北汉接连有将领主动向宋朝归降，赵匡胤也没有向北汉

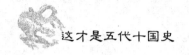

发动战争。

就在公元968年七月，一个消息传来，刘承钧病逝了。

刘承钧在位已有十四年，一直没有儿子，只有几位养子。其中三位养子值得介绍一下，这三位分别是刘继恩、刘继元与刘继业。

刘继恩与刘继元都是刘承钧的外甥，母亲是刘承钧的姐姐，也就是北汉世祖刘崇的女儿刘氏。刘氏先嫁给护圣营的士兵薛钊，生子薛继恩。薛钊没有什么大的才能，刘崇也没有重用他。刘氏常住在宫中，薛钊很少见到她，因而闷闷不乐。有一回，薛钊喝醉了酒，到宫中刺杀刘氏。刘氏被刺伤，但没有死，薛钊很害怕，当场自杀。刘氏后来又改嫁一位姓何的人，生子何继元。再后来刘氏与丈夫都去世了，由于刘承钧没有儿子，刘崇便让刘承钧收养薛继恩与何继元为子，二人便改姓为刘继恩与刘继元。

刘继业本名杨重贵，是麟州刺史杨弘信的儿子，娶永安节度使折德扆的女儿折（音佘）氏为妻。杨重贵作战英勇，人称"杨无敌"，后被刘承钧收为义子，官至侍卫都虞候。

刘承钧病重之际，将宰相郭无为叫到榻前，商讨后事。刘承钧忧虑地对郭无为说道："继恩很孝顺，但不是治国的料，恐怕不能继承我家大业，怎么办呢？"

刘继恩当时担任太原府尹，对刘承钧很是恭敬孝顺。然而刘继恩胆子很小，身为太原府尹，竟然怕得不敢处理政事。

郭无为自有打算，这样的人不是更好控制吗？于是，郭无为不回答刘承钧的问话，刘承钧便让刘继恩继承帝位。刘承钧先让刘继恩参与朝廷政事，太原府尹便由刘继元担任。刘承钧还将刘继恩托付给郭无为。

七月二十七日，刘承钧病逝，年仅四十三岁。刘继恩派使前往辽国，奏报刘承钧的死讯，并说由自己继位。辽穆宗准许，也派使前来吊唁。

刘承钧病逝的消息传到开封，赵匡胤马上决定先攻北汉。

八月十七日，赵匡胤任命昭义节度使、同平章事李继勋为河东行营前军都部署，侍卫步军都指挥使党进为副都部署，宣徽南院使曹彬为都监；棣州防御使何继筠为先锋部署，怀州防御使康延沼为都监；建雄节度使赵匡赞为汾州路部署，绛州防御使司超为副部署，隰州刺史李谦溥为都监。

赵匡胤在部署攻打北汉，北汉刚继位的刘继恩却与宰相郭无为发生了冲突。刘继恩对郭无为专擅朝政很是不满，打算将郭无为调离朝廷。刘继恩一直没有机会实现这个打算，便任命郭无为为司空，外表显示礼遇，实是疏远他。郭无为也看出刘继恩在排挤他，便准备先下手为强。

郭无为指使刘继恩身边的供奉官侯霸刺杀刘继恩。刘继恩当时正在服丧，起居都在勤政阁，身边的亲信都留在太原府中。有亲信请求进宫护卫，刘继恩不肯。一天，刘继恩正躺卧在勤政阁中，侯霸手拿尖刀将刘继恩刺死。郭无为再派出士兵架起梯子进入勤政阁中，将侯霸杀死灭口。

杀了刘继恩，郭无为便拥立刘继元为帝。

刘继元刚刚即位，就得到宋朝兵马进入国境的消息。刘继元立即部署兵马抵御，派侍卫都虞候刘继业、将领冯进珂率兵扼守团柏谷（今山西省祁县东南）。刘继元还任命将作监马峰为枢密使，担任大军的都监。刘继元仍然担心不敌宋军，又派人前往辽国，请求出兵援救。

刘继业等人到达洞过河（今山西省晋中市境内）时，与宋朝李继勋的兵马遭遇。宋军先锋何继筠率先与刘继业作战。这一战一定非常激烈，毕竟北汉名将刘继业也是一员猛将。然而让人感到遗憾的是，刘继业被何继筠击败了，将领石环、张斌也被擒获，两千多名士兵被杀。刘继业不敢再战，率部撤退，何继筠趁势夺取汾河桥。

李继勋大军渡过汾河，很快便到达太原城下。李继勋命人放火焚烧延夏门，打算从延夏门攻入城中。刘继元又派殿直都知郭守斌率兵出战。郭守斌不敌李继勋大军，还被流箭射中，只得退入城中。

宋朝大军兵临城下，赵匡胤想劝降。

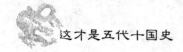

十月，赵匡胤派使带着诏书前往太原，送给刘继元，希望刘继元投降。赵匡胤承诺让刘继元出任平卢节度使。赵匡胤又给郭无为、马峰下了多道诏书，许诺郭无为为安国节度使，马峰以下大臣都担任藩镇要职。郭无为有所心动，从此有了二心，常劝刘继元向宋朝归降，刘继元就是不肯。

十一月，辽国南院大王耶律塔尔统兵来援北汉，宋将李继勋等人一直不能攻克太原城，便决定撤退。宋军南撤后，北汉趁机南进，抢掠晋、绛二州。

第94章　御驾亲征，二攻北汉

赵匡胤派兵攻打北汉都城太原，没有攻克，非常不甘心。

公元969年（宋太祖开宝二年）正月的一天，赵匡胤大宴群臣。右仆射魏仁浦举杯上前敬酒。赵匡胤轻声地对魏仁浦说道："朕想亲征太原，卿以为如何？"

魏仁浦说道："欲速则不达，请陛下深思。"

赵匡胤的内心很想再征北汉，但对魏仁浦的回答并不生气，反而表示赞赏。宴会结束之后，赵匡胤还派人给魏仁浦送去赏赐。从这一点来看，赵匡胤还是一位有度量的君王。

然而赵匡胤还是要攻打北汉，并做了准备。正月二十四日，赵匡胤派殿中侍御史李莹等人前往各州，调发粮草赶赴太原。正月二十八日，赵匡胤再派使到各藩镇征调兵马，驻屯在潞、晋、磁等州。

赵匡胤接着便开始部署北征事宜。二月初八，赵匡胤命曹彬、党进率兵先赴太原。二月十一日，赵匡胤下诏，准备亲征北汉，开封府尹赵光义为东京留守。二月十二日，赵匡胤任命昭义节度使李继勋为河东行营前军都部署，建雄节度使赵匡赞为马步军都虞候，令李继勋、赵匡赞率部开赴太原。

二月十六日，是赵匡胤的生日，也称长春节。第二天，赵匡胤刚过完生日，便从开封起程，枢密使赵普、右仆射魏仁浦一同随行。赵匡胤知道魏仁浦不赞同北征，但仍然带着魏仁浦，可以看出赵匡胤当时北征志在必得，也是想让魏仁浦看看他的决策是不是正确。

二月二十日，赵匡胤达到王桥顿，暂作停留。赵匡胤担心辽国会派兵援救北汉，一定会从镇州（今河北省正定县）、定州（今河北省定州市）那里入侵。于是，赵匡胤任命彰德节度使韩重赟为北面都部署，义武节度使郭延义为副部署，令二人防守镇、定二州。

二月二十八日，赵匡胤到达潞州（今山西省长治市）。由于连日大雨，赵匡胤决定暂且停留潞州。赵匡胤听说各地运往太原的粮草都堆集在潞州城中，车马堵塞道路，非常生气，准备加罪转运使。

赵普劝说道："各路大军刚到，而转运使获罪，敌人听了此事，必定认为粮草不足，这不是威慑敌人的办法。陛下只要将能处理繁杂事务的人调到潞州任职就可。"

第二天，赵匡胤下诏，任命户部员外郎、知制诰王祐为临时潞州知州，枢密直学士赵逢为随驾转运使。王祐等人很快便将道路堵塞一事解决。

一天，有士兵在潞州城外抓了一个北汉的探子，押到赵匡胤面前。赵匡胤问探子太原城中的情况，探子说："城中百姓受苦很久了，日夜都在盼望皇上驾临，就怕来得晚了。"赵匡胤听了这话，笑了起来，下令释放。

赵匡胤很想早日到达太原城下，早一天消灭北汉。然而大雨一直下个不停，赵匡胤只得在潞州继续停留。让赵匡胤没有想到的是，魏仁浦又突然患病了，他更是心急如焚。赵匡胤在潞州整整待了十八天。

三月二十一日，赵匡胤到达太原城下，各路大军也已到达等候。赵匡胤先在城南进行一次阅兵，展示强大的兵力，以图威慑城中兵民。刘继元没有被赵匡胤的阵势吓倒，决心坚守待援。赵匡胤想不战而屈人之兵，然而刘继元不领情。

赵匡胤与文臣武将商议破城之策。有人建议，增加兵力，强行攻城。左神武统军陈承昭进言道："陛下有千万兵马在身边，为何不用？"

赵匡胤不明白。陈承昭用马鞭指了一下汾水。赵匡胤当即明白陈承昭的意图，那便是引导汾水来冲灌太原城。赵匡胤不禁高兴得大笑起来。赵匡胤就将此事交给陈承昭。陈承昭便在太原城东南的汾水上，修筑长堤先拦堵汾水，再在晋祠决开口子，来冲灌太原城。

水攻还在准备中，赵匡胤决定先围攻太原城。赵匡胤命令李继勋在城南驻军，赵匡赞在城西驻军，曹彬在城北驻军，党进在城东驻军，构建四个营寨，再修筑长墙，来围困太原。为了修建工事，赵匡胤派人到太原府所属各县，征集数万名百姓。

三月三十日晚上，北汉兵马悄悄从小门出城，偷袭城西营寨。赵匡赞带领部众迎战，战鼓声隆。突然一支流箭射中赵匡赞的脚，赵匡赞毫不畏惧，仍在坚持战斗。

这时，正在西山采伐树木以供军用的东寨都监李谦溥听到战鼓声，立即带领士兵来到城西，投入战斗。北汉士兵看到有兵来援，慌忙撤退。

赵匡胤也得到消息，很快赶到城西。赵匡胤看到李谦溥带来的士兵并不是精锐，人数也不多，一问才知是采伐树木的士兵。赵匡胤为他们的壮举感到很高兴。

北汉将领刘继业又率数百名骑兵到城东营寨突袭，宋将党进纵马出战。刘继业掉转马头就走，党进追击，身后只有几人跟随。刘继业逃到城外的壕沟中藏匿。这时北汉士兵来救刘继业，从城头放下绳索，刘继业得以入城。

汉军偷袭宋军营寨没有战果，只得继续守城待援。

赵匡胤担心辽国派兵来援，非常希望汾水堤防尽快建成，以早日冲灌太原城。四月初一，赵匡胤亲临城东，视察堤防修建。四月初五，赵匡胤再到城东，赏赐群臣及各军将领夏装，又宴请群臣。

不数日，赵匡胤担心的辽兵真的来了。

那位"睡王"辽穆宗已在当年二月被杀，继位的是辽世宗耶律兀欲的儿子耶律贤，是为辽景宗。辽景宗是一位很有能力的君王，是中兴之主，其皇后萧绰也是辽国历史上有名的太后。三月，南院大王耶律塔尔致仕，辽景宗任命耶律色珍接替，同时派其率兵南下，增援北汉。辽景

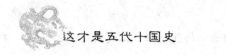

宗派出的兵马还不止一路。

四月十一日，赵匡胤接到探马来报，有一路辽兵正从石岭关（今山西省阳曲县东北）方向入境。赵匡胤想到棣州防御使何继筠正率部驻屯阳曲（今山西省阳曲县），便命人乘着驿马前往阳曲，将何继筠召来，以面授机宜。

何继筠到来之后，赵匡胤给他数千名精兵，令其前往抵御辽兵，叮嘱道："明天正午，朕等着卿的捷报。"

当时天气已经很热，赵匡胤让太官调制麻浆粉赏赐何继筠。何继筠吃完后，立即前往石岭关。何继筠在阳曲县北与辽兵激战，大胜辽兵，擒获辽国刺史王彦符，杀死一千名辽兵。

四月十二日，何继筠派儿子何承睿前往太原报捷。何承睿还没有到达，赵匡胤已在北边的土台上向北远望。不多时，赵匡胤看到一人一骑飞驰而来。赵匡胤一问，正是何承睿。赵匡胤命人将辽兵的首级向城头守兵展示，城中士气大减。

五月七日，赵匡胤接到韩重赟派人从定州送来的捷报。原来有一路辽兵从定州方向入侵，韩重赟率部激战，大胜辽兵。赵匡胤阅罢奏表，人喜，亲手书写诏书，褒奖韩重赟。

接连击败两路辽兵，赵匡胤部署的堤防也修建完成。

五月初八，赵匡胤来到城北，下令引导汾水进入新筑的堤防。

五月十二日，赵匡胤来到城东南，命令水军乘着小船，在船上装有强弩，内外马步军都军头王廷义亲自击鼓，开始攻城。小船靠近城墙时，王廷义脱下头盔，首先登城，没想到被飞箭射中头脑而栽倒，两日后去世。赵匡胤追赠王廷义为建武节度使。

五月十五日，赵匡胤又发起攻势，殿前指挥使都虞候石汉卿被飞箭射中，落水而死。赵匡胤追赠石汉卿为袁州防御使。

五月二十一日，赵匡胤到城西，命令各军进攻西门。

赵匡胤发动的这一轮攻势没有取得战果，太原城仍然不能攻克。赵匡胤决定继续向城中灌水，并亲自到长堤察看。闰五月初二，太原南城被水所围，城中兵民非常惊恐。不多时，水流将城墙冲出一个缺口，而且缺口越来越大。城中守兵用障碍物来堵塞缺口，宋军不断放箭，城中守兵不能靠近缺口。忽然城中有一堆草漂浮出来，直到缺口，宋军的箭射不穿，城中守兵终于将缺口堵上。

刘继元抵挡了赵匡胤的水攻，郭无为又来劝刘继元投降。郭无为说："怎么能用一座孤城去抵抗百万大军呢？"宦官卫德贵对刘继元说郭无为谋反，罪在不赦。刘继元于是下令将郭无为斩首，以稳定城中人心。

刘继元不想投降，但想诈降。

半夜时分，有人在宋军大营外叫道："汉主前来投降。"

赵匡胤听到消息，半信半疑。赵匡胤命将士们身着盔甲，再打开营门纳降，以防不测。八作使赵璲说道："受降如受敌，哪有半夜三更出来投降的？"赵匡胤让人前往查看，果然有假。

第二天，赵匡胤决定再用火攻。赵匡胤来到太原城南，命令水军乘坐轻舟，靠近城池，再放火焚烧城门。然而火攻也不行，赵匡胤很是焦虑。

就在这时，有使来报，因患病而南返的右仆射魏仁浦在梁侯驿（今山西省长治市西北）病逝。赵匡胤听到这一消息，非常悲痛。悲痛之余，赵匡胤开始深思魏仁浦曾经对自己说的话。赵匡胤终于觉得此时攻打北汉，真不是时候。

将士们仍在拼死攻城，连赵匡胤的卫兵也冲了上去。东西班都指挥使李怀忠被流箭射中，差点死去。殿前指挥使都虞候赵廷翰率领各班卫士来到赵匡胤面前，请求攻城。赵匡胤说道："你们都是朕练就的精兵，无不以一当百。作为贴身护卫，朕与你们休戚与共。朕宁可不要太原，也不忍心让你们冒着刀锋去送死。"众人听了，都感激涕零。

让赵匡胤没有料到的是，辽景宗又派北院大王耶律乌珍率兵来援。耶律乌珍率精锐骑兵夜晚从白马岭（今山西省盂县北）方向，抄小道奔赴太原。当天夜里，耶律乌珍到达太原城西，立即擂起战鼓，点起火把。城中的北汉士兵看到辽国援兵到来，又坚定了守城的信心。

辽兵来援，攻城便更加困难。太常博士李光赞又给赵匡胤呈上奏

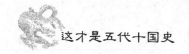

表，大意为："陛下战无不胜，谋无不成，四方那些小国，之前与中原朝廷为邻，今天已向陛下称臣。太原乃是区区弹丸之地，得到它不值得夸耀，失去它不算是耻辱。陛下应当在潞州屯驻兵马，夏天收他们的麦子，秋天收他们的稻子，便是荡平太原的良策。"赵匡胤看了奏表，非常高兴。

赵匡胤又问赵普的看法，赵普也赞同撤兵。

赵匡胤传令各部移驻太原城东数十里外的罕山南麓，商议撤兵之事。绛州人薛化光建言道："砍伐树木，先要砍去它的枝叶，然后再砍根茎。河东外有辽国相助，内有百姓纳赋，恐怕一年都难以攻下。陛下应当在太原北边的石岭山以及东边的静阳、乐平、黄泽关等处修建城防，以阻截辽国援兵，再将河东的百姓迁到河南、山东一带，让太原断绝赋税，数年之后，便可平定。"赵匡胤采纳了这个建议。

赵匡胤终于开始撤兵，然而赵匡胤没有立即南返开封，而是向东穿过太行山，前往镇州巡视。六月初一，赵匡胤从镇州南返。六月初四，赵匡胤任命仪銮使贺惟忠为易州刺史，兼易、祁、定等州巡检使，以奖赏其捍卫边疆屡立功勋。六月初五，赵匡胤下诏，车驾所过之地，百姓免除当年秋租。六月十八日，赵匡胤回到开封。

赵匡胤大军离开后，丢下三十万斛粮食以及大量的茶叶与布帛，都被北汉取走，太原城中的兵民因此而渡过难关。刘继元终于挺了过来。

太原城内仍有大量积水。刘继元命令士兵挖开城墙来排放积水。城内的水虽然流了出去，但城墙也跟着倒塌了不少。辽国使者韩知范当时就在城中，叹道："宋军引水灌城，只知其一不知其二。如果知道淹城之后必定排水，那城中便没有活口了。"

赵匡胤下面会向谁用兵，不用说便是南汉了。赵匡胤还在南返开封的途中，便任命右补阙王明为荆湖转运使，为向岭南用兵做粮草准备，所谓兵马未动，粮草先行。然而赵匡胤真正对南汉用兵，还要一段时间，因为赵匡胤在等机会，希望师出有名。

第95章　声东击西，消灭南汉

南汉后主刘继兴，与北汉的皇帝刘继元看起来像是一家人，更像是亲兄弟，其实两人毫无关系，两国也毫无关系，与历史上的汉朝也没有关系。刘继兴继位后，为自己取了个新的名字叫刘鋹（音敞），后面我们就用这个名字。

刘鋹于公元958年（后周世宗显德五年）八月即位，时年十七岁，长得体态丰满，眉清目秀。刘鋹有两个特长，那便是能言善辩与善做手工，就是没有把心思放在国政上。

中宗刘弘熙杀尽兄弟留给儿子刘鋹的是一个专用宦官与女官的国家。刘鋹一开始也起用了一位有才能的大臣，那便是他的旧日幕僚、中书舍人钟允章，让钟允章担任尚书右丞、参政事。钟允章请刘鋹杀几个违法乱纪的宦官，以整肃纲纪，刘鋹没有答应。宦官们得知此事后，把钟允章恨得咬牙切齿。内侍监许彦真于是诬告钟允章谋反。刘鋹不信。然而玉清宫使龚澄枢、内侍监李托等人都来作证，说许彦真所言属实。刘鋹只好下令杀掉钟允章。刘鋹接着任命龚澄枢为左龙虎观军容使、内太师，军国大事都由龚澄枢做主。

不久，在宦官陈延寿的建言下，刘鋹又杀掉兄弟、桂王刘璇兴。从此，朝中没有人敢与宦官们抗衡，宦官们更加肆无忌惮。宦官们把士人称为门外人，不让他们参与军国大事。朝中一些有才能的大臣或考中状元的人，甚至一些和尚、道士要想进宫的，都先到蚕室阉割，然后才能担任要职。当然也有一些人为了当官而主动自宫。不久，南汉宦官达到

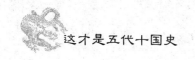

两万人。总之，南汉到了后主刘鋹，不是女人掌政，便是宦官干政。

龚澄枢与陈延寿找来一位叫樊胡子的女巫，声称玉皇降在她的身上，刘鋹深信不疑。刘鋹命人在宫中内殿设置帷帐，帐中陈列宝物，请樊胡子头戴远游冠、身穿大紫袍坐在帷帐之中。樊胡子对刘鋹说龚澄枢、陈延寿、卢琼仙等人是上天派来辅佐天子的，即使有罪也不能责问。

时日一久，宦官之间也开始互相争权。

内侍监许彦真害死钟允章后，又抢夺龚澄枢的权力。龚澄枢非常恼怒，准备向许彦真下手。龚澄枢先指使他人告发许彦真与先帝的李丽妃私通，自己则派人告发许彦真密谋造反。刘鋹是个糊涂皇帝，不管是真是假，马上下令，将许彦真斩首，并诛灭全族。

内侍监李托也想得到权力，他的办法是向刘鋹献上两位女儿。刘鋹看到李托的女儿后，非常高兴，分别封为贵妃与美人。刘鋹马上给李托加官，任命李托为内太师，从此朝廷政事必先禀报李托，然后才能处理。

宦官当中也有明白人，内常侍邵廷琄便是其中一个。邵廷琄对刘鋹说道："我大汉能够在此五十多年，皆因唐朝末年大乱，中原多事。然而我朝也因无事而骄傲懈怠，士兵不识旌旗战鼓，君王不知安危存亡。臣请加强军务，巩固边防，并与宋朝结好。"刘鋹不以为然。

公元964年（宋太祖乾德二年）九月，宋朝镇守潭州（今湖南省长沙市）的防御使潘美南下用兵，夺取被南汉占领的南楚故地郴州。刘鋹得到消息，这才感到害怕，也想起邵廷琄的建言，于是任命邵廷琄为招讨使，以作防备。邵廷琄率兵驻屯洸口（今广东省英德市境内），招抚流亡的百姓，训练士兵，加强战备，边境稍有安定。然而好景不长，不到一年，便有人向刘鋹告发邵廷琄图谋不轨。刘鋹不问青红皂白，立即下旨让邵廷琄自杀。

宦官当中也有能征善战的将领，潘崇彻便是大将吴怀恩之后的又一位名将。刘鋹让潘崇彻担任西北面招讨使，镇守在桂州（今广西桂林市）。后来，有人对刘鋹说潘崇彻有不臣之心。刘鋹派宦官薛崇誉前往察看，说如果潘崇彻有二心，就把他杀了。薛崇誉到了桂州，看不出潘崇彻有谋反的迹象，竟然回来对刘鋹说："潘崇彻每天只顾饮酒，不管军政，但没有谋反之心。"刘鋹于将潘崇彻召回广州，削夺其军权。

刘鋹荒废国政，还自毁长城，赵匡胤却在等待机会讨伐南汉。

潘美攻克郴州时，曾俘虏南汉十几个官员。潘美将这些人押送到开封，交给赵匡胤。当中有一个人叫余延业，自称是护驾弓官，赵匡胤命人拿来一把弓让余延业射箭。余延业连弓都拉不开，赵匡胤当时就笑了起来。赵匡胤又问余延业南汉的国政情况。余延业说君臣奢侈、残酷，百姓生活在水深火热之中。赵匡胤听后，非常惊骇，说道："朕应当拯救这一方的百姓。"然而赵匡胤当时正向后蜀用兵，不能分身。

公元968年（宋太祖开宝元年）九月，宋朝道州（今湖南省道县）刺史王继勋上表说："刘鋹昏庸残暴，百姓深受其害，还多次出兵入侵边境，请王师早日南下讨伐。"

赵匡胤当时正向北汉用兵，也不能分身。赵匡胤于是派人前往南唐，令南唐后主李煜给刘鋹传话，让刘鋹将所占领的湖南旧地献出。南唐已经向宋朝称臣，赵匡胤的话不能不听。李煜于是派人给刘鋹送去一封信，结果刘鋹没有听从。

公元970年（宋太祖开宝三年）八月，李煜再次给刘鋹写信，派给事中龚慎仪出使南汉，劝刘鋹向宋朝称臣。刘鋹看了李煜的信，大怒，命人将龚慎仪囚禁起来。刘鋹也给李煜写了一封回信，言辞极为不逊。李煜派人将此信转呈赵匡胤。

赵匡胤征讨北汉刚回开封，看了此信，当即决定出兵讨伐南汉。赵匡胤任命潭州防御使潘美为贺州道行营兵马都部署，朗州团练使尹崇珂为副部署，道州刺史王继勋为行营马军都监，左拾遗王明为随军转运使，令四人率兵开赴贺州（今广西壮族自治区贺州市）。

九月，潘美等人抵达白霞（今广西壮族自治区钟山县西北），逼近贺州。贺州刺史陈守忠派人火速前往广州告急。南汉朝廷内外听说宋军来攻，一片惊恐。刘鋹派龚澄枢乘着驿马车兼程前往贺州宣旨慰劳，以此希望前线将士能奋勇御敌。

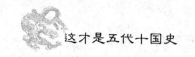

贺州的士兵驻守边境已经很久，都很贫困，听说龚澄枢前来，以为会有赏赐。没想到龚澄枢只给众人带来一道圣旨，士兵顿时溃散。这时探马来报，宋军前锋已经到达贺州城北的芳林，很快就要到达贺州城下。龚澄枢连忙乘一条小船，沿贺江南下，逃回广州。

龚澄枢回到广州，刘鋹只得召集群臣商议御敌之策，群臣都推荐由潘崇彻领兵出战。潘崇彻自从被削去军权，一直快快不乐，听说要出战，便说自己患了眼病，不能出征。刘鋹大怒道："为何一定要派潘崇彻？难道伍彦柔就不可以？"于是，刘鋹派伍彦柔率兵从水路北上增援贺州。

贺州城外的潘美听闻伍彦柔沿贺江北上即将到达，传令后撤二十里。潘美的撤退只是一种战术，因为他已经派出一支兵马悄悄南下，一直来到贺州城南数十里外的南乡，埋伏在贺江岸边。伍彦柔到达南乡时已是晚上，便传令停泊南乡。一夜无话。

第二天凌晨，伍彦柔带领士兵上岸，准备从陆路奔赴贺州。突然，伏兵四起，伍彦柔兵马大乱，被杀者十之七八。混战中，伍彦柔被擒，宋军将其首级砍下，送到贺州城外示众，贺州城中守兵仍然不降。

随军转运使王明对主将潘美说道："南汉的援兵还会到来，应当加紧攻击，早日破城。"众将十分犹豫，对攻城没有把握。王明二话不说，带着运送粮草的数百名士兵以及一千多名百姓冲到城下，挖掘泥土，填平壕沟。城中士兵这才感到害怕，竟然主动打开城门，向宋军投降。

攻克贺州后，潘美扬言说将从贺州沿水路顺流而下，直奔广州。

广州城内的刘鋹得到消息，非常忧虑。刘鋹实在没有办法，只好请出潘崇彻，任命潘崇彻为内太师、马步军都统，令其率三万士兵北上御敌。潘崇彻带领的是南汉主力兵马，他是南汉仅存的能战之将，但由于其心中有怨恨，只是率部驻屯贺江口（今广东省封开县西北），观望不前。

潘美并没有沿贺江南下，潘美认为立即从贺州南下还有后顾之忧，因为贺州西北的昭州（今广西壮族自治区平乐县）、桂州已是南汉领地，那里还有南汉守兵。潘美得知潘崇彻并没有继续北上，便率部奔赴昭州。十月，潘美攻破昭州境内的开建寨，杀死数千名南汉士兵，擒获将领靳晖。昭州刺史田行稠弃城逃走，桂州刺史李承珪也逃回广州。

十一月，潘美又向贺州的东边挺进，攻克连州（今广东省连州市），南汉招讨使卢收退守清远（今广东省清远市）。刘𬬮天真地认为："昭、桂、连、贺四州本就是楚国旧地，宋朝得到后，便不会再南下了。"

十二月，潘美从连州向东，抵达韶州（今广东省韶关市）。

韶州是广州的北大门，韶州一旦丢失，广州便非常危险。刘𬬮忙又派都统李承渥率兵前往韶州抵御。李承渥此次率领的兵马很特别，不仅有兵有马，还有大象。李承渥在韶州城南的蓬华峰下安营扎寨，开始训练大象布阵，每头大象身上载有十几名手持兵器的士兵。

李承渥用大象上阵，想利用这样的庞然大物来吓退北方的士兵。面对如此特别的阵势，潘美并没有被吓倒。潘美下令，将军中的强弩集中起来，一齐射击大象。大象中箭后，开始乱跑，身上的士兵都掉了下来，又被大象践踏。李承渥看到情势不妙，赶紧逃走。潘美很快便攻破韶州城，擒获韶州刺史辛延渥和谏议大夫邹文远。

潘美让辛延渥派人到广州去劝降。刘𬬮与群臣商议，观军器使李托极力反对投降。刘𬬮于是决定深挖壕沟，以作长久守城。刘𬬮还得找人率兵出城抵御，但环视众人，没有可用之将。宫媪梁鸾真推荐她的养子郭崇岳。刘𬬮便任命郭崇岳为招讨使，令其与大将植廷晓率兵进屯广州城北的马迳（音径），设置栅栏来抵御宋军。郭崇岳没有谋略也没有勇气，每天只是向鬼神祈祷而已。

公元971年（宋太祖开宝四年）正月，潘美接连攻克雄州（今广东省南雄市）、英州（今广东省英德市）。南汉大将潘崇彻听闻此事，这才明白潘美将其主力吸引到西边的贺江，实际是要从东边的韶州、英州方向南下攻打广州。潘崇彻认为大势已去，便率部向潘美投降。

潘美接着一路南进，很快进驻英州城南的泷头山。这时，刘𬬮派使前来议和，请潘美暂缓南进。潘美不接受议和，率部继续南下。泷头山地势险恶，潘美担心有埋伏，于是挟持使者通过各处险隘。

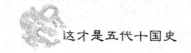
正月二十八日，潘美抵达马迳，在广州城西的双女山安营扎寨。登上双女山，可以俯瞰郭崇岳的营寨。潘美派出游骑兵不断到郭崇岳营寨前侵扰，郭崇岳紧闭寨门，不敢出战。

这时的刘鋹已经准备带着妃嫔逃离广州，并且调集了十几艘大船，装载大量的金银珠宝。刘鋹还没有出发，宦官乐范与一千多名士兵偷了船，已经逃走。刘鋹走投无路，非常恐惧，只得派右仆射萧漼、中书舍人卓惟休带着奏表前往宋军营前请降。萧漼、卓惟休到了潘美大营，潘美派人将二人送往京城开封。

萧漼、卓惟休二人没有返回广州城，刘鋹更为恐惧，便又下令让郭崇岳严加戒备。刘鋹再派兄弟、祯王刘保兴率领城中的兵马前往增援郭崇岳。刘保兴到了双女山，将领植廷晓建议打一仗。植廷晓说道："北方兵马席卷而来，其锋锐不可当。我们的士兵虽然很多，但不是有伤，便是有病。然而如果我们一直不出战，就只能坐以待毙了。"郭崇岳只好准备作战。

二月初四，植廷晓率领前锋据江水列阵，让郭崇岳断后，以防宋军冲锋。潘美带领士兵渡过了江，与植廷晓激战，植廷晓不敌身亡。郭崇岳哪里敢战，慌忙逃回营寨之中。

敌人躲在营寨中不战，潘美自有办法。潘美对转运使王明说道："敌人用竹子、木头构建栅栏，如果放火焚烧，敌人必定惊乱。先用火攻，然后再发动攻击，这是万全之策。"

潘美于是传令，让数千名士兵带着火炬，在晚上悄悄来到郭崇岳的营寨四周。不多时，万把火炬一齐点燃。这时，天又刮起了风，火势越烧越旺，南汉很多士兵被烧死，郭崇岳也没有幸免，刘保兴倒是逃了回去。

刘鋹看到刘保兴逃了回来，知道最后一支兵马也已败亡，不知如何应对。龚澄枢、李托与内侍中薛崇誉建言道："北方兵马前来，就是想得到我国的珍宝，臣等认为只要将这些珍宝烧毁，北方兵马必定不会久留。"刘鋹于是下令，放火焚烧内府、国库以及皇宫殿宇，整整烧了一个晚上。

二月初五，潘美率部到达广州城外的白田，刘鋹身着素色衣服前来投降。

潘美进入广州城后，俘虏南汉宗室王公、文武官员九十七人，将他们与刘鋹一起囚禁在龙德宫。这时有一百多名宦官穿着盛装前来求见潘美，潘美说道："怎么会有这么多阉人？我奉诏讨伐，正是为了消灭这帮东西。"潘美于是下令将这些宦官全部斩首。

宋朝消灭南汉，共得六十个州，计二百一十四个县，百姓十七万二百六十三户。潘美用露布将消灭南汉的消息送往京城开封。赵匡胤任命潘美与尹崇珂一同主持广州政务。

四月，潘美派人将刘鋹与其族人、官吏押送开封。刘鋹到了开封，赵匡胤派参知政事吕余庆责问刘鋹为何反复无常还烧毁珍宝，刘鋹把责任推给龚澄枢、李托与薛崇誉。赵匡胤将龚澄枢、李托与薛崇誉斩首，赦免了刘鋹。两个月后，赵匡胤任命刘鋹为右千牛卫大将军，封恩赦侯。十年后，刘鋹去世，年仅三十九岁。

遗憾的是，曾经被南汉占领的静海军，一直没有被收复。宋朝消灭南汉，也没有乘胜攻打交州（今越南河内市）以收复静海军，反而在两年后正式封割据交州的丁琏为交趾郡王，承认其藩国地位。

随着南汉的灭亡，华夏大地除了宋朝与辽国，还有北汉、南唐、吴越以及割据泉漳二州的陈洪进。赵匡胤下一个目标便是南唐。

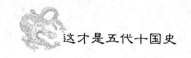
第96章　三路出兵，征讨南唐

南唐后主李煜继位时，只有二十五岁，当时宋朝已经建立一年半时间。李煜对国政没有什么兴趣，他最喜爱的是诗词、乐府。李煜的诗词写得很好，后世流传很广，这里不多赘述。李煜对乐府十分喜爱，教坊使袁承进便得到器重。李煜竟然把户部侍郎孟拱宸的宅第赐予袁承进。监察御史张宪以史为鉴作劝谏，李煜仍然不改对乐府的偏爱。

李煜对佛教的信奉也到了十分痴迷的地步。

李煜拿出大量钱财招募百姓当僧侣，京城江宁（今江苏省南京市）僧侣竟有一万多人，全部由官府供养。李煜退朝之后，便与皇后一起换上僧侣服装，诵读佛教书籍。史书上说，李煜在佛像前行礼下拜，时日一长，连手上、脚上都长出了肉茧。有僧侣犯了罪，李煜竟然让他们向佛祖行礼，然后便可释放。

由于李煜信佛，不少大臣也开始学习佛法，开始吃素，遵守戒律。中书舍人张洎每次被召见时，便大谈佛法，李煜非常高兴，便非常宠信张洎。

赵匡胤听说李煜如此信奉佛教，便派年轻且能言的人到江宁与李煜谈佛。李煜被赵匡胤所派之人迷惑，竟然称其为一佛出世。李煜从此便不把国家政事、边疆防御放在心上。

李煜对宋朝称臣，非常谨慎、恭敬，以图在江南得到偏安。李煜曾向赵匡胤上表，请赵匡胤下诏时，直呼其名，赵匡胤没有接受。李煜还给赵匡胤出兵南汉找了个借口，也算是为宋朝消灭南汉立了一功。

公元970年（宋太祖开宝三年）十一月，就在宋朝大军攻打南汉之际，南唐南都留守林仁肇秘密向李煜上表道："淮河以南各州的宋朝守兵不到千人，宋朝前些年消灭蜀国，现在又攻打岭南，往返几千里，士兵一定疲惫。请给臣几万兵马，趁着百姓还思念旧朝，可以收复长江以北各州。宋朝就是派兵来援，臣也可依仗淮河抵御。臣举兵之日，陛下只要派人向宋朝奏报说臣叛乱外逃。臣一旦成功，则国家受益；如果失败，则诛灭臣全家，以示陛下对宋朝没有二心。"李煜不敢采纳林仁肇这个建议。

赵匡胤消灭南汉后，李煜更是小心地事奉宋朝，立即派其弟、吉王李从谦前往宋朝进贡。半年后，李煜又派其弟、郑王李从善到宋朝进贡。李煜也正式去掉国号，将印章改为"江南国主印"。李煜再次奏请赵匡胤下诏时直呼其名，赵匡胤这回终于接受。

赵匡胤已经将南唐作为下一个目标，只是一直没有出兵攻打南唐的理由。李煜不仅向宋朝称臣，而且还如此恭敬，赵匡胤真的不好动手。赵匡胤没有一直等待机会，决定自己创造机会。

赵匡胤于是将李从善扣留在京城开封，看看李煜的反应。

公元972年（宋太祖开宝五年）二月，李从善出使宋朝已有四个月，仍然没有返回江宁，李煜感到非常害怕。李煜决定继续降低等级，将令改称教，中书省、门下省改称左右内史府，尚书省改称司会府，将宫殿两端的鸱吻全部拆除。

闰二月，赵匡胤任命李从善为泰宁节度使，并在开封赐予宅第。李煜得到消息，认为赵匡胤不会再让其弟回来了，因而表面上畏惧归顺，暗地里开始谋划攻守之策。赵匡胤则继续逼迫李煜，又让李从善给李煜写信，暗示李煜主动到开封朝见。李煜不肯到开封朝见，只是增加了贡物的数量。

赵匡胤一时拿李煜没办法，决定先铲除他的能臣。

赵匡胤听说林仁肇有才能，也有名望，会是其征讨南唐的障碍，便准备对林仁肇下手。赵匡胤让人将林仁肇的像画出来，挂在一个房间里。有南唐使者前来，赵匡胤故意带使者去看林仁肇的画像，并问是什么人，使者说是林仁肇。赵匡胤则说："林仁肇准备来降，先送画像作为信物。"赵匡胤又指着一座空馆对使者说："准备把这座房子赐给林仁肇。"使者回到江宁，将此事奏报给李煜，李煜不知是反间计，竟派人将林仁肇毒死。

公元973年（宋太祖开宝六年）四月，赵匡胤派翰林学士卢多逊出使江南。卢多逊到了江南，对李煜说："朝廷重新修订天下地图，史馆独缺江东各州，希望从各州带一份地图回去。"李煜不敢怠慢，立即派人誊录各州舆图。于是江南国十九个州的地势、驻军、百姓户口等全被卢多逊获知。卢多逊回到开封，立即向赵匡胤建言说江南国弱，可以夺取。

卢多逊走后，李煜才明白赵匡胤有南征的意图。李煜派使前往开封，请赵匡胤对其进行册封，以图让赵匡胤打消南征的念头。赵匡胤不肯册封李煜，只派阁门使梁迥出使江南，劝李煜到开封朝见。梁迥到了江南，对李煜说道："朝廷有祭天大礼，国主为何不前去助祭？"李煜知道这是在诱其入朝。李煜哪里敢离开江宁，因而支支吾吾不作回答。

赵匡胤没有找到出兵的借口，一边等待，一边作准备。赵匡胤命人在薰风门外建造宽大的宅第，非常宏伟壮丽，内置各种器物，无所不有。赵匡胤将此宅第赐名礼贤宅，用以等待李煜以及吴越王钱弘俶。赵匡胤又让人给钱弘俶带话说，江南国主倔强不肯臣服，很快就要讨伐，让钱弘俶训练好兵马，准备出兵相助。

赵匡胤仍然扣留着李从善，快有两年半了。李煜非常想念李从善，也很悲伤。李煜甚至将一年四季的宴会全部取消，足以看出李煜的思弟之情。李煜想把李从善要回来，于是派常州刺史陆昭符前往开封进贡，带上亲笔奏疏，请求赵匡胤让其弟李从善返回江南。赵匡胤没有接受，只是将李煜的奏疏拿给李从善看，并好言抚慰。

赵匡胤不想再等了，准备实施樊若水进献的计策向江南用兵。

樊若水本是南唐人，曾参加科举，但未能考中进士。樊若水又上疏奏呈国事，李煜不作理睬。樊若水于是来到江边采石矶（今安徽省马鞍山市西南），以钓鱼为名，用小船系上丝绳，在长江两岸往返几十次，测量长江水面的宽度。

樊若水接着便来到开封，求见赵匡胤，声称有平定江南的计策。赵匡胤厚待樊若水，赐其及第，再任命其为舒州团练推官。樊若水又说家人都在江南，担心被害，希望把他们接到舒州。赵匡胤于是给李煜下诏，让其派人护送樊若水的家人前往舒州。李煜不敢违抗，马上派人去办。樊若水在舒州一待便是四年。

公元974年（宋太祖开宝七年）七月，赵匡胤任命樊若水为赞善大夫，再派出使者，前往荆南、湖南，令当地官员按照樊若水的计策，制造数千艘大型战舰及黄黑龙船，并准备大量竹编的大绳索。

八月，吴越王钱弘俶派行军司马孙承祐入朝进贡。赵匡胤让孙承祐给钱弘俶带回大量赏赐，并让孙承祐告诉钱弘俶讨伐江南的日期，让钱弘俶做好出兵的准备。

九月，赵匡胤开始调兵准备南征。赵匡胤仍然觉得师出无名，于是派左拾遗、知制诰李穆出使江南，正式诏命李煜到京城开封朝见。如果李煜仍然不来，再派兵讨伐。

李穆到了江南，宣喻赵匡胤的旨意，李煜准备听从。光政使、门下侍郎陈乔劝阻道："臣与陛下一同接受元宗遗命，如今前往开封，一定会被扣留。宗庙社稷怎么办？臣就是一死，也没脸去见元宗。"

中书舍人张洎也劝李煜不要前往开封。李煜于是以病推辞，并说："臣之所以恭敬地侍奉大国，就是期望能够保全，成就陛下的恩德。现在看来，只有一死。"

李穆说道："是否入朝，由国主自己决定。然而朝廷兵马精良，物力雄厚，恐怕难以抵挡它的锋芒。请国主深思，不要留下悔恨。"李煜仍然不答应。

李煜抗旨不入朝，也很害怕，又派其兄弟、江国公李从镒与水部郎中龚慎修带着厚礼到开封进贡，还送上买宴钱。赵匡胤全部收下，不作

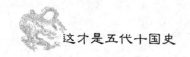

回复。赵匡胤终于为南征找到了借口，那便是李煜抗旨，不肯入朝。

十月，赵匡胤开始部署兵马南征，兵分三路攻打江南。中路由曹彬任昇州西南面行营马步军战棹都部署，潘美为都监，曹翰为先锋都指挥使。东路由吴越王钱弘俶为昇州东南面行营招抚制置使，再派客省使丁德裕率一千名禁军担任钱弘俶的前锋，同时担任监军。西路由黄州刺史王明率领，王明担任池州至岳州江路巡检战棹都部署。

中路是主力，由三支兵马组成。颖州团练使曹翰率兵先赴荆南。宣徽南院使曹彬、侍卫马军都虞候李汉琼、判四方馆事田钦祚率兵随后出发。山南东道节度使潘美、侍卫步军都虞候刘遇、东上阁门使梁迥先集结于和州（今安徽省和县），然后在采石矶渡江，会合曹彬等人的兵马攻打江宁。

东路是助攻，由两支兵马组成。吴越王钱弘俶率五万兵马从东面攻打常州（今江苏省常州市），宋朝丁德裕率领的水军从汴水而下，取道扬州进入长江，会合吴越国兵马攻打润州（今江苏省镇江市），再从东面攻打江宁。此次，赵匡胤赏赐给钱弘俶两百匹战马。

西路是牵制，向武昌进击，阻止江西境内的南唐水军东援。

大军即将起程，赵匡胤还有一些不放心。赵匡胤召见曹彬、潘美等将入朝。赵匡胤对曹彬叮嘱道："南方的战事，全部交给卿，切勿抢掠百姓，尽力宣扬恩威，让江南自动归顺，不必急于攻击。收复江南之后，朕将授卿为使相。"

赵匡胤又拿出一柄宝剑交给曹彬，说道："副将以下，不听号令的，斩首！"潘美等人听了，都大惊失色。赵匡胤对王全斌当年灭蜀杀人太多一直耿耿于怀，考虑到曹彬生性仁厚，所以专门授予其生杀大权。

第97章 攻克江宁，消灭南唐

公元974年（宋太祖开宝七年）十月，曹彬到达荆南后，率水军沿江东下。曹彬这一支兵马的首要任务是按樊若水的方案，到石牌口（今安徽省安庆市西）试架浮桥。荆南准备了大量竹编的大绳索，朗州建造了多艘黄黑龙船，都是为架设浮桥所用。

从江陵顺江一路东下，曹彬的战船沿北岸行驶，因为南岸是南唐的地界。一路上，南岸的南唐守兵看到后，以为是宋朝巡防，未加阻击。曹彬顺利经过南唐重兵驻屯的湖口（今江西省湖口县）。

曹彬到池州（今安徽省池州市）境内时，突然南渡长江，攻破南岸的峡口寨（今安徽省池州市西），杀死八百名守兵，擒获池州牙校王仁震、王宴、钱兴等人，俘虏二百七十名士兵。曹彬逼近池州城，池州守将戈彦弃城而逃。曹彬占领池州后，派八作使郝守浚到西边的石牌口试架浮桥，汝州防御使陆万友率兵把守。

曹彬接着率部继续东下，任务是夺取采石矶。

闰十月十三日，曹彬所部与南唐兵马在铜陵（今安徽省铜陵市东北）发生交战，取得胜利，缴获二百多艘战舰，俘虏八百多人。十日后，曹彬到达采石矶（今安徽省马鞍山市西南），与南唐两万多兵马交战，取得胜利，活捉马步军副部署杨收、兵马都监孙震等人，缴获三百多匹战马。

曹彬占领采石矶，便派人将石牌口的浮桥移到采石矶。这也是樊若水的方案。前面讲过，赵匡胤攻打江宁，主力大军渡江地点选在采石矶。然而在长江上架设浮桥，还没有人做过，不知能不能做成。樊若水的方法是，在石牌口试架浮桥，架成后，再移到采石矶。为什么会选在石牌口？一来采石矶靠近江宁，南唐容易派兵袭扰，很难架设，而石牌口的江南守兵很少。二来石牌口的长江宽度与采石矶一样，如果能在石牌口架设完成，便可移至采石矶，会缩短架设的时间。

十一月，宋军将石牌口的浮桥材料运至采石矶。果然，只要三天便将浮桥架成，长度一样，不差丝毫。采石矶的浮桥架设完成，潘美率领的步骑兵主力立即从浮桥上经过，如履平地。曹彬与潘美会合后，从西南方向向江宁挺进。

李煜听说宋军在长江上架设浮桥，便问张洎能否架成。张洎说："有记载以来，没有听说过能在长江上架设浮桥的，肯定建不成。"李煜说道："我也认为只是儿戏罢了。"

然而李煜也不敢怠慢，派镇海节度使郑彦华率一万名水军，天德都虞候杜真率一万名步军，一同前往抵御宋军。李煜很自信地对二人说："两支兵马水陆并进，必定战无不胜。"

不久，前方来报，吴越王钱弘俶从东南方向攻来。李煜派人给钱弘俶送去一封信。在信中，李煜说道："今天没有了我，明天岂能有你？明天天子奖赏你时，你不过是开封的一介布衣而已。"李煜的这封信后被钱弘俶转呈赵匡胤。

数日后，前方又报："郑彦华、杜真在江宁城西南的新林与宋将曹彬、潘美的兵马遭遇，杜真率步军出战，郑彦华的水军按兵不动，以致杜真大败。宋将曹彬又攻打郑彦华，三十艘战舰被缴。"

李煜听说郑彦华、杜真兵败，下令江宁城中戒严。

李煜决定与宋朝彻底决裂，下令去掉宋朝的开宝年号，不再奉宋朝为正朔。李煜还下令，招募百姓当兵，增加兵力，以抵御宋朝大军。

然而，李煜的兵马无力抵挡宋朝的大军。

十二月，曹彬先后在白鹭洲、新林港口击败南唐兵马。

公元975年（宋太祖开宝八年）正月，行营左厢战棹都监田钦祚在溧水打败南唐都统李雄的一万兵马，李雄父子八人全部阵亡。

正月十七日，曹彬率主力兵马到达江宁城外。行营马军都指挥使李汉琼率部到达城外的秦淮河边，用大船装满芦苇，顺着风势放火，进攻南唐的水上营寨，全都攻克。为不失战机，潘美不等渡船到齐，便下令涉水渡河。潘美渡河后，立即向南唐兵马发起袭击，取得大胜。

二月十二日，曹彬攻克江宁外城，南唐士兵全部逃入城内。

曹彬没有强行攻打江宁城，希望李煜能够主动投降，以减少不必要的伤亡。然而两个月过去了，李煜并没有投降，曹彬只得继续围困江宁城。

此时另外两路兵马也取得战果，吴越王钱弘俶率领的东路兵马已经攻克常州（今江苏省常州市），黄州刺史王明带领的西路兵马接连在武昌、江州击败江南兵马。

曹彬已经攻至江宁城下多日，后主李煜在忙什么呢？

李煜正在后宫带着僧侣、道士诵读佛经、谈论《周易》，并没有把军政大事放在心上。李煜为何有如此心境？因为当初陈乔、张洎曾建议，只要派各处守将坚守壁垒，以疲劳宋军就行，所以李煜并不忧虑。李煜于是将军权全部交给神卫统军都指挥使皇甫继勋，便不再过问。

皇甫继勋是皇甫晖的儿子，年纪轻轻，娇生惯养，没有拼死效力的决心。皇甫继勋一直希望李煜早日投降，只是嘴上不敢说。如果有人想出战，皇甫继勋便用鞭子抽打他，因而士兵都非常愤恨。虽然告急文书不断，但都不能送至李煜手中，甚至宋军兵临城下几个月，李煜一无所知。

五月，李煜出宫巡视城防，看到宋军在城外布列营栅，旌旗遍野，才知道自己被左右大臣蒙蔽，开始惊慌恐惧。李煜下令将皇甫继勋处死，士兵争相割其身上的肉。

皇甫继勋被杀后，军机决策都由张洎等人专断。张洎等人也在考虑如何解围。张洎等人想到了一支兵马，那便是驻屯湖口的那支重兵。于是，张洎等人派人去湖口，命神卫军都虞候朱全赟率部前来援救。

朱全赟当时驻屯在湖口的士兵有十万人，但朱全赟不敢东进。众将请求乘着江水上涨而顺流东下，朱全赟担心一旦离开，宋军会占其后

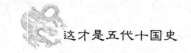

方，切断粮道。于是，朱全赟派人请南都留守柴克贞替其守湖口，柴克贞推说有病，不能前来。朱全赟便不敢离开，李煜多次催促，朱全赟也不听。

九月，李煜兄弟李从镒在李穆护送下，从开封回到江宁。李从镒带来赵匡胤的亲笔诏书，劝李煜投降。李煜准备投降。陈乔、张洎认为江宁城池坚固，北军迟早会退。李煜只得作罢。

这时，吴越王钱弘俶已会合宋朝丁德裕的兵马攻克润州，从东边逼近江宁。李煜得到消息，更为着急。李煜此时能依仗的只有湖口的朱全赟了。李煜派人火速前往湖口，令朱全赟来援。

李煜还派使前往开封，请赵匡胤放缓用兵。给事中周惟简与学士承旨徐铉奉命出使。李煜给徐铉准备了十几张纸的奏目，让周惟简向赵匡胤哀怜，以让其辞去政务养病。徐铉博学多才，能言善辩，此行也打算游说赵匡胤，以保全南唐。

徐铉到了开封，见了赵匡胤，仰面大声说道："李煜没有罪，陛下师出无名！"

赵匡胤从容不迫，让徐铉进前，将话说完。徐铉说道："李煜事奉陛下，如同儿子对待父亲，没有过失，为何遭到讨伐？"

赵匡胤反问道："父亲和儿子分为两家，你说可以吗？"

徐铉无言以对。周惟简赶紧将李煜准备的奏目呈给赵匡胤，赵匡胤看后，无非是哀怜、请辞之语。赵匡胤不为所动，也不准备放缓用兵。徐铉、周惟简此行无功，只好辞行返回南唐。

朱全赟终于从湖口前来增援江宁，号称有十五万兵马。朱全赟有不少的大木筏和大型战舰。这些木筏有一百多丈长，而战舰可容千人。朱全赟准备用这些木筏和战舰来摧毁宋军修建的浮桥。

宋将王明在独树口（今安徽省安庆市境内）的江心和岸边树立多个长木头，如同桅杆以迷惑敌人。朱全赟以为宋军在此拦截，不敢前进。曹彬得到消息，又派行营步军都指挥使刘遇增援王明。

十月二十一日，朱全赟到达皖口（今安徽省安庆市西），刘遇、王

明率军攻击。朱全赟用火油放火燃烧，刘遇、王明不能取胜。突然刮起北风，大火反过来烧朱全赟的士兵，朱全赟的士兵不战自溃，朱全赟也被大火烧死。

李煜得知朱全赟兵败身死，只得再派徐铉出使开封。

十一月，赵匡胤在便殿召见徐铉。徐铉说道："李煜患病不能前来朝见，不是想抗拒陛下的诏命。请陛下放缓进兵，以保全江南一邦百姓的性命。"

徐铉言语非常恳切，不停地请求。然而赵匡胤越听越怒，突然拔出佩剑说道："不必多言！江南也没有罪，只是天下应当是一家，卧榻之侧，岂容他人鼾睡？"徐铉惶恐而退。

江宁城被围，从春天到了冬天，曹彬一直没有强攻，专等李煜投降。尽管有五千多名江南士兵前来偷袭潘美营寨被歼，曹彬也没有攻城。曹彬多次派人入城对李煜说道："江宁城必将被攻破，国主应当早作打算。"

李煜决定派其子、清源郡公李仲寓到开封朝见赵匡胤，然而又迟迟不行。曹彬每天都派人催促，说道："郎君不必远走京城，只要一到营寨，四面就立即停止进攻。"

李煜被左右所惑，仍不想投降，说李仲寓的行装没有准备好。

曹彬又派人说道："迟了就来不及了。"李煜仍是不听。

曹彬准备攻城了。曹彬一直没忘赵匡胤的叮嘱，不得伤害城中民兵，如果南唐困兽犹斗，也不要伤害李煜一族。曹彬想到这里，突然说自己生了病，不能处理军务。众将前来探问病情，曹彬说道："我的病不是药物能够治疗的，希望诸位立下誓言，破城之后，不得滥杀一人，我曹彬的病就好了。"众将都答应，于是焚香立誓。

十一月二十七日，曹彬对江宁城发起最后的攻击。

江宁城当天就被攻破，一直主张不降的陈乔、张洎相约一同去死。二人一同晋见李煜，陈乔说道："臣辜负陛下，请陛下将臣诛杀。将来中原朝廷有什么责难，就推到臣的身上。"

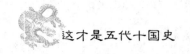

李煜说道："国家气数已尽，卿死而无益。"

陈乔说道："纵然陛下不杀臣，臣还有什么面目去见士人呢？"陈乔回家后，自缢而死。

张洎此时又不想死，对李煜说道："臣与陈乔一同掌管中枢，国家灭亡应当一同去死。然而想到陛下将要前往开封，有谁会与陛下同去辩明事情呢？"

曹彬率兵入城，军纪严明，士大夫得以保全。曹彬又命人在自己的军中搜查，不得藏匿江南百姓妻女。曹彬还挑选一千名士兵把守宫门，对士兵下令道："有想入宫的，一律拒绝。"

曹彬等将排成整齐的队列来到宫城，李煜手持表章前来投降，文武百官都在宫门前跪拜。李煜先向潘美行礼，潘美回礼，再向曹彬行礼，曹彬说道："盔甲在身，不能回拜。"

李煜出降，南唐至此灭亡，宋朝共得十九个州、三个军，计一百零八个县，百姓六十五万五千零六十五户。此后，江宁府又改称昇州。

十二月，曹彬派人将捷报送达开封，群臣都向赵匡胤道贺。赵匡胤流着泪说道："天下分裂，百姓深受其害，攻城之际，必有无辜之人伤亡，这实在让人为之悲痛。"赵匡胤于是下诏，拨十五万石米赈济江宁城中的饥民。

公元976年（宋太祖开宝九年）正月，李煜及其族人、官员共四十五人被送到开封。赵匡胤在明德门接受献俘。李煜身着素色衣服等待降罪，赵匡胤一律赦免。

赵匡胤看到一同前来的徐铉，责备他没有尽早劝李煜归降，声色俱厉。徐铉说道："臣是南唐大臣，国家灭亡，罪该万死，不必再问其他。"赵匡胤叹道："真是忠臣啊！"下令赐坐。

赵匡胤又对一同前来的张洎说道："你劝李煜不降，以致直到今天才攻破城池。"张洎请求一死。赵匡胤本打算杀了张洎，到这时才认为他有胆量，是个奇才，便也赦免。

数日后，赵匡胤任命李煜为右千牛卫上将军，封违命侯。李煜到了开封，写了不少词，让人读了非常感伤，如《虞美人》《破阵子》，不再细述。两年后，李煜在开封去世，年仅四十二岁。

二月，赵匡胤论功行赏，任命曹彬为枢密使兼忠武节度使，潘美为宣徽北院使，李汉琼、刘遇、田钦祚、李继隆等人都有晋级。曹彬从江南归来，到阁门呈递札子道："奉旨到江南办事已回"，时人都说曹彬居功不自夸。

曹彬出征江南时，赵匡胤曾许诺授其使相，也就是既当节度使又当宰相。现在赵匡胤对曹彬说："使相的品级已经高到极点，暂且缓一缓，再为朕攻取太原。"于是，赵匡胤额外赏赐曹彬五十万贯钱。曹彬回到家中，看到满屋子的钱，叹道："人生在世，何必非要使相不可，还是多得一些钱吧。"

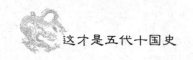
第98章　三攻北汉，太祖病逝

宋朝消灭南唐后，华夏大地除了宋朝与辽国外，还有北汉、吴越以及割据泉漳二州的陈洪进。不用说，赵匡胤下面应当收复吴越以及泉漳二州，然后再北上攻打北汉。然而，赵匡胤没有这样做。赵匡胤仍是先攻北汉，这是为何？原来吴越的钱弘俶、泉漳的陈洪进都奉诏入朝，赵匡胤不好向他们用兵。

赵匡胤还在攻打南唐之际，便曾召见吴越国的进奏官任知果，让他向吴越王钱弘俶转达旨意："元帅攻克常州，建有大功，等平定江南，可暂且到京城来与朕相见，以慰藉长期思念之心。朕不会让元帅久留京城，决不食言。"

赵匡胤所说的元帅就是吴越王钱弘俶，元帅一职是赵匡胤即位的次月给钱弘俶任命的，全称是"天下兵马大元帅"。钱弘俶在宋朝建立之际，为避赵匡胤父亲赵弘殷名讳，已经更名为钱俶。赵匡胤之所以称钱弘俶为元帅，是因为钱弘俶的吴越王是后汉封的，而之后的后周、宋朝都只是任命为元帅。

攻打南唐的战事结束后，钱弘俶回到吴越国都城杭州，任知果也回到杭州，将赵匡胤的话禀报给钱弘俶。钱弘俶当时不能决定是否要到京城开封朝见赵匡胤，便与群臣商议。

通儒院学士崔仁冀说道："大宋皇帝英明神武，所向无敌，天下大势，可想而知。大王应当保护宗族、顾全百姓，这才是上策啊。"钱弘俶认为崔仁冀的话很有道理。

公元975年（宋太祖开宝八年）十二月三十日，钱弘俶先派使前往开封，称明年长春节入朝，赵匡胤准许。赵匡胤还亲自到礼贤宅巡视，看看各种设施是否置办齐全，以便钱弘俶到来之后就能入住。

公元976年（宋太祖开宝九年）二月二十二日，钱弘俶与其子钱惟浚一同来到开封。也许是路不好走，没能赶上赵匡胤的生日长春节。赵匡胤对钱弘俶父子的到来还是很高兴的，先在崇德殿接受钱弘俶父子朝见，又在长春殿宴请钱弘俶父子。赵匡胤对钱弘俶赏赐非常丰厚，钱弘俶此次进贡的钱物也比往日多出几倍。

三月初三，赵匡胤下诏，准许钱弘俶剑履上殿，在诏书中也不直呼其名。第二天，赵匡胤又下诏，封钱弘俶的妻子孙氏为吴越国王妃。宰相认为，异姓诸侯王没有赐封王妃的先例，赵匡胤说道："这就从我朝开始实行，以示特别恩宠。"

钱弘俶在开封期间，赵匡胤多次召见钱弘俶父子，带他们到御苑中射箭，赵家诸王也一同跟随。钱弘俶见到赵家诸王，总是不断向他们行礼，赵匡胤则让宦官将其搀扶起来。赵匡胤还让钱弘俶与赵光义以兄弟相称，行兄弟之礼。钱弘俶不敢接受，连忙跪在地上，不停叩头推辞，这才作罢。

赵匡胤准备到西京洛阳巡视，钱弘俶请求护卫随行，赵匡胤没有准许。赵匡胤让钱惟浚留下随行，而派人送钱弘俶回杭州。赵匡胤在讲武殿设宴，为钱弘俶饯行。赵匡胤关切地对钱弘俶说道："南北风土、气候有所不同，天气很快就要变热，应当早点起程。"

钱弘俶听了此言，感动得泪流满面。钱弘俶请求三年一朝，赵匡胤说道："路途遥远，等有诏令再来。"

宴会结束，钱弘俶即将起程。赵匡胤送给他一个黄色的包袱，说道："途中再打开，悄悄地看。"钱弘俶谨记，行礼而别。

途中，钱弘俶打开黄色包袱，原来里边全是大臣们请求将钱弘俶扣留在开封的奏疏，钱弘俶感到非常恐惧。

钱弘俶返回吴越国，赵匡胤又下诏让陈洪进前来朝见。陈洪进也不

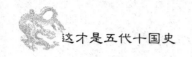

敢怠慢，收拾行装便准备起程。

陈洪进还在途中时，赵匡胤便决定向北汉用兵了。

赵匡胤此次攻打北汉，已是第三次。赵匡胤第一次、第二次攻打北汉时，南方尚未统一，多少有些心急。然而现在，南方基本统一，吴越的钱弘俶与泉漳的陈洪进已经奉诏来朝，赵匡胤此时攻打北汉，群臣都没有异议。

八月，赵匡胤任命侍卫马军都指挥使党进为河东道行营马步军都部署，宣徽北院使潘美为都监，虎捷右厢都指挥使杨光美为都虞候，令三人与牛思进、米文义统领兵马，分五路攻打北汉都城太原。数日后，赵匡胤又派忻、代行营都监郭进等人分别进攻忻、代、汾、沁、辽、石等州。

各路进展都很顺利，忻、代路俘获北汉兵民三万七千多人，辽州路攻破北汉四十多个营寨，沁州路击败北汉五百多人。九月，党进率领的主力兵马直抵太原城下，与北汉兵马在太原城外激战，取得大胜。

然而，就在各路大军正与北汉兵马激战之时，赵匡胤突然与世长辞，年仅五十岁。

史书上关于赵匡胤的去世，记载很为隐晦，给人留下不少疑惑。正史的记载很简单，就一句话，说赵匡胤崩于万岁殿，年五十，没有提到患病之事。《续资治通鉴》说赵匡胤是病逝的，这让人难以理解。赵匡胤在八月决定攻打北汉时，并没有患病的记载，各路兵马于九月攻入北汉时，史书上也没有赵匡胤患病的记载。赵匡胤在十月患病去世，不能不说太突然。

再看看《续资治通鉴》的记载。十月十九日，患病的赵匡胤派宦官王继恩前往建隆观设置黄箓道场。当天晚上，赵匡胤召晋王赵光义入宫，赵光义半夜才出宫。深夜四更，已是十月二十日，赵匡胤驾崩。

这段记载可以说非常简略，似乎隐去了不少内容。最让人疑惑的是，赵光义晚上进宫到半夜出宫，这段时间到底发生了些什么？这个事说不清楚，便无法说清楚赵匡胤突然驾崩的原因。

接下来的记载反而非常详细，让人更为疑惑。

《续资治通鉴》说，赵匡胤驾崩后，宋皇后派王继恩出宫，去召皇子赵德芳。赵德芳是赵匡胤的四子，时年十八岁，是贵州防御使。王继恩没有前往赵德芳处，而是来到开封府，去找府尹赵光义。

王继恩到了开封府大门口，看到左押衙程德元坐在府门前，王继恩便和程德元一起进府去见赵光义。王继恩告诉赵光义，皇上驾崩，赶紧入宫。赵光义非常惊骇，犹豫不定，说道："我应当和家人商议一下。"

赵光义很久没有动身。王继恩催促道："晋王赶紧进宫，时间一长，恐怕就被他人抢先了。"赵光义便与王继恩、程德元一同前往皇宫。当时正下着大雪，三人就冒着大雪前行。

到了赵匡胤寝殿前，王继恩让赵光义在殿外等候，由他先进去通报。程德元急切地说道："应当立即前去，还等什么？"赵光义于是和王继恩一同进入殿内。

宋皇后听到声响，问道："德芳来了吗？"

王继恩答道："晋王到了。"

宋皇后看到晋王赵光义，愕然、惊恐，马上称赵光义为官家，还说道："我们母子的性命，全托付给官家了。"

赵光义流着泪说道："共保富贵，不要担忧。"

十月二十一日，赵光义登基即位，是为宋太宗。面对群臣朝见，赵光义号啕大哭、悲痛欲绝。这一天，史书对赵光义的记载便是登基、悲伤、大哭，没有其他重要事务。第二天，赵光义才下诏大赦天下。

又过了五天，赵光义任命永兴节度使兼侍中赵廷美为开封府尹兼中书令，封齐王；山南西道节度使、同平章事赵德昭为永兴节度使兼侍中，封武功郡王；赵德芳为山南西道节度使、同平章事。赵廷美是赵光义的兄弟，赵德昭、赵德芳是赵匡胤的儿子。

从赵光义的这个任命来看，赵匡胤的儿子是不会优先继承皇位的，按次序应当是赵廷美。赵光义想让人看出他的做法是兄终弟及，也许这样更能证明他的皇位继承是理所当然的。然而赵廷美在八年后去世，年

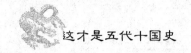

仅三十八岁。赵德昭、赵德芳分别在三年后、五年后去世，年仅二十九岁、二十三岁。这三人都没有机会继承赵光义的皇位，因为赵光义二十一年后才去世。

赵匡胤的死，以及赵廷美、赵德昭、赵德芳的死，都让人疑惑，而赵光义是最大的嫌疑人，尽管没有办法找到确凿的史料来证明。从皇位继承来看，赵光义是最终的赢家，史料岂能对其不利？也许赵匡胤等人的死是正常的，但也无法不让后人去猜测。

北宋共有九位皇帝，赵光义之后的七位，都是赵光义的子孙。南宋开国皇帝高宗赵构也是赵光义的子孙，但无子可传，最后传位于宋孝宗赵昚（音渗）。南宋也是九位皇帝，从赵昚开始，都是赵匡胤一族。上天也许是公平的。

回到正题。赵匡胤去世了，征讨北汉的战事会怎样呢？

虽然前线将士接连取得胜利，但赵光义一时没有精力关注这场战事，毕竟赵匡胤去世了，宋朝正有大丧。赵光义即位不久便下诏，令征讨北汉的兵马撤回，潘美、党进等将便从前线返回朝廷。

北汉皇帝刘继元还不知道赵匡胤突然去世，在节节败退之际，已经派使向辽国告急。辽景宗接到刘继元的急报，也准备派兵救援北汉。然而不久，辽景宗便得知赵匡胤已经去世，于是又派使到开封吊唁、慰问。辽景宗既然向宋朝示好，便不再派兵增援北汉。四个月后，辽景宗又派鸿胪少卿耶律敌前来为赵匡胤助葬，不再细述。

宋朝与辽国已经通使，赵光义还会再攻打北汉吗？

第99章　进京朝见，纳土归宋

赵光义没有马上就去攻打北汉。这是为什么呢？

一个很好的理由便是赵匡胤去世了，国家有大丧，赵光义必须得先办好这件事。这也能体现他对赵匡胤的尊重。然而赵光义正式攻打北汉要在两年之后，这似乎又不太好理解，毕竟处理国丧也不需要那么长时间。

那么还有一个原因，就是赵光义要巩固自己的皇位。

试想一下，如果是柴荣就不会如此，所以才有高平之战。柴荣为何不急于巩固自己的皇位？因为柴荣不担心他的皇位，他的皇位得来是名正言顺的，是郭威传给他的。再有，郭威没有亲生儿子，那些与郭威有亲戚关系的人，如李重进、张永德，已经被柴荣带到前线去打仗，不会有后顾之忧。

赵光义则不一样，他不可能像柴荣那样，先放下赵匡胤的丧事，而去消灭北汉，尽管前线的作战已经很顺利。如果赵光义亲征了，势必留下兄弟赵廷美或赵匡胤的儿子赵德昭留守，他不敢。如果把这些人全部带去打仗，他也不好这么做，因为说不通，至少赵德昭要为父守丧，再说这些人在军中也不像李重进、张永德那样有重要职务。这也可以从一个侧面说明，赵光义的皇位获得是有些勉强的。

在接下来的两年中，竟然有人纳土归宋。

说到纳土归宋，便会想到吴越国的钱弘俶，其实最先纳土归宋的不是钱弘俶，而是陈洪进。而且，正因为有了陈洪进率先纳土，钱弘俶才

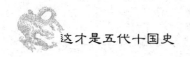

跟着效仿。先从陈洪进讲起。

公元962年（宋太祖建隆三年）三月，割据泉漳二州十七年的南唐清源节度使留从效病逝，年五十七岁。留从效去世后，其兄长留从愿之子留绍镃（音资）接管泉漳二州军政。节度副使陈洪进想掌管大权，便诬陷留绍镃密谋归附吴越国，将留绍镃囚禁起来，押送南唐都城江宁。

陈洪进虽然想夺权，但还不想担任节度使。陈洪进于是推举统军副使张汉思为清源军留后，大小事务都由自己裁决。一年后，张汉思因不甘心当个傀儡而想害死陈洪进，结果反被陈洪进夺了大权。陈洪进也善待张汉思，让其退隐，直到寿终正寝。

陈洪进先自称清源军留后，再派人到江宁，向南唐后主李煜请求任命。李煜接受陈洪进的奏请，任命陈洪进为清源节度使。

陈洪进又派牙将魏仁济前往开封，向赵匡胤称臣纳负，并请赵匡胤给予任命。魏仁济到达开封，向赵匡胤呈递陈洪进的奏章。陈洪进在奏章中自称是清源节度副使，临时掌管泉漳二州。赵匡胤接受陈洪进称臣，并派使前往安抚。

赵匡胤又给李煜下诏，说明接纳陈洪进的意图，并告知李煜将要授了陈洪进节度使之职。公元964年（宋太祖乾德二年）正月，赵匡胤下诏，将清源军改为平海军，任命陈洪进为平海军节度使。

陈洪进为向宋朝进贡财物，便向境内百姓加征赋税。那些家产在百万钱以上的富户多缴了赋税，陈洪进也任命他们为协律郎、奉礼郎，免除他们的徭役。陈洪进的子弟、亲戚互相勾结、贿赂，泉漳二州的百姓非常困苦。

赵匡胤消灭南唐后，陈洪进割据的泉漳二州便与宋朝接壤。陈洪进虽然已经向宋朝称臣纳贡十二年，但仍然感到非常害怕。陈洪进担心赵匡胤很快便会向其用兵，以完全统一南方。

公元976年（宋太祖开宝九年）二月，陈洪进听说吴越王钱弘俶到开封朝见赵匡胤，心中感到十分不安。陈洪进已经坐不住了，于是派其子陈文显入朝进贡。陈洪进此次进贡的物品非常贵重，有一万斤乳香、三千斤象牙、五斤龙脑香。

赵匡胤并不满足收纳贡物。赵匡胤给陈洪进下诏，让其到开封来朝见。陈洪进接到诏书，不敢怠慢，赶紧上路。陈洪进到达南剑州（今福建省南平市）时，听说赵匡胤去世，忙又返回泉州，为赵匡胤发哀。

赵光义即位后，陈洪进再度北上，前往开封朝见赵光义。

公元977年（宋太宗太平兴国二年）闰七月，赵光义得知陈洪进将要前来开封，派翰林使程德元前往宿州（今安徽省宿州市）迎接慰劳。

八月初八，陈洪进到达开封，在崇德殿朝见赵光义。赵光义对陈洪进十分礼遇，赏赐一千万贯钱、一万两银子、一万匹绢帛。

吴越王钱弘俶也准备到开封朝见赵光义。

九月，钱弘俶先派其子钱惟浚前来进贡。赵光义得知后，立即派户部郎中侯陟到泗州（今江苏省盱眙县淮河北岸）迎接慰劳。钱惟浚到达开封后，赵光义赏赐不计其数。不久，钱弘俶再派使者入朝，请求赵光义下诏时直呼其名，赵光义不许。

公元978年（宋太宗太平兴国三年）二月，钱弘俶将要到达开封。赵光义派四方馆使梁迥前往淮西（今安徽省凤台县）迎接慰劳，又派钱惟浚到宋州（今河南省商丘市）迎接其父。

三月二十五日，钱弘俶到达开封。赵光义在崇德殿召见钱弘俶，又在长春殿宴请钱弘俶。赵光义对钱弘俶的赏赐十分丰厚。钱弘俶此次入朝，进贡财物更为丰富。钱弘俶想以此来博取赵光义的欢心，以便能够让其返回杭州。

然而，到达开封已经半年之久的陈洪进不准备再回泉州了。

四月二十五日，陈洪进采用幕僚刘昌言的建议，奉上表章，进献所辖泉、漳二州。陈洪进纳土归宋，宋朝获得十四个县，百姓十五万一千九百七十八户，士兵一万八千七百二十七人。

四日后，赵光义任命陈洪进为武宁节度使、同平章事，陈洪进的儿子陈文显为通州团练使，同时为泉州知州，另一子陈文颢（音以）为滁州刺史，同时为漳州知州。七年后，陈洪进在开封病逝，年七十二岁，

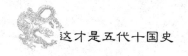

此为后话。

那么钱弘俶能与上次一样返回杭州吗？赵光义会与赵匡胤一样，让钱弘俶离开开封吗？赵光义当时确实打算让钱弘俶返回杭州，然而宰相卢多逊请求赵光义一定要留下钱弘俶。赵光义没有接受卢多逊的建议。卢多逊一直坚持，前后请求达三十多次，终于让赵光义改变主意。

钱弘俶当然想回杭州，但听说陈洪进已经献出泉、漳二州，便决定也有所表示，但还不打算献出土地。钱弘俶将吴越国兵马登记在册，呈报朝廷，同时请求解除天下兵马大元帅之职，还请求返回杭州。赵光义都没有准许。

钱弘俶得知赵光义不让他回国，一时不知如何是好。

僚属崔仁冀说道："朝廷的意图已经很清楚，大王如不早点献出领地，祸患就要来了。"

其他僚属都争着说不能献出土地，崔仁冀厉声说道："如今在人家的掌控之中，离我们的国都千里之遥，只有长出翅膀才能离开。"

钱弘俶听了此言，不再犹豫，决定纳土归宋。

五月初一，钱弘俶呈上表章，献上吴越国的一军、十三州，计八十六个县，百姓五十五万零六百零八户。吴越国的一军，是指衣锦军（今浙江省杭州市临安区），也是吴越国王的家乡。当年首任国王钱镠常常衣锦还乡，后来才有衣锦军这个名字，以显示无比荣耀。四个月后，赵光义下诏，将衣锦军更名为顺化军。从衣锦军到顺化军，不禁让人感慨万千。

两日后，赵光义封钱弘俶为淮海王，其子钱惟浚为淮南节度使，钱惟治为镇国节度使，孙子钱承佑为泰宁节度使，崔仁冀为淮南节度副使。十年后，钱弘俶去世，年六十。

吴越国善事中原，特别是纳土归宋深得后世赞赏。我们在赞赏的同时，也要清醒地认识到，中原朝廷如果没有实力，吴越国一定不会纳土归宋。吴越国从钱镠到钱弘俶，前后五位君王，为何到了宋朝才献出领地呢？那是因为宋朝一连消灭了荆南、湖南、后蜀、南汉以及南唐，让吴越国不得不敬畏。然而，尽管如此，钱弘俶仍不想献出土地，还是到了无路可走之时，才不得不纳土归宋。

在年号上，吴越国一直奉中原朝廷为正朔，这也是史书标榜吴越国善事中原的地方。其实，钱镠在位时，一直有自己的年号，只是悄悄地使用。钱镠早在公元908年便改元"天宝"，还在公元924年改元"宝大"，又在公元926年十二月改元"宝正"，其中"宝正"年号在《资治通鉴》上有明确记载。钱镠去世，其子孙便一直使用中原朝廷年号。

最后再说说吴越国几位君王的事。

钱镠于公元907年五月被后梁封为吴越王。钱镠在位期间，与南吴发生苏州之战、湖州之战、千秋岭之战、广德之战、常州之战，直到无锡之战结束，两国才罢兵安定。钱镠的儿子钱元瓘多次率兵出战，屡立战功。公元932年三月，钱镠去世，钱元瓘继位。

钱元瓘在位期间，生活奢侈、好建宫室，甚于其父。钱元瓘只对外用一次兵。公元940年二月，闽国王延羲、王延政兄弟相攻，王延政向吴越求救。钱元瓘派仰仁诠与薛万忠率四万人前往增援，结果兵败逃回。公元941年七月，王宫失火，钱元瓘惊吓过度，精神失常，于次月病逝。

之后的钱弘佐、钱弘倧及钱弘俶都是钱元瓘的儿子。钱弘佐于公元941年九月即位。钱弘佐在位期间，与南唐争夺福州，最终占领福州。公元947年六月钱弘佐去世，钱弘倧继位。十二月，内牙统军使胡进思囚禁钱弘倧，拥立钱弘俶即位。钱弘俶即位后，保全并善待钱弘倧。钱弘俶在位三十年，历经后汉、后周直到北宋。

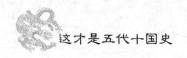

第100章　围城打援，迫降北汉

　　随着割据泉、漳二州的陈洪进与吴越国的钱弘俶纳土归宋，五代十国只剩下北汉一国。当时的华夏大地三国并列，即宋朝、北汉与辽国。北汉依附辽国与宋朝相抗，有意思的是，此时的辽国却与宋朝通好。那么赵光义还会再攻打北汉吗？

　　公元978年（宋太宗太平兴国三年）十二月，赵光义开始加强士兵操练，为攻打北汉作准备。赵光义还亲自登上讲武台，观看士兵使用抛石机以及连发弓弩。当时，辽国使者正在开封，奉命前来报聘。不久又有使者奉辽景宗之命来向赵光义祝贺新年。

　　辽国使者回国后，告诉辽景宗，赵光义正在训练士兵，一定会攻打北汉，请辽景宗做一些准备。辽国南京留守、摄枢密使韩匡嗣根本不信，还斥责使者，说哪有这样的事？辽景宗也不相信，便没有作防备。

　　公元979年（宋太宗太平兴国四年）正月的一天，赵光义召见枢密使曹彬等人，商议攻打北汉事宜。赵光义问道："周世宗和我朝太祖，都曾亲自征伐太原而不能攻克，难道是因为城墙坚固、无法接近？"

　　曹彬回道："周世宗攻打太原时，因为史超在石岭关（今山西省阳曲县东北）战败，军心动摇，所以班师回朝。我朝太祖在甘草地中驻兵，不少士兵染上痢疾，征伐只好中止。这都不是城墙坚固、无法接近的缘故。"

　　赵义光说道："朕打算现在向太原用兵，爱卿以为如何？"

　　曹彬回道："我国兵马精锐，人心拥戴，陛下发兵吊民伐罪，其势一定摧枯拉朽。"

　　宰相薛居正等人有不同看法，说道："当年周世宗用兵，太原倚仗辽国的援助，坚守城池不肯出战，以致兵马疲惫而撤退。太祖在雁门关大破辽兵，将那里的百姓迁到河洛之间，汉国处境已经十分困窘。陛下发兵，夺取汉国，不足以增加土地，放弃那里，也不构成威胁。请陛下深思。"

　　赵光义说道："如今形势已变。何况先帝大败辽国，迁走那里的百姓，正是为了今天之事。朕一定要得到太原。"

　　史书记载了赵光义与曹彬、薛居正等人的对话，并没有说清楚赵光义此次攻打北汉的作战方案。赵光义分析之前数次攻打北汉未果的原因，主要是辽国派兵增援北汉，还有北汉太原城池确实很坚固。辽国来援不必多说，单说太原城池坚固，就很有历史了。七十多年前，朱全忠三次攻打河东李克用，都没能攻破城池。赵光义最后的方案是，派一支主力兵马，先扫清太原外围的兵马，再主攻太原城，另外再派两路兵马，负责阻截辽国援兵。

　　方案既定，赵光义便开始部署实施。赵光义先派人前往各州，调发军需前往太原。赵光义再任命宣徽南院使潘美为北路都招讨制置使，令崔彦进、李汉琼、曹翰、刘遇各负责攻打太原城的一面。赵光义又任命云州观察使郭进为太原石岭关都部署，负责阻截辽国兵马从太原北面来援。

　　赵光义还担心辽国会派兵从幽州方向入侵河北，再从东边前来增援北汉。赵光义决定亲自带领一支兵马，进入河北境内，以防辽兵南下。待击败辽国援兵之后，再前往太原，合力攻城。

　　正月十五日，赵光义在长春殿宴请潘美等人，亲自授予潘美等人作战方略。宴席之上，刘鋹、钱弘俶、陈洪进三人都一同在座。刘鋹说道："朝廷的神威波及远方，四方君王，今日都在座席之中，不久平定太原，刘继元又将到来。臣率先入朝，希望能成为各国降王之长。"

　　赵光义听了此言，开心地大笑起来，重重地赏赐了刘鋹。

　　赵光义尚未起程，辽国使者耶律长寿来到开封，奉辽景宗之命，

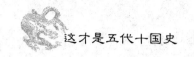

责问赵光义为何要讨伐汉国。赵光义说道："河东违逆王命，理当兴师问罪，如果北朝不出兵援助，就维持两国和约，不然的话，只有一战而已。"赵光义所说的北朝，就是指辽国。赵光义当时不仅要攻打北汉，还做好与辽国一战的准备。

赵光义准备御驾亲征，让谁留守京城开封呢？以往赵匡胤出征，都是让赵光义留守，那么赵光义出征，是不是就该让兄弟、开封府尹赵廷美留守了呢？史书上说赵光义是想这么做的，但一个被称为"大事不糊涂"的人劝赵廷美主动请求随军出征。这个人是吕端，当时是开封府判官。吕端是这样说的："圣上栉风沐雨吊民伐罪，大王身为亲贤，应当随军出征，作为表率。如果执掌留守事务，是不适宜的。"赵廷美于是请求随军出征，赵光义没有拒绝，还带上了赵德昭。

二月十五日，赵光义从开封出发。四日后，赵光义到达澶州（今河南省濮阳市）。澶州所辖的临河县主簿宋捷上呈奏疏。赵光义看到宋捷这个名字，高兴地说道："我军必定大捷。"赵光义一高兴，便任命宋捷为将作监丞。

三月初一，赵光义到达镇州（今河北省正定县）。

赵光义在镇州一待就是一个半月。在这一个半月中，赵光义一边防范辽国兵马从北边来犯，一边调兵扫清太原外围的州县守军，以防这些地方的汉兵增援太原。

赵光义听说北汉在隆州（今山西省祁县东南）修筑堡垒，阻截宋军北进，便派均州刺史解晖、尚食使折彦赟攻打隆州，不久又派郧州刺史尹勋助攻隆州。三月初二，赵光义派镇州马步都监、客省副使齐廷琛和洛苑副使侯美领兵攻打盂县。三月初九，赵光义派六宅使侯继隆攻打沁州（今山西省沁源县），阁门祗侯王僎（音撰）攻打汾州（今山西省汾阳市）。三月中下旬，赵光义又派淄州刺史王贵攻打沁州，闲厩使、府州知州折御卿与供奉官尹宪攻打岚州。

就在这时，辽国兵马果然前来增援北汉。

辽景宗担心赵光义会主动向其幽州一带用兵，于是派北院大王耶律希达率兵守卫，以防宋军来侵。辽景宗接着便连派三支兵马南下增援北汉：第一支以南府宰相耶律沙为都统，冀王耶律塔尔为监军，第二支以南院大王耶律色珍为统领，枢密副使耶律穆济为监军，第三支由左千牛卫大将军韩侼（音博）、大同节度使耶律善布率领，从云州（今山西省大同市）方向南下。

三月十六日，耶律沙、耶律塔尔、耶律穆济率先到达白马岭（今山西省盂县北），前面有条河挡住去路。就在耶律沙等人无法前行之时，宋将郭进率兵到了此地。耶律沙与众将打算按兵不动，等待耶律色珍、韩侼及耶律善布的后续兵马。耶律塔尔、耶律穆济两位监军认为应当立即出击，耶律沙不能阻止。

耶律塔尔带领先锋兵马横渡河水，还没有渡过一半，郭进便率骑兵奋力攻击。这一战，郭进取得大胜，耶律塔尔和其子耶律华格、耶律沙的儿子耶律德琳战死。耶律沙也陷入困境，正在绝望之时，耶律色珍率兵到达。耶律色珍下令放箭，一时万箭齐发，郭进才传令撤退。耶律沙、耶律穆济终于得以脱险。

韩侼与耶律善布听闻耶律沙战败，也自动撤退。

北汉皇帝刘继元又派使带着蜡丸藏书前往辽国求救，没想到又被郭进的士兵抓获。郭进将北汉使者押到太原城下示众，城中守兵开始动摇。北汉国驸马都尉卢俊从代州快马前往辽国告急。辽景宗听说耶律沙等将战败，也无心再发兵增援。

击败辽国援兵的消息传到镇州，赵光义非常高兴。不久，负责扫清太原外围敌人的战果也不断传来：北汉盂县守兵向齐廷琛投降；解晖等将攻陷隆州；折御卿攻克岚州，杀死北汉宪州刺史郭翊，俘获北汉夔州节度使马延忠。

赵光义已经不再担心辽国，也不再担心太原外围的汉军，赵光义觉得攻打太原城的时机已经到来。四月十四日，赵光义离开镇州前往太原。从赵光义所在的位置来看，赵光义应当是通过太行八陉之井陉穿过太行山，进入河东境内。

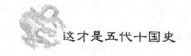

四月二十二日，赵光义到达太原，在汾水东岸安营扎寨。

第二天，赵光义来到太原城西面，巡视军营壁垒，检查攻城器具，慰劳将领士兵。赵光义又亲自书写诏书，令北汉皇帝刘继元投降。诏书送达城下，守城的北汉士兵不敢接受。

第三天，天还没亮，赵光义便在城西督战。天武军校荆嗣率领士兵首先登城，亲手砍杀多人，不料脚被两支箭射穿，面部又被城上的手炮击中，打碎两颗牙齿。赵光义看到后，立即让荆嗣下来，赏赐织锦大袍、银制腰带。

赵光义在太原城下督战，身穿盔甲，冒着矢石，左右官员非常担心，不停地劝谏。赵光义说道："将士们争相在刀锋箭镞下效命，朕怎么忍心坐在远处观看？"将士们听到此言，都群情激昂，勇猛百倍，个个冒死登城。

赵光义有一支剑士，人人都能将剑抛到空中，再跃起身子接住，看到的人无不惊骇。每次有辽国使者前来，赵光义便让这些剑士出来舞剑，辽国使者吓得不敢正视。赵光义此次攻打北汉，也带着这支剑士。赵光义命这支剑士就在太原城外舞剑，城中守兵看到后，都心惊胆战。

赵光义命弓箭手向城墙上射箭。弓箭手布成阵势，交相向城上射箭，一时箭如雨下，城头如同刺猬。有北汉的士兵被擒获，告诉赵光义，刘继元正在城中用钱收买这些箭，十文钱一支，已经得到十万多支，全部存了起来。赵光义笑道："这箭是为朕收集的。"

四月二十六日，赵光义巡视各个营寨。

四月二十七日，赵光义来到连城，视察攻城的各个洞屋。攻城开始，李汉琼率部首先登城，被箭射中头部和手指，伤势很重，仍然拼死作战。赵光义听闻后，命人将李汉琼召到大帐之中，查看伤口，为其敷药。赵光义准备亲自到攻城的洞屋中慰劳士兵，李汉琼流着泪说道："飞石流矢如同雨下，陛下怎能以天子的贵尊前去巡视？如果陛下执意如此，臣宁可先死。"赵光义只好作罢。

五月初一，赵光义来到太原城的西南角。晚上，赵光义下令攻城，第二天黎明时分，攻陷羊马城。北汉国宣徽使范超前来投降，宋军士兵怀疑其诈降，便将其押到大旗下斩首。不久，城中汉兵将范超的妻儿杀死，将首级扔到城外。

五月初三，赵光义来到太原城西北角，北汉马步军都指挥使郭万超来降。

五月初四，赵光义来到太原城南，对众将说道："明天是端午节，我们一定要到城中吃饭。"赵光义又起草诏书，派人送给北汉皇帝刘继元。

五月初五，赵光义仍在城南，下令各将开始攻城。将士们如同潮水，向城池攻去。赵光义看到这个架势也有一些担心，担心一旦攻克城池，会伤及城中无辜。赵光义于是下令，让将士们略加后撤。

刘继元仍在坚守，马皇后的父亲马峰前来劝谏。马峰已经以左仆射名义致仕，当时卧病在床，是让人抬着去见刘继元的。马峰流着泪向刘继元讲述国家兴亡的道理，劝刘继元审时度势，向宋朝归降。大将刘继业也劝刘继元向赵光义投降。直到夜晚，刘继元才决定奉上表章投降。

赵光义接到刘继元的降表，大喜，马上派通事舍人薛文宝带着诏书，进城安抚。赵光义兴奋得无心入睡，连夜来到太原城北。赵光义在城北的高台之上，宴请随从大臣，等候刘继元来降。

五月初六黎明，刘继元带着北汉的官员，身着素色衣服，头戴纱帽，来到高台之下，等待赵光义降罪。赵光义下诏赦免，让刘继元登上高台，好言抚慰。刘继元叩头说道："臣听说陛下大驾光临，就想俯首归顺，只是亡命之徒害怕死亡，劫持臣而不能出降。"

赵光义命人将刘继元所说的亡命之徒逮捕，全部斩首。

赵光义对随行的钱弘俶说道："卿能保全一方，向朕归顺，兵不血刃，确实值得赞赏啊。"

赵光义早就听闻刘继业大名，马上派人召见刘继业。赵光义看到刘继业，非常高兴，任命刘继业为右领军卫大将军。刘继业从此恢复本来的姓氏，称杨继业，也称杨业。

赵光义平定北汉，共得十个州一个军，计四十一个县，百姓

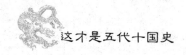

三万五千二百二十户，士兵三万人。赵光义对城坚墙固的太原城很是痛恨，下令将城池摧毁，将太原府改为平晋县，在榆次县设立并州。数日后，赵光义任命刘继元为右卫上将军，封彭城郡公。十三年后，刘继元病逝。

赵光义准备乘胜北攻辽国，收复幽云十六州。五月二十二日，赵光义离开太原，七日后，到达镇州。六月十三日，赵光义从镇州北上，六日后，进入辽国境内，占领金台。六月二十三日，赵光义到达幽州城南，两日后下令围攻幽州。七月初六，辽国援兵到达幽州城外，两国大军战于高梁河，宋军大败。赵光义一路南撤，三天后，即撤到辽国境外。

七年后，赵光义再次发起幽州之战。当时辽景宗已经去世，萧太后掌权。赵光义兵分三路，辽国大军各个击破，宋军再度大败。此后，辽国多次主动发兵南下，攻打宋朝，宋朝对辽国作战转入被动局面，再也无力收回幽云十六州。直到公元1004年十二月，宋真宗与辽国签订澶渊之盟，承诺每年向辽国进贡，双方战事才告结束。

后梁及主要人物

后梁建立于公元907年四月，灭亡于公元923年十月，立国十六年有余，都城开封、洛阳，前后共三位帝王，即太祖朱晃、庶人朱友珪、末帝朱友贞。

朱晃于公元907年四月建立后梁，定都开封，又于公元909年正月迁都洛阳。朱晃在位五年有余，多次与李克用之子李存勖作战，败多胜少，有"生子当如李亚子"之叹。公元912年六月，朱晃被其子朱友珪杀害，其藩镇兼并大业从此结束。朱友珪在位半年多，各地叛乱不断发生。

公元913年二月，镇守开封的均王朱友贞与赵岩、袁象先、杨师厚等人谋划讨伐朱友珪。朱友珪见大势已去，命人将自己杀死，后被朱友贞废为庶人。朱友贞以开封为都，在位十年有余，重用外戚赵张五人，国政日趋衰退，前线将领也不断败于李存勖。公元923年十月，李存勖攻入开封，朱友贞命人将自己杀死。

后梁大臣有敬翔、李振以及外戚赵张五人。后梁将领有先后担任潞州之战主将的康怀贞、李思安与刘知俊，担任柏乡之战主将的王景仁，参加魏州之战的刘鄩与王檀，先后担任北面行营招讨使的贺瓌、王瓒、戴思远、王彦章与段凝，此外还有名将杨师厚、谢彦章等。

敬翔（？—923），字子振，同州冯翊人，朱晃的第一谋士。朱晃称帝后，设崇政院，任命敬翔为崇政院使，位在宰相之上。朱友珪杀父夺位后，猜忌敬翔，敬翔称病不朝。朱友贞在位时，不重用敬翔，直到后

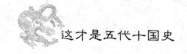

梁快要灭亡时，才向敬翔问计，但已无力回天。后梁灭亡后，敬翔不向后唐称臣，自缢于家中。

李振（？—923），字兴绪，朱晃的谋臣。朱晃即位后，李振官至户部尚书。朱友珪即位后，任李振为崇政院使，代替敬翔。朱友贞在位时，不重用李振，李振也称病不朝。李存勖灭后梁，李振失节而降，仍被李存勖杀害。

康怀贞（？—916），兖州人，早年为泰宁节度使朱谨的部将，以骁勇闻名。康怀贞投降朱晃后，多有战功，官至保大节度使。后梁建立后，康怀贞多次出战，都无战功。公元907年五月，康怀贞担任主帅，奉命攻打潞州，八月，因一直不能取胜被贬。公元909年十二月，刘知俊攻打朔方，康怀贞奉命增援，惨遭失败。公元912年九月，朱友珪派康怀贞讨伐背叛的朱友谦，次月败于前来增援朱友谦的李存勖。朱友贞即位后，康怀贞避讳更名为康怀英，出任永平节度使，数年后死于任上。

李思安（861—912），字贞臣，陈留人，爱好拳术，善使飞矛，勇猛剽悍。公元907年四月，李思安奉命攻打卢龙，兵败而返。公元907年八月，李思安接替康怀贞出任行营都统，攻打潞州，未能取胜。公元908年二月，朱晃派刘知俊接替李思安，削去李思安官爵，令其回到原籍充当劳役。公元911年秋，朱晃起用李思安，让其担任相州刺史。李思安认为应当出任节度使，便无心政事。九月，朱晃北征经过相州，李思安准备不足，被贬。公元912年二月，朱晃将李思安赐死。

刘知俊（？—917），徐州沛县人，容貌俊伟，勇冠诸将，人称"刘开道"。后梁建立前，刘知俊官至匡国节度使。公元908年二月，刘知俊接替李思安，担任潞州行营招讨使，指挥潞州之战。公元909年六月，刘知俊叛变，逃往岐国。八月，李茂贞派刘知俊攻打朔方，大败康怀贞。公元911年八月，李茂贞派刘知俊攻打前蜀，先胜后败。公元915年十一月，刘知俊投奔前蜀，出任武信节度使。公元916年八月，刘知俊跟随王宗播攻打岐国，一直攻至凤翔，因大雪而退。公元917年七月，刘知俊担任西北面都招讨再攻岐国，因前蜀老将不听命令，并无战果。十二月，由于前蜀大臣诋毁、王建猜忌，刘知俊被斩首。

王景仁（？—？），原名王茂章，合肥人，身材魁梧，骁勇剽悍，粗暴直率，善于使槊，质朴没有威严，常常身先士卒。王景仁早年跟随杨行密，后投奔钱镠。公元908年八月，钱镠派王景仁出使后梁，被朱晃留在京师。公元910年十二月至公元911年正月，后梁与晋国柏乡之战，王景仁作为主将，惨遭失败。公元913年十一月，朱友贞任命王景仁为淮南招讨使，派其率军攻打庐、寿二州，先胜后败。不久，王景仁回到京城，疽发而死，追赠太尉。

杨师厚（？—915），颍州人，勇敢果断，善于骑射。后梁建立之前，杨师厚官至山南东道节度使。公元909年六月，朱晃派杨师厚讨伐背叛的刘知俊，一连收复华州、长安。八月，李茂贞派刘知俊攻朔方，联络李存勖攻晋州。朱晃派杨师厚增援晋州，将晋兵击退。公元911年正月，王景仁兵败柏乡，朱晃派杨师厚收容散兵。二月，杨师厚北上邢、魏，李存勖撤兵。惯用语公元912年三月，杨师厚攻陷枣强。朱友珪夺位后，杨师厚占领魏博，被任命为魏博节度使。公元913年，杨师厚帮助朱友贞夺位，被封为邺王，加检校太师、中书令。杨师厚镇守魏州，多次击败成德兵马南侵。杨师厚晚年居功自傲，设置亲军"银枪效节军"，恢复魏博当年牙兵。公元915年三月，杨师厚病逝于任上，追赠太师。

刘鄩（858—921），密州安丘人，幼有大志，爱读史书，喜爱兵略，一步百计。公元909年五月，刘鄩担任侍卫亲军马步军都指挥使。六月，朱晃派刘鄩讨伐背叛的刘知俊，收复潼关，被任命为佑国军留后，镇守长安。朱友贞即位不久，任刘鄩为开封尹。公元916年二月，后梁与晋国魏州之战时，刘鄩作为主将惨遭失败，于次年九月被贬为亳州团练使。公元919年十一月，朱友贞又起用刘鄩担任泰宁节度使。公元920年六月，朱友贞派刘鄩讨伐背叛的朱友谦，于九月不敌晋国大将李存审，兵败回朝。公元921年五月，朱友贞听信谗言，将刘鄩毒死。

王檀（866—916），字众美，京兆人，英武聪明，仪表俊美，好读兵书，通晓兵略。公元908年六月，王檀任保义节度使。公元911年正

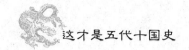

月，王景仁兵败柏乡，王檀奉命接应散兵，防守邢州，数月后因功加检校太傅、太尉，封琅琊郡王。朱友珪即位后，王檀任宣化节度使。朱友贞即位后，王檀任匡国节度使，加检校太师。公元915年五月，王檀奉命声援在魏州作战的刘鄩。公元916年二月，王檀偷袭太原，以缓解魏州的压力，结果先胜后败，被任命为天平节度使。九月，王檀被盗贼组成的亲兵杀死。

贺瑰（858—919），字光远，濮州濮阳人。贺瑰年少时洒脱不羁，有英雄气概，擅长带领步兵。后梁建立后，贺瑰任左龙虎统军，加检校司徒。公元916年十二月，贺瑰平定庆州叛乱。公元917年十二月，贺瑰担任北面行营招讨使，接替被免的刘鄩。贺瑰统领大军与晋国兵马交战，一连发生杨刘之战、胡柳陂之战、德胜之战。公元919年八月，贺瑰在军中病逝。

谢彦章（？—918），许州人，认大将葛从周为义父，跟葛从周学习兵法。谢彦章对儒生非常礼遇，自己在军中也常常身穿儒服。面临敌阵时，谢彦章举止威严，有将帅风度。谢彦章擅长带领骑兵，与贺瑰齐名，官至河阳节度使、匡国节度使。公元918年正月，末帝朱友贞任命谢彦章为北面行营排阵使，与贺瑰一起统兵抵御晋兵。谢彦章参加了杨刘之战、胡柳陂之战。公元918年十二月，谢彦章被贺瑰害死。

王瓒（？—923），护国节度使王重盈之子，后梁时官至开封尹。公元919年八月，贺瑰病逝后，王瓒接任北面行营招讨使。王瓒到达黄河前线后，德胜之战尚未结束。十二月，王瓒兵败逃走，被朱友贞调回京城继续担任开封尹。公元923年十月，李存勖攻入开封时，王瓒开门迎降。李存勖还任命王瓒为开封尹。十二月，王瓒忧虑而终，被追赠为太子太师。

戴思远（？—935），以勇武有才干闻名。朱晃在位期间，戴思远官至华州防御使，加检校司徒。朱友珪篡位后，戴思远任洺州团练使。朱友贞即位后，戴思远任保义留后，直到节度使，后改镇沧州。李存勖平定魏博，兵临沧州，戴思远逃回开封，不久任天平节度使。公元919年十二月，戴思远接替王瓒任北面行营招讨使。公元921年十月，李存勖前往镇州讨伐张文礼，戴思远率部袭击德胜遭败。公元922年正月，李存勖北上援救义武，戴思远再攻魏州，无功而返。公元923年闰四月，李嗣源奇袭郓州，郓州失守，戴思远被免去招讨使之职，贬为宣化军留后。后梁灭亡后，后唐庄宗李存勖任命戴思远为宣化节度使。明宗李嗣源即位后，戴思远任武定节度使。两川叛乱时，戴思远入朝担任禁卫将领，最后告老以太子少保致仕。末帝李从珂在位期间，戴思远去世。

王彦章（863—923），字贤明，寿张县人，勇猛异常，人称"王铁枪"。后梁建立后，王彦章历任开封府押牙、左亲从指挥使、左龙骧军使、左监门卫上将军、行营左先锋马军使，加金紫光禄大夫、检校司空。朱友珪篡位后，王彦章任濮州刺史、马步军都指挥使，加检校司徒。朱友贞即位后，王彦章任澶州刺史。公元915年七月，晋兵攻克澶州，俘虏王彦章家人，李存勖派人劝降，王彦章不为所动。公元915年九月至公元920年正月，王彦章历任汝州防御使、郑州防御使、匡国留后、匡国节度使，加检校太保、太傅。不久，王彦章又担任北面行营副招讨使，并于公元921年正月改驻滑州。戴思远被贬，老臣敬翔力荐王彦章接替。公元923年五月，王彦章出任北面招讨使，段凝为副使。王彦章用时三天就攻克德胜南城，再攻杨刘，失利。段凝与王彦章不和，朝中赵张五人又不断加害王彦章，王彦章被罢免兵权回朝。九月，朱友贞再派王彦章出兵兖州，抵御晋兵。十月，王彦章在中都兵败，被夏鲁奇擒获。王彦章宁死不降，最后被李存勖杀死。

段凝（？—928），本名段明远，开封人，有心计权术。段凝早年曾任渑池县主簿，后跟随朱全忠，逐渐得到朱全忠的器重。段凝的妹妹有姿色，嫁给朱全忠为美人，段凝便成为朱全忠的心腹。段凝历任供奉官、右威卫大将军、左军巡使兼水北巡检使、怀州刺史。公元911年十二月，朱全忠北征经过怀州时，段凝供奉甚丰，深得朱全忠赞赏，不久便改任郑州刺史。公元923年五月，王彦章出任北面招讨使，段凝为副使。段凝与王彦章不和，并与朝中赵张五人勾结，不断加害王彦章，致使王

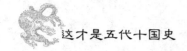

彦章罢职。七月，段凝接替王彦章出任北面招讨使。李存勖袭汴灭梁，段凝率兵进京向李存勖投降，被李存勖赐名为李绍钦，历任义成节度使、泰宁节度使、武胜节度使。李存勖一直没敢重用段凝。明宗李嗣源即位后，将段凝流放并赐死。

后唐及主要人物

后唐建立于公元923年四月，灭亡于公元936年闰十一月，立国十三年有余，都城洛阳，前后共四位帝王，即庄宗李存勖、明宗李嗣源、闵帝李从厚、末帝李从珂。

沙陀族人李存勖于公元908年正月继承晋王位，经过十五年的奋战，不断击败后梁。公元923年四月，李存勖在魏州称帝建后唐，半年后，消灭后梁。公元924年二月，李存勖统一岐国。公元925年十一月，李存勖消灭前蜀。李存勖在位三年，宠信戏子、宦官，骄傲、荒政，境内叛乱不断。公元926年四月，李存勖在平叛时中箭身亡，被后人称为"半截英雄"。

李嗣源奉命平叛，却与叛军合流，于公元926年四月得到帝位。李嗣源在位七年有余，战乱较少，年谷屡丰，被称为五代中的小康。公元933年十一月，李嗣源病逝，其子李从厚于次月即位。李从厚在位期间，孟知祥称帝建立后蜀。李从厚生性宽和，受制于枢密使朱弘昭、宰相冯赟以及侍卫都指挥使康义诚。公元934年四月，李从厚被杀，在位只有四个月。李嗣源义子李从珂夺位后，猜忌石敬瑭。石敬瑭引狼入室，借助契丹称帝建立后晋，并率军南下消灭后唐。公元936年闰十一月，李从珂自杀身亡，在位两年半。

后唐大臣主要有郭崇韬、张承业、安重诲、孔谦、范延光、赵延寿等，将领有周德威、李嗣昭、符存审、史建瑭、元行钦、夏鲁奇、高行周、杨光远等。周德威与李存审齐名，先后担任蕃汉马步总管。后唐明

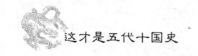

宗天成年间，周德威、李存审、李嗣昭一同配飨庄宗庙廷。

周德威（？—918），字镇远，小字阳五，朔州马邑县人。周德威身材高大，面黑，为人严肃，笑不改色，让人畏惧。周德威骁勇善骑射，善使铁楇，足智多谋，看到烟尘就能算出敌军人数。周德威辅佐李克用、李存勖两代君王，历任骑督、铁林军使、代州刺史、振武节度使、卢龙节度使等职，领蕃汉马步总管，加检校侍中。公元907年五月，潞州之战爆发，李克用派周德威率兵参战，增援李嗣昭。潞州之战后，周德威出任振武节度使。公元911年正月，周德威参加柏乡之战，大败后梁兵马。公元913年，周德威率兵攻打幽州，消灭桀燕。此后，周德威担任卢龙节度使，镇守幽州，抵御契丹。公元915年七月，魏州之战时，刘鄩偷袭太原，周德威率卢龙兵马南下作战。公元918年八月，李存勖大举伐梁，周德威率卢龙军参战，于十二月战死于胡柳陂。

李嗣昭（？—922），太谷县农家子，被李克用兄弟李克柔收为义子。李嗣昭身材矮小，但有胆识、勇猛过人，精通军机，为人谨慎、忠厚。公元906年十月，李嗣昭担任昭义留后。公元907年五月至公元908年五月，后梁、晋国发生潞州之战，李嗣昭坚守待援，最终取得胜利。公元918年十二月，李嗣昭参与胡柳陂之战。公元919年正月，李嗣昭代替周德威镇守幽州，三月又被调回昭义。公元920年七月，同州之战期间，李嗣昭奉命增援朱友谦。公元922年四月，李嗣昭任北面招讨使，接替阎宝攻打镇州，中箭而死，追赠为太师、陇西郡王。

李存审（862—924），原名符存，字德祥，陈州宛丘人，多智谋，爱谈兵，后被李克用收为养子，更名李存审，统领义儿军。李存审为人谨慎厚道，辅佐李克用、李存勖两代君王，累破后梁，驱逐契丹，大小百余战，未尝败绩。周德威战死后，李存审接任蕃汉马步总管，镇守幽州任卢龙节度使。李存审多次向李存勖上表，请求入朝觐见。枢密使郭崇韬权高位重，但声望不及李存审，担心李存审回朝，会分其权力，便设法阻止李存审入朝。公元924年三月，李存审的病情严重，再次上表请求入朝，郭崇韬终于准其回朝。四月，李存勖任命李存审为宣武节度使。五月，诏书尚未到达，李存审已在幽州病逝。

郭崇韬（865—926），代州人，风流倜傥，有智慧谋略，处事果断，特别能处理繁重事务。郭崇韬曾担任河东教练使，后经中门使孟知祥推荐，担任中门副使，成为李存勖的重要幕僚。由于郭崇韬出色的决断能力，李存勖越来越器重郭崇韬。后唐建立后，郭崇韬任枢密使。925年九月至十一月，郭崇韬率兵消灭前蜀。公元926年正月，郭崇韬遭到猜忌，被杀于成都。

张承业（846—922），宦官，本姓康，太原交城人。张承业自幼入宫，被内常侍张泰收为养子，后升任内供奉。公元896年，张承业出任河东监军。张承业执法严明，深得晋王李克用器重，并接受遗命辅佐李存勖。梁、晋争霸时，张承业留守太原，执掌后方军政，为李存勖消灭后梁提供了后勤保障。公元922年，张承业劝阻李存勖称帝，不被采纳，以致忧愤成疾，最终死于太原。后唐建立后，李存勖追赠张承业为左武卫上将军，赐谥贞宪。

史建瑭（875—921），字国宝，代州人，沙陀将领史敬思之子。史建瑭智勇双全，每战必身先士卒，世称"史先锋"。史建瑭跟随周德威参加了潞州之战、柏乡之战，跟随李存审参加了蓨县之战、魏州之战，屡立战功。史建瑭因功出任贝、相二州刺史，加检校司空。公元921年九月，史建瑭与阎宝等将讨伐镇州张文礼，中流箭身亡。

元行钦（？—926），幽州人，骁勇善战，本是刘守光的将领。公元913年三月，晋国与桀燕幽州之战期间，元行钦投降李嗣源，被李嗣源收为养子。公元915年七月，魏州之战期间，李存勖将元行钦要走，赐名李绍荣。元行钦一直担任李存勖护卫，忠心耿耿。元行钦深得李存勖宠信，官至节度使，同平章事，加检校太傅。公元926年二月，天雄叛乱，元行钦奉命平叛不利。元行钦忠于李存勖，杀死了李嗣源的儿子。李嗣源称帝后，将元行钦杀死。

夏鲁奇（882—931），字邦杰，青州人，骁勇善战，早年曾在后梁当军校，因与主将不和而投奔李存勖。公元912年，夏鲁奇跟随周德威攻

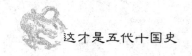

打桀燕，与桀燕大将单廷珪、元行钦交战，不分胜负，将士们都放下兵器观赏。平定桀燕，夏鲁奇战功最多。公元915年，李存勖在洹水遇险，夏鲁奇英勇救主，深得李存勖赞赏，被赐名李绍奇。公元923年，中都之战时，夏鲁奇生擒后梁大将王彦章。后唐时，夏鲁奇历任河阳节度使、忠武节度使、武信节度使。夏鲁奇为官也很有政绩，孟州百姓不愿其调离。公元931年，两川叛乱，夏鲁奇没有后援，城破自杀。

高行周（885—952），字尚质，幽州人，出生于妫州。高行周本是刘守光的将领，在晋国与桀燕幽州之战时，投降了李嗣源。李存勖也想得到高行周，但高行周不为所动，一直跟随李嗣源。高行周历经后唐、后晋、后汉、后周，一直担任将领、节度使，始终受到荣宠，参与讨平定州王都、魏州范延光、襄州安从进、邺都杜重威等藩镇叛乱。公元952年八月，高行周在郓州病逝，追赠尚书令、秦王。高行周子高怀德是北宋开国名将。

孔谦（？—926），魏州人，早年是魏州的一名官吏，很有才干。李存勖攻占魏州后，将财税事务交给孔谦。孔谦大肆搜刮，为李存勖长年与后梁作战提供充足军资。后唐建立后，孔谦因出身低微，只能担任租庸副使。孔谦为了能当上租庸使，极力排挤租庸使，连更换张宪、豆卢革、王正言，最后在戏子景进的帮助下，终于当上了租庸使。孔谦聚敛钱财，民愤很大，但深得李存勖的宠信，还被赐予"丰财赡国功臣"名号。明宗李嗣源即位后，将孔谦处死。

安重诲（？—931），应州人，沙陀族，其父安福迁在增援天平、泰宁两镇时战死。李嗣源镇守安国军时，安重诲担任中门使，深受器重。公元926年，安重诲借天雄叛乱，使李嗣源登上帝位，功在众人之上。李嗣源即位后，安重诲任枢密使。安重诲虽以天下为己任，尽心辅佐李嗣源，但行事专断骄横，也作威作福，得罪不少人，甚至报复李嗣源的义子李从珂。安重诲力主削藩，讨伐两川，但战事不顺。公元930年十二月，安重诲亲自前往两川督战，李嗣源此时已经不再信任安重诲。在返京途中，安重诲被任命为护国节度使，次年被杀。

范延光（？—940），字子环，临漳人，早年便在李嗣源帐下。李嗣源即位后，范延光出任宣徽南院使。范延光平定朱守殷之乱，被升为枢密使，又出任成德节度使。安重诲被杀后，范延光回朝再度出任枢密使。秦王李从荣当权时，范延光为了避祸，请求外任，再度担任成德节度使。末帝李从珂在位时，又调范延光担任枢密使。末帝之子李重美娶范延光的女儿为妃。天雄军发生叛乱，末帝派范延光前往平定，并出任天雄节度使。石敬瑭起兵时，末帝派范延光参与讨伐。石敬瑭消灭后唐，范延光上表请降。公元937年，范延光在邺城起兵返晋，次年兵败投降。石敬瑭接受投降，赐予铁券，任天平军节度使，改封东平王。公元940年，范延光已经致仕，被杨光远杀害。

赵延寿（？—948），本姓刘，镇州人，后为卢龙节度使赵德钧养子，容貌俊美，精通史书。赵延寿娶李嗣源的女儿兴平公主为妻，历任汴州司马、汝州刺史、河阳节度使、宋州节度使、宣徽使、枢密使、同平章事、宣武忠武两镇节度使。公元936年，石敬瑭起兵反唐，赵延寿与义父赵德钧率兵讨伐，于闰十一月向石敬瑭投降，被带到契丹。赵延寿在契丹出任卢龙节度使，迁枢密使，兼政事令。公元946年，赵延寿跟随契丹帝耶律德光南下消灭后晋。在汴州时，赵延寿又娶李嗣源的小女儿为继室。公元947年二月，耶律德光任命赵延寿为中京留守、大丞相。五月，永康王耶律兀欲逮捕赵延寿，押到辽国，最后死于辽国。

杨光远（？—944），字德明，沙陀族人，早年为李存勖帐下骑将。杨光远跟随周德威讨伐刘守光，在新州抗击契丹时，孤军深入惨遭失败，断了一只手臂。后唐建立后，李存勖任命杨光远为幽州马步军都指挥使。李嗣源即位后，杨光远历任四州刺史，很有政绩。石敬瑭起兵时，李从珂派杨光远与张敬达率兵讨伐，杨光远杀死张敬达向石敬瑭投降。石敬瑭在位时，天雄节度使范延光背叛，杨光远平定叛乱。杨光远之子杨承祚娶石敬瑭的女儿长安公主为妻，全家倍受恩宠。石重贵即位后，杨光远归附契丹，被平定、杀死。

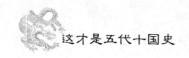

后晋及主要人物

后晋建立于公元936年闰十一月，灭亡于公元946年十二月，立国十年整，都城洛阳、开封，前后共两位帝王，即高祖石敬瑭、出帝石重贵。

石敬瑭于公元936年闰十一月即位，公元942年六月病逝。石敬瑭在位五年多，向契丹称儿皇帝，慎事契丹，先后平定范延光、李金全、安重荣、安从进等叛将。石重贵是石敬瑭的侄子，也是养子，于公元942年六月继位，公元946年十二月国灭而降。石重贵在位期间，平定杨光远叛乱。石重贵横挑强邻，最终引发与辽国的三次大战，直到亡国。

后晋大臣主要有桑维翰、景延广，将领有杜重威、李守贞等。桑维翰辅佐石敬瑭，主张向契丹称臣、称儿。景延广辅佐石重贵，主张向契丹称孙不称臣，引发与后晋与契丹的三次大战。最后一战，主将杜重威向契丹投降，致使后晋灭亡。

桑维翰（898—946），字国侨，洛阳人，父亲桑拱是张全义的客将。桑维翰身材短小，脸形狭长，天性聪明，善于词赋。后唐同光年间，桑维翰进士及第。石敬瑭在河阳任节度使时，桑维翰前往投奔，担任掌书记，此后一直跟随石敬瑭，担任幕僚。石敬瑭勾结契丹，起兵反唐，桑维翰出谋最多。石敬瑭建立后晋后，桑维翰出任枢密使、宰相。公元939年四月，杨光远指责桑维翰背公徇私，用人不公，与百姓争利，石敬瑭不得已，将桑维翰外任为彰德节度使。桑维翰后来又调任泰宁节度使、晋昌节度使。桑维翰虽然外任，仍在关注朝中事务，曾上奏疏劝石敬瑭不能与契丹断绝关系。石重贵继位后，任桑维翰为侍中，监修国史，不久再让其担任枢密使。桑维翰再度掌权，国政渐有条理，但也收受馈赠，不少朝臣说其坏话。桑维翰最后便被调任开封尹。公元946年十二月，桑维翰被投降契丹的后晋将领张彦泽缢杀。

景延广（892—946），字航川，陕州人，善于射箭，以挽强弓著称。景延广曾跟随后梁邵王朱友诲、大将王彦章。后唐时，因朱守殷牵连，景延广当诛，石敬瑭爱惜其才，将其偷偷释放。景延广后被石敬瑭录为客将。石敬瑭即位后，景延广历任侍卫步军都指挥使、宁江节度使、义成节度使、保义节度使、侍卫马步军都虞候、侍卫马步军都指挥使、天平节度使等职。石重贵继位，景延广有拥立之功，加同平章事。景延广主张向契丹称孙不称臣，横挑强邻，最终后晋被契丹消灭。公元946年十二月，景延广自杀身亡。

杜重威（？—948），朔州人，石敬瑭的妹婿，因避石重贵名讳，又名杜威。石敬瑭即位后，杜重威统领禁军，先后讨伐平定张从宾、安重荣。杜重威历任昭义节度使、天平节度使、成德节度使、天雄节度使、侍卫亲军都指挥使，加同平章事。公元945年，后晋与契丹第二次交战，杜重威任北面行营招讨使，三月，在阳城击败契丹，取得胜利。公元946年十月，石重贵第三次与契丹交战，任命杜重威为北面行营招讨使，李守贞为兵马都监。十二月，杜重威、李守贞向契丹投降，后晋灭亡。契丹拜杜重威为太傅，仍镇守天雄。刘知远称帝建立后汉，拜杜重威为太尉，调其为归德节度使。杜重威不接受，固守魏州不出。公元947年十月，刘知远率兵讨伐杜重威，十一月，杜重威投降。刘知远死后，杜重威及其家人被杀。

李守贞（？—949），河阳人，年轻时凶悍狡诈、穷困落魄，早年在本郡担任牙将。石敬瑭镇守河阳时，任命李守贞为典客。石敬瑭历任几处藩镇，李守贞一直跟随。石敬瑭即位后，任命李守贞为客省使。石敬瑭派马全节讨伐李金全时，李守贞为监军。平叛归来，李守贞升任宣徽使。石重贵继位后，任命李守贞为义成节度使、侍卫马军都指挥使，

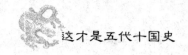

直到侍卫都虞候。公元944年春，后晋与契丹第一次大战，李守贞参战，战事结束被任命为泰宁节度使兼侍卫都虞候。五月，李守贞与符彦卿讨伐叛将杨光远。十二月，李守贞平定杨光远，并将杨光远杀死。第二次与契丹大战时，李守贞与杜重威率兵出战。得胜回朝，李守贞被任命为侍卫副都指挥使、归德节度使。公元946年十月，石重贵第三次与契丹交战，任命杜重威为北面行营招讨使，李守贞为兵马都监。十二月，杜重威、李守贞向契丹投降，后晋灭亡。契丹任命李守贞为天平节度使。后汉时，李守贞出任河中节度使。刘承佑在位时，李守贞背叛。刘承佑派郭威讨伐，李守贞兵败自焚。

后汉及主要人物

后汉由沙陀族人刘知远创建，都城开封，前后共两位帝王：高祖刘知远、隐帝刘承佑。后汉的建立时间如果以称帝为标志，则建立于公元947年二月。如果以确定国号为标志，则建立于公元947年六月。后汉灭亡于公元950年十二月，立国三年有余。

刘知远于公元947年二月在太原称帝，六月进入开封，公元948年正月病逝，在位将近一年。刘知远在位期间，讨伐天雄节度使杜重威，收降护国节度使赵匡赞。刘承佑于公元948年二月继位，公元950年十一月被杀，在位将近三年。刘承佑在位期间，派大臣郭威平定关中三藩镇叛乱。刘承佑亲近小人，猜忌辅政大臣，致使枢密使郭威起兵，最终国灭身亡。

后汉大臣与将领主要有苏逢吉、王章、杨邠、郭威、史弘肇、慕容彦超等。苏逢吉任宰相，王章任三司使。杨邠、郭威担任枢密使，史弘肇掌管禁军，任侍卫亲军都指挥使，慕容彦超在外担任节度使。

苏逢吉（？—950），京兆长安人，生性奢侈，喜欢华丽的衣服和精美的食品，擅长烹饪，父亲苏悦只喜欢吃他做的菜。刘知远镇守河东时，苏悦担任从事，向刘知远推荐了苏逢吉。刘知远看到苏逢吉聪明机灵，非常喜爱，让苏逢吉出任节度判官。刘知远称帝后，任命苏逢吉为同平章事、集贤殿大学士。刘知远进入开封，又加授苏逢吉为吏部尚书，不久又升左仆射。刘知远将前朝宰相李崧的宅第赐给苏逢吉。苏逢吉为人贪婪狡诈，喜好杀戮。李崧从契丹回到京城后，被苏逢吉害死。

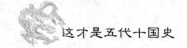

苏逢吉还多次借着醉意，羞辱郭威。公元948年正月，刘知远病逝，苏逢吉与史弘肇、郭威、杨邠等一同接受顾命，辅佐刘承佑。苏逢吉与史弘肇发生冲突，将相不和，苏逢吉多次鼓动与史弘肇有隙的李业等人，导致李业杀害了史弘肇、杨邠。公元950年十一月，郭威起兵杀回京城，苏逢吉与刘承佑自杀。

郭威（904—954），字文仲，别名郭雀儿，邢州尧山人，身材魁梧，志向不凡，爱练兵器，喜欢斗勇，不愿耕田种地。十八岁那年，昭义留后李继韬招募兵马，郭威参军入伍。后唐庄宗李存勖杀掉李继韬，李继韬的士兵全部编入亲军，郭威也在其中。郭威因能写会算，被任命为军吏。郭威爱读《阃外春秋》，很懂兵法。刘知远担任侍卫亲军都虞候时，郭威便一直跟随刘知远，刘知远也很看重郭威。刘知远称帝后，郭威担任枢密副使。刘承佑继位不久，升郭威为枢密使。刘承佑在位期间，派郭威平定关中叛乱，后被猜忌，为自保起兵，最终取代后汉，建立后周。

史弘肇（？—950），字化元，郑州荣泽人，健步如飞，日行二百里，如同快马。刘知远镇守河东时，史弘肇任武节都指挥使，领雷州刺史。史弘肇严正刚毅、寡言少语，治军有法，行兵所至，秋毫无犯。公元947年二月，代州刺史王晖背叛已经称帝的刘知远，史弘肇奉命讨伐，斩王晖，升忠武军节度使、侍卫步军都指挥使。四月，刘知远派史弘肇增援潞州，辽国任命的昭义节度使耿崇美不敢到任。五月，史弘肇继续南进，攻克泽州，使得刘知远从太原顺利到达洛阳以及开封。十月，史弘肇跟随刘知远前往邺都平定杜重威。公元948年正月，史弘肇任侍卫亲军都指挥使、归德军节度使、同平章事。刘知远病逝前，命史弘肇与郭威、苏逢吉、杨邠等接受顾命，辅佐幼主。刘承佑继位，加封史弘肇为检校太师兼侍中，后又升为中书令。史弘肇与宰相苏逢吉不和，多次发生冲突。公元950年十一月，史弘肇被刘承佑杀害。后周太祖郭威即位后，追封史弘肇为郑王，以礼安葬。

杨邠（？—950），魏州冠氏人，年轻时在州府任职，其妻是租庸使孔谦的侄女。刘知远镇守邺都时，任杨邠为左都押牙。刘知远即位后，任杨邠为枢密使。公元948年正月，刘知远病逝，杨邠与接受顾命，辅佐幼主。刘承佑即位后，宰相李涛奏请将杨邠、郭威等外任藩镇。杨邠等人到李太后面前哭诉，最后罢免了李涛，任命杨邠为中书侍郎兼吏部尚书、同平章事，仍兼枢密使。杨邠出身小吏，不喜文士，但为政清廉，任贤荐能，直言敢谏。李太后的弟弟李业想当宣徽使，杨邠认为官员升任有一定的次序，没有接受。刘承佑想册立爱妃耿夫人为后，杨邠也认为升得太快，极力劝谏。耿夫人去世，刘承佑想以皇后之礼安葬，杨邠又极力劝止，刘承佑非常生气。刘承佑亲近小人，猜忌辅政大臣，于公元950年十一月将杨邠等人杀害。后周太祖郭威即位后，追封杨邠为弘农王。

王章（？—950），魏州南乐人。后晋时，王章曾任河阳粮料使。刘知远统领禁军，用王章为孔目官。刘知远镇守河东时，王章跟随前往。刘知远称帝建立后汉，授王章为三司使，加检校太尉。刘承佑即位后，升王章为同平章事。关中三叛时，郭威奉命出征，王章掌管三司，钱粮供应，从无中断。然而王章也大肆搜刮百姓，民怨很大。史弘肇与苏逢吉发生冲突，将相不和，王章也感到害怕，请求外任未果。公元950年十一月，王章与史弘肇、杨邠等一同被杀。

慕容彦超（？—952），吐谷浑人，曾冒姓阎，皮肤黑，脸上有麻子，胡须又长又黑，号称阎昆仑。慕容彦超是刘知远的同母异父兄弟。后唐明宗李嗣源时，慕容彦超担任军校，累迁至刺史。后唐、后晋之际，慕容彦超历任磁、单、濮、棣四州刺史。公元945年正月，后晋第二次抵御契丹南侵时，慕容彦超与皇甫遇到魏州侦察敌情，作战英勇。慕容彦超在濮州时，因私造酒曲被治罪，依法应当处死。刘知远向朝廷上表，请求免去死罪，最后流放房州。公元947年二月，刘知远在太原起兵，慕容彦超从流放地前来投奔，被任命为镇宁节度使。闰七月，杜重威在邺都起兵叛乱，刘知远派慕容彦超与天平节度使高行周前往讨伐。慕容彦超与高行周意见不合，多次欺凌高行周。平定杜重威后，经高行

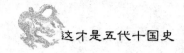

周请求，刘知远将慕容彦超调任泰宁节度使。公元950年十一月，郭威起兵进京，刘承佑召慕容彦超进京护卫。慕容彦超不堪一击，逃回兖州。郭威建立后周后，慕容彦超虽也向郭威请降，但感到非常不安。公元952年正月，慕容彦超联络南唐、北汉攻打后周。四月，郭威前往兖州讨伐慕容彦超。五月，慕容彦超兵败，投井而死。

后周及主要人物

　　后周建立于公元951年正月，灭亡于公元960年正月，立国九年整，都城开封，前后共三位帝王：太祖郭威、世宗柴荣、恭帝柴宗训。

　　后汉时，郭威担任枢密副使，直到枢密使，曾统兵平定关中三叛，再镇守邺都，抵御辽兵。隐帝刘承佑猜忌辅政大臣，杀害郭威家人，还派人到邺都杀害郭威，致使郭威起兵入京。公元951年正月，郭威称帝，建立后周取代后汉。郭威在位期间，击败了北汉世祖刘崇的两度进攻，平定了慕容彦超的叛乱。郭威在位三年整，改革弊制，勤于国政，关心百姓疾苦，与民休养生息，为之后的统一大业奠定基础。

　　公元954年正月，郭威病逝，养子柴荣即位。柴荣即位不久，与北汉发生高平之战。柴荣在位五年半，励精图治，开启统一大业，首战后蜀，收复秦、凤、阶、成四州，接着三攻南唐，将南唐打得一蹶不振，还让南唐割让江北十四州，向后周称臣。公元959年三月，柴荣北上攻打辽国，想收复被辽国占据的幽云十六州。四月，柴荣收复瀛、莫二州，准备继续北攻幽州，突然患病。六月，柴荣病逝，其子柴宗训继位，年仅七岁。公元960年正月，殿前都点检赵匡胤发动陈桥兵变，建立北宋，后周灭亡。

　　后周大臣主要有冯道、李穀、王峻、范质、王朴、王溥、魏仁浦等，将领主要有高行周、王殷、李重进、张永德、赵匡胤、符彦卿、向训、王景、王彦超、韩令坤、慕容延钊、韩通等。由于后周历时不长，

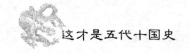

不少大臣、将领最后又成了北宋的大臣、将领。

李谷（903—960），字惟珍，颖州汝阴人，二十七岁时举进士，历仕后晋、后汉两朝，累官权判三司。郭威建立后周后，李谷历任户部侍郎、中书侍郎、同平章事。柴荣即位后，李谷加右仆射、集贤殿大学士，跟随柴荣攻打太原，班师后，升司空、门下侍郎。公元955年十一月，李谷任淮南道行营前军都部署，率军讨伐南唐。公元956年正月，李谷改任判寿州行府事，后因病还朝，以年老罢相，改授守司空。柴宗训即位后，李谷加开府仪同三司，进封赵国公。公元960年七月，李谷去世，追赠侍中。李谷为人厚重刚毅，很有治国才能，深得郭威器重。李谷辅佐郭威革除不少弊制，使得国力增强，是出色的宰相。

王峻（902—953），字秀峰，相州安阳人，聪明伶俐，善于歌唱。后汉刘知远在位时，王峻为客将。关中三叛时，王峻参与平叛，因功升为宣徽南院使，加检校太傅。郭威镇守邺都时，王峻任监军，二人留在京城的家人全部被害。郭威起兵入京，王峻运筹帷幄，功居首位。郭威称帝建立后周，王峻担任枢密使、右仆射、门下侍郎、同平章事。公元951年，北汉刘崇攻打晋州，郭威派王峻前往援救，取得胜利。王峻有才能，也以天下为己任，但性格轻浮、急躁，有心计，好权贪利。王峻想独揽大权，甚至提出要罢免宰相李谷、范质等人，还嫉妒郭威的养子柴荣，不让柴荣进京。公元953年二月，王峻被贬为商州司马，不久在商州病逝。

王殷（？—953），魏州大名人，事母至孝。后唐时，王殷任华州马步军副指挥使，灵武都指挥使。后晋时，王殷任原州刺史，奉国右厢都指挥使。后汉时，王殷跟随刘知远平定杜重威叛乱，作战英勇，被任命为侍卫步军都指挥使、宁江节度使。刘承佑在位时，王殷奉命镇守澶州。刘承佑杀害杨邠、史弘肇等人，还要杀害王殷、郭威，王殷跟随郭威起兵进京。郭威建立后周后，任命王殷为侍卫亲军都指挥使、天雄节度使、同平章事。王殷到了邺都，仗恃对国有功，专横跋扈，贪图钱财，对境内百姓大肆搜刮。公元953年十二月，王殷入朝奏事，郭威将其留在京城担任京城内外巡检。郭威患病，担心王殷谋反，下诏将其流放到登州。王殷刚刚出城，便被诛杀。

王朴（906—959），字文伯，东平人，聪明机警，好学擅文，刚直果断。后汉时，王朴进士及第，任校书郎。后周建立不久，王朴担任镇宁节度使柴荣的掌书记。柴荣调任开封尹时，王朴任左右拾遗，充开封府推官。柴荣即位后，王朴任比部郎中。公元955年四月，王朴献《平边策》，深得柴荣重用。王朴规划开封城、修订历法、考证雅乐，历任左谏议大夫、知开封府事，累官至枢密使。柴荣两次亲征南唐，分别命王朴担任东京副留守、留守。公元959年三月，王朴奉命巡视汴河，修建闸门，返回时突然发病，去世。柴荣亲临吊唁，痛哭异常。著有《大周钦天历》《律准》等。

范质（911—964），字文素，宗城人，聪明敏捷，记忆力强，博学多闻，后周至北宋初年宰相。后唐时，范质进士及第。郭威建立后周，任范质为枢密副使、兵部侍郎，直至户部侍郎。公元959年六月，柴荣病危，托孤于范质等人，封萧国公。陈桥兵变后，范质与宰相王溥、魏仁浦被迫拥立赵匡胤为天子。范质曾举荐赵普、吕庆余、窦仪等人。公元963年，范质封鲁国公。公元964年九月，范质去世，获赠中书令。范质曾主持编订后周《显德刑律统类》，著有《范鲁公集》《五代通录》等。

王溥（922—982），字齐物，祁县人，性格宽厚，俊美有风度，但为人吝啬。后汉时，王溥考中进士第一名，任秘书郎。郭威关中平叛时，王溥担任从事。郭威建立后周，王溥历任左谏议大夫、枢密直学士、中书舍人、翰林学士、户部侍郎、端明殿学士。郭威患病日重，任命王溥为中书侍郎、同平章事，然后放心地说："朕无忧了。"柴荣即位，北汉南侵潞州，柴荣决定亲征，只有王溥赞同。柴荣要攻打后蜀，请王溥推荐将领，王溥推荐向训。向训收复四州，柴荣认为是王溥推荐之功。北宋初年，王溥仍然担任宰相。公元964年，王溥罢相，任太子少保。公元976年，王溥封祁国公。公元982年八月，王溥去世，赵光义停朝两天，赠侍中，谥文献。王溥好学，有《世宗实录》《唐会要》《五

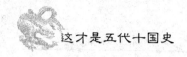

代会要》三部史籍。

魏仁浦（911—969），字道济，汲县人，出身贫寒，为人宽容大度，以德报怨，能言善辩，足智多谋，博闻强记。后晋时，魏仁浦在枢密院担任小吏。郭威担任枢密使，魏仁浦为兵房主事，后跟随郭威镇守邺都。郭威建后周，魏仁浦担任枢密副承指、右羽林将军。柴荣即位，授魏仁浦为右监门卫大将军、枢密副使。魏仁浦跟随柴荣参加高平之战，后任检校太保、枢密使。跟随柴荣征伐南唐平定寿州，魏仁浦加检校太傅，迁中书侍郎、同平章事、集贤殿大学士兼枢密使。公元959年六月，柴荣重病期间，力排众议，让魏仁浦当宰相。北宋时，魏仁浦仍是宰相、枢密使，升右仆射。公元969年正月，赵匡胤再次攻打北汉，魏仁浦劝止未果，后于征战途中病逝。

李重进（？—960），沧州人，郭威的外甥。公元951年，郭威称帝建后周，李重进为内殿直都知、小底都指挥使。公元952年，李重进为大内都点检兼马步都军头，殿前都指挥使。公元954年正月，郭威传位养子柴荣，临终前命李重进向柴荣行君臣之礼。柴荣即位后，任命李重进为侍卫亲军都虞候。高平之战后，李重进以战功升侍卫亲军都指挥使，授归德节度使。公元956年正月，柴荣征南唐，李重进因战功被任命为淮南道行营都招讨使，代替李毂。李重进、张永德二人不和，李重进以大义化解矛盾，避免一场冲突。柴宗训即位，李重进任淮南节度使，加检校太尉。公元960年正月，赵匡胤建宋代周，命韩令坤代替李重进任侍卫亲军都指挥使，任命李重进为中书令，并移镇青州。李重进拒绝调迁，联络昭义节度使李筠起兵叛乱。十月，赵匡胤亲征淮南，十一月，李重进举家自焚而死。

韩通（？—960），太原人，勇猛有力，性格刚强，缺乏谋略，肆意发威，说话常得罪人，人称"韩瞠眼"。韩通早年便在刘知远帐下，历任军校、卫队副指挥使，加检校左仆射。公元947年九月，韩通跟随刘知远前往邺都平定杜重威。刘承佑即位后，韩通跟随郭威前往关中平叛，因功升任本军都虞候。郭威建立后周，韩通历任虎捷右厢都校、左厢都校、保义节度使，加检校太保。柴荣即位后，韩通参与攻打后蜀，因战功升侍卫亲军都虞候。柴荣南征南唐，韩通留在京城任都巡检。公元959年四月，柴荣北征瀛、莫二州，韩通奉命先行疏浚河道，因功升侍卫亲军副都指挥使，加检校太尉、同平章事。柴宗训即位后，韩通仍是侍卫亲军副都指挥使，兼天平节度使。公元960年正月，赵匡胤发动陈桥兵变，韩通准备抵抗，被杀。赵匡胤登基后，追赠韩通为中书令。

符彦卿（898—975），字冠侯，陈州宛丘人，箭术高超，勇而有谋，善于用兵，待下有恩，谦恭礼士。符彦卿是后唐蕃汉马步总管符存审第四子，人称"符第四"。符彦卿十三岁即能骑射，历后唐、后晋、后汉、后周、北宋五朝，历任散员指挥使、吉州刺史、忠武节度使、天雄节度使、守太师等职，累封魏王。符彦卿有三个女儿，长女先嫁李守贞的儿子李崇训，后嫁柴荣为皇后。长女去世后，次女也嫁柴荣为皇后。三女嫁赵光义，在赵光义即位后，追封为皇后。

向训（912—986），因避柴宗训名讳，更名为向拱，字星民，河内人。向训早年投靠郭威，为其心腹。郭威镇守邺都担任天雄节度使时，向训为知客押牙。郭威建立后周，向训历任皇城使、知陕州、左神武大将军等职，率军抵御北汉，并奉命征讨慕容彦超。柴荣即位后，向训参与高平之战，因功升任义成节度使、河东行营前军都监。公元955年四月至十一月，向训与王景、昝居润一同攻打后蜀，收复秦、凤、阶、成四州，战功卓著。向训跟随柴荣南征南唐，因功任武宁节度使、同平章事。柴宗训即位，向训加检校太师、河南尹、西京留守。北宋建立后，向训官至左卫上将军、判左金吾街仗事，封秦国公，死后赠中书令。

张永德（928—1000），字抱一，阳曲人，郭威的女婿。张永德随郭威起兵，屡建战功。郭威称帝建后周，张永德历任内殿直小底四班都知、内殿直都知、驸马都尉、小底第一军都指挥使、殿前都虞候。柴荣即位后，张永德为殿前都指挥使。高平之战后，张永德因功升殿前都点检，加检校太傅，授义成节度使。张永德推荐赵匡胤出任殿前都虞候。张永德参与南征南唐，与李重进险些发生冲突。公元959年六月，因"点检当天子"的谣言，正在病中的柴荣免去张永德的殿前都点检一职，只任同平章事。赵匡胤建立北宋，非常礼遇张永德，加张永德为侍中。赵光义继位后，张永德官拜左卫上将军。宋真宗在位时期，契丹来犯，张永德担任东京留守。公元1000年，张永德去世，追赠中书令。

慕容延钊（913—963），字化龙，太原人，勇敢干练，善于攻伐。慕容延钊早年在郭威帐下。郭威称帝建立后周，慕容延钊任供奉官，历任尚食副使、铁骑都虞候。柴荣继位后，慕容延钊任殿前都指挥使都校，兼溪州刺史。高平之战时，慕容延钊担任左先锋，因功被授为虎捷左厢都指挥使兼本州团练使，不久又升任为殿前都虞候兼睦州防御史。慕容延钊跟随柴荣南征南唐，因功任殿前副都指挥使兼淮南节度使。柴宗训即位后，慕容延钊任镇宁军节度，充任殿前副都点检，又任北面行营马步军都虞候。赵匡胤建立北宋，任慕容延钊为殿前都点检。公元961年，慕容延钊改任山南东道节度使、西南面兵马都部署。北宋时，慕容延钊参与平定李筠叛乱，率兵消灭南平、武平。慕容延钊与赵匡胤友善，病逝后，获赠中书令、河南郡王。

韩令坤（923—968），武安人，早年在郭威帐下。郭威建立后周后，韩令坤历任铁骑散员都虞候、控鹤右第一军都校，领和州刺史。高平之战，韩令坤因功被柴荣授为龙捷左厢都虞候、领容州团练使，不久又担任侍卫马军都指挥使。公元955年十一月，韩令坤参与攻打南唐，因功加检校太尉，领镇安节度使。柴宗训即位，韩令坤加检校太尉、侍卫马步军都虞候。北宋建立后，韩令坤领天平节度使，加侍卫马步军都指挥使、同平章事。

王彦超（914—986），字德升，临清人，温和恭谨，礼贤下士。王彦超很小就从军，十二岁时跟随后唐魏王李继岌消灭前蜀。后汉时，王彦超领岳州防御使兼护圣左厢都校、复州防御使。公元950年四月，王彦超跟随郭威北御契丹，担任行营马步左厢都排阵使。郭威建立后周，王彦超因功任武宁节度使。公元951年，北汉攻晋州，王彦超与王峻奉命增援。柴荣即位后，王彦超参加高平之战。公元955年十一月，王彦超与李穀征讨南唐，破南唐援军三万余人，因功授永兴节度使，后又任凤翔节度使。柴宗训即位，王彦超加检校太师、西面缘边副都部署。北宋建立后，王彦超加中书令，去世后赠尚书令。

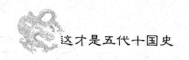

前蜀及主要人物

前蜀建立于公元907年九月，灭亡于公元925年十一月，立国十八年有余，都城成都，前后共两位帝王，即高祖王建、后主王衍。

唐朝末年，王建兼并了西川、东川、山南西道、武定、昭武、镇江、武泰等藩镇，于公元903年八月被唐朝封为蜀王。公元907年四月，后梁建立，唐朝灭亡，王建不奉后梁为正朔，仍然使用唐朝的年号。五个月后，王建称帝改元，建立前蜀。王建在位期间，与岐国发生七年之久的战争，占领岐国文、阶、成、秦、凤、陇等州。

公元918年六月，王建病逝，其子王衍继位。王衍继位后，荒废朝政，国力迅速衰退。公元925年十一月，前蜀被后唐消灭。

本书提到的前蜀大臣与将领主要有王宗侃、王宗播、王宗绾、王宗弼等。

王宗侃（857—923），雅州人，王建义子，本名田师侃。王建称帝后，王宗侃为太保、侍中、中书令。公元911年三月，王建任命王宗侃为北路行营都统，令其率十二万兵马讨伐岐国，先败青泥岭，再胜安远军。公元917年，王建又任命王宗侃为东北面都招讨，再次攻打岐国，未果。王衍即位后，封王宗侃为魏王。公元923年七月，王宗侃卒于家中。

王宗播（？—？），王建义子，本名许存，有勇有谋，曾任定戎团练使、中书令等职。公元911年八月，王建任命王宗播为"四招讨马步都指挥使"，统领王宗鐬、王宗祐、王宗贺、唐道袭四位招讨，前往安远援救王宗侃，击败岐国大将刘知俊。公元915年八月，王建任命王宗播为招讨使，与王宗绾率兵攻打岐国。二将攻占成州、秦州。公元916年八月，王宗播担任西北面都招讨，率刘知俊、王宗俦、唐文裔三将共十二万兵马攻打岐国，攻占陇州。公元919年三月，王衍派王宗播攻打岐国，击败岐国大将孟铁山，遇雨班师。王宗播在遇强敌时，总是挺身而出，在论功行赏时，则声称有病，从不夸耀，最终得以保全、善终。

王宗绾（？—？），王建义子，本名李绾，为人宽厚、谨慎，功高不骄，官至中书令。公元915年八月，王建任命王宗绾为"北路行营都制置使"，与王宗播率兵攻打岐国，攻占成州、秦州。公元916年八月，王宗绾担任东北面都招讨，率王宗翰、王宗寿共十万兵马从凤州出发，取宝鸡、围凤翔，后因风雪而班师。王建病逝前，命王宗绾与宋光嗣、王宗弼等接受遗诏，辅佐朝政，后事不详。

王宗弼（？—925），王建义子，本名魏弘夫，官至守太师、中书令，封齐王。公元911年十月，王建派王宗弼增援安远，在斜谷击败岐国大将刘知俊。十一月，王宗弼在金牛再败岐军，一连攻破十六个营寨，俘虏六千多人。王建病逝前，命王宗弼与宋光嗣等人接受遗诏，辅佐朝政，实由宋光嗣、王宗弼二人掌政。王衍荒废国政，王宗弼更是收受贿赂，前蜀开始衰退。公元925年，后唐攻打前蜀之际，王宗弼出卖前蜀，最终国灭被杀。

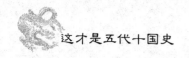
后蜀及主要人物

后蜀建立于公元934年闰正月，灭亡于公元965年正月，立国三十一年，都城成都，前后共两位帝王，即高祖孟知祥、后主孟昶。

前蜀灭亡后，孟知祥于公元926年正月到达成都任西川节度使。公元930年九月，两川背叛，后唐明宗李嗣源派兵讨伐，不能取胜。公元932年，孟知祥兼并东川，于次年被封为蜀王。李嗣源去世后，孟知祥于公元934年闰正月称帝，建立后蜀。七月，孟知祥病逝，在位半年。

孟昶即位不久，诛杀了恃功骄横的大将李仁罕，满朝慑服。孟昶又趁后晋被灭、后汉内乱之际，占领秦、凤、阶、成四州，尽有前蜀之地。数年后，四州又被后周世宗柴荣夺走。孟昶在位将近三十年，适逢中原多故，境内少有战事，得以发展，但其生活奢侈、荒淫，大臣多有不法，国政腐朽不堪。公元964年十一月，北宋兵分两路，水陆并进攻入后蜀。公元965年正月，孟昶投降，后蜀灭亡。五月，孟昶到达北宋都城开封，六月去世，年四十七岁。

后蜀大臣主要有赵季良、王处回、李昊、王昭远、伊审徵等，将领主要有李仁罕、赵廷隐、张业、李肇、高彦俦、赵崇韬、李廷珪等。

赵季良（883—946），字德彰，济阴人，善谋略。赵季良起初在后唐为官，曾任魏州司录，官至盐铁判官、太仆卿。公元926年，赵季良任三川制置使，因与孟知祥有旧，被留在西川任节度副使。孟知祥事无大小，多与赵季良商量，视赵季良为心腹。赵季良助孟知祥联合东川节度使董璋攻克遂州、阆州，然后固守剑门关抵抗后唐讨伐大军，后唐主将石敬瑭粮尽退走。赵季良又用计击败董璋，助孟知祥兼并东川。孟知祥建立后蜀，任命赵季良为司空兼门下侍郎、同平章事、武泰节度使。孟知祥病逝，赵季良与王处回拥立孟昶继位，因功加司徒。赵季良在后蜀官至太保，与毋昭裔、张业分管三司，兼管户部。

李仁罕（873—934），陈留人，随孟知祥入蜀，担任都指挥使。公元930年九月，孟知祥任命李仁罕为行营都部署，与副部署赵廷隐一同攻打遂州。公元931年正月，李仁罕攻克遂州，后唐武信节度使夏鲁奇自杀身亡。二月，孟知祥任命李仁罕为峡路行营招讨使，令其率水军沿长江东下攻城略地，一连攻占忠州、万州、夔州。李仁罕与赵廷隐争当东川节度使，最终被任命为武信节度使。孟昶即位不久，李仁罕恃功骄横被杀。

赵廷隐（884—950），天水人，随孟知祥入蜀。赵廷隐有勇有谋，孟知祥麾下无人能及，曾任金紫光禄大夫、检校司空、汉州刺史、上柱国、左厢马步军都指挥使。公元930年九月，孟知祥任命赵廷隐为行营副部署，与李仁罕一同攻打遂州。十一月，孟知祥调赵廷隐北上进屯剑州，抵御石敬瑭的大军。公元932年四月，孟知祥任命赵廷隐为行营马步军都部署，攻打东川。五月，兼并东川，赵廷隐与李仁罕争当东川节度使，最后被任命为保宁节度使。孟知祥去世后，赵廷隐与赵季良等辅政。孟昶在位期间，赵廷隐加兼侍中、六军副使、太傅，官至太师、中书令，封宋王。李仁罕、张业获罪身死，赵廷隐请求退隐。

张业（？—948），本名张知业，陈留人，李仁罕的外甥，骁勇善战，随孟知祥入蜀，历任右厢马步军都指挥使、金紫光禄大夫、检校司空、守简州刺史、上柱国。公元930年九月，孟知祥任命张业为先锋指挥使，与李仁罕、赵廷隐等一同攻打遂州。公元931年二月至三月，张业跟随李仁罕一连攻占忠州、万州、夔州，最后担任宁江节度使，镇守夔州。赵季良去世后，张业开始专权。公元948年，孟昶计杀张业。

李肇（？—？），汝阴人，曾任后唐陕虢都指挥使，在汉州之战中被孟知祥擒获。孟知祥爱惜其才，任命其为牙内马步都指挥使。公元930

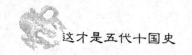

年十一月，孟知祥派李肇率五千人北上援救剑门，在剑州伏击了后唐讨伐军。由于赵廷隐的推荐，李肇代守利州，并于公元933年担任昭武节度使。孟昶继位，李肇加侍中。李肇自恃元老功臣，对孟昶傲慢无礼。李肇后被孟昶罢免军务，改太子少傅，贬谪邛州，直到去世。

王处回（？—951），字亚贤，彭城人，宽厚爱人，有机智谋略。孟知祥为西川节度使时，王处回任中门副使，直到中门使。孟知祥建立后蜀，王处回出任枢密使。孟知祥病逝，遗诏王处回等辅佐孟昶。孟昶继位后，王处回仍然担任枢密使，不久又加兼侍中，领武泰节度使。公元938年，王处回兼武信节度使、同平章事。公元941年，王处回不再担任节度使。公元944年，王处回又领保宁节度使。王处回专权，收受贿赂，其子也多有不法。公元948年七月，王处回被贬。八月，王处回以太子太傅致仕，直到去世。

李昊（893—965），字穹佐，出生于关中，后移居新平。岐国将领刘知俊攻克新平，李昊被擒获。刘知俊非常器重李昊，将女儿嫁给他。公元915年十一月，李昊跟随刘知俊投奔前蜀，刘知俊担任武信节度使，李昊任从事。前蜀后主王衍即位后，李昊历任县令、中书舍人、翰林学士。前蜀灭亡后，李昊来到洛阳，被后唐明宗李嗣源任命为检校兵部郎中。李昊后来奉命又到蜀地为官，但迟迟没有被任职。孟知祥称帝后，才任命李昊为礼部侍郎、翰林学士。孟昶继位后，李昊历任兵部侍郎、尚书左丞、门下侍郎、兼户部尚书、同平章事、左仆射、判度支户部。自从孟知祥建立后蜀，表章奏疏檄文全部出自李昊之手。公元959年八月，孟昶为了增加李昊的收入，任命李昊兼武信节度使。公元963年五月，李昊劝孟昶向宋朝称臣，被王昭远劝阻。公元965年正月，孟昶命李昊草拟降表。李昊在前蜀时，也曾草拟降表，被人讥讽为"世修降表李家"。李昊在后蜀，曾修《前蜀书》与孟昶《实录》。李昊在蜀为官五十年，掌管大权，妓妾无数，十分奢侈。后蜀被北宋消灭，李昊随孟昶入朝，被任命为工部尚书。

王昭远（？—975），成都人，幼年成为孤儿，家贫，十三岁时，跟随和尚智諲为童子。孟知祥担任西川节度使，有一天给和尚施粥，看到王昭远，将王昭远留在官府。孟知祥看到王昭远聪明，便让王昭远侍奉在孟昶左右。孟昶继位后，王昭远担任卷帘使、茶酒库使。孟昶母亲常说王昭远不可任用，但孟昶不听。王昭远不久又历任永平节度使、宁江节度使、山南西道节度使、同平章事。公元948年七月，枢密使王处回被贬，孟昶让王昭远与高延昭任通奏使，知枢密院事，处理机密事务。王昭远喜爱谈论兵书，认为自己有计谋策略，很为自负，常常自比诸葛亮。公元964年十一月，北宋攻打后蜀，孟昶任命王昭远为行营都统，令其率兵御敌。王昭远认为收复中原，易如反掌，结果三战三败，狼狈逃窜，以致后蜀灭亡。王昭远后来被押送开封，赵匡胤未加其罪，还授其为左领军大将军。

伊审徵（？—988），字申图，太原人，其父伊延璱跟随孟知祥入蜀。伊延璱娶孟知祥的女儿，生子伊审徵。伊审徵小时便与孟昶友善。孟昶即位后，任命伊审徵为蜀州刺史、云安榷盐使。公元951年四月，高延昭请求解除知枢密院事，孟昶便任命伊审徵为通奏使、知枢密院事，与王昭远一同掌管枢密院。孟昶事无大小，都征求二人意见。伊审徵贪污受贿、生活奢侈，与王昭远内外勾结，后蜀开始衰退。伊审徵还曾领武泰节度使、宁江节度使，任同平章事。北宋攻打后蜀时，伊审徵率先将降表奉到军前。伊审徵归降北宋后，历任静难节度使、右屯卫上将军等职。

高彦俦（？—965），太原人，跟随孟知祥入蜀。孟知祥时，高彦俦官至昭武军监押。孟昶即位后，任高彦俦为邛州刺史、马步军使。后汉兵马攻入大散关，高彦俦率部出战，后汉兵马撤退。高彦俦后又领赵州刺史，历任奉銮肃卫都指挥副使、右骁锐马军都指挥使、光圣马军都指挥使、武定节度使。公元955年，后周柴荣派向训攻打后蜀，孟昶派高彦俦迎战，无功而返。孟昶不怪高彦俦，还任命其为右奉銮肃卫都指挥使，后又担任宁江节度使。公元964年，北宋兵分两路攻后蜀，攻至夔州时，高彦俦兵败自焚而死。

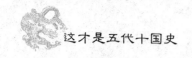

赵崇韬（？—？），赵廷隐之子，骁勇善战，果断勇敢，有其父遗风。孟昶继位后，赵崇韬历任殿值都知、客省使、左右卫圣步军都指挥使、武定节度使、山南武定都指挥使，子赵文亮娶后蜀公主。公元955年，后周柴荣派兵攻陷秦州、凤州，准备深入蜀地，被赵崇韬击退。公元964年十一月，北宋派兵攻打后蜀，孟昶任命赵崇韬为都监，令其与都统王昭远率兵迎战。汉源坡之战，蜀军败退，赵崇韬独自策马先登，斩杀十余人，最后被宋军擒获。

李廷珪（？—967），太原人，跟随孟知祥入蜀。孟知祥称帝后，李廷珪官至奉銮肃卫都虞候。孟昶继位不久，后汉将领赵赞向后蜀求援，李廷珪奉命率大军接应，结果无功而返。李廷珪历任山南西道节度使、捧圣控鹤都指挥使、领蜀州刺史、永平节度使、右光圣都指挥使、保宁节度使、护圣控鹤都指挥使等职。公元955年，后周世宗柴荣派兵攻打后蜀，李廷珪任北路行营都统，率兵抵御遭败，秦、成、阶三州皆被后周夺走。孟昶没有对李廷珪治罪，而任命其为左右卫圣诸军马步军都指挥使等要职。不久，李廷珪又加兼侍中、成都巡检史、武信节度使等职。公元965年正月，孟昶命太子孟玄喆为元帅，李廷珪为副元帅，前往剑门抵御北宋大军。后蜀灭亡，李廷珪归顺宋朝，被授为右千牛卫上将军。

南吴及主要人物

　　南吴都城江都府，鼎盛时辖地二十八州。如果从南吴正式建立算起，前后共两位君王，即高祖杨隆演、让皇杨溥。如果从形同独立王国算起，前面还要算上太祖杨行密、烈祖杨渥。

　　唐朝末年，杨行密兼并了宁国、淮南、武昌三个藩镇以及占据镇海军的润、常二州，于公元902年三月被唐朝封为吴王。公元905年十一月，杨行密病逝，其子杨渥继位，被唐朝宣谕使李俨承制封为弘农王。公元906年九月，杨渥兼并了镇南军。

　　公元907年四月，后梁建立，唐朝灭亡，杨渥不奉后梁为正朔，仍然使用唐朝的年号。公元908年五月，淮南发生政变，杨渥被杀，兄弟杨隆演继位，继续使用唐朝年号，被故唐朝宣谕使李俨承制封为弘农王。公元910年二月，岐王李茂贞承制封杨隆演为吴王。公元912年九月，故唐朝宣谕使李俨承制封杨隆演为吴王。公元919年四月，杨隆演改元"武义"，升扬州为江都府，标志着南吴正式建立。公元920年五月，杨隆演病逝，兄弟杨溥于次月即位。公元927年十一月，杨溥正式称帝。公元937年十月，杨溥禅位给徐知诰，南吴灭亡。

　　南吴的大臣主要有徐温、严可求、骆知祥、徐知诰等，将领主要有周本、柴再用等。徐温一直掌管南吴军政大权，严可求是其谋士。徐温去世后，义子徐知诰掌管南吴军政大权，直至取代南吴。

　　徐温（862—927），海州朐山人，青年时曾经贩卖私盐。杨行密在合肥起兵时，徐温投奔其帐下，官至右牙指挥使。公元907年正月，徐温与左牙指挥使张颢夺去杨渥的大权。公元908年五月，徐温除掉张颢，从此独揽淮南军政大权。徐温用"严、骆"，立法度，禁强暴，举大纲，军民从此安定。公元913年九月，南吴与吴越发生常州之战，徐温亲自率兵，大败吴越兵马。十一月至十二月，后梁王景仁攻南吴，徐温再次率兵迎战，取得大胜。公元915年八月，徐温被封为齐国公，镇守润州，其子徐知训在扬州执政。公元917年四月至五月，徐温移镇昇州。公元918年六月，徐知训无道被杀，徐温义子徐知诰趁机进入扬州执政。公元909年及公元918年，徐温两次出兵，完全收复江西道。公元919年四月，吴王杨隆演任命徐温为大丞相、都督中外诸军事、诸道都统、镇海宁国两镇节度使、守太尉兼中书令，封东海郡王。七月，南吴与吴越发生无锡之战，徐温亲自督战，取得胜利。两国此后二十余年没有交战，境内安定。公元927年十月，徐温病逝，追封齐王。

严可求（？—930），同州人，其父严实在唐末担任江淮水陆转运判官，其家遂安在扬州。严可求一直担任杨行密的幕僚，与徐温也十分友善，后来又成了徐温的谋士。张颢杀了杨渥，自己想当节度使，严可求临危不惧，斗智斗勇，帮助徐温挫败了张颢的企图。徐温掌权后，将淮南军务交给严可求，将财务交给骆知祥，淮南人称"严、骆"。公元915年八月，徐温镇守润州，留长子徐知训在扬州执政，严可求辅佐。公元918年六月，徐知训被杀，徐温义子徐知诰趁机进入扬州执政。严可求多次劝徐温让徐知询代替徐知诰，徐温没有接受。徐知诰得知此事，便设法将严可求外任楚州，由于严可求巧妙应对而没有成功，徐知诰后来改变策略，与严可求结为亲家。严可求历任扬州司马、营田使、门下侍郎、尚书右仆射、同平章事。徐温病逝后，严可求也为徐知诰出谋，徐知诰升其为尚书左仆射。徐温病逝三年后，严可求去世。

周本（861—937），舒州人，三国名将周瑜之后，膂力过人，年轻时曾杀死猛虎。公元908年九月至公元909年四月，南吴与吴越苏州之战，周本作为主将，惨遭失败。公元909年七月，周本在象牙潭击败危全讽，使得江西全境尽入南吴。周本因战功升任信州刺史。公元918年，徐温派兵攻打虔州谭全播，吴越国派兵攻打信州，以图解围虔州，周本用空城计退敌。公元936年十二月，周本在其子的劝导下，向徐知诰劝进。公元937年十二月，周本因不能保全南吴，忧愤、惭愧而死。

柴再用（864—935），本名柴存，蔡州汝阳人，面如黑铁，人称柴黑子。柴再用在南吴官至德胜节度使、中书令。公元908年九月，南吴与吴越交战，柴再用收复东洲。徐温掌权，李遇等人不服，徐温派柴再用平定李遇。公元914年四月，南吴袁州刺史刘景崇投降南楚，柴再用等将奉命讨伐，在万胜冈击败刘景崇及南楚兵马。公元927年正月，柴再用居功自傲，徐知诰巧妙处置，整肃法纪。公元935年六月，柴再用病逝。

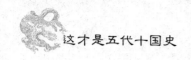

南唐及主要人物

　　南唐建立于公元937年十月，灭亡于公元975年十一月，立国三十八年，都城江宁，前后共三位帝王，即烈祖李昪、元宗李璟、后主李煜。

　　李昪即徐温义子徐知诰，于公元937年十月禅代南吴，称帝建南唐。李昪勤政爱民，不喜用兵，晚年易暴躁、发怒。公元943年二月，李昪病逝，其子李璟于次月即位。

　　李璟性格柔和，喜好诗文，朝中大臣也多喜欢吟诗作赋。李璟还喜欢别人奉承自己，因此朝中阿谀、谄媚之人很多。李璟曾两度对外用兵，趁闽国、南楚内乱而消灭闽国与南楚，可惜未能守住夺下的疆土，最终实际拥有原闽国建、汀二州，而割据泉、漳二州的留从效只是向其称臣纳贡，至于南楚，竟然没有得到一个州县。李璟在位期间，其国领地达到极盛，然而李璟生活奢侈，重用"五鬼"，朝纲日趋混乱。公元955年十一月至公元958年三月，柴荣三次征伐南唐，李璟割让江北十四州，向后周称臣。公元961年六月，李璟在南昌病逝，七月，其子李煜即位。

　　李煜无心国政，只爱诗词与佛教。公元974年七月，北宋三路出兵攻打南唐。公元975年十二月，李煜投降，南唐灭亡。公元976年正月，李煜到达开封，被赵匡胤任命为右千牛卫上将军，封违命侯。李煜在开封，写了不少词，非常感伤，如《虞美人》《破阵子》等。两年后，李煜去世，年仅四十二岁。

　　李昪在位时，大臣主要有谋臣宋齐丘、王令谋等。李璟在位时，大臣主要有皇太弟李景遂、齐王李景达、太子李弘冀、"南唐五鬼"、李徵古等，将领主要有边镐、刘仁赡、刘彦贞、柴克宏等。李煜在位时，大臣主要有张洎、陈乔、徐铉等，将领主要有林仁肇、皇甫继勋、朱全赟等。"南唐五鬼"与李徵古六人都是宋齐丘的党羽。由于奸佞专权、兵连祸结，南唐最终衰退而走向灭亡。

宋齐丘（887—959），字子嵩，豫章人，洪州官僚世家，进士，喜好纵横之术。宋齐丘文章、书法都很有造诣，自以为古今独步，看不起欧、虞之辈。公元912年五月，徐知诰任昇州刺史，把宋齐丘当作奇才，请其出任推官，与判官王令谋、参军王翃一起，负责出谋划策。公元918年六月，扬州叛乱，徐温长子徐知训被杀，宋齐丘劝徐知诰以平乱为名，接管扬州。徐知诰建立南唐后，宋齐丘历任左丞相、左右仆射、同平章事等职。李璟即位后，宋齐丘在朝中结党，势力很大，有大臣甚至劝李璟将政事交给宋齐丘。李璟憎恨宋齐丘，将其贬逐九华山。公元959年正月，李璟派人逼死宋齐丘，赐其谥号为"丑缪"。

边镐（？—？），江宁人。公元943年十月，李璟命边镐率兵镇压张遇贤起义。公元944年十二月，闽国内乱，边镐担任行营招讨诸军都虞候，率兵跟从查文徽攻打闽国，次年八月消灭闽国。公元951年十月，边镐率兵消灭南楚，最终丢失南楚故地。边镐昏庸、懦弱、优柔寡断，被先后称为"边佛爷""边菩萨""边和尚"。边镐逃回南唐后，被削职为民。南唐与后周交战时，边镐再度担任将领，被后周擒获。两国议和时，边镐返回江南，不再被重用，最后在江宁去世。

陈觉（？—958），"南唐五鬼"之一，泰州人。陈觉曾辅佐徐景迁在江都执政。李昇即位后，陈觉官至宣徽副使。李璟在位时，陈觉历任光政院副使、太仆少卿、枢密使。陈觉与副使李徵古依仗宋齐丘的势力，把持朝政，骄横傲慢。公元956年四月，李璟派李景达率五万大军抵御后周兵马，陈觉任监军使，军令都出自陈觉。陈觉猜忌将领舒元，以致舒元降周，南唐大军最终兵败。公元958年十二月，李璟诏告宋齐丘、陈觉、李徵古等人的罪恶，贬陈觉为国子博士，流放饶州，派人在途中将其诛杀。

魏岑（？—？），"南唐五鬼"之一，字景山，郓州须城人，喜欢游历四方，谄媚奉承，善揣人意。李璟在位时，魏岑历任校书郎、谏议大夫。因攻福州不利，魏岑被贬为太子洗马，后又官复原职。护国节度使李守贞背叛后汉，派人联络南唐，魏岑劝李璟出兵，最终无功而返。魏岑因此被贬为屯田使，不久又升为兵部侍郎、枢密副使。刘彦贞以厚赂结交魏岑，魏岑鼓吹刘彦贞是能战之将，岂料与后周首战即败亡。

查文徽（885—954），"南唐五鬼"之一，字光慎，歙州休宁人。李昪在位时，查文徽任监察御史。李璟在位时，查文徽历任谏议大夫、中书舍人、枢密副使。查文徽因参与消灭建州王延政，升为永安留后。南唐与吴越争夺福州，查文徽兵败被擒。吴越将查文徽释放，但赐其慢性毒酒，李璟派人医治，医者说可活十年。查文徽后以工部尚书致仕。舒元降后周，查文徽受牵连，被贬至宜州。

李徵古（？—958），袁州宜春人，南唐进士，与宰相宋齐丘是亲戚。李徵古官至枢密副使，在元宗李璟面前议事，非常骄横，没有人臣之礼。李徵古与枢密使陈觉都是宋齐丘的朋党，李徵古甚至劝李璟把国事交给宋齐丘，陈觉则提出由宋齐丘先行后奏，让李璟只在宫中谈佛论道。公元958年十二月，李璟宣告宋齐丘、陈觉、李徵古等人的罪恶，削去李徵古官爵，赐其自尽。

冯延巳（903—960），"南唐五鬼"之一，又名冯延嗣，字正中，广陵人。李昪在位时，冯延巳任秘书郎。冯延巳与陈觉友善，一同依附宋齐丘。李璟在位期间，冯延巳三次入相，三次罢相。冯延巳先任谏议大夫、翰林学士承旨、中书侍郎、同平章事、集贤殿大学士，后贬为太子少傅，不久又任昭武节度使、冠军大将军、太弟太保、昭义节度使、左仆射、同平章事。南唐消灭南楚，朗州刘言叛乱，李璟想授刘言节度使，以安故楚湖南之地，冯延巳不赞同，以致湖南尽失。后周世宗柴荣征伐南唐，夺走江北之地，冯延巳因献策有误，被贬为太子少傅。数月后，冯延巳再当宰相。不久，冯延巳又因病罢相，任太子太傅。冯延巳有词集《阳春集》，对北宋初期的词人有较大影响。

冯延鲁（？—？），"南唐五鬼"之一，又名冯谧，字叔文，冯延巳的异母兄弟，文学家。冯延鲁早年与冯延巳一同在李璟的元帅府任职。李璟继位后，冯延鲁历任礼部员外郎、中书舍人、勤政殿学士。南唐趁闽国内乱出兵建州，冯延鲁担任监军使。攻打福州失败，冯延鲁被流放舒州。李璟不久又起用冯延鲁，历任少府监、中书舍人、工部侍郎、东都副留守。公元956年，后周攻打江都，冯延鲁扮着僧人逃走，仍被擒获。柴荣将冯延鲁留在开封三年，任刑部侍郎。公元958年，冯延鲁回到南唐，任户部尚书，后又任常州观察使。后主李煜在位期间，冯延鲁去世。

李景达（924—971），烈祖李昇第四子，字子通，小名雨师，性格刚烈，疾恶如仇。李景达曾将落入水中的李璟救出。李璟继位后，在先帝灵柩前与李景遂、李景达约定兄终弟及，封李景达为齐王、副元帅，又升诸道兵马元帅。公元956年四月，李璟派李景达率五万大军抵御后周兵马，最终兵败。李璟后来任命李景达为抚州大都督，临川牧。李景达在镇十余年，无心政事。后主李煜即位后，加李景达为太师、尚书令。李景达去世后，追封为太弟，葬于庐山。

李弘冀（？—959），元宗李璟长子，为人深沉寡言，有军事才能。李弘冀先镇东都，后镇润州，封燕王。公元956年三月，吴越国会同后周攻打南唐的常州，李弘冀与柴克宏英勇退敌，颇有战功。皇太弟李景遂前后十次上表，请求到藩镇任职，由李弘冀当太子。公元958年三月，李璟封李景遂为晋王，镇守洪州，册立李弘冀为太子，参与朝政。李弘冀在东宫多有不法，李璟扬言将李景遂召回再当皇太弟。闰七月，李弘冀派人将李景遂毒死。公元959年九月，李弘冀去世，谥号文献。

刘仁赡（900—957），字守惠，彭城人，轻财重士，法令严肃，略通兵书。李昇在位时，刘仁赡历任右监门卫将军、黄州刺史、袁州刺史，有政绩。李璟在位时，刘仁赡先任武昌节度使，再任清淮节度使，镇守寿州。公元955年十二月，柴荣南征，围攻寿州。刘仁赡坚守有力，前后长达一年多。公元957年三月，刘仁赡重病，昏迷不醒，部众向柴荣

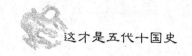

投降。柴荣任命刘仁赡为天平节度使兼中书令。刘仁赡病重去世，追封彭城郡王。

刘彦贞（？—956），兖州中都人，南吴将领刘信第四子，善骑射，军中称为"刘一箭"。刘彦贞历任大理评事、屯田员外郎、海州刺史、楚州刺史、神武统军。刘彦贞当过多个藩镇的节度使，只知道贪赃枉法，前后累积亿万家财，并不懂得行军打仗。刘彦贞贿赂朝中权贵，宰相魏岑等人说刘彦贞治理地方如同龚遂、黄霸，带兵作战如同韩信、彭越。公元955年十一月，柴荣攻打南唐，元宗李璟首用刘彦贞，任命刘彦贞为北面行营都部署，令其率两万士兵奔赴寿州。公元956年正月，刘彦贞与后周大将李重进交战，阵亡。

柴克宏（？—956），南吴名将柴再用之子。柴克宏历任宣州巡检使、泗州刺史、龙武都虞候。柴克宏为人沉默寡言，乐善好施，不治家产，每天只与宾客下棋、饮酒，从不谈论军事。当时的人都认为柴克宏不是将才。公元956年三月，吴越国响应后周攻打南唐的常州，柴克宏主动请求出战，取得大捷。元宗李璟任命柴克宏为奉化节度使，柴克宏请求前往江北寿州前线作战，于途中病逝。

韩熙载（902—970），字叔言，潍州北海人，文学家。韩熙载是后唐进士，后投奔南吴，任校书郎，滁、和、常三州从事。李昇在位时，韩熙载任秘书郎。李璟在位时，韩熙载历任中书舍人、户部侍郎。李煜在位时，韩熙载历任吏部侍郎、秘书监、兵部尚书、勤政殿学士承旨。韩熙载生性懒散，常称病不朝。韩熙载身处异国，广置妓妾，彻夜宴饮，以排遣忧愤。韩熙载曾被贬为太子右庶子，后又任秘书监、兵部尚书，直至中书侍郎、光政殿学士承旨。韩熙载妻妾成群、放荡不羁，始终未能成为宰相。公元970年七月，韩熙载去世，获赠右仆射、同平章事，谥号"文靖"。韩熙载有文才，通音律，善书画，与徐铉并称"韩徐"。

林仁肇（？—972），建阳人，刚毅，身高六尺有余，相貌伟岸，勇猛有力，军中称为"林虎子"。林仁肇本是闽国将领，闽国灭亡后归降南唐。后周攻打南唐，林仁肇奉命救援寿州，因功升淮南屯营应援使、镇海节度使，不久又任武昌节度使。公元970年十二月，北宋攻打南汉，林仁肇劝后主李煜趁机收复淮南，未被采纳，改任南都留守。公元972年闰二月，李煜中了赵匡胤的反间计，将林仁肇杀害。三年后，南唐灭亡。

陈乔（？—975），字子乔，庐陵人，聪明有文采，孝顺家人，为官清廉。李昪在位时，陈乔历任太常寺奉礼郎、尚书郎、中书舍人。李璟即位后，陈乔仍是中书舍人。陈觉劝李璟将国事交给宋齐丘，李璟让陈乔拟旨，陈乔劝止。李璟对皇后及诸子说陈乔是忠臣，将来国家有难，可以托付。李璟南迁洪州时，留陈乔辅佐太子监国。李煜继位后，陈乔历任吏部侍郎、翰林学士承旨、枢密副使、门下侍郎兼枢密使、右内史侍郎兼光政院辅政，总领军国大事。赵匡胤数次征召李煜入朝，均被陈乔劝阻。北宋攻打南唐，江宁城破，陈乔自杀殉国。

张洎（934—997），字偕仁，南谯人，少有俊才，南唐进士。张洎早年担任句容县尉，因上表修改太子李弘冀的谥号而得到元宗李璟的赏识，升监察御史。李煜即位后，张洎历任工部员外郎、礼部员外郎、中书舍人、清辉殿学士，参与机密，恩宠第一。赵匡胤攻打南唐，张洎劝李煜不要投降。公元975年十一月，江宁城破，陈乔与张洎相约自杀，张洎却不想死。归宋后，张洎历任太子中允、礼部户部郎中、右谏议大夫、判大理寺、判集贤院事，死后赠刑部尚书。

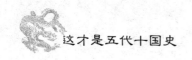

南楚及主要人物

南楚建立的时间难以认定，因为南楚的君王，没有称帝，没有改元，一直使用中原朝廷的年号。一般认为，公元927年八月，后唐明宗李嗣源封马殷为楚王，马殷设置左右丞相等百官，升潭州为长沙府，标志南楚正式建立。公元951年十月，南楚被南唐消灭。

南楚鼎盛时共有二十三州，前后共有六位君王，即武穆王马殷、衡阳王马希声、文昭王马希范、废王马希广、恭孝王马希萼、后主马希崇。

唐朝末年，马殷兼并武安、静江两藩镇。公元907年四月，唐朝灭亡，朱晃建立后梁，封马殷为楚王。公元908年五月，马殷兼并武贞军，从此南楚拥有三个藩镇。马殷在位期间，国政稳定，经济繁荣。公元930年十一月，马殷病逝，遗命各子兄终弟及。

马希声于公元930年十一月继承王位，公元932年七月去世，在位不到两年。马希声恢复藩镇旧制，称节度使。马希范于公元932年八月继位，公元947年五月去世，在位将近十五年。马希范讨伐溪州彭士愁，立溪州铜柱，让部族归附。马希范在位期间，南楚非常富庶，但其非常奢侈，还向百姓大肆征收赋税。

马希范去世后，部众拥立马希范的同母兄弟马希广继承王位，没有拥立年龄稍长的马希萼。马希萼两度攻打马希广，先败后胜。公元950年十二月，马希萼杀害马希广。马希萼夺位后，纵酒荒淫，不理政事，还一改多年向中原国家称臣的做法，从此向南唐称臣。公元951年三月，王逵、周行逢据朗州谋反。六月，王逵、周行逢拥立刘言为武平节度使，向后周称臣。九月，马希萼的兄弟马希崇发动政变，夺了马希萼的王位。刘言派兵讨伐马希崇，南楚内乱再起。南唐趁机派边镐率兵进入南楚。十月，马希崇向边镐投降，南楚灭亡。史书将马希范去世后，南楚的内乱称为"众驹争槽"。

本书提到的南楚大臣主要有高郁、姚彦章、李弘皋等，将领主要有许德勋、秦彦晖、王环、吕师周、刘勋、王赟、刘彦瑫、彭师暠、许可琼以及南楚灭亡后相继掌管湖南的刘言、王逵、周行逢等。高郁是马殷的第一谋臣，姚彦章、许德勋在马殷建立楚国时任左右丞相，秦彦晖、王环、吕师周、刘勋等多有战功。

高郁（？—929），扬州人，马殷的谋臣，很有才能，但也贪婪奢侈。马殷采纳高郁的建议，上尊天子，下爱士民，操练兵马，以成霸业。高郁还建言与邻国通商旅，使得南楚国富民强。高郁在南楚官至都军判官。公元929年八月，在荆南节度使高季兴的挑拨下，马希声诬告高郁谋反，高郁被贬为行军司马。高郁不悦，说了马希声坏话，又被马希声假传马殷之令处死。

姚彦章（？—？），汝南人，有谋略，跟随马殷入湖南，历任听直军将、澧州刺史、静江行军司马。公元910年十二月，宁远节度使庞巨昭、高州刺史刘昌鲁归附马殷，马殷派姚彦章率兵迎接。马殷得到宁远，任命姚彦章为宁远节度副使、知容州事。公元911年十二月，刘岩夺取容州、高州，姚彦章不能坚守，撤回潭州。公元927年八月，马殷建楚国，姚彦章任左丞相。姚彦章官至昭顺节度使、侍中，后唐清泰年中去世。

许德勋（？—？），蔡州朗山人，跟随马殷入湖南，马殷帐下大将，历任都指挥使、岳州刺史、侍中。公元907年九月，马殷派许德勋迎战增援雷彦恭的南吴将领冷业、李饶，许德勋击败并擒获冷业、李饶。公元908年八月，马殷派许德勋攻打荆南，到达沙头，高季昌求和。公元911年，清海军节度使刘岩攻打宁远，马殷派许德勋率桂州兵增援姚彦章。公元914年四月，许德勋与王环突袭南吴的黄州，擒刺史马邺，大

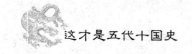

掠而还。公元927年八月，马殷建楚国，许德勋任右丞相。公元928年四月，南吴右雄武军使苗璘、静江统军王彦章率水军攻岳州，许德勋率一千艘战舰迎战，取得大胜，擒获苗璘和王彦章。五月，马殷将苗、王二人放回，让许德勋为二人饯行。许德勋对二人说，楚国虽小，旧臣宿将还在，希望吴国不要再来谋取，如果要谋取，也要得等到"众驹争槽"之时。许德勋七十余岁去世，善终。

秦彦晖（？—？），秦宗权族弟，有勇有谋，跟随马殷入湖南。公元907年五月，南吴杨渥派刘存、陈知新、刘威率三万水军攻打南楚，马殷派秦彦晖率三万水军迎战。六月，秦彦晖取得大胜，擒获刘存、陈知新，刘威逃走。此战，秦彦晖收复岳州。九月，后梁太祖朱晃命高季昌、马殷出军讨伐武贞节度使雷彦恭，马殷再派秦彦晖出战。公元908年六月，秦彦晖攻克朗州，雷彦恭逃往淮南，武贞军至此被马殷兼并。秦彦晖因功任道州刺史。《十国春秋》称，"湖南略平，彦晖功为最"。后梁乾化年间去世，善终。

王环（？—931），许州人，英勇剽悍，精通兵法，跟随马殷入湖南。乾化年间（911年五月—913年正月），王环任岳州都指挥使。公元914年四月，王环与岳州刺史许德勋突袭南吴的黄州，擒刺史马邺，人掠而还。公元928年，王环任六军副使。三月，王环与六军使袁诠攻打荆南，在刘郎洑大胜荆南兵马，高季兴请和。王环带兵打仗，总是身先士卒，与士兵同甘共苦。王环还懂得疗伤，每次战斗结束，亲自为士兵治伤，深得士兵爱戴，因而总能取胜，曾六次击败南吴兵马，两次击败荆南兵马。

吕师周（？—？），扬州人，东吴名将吕蒙之后，豪健侠义，粗通兵书。杨行密在位时，吕师周为黑云都指挥使。杨渥即位后，吕师周遭到猜忌，投奔马殷，被任命为马步军都指挥使。公元908年九月，吕师周率军攻打岭南，与清海军节度使刘隐十余战，夺取昭州、贺州、梧州、蒙州、龚州、富州，任昭州刺史。公元910年十二月至次年正月，吕师周平定境内蛮夷潘金盛、宋邺叛乱。吕师周最后病逝，年龄不详。

刘勖（？—？），官至静江指挥使。公元939年十一月至次年正月，刘勖与廖匡齐率兵攻打溪州彭士愁，廖匡齐战死，刘勖最终击败彭士愁，收复溪州。溪州之战，刘勖功居第一，改任锦州刺史。

刘彦瑫（？—？），马希范在位时，刘彦瑫任长直都指挥使。马希范病逝，刘彦瑫等人废长立少，拥立马希广继承王位。公元949年八月，马希萼起兵攻打马希广，马希广任命岳州刺史王赟为都部署、战棹指挥使，刘彦瑫为监军，令二人率兵迎战马希萼，取得胜利。公元950年十月，马希萼二度攻打马希广，马希广任命刘彦瑫为战棹都指挥使、朗州行营都统，令其率兵前往朗州攻打马希萼，中计惨败。十二月，马希萼攻克潭州，刘彦瑫投奔南唐。

王赟（？—？），王环之子，官至岳州刺史。公元949年八月，马希萼攻打马希广，马希广任命王赟为都部署、战棹指挥使，刘彦瑫为监军，令二人率兵迎战马希萼，取得大胜。公元950年十一月，马希萼攻打岳州，王赟坚守城池，马希萼连攻五天不能攻克，便引兵离开。南楚灭亡后，王赟最后才降，南唐元宗李璟不悦，将其毒杀。

彭师暠（？—984），溪州人，世为部族酋长，溪州刺史彭士愁之子，粗犷、耿直。公元940年正月，彭士愁兵败投降楚王马希范，令彭师暠到潭州当人质。马希广在位时，怜惜彭师暠，任其为强弩指挥使，领辰州刺史。彭师暠非常感激马希广，一直想以死报答马希广。公元950年十一月，马希萼攻打马希广，兵临潭州城外，彭师暠请求率兵出战，由于许可琼从中作梗，马希广没有准许彭师暠出战。潭州城破时，彭师暠向马希萼请求一死，马希萼赞赏其忠，只罢其为民。不久，马希崇击败马希萼，想借彭师暠之手杀掉马希萼，彭师暠反而拥立马希萼为衡山王。南楚灭亡后，彭师暠归降南唐，任殿直指挥使，最后在江宁去世。

许可琼（？—？），许德勋之子，官至水军指挥使。公元950年十一月，马希萼二度攻打马希广，兵临潭州城下，马希广派许可琼率水军迎战，许可琼背叛马希广。马希萼攻克潭州，许可琼投降。马希萼当了楚王，没有重用许可琼，将许可琼外派到蒙州任刺史。公元951年十一月，

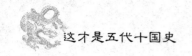

许可琼率兵前往桂州，与静江节度使副使马希隐联合，赶走指挥使彭彦晖。南汉将领吴怀恩袭击桂州，许可琼与马希隐逃往全州。

刘言（？—953），吉州庐陵人，骁勇善战，本为吉州刺史彭玕的属下，后随彭玕投奔南楚，官至辰州刺史。公元951年三月，王逵、周行逢割据朗州背叛楚王马希萼。六月，王逵、周行逢请刘言当节度使，并向后周称臣。九月，马希崇夺了马希萼的王位，刘言派兵讨伐，南楚再乱。十月，南唐将领边镐趁乱进入潭州，消灭南楚。公元952年八月，南唐元宗李璟召刘言入朝，刘言不肯，派王逵、周行逢等十位将领攻打潭州的边镐。十月，边镐兵败逃出潭州，刘言尽得岭北故楚之地。公元953年八月，王逵派将领潘叔嗣将刘言杀害。

王逵（？—956），一作王进逵，朗州武陵人，本为朗州静江军士兵，后升任静江军指挥使。马希萼发兵攻打马希广，王逵担任先锋。公元951年三月，楚王马希萼派王逵、周行逢二人带领士兵修葺潭州府舍。由于士兵有怨言，王逵与周行逢带领士兵回到朗州割据。六月，王逵请刘言当武平节度使，并向后周称臣。公元952年八月，王逵、周行逢等十位将领攻入潭州，赶走南唐将领边镐。公元953年正月，后周太祖郭威任命王逵为武安节度使。六月，王逵攻打朗州，击败刘言。八月，王逵派将领潘叔嗣将刘言杀害，王逵从此掌管湖南。公元956年二月，岳州团练使潘叔嗣偷袭朗州，将王逵杀死。

周行逢（916—962），朗州武陵人，出生于农家，年轻时是个无赖，因犯法被发配到静江军当了一名士兵。周行逢骁勇善战，很有计谋，后任静江军副指挥使，与指挥使王逵很为友善。公元953年正月，周行逢担任武安行军司马。公元954年五月，王逵迁到朗州，留周行逢镇守潭州。公元956年二月，王逵被潘叔嗣杀害，周行逢又将潘叔嗣杀掉，从此掌管湖南。公元962年九月，周行逢去世，在任六年，治理有方，境内安定。周行逢十一岁的儿子周保全继位后，将领张文表叛乱，宋太祖赵匡胤趁机发兵，于公元963年三月统一湖南。

荆南及主要人物

  荆南，也称南平，只辖三个州府，治所江陵。荆南向中原国家称臣，使用中原国家年号，中途也曾向他国短暂称臣。荆南没有称帝没有改元，建国的时间无法确定。有人认为，公元924年三月，后唐庄宗李存勖封高季昌为南平王，算是荆南建国开始。

  荆南前后共历五主，即武信王高季昌、文献王高从诲、贞懿王高保融、侍中高保勖、侍中高继冲。

  公元906年十月，颍州防御使高季昌调任荆南留后。公元907年五月，后梁太祖朱晃任命高季昌为荆南节度使。后唐建立后，高季昌为避李存勖祖父李国昌名讳，更名为高季兴。公元924年三月，李存勖任命高季兴兼尚书令，封南平王。公元927年二月，高季兴得罪后唐，后唐明宗李嗣源派兵讨伐。公元928年十二月，高季兴病逝，其子高从诲继位。高季兴经常截留各国贡品，高从诲为了利益更是四处称臣，父子二人被诸国称为"高赖子"。高季兴、高从诲父子有治国才能，在位期间，国家稳定、富庶。公元948十月，高从诲病逝，在位将近二十年。

  公元948年十月，高从诲子高保融任荆南留后。后周世宗柴荣三征南唐，高保融两度出兵响应。高保融还曾劝后蜀后主孟昶向后周称臣，孟昶不肯。后周攻打后蜀时，高保融请求出兵攻三峡，柴荣下诏褒奖。高保融在位将近十二年，治国无方，国力开始衰退。

  公元960年八月，高保融去世，其子高继冲年幼，便由其兄弟高保勖继承王位。高保勖派兄弟高保寅出使宋朝，高保寅回来后，说天下将要

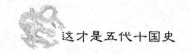

统一，劝高保勖赶紧纳土归宋，高保勖不听。高保勖在位两年三个月，荒淫、骄纵，大兴土木，国力继续衰退。

公元962年十一月，高保勖去世，高继冲继承王位。公元963年二月，宋太祖赵匡胤假途灭虢，平定荆南，高继冲在位只有三个月。十二月，赵匡胤任命高继冲为武宁节度使，镇守徐州。公元973年十一月，高继冲去世。高继冲坐镇徐州十几年，有德政。

本书提到的荆南的文官主要有梁震、王保义、司空薰与孙光宪等，将领主要有倪可福、鲍唐、魏璘、梁延嗣、李景威等。

王保义（？—？），本名刘去非，幽州人。刘去非跟随刘仁恭之子刘守奇投奔晋国，后随刘守奇投奔后梁，担任河阳行军司马。后梁灭亡后，刘去非投奔高季昌，改名王保义，任行军司马，与司空薰、梁震同为幕僚。后晋山南东道节度使安从进诬陷高从诲有不臣之心，王保义建议高从诲向后晋高祖石敬瑭奏明实情，并请求帮助平叛。王保义官至武泰军留后、平江节度使，深得高季昌父子倚重。《十国春秋》说王保义是江陵人，未提及本名为刘去非。

司空薰（？—？），唐朝知制诰司空图的侄子。高季昌在位时，司空薰与王保义、梁震为幕僚。后梁灭亡后，司空薰劝高季昌入朝晋见后唐庄宗李存勖，以得到李存勖的信任。梁震极力劝阻，高季昌最终采纳司空薰的建议，差点不能脱险。高季昌向李存勖建议先攻前蜀，也是司空薰的建言。后事不详。

梁震（？—？），邛州人，唐末进士及第。公元908年十月，梁震返回家乡，途经江陵时，被高季昌留下，任其为节度判官。梁震怕惹来杀身之祸，便留了下来，但不接受任命，始终自称为前进士，自号荆台隐士。高季昌对梁震非常器重，称其为前辈，作为自己的第一谋士。梁震之后，辅政者有孙光宪。

孙光宪（901—968），字孟文，自号葆光子，陵州贵平人。孙光宪本在前蜀陵州任判官，有良好声誉。前蜀灭亡后，孙光宪来到江陵，受梁震推荐，出任荆南掌书记。孙光宪在荆南历三代五主，历任荆南节度副使、朝议郎、检校秘书少监、御史中丞。孙光宪劝谏高季昌与民休养生息，劝高从诲不要奢靡。高继冲时，宋太祖赵匡胤出兵湖南，孙光宪劝高继冲将三州之地献给宋朝。赵匡胤嘉奖孙光宪，授任其为黄州刺史。孙光宪是文学家，有笔记小说《北梦琐言》，也是词人，有《孙中丞词》。

倪可福（？—？），有勇有谋，冲锋陷阵，屡立战功，与鲍唐齐名。公元906年十月，高季昌任荆南留后，倪可福在京城任驾前指挥使。武贞节度使雷彦恭屡犯荆南，梁王朱全忠便派倪可福带领五千人前往荆南镇守。倪可福指画方略，护卫荆南。高季昌欣赏倪可福英勇，将其当作心腹大将，让其担任都指挥使，还将女儿嫁给其子为妻。

魏璘（？—？），勇略绝伦，荆南名将。高保融时，魏璘担任指挥使。周世宗柴荣南征南唐时，命荆南出兵响应。高保融派魏璘率三千士兵前往夏口，与周兵会师。公元958年正月，高保融响应柴荣三攻南唐，再派魏璘率战舰从长江东下，抵达鄂州助战。史书认为，荆南自倪可福与鲍唐之后，名将首推魏璘。

梁延嗣（896—976），京兆长安人，官至牙内指挥使。后唐庄宗李存勖在位时，梁延嗣镇守复州监利县。高季昌脱险回到荆南，发兵攻打监利，擒获梁延嗣。高从诲在位时，梁延嗣历任归州刺史、领复州团练使，掌管亲军。公元962年十一月，高保勖患病，梁延嗣建言由高保融之子高继冲继承王位。高继冲继承王位后，将政务交给节度判官孙光宪，军事交给梁延嗣。公元963年，宋太祖赵匡胤派兵讨伐湖南叛乱的张文表，向荆南借道，梁延嗣、孙光宪劝高继冲纳土归降。北宋时，梁延嗣历任复州防御使、湖南前军步军都指挥使、兼排阵使，不久又改任濠州防御使，治理有方。

李景威（？—963），荆州长阳人。高从诲在位时，李景威并不显名。高保融在位时，李景威任水手都指挥使。高保勖在位时，李景威任牙内兵马副使。高继冲在位时，李景威为帐下亲校。公元963年正月，宋太祖赵匡胤派兵讨伐湖南叛乱的张文表，诏命荆南派水军助战。高继

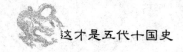

冲派李景威率三千士兵待命。二月，宋军向荆南借道，掌管军政的梁延嗣、孙光宪劝高继冲接受。李景威极力反对，但高继冲没有听从。李景威叹道："大事不成，活着还有什么用？"话毕扼住脖子自杀而死。赵匡胤钦佩李景威是个忠臣，命地方官员对李景威的家人妥加安抚。

吴越及主要人物

　　以改元为标志，吴越国正式建立于公元908年，都城杭州。吴越国鼎盛时有一军十三州，前后共五位君王，即武肃王钱镠、文穆王钱元瓘、忠献王钱弘佐、忠逊王钱弘倧、忠懿王钱弘俶。钱元瓘是钱镠之子，钱弘佐、钱弘倧及钱弘俶都是钱元瓘之子。

　　公元907年五月，后梁太祖朱晃册封钱镠为吴越王。公元908年，钱镠在境内悄悄改元"天宝"。公元923年二月，后梁末帝朱友贞册封钱镠为吴越国王。公元924年，钱镠又改元"宝大"。公元924年十月，后唐庄宗李存勖册封钱镠为吴越国王，赐玉册、金印。公元926年十二月，钱镠再改元"宝正"。钱镠之后，吴越国使用中原国家年号。

　　钱镠在位期间，与南吴发生苏州之战、湖州之战、千秋岭之战、广德之战、常州之战，直到无锡之战结束，两国才罢兵安定。钱镠子钱元瓘多次率兵出战，屡立战功。公元932年三月，钱镠病逝，终年八十一岁。

　　钱元瓘于公元932年三月继承王位。钱元瓘在位期间，战事很少，只对外用兵一次。公元940年二月，闽国王延羲、王延政兄弟相争，王延政向吴越求救。钱元瓘派宰相仰仁诠与内都监使薛万忠率四万人前往增援，最终兵败逃回。钱元瓘奢侈、好建宫室，甚于其父。公元941年七月，吴越王宫失火，钱元瓘惊吓过度，精神失常，次月病逝。

　　钱弘佐于公元941年九月继承王位。钱弘佐在位期间，与南唐争夺福州，最终占领福州，吴越国领地达到极盛。公元947年六月，钱弘佐去

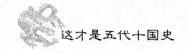

世，年仅二十岁。

钱弘倧于公元947年六月继承王位。十二月，内牙统军使胡进思囚禁钱弘倧，拥立钱弘俶继承王位。钱弘俶继承王位后，保全并善待钱弘倧。

钱弘俶在位三十年，历经后汉、后周到北宋。后汉封钱弘俶为吴越王，后周加授钱弘俶为天下兵马都元帅，北宋改授钱弘俶为天下兵马大元帅。后周世宗柴荣以及宋太祖赵匡胤攻打南唐，钱弘俶均出兵响应。南唐灭亡后，钱弘俶入朝晋见赵匡胤，平安返回杭州。宋太宗赵光义即位后，钱弘俶再度入朝，被迫纳土归宋，被封为淮海王，吴越国至此灭亡。十年后，钱弘俶去世，年六十。

吴越国的大臣与将领主要有牙内指挥使钱镖、丞相杜建徽、元德昭、吴程、将领仰仁诠、通儒院学士崔仁冀以及国戚孙承祐等。

钱镖（？—？），钱镠的兄弟，任牙内指挥使，骁勇善战。公元909年四月，南吴围攻吴越国的苏州，钱镖与行军司马杜建徽奉命前往援救，不久解围。公元909年十月，湖州刺史高澧背叛吴越，归降南吴，钱镖奉命率兵讨伐。公元910年二月，高澧逃往南吴，钱镠任命钱镖为湖州刺史。钱镖经常酗酒杀人，担心钱镠责罚，于公元911年十月也逃往南吴。南吴杨隆演任命钱镖为右龙武统军。钱镖有二子正年幼，钱镠收养宫中，取名可团、可圆，期望钱镖能归来。钱镖最后在南吴去世。

杜建徽（863—950），字延光，五代新城人，两浙名将杜稜之子。杜建徽年少时，英勇有大志，每次征战，总是单衣入阵，所向披靡，人称"虎子"。公元909年四月，南吴围攻苏州，钱镠派牙内指挥使钱镖、行军司马杜建徽前往援救，不久解围。公元923年十二月，钱镠拜杜建徽为左丞相。杜建徽历吴越三代五王，历任国子祭酒、泾源昭化诸军节度使、丞相兼中书令，封郧国公。杜建徽八十多岁还能骑射、击球。杜建徽去世后，赠太师，谥号威烈。

仰仁诠（？—？），湖州人，以练达称。钱元瓘在位时，仰仁诠担任牙将。公元933年十二月，钱元瓘的兄弟钱元珦不法，钱元瓘派仰仁诠前往明州将钱元珦召回杭州。有人担心钱元珦难以制伏，劝仰仁诠身藏铠甲，加以防备。仰仁诠毫不在意，突然出现在钱元珦面前，钱元珦反而吓得不知所措，遂被带回。公元940年二月，闽国王延羲、王延政兄弟相攻，王延政向吴越求救。钱元瓘派仰仁诠与内都监使薛万忠率四万人前往增援，最后兵败逃回。忠献王钱弘佐纳仰仁诠之女为妃。仰仁诠在吴越官至宁国节度使、同参相府事。

元德昭（890—967），本姓危，字明远，抚州南城人，信州刺史危仔倡之子，居家孝顺。南吴攻打危仔倡时，危仔倡兵败投奔吴越。钱镠在位时，表荐危仔倡为淮南节度副使，并令其更姓为元。元德昭历任镇东节度巡官、钱塘县令、睦州军事判官。钱元瓘在位时，元德昭掌管文翰机密事。钱弘佐在闽地用兵，兵略要务，全部委任元德昭，不久拜为丞相。钱弘俶对元德昭也非常恩遇。公元956年二月，钱弘俶准备响应后周攻打南唐，元德昭反对未果。元德昭沉稳多谋，遇事果断。元德昭嗜酒，常常喝醉，但并不误事。

吴程（893—965），字正臣，山阴人。钱镠在位时，吴程历任检校户部员外郎、金部郎中，娶钱镠的女儿为妻。钱元瓘在位时，吴程历任职方郎中、观察支使、知睦州事。钱弘佐在位时，吴程历任判西府院事、威武节度使。公元950年二月，南唐永安留后查文徽攻打福州，吴程计擒查文徽。吴程不久回到杭州，与元德昭一同出任丞相。钱弘俶在位时，吴程兼屯田榷酤事。公元956年二月，钱弘俶响应后周攻打南唐，派吴程率衢州刺史鲍修让、中直都指挥使罗晟攻打常州。三月，吴程攻克常州，擒获常州团练使赵仁泽。南唐派将领柴克宏反攻常州，击败吴程。吴程逃回杭州，被罢免所有官职。吴程去世后，钱弘俶恢复其官职，谥号忠烈。

孙承祐（936—985），杭州钱塘人，其妹嫁与钱弘俶为妃，因而身居要职，独揽吴越国朝政，人称"孙总监"，生活极为奢侈。孙承祐历任浙江东道盐铁副使、镇海镇东两军节度副使、知静海军节度事、镇东

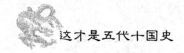

镇海行军司马。北宋开宝年间，孙承祐曾两次出使北宋。公元974年十二月，钱弘俶响应宋朝攻打南唐，亲自率兵包围常州，孙承祐随军出征，颇有战功。吴越国纳土归宋后，孙承祐历任泰宁节度使、知大名府事、知滑州事。

崔仁冀（？—？），字子迁，杭州钱塘人，好学有文采。钱弘俶在位时，崔仁冀担任通儒院学士。公元975年十二月，宋太祖赵匡胤召钱弘俶入朝，钱弘俶犹豫，崔仁冀极力劝钱弘俶入朝。公元978年三月，钱弘俶又入朝晋见宋太宗赵光义。五月，崔仁冀劝钱弘俶纳土归宋，钱弘俶便献出一军十三州，吴越国至此灭亡。归宋后，崔仁冀历任淮南节度使、卫尉卿、判大理寺、知抚州。

南汉及主要人物

　　南汉建立于公元917年八月，灭亡于公元971年二月，立国五十三年有余。南汉都城兴王府，前后共四位帝王，即高祖刘岩、殇帝刘弘度、中宗刘弘熙、后主刘鋹。刘弘度、刘弘熙是刘岩之子，刘鋹是刘弘熙之子。

　　刘岩于公元917年八月称帝，升广州为兴王府。刘岩在位将近二十五年，基本统一岭南，曾一度占领交州。刘岩有心计，好权术，骄傲自大，荒淫奢靡，有各种残酷的刑法。公元942年四月，刘岩去世。

　　刘弘度于公元942年四月继承王位，公元943年三月被杀，在位一年。刘弘度骄傲、荒淫、奢靡，不理政事。

　　刘弘熙于公元943年三月继承王位。刘弘熙在位十五年有余，荒淫残暴，杀尽十四位兄弟。刘弘熙也有很多酷刑，如镬汤、铁床、刳剔等，号称"生地狱"。南楚内乱时，刘弘熙趁机出兵，攻占南楚的贺、昭二州。南楚灭亡后，刘弘熙再度向南楚故地发兵，占领静江军，从此完全拥有岭南之地。此后，刘弘熙再派内侍省丞潘崇彻攻占郴州。刘弘熙在位期间，还与静海军恢复往来，任命吴昌文为静海节度使，兼安南都护。

　　公元958年八月，刘弘熙去世，其子刘鋹继承王位。刘鋹杀害正直的大臣钟允章，从此只宠信宦官与女官，国事都由宦官龚澄枢与女侍中卢琼仙做主。宦官邵廷琄劝刘鋹整治军务，与宋朝结好，刘鋹不仅不听，还命邵廷琄自杀。宦官潘崇彻是南汉的名将，屡立战功，但刘鋹猜忌潘崇彻，削夺了潘崇彻的兵权。公元970年九月，宋太祖赵匡胤派兵攻打南汉，刘铱先派大将伍彦柔率兵出战。宋军击败伍彦柔，攻克贺州，刘铱再派潘崇彻统兵迎战。潘崇彻心怀怨恨，最后向宋军投降。刘铱又派将领李承渥率大象兵出战，仍是遭败。刘铱最后派无勇无谋的郭崇岳率兵出战。公元971年二月，郭崇岳战死，刘铱只好向宋军投降，南汉灭亡。六月，赵匡胤任命刘铱为右千牛卫大将军，封恩赦侯。十年后，刘铱去世，年仅三十九岁。

南汉的大臣主要有刘岩时期的宰相赵光裔、杨洞潜、李殷衡，以及刘弘熙时期的林延遇等，将领有刘岩时期的苏章、梁克贞等。刘铱时期的大臣、将领主要有钟允章、林延遇、吴怀恩、龚澄枢、卢琼仙、潘崇彻、邵廷琄、李承渥、郭崇岳、植廷晓等。吴怀恩、潘崇彻是南汉的名将，林延遇、龚澄枢分别是刘弘熙、刘铱时期祸国殃民的大宦官。

赵光裔（？—939），字焕业，京兆奉天人，唐朝进士。公元908年十月，后梁太祖朱晃派鄯部郎中赵光裔、右补阙李殷衡为官告使，前往广州任命刘隐为清海兼静海节度使。刘隐将赵光裔留在广州，作为幕僚，担任节度副使。公元917年八月，刘岩称帝，任命赵光裔为兵部尚书、同平章事，后改门下侍郎。赵光裔在南汉为相二十余年，边境安宁，国家富裕，时称贤相。

杨洞潜（？—？），字昭元，始兴人，好经史。唐朝末年，杨洞潜担任邕管巡官，任期届满，客居南海，清海节度使刘隐以其为师。刘岩继任节度使后，杨洞潜建议刺史不用武人，而从中原延请士人，刘岩采纳。刘岩对外用兵，尽得岭南五管之地，都是杨洞潜之谋。杨洞潜因功升节度副使、御史中丞。公元912年四月，杨洞潜劝刘岩与楚王马殷联姻。南汉与南楚联姻，给两国百姓带来多年的太平。公元917年八月，刘岩称帝，任命杨洞潜为兵部侍郎、同平章事。杨洞潜建议刘岩立学校、开贡举，国家制度，渐渐有序。刘岩有各种残酷的刑法，杨洞潜也曾加以劝阻。刘岩不听，杨洞潜便称病不朝。

李殷衡（？—？），赵郡人，唐朝宰相李德裕之孙。后梁时，李殷衡任右补阙。公元908年十月，后梁太祖朱晃派李殷衡与鄜部郎中赵光裔前往广州任命刘隐为清海兼静海节度使。刘隐将李殷衡留在广州，作为幕僚，担任节度判官。公元917年八月，刘岩称帝，任命李殷衡礼部侍郎、同平章事。

苏章（？—937），封州人，忠诚、骁勇，是南汉的名将。苏章早年为刘隐的牙校，因功升左右街使。刘岩在位时，苏章典禁卫诸军。公元928年三月，南楚派水军攻打南汉，刘岩派苏章率兵前往救援，战于贺江。苏章巧妙部署，取得大胜，被任命为封州团练使。苏章有五子，都任中郎将，当时人称"五郎将"。五子多有不轨，被人告发，全部问斩，苏章因战功而没有连坐。

梁克贞（？—？），与苏章同期为将，勇略不及苏章。公元930年九月，刘岩派梁克贞与李守鄘攻打交州。二将攻克交州城，生擒静海节度使曲承美。南汉从此拥有交州。

林延遇（？—956），福建闽清人，阴险狡诈，诡计多端。林延遇本是闽国的一个宦官，后来因南汉与闽国联姻而到了广州。南汉高祖刘岩觉得林延遇贤能，便任命其为内常侍使，不让林延遇回闽国。刘弘熙即位后，林延遇任甘泉宫使，深受倚重，从此把持朝政，专横霸道，滥杀无辜。刘弘熙杀掉十四位兄弟，都是听从林延遇的建议。公元956年，林延遇病逝，南汉人举国相贺。然而林延遇在去世前将官宦龚澄枢推荐给刘弘熙，从此龚澄枢当权。

钟允章（？—959），祖上是邕州人，后迁至广州，博学多才，文思敏捷，挥笔成文。高祖刘岩在位时，钟允章进士及第，官至中书舍人。中宗刘弘熙在位时，钟允章任工部郎中、知制诰。公元948年八月，刘弘熙派钟允章到南楚求婚遭拒，钟允章告诉刘弘熙南楚兄弟相争，可以谋取。刘弘熙采纳建言，数年之间，夺取南楚十三州之地。后主刘鋹对钟允章也非常礼遇，任其为尚书右丞、参知政事。钟允章为人正直，不畏强暴，对宦官干政十分反感，多次奏请诛杀不法宦官，以正纲纪，刘鋹没有采纳。公元959年十一月，宦官内侍监许彦真诬告钟允章谋反，并

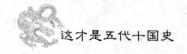

由同党龚廷枢、李托等作伪证，刘鋹便将钟允章及二子全部杀害。有文《碧落洞天云华御室记》为文士所称赞。

龚澄枢（？—971），广州南海人，宦官。高祖刘岩在位时，龚澄枢历任内供奉官、内给事，并不显名。甘泉宫使林延遇在病逝前，将龚澄枢推荐给中宗刘弘熙。刘弘熙立即任命龚澄枢为知承宣院兼内侍省，不久又改任德陵使兼龙德宫使，再升玉清宫使。后主刘鋹只信任宦官，加龚澄枢为特进、开府仪同三司、万华宫使、骠骑大将军，不久又改授上将军、左龙虎军观军容使、内太师，军国大事全部交予龚澄枢。龚澄枢与陈延寿用女巫樊胡子迷惑刘鋹。樊胡子对刘鋹说龚澄枢等人是上天派来辅佐天子的，即使有罪也不可问。龚澄枢便与李托、薛崇誉等以酷刑震慑国内，百姓苦不堪言。公元971年二月，北宋大军攻入南汉，龚澄枢与李托认为宋军前来只是为了得到财物，如果将财物焚毁，宋军就会撤兵，于是在广州纵火，将府库宫殿焚烧殆尽。南汉灭亡后，龚澄枢、李托、薛崇誉等被押往开封斩首。

卢琼仙（？—？），广州南海人，南汉中宗刘弘熙时宫人，体态轻盈，肌肤如雪。公元950年，卢琼仙升为女侍中，参决政事。后主刘鋹拜卢琼仙为才人。卢琼仙与女巫樊胡子互相勾结，迷惑刘鋹，樊胡子以玉皇传言刘鋹，说卢琼仙是其派来辅佐刘鋹的，不能治其罪过。卢琼仙便与龚澄枢、陈延寿等人专擅朝政。

吴怀恩（？—？），广州番禺人，宦官。殇帝刘弘度在位时，吴怀恩任内常侍。刘弘度荒淫无度，吴怀恩屡次劝谏，不听。中宗刘弘熙在位时，吴怀恩任开府仪同三司。公元948年十月，刘弘熙任命吴怀恩为西北面招讨使，派其攻占南楚的贺、昭二州。公元951年十月，南楚灭亡，十一月，吴怀恩继续北攻，一连占领蒙、桂、宜、连、梧、严、富、昭、柳、龚、象等州，从此南汉完全拥有岭南之地。南汉人称善战者首推吴怀恩。公元964年九月，北宋将领潘美攻克郴州，后主刘鋹忧惧，任命吴怀恩为桂州团练使，令其建造战舰。吴怀恩对部下极为严厉，对工匠也十分严格，一些工匠开始抱怨。工匠区彦希趁吴怀恩不备，将吴怀恩杀害。

邵廷琄（？—965），连州人，宦官。后主刘鋹在位时，邵廷琄为内常侍。公元960年，赵匡胤建宋代周，邵廷琄上书，劝刘鋹铸造兵器，以为防备，或与中原通好。刘鋹阅罢，非常反感。公元964年九月，宋朝镇守潭州的防御使潘美南下用兵，夺取被南汉占领的南楚故地郴州。刘鋹这才开始感到害怕，也想起邵廷琄的建言，于是任命邵廷琄为招讨使，以作防备。邵廷琄率兵驻屯洸口，招抚流亡的百姓，训练士兵，加强战备，边境百姓稍有安定。然而好景不长，不到一年，便有人向刘鋹告发邵廷琄图谋不轨，刘鋹不问青红皂白，立即下旨让邵廷琄自杀。邵廷琄敢于直谏，有文才武略，是南汉的良将。邵廷琄枉死后，军民在洸口为其立庙。

潘崇彻（？—？），广州南海人，宦官，喜读兵书，屡立战功。高祖刘岩在位时，潘崇彻任内侍省丞。公元951年十二月，中宗刘弘熙派潘崇彻与将军谢贯率兵攻打郴州，南唐将领边镐从潭州发兵救援，潘崇彻在义章设下埋伏，击败南唐军，乘胜攻取郴州。吴怀恩被杀后，刘弘熙命潘崇彻代替。潘崇彻御众有方，军纪严明，所部战斗力为南汉之冠。后主刘鋹加潘崇彻为西北面都统。公元968年三月，有人说潘崇彻有不臣之心，刘鋹便将潘崇彻召回，削夺潘崇彻的军权。公元970年九月，北宋将领潘美兵临贺州，刘鋹再派潘崇彻统兵迎战。潘崇彻心怀怨恨，屯兵贺江口，观望不前。公元971年正月，潘美攻克英、雄二州，潘崇彻前来投降，宋太祖赵匡胤任命其为汝州别驾。

李承渥（？—？），南汉将领。后主刘鋹在位时，李承渥因功升为大将。宋太祖赵匡胤派将领潘美南征，连破昭州、桂州、连州、贺州。公元970年十二月，刘鋹任命李承渥为都统，带兵十余万，屯于韶州莲花峰下。李承渥布下大象阵迎战潘美，潘美集中劲弩射击大象，大象痛而奔走，李承渥大军溃散大败，李承渥逃走保住性命。

郭崇岳（？—971），宫媪梁鸾真的养子。公元970年十二月，都统李承渥兵败韶州，刘鋹再任命郭崇岳为招讨使，令其与大将植廷晓率兵

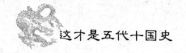

进屯广州城北的马迳，设置栅栏来抵御宋军。郭崇岳生性懦弱，无勇无谋，每天只是向鬼神祈祷而已。公元971年正月，植廷晓建议打一仗。二月，郭崇岳与植廷晓战死。刘鋹已经无兵可派，只得向潘美投降。

闽国及主要人物

　　闽国正式建立的时间是公元933年正月，当月王延钧称帝改元，升福州为长乐府，作为都城。如果从此时算起，闽国前后共四位帝王，即惠宗王延钧、康宗王继鹏、景宗王延羲、世宗王延政。如果从形同独立的王国算起，前面还要算上太祖王审知、嗣主王延翰。王延翰、王延钧、王延羲、王延政都是王审知之子，王继鹏是王延钧之子。

　　公元909年四月，后梁封王审知为闽王。王审知一直向中原朝廷称臣纳贡，使用中原朝廷的年号，没有称帝，没有改元。王审知向中原朝廷进贡，走的是海路，尽管常常翻船大海，也没有停止过进贡。王审知与民休养生息，给一方百姓带来安定。公元925年十二月，王审知病逝，年六十四岁。

　　王延翰继承王位后，自称威武节度使。公元926年五月，后唐明宗李嗣源下诏，加授王延翰为同平章事，没有封王。十月，王延翰自称大闽国王，立宫殿，置百官，所有礼仪、器物与天子相同。十二月，王延翰被王延钧杀害而夺位。

　　王延钧先称威武留后。公元927年五月，王延钧被后唐任命为威武节度使、守中书令，封琅琊王。公元928年七月，王延钧又被后唐封为闽王。公元932年六月，王延钧想当吴越王、尚书令，被后唐拒绝。王延钧于是不向后唐进贡，准备称帝。公元933年正月，王延钧称帝改元。王延钧在位期间，相信鬼神，荒淫无道。

　　公元935年十月，王延钧被其子王继鹏杀害而夺位。王继鹏在位将近四

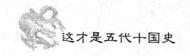

年，卖官鬻爵、残暴不仁。公元939年闰七月，王继鹏被杀，叔父王延羲继承王位。

王延羲在位将近五年，暴虐无道，不听其弟王延政劝谏，兄弟二人开始内讧。公元943年二月，王延政在建州称帝，国号为殷，闽国分为两国。公元944年三月，王延羲被朱文进、连重遇杀害，朱文进称帝。闰十二月，王延政统一五州，恢复国号为闽，但定都建州。公元945年八月，南唐出兵，消灭闽国。闽国灭亡后，吴越趁机夺取福州，闽国旧将留从效、陈洪进先后割据泉、漳二州，南唐最终只得到建、汀二州。

王延稟（？—931），原名周彦琛，闽王王审知的养子。王延翰在位时，王延稟担任建州刺史。公元926年十二月，王延稟起兵攻入福州，杀死王延翰，拥立王延钧继位。公元931年四月，王延钧患病，王延稟率兵攻入福州，企图夺位，结果兵败被擒。五月，王延钧将王延稟斩首于市，并恢复其原名。

王仁达（？—933），王延钧的侄儿，聪慧，博览群书，身材魁梧，善用铁槊。惠宗王延钧在位时，王仁达担任楼船指挥使。公元931年四月，建州刺史王延稟谋反，攻至福州，王仁达奉命迎战，计擒获王延稟。王仁达因功升都指挥使，领台州刺史。王仁达有大功，而且有话直说，王延钧非常猜忌。公元933年十二月，王延钧诬陷王仁达谋反，将王仁达杀害。

薛文杰（？—934），为人巧言令色。惠宗王延钧即位后，薛文杰任中军使。王延钧喜爱奢侈，薛文杰便聚敛财物，讨好王延钧。王延钧把薛文杰当作亲信，任命其为国计使，掌管钱财。薛文杰暗中搜罗富户的罪名，没收他们的财产，甚至严刑拷打。薛文杰不久便被任命为内枢密使。薛文杰劝王延钧压制宗室，侄子王继图非常气愤，于当年十月谋反被杀，有一千多人连坐。王延钧相信鬼神，薛文杰便利用鬼神来排除异己，害死枢密使吴勖。薛文杰想得到建州土豪吴光的家产，便给吴光定罪。吴光带着族人逃往南吴，请南吴出兵攻打闽国。南吴信州刺史蒋延徽不等朝廷诏令，即带兵攻打建州。公元934年正月，蒋延徽击败闽国兵马，继而围困建州城。王延钧派兵前往援救建州，士兵不肯前行，要求逮捕薛文杰，薛文杰最后被杀。

陈守元（？—939），道士，深得惠宗王延钧、康宗王继鹏的宠信。公元931年六月，陈守元等人诱导惠宗王延钧修建宝皇宫。十月，陈守元还让王延钧出家修道。王延钧给陈守元赐号洞真先生，让陈守元当宝皇宫宫主。康宗王继鹏在位时，赐陈守元法号为天师。王继鹏把将相任命、刑事处罚等大事都拿来与陈守元商议。陈守元接受贿赂，替人请托，王继鹏往往是言听计从。公元939年四月，王继鹏接受陈守元的建言，在宫中修建三清殿，用数千斤黄金铸造宝皇大帝、元始天尊、太上老君等像。闰七月，连重遇发动兵变，陈守元被杀。

朱文进（？—945），永泰人。

连重遇（？—945），光山人。惠宗王延钧在位时，将太祖王审知的元从亲兵编为拱宸、控鹤两都，由朱文进、连重遇任都将。拱宸、控鹤两都便是王延钧的亲兵。康宗王继鹏即位后，又招募两千名勇士作为心腹，组成宸卫都。宸卫都的俸禄与赏赐都高于拱宸、控鹤二都，朱文进、连重遇便以此激怒士兵。公元939年闰七月，连重遇发动兵变，拥立王继鹏的叔父王延羲即位。王延羲派侄儿王继业杀死王延钧。公元944年三月，朱文进、连重遇又杀王延羲，朱文进称闽帝，王延政派统军使吴成义讨伐朱文进。闰十二月，福州南廊承旨林仁翰将朱文进、连重遇杀死，迎接吴成义入城。

李仁达（？—947），光州人。惠宗王延钧在位时，李仁达担任元从都指挥使。景宗王延羲在位时，十五年没有升迁的李仁达背叛王延羲，前往建州投靠王延政。王延羲被部将朱文进、连重遇杀害后，李仁达又背叛王延政来福州投奔朱文进，还向朱文进呈献攻取建州之策。朱文进厌恶李仁达为人反复，将其安置在福清。公元944年闰十二月，朱文进、连重遇被杀，王延政派其子王继昌到福州镇守。公元945年三月，李仁达来到福州，劝镇遏使黄仁讽杀死王继昌，夺取福州。李仁达拥立雪峰寺和尚卓岩明为帝，李仁达自任判六军诸卫事。五月，李仁达杀死卓岩明，称威武留后，向南唐称臣，南唐为其赐名李弘义。公元946年八月，南唐发兵攻打李仁达。九月，李仁达更名李弘达，向后晋称臣。后晋无力援救李仁达，李仁达再改名李达，向吴越国称臣、求救。十月，吴越王钱弘佐派兵援救李仁达。公元947年三月，钱弘佐再给李仁达增兵，击败南唐兵马，占领福州。七月，李仁达前往杭州，晋见新任吴越王钱弘倧，被赐名李孺赟。李仁达贿赂内牙统军使胡进思，得以返回福州。十二月，李仁达与守将鲍修让不和，准备杀死鲍修让再降南唐，谁知鲍修让先下手，将李仁达杀死。

留从效（906—962），字元范，泉州人。留从效幼年丧父，以孝顺母亲、尊敬兄长闻名乡里。留从效少年时，到泉州当衙兵，后升为散员指挥使。公元944年十一月，留从效发动兵变，杀死闽国皇帝朱文进任命的泉州刺史黄绍颇，拥立王继勋为刺史，自称平贼统军使。公元945年八月，南唐消灭闽国，九月，王继勋、留从效向南唐投降。公元946年四月，留从效废黜王继勋，自领军府事，被南唐任命为泉州刺史。公元949年十二月，留从效的兄长、漳州副使留从愿毒死刺史董思安。南唐在泉州设清源军，辖泉、漳二州，由留从效任节度使。留从效据有二州十余年，与民休养生息，发展海运，使得境内繁荣安定。公元962年二月，留从效在泉州病逝。

陈洪进（914—985），字济川，泉州人，出身贫寒，少怀大志，攻读诗文，喜习兵法，以才勇闻名乡里。留从效割据泉、漳二州，任清源节度使，陈洪进任节度副使。公元962年三月，留从效病逝，陈洪进夺取大权。四月，南唐后主李煜任命陈洪进为清源节度使。公元964年正月，宋太祖赵匡胤下诏，将清源军改为平海军，任命陈洪进为平海节度使，陈洪进直接向北宋称臣。公元977年八月，陈洪进前往开封，朝见宋太宗赵光义。公元978年四月，陈洪进献出两州，纳土归宋。赵光义任命陈洪进为武宁节度使、同平章事，七年后陈洪进在开封病逝。

北汉及主要人物

北汉建立于公元951年正月，灭亡于公元979年五月，立国二十八年，前后共四位帝王，即世祖刘崇、睿宗刘承钧、少主刘继恩、英武帝刘继元。北汉都城太原，辖地十二个州府。

沙陀族人刘崇于公元951年正月称帝，在位期间，向辽国称臣称侄，依附辽国，与后周抗衡。刘崇刚称帝不久，便两次攻打后周的晋州，均以失败而告终。公元954年正月，后周世宗柴荣刚刚继位，刘崇再次大举南侵。三月，发生高平之战，刘崇惨遭失败。四月至五月，柴荣乘胜北攻太原，最终无功而返。十一月，刘崇病逝，子刘承钧即位。

刘承钧在位时，也依附辽国，向辽国称儿皇帝。刘承钧勤于政事，对外用兵较少。公元960年五月，昭义节度使李筠起兵反宋（此时赵匡胤已经建立北宋），向北汉投降，刘承钧亲自出兵响应李筠。宋太祖赵匡胤平定李筠，北汉也因此失去宰相卫融与宣徽使卢赞。刘承钧在位期间，杀害枢密使段常，重用郭无为。

公元968年七月，刘承钧去世，养子刘继恩即位。九月，郭无为派人杀死刘继恩，拥立刘承钧的另一养子刘继元即位。刘继元仍然依附辽国，称儿皇帝。赵匡胤三次攻打北汉，刘继元固守太原，坚决不降。公元979年正月，宋太宗赵光义攻打北汉，二月御驾亲征，五月刘继元出降，北汉灭亡。赵光义任命刘继元为右卫上将军，封彭城郡公。十三年后，刘继元病逝。

世祖刘崇在位时，大臣有宰相郑珙、赵华等，将领有张元徽、白从

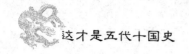

晖、李存瓌等。睿宗刘承钧在位时，大臣有宰相卫融、枢密使段常、宰相郭无为等，将领有蔚进等。英武帝刘继元在位时，大臣有宰相郭无为等，将领有刘继业、马峰等。

张元徽（？—954），邢州武安人，擅长骑兵冲锋，早年是刘崇的裨将。刘崇建立北汉，张元徽为侍卫亲军都指挥使，兼武宁节度使。高平之战时，张元徽担任前锋都指挥使，指挥北汉军东翼，击溃后周将领樊爱能、何徽右翼，阵斩后周大将穆令均，几获全胜。刘崇得知后周世宗柴荣亲自出战，催促张元徽乘胜进攻。张元徽因战马倒地被杀，以致最终大败。

白从晖（？—954），吐谷浑人，勇敢多谋。后晋时，白从晖任冀州刺史，曾在衡水击败契丹兵马，以此知名。刘崇建立北汉，任命刘承钧为招讨使，白从晖为副使，李存瓌为都监，令三人率兵攻打后周的晋州，无功而返。不久，刘崇又任命白从晖为义成节度使。高平之战时，白从晖担任行军都部署。高平之战后，白从晖病死。

李存瓌（？—？），李克宁之子，后唐庄宗李存勖的堂弟。刘崇为北京留守时，李存瓌为副留守，不久改任河东节度副使。刘崇即位后，李存瓌为代州防御使。公元951年正月，刘崇任命李存瓌为都监，令其与招讨使刘承钧、副使白从晖率兵袭击晋州，无功而返。九月，刘崇又任命李存瓌为招讨使，令其率兵攻打后周。刘承钧在位期间，李存瓌升忠武节度使、同平章事。公元957年十一月，李存瓌曾与辽国将领高勋攻打后周的潞州，无功而返，不知所终。

卫融（905—973），字明远，青州博兴人。后晋时，卫融进士及第，历任南乐县主簿、齐澶二州从事、忠武军掌书记。后汉时，卫融任河东观察支使。刘崇建立北汉，授卫融为翰林学士。刘承钧继位后，卫融升中书侍郎、同平章事。公元960年，昭义节度使李筠联合北汉起兵反宋，刘承钧派卫融前去协助。宋朝平定李筠，卫融被俘。宋太祖赵匡胤授卫融为太府卿。不久，卫融再改任司农卿，外任陈、舒、黄三州知州。

段常（？—963），本名段恒。刘承钧在位时，段常任枢密使，很有才干，也勤于职守。刘承钧的宠姬郭氏出身微贱，刘承钧想立其为妃，段常劝阻。段常还压制郭氏兄弟亲戚。公元963年七月，殿直行首王隐、刘昭、赵峦等人密谋叛乱被杀，牵连段常，段常被外任汾州刺史。郭氏趁机加害段常，刘承钧便将段常绞杀。辽穆宗听闻此事，派人前来责问刘承钧，为段常鸣不平。

蔚进（？—？），太原人，膂力过人，身长七尺，日行二百里，勇冠三军。刘承钧继位后，蔚进任侍卫都指挥使，掌管亲军，领建宁节度使。蔚进治军甚严，很少败绩。少主刘继恩继位，宰相郭无为与蔚进不睦，将蔚进调到代州镇守。蔚进最后归降宋朝，授左卫大将军，领檀州刺史，卒年七十二，善终。

郭无为（？—969），字无不为，青州千乘人，早年隐居在武当山，常穿粗布道士服。郭无为长相奇特，方额头，嘴巴像鸟喙。郭无为好学多闻，善于谈辩。后汉时，枢密使郭威前往关中平叛，郭无为拜谒军门。郭威觉得郭无为是位奇人，想留为己用，被左右劝阻。郭无为拂袖而去，隐居在太原的抱腹山。北汉刘承钧继位后，召郭无为任谏议大夫，不久又任吏部侍郎、参议中书事。内枢密使段常获罪被杀，刘承钧任命郭无为为左仆射、同平章事兼枢密使，军国要政全部交给郭无为。少主刘继恩继位后，想将郭无为逐出朝堂。数月后，刘继恩被杀，时人怀疑是郭无为指使。郭无为后来拥立刘继元即位公元。公元968年，宋太祖赵匡胤一攻北汉，给郭无为下诏，许以安国节度使，希望郭无为劝刘继元投降。郭无为有所心动，但刘继元不为所动。公元969年闰五月，赵匡胤再征北汉，郭无为再劝刘继元投降，被刘继元绞死。

刘继业（？—986），本名杨业，太原人。世祖刘崇在位时，杨业骁勇善战，屡立战功，北汉人称"杨无敌"。睿宗刘承钧继位后，赐杨业刘姓，当着养子，更名为刘继业，官至建雄节度使、侍卫都虞候。公元979年五月，宋太宗赵光义亲征北汉，听闻刘继业大名，诚心收降刘继业。赵光义让刘继业恢复本姓，仍称杨业，任左领军卫大将军。杨业后

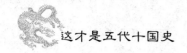

来任代州刺史，多次与辽兵作战。公元980年，杨业在雁门关大破辽兵，威震辽国。公元986年，杨业再次出征，在陈家谷与辽兵作战，兵败身死，追赠太尉、大同节度使。

马峰（？—984），太原人，历刘承钧父子两代三朝，历任宣徽使、将作监、枢密副使，女儿是刘继元的皇后。公元968年九月，宋太祖赵匡胤一攻北汉，刘继元派侍卫都虞候刘继业、冯进珂率兵扼守团柏谷，马峰为都监。马峰后来以左仆射致仕。公元979年五月，宋太宗赵光义亲自攻打太原，围城日久，卧病在床的马峰让人抬着去见刘继元，劝刘继元投降。马峰在北宋历任将作监、太府卿，善于养生，八十多岁才去世。

其他国家及主要人物

五代是中原一带前后相继的五个朝代，十国是中原以外的十个国家。闽国灭亡后，泉、漳二州先后由留从效、陈洪进割据，将近三十年，二人虽然没有称王称帝，但形同独立王国。南楚灭亡后，刘言、王逵、周行逢、周保全等先后割据南楚故地湖南，整整十二年，虽然先后向后周、北宋称臣，但也形同独立王国。此外，还有几个国家不在五代十国之列，主要是晋国、岐国、桀燕、契丹（辽国）、北宋等。在西南地区，先后有大长和（902—928）、大天兴（928—929）、大义宁（929—937）、大理（937—1094，1096—1253）等政权。

晋国（907—923），都城太原，共两位君王，即李克用、李存勖。公元907年四月，后梁建立，唐朝已经灭亡，晋国仍然使用唐朝的年号。公元908年正月，李克用病逝，其子李存勖即位。公元923年四月，李存勖称帝建后唐。李存勖担任晋王十五年有余，不断击败后梁，直至消灭后梁。

岐国（907—924），都城凤翔，只有一位君王，即李茂贞。公元907年四月，唐朝灭亡，后梁建立，岐国仍然使用唐朝的年号。李茂贞不敢称帝，只开设岐王府，但称之为宫殿，其妻称为皇后，自己如同皇帝一样。岐国曾辖有六个藩镇，即凤翔、静难、天雄、保大、宁塞与彰义。公元923年十月，李存勖消灭后梁，李茂贞向后唐称臣，开始使用后唐年号。公元924年二月，李茂贞被后唐封为秦王，岐国灭亡。两个月后，李

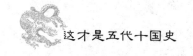

茂贞病逝，年六十九岁。

桀燕（911—913），都城幽州，立国两年零三个月，只有一位帝王，即刘守光。桀燕的领地主要为两个藩镇，即卢龙与义昌。刘守光曾向后梁称臣，被后梁太祖朱晃封为燕王。公元911年八月，刘守光背叛后梁，称帝自立。公元913年十一月，刘守光被晋王李存勖消灭。刘守光的将领元行钦、高行周等都投奔后唐。冯道也曾效力刘守光，后投奔晋国，历后唐、后晋、后汉、后周，一直担任宰相，被称为"不倒翁"。高行周与冯道一样，历后唐、后晋、后汉、后周，一直担任将领、节度使，子高怀德是北宋开国名将。

契丹（916—1125），立国二百零九年。公元907年，耶律阿保机统一契丹各部。公元916年，耶律阿保机称帝，改元"神册"，国号"契丹"，定都临潢府。公元926年七月，耶律阿保机去世。公元927年九月，耶律德光即位。宫颈炎公元946年十二月，耶律德光率军南下中原消灭后晋。公元947年二月，耶律德光在开封登基称帝，改国号为辽，改元"大同"。公元983年六月，辽圣宗耶律隆绪改国号为"大契丹"。公元1007年，辽圣宗迁都中京大定府。公元1066年，辽道宗耶律洪基恢复国号"辽"。公元1125年，辽国被金国消灭。本书中提到的帝王有太祖耶律阿保机（916—926年在位）、太宗耶律德光（927—947年在位）、世宗耶律兀欲（947—951年在位）、穆宗耶律述律（951—969年在位）、景宗耶律贤（969—982年在位）。

北宋（960—1127），立国一百六十七年，都城开封。北宋共有九位帝王，即太祖赵匡胤、太宗赵光义、真宗赵恒、仁宗赵祯、英宗赵曙、神宗赵顼、哲宗赵煦、徽宗赵佶、钦宗赵桓。本书提到前两位，即赵匡胤（960—976年在位）与赵光义（976—997年在位）。

赵匡胤本是后周禁军将领殿前都点检，于公元960年正月发动陈桥兵变，建宋代周。赵匡胤在位十六年，先平定昭义节度使李筠、淮南节度使李重进叛乱，再平定荆南、武平，消灭后蜀、南汉、南唐，基本完成统一大业。赵匡胤在位期间，曾三次攻打北汉，均未能获得成功。

公元976年十月，赵匡胤突然驾崩，兄弟赵光义继位。赵光义即位后，先后迫使割据泉、漳二州的陈洪进以及吴越国王钱弘俶纳土归宋。公元979年正月，赵光义出兵北汉，二月亲征，五月平定北汉，结束五代十国的历史局面。

下面简要介绍北宋平叛以及统一的几场战事。

公元960年四月，北宋刚建立不久，昭义节度使李筠起兵反宋。赵匡胤派石守信、高怀德率领前锋兵马先行出发。五月，赵匡胤又派镇宁节度使、殿前都点检慕容延钊与彰德留后王全斌率军从东路出发，与石守信、高怀德会师。赵匡胤还御驾亲征。六月，平定李筠。九月，赵匡胤任命石守信为扬州行营都部署，兼知扬州行府事，王审琦为副部署，李处耘为都监，宋延渥为都排阵使，率禁兵南下讨伐淮南节度使李重进。十月，赵匡胤御驾亲征。十一月，平定李重进。

公元963年正月，赵匡胤出兵讨伐湖南叛将张文表，慕容延钊为湖南道行营都部署，李处耘为都监。慕容延钊是山南东道节度使兼侍中，镇守在襄州，李处耘是宣徽南院使兼枢密副使。二月，慕容延钊、李处耘假途灭虢，首先平定荆南，得三州。三月，再平定湖南，得十四州。

公元964年十一月，赵匡胤调集六万步骑兵，分水陆两路入蜀。北路由忠武节度使王全斌、武信节度使崔彦进与枢密副使王仁赡率领，王全斌为西川行营凤州路都部署，崔彦进为副都部署，王仁赡为都监。东路由宁江节度使刘光义与枢密承旨曹彬率领，刘光义为归州路副都部署，曹彬为都监。赵匡胤再任命给事中沈义伦为随军转运使，均州刺史曹翰为西南面转运使，为大军做好后勤。公元965年正月，王全斌率先进入成都，后蜀后主孟昶出降，北宋得四十六个州。

公元970年八月，赵匡胤任命潭州防御使潘美为贺州道行营兵马都部署，朗州团练使尹崇珂为副部署，道州刺史王继勋为行营马军都监，左拾遗王明为随军转运使，令大军先到贺州，再攻打南汉。公元971年二月，潘美一路攻入广州，南汉后主刘鋹投降，北宋得六十个州。

公元974年十月，赵匡胤兵分三路攻打南唐。中路由曹彬任昇州西南面行营马步军战棹都部署，潘美为都监，曹翰为先锋都指挥使。东路由吴越王钱弘俶任昇州东南面行营招抚制置使，客省使丁德裕率一千名禁军担任前锋、监军。西路由黄州刺史王明率领，王明任池州至岳州江路巡检战棹都部署。公元975年十二月，曹彬攻克金陵城，南唐后主李煜投降，北宋得十九个州、三个军。

赵匡胤曾三次出兵攻打北汉，第二次还亲征北汉。

第一次攻打北汉，是在公元968年八月，赵匡胤任命昭义节度使、同平章事李继勋为河东行营前军都部署，侍卫步军都指挥使党进为副都部署，宣徽南院使曹彬为都监；棣州防御使何继筠为先锋部署，怀州防御使康延沼为都监；建雄节度使赵匡赞为汾州路部署，绛州防御使司超为副部署，隰州刺史李谦溥为都监。

第二次攻打北汉，是在公元969年二月，赵匡胤命曹彬、党进率兵先赴太原。赵匡胤再任命昭义节度使李继勋为河东行营前军都部署，建雄节度使赵匡赞为马步军都虞候，令李继勋、赵匡赞率部开赴太原。赵匡胤随后御驾亲征。五月，因作战不利，赵匡胤撤兵。

第三次攻打北汉，是在公元976年八月，赵匡胤任命侍卫马军都指挥使党进为河东道行营马步军都部署，宣徽北院使潘美为都监，虎捷右厢都指挥使杨光美为都虞候，令三人与牛思进、米文义统领兵马，分五路攻打太原。由于赵匡胤便突然驾崩，即位的赵光义将前线兵马撤回。

公元979年正月，赵光义任命宣徽南院使潘美为北路都招讨制置使，令崔彦进、李汉琼、曹翰、刘遇各负责攻打太原城的一面。赵光义又任命云州观察使郭进为太原石岭关都部署，负责阻截辽国兵马从太原北面来援。赵光义还亲自带领一支兵马，进入河北境内，以防辽兵南下。郭进击败辽国援兵之后，赵光义前往太原，合力攻城。五月，北汉皇帝刘继元不堪围攻，出城投降，北宋得十个州、一个军。